A AUTOBIOGRAFIA DE FIDEL CASTRO

NORBERTO FUENTES
A AUTOBIOGRAFIA DE FIDEL CASTRO

Tradução
Luis Reyes Gil

Copyright © Norberto Fuentes, 2016
Tradução para a língua portuguesa © 2017, Casa da Palavra/LeYa, Luis Reyes Gil
Título original: *La autobiografía de Fidel Castro*

Todos os direitos reservados e protegidos pela Lei 9.610, de 19.02.1998.
É proibida a reprodução total ou parcial sem a expressa anuência da editora e do autor.

Preparação: Alvanísio Damasceno

Revisão: Bárbara Anaissi, Maria Clara Antonio Jeronimo e Guilherme Bernardo

Diagramação: Filigrana

Capa e projeto gráfico: Leandro Dittz

Foto da capa: Yousuf Karsh, Camera Press London

Fotos do miolo: página 17 – Leffler, Warren K., Fidel Castro, presidente de Cuba,
numa reunião da Assembleia Geral das Nações Unidas. 22 de setembro de 1960.
Imagem recuperada da Biblioteca do Congresso (EUA); página 301 – Fidel
Castro chega ao MATS Terminal, Washington, D.C. 1959. Imagem recuperada
da Biblioteca do Congresso (EUA)

Dados Internacionais de Catalogação na Publicação (CIP)
Angélica Ilacqua CRB-8/7057

Fuentes, Norberto
    A autobiografia de Fidel Castro / Norberto Fuentes ; tradução de Luis Reyes
Gil. – Rio de Janeiro: LeYa, 2017.
    624 p.

    ISBN 978-85-441-0511-5
    Título original: La Autobiografía de Fidel Castro

1. Castro, Fidel, 1926-2016 - Biografia 2. Chefes de Estado – Cuba – Ficção I.
Título II. Gil, Luis Reyes

17-0347	CDD 972.91064092

Índices para catálogo sistemático:
1. Castro, Fidel, 1926-2016 - Biografia

Todos os direitos reservados à
EDITORA CASA DA PALAVRA
Avenida Calógeras, 6 – sala 701
20030-070 – Rio de Janeiro – RJ
www.leya.com.br

*O que a imaginação é para o poeta, os fatos são
para o historiador. Seu critério é exercido
na seleção desses fatos; sua arte, em organizá-los.*

– Barbara Tuchman

Sumário

Nota a esta edição   11
Desagrego, logo escrevo   13

Livro I

O paraíso dos outros

PARTE UM   A aventura de ser quem se é   21
                    1. Os furacões de agosto   23
                    2. Aposentos na grama   39
                    3. A sólida intransparência das paredes   61

PARTE DOIS   O passado de um homem sem passado   79
                    4. Ninguém morre na véspera   81
                    5. O Estado e a Revolução   103
                    6. A cesta de minhas serpentes   127
                    7. Uma organização militar com um bom
                        aparato de propaganda   151

PARTE TRÊS   Íntimo como Cristo   175
                    8. O poder, antes de virar poder   177
                    9. Havana pela última vez   203
                    10. Os bosques se mexem   225
                    11. Assim foi temperado o aço   237
                    12. Os nômades e a noite   255
                    13. A República e sua capital são minhas botas   285

Livro II

O poder absoluto e insuficiente

PARTE QUATRO   UM HOMEM SOZINHO PODE TUDO   305
14. Meu Estado, a Revolução   307
15. A República no patíbulo   329
16. Um ruído de praça sitiada   353
17. O contubérnio sagrado   377

PARTE CINCO   O PODER É PARA SER USADO   407
18. Quão órfã é a derrota?   409
19. O império na primavera   439
20. O dia anterior   475
21. A parte visível de Deus   493

PARTE SEIS   COMO O GUIA DA HORDA   529
22. Uma marcha no deserto   531
23. A chave está em Dallas   551
24. A noite inteira ouvindo pássaros voando   565

PARTE SETE   QUANDO ESTA GUERRA ACABAR   589
25. Cai a noite em La Plata Alta   591
26. Sobre a ressurreição   603

Cronologia de Fidel Alejandro Castro Ruz   607
Notas   615
Agradecimentos   623

Meu nome é teu sangue

NOTA A ESTA EDIÇÃO

O plano original – esperar até o último suspiro, ou pelo menos até me encontrar perto dele – para permitir a publicação destas memórias demonstrou ser uma pretensão sem fundamento. Já faz alguns anos que foram impressos os dois volumes da primeira versão desta obra. Valeram mais os apelos dos editores e da minha própria ansiedade em me ver competir num terreno totalmente novo: o do mercado editorial. As 869 mil palavras investidas nos dois volumes, que encheram mais de 2.500 páginas, ainda me assustam quando as contemplo em sua sólida presença livresca sobre a mesa. Disse há pouco que tinha gastado toneladas de papel e toneladas de sons – com a permissão da expressão simbólica – em declarações, discursos, informes, reuniões, entrevistas e em qualquer outra forma, se tal existisse, do uso da palavra.[1]

Pois bem, um expoente genuíno da declaração encontra-se justamente nesses dois volumes. Não chegam à tonelada, mas alcançam em conjunto um peso líquido de aproximadamente três quilos (um quilo, o primeiro; dois quilos, o segundo). No entanto, o que é motivo de orgulho para um autor que estreia suas armas não deve afastá-lo da exigência principal de seu impulso. Ele escreve para alguém. E no meu caso, lógico, não há outro leitor em foco que não seja um combatente revolucionário. É esse leitor que deve se servir de minha experiência vital e de qualquer outro conhecimento que se possa depreender de minhas lembranças. Por isso, a edição anterior de *A autobiografia*, cujas capas medem, ambas, 23 centímetros de altura por 15 centímetros de largura, com lombadas de 4,5 centímetros no primeiro e 7 centímetros no segundo volume, mostra-se de algum modo inadequada para a luta. Os livros revolucionários não podem ser obras de gabinete, nem devem descansar sobre uma estante de leitura esperando serem lidos. Que seja fácil se desfazer deles em caso de batida policial, que caibam no bolso do uniforme de campanha e que não pesem na mochila são ideais compreensíveis da literatura revolucionária. Agora entendo que minhas memórias se tornaram excessivas para a lida da Revolução. E os senhores não têm ideia do que ainda me ficou no tinteiro!

Dando como certo, pois, que as revoluções necessitam de veículos leves de comunicação é que trabalhei a presente versão de meu livro. Com sua nova grossura, inclusive, seria possível imprimir uma edição de bolso, o que permitiria sua manipulação confortável, sem incômodos, e até que coubesse numa sacolinha, junto com o fumo, as munições e as rações secas.

No entanto, nada se perdeu. O material de referência e primordialmente "histórico", que ocupava muitas páginas na primeira versão, será mantido em seu lugar natural de conservação: nas bibliotecas. E lá poderá ser consultado pelos especialistas ou interessados.

Eu era um homem saudável quando terminei aqueles livros. Não havia renunciado a nenhum de meus cargos, e a aposentadoria era uma ideia muito remota, se não impossível. O vigor com que escrevi é evidente. Escrever, então, não deixava de ser um desafio. Qualquer palavra minha podia colocar em risco até a própria estabilidade do país. Não é o caso atual, de um homem que muito bem pode estar agonizando e que se sabe isolado num quarto de hospital, com um pátio cercado no fundo. Fidel Castro é o último prisioneiro de Fidel Castro. Não me iludo. Conheço muito bem os sinais para saber do que se trata. E sei com exatidão onde me encontro. Estou no corredor da morte. Mas a tarefa foi preservar meu livro. E isso é tudo o que importa.

Agora descubro a data no calendário de meu relógio de pulso – a que terei de colocar no pé desta nota –, e que não deixa de chamar minha atenção. Devo me amedrontar, alarmar-me? Eu, que conheço os arbitrários poderes do acaso? Há 2.052 anos, num dia como hoje, em Roma, assassinaram César. Nos idos de março do ano 44 a.C. Pobre senador romano sem seu devido serviço de escolta. Deu-se de presente.

Fidel Castro Ruz
15 de março de 2008
às 16h17

DESAGREGO, LOGO ESCREVO

emórias, a esta altura...?

Descobri uma coisa ao escrever este livro. Que o passado não é propriedade de ninguém, pelo menos enquanto não for escrito. Outra descoberta: que a Revolução é uma incansável produtora de passado. E mais uma: que, até certo ponto de sua história, a Revolução não suporta um exame detalhado. Esse ponto pode ser o momento em que todos os seus protagonistas morreram. Enquanto ele não chega, a história da Revolução e de seus homens fica nas mãos de seus inimigos – os que escaparam – e dos fragmentos de informação que eles conseguiram obter.

A Random House, a Simon & Schuster, a Giangiacomo Feltrinelli e quase todas as editoras e editores do mundo me perseguiram durante anos sem descanso para que eu fizesse um livro como este. Fiquei "toureando-os" – como se diz quando protelamos algo indefinidamente – durante esse tempo. As razões que expus acima tampouco conseguiram me mobilizar. Resisti à ideia, em certa medida, pelo inevitável custo político que acarretaria. No entanto, se agora decido fazê-lo, é por puro tédio. Por não ter nada de novo para fazer. Já ouviram falar da solidão do poder? Isso não existe. Nunca houve alguém mais acompanhado do que eu. E o que o poder me propiciou em excesso foi companhia. Para onde quer que eu vá, normalmente é como o movimento de uma manada. Do alto de meu 1,88 metro, costumo olhar à minha volta ao avançar em direção à porta de algum edifício, que é a única coisa que faço ao sair dos automóveis. E o que sempre vejo são os círculos dos que me acompanham; é como estar no picadeiro de um circo de cidadezinha do interior que se desloca junto com o passo de alguém. Mas, sem dúvida, é um tédio. Me dá um cansaço mortal. Escrever transforma-se, então, numa aventura inesperada. Minha quinta descoberta. Escrever. A literatura, dizem, é filha do rancor, quando não da derrota. Sem rancor ou derrota não teríamos hoje muitas páginas imprescindíveis da cultura universal, e até mesmo, oh, ignomínia!, algumas páginas que são filhas do triste choramingar atrás dos poderosos para que voltem a nos dar emprego – como é o caso com que nos assedia Nicolau Maquiavel há cinco séculos. Sempre existe uma situação de ostracismo ou de lista negra. Não é a minha. Escrevo a partir do poder absoluto. A partir da realização total.

Eu me proponho agora a terminar este projeto sob as minhas condições. Explico. Não existe a autobiografia perfeita, pois nenhum autor colocou seu ponto final numa obra dessa magnitude em uníssono com sua morte. Sempre resta um sedimento de extrema importância, que é o último suspiro, fora de toda pretensão de interpretá-lo, só para conhecimento pessoal, quando vemos aquela luz no fim do túnel e tentamos nos erguer, e percebemos, nesse exato momento, que tudo terminou. O projeto consiste em ver publicadas estas páginas no pleno usufruto do poder. Será desencadeado o mecanismo habitual. Chamarei, por meio de meus canais secretos de amigos e oficiais de inteligência de toda confiança – que respondem apenas às minhas requisições –, os principais editores do mundo e diremos a eles: "Aqui está o material." Mas quero fazer isso de modo muito exato. Explico. Preciso colher esses sinais do tempo. Para que não fique como um gesto de covardia – exatamente o oposto do que procuro – e me refugie na segurança da morte antes da publicação. Não me levem a mal, mas quero desfrutar disso. Combinei – com um amigo muito próximo – que o livro deve ser publicado algumas semanas ou qualquer intervalo de tempo prudente antes que eu tenha que dizer adeus a este mundo (isto é, quando eu avaliar que me resta uma semana de presença vital, ou pelo menos de lucidez), para poder saber como foi a acolhida. Faço isso em função de meus cálculos extraterrenos. Muitas vezes já disse que o juízo válido a meu respeito deve ser emitido daqui a mil anos. Seja qual for o veredito, o presente livro deverá exercer uma influência decisiva nele, no meu juízo final.

Uma nota sobre o método

Não é nenhum segredo. O leitor sabe que disponho da mais extensa coleção de documentos e papéis para escrever estas memórias. Uma documentação que foi justamente o sustentáculo do meu Estado. Serviu-me para governar e para decidir, em muitas ocasiões em escala global, alguns dos meus assuntos, pois, para as minhas relações, foi essencial não apenas estar informado, mas ter atualizados e inventariados os favores que foram feitos e os que me são devidos. Mas não vou repetir aquela manobra de chantagem que nos quis impor o financista e prevaricador Robert Vesco – que cumpre longa sentença no nosso sistema penitenciário –, quando solicitou ajuda para publicar uma sequência de dois livros: um com retratos de seus antigos associados e clientes, apresentados com nomes imaginários, mas salpicados de uma ou outra informação reveladora, e outro com os nomes verdadeiros e a mais descarada informação sobre aqueles que não tivessem respondido ao primeiro esvaziando seus bolsos. Trata-se simplesmente de que quero bater primeiro. A grande quantidade de informação existente, que sobreviverá e que – imagino – em alguma hora virá à tona, como ocorreu com os tchecos ou os alemães quando assaltaram as sedes de seus respectivos serviços especiais ou abriram os arquivos dos comitês centrais, não me assusta. Também não dou grande importância a isso, porque dificilmente vai me atingir. Em vida, não me encontro no raio de ação de nenhuma chantagem. Além disso, no lugar em que estarei, nada vai me preocupar. Mas ajo para honrar os pactos com meus herdeiros, e principalmente com Dalia, minha companheira, e com aqueles que os protegerão. Quanto às minhas atribuições, decidi fazer uso cuidadoso e racionado dessa enorme documentação que está armazenada no Ministério do Interior e em alguns departamentos do Comitê Central do Partido. Nessa tarefa de escritor a que me impus, tento desemaranhar os mecanismos de minhas próprias ações – as mais conhecidas delas – da maneira mais honesta possível. E, já que estou no círculo dos autores de memórias, não quero abusar de uma documentação que talvez se revele mais importante para o uso dos historiadores da Revolução. E se, de qualquer modo, vão falar de mim – um mim que já estará numa situação em que se é absolutamente imperceptível – e me golpear como quiserem, para que complicar minha vida atirando pedras para o céu? Por isso, e como quero também competir em igualdade de condições, como se estivesse num concurso de pesca ou numa quadra de basquete, eu me conformo com esse método simples de trabalhar a partir de minha memória, a verdadeira, e num momento em que, confesso, ela já não tem a agudeza de outros tempos, o que me equipara melhor para a tarefa, porque, sem querer ofender, essa falta de agudeza me coloca num nível perfeitamente humano, e fazendo uso em pouquíssimos casos do acúmulo de expedientes que conservamos em nossas dependências.

LIVRO I
O PARAÍSO DOS OUTROS

LIVRO I

O PARAÍSO DOS OUTROS

PARTE UM

A AVENTURA DE SER QUEM SE É

É preciso viver as ideias.

– André Malraux

1. OS FURACÕES DE AGOSTO

Os três livros que um amigo me apresenta como modelos – *A autobiografia de Alice B. Toklas*, de Gertrude Stein, *Memórias de Adriano*, de Marguerite Yourcenar, e *A autobiografia de Benvenuto Cellini* – são todos, na verdade, interpretações literárias, soluções artificiosas de três tipos de memórias; os dois primeiros pela forma com que abordam a realidade e o último pelo aspecto literário, pelo fato de Cellini, segundo dizem, ter inventado tudo ou uma boa parte. Na realidade, como se sabe, no meu caso não é preciso inventar muito para conseguir leitores. Depois de ter visto a mim mesmo pela ótica dos autores que investigaram minha vida e publicaram seus correspondentes tratados – há centenas de biografias sobre minha pessoa –, este livro pode me proporcionar a experiência de ver a mim mesmo sob minha própria ótica. Eu mesmo como objeto de minha inspeção. E tenho bom material. Que nem sempre, confesso, busca lançar luz favorável sobre minha pessoa ou minha conduta. Mas não reprimi, na hora de extrair os acontecimentos vividos, alguns detalhes que poderiam parecer risíveis ou até reprováveis. Sem dúvida – e é algo que aprendi ao escrever –, esses detalhes negativos ajudam a criar uma gama das nuances, e não apenas convencem o leitor da credibilidade dos assuntos, mas também tornam seu protagonista mais simpático. Adianto um exemplo. Nada como aquele dia em que minha mulher, Dalia, e dois chefes da escolta, Mainé e Cesáreo, e até meu filho Antonio, então estudante de medicina, temeram pela minha saúde e chegaram a pensar que eu estava à beira de um infarto. Fiquei revoltado, indignado e colérico, comigo mesmo, por ter sonhado que havia fumado, até a ponta, um excelente Cohiba. E que o havia feito com prazer! Estava ainda desfrutando as densidades daquela fumaça em meu paladar, a minha visão se embriagando com as espirais ascendentes daquele legítimo Lancero confeccionado sob medida no meu tempo de fumante, que eu tragava sem impedimentos de qualquer natureza desde o anel perfeito de sua chama, quando acordei. Acho que foi o sonho com a maior quantidade de testemunhos da história, e que alcançou, pelo menos em meu círculo íntimo, a maior repercussão, uma repercussão objetiva, material, tangível, sem nada de experiência onírica. Eu depenei travesseiros, fiz voar almofadas, atirei-me no sofá, quebrei dois copos no chão. Isso aconteceu dois ou três anos depois de ter largado o hábito e de comunicar isso a todo jornalista que passava por Havana. Não acredito que ninguém tenha feito jamais uma introspecção tão dura e forte de sua própria conduta do que eu naquela manhã de recriminação surda, aquela manhã que, para começar, me levou a dobrar o imposto do cigarro e dos charutos para consumo da população. O objetivo era afastá-la do fumo. Mas o que mais me emputecia era o fato de ter sentido intenso prazer e ainda por cima ter acordado com a satisfação do fumante profissional que acaba de consumir até o fim um prodígio da indústria nacional. Chamaram Zelman, meu médico, Pepín Naranjo, meu secretário e vizinho do complexo de segurança, e só quando chegou o capitão Núñez Jiménez, uma espécie de cientista de *guayabera* e Rolex no pulso, que me acompanhou em todas as minhas loucuras do início da Revolução, foi que consegui me acalmar. "Ñaco", dizia eu a ele, "você sabe o que significa eu ter adorado fumar esse charuto?"

A versão original da *Autobiografia* – formada por dois cadernos, com treze capítulos cada – foi elaborada algumas vezes em computadores ou laptops, mas quase sempre à moda antiga, com caneta-tinteiro deslizando sobre a superfície esplêndida do papel presidencial de meu uso exclusivo. Descobri como fazer uma utilização maravilhosa do tempo a bordo do meu velho e nobre Ilyushin-62, em minhas correrias políticas intercontinentais, e como tornar excepcionalmente produtivas suas bandejas retráteis de alimentos, enquanto escrevo estas linhas e me deixo levar pelos meandros de minhas lembranças – e até aproveito como fonte de inspiração o ruído de seus quatro formidáveis motores *turbofan* Soloviev D-30KV, com seu incessante triturar metálico –, enquanto me desloco na minha respeitável idade, de Havana até qualquer ponto daqueles que foram meus territórios de conquista ou onde fui aclamado e recebido como herói, na África, na Ásia ou na América. E enquanto escrevo e se estabelece uma comunhão entre a memória e as palavras, uma memória que não para de me resgatar o passado e de me pressionar para fazê-lo avançar sobre a tela ou o papel, eu me volto para aqueles velhos cenários que já não me pertencem e onde o velho e proteico herói que eu sou é recebido com curiosidade por jovens presidentes e dignitários, que às vezes têm a bondade de me tomar pelo braço para me ajudar a descer a escada e me conduzir ao trecho de pista onde me aguardam banda de música, tropas em formação, embaixadores, bandeiras e flores. Mas eu lanço um último olhar para o interior do meu avião e contemplo a bandeja na qual abandonei temporariamente meu laptop ou o maço de folhas, e que Chomi, o diligente secretário, ocupa-se de fechar e colocar em segurança em sua pasta de executivo. Agora, três ou quatro dias de funções oficiais, um par de *boutades* para os ouvidos dos jornalistas, rebuscar e fabricar na hora algumas frases de admiração e respeito pelos anfitriões e seu país, o tempo todo desesperado para me ver de novo diante da minha obra em progresso, a única coisa que deveria estar fazendo, bem agasalhado, até de cachecol, o chazinho sem açúcar fumegando ao lado, fazendo-me companhia, e eu sabendo que poderei tomá-lo gole a gole e mandar trazer mais quando quiser, enquanto prossigo. Escrevendo.

De modo que estas páginas não são apenas equivalentes ao que outros autores têm denominado, no terreno da literatura, uma viagem sentimental, mas surgiram em harmonia com uma viagem sentimental física de minha própria existência por este universo, carregando na maior parte das vezes o eco de quatro motores soviéticos Soloviev e da voz neutra e profissional dos pilotos que me chega da cabine quando se comunicam com alguma torre de controle e dão a posição do CU-T1208, Cubana, com um VIP a bordo – e eu olho sobre a tela do laptop e faço, como de regra, minha observação de controle para o interior da cabine de pilotagem. Apenas sombras lá adiante e o brilho ocasional da fosforescência dos relógios no painel. "*Cubana Airlines CU-T1208. Cubana CU-T1208. With a VIP on board. VIP on board. I repeat.*" Todos os meus companheiros dormem a doze quilômetros de altitude sobre o oceano Índico. Eu escrevo.

O primeiro caderno abrange de 13 de agosto de 1926 até 1º de janeiro de 1959. O segundo, de 1º de janeiro de 1959 a 13 de agosto de 2001. O primeiro vai desde meu nascimento, na fazenda de Manacas, em Birán, até a fuga do ditador Fulgencio Batista. O segundo abrange a destruição do aparelho estatal da República e a instauração provisória do poder revolucionário e depois a plenitude da Revolução. No início do trabalho, havia o propósito secreto deste que vos fala de fazer prevalecer na estrutura do livro o que acredita ser uma ligação pessoal com o número 13 e seus múltiplos. Uma espécie de *fatum* de ordem numerológica – ao qual dedicou atenção em diversas entrevistas a importantes jornais estrangeiros –, mas que acabou se convertendo num *tour de force* pelo fato de o peso do equilíbrio narrativo do livro recair todo na segunda parte. Nesta edição, essa estrutura não foi exatamente abolida, mas acomodada, para tornar a leitura mais ágil. No entanto, procuramos sempre ficar com sete subdivisões principais, de modo que nesse aspecto pudéssemos continuar contando com um número relacionado à causa – o 7, o prodigioso número 7, com o qual me sinto também identificado e que, em determinada época, serviu para identificar tacitamente o movimento revolucionário. O Movimento Revolucionário 26 de Julho. Estava nas pulseiras dos guerrilheiros. Nas pichações. Era pronunciado em voz baixa, nos sussurros da clandestinidade. O M-26-7.

Nesta espécie de introdução, que explica as razões que me levam a escrever minhas memórias e minha utilização principalmente de *A autobiografia de Benvenuto Cellini* como guia e objeto inspirador, faço uma observação. Cellini nos descreve ou resgata um mundo onde não existiam as comunicações atuais, onde tudo era ainda mistério. Há fotos e vídeos demais em nossa época. Com o surgimento da fotografia, todo o mundo da arte retrocedeu, teve que abandonar uma porção do terreno. O da arte narrativa, mais precisamente. Quando o homem foi capaz de capturar a luz e imprimi-la numa folha de papel e perpetuar a imagem, a literatura e a pintura realista tiveram que procurar outros rumos. O que posso eu contar que já não esteja em alguma gaveta de um serviço especial ou nas páginas de um jornal qualquer? Bem, aquilo que reservei apenas para meu próprio consumo de intenções e para jogadas de xadrez.

É banal, ou mesmo absurdo, tentar decifrar um homem como eu por suas aparências e, muito pior, por meio de julgamentos. Diante da incompreensão dos atos desse homem, eu me transformo numa figura muito fácil de insultar. A injúria substitui a decisão de ir fundo na questão.

Resta-me a escrita. Meu último sistema de propaganda, entendido o conceito em sua verdadeira acepção latina: propaganda, de propagar, não o bazar (embora às vezes muito necessário e efetivo) da *ágit-prop* [agitação-propaganda] e sua versão capitalista, a publicidade.

O sistema de comunicação dos animais é infalível porque se dá por meio de sensores emocionais, da sensibilidade, e não das palavras. As palavras servem na mesma proporção para a verdade ou para a mentira. Mas são o recurso ao nosso alcance.

Ao elaborar uma frase, a do meu pai sob os galhos de um tamarindo, que aparece mais adiante – o verdadeiro começo do primeiro caderno destas memórias –, enfrentei intuitivamente o que uma vez alguém referiu como nunca termos consciência dos fatos mais importantes da nossa existência, que são nosso nascimento e nossa morte.

Na minha idade, se há uma experiência digna de toda a minha curiosidade é a morte. Nada me surpreende nos mares que agora navego. Tudo o que agora sou e serei no futuro é história. Houve um tempo em que esse termo me intimidava, a história era como uma norma de conduta. Depois, percebi que isso não existia, que o melhor matiz e produtor de história é o poder; acredito ter definido isso da melhor maneira quando disse muitas vezes que o poder era para ser usado, mas que importância pode ter para mim a história da qual não terei consciência? Tenho demonstrado que a estratégia – que é a projeção política mais defendida – é um fracasso, que só a tática vale a pena. Mas o conhecimento prévio de muitas biografias a meu respeito me liberou nesta minha longa ocupação. Não pretendo, portanto, com este livro, refutar nem me defender, mas deixar clara, por minha própria mão, ou seja, por minha própria boca, minha interpretação de fatos dos quais sou o protagonista e dos quais existe uma visão mais que estranha, hipócrita. Não é uma defesa, repito, mas sim um modo de impossibilitar que pessoas alheias a esses acontecimentos, alheias ao ponto de vista de seu promotor, eu mesmo, possam reescrevê-los ou interpretá-los. No mínimo, haverá que ser feita referência dos acontecimentos aqui assinalados, a partir destas páginas, à minha interpretação e aos meus motivos. Na realidade, não me faltam vitórias e triunfos e medalhas e massas para me aclamar, e talvez eu tenha sido o homem mais aclamado da história universal, aquele que foi recebido por mais presidentes e dignitários, e até o que mais proezas pode creditar a seu favor.

Eu, *somente eu*, invadi mais países que Alexandre, e mais distantes ainda; e desafiei dois impérios mil vezes mais poderosos que Roma e Egito e que todos os impérios da Antiguidade juntos e que os da Era Moderna. E tenho sido notícia mais vezes do que qualquer outro estadista durante quase meio século e em escala global. Meu nome tremula numa bandeira assinada por mim na Antártida (sabe-se lá de que modo é possível uma bandeira tremular em estado de congelamento) e recebi vivas no fragor dos combates nas colinas de Golan, no deserto de Moçâmedes e na Sierra de Falcón. Um batalhão vietnamita levava meu nome na guerra contra os ianques e ostento a espada de Marechal da União Soviética. Mas.

Mas.

Detenho-me. Este texto não é um exercício de vaidade, mas uma obra de esforço intelectual.

De fato, se o fim é escrever, além de continuar no comando da nave, não devo fazer uso de nosso dito famoso de que todos os fins são ruins. Porque não são.

Escrever. Muitas vezes esse foi meu objetivo. Até quis me aposentar para me dedicar a esse ofício. Muitos personagens eruditos se renderam antes a escrever sobre mim, de Tad Zulk, Herbert Matthews e Ann Gayer a Robert E. Quirk e o inglês Hugh Thomas, a quem a rainha Elizabeth fez cavaleiro por seu livro sobre minha Revolução. Che Guevara morreu pensando em mim, e o general Arnaldo Ochoa prometeu fazer o mesmo quando o fuzilassem. Mas eu, na hora de entregar estas páginas, julgo-me no dever de dedicá-las a um soldadinho da Revolução Cubana, um jovem artilheiro, Eduardo García Delgado, que escreveu meu nome – Fidel – entintando o dedo no charco de suas vísceras abertas, agonizando após o bombardeio mercenário de nossa capital no sábado de 15 de abril de 1961, às vésperas da operação de desembarque na Playa Girón. Tampouco se trata de escrever em minúcias toda uma história que já foi excessivamente contada em centenas ou milhares de livros, não só a minha história, mas a da Revolução Cubana, o que é exatamente o mesmo. Trata-se de me concentrar nos espaços que considero de fato dignos de abordar agora, por seu desconhecimento, e de algum modo refletir a respeito deles, para explicar e para que se saiba por que tenho parecido muitas vezes prepotente e por que às vezes zombo dos demais. Aqueles a quem quis bem, eu os forjei. Os outros, sim, eu os desprezo. Se algum leitor no futuro – fora de minhas supostas ou prováveis manipulações ou em outra latitude ou que jamais conhecerei, o que dá no mesmo – encontrar aqui alguma explicação útil para seus negócios ou andanças ou que lhe sirva para projetar ou empreender suas ações, sejam quais forem, pode se incluir no grupo daqueles que merecem meu respeito. Se tive que lidar com um mundo de covardes e fracos, como me deixar levar por essas presenças que eu mesmo violei? Tenho que escrever para seres superiores.

Agora me deixem contar o que ocorreu depois daquela noite de tempestade de agosto de 1926, quando nasci às duas da manhã na casa sobre palafitas da fazenda Manacas, e daquela lembrança que tenho de meu pai. Meu pai à sombra do tamarindo.

À SOMBRA DE UM TAMARINDO EM FLOR

Fumava sob os galhos do tamarindo enquanto as mulheres tiravam a pele dos animais e descascavam mandioca. Pobre homem. Vejo-o tomando a fresca debaixo de uma ramagem que dominava o pátio inteiro, com o grosso tronco de oito metros de circunferência e as pequenas flores despontando dos galhos, a vegetação enchendo o recinto de frescor e sombra, e a densa, luminosa e verde folhagem dominando do alto de seus 25 metros o que parecia ser sua demarcação territorial, que era até onde espargia sua sombra. Suas folhas estavam sempre verdes, mesmo na seca, e suas flores de cinco pétalas em cachos, que são amarelas com alaranjado e têm listras vermelhas e botões violeta, sempre graciosas.

Aprendo a comunhão possível entre um homem e o ambiente. Acho que o primeiro conhecimento de algo tangível de toda a minha existência é o de meu pai com aquele veterano tamarindo, que diziam ter mais de 100 anos. Eram os sinais inequívocos do verão. A safra açucareira termina e os bandos de cortadores de cana desaparecem da área, enquanto as chaminés do engenho próximo, o Marcané, se apagam. Então o tamarindo começa a florescer e meu pai sai de seu refúgio de inverno no sótão de casa para começar suas longas digestões, tabaco na mão e as pernas robustas bem afastadas, debaixo da árvore. Você pode ter certeza de que o verão está próximo pelo florescer do tamarindo. *La calor*, como os camponeses chamam a estação. Depois, a partir do início de julho, produz-se o outro ritual certeiro de meu pai. Pelo menos, de que eu tenha memória. Expressar sua admiração pela produtividade da árvore e repetir sem parar a grande quantidade de quilos de frutos colhidos.

Os bancos de madeira onde meu pai costumava se sentar naqueles anos estão colocados em volta do grosso tronco, numa posição semelhante à dos quatro pontos cardeais. E muito perto dele, atrás e à esquerda, está a caixa d'água elevada, sobre suas quatro patas de cimento, e mais afastados os enegrecidos paus de *caiguarán* sobre os quais se apoia minha casa. Dizia que o estava vendo. Vejo-o, com um charuto Cazador de Pita, e o sólido brilhante, na mão direita, com a qual também segura o charuto, que não deixa apagar e do qual não remove o selo até que a chama ameaça alcançá-lo, perto dos seus lábios. Os Cazadores de Pita eram sua marca favorita de tabaco e os *carreros* os traziam em sacos até a porta da fazenda. *Carreros* era o nome que se dava aos caixeiros-viajantes. Depois, quando meu pai abriu seu armazém do outro lado da estrada e em frente à casa, eles deixavam lá o tabaco e o restante das mercadorias.

Meu pai tem botas de cano alto de borracha, e sua *guayabera* mostra manchas leves mas visíveis de café.

E os senhores, podem vê-lo agora? Bem, pois essa é a paisagem bucólica e inteiramente cubana que eu mesmo vou destruir dentro de uns trinta anos. Acho difícil de acreditar. Em todos os lugares do país que a encontrar, em todos, irei destruí-la. Mas não porque a odeie, porque me proponha a isso de antemão ou porque ache que mereça, mas porque – vou acabar acreditando que é assim – se trata da sina de um processo. É algo que eu mesmo vou violentar e que aos poucos fugirá do meu controle, só me restando unir-me à própria força que gerei e que desatei. Porque, na realidade, não posso dizer que as coisas tenham sido ruins para mim, como parte daquela paisagem. E é neste ponto que quase todos os meus biógrafos fracassam: quando querem encontrar na minha infância de Manacas, em Birán, as causas da Revolução Cubana, como se observassem o comportamento de um cãozinho de Pavlov. Nunca querem reconhecer que a Revolução foi um processo intelectual. Primeiro, de decantação. Segundo, de funcionamento. Terceiro, de controle. Tampouco percebem que todos esses mecanismos que coloquei em ação, ou que pelo menos despertei, não têm nada a ver com a infância de um menino feliz.

A situação, na minha idade de então, a deste episódio, 5 aninhos, quando meu pai está ali como um cacique debaixo do tamarindo, e me estende a mão grossa com seu brilhante e me chama de *meu filho* ou de *plebeu*, é a de contemplar nesta paisagem o mundo. É o que vejo. O mundo inteiro. E, sem que agora possa dar uma explicação certeira, tomo isso como algo inamovível. Essa era toda a paisagem que existia. E, confesso, ela me bastava. Uma paisagem medieval que então devia permanecer inalterada, desde que meu pai, para montar sua colônia de cana, desfez montes e destruiu bosques de ácanas e *majaguas* e mognos e *caiguaranes*. Parece que estou percorrendo isso agora, a partir de um eixo que sou eu mesmo, mas em câmara lenta. A caixa de gelo está pregada à parede, onde se guardam as panelas e os grãos, e onde fica a mesa comprida em que as mulheres idosas da casa (minha mãe, minha irmã mais velha, Angelita, e alguma empregada) tiram o couro do porco e onde num canto colocam depois o moedor de milho. Uma mesa com uma canaleta no meio para que o sangue do animal escorra por ela até cair no balde embaixo, no chão. E, como ninguém sabe o que há dentro da caixa de gelo, podemos continuar considerando a paisagem medieval.

A casa fica voltada para a estrada. A estrada vai até Cueto, meia hora a cavalo, dez minutos de caminhão. As janelas ficam voltadas para o nordeste, que é o lugar para onde as janelas abrem em Cuba se o construtor sabe o que está fazendo, e que é de onde os espanhóis descobriram que sopravam os alísios. Fumando seu tabaco, meu pai me chama e diz que, como tenho 5 anos, vai me dar de presente um peso. Acrescenta:

– Este ano o safado aí deu mais de 150 quilos.

Mais de 150 quilos de tamarindos.

O charuto é agora o instrumento com o qual ele aponta para a copa do tamarindo, da qual foram embora, até a próxima primavera, todas as flores e frutos.

Pergunto a ele:

– Mas, pai, por que o senhor não me dá cinco? Cinco pesos. Um para cada ano.

E meu pai me disse:

– Seu *cabrón*, um peso são cinco pesetas. Que história é essa de cinco pesos? Você é muito novo ainda pra merecer tanto.

As mulheres mais novas – minha irmã Juanita e não sei se Emma e uma ou outra pretinha ocasional, filhas dos diaristas haitianos que ficam gravitando pela região depois da safra – descascam mandioca na frente de meu pai, e lá em cima, na cozinha da casa, desconheço quem prepara o feijão. Que tia, ou avó, ou empregada. Raulito ainda não está no cenário. Ou está no berço ou ainda não nasceu. Depois faço as contas.

Digo que a cozinha estava lá em cima porque a casa havia sido construída sobre pilares de madeira de até dois metros de altura. Também a agência de correios, visível do portão da fazenda, e a escolinha ficavam sobre pilares. Anos mais tarde descobri por que tantas casas e escritórios públicos da zona rural cubana eram construídos sobre pilares de madeira ou sobre mourões de cimento: era para não ter de se movimentar terra e evitar o custo considerável de deitar alicerces e gastar uma fortuna com cimento. Mas não era uma peculiaridade de um galego pão-duro, como querem fazer crer alguns para diminuir meu pai. Tratava-se de um costume razoável, com sua própria lógica, de aplicação comum a muitas construções do campo. De fato, todas as casas dos poderosos da United Fruit em Banes, o povoado vizinho, localizadas no chamado "bairro dos americanos", eram erguidas sobre mourões de cimento. Mas ninguém chama esses ianques de rematados avarentos. A única coisa que aparece com destaque são os animais que eram criados debaixo da minha casa. Na realidade havia todo tipo de animais, que meu pai se empenhava em classificar como "domésticos". A classificação compreendia vacas, galinhas, pavões, carneiros, patos e perus. Porcos, não. Os porcos ficavam no chiqueiro. Mas era uma espécie de racionalização do espaço que ele idealizara. Não só economizava nos alicerces, mas também, com a simples introdução de uns pilares mais grossos que os usados normalmente, poupava-se também no estábulo.

Continuo minha panorâmica. A janela da cozinha, que dava para a direção oposta à do vento, para varrer odores e vapores, fica com a folha erguida, para que se possa jogar lá de cima os restos, que caem de uma altura de mais de nove metros diretamente no latão largo. A matéria comestível e aquosa recolhida, que depois de chegar ao latão é chamada de lavagem, é levada mais tarde aos porcos. E a ramagem do tamarindo enfeitava o pátio inteiro. E os cheiros eram os do ar simples e puro quando o vento é constante e, se este não para, você nunca nota o cheiro de sangue dos sacrifícios, e as flores criavam o que minha mãe chamava de um ambiente, e isso é uma coisa que fica em sua consciência. Há também os tijolos de barro, dispostos como um canteiro em volta do grosso tronco do tamarindo, trazidos da fabriquinha de Cueto, que é igual à de todos os povoados de Cuba, sempre o mesmo forno, os tijolos empilhados do mesmo jeito, os mesmos negros reluzentes de suor, pás na mão e seus esplêndidos torsos nus brilhando como depois da chuva.

– Que cinco pesos porra nenhuma – diz meu pai.

Então me olha fixo e percebo um rápido brilho de malícia nos olhos dele. Sei que é de malícia porque o olhar se suaviza e porque ele tem a precaução de modular a voz para que as moças que descascam mandioca, a uns vinte passos de distância, não ouçam o que vai dizer em seguida, e o que me diz é algo para o qual ainda não estou preparado, nem sequer para compreender, mas que me faz perceber que existe uma porta e que essa porta pode ser aberta e que depois de atravessá-la vou encontrar uma dimensão, uma possibilidade, cujo sentido eu ainda sou incapaz de assimilar, tanto que me deixa pela primeira vez na vida perturbado e até me faz esquecer que perdi os quatro pesos em minha desastrada jogada.

– Será que o senhor já está querendo dinheiro para ir atrás de mulher? *Hummmm*? Já está com uma comichãozinha no pintinho? Se for isso, me avise, que eu arrumo uma perdida pro serviço, e que não me saia por mais do que essas quatro pesetas.

No fundo do pátio está o galpão onde meu pai tem seu rádio RCA Victor e onde tira uma sesta de vez em quando, e onde meu irmão Ramón, o mais velho dos homens, fica ouvindo música mexicana. Meu pai só usa o rádio para ouvir as novelas, quando consegue sintonizá-las.

Depois dos chiqueiros ficam os tratores, os Ferguson, os Caterpillar.

Segundo as historinhas que serão criadas em sessenta anos para me retratar como fruto de uma família de bandidos, o pessoal da United Fruit, com o administrador Hodgkins à frente, entra como uma turba indignada até onde os tratores estão estacionados e começa a raspar a superfície deles, procurando a pintura original, que revela quem era seu dono até a noite anterior. Ou seja, o mesmo don Hodgkins, com o canivete de bolso, redentor e justiceiro, que ele brande com gesto ameaçador diante de meu pai. A fazenda Manacas, que ele limpou com as próprias mãos e da qual só tirou três luxos em vida – luz elétrica em casa, seus habituais charutos Cazadores de Pita e o brilhante no anular direito –, é a mentira dos meus biógrafos, que, sem ter como manchar a história de uma criança no decorrer de sua infância, investem contra um homem afeito ao trabalho. Pobre homem. E, se alguma vez lembramos de don Hodgkins na nossa família – nas raras ocasiões em que podemos nos reunir para essas sessões de evocação –, é como um bebadozinho que consumia boa parte das reservas de conhaque de Birán e com quem meu pai sempre acabava se metendo em alguma discussão sobre o afundamento do encouraçado *Maine*. Meu pai, que chegara a Cuba primeiro como soldado, sentia-se na obrigação de culpar os americanos pelo afundamento de seu próprio navio para poderem declarar guerra à Espanha. Hodgkins, é claro, defendia a posição contrária. Aquelas sessões de conhaque e *Maine* eram como se os dois países voltassem a guerrear. Meu pai brandia um daguerreótipo dos restos do *Maine* na baía de Havana – ou seria um cartão-postal? –, que, para essas oportunidades, ele deixava à mão, no desvão da sala, e dava rédea solta a um tom de zombaria que nunca ouvi dele fora dessas ocasiões, dizendo: "Pois não me negará o senhor, meu querido don *Joquins*, que quem quer que tenha posto esta dinamite, dos seus ou dos nossos, sabia muito bem o que estava fazendo. Veja, isso é o que eu chamo de afundar um barco de propósito. Olhe isso, por favor. Veja se é jeito de estar afundado." Mesmo que depois – e disso lembro bem –, enquanto o cambaleante don Hodgkins se retirava para seu carro, meu pai comentasse com meu irmão Ramón: "Não adianta, não me levam a sério." Como era fácil tirar a terra desses americanos, mudando as cercas de lugar. Mas ninguém pode provar essa historieta. Acrescentar quase oitocentos hectares às custas da United Fruit, movendo a demarcação, e ainda mais de noite, é mais do que a minha imaginação consegue aceitar. Se bem que, em última instância, no meu modo de ver, há uma honra nesta lenda de um recruta do exército espanhol ganhando a guerra de um americano, depois da guerra terminada.

– Porco para vocês – grita para as mulheres, para todas à nossa volta, na cozinha, as que preparam as mandiocas, as que retalham o animal. – Para mim, feijão com linguiça.

– Ouviram? Mulheres, porra. Porco para as senhoras. Feijão com linguiça pra mim.

Em cima, na casa, os móveis rústicos, de madeira e couro, grandes e sólidos, e o banheiro no fim do pátio, e as bacias embaixo da cama para esvaziar a bexiga à noite, cujo conteúdo era despejado pela janela, e vinha o carroção do gelo, puxado por uma mula, o carroção de don Hildemaro, e sempre havia um pedaço de roda de carroça abandonada e um enteado ou um tio que quando bebia começava a chamar os bois.

Domingo, 16 de agosto de 1931. Vão comemorar meu aniversário com três dias de atraso para não perder um dia de trabalho. Meu pai chama isso de dia de quermesse, e põe sua pesada mão na minha cabeça. Aceito como uma terna carícia. Essa mesma mão sobre a minha cabeça numa noite de tempestade é a primeira lembrança que eu tenho de um contato verdadeiro com o mundo exterior. Não posso dizer – porque não sei – quando falei pela primeira vez, nem quando fiz o que as mulheres da casa chamavam de as primeiras gracinhas, mas lembro daquele ciclone ao sul de Birán, quando tinha 2 anos, e o associo à força dessa poderosa mão de soldado galego. Não houve nenhum furacão em Birán no dia do meu nascimento, como dizem alguns autores. A gringuinha Georgie Anne

Gayer, apesar do desprezo e do racismo de seu enfoque, não resiste à tentação de me dotar de algum tipo de poder sobrenatural quando solta um devastador furacão sobre a nossa área em sua descrição da minha chegada ao mundo. Passaram dois ciclones mais ou menos perto, contam os mais velhos, e havia muita chuva, rajadas ocasionais e o céu estava avermelhado, mas isso é comum em agosto. Em Cuba nunca nevou. Às vezes, uma tímida geada cobre a vegetação nas partes mais altas da Sierra Maestra. A temperatura é alta, mas não excessiva, os dias totalmente ensolarados não são muitos e os ventos alísios aliviam o clima. Mas há ciclones. Quando ocorrem, seus ventos chegam a velocidades de até trezentos quilômetros por hora, com chuvas torrenciais e maremotos. Esses monstros se apresentam com um núcleo quente (o olho do furacão), com diâmetro de vinte a cinquenta quilômetros, dentro do qual a temperatura pode cair até 10 graus em relação à externa. Os redemoinhos podem ter de cinco a oito quilômetros de altura e um diâmetro de mais de trezentos quilômetros, durando em média oito dias. Mas eu não podia saber que me estavam parindo naquela noite de 13 de agosto de 1926, por volta das duas da manhã, nem que um ciclone estava a uma proximidade ainda aceitável para os vizinhos de Birán. Mas no ciclone de 1928 – dois anos mais tarde –, sim, eu senti o cheiro do perigo e da chuva, e ainda ouço as janelas batendo e sinto o calor da mão protetora de meu pai, que ainda era um galego forte e durão, tocando minha cabeça. No colo da minha mãe, pela primeira vez tenho conhecimento de uma tempestade, de como é estar dentro dela e de que você enfrenta um temporal mesmo estando dentro de casa, ouvindo os ventos e a enxurrada, e aprendendo como é bom estar debaixo de um teto quando isso acontece, recebendo esse conhecimento pelo contato, pela mão do pai, pousada sobre sua cabeça, enquanto sua mãe o protege com os braços. No dia seguinte, a experiência da devastação – agora não sei se é porque me contaram ou porque registrei com meus olhos: os estragos na colônia, toda a cana derrubada pelos ventos, e as vacas, os animais e até gente afogados.

Uma vez comentei com um padre brasileiro, frei Betto, que gravava uma longa entrevista comigo, sobre a forte religiosidade de minha mãe. Era um padre revolucionário, daquela inquieta e muito suscetível esquerda latino-americana, com o qual além disso eu simpatizava pessoalmente. De modo que lhe dei alguns elementos para alimentar sua fantasia. Mas, é claro, não lhe contei toda a verdade.

Nem mesmo uma ínfima porção dela. Certamente, quando lhe descrevi minha mãe como uma religiosa fanática, não especifiquei nunca a que religião ela se entregava de corpo e alma. Ela era *santera*, do culto cubano da *santería*, de influência afro. E, além disso, me via como um predestinado. Isso começou quando eu ainda era feto. Eu estava no ventre dela quando lhe foi revelado que o filho que estava para nascer tinha uma missão muito importante. Um destino marcado pelos deuses. Sua convicção chegou a tal ponto que me iniciaram em sua religião ainda na barriga. Ela mesma me contou isso, poucos dias antes da vitória da Revolução, em 24 de dezembro de 1958, quando dei uma escapada do pé da Sierra Maestra para ir vê-la. Dominávamos o território a tal ponto que consegui me movimentar com boa margem de segurança – por caminhos vicinais e no meio da cana, é claro – num comboio de quatro veículos e uns vinte acompanhantes. A paisagem havia mudado drasticamente nos quatro anos decorridos desde minha última visita, e já não estavam mais ali o meu pai nem a casa-grande. Mas falaremos disso mais adiante.

Estava caindo a noite sobre Birán, e minha mãe me esperava no alto da escada, que eu subi enquanto meus homens, indecisos, ficaram zanzando no primeiro degrau. Diante de Lina Ruz González estava plantado um guerreiro, fuzil FAL no ombro, barba de dois anos em campanha, uniforme verde-oliva surrado e com os bolsos cheios de tabaco e papéis, mas que parecia feito por um alfaiate, e não uma provisão abandonada pelas forças inimigas. Eu a tomei nos braços e quase a levantei no ar, quando a ouvi dizer: "Aganju." E na mesma hora, como era seu costume, começou seu rosário de recriminações. Dessa vez, doces recriminações. "Não tinha ninguém que passasse a ferro seu uniforme? Por que essas unhas sujas? Mande seus homens embora do laranjal. Estão comendo todas as laranjas. E o motivo principal pelo qual fiquei aqui esperando você, Fidel: como você teve a ousadia de mandar queimar os campos de cana? Ainda bem que seu pai, que Deus o tenha na glória, já estava no túmulo. Fidel. Fidel. Ai, meu filho."

Naquela noite, portanto, depois do jantar, num aparte, fiquei sabendo da história. Soube que era filho de Aganju e soube de todo o procedimento realizado para minha iniciação ainda no ventre dela. Ela sabia que eu estava predestinado, me contou, e disse que mandou buscar um *santero* e que foi ele quem lhe revelou que eu era filho de Aganju. "Sei disso por sua mão esquerda", disse-lhe ele, "porque é de seu próprio sangue e por aqui posso ver seu filho por meio de você". Ser filho de Aganju, um grande guerreiro, complicava muito as coisas porque havia muitos anos não existia ninguém que conhecesse o ritual para iniciar as pessoas como filhos de Aganju. Os velhos *santeros* eram os únicos que conheciam a cerimônia, mas todos haviam morrido por volta da década de 1920 e levado seus segredos para o túmulo. Portanto, é um santo que já não vai na cabeça da pessoa que é iniciada. Em outras palavras, e tomo a liberdade de empregar um conceito médico moderno, procura-se um santo mais próximo, neste caso Xangô, que é filho de Aganju na *santería*, e inicia-se a pessoa como filho de Xangô, o que é uma espécie de *bypass*. Entenderam? A pessoa fica filha de Xangô e coloca-se nela o *orun* de Aganju, pedindo a ele que transmita a situação a Aganju. Existem santos que passam de orixás a oxás e que são muito fortes, e com o passar dos anos o segredo de sua iniciação se perdeu. Tenho entendido que até as cerimônias de *orun* para Aganju deixaram de ser feitas há dezenas de anos, e que as últimas de que se tem notícia foram feitas na cidade de Pinar del Río em 1959. Essa história, é claro, vai chegar ao conhecimento do frade brasileiro se ele ler estas páginas. Mas lembro que, certa vez, no início da Revolução, contei isso a um de meus colegas da Universidade de Havana, um negro com ares intelectuais chamado Walterio, que depois nomeei embaixador no Marrocos e a primeira coisa que fez foi entrar bêbado com a Mercedes da embaixada de Cuba num mercado cheio de gente e atropelar o alfaiate do rei, que, diga-se de passagem, era o par romântico de sua alteza. Walterio Carbonell. O negro Walterio.

Foi assim, então, que minha mãe teve sua cerimônia, isto é, eu recebi meu santo por meio de minha mãe, que se submeteu ao ritual, teve a cabeça raspada e passou pelo restante da cerimônia, que é secreta. Até trouxeram um *santero* de Havana, um muito renomado. Não consigo saber exatamente se foi Miguelito Febles, que também era babalaô (sacerdote da religião iorubá), ou Taita Gaitán, os dois muito lembrados na década de 1920, ou talvez Antonio Peñalver, se bem que Peñalver era muito novo para essa época; que são os três nomes que por solicitação minha foram localizados (os nomes, porque todos estão mortos) recentemente pela Segurança do Estado por meio de seu Bureau número 3, que atende cultura, religião e esportes. Foram eles que me forneceram também os segredos da famosa iniciação, é claro, mas isso é algo que prefiro não revelar pelo mais elementar respeito. Perguntei a minha mãe se meu pai ficaria sabendo disso. "Pagou tudo", contou ela.

Um Aganju custava trezentos pesos naquele tempo. Uma fortuna para a época. Mas havia santos mais econômicos. Os animais eram muito baratos, ainda mais no campo. Carneiro, galinha, galo, pombo, frango, galinha-da-guiné e tartaruga. Todos são sacrificados. Um carneiro é fundamental para Aganju, penso eu. São oferecidos dois galos. Uma tartaruga. Esta é para Xangô, que come tartaruga. O animal é sacrificado, e há ainda a cerimônia secreta, que não deve ser revelada. Mas o animal é morto ali, e seu sangue é oferecido ao santo, e também não devo revelar o que se faz com os animais sacrificados, que depois têm destinos diferentes.

Quase nenhuma biografia ou relato sobre algum personagem histórico começa com o nascimento do protagonista. Prefere-se iniciar pelo auge de sua vida, para atrair a atenção do leitor, e depois vai-se voltando para trás. Como toda esta parte do nascimento e da infância é mais ou menos igual para todos e a fase um pouco adiante – juventude e vida profissional – é forragem para consumo dos psiquiatras e estudiosos do desenvolvimento da personalidade, vamos tratar dessas partes desconhecidas da história dos indivíduos – neste caso, o indivíduo sou eu –, nas quais se possa localizar o material inédito mais importante, já que todo o resto é abundante de uma forma ou outra nos jornais e nas bibliotecas – e até nas filmotecas e videotecas. E reparem por qual cantinho decidi começar: pelo ventre de minha mãe. Agora continuaremos por outra zona inacessível a todos os investigadores até hoje: minha memória. Minha prodigiosa memória. Da qual, se quisesse descrever com exatidão o local em que é armazenada sua informação, diria que é do lado absolutamente oposto àquele em que se produzem as notícias. E nada de interpretações. Só fatos. De qualquer modo, meu panteão privado de divindades e deuses encarregados de meu destino foi incrementado naquela noite, umas 48 horas antes do meu triunfo. San Fidel de Sigmaringa. Esse foi o primeiro. Lembro que quando era novo meus pais me diziam que o dia do meu santo era 24 de abril, e no almanaque aparece san Fidel de Sigmaringa.

"Não existem predestinados. Existem decisões", disse para minha mãe naquela noite, lá pelas dez da noite, um pouco antes de partir de volta para a casa de Ramón Font, o administrador da usina América, onde havíamos colocado o comando para o cerco de Santiago. Eram, no mínimo, duas horas de trajeto. E com as luzes apagadas, por aqueles caminhos vicinais, era muito perigoso. "Não existem predestinados, mãe. O que existem são decisões."

Então sorri. Precisava acrescentar alguma coisa. Para agradá-la:

– E bruxaria e Universidade de Havana.

2. APOSENTOS NA GRAMA

Vamos falar com toda a clareza. Não acredito, em absoluto, que a Revolução Cubana teria existido sem mim. Essa é uma ideia permanente da minha presença neste mundo e do meu caminhar pelo tempo, dos quais este livro deve oferecer muitos exemplos. De fato, tomei todo o cuidado para que minha história fosse a história contemporânea do país. Digamos, a nova história do novo país. Daí a sequência de enormes edificações que constituem meus próprios monumentos no território nacional. Quase sempre são lugares que tomei de assalto em alguma operação ou nos quais estive preso. Tínhamos o problema de que os últimos momentos importantes de nossa nacionalidade, pelo menos do ponto de vista histórico, haviam sido produzidos na guerra da Independência contra a Espanha, a que terminou em 1898, quando houve a intervenção americana. José Martí foi o grande herói daquela jornada. Mas, meio século depois, com o triunfo da Revolução Cubana em 1959, Martí tinha apenas uns quatro monumentos em todo o país, todos muito modestos: um de sessenta metros quadrados numa pedreira, onde, quase uma criança, cumprira pena de trabalhos forçados quebrando pedras – nas chamadas pedreiras de San Lázaro –; outro, a sua casa natal, numa ruela de Havana (Martí, como podem comprovar, era de Havana); e mais outros dois, um mofarento monumento no local onde havia caído abatido pelas balas dos peninsulares, em Dos Ríos, e o túmulo no cemitério de Santa Ifigenia, em Santiago de Cuba. Este último, o mais pretensioso de todos, projetado e esculpido por Mario Santí, artista cuja vida tornamos impossível no início da Revolução, até fazer com que emigrasse, devido à sua conhecida ligação com o governo de Batista. O mármore e uma tonelada de prosa manuscrita, tão variada como densa, e na qual se fez referência a quase tudo o que há de humano e divino, contribuíram para suprir as deficiências de imagem de José Martí, que era um homem de baixa estatura, cabeçudo e com uma expressão de espanto por causa de sua combalidíssima dentadura.[2] Não obstante, cabia perfeitamente na descrição que alguns fazem de um santo. Martí, afirmavam, "era um santo". Apesar de seu físico e estatura – devia bater no meu estômago, e eu precisaria me ajoelhar para poder beijá-lo ou para lhe dar alguma de nossas condecorações –, não desdenhei de suas possibilidades (e a forma inexplicável pela qual os cubanos haviam decidido que era a figura a ser venerada) e fiz com que me acompanhasse em todo o meu programa político. Mas fui muito além dos devotos seguidores da República quanto aos monumentos. Era nossa necessidade. Precisávamos criar uma nova mitologia histórica num país que durante seus últimos cinquenta anos havia tido como figuras paradigmáticas anunciantes de cigarros ou de cerveja pela televisão, ou figuras importadas dos times americanos de beisebol ou dos palcos espanhóis. Yogui Berra ou Los Chavales de España entravam nessa categoria. Assim, me atribuí a tarefa de criar minha própria monumentalidade. E muito consciente de que devia ser dotada do sentido da dor e do sacrifício e que fizesse brilhar o sangue. Tudo quanto é lugar onde participei de combate ou estive preso foi convertido por mim num espaço de paredes revestidas de gesso, ascético e num símbolo de minha presença na política deste país. O quartel Moncada, que abrigava todo um regimento, é um monumento a mim, pelo fato de eu tê-lo tomado de assalto. A pequena granja de Siboney, uma área na periferia de Santiago de Cuba, de onde saí para o combate do Moncada, é outro monumento; e toda aquela estradinha entre Siboney e Moncada está devidamente marcada por grupos de esculturas e tarjas simbólicas. O presídio político de Isla de Pinos é um monumento, pois ali cumpri durante uns três anos uma pena, finalmente comutada, pelo assalto, e que me proporciona um altar de 40 mil metros quadrados, que incluem suas quatro galerias circulares de seis níveis cada, com capacidade para 6 mil presos, mais seus edifícios centrais e administrativos e as cocheiras. Sierra Maestra, Playa Girón, algumas ruas e lugares de Havana – como o cruzamento das ruas 12 e 23, onde declarei o caráter socialista da Revolução –, ou o apartamento de Abel Santamaría, um dos meus companheiros no assalto ao Moncada, estão devidamente convertidos em monumentos. É uma espécie de história que se encontra aonde quer que você vá no país. A história, imponente e inacessível, como deve ser, digamos, para os infelizes mortais, que é uma história equivalente à dos césares e imperadores. Então, vem qualquer presidente africano ou algum dos idiotas senadores ianques e eu os levo para o *tour* do quartel Moncada, e me movimento pelas minhas próprias imagens que cobrem as paredes como se eu fosse uma revelação, uma criatura que efetivamente está no bronze, mas que além disso agora fala com você com toda a familiaridade, e fala de igual para igual, com o braço ao seu redor, e você de repente entende que está ungido pela glória, pelo peso desse braço que descansa, fraternalmente, sobre seus ombros. De alguma maneira, por um instante, eu permiti a você entrar num domínio que é exclusivo dos deuses. O golpe de misericórdia, é claro, eu deixo para o fim do percurso, quando exijo que seja aberta a urna que guarda meu rifle de caça Remington 30-06 com mira telescópica, que eu carregava na guerra da Sierra e que fica exibido ali, um tanto anacronicamente no Moncada, já que é o fuzil de outra batalha. E a urna é aberta. E eu retiro o Remington de seu pedestal. Tomo-o em meus braços como se fosse um bebê de colo. Quase o embalo. Meus olhos brilham e todas as minhas expressões são evocadoras. E então – com todo o cuidado, embora não tenha dado aviso – eu o passo às suas mãos. Excalibur. Você tem em mãos o último equivalente de Excalibur. E agora sei que você é meu para sempre, ao vê-lo balbuciar alguma frase lisonjeira por esta honra que você mesmo chama de inesperada e imensa.

Um problema, sem dúvida, foi o lugar em que nasci. Embora seja adequado e necessário que todo prócer tenha um local de nascimento, nesse sentido Birán tem alguns inconvenientes. Primeiro, o pragmatismo daquela casa, empoleirada em plano mais alto para poupar os alicerces e aproveitar como estábulo o espaço embaixo do piso, carece de estética. Segundo, tudo aquilo lá embaixo esteve sempre atulhado de gado e de esterco. Era uma casa dura, de um homem muito duro, onde comíamos em pé e onde ainda lembro de minha mãe espantando as galinhas das poltronas para que as muito raras visitas pudessem se sentar e, mesmo assim, tomando muito cuidado para evitar os usuais depósitos de cocô de ave. Embora atualmente haja uma placa na estrada de acesso – a menos de cem quilômetros de Banes – que anuncia meu lugar de nascimento (com a patente militar de comandante em chefe da Revolução e uma frase que diz: "Sítio Histórico de Birán"), na realidade o espaço não fica aberto ao público e me faz lembrar que eu mesmo me encontro em trânsito em direção ao monumento definitivo. O máximo que tenho ali atualmente é uma corrente que impede a passagem dos visitantes e uma patrulha de guardas do Ministério do Interior. É assim, de momento, que se controla o acesso ao lugar. Um aspecto que me preocupava era a rinha de galos onde meu irmão Raulito passou metade da juventude. Era fanático por galos. Acabei com essa e com todas as outras rinhas do país. Mas Raulito também terá seu monumento, de segundo homem, sem dúvida o que lhe cabe, que é o túmulo que o aguarda na Segunda Frente Oriental Frank País, sua zona de guerrilha na luta contra Batista, e que ele mesmo mandou preparar. E conseguimos preservar a escolinha de Birán, onde estudei as primeiras séries. Dentro da escola, as carteiras, a lousa e o mapa-múndi são os mesmos que conheci na infância.

As escolinhas rurais são lugares formidáveis para monumentalizar uma personalidade. Mais adiante explico por quê, principalmente no meu caso. Embora na realidade a escola tenha sido o lugar de onde eu fugia para minhas aventuras e também desde bem cedo – talvez cedo demais para as duas coisas – para sair com putas. Advirto que minha primeira relação com uma mulher não foi paga e tampouco se deu num prostíbulo. Se bem que eu acho desnecessário colocar no lugar em que perdi minha virgindade uma placa comemorativa que diga mais ou menos: "Local histórico onde o comandante em chefe enfiou pela primeira vez seu pintinho entre duas nádegas." Foi num rescaldo de um canavial da fazenda de meu pai, sobre a grama, e com uma senhora, empregada da minha casa – mais velha que eu, certamente. Eu não devia ter mais de 7 anos.

Ángel Castro começou sua saga particular num cruzamento de caminhos desolado, de terra dura e quase metálica, vermelha e coberta por lascas de ferrita. Já era um veterano colono quando eu nasci. Desde que passei a fazer uso da razão, ouvi-o mencionar seus oitocentos hectares e os 10 mil que tinha arrendado de uns generais cubanos da guerra contra a Espanha. É difícil, se não impossível, determinar agora de onde esses soldados da liberdade tiraram 10 mil hectares de terra para lhe arrendar. Quando tive um pouco mais de juízo, eu lhe disse: "Pai, o senhor é dono do território de um país." Como morreu em 1956, estando eu nas alturas da Sierra, talvez isso tenha lhe poupado um desgosto. O de ser acordado numa manhã em seu arejado quarto pelo cheiro adocicado da cana--de-açúcar queimada, quando mandei um destacamento da guerrilha incendiar a plantação – para dar um exemplo a todos, o exemplo de que a guerra era total. De alguma maneira o pó voltava ao pó. Não posso assegurar a vocês agora que meu pai teria me compreendido. Dois anos depois, implantei a Primeira Lei da

Reforma Agrária – para acabar com os latifúndios. Na fazenda de meu pai, em Birán, procedeu-se do mesmo modo que no restante do país. Então, finalmente fiquei sabendo o montante de suas propriedades: 777 hectares e outros 9.712 hectares que havia arrendado permanentemente em fazendas de cana vizinhas – supostamente dos generais do Exército Libertador. Quanto à minha mãe, Lina Ruz, o Governo Revolucionário respeitou a propriedade da sua casa familiar até sua morte, em 1963. O local agora pertence ao Conselho de Estado – órgão executivo máximo do Governo –, do qual sou presidente. O casario de Birán e a casa da fazenda Manacas vão virar atração turística, onde os visitantes pagarão o ingresso em dólares. Se bem que, por sugestão minha, a entrada para estudantes dos ensinos fundamental e médio será gratuita.

Há pouco tempo, decidi fazer um breve passeio até Birán.[3] Mas como algo íntimo, fora do olhar dos curiosos. Já havia ido lá antes com o escritor colombiano Gabriel García Márquez.[4] Minha intenção era demonstrar a ele que Birán, no que se refere a solidão, natureza e personagens, podia competir com a sua Aracataca natal. Lembro o rosto de curiosidade, até ansioso, de Gabriel quando lhe dava acesso ao interior da casa, como se desse modo eu verdadeiramente estivesse dando a ele um acesso aos mais recônditos segredos de minha infância. Foi no dia em que completei 70 anos, em 1996. Mas meu propósito de comparar Birán a Aracataca tropeçou com a teimosia unilateral do pensamento do colombiano. Ele, empenhado em descobrir os rescaldos das minhas origens. Eu, em ganhar do povoadozinho dele em potencial de maravilhas latentes.

– Gabriel – disse eu –, ninguém poderia imaginá-lo sem aquele lugar... Como se chama? Aracataca. Sem Aracataca.

– Uhum – respondeu.

– Sem aqueles empoeirados caminhos que você descreve – continuei. – Mágicas e antigas lembranças de Aracataca.

– Sim – concordou.

Em cima da mesa há duas fotos, em preto e branco, devidamente emolduradas. Numa delas está meu pai montado num cavalo branco, de polainas e chapéu. Sério. Olhar de homem que manda. Há uma declarada arrogância na foto.

– São como revelações da região mais recôndita da sua sensibilidade – continuei, em tom inspirado.

– Fidel – perguntou-me, radiante de felicidade, e até com certa compaixão.

– Quem é este senhor, Fidel? É seu pai, Fidel?

– Meu pai – respondi, sem prestar muita atenção.

Tive que percorrer devagar e quase solenemente o silêncio aromático da casa-grande de madeira de pinho e procurar a partir da janela a sombra do pontal alto da primeira escola e os sons intermitentes do telégrafo, levantando o olhar sobre os cedros até abranger toda a paisagem ondulante e próxima dos Pinares de Mayarí, para soltar, depois de um suspiro de bicho:

– Birán foi minha Aracataca.

– Uhum – repetiu Gabriel.

Ia me referir às chuvas de pássaros, aos temporais infinitos, aos seres mesquinhos ou angelicais, às histórias tristes, aos insuportáveis calores de meios-dias desabitados e às críveis levitações de sua literatura, quando ele se deteve pela segunda vez.

Na outra foto, minha mãe sorri, vestida de branco, jovem, linda.

– A senhora sua mãe, Fidel? É ela?

– Pois era aqui que eu morava, Gabriel – disse eu. – Rodeado pelas pessoas da comunidade canavieira e próximo das manhãs frias, dos lamaçais do terreno e dos vendavais de verão. Copiou, Gabriel? Você me entende?

Nessa última viagem, sozinho, quis recuperar eu mesmo a consciência de algumas coisas. Essa é talvez a possibilidade mais espantosa de todas as experiências às quais apenas eu neste mundo tenho acesso, e é a de me deslocar por uma espécie de principado que é um museu de mim mesmo. A experiência de poder comprovar quase todos os passos da sua existência, o tato de quase todos os objetos que você tocou, a trajetória de quase todos os caminhos que percorreu. É o caso de Birán. Se quero me sentar na cadeira de mogno de sala da minha casa com a mesma bola de pano com a qual me entretinha fazendo-a bater contra o teto há setenta anos, posso fazê-lo a meu bel-prazer, quantas vezes quiser. Só vai faltar a voz. De minha mãe, mandando parar a brincadeira antes que eu quebrasse algum de seus enfeites, que também sobreviveram setenta anos, as flores de papel, os jarros chineses, talvez ainda à espera de que o comandante em chefe volte a ser criança e os destroce com um arremesso mal calculado de sua bola. E faltará também o cheiro familiar e permanente, para sempre estabelecido como a melhor lembrança, das açucaradas bananas maduras fritas num mar de banha de porco junto com pequenos pedaços de toucinho. Os senhores vão achar que é mentira. Mas, em meio à Crise de Outubro de 1962, minha mãe me mandou um recado, que eu lembrasse que ela estava na casa e que procurasse fazer com que "minha nova guerrinha" – foram suas palavras – não afetasse a propriedade e suas "porcelanas", como aconteceu com a campanha da Sierra, quando queimamos alguns dos – seus? nossos? – campos de cana. Depois desse recado, virou para mim um pensamento recorrente que um foguete americano de porte médio com cabeça nuclear de meio megaton viesse finalmente a reduzir a cacos o jarro chinês preto do furioso dragão de papel crepom e rebites dourados sobre a despensa.

Assim, cheguei a Birán e, depois de mandar abrir as janelas e dar um tempo para que o lugar se arejasse, deixei a escolta fora e me apresentei diante dos meus fantasmas. Não me lembro de outra vez na minha vida em que tenha ficado absolutamente sozinho nesse lugar. Registro. Inspeciono. Determino.

O dormitório de meu pai. O berço de ferro em que fomos criados todos – em nossos primeiros meses, antes de sermos despachados no ritual contínuo de que já havíamos crescido o suficiente e que era imprescindível abrir espaço para o novo bebê a caminho, os nove filhos de meu pai, os dois de seu primeiro casamento, com María Luisa Argota, e os sete do segundo, com minha mãe – está ao pé da cama de casal, como é de praxe. Foi o berço que ele mandou fazer por dois pesos numa serralheria de Cueto. Colocou-o ao pé da mesma cama inalterável, onde com duas mulheres diferentes nos concebeu a todos. Era como um símbolo da fertilidade, tosco e protegido por tinta antiferrugem, mas desenhado com precisão: o berço ao pé da cama de casal. Além do mais, o berço ficou ali mesmo depois que minha mãe pariu Agustinita, a última da nossa estirpe. Enquanto eu contemplava a engrenagem da cama e do berço, estabelecida na rigorosa ordem de meu pai, me perguntava sobre a lógica de terem deixado ali um berço vazio para acompanhá-los na velhice. Naturalmente, no dia da minha visita, a cama de casal também estava vazia e a presença daquelas crianças que tiveram um peso, uma umidade e uns brios não conhecia sequer a situação de maior proximidade com a matéria, que é a de ser uma lembrança recente, e careciam, sem dúvida, de toda vigência por estarem onde estavam, que era o mesmo lugar onde se encontravam antes de terem nascido. E não ocupavam espaço algum sobre os lençóis amarelados e estendidos pela última vez havia trinta anos por um oficial do Ministério do Interior de qualquer unidade próxima, que fora incumbido de cuidar da instalação.

Agora preciso contar uma coisa. Na realidade, todo esse mundo pelo qual me desloquei nos parágrafos anteriores não tem correspondência com nenhuma realidade tangível. Nenhum desses móveis foi ocupado antes pelo peso de ninguém, nem essas roupas foram vestidas ou ficaram dependuradas nos ombros de ninguém, nem estes utensílios ferveram nossos alimentos. É uma casa com objetos cenográficos, como um set de cinema – no qual tudo é igual, mas falso –, reconstruída após a vitória da Revolução e com a qual sempre guardei uma distância prudente, num gesto que deve ser interpretado como de inequívoca modéstia. Creio que os companheiros do Partido na região, das Forças Armadas e do Conselho Nacional de Cultura, com a colaboração de meu irmão Ramón e das outras irmãs disponíveis e antigos serviçais da casa, contribuíram com suas lembranças e algumas fotos. Porque toda a casa de Birán desapareceu em menos de uma hora na noite de 3 de setembro de 1954. Raúl e eu estávamos presos na Isla de Pinos e ficamos sabendo disso poucos dias depois. Acredita-se que o incêndio começou pelo sótão. Meu pai se esqueceu de apagar um de seus charutos no criado-mudo, junto à luminária. O tapete embaixo dela foi a primeira coisa a pegar fogo. Este transmitiu imediatamente as chamas para as tábuas do piso e para as paredes de pinho da casa. Poucos móveis se salvaram. O fogo estilhaçou e pulverizou os vidros e os espelhos, e se alastrou até transformar em pó as cartas e fotos da família e a coleção de estojos de charutos de cedro de meu pai e as gravuras religiosas de minha mãe, além das tábuas da escada do terraço e das traves de *caiguarán*. Só o berço de ferro em que nascemos manteve sua estrutura, se bem que ninguém pôde encostar a mão nele durante uma semana.

Não houve vítimas, e meu pai tampouco abandonou o hábito de fumar pelo período que lhe restou de vida. Mas, naquela manhã – soube disso depois pela boca de minha mãe –, ele olhou para as ruínas fumegantes de sua casa e para as vigas de *caiguarán* carbonizadas, pelo menos em sua casca externa, que ainda se erguiam para o céu, e murmurou: "É o princípio do fim." Mudaram-se para uma construção de dois andares que ficava junto ao pátio da casa desaparecida e que chamavam de La Paloma, porque era esse o nome do bar que ocupava o térreo, também de propriedade de meu pai. Um vizinho, Cándido Martínez, que era carpinteiro, só precisou de três dias para fazer as novas divisões da casa em cima do bar. Depois construiu grandes armários e cômodas, camas largas de mogno e criados-mudos. Outro vizinho, Juan Socarrás, pintou tudo de azul. Transportaram as coisas que tinham sido salvas milagrosamente do incêndio e que haviam encontrado seus próprios nichos de salvação enquanto as chamas faziam soltar as tábuas das paredes e retiravam toda a sustentação dos pisos, e as grossas travas de ferrovia utilizadas como pregos se inflamavam até ficarem cor de brasa e se soltavam como balas das vigas onde haviam estado enfiadas até a cabeça por meio século. E se dava o desabamento. As peças foram aparecendo nos trabalhos de limpeza dos escombros. O berço de ferro, umas bolas de pano e o jarro dos desvelos de minha mãe.

Agora, pensando bem, acho que minha visita de 1996 não fez mais do que intensificar a falsa autenticidade do lugar, pois, ao rememorar alguns detalhes esquecidos pelos outros e – como sempre acontece comigo – ao procurar uma perfeição que só existe em minha memória e que se produz ao sabor dos jogos de luzes e sombras do meu passado, obrigando com isso brigadas inteiras de subordinados meus a materializar esses arranques de lembranças que me surgem ao ver o lintel de uma janela ou a projeção de um facho de luz solar sobre o piso de tábuas de pinho, não faço mais do que obrigar a reproduzir algo que talvez nunca tenha existido com certeza e que o cérebro de um homem com seus já 70 anos acredita armazenar com toda a exatidão. Por outro lado, trata-se de tarefas muito complexas. Em que lugar a Segurança do Estado poderá arrumar a réplica de um brinquedo como um carro de bombeiros da brigada de Edimburgo fabricado em 1932 na Inglaterra pela Lledo Company, para voltar a colocá-lo sob os pés de uma poltrona da sala, que era onde me lembro de tê-lo visto por uma eternidade?

O posicionamento do berço – na réplica do lugar onde hoje se encontra – regia-se por um princípio básico estabelecido por meu pai. Ele dizia que todos os filhos seus que fossem criados em seu quarto e respirassem seu ar seriam saudáveis e inteligentes. O berço recebia em cheio o benefício daqueles benditos alísios.

As janelas. Estas demonstravam a sabedoria com que meu pai levantou sua casa e estabeleceu sua mecânica ambiental, principalmente a do seu quarto. Ali ele dispôs uma janela na direção exatamente oposta à da outra – para criar uma corrente de ar, fluida e sem entraves de curvas ou obstáculos. Uma era voltada para o nordeste, a direção predominante do vento, e a outra lhe franqueava a passagem, desafogava-o, pleno e vigoroso, sobre as terras do sudoeste. De que maneira esse ar impossível de ser detido nos abastecia de inteligência foi algo de difícil aceitação para mim durante anos. Depois, ponderei os efeitos das partículas de mineral e do espírito da seiva dos pinhos que aqueles alísios de nossa respiração recolhiam na cordilheira próxima dos Pinares de Mayarí antes de

48 A AUTOBIOGRAFIA DE FIDEL CASTRO

arremeterem sobre o aposento, ali onde qualquer um poderia incorporá-lo à sua corrente sanguínea, e a poucos palmos de distância de onde um rude recruta galego das tropas de Valeriano Weyler montava suas cubanas.

Coitado. As circunstâncias o impediram de morrer naquela cama. Teria sido melhor, mais confortável, ali mesmo, apesar de que esses ventos lhe teriam sido inúteis e alheios naquela manhã de 21 de outubro de 1956, pois deles teria apenas retido a exígua baforada que lhe reclamavam seus avermelhados pulmões, vermelhos e sangrados pelo consumo contínuo – inclusive nos dias de catarro e gripe – dos 90.500 Cazadores de Pita fumados durante a vida, antes de afundar sua dura cabeça, pelo cangote, no travesseiro de listras azuis e deixar escapar um chiado, como se desinflasse. Não pude estar presente. Preparava-me no México para desembarcar minha guerrilha na Sierra Maestra quando recebi o telegrama de minha mãe.

Birán era uma colônia. Era assim que chamavam as fazendas dedicadas ao cultivo da cana-de-açúcar. Colônias. Birán fazia fronteira com as colônias da United Fruit, por um lado, e com as de Fidel Pino Santos, um poderoso cubano de nascimento, pelo outro. Don Fidel Pino Santos, depois um conhecido representante do Partido Autêntico, foi a pessoa que ajudou meu pai a se levantar de verdade na vida. Emprestou dinheiro a ele. Aconselhou-o. Se bem que seus empréstimos tinham juros nada generosos – de até 6%. Além disso (preciso contar a história inteira), quando meu pai começou a namorar minha mãe, que tinha sido colocada como empregada na casa, don Fidel namorava uma farmacêutica de Santiago de Cuba, e os dois aproveitavam e iam juntos farrear em Santiago. Meu pai era casado com uma senhora de nome María Luisa Argota, com a qual teve dois filhos: Lidia Castro Argota, apelidada de Chiquitica, e Pedro Emilio Castro Argota. É, minha mãe era a empregadinha. Acho – como costuma ocorrer nesses casos – que foi a própria María Luisa quem lhe deu o trabalho. Minha mãe viera de Pinar del Río, era uma camponesa muito pobre, quase analfabeta, procurando oportunidades naquela região do leste de Cuba, onde surgira uma espécie de febre do ouro com a indústria açucareira. A casa dentro da qual iria trabalhar minha mãe era o feudo de dona María Luisa, e minha mãe seria a moça que no fim das contas Ángel não podia agarrar ali. Eu, com minhas próprias escaramuças com outra empregadinha, conheceria anos mais tarde as dificuldades de um casal ilegal sob teto parcialmente alheio. Claro, o maior problema de casa era o ressoar dos passos sobre a madeira. A casa inteira era de madeira de pinho, se bem que os móveis, exceto nosso berço, eram de mogno, e, como a casa não tinha alicerces e ficava sobre aqueles longos pilares, o som não encontrava nenhuma barreira ou amortecimento. Os passos ressoavam em todas as direções e você podia distinguir quando era uma das criadas – habitualmente contratavam-se uma ou duas a cada certo tempo para ganhar seus doze ou quinze pesos mensais, mais comida e teto –, porque andavam descalças e porque quase sempre seus passos eram acompanhados por alguma cantoria, que elas mesmas entoavam, quase sempre rancheiras mexicanas. Por outro lado, a estrutura de distribuição dos cômodos era elementar demais e não oferecia nenhum tipo de esconderijo seguro. No primeiro andar, num primeiro aposento, guardavam-se os remédios, no chamado quarto dos remédios; depois vinha o banheiro; em seguida, uma pequena despensa e o corredor, que dava para a sala e a cozinha; e entre a cozinha e a sala ficava a escada que levava até a terra, lá embaixo. Acrescentou-se uma espécie de escritório no primeiro andar. No segundo nível, ou entrepiso, do lado esquerdo, ficava o quarto das quatro filhas de meu pai com a minha mãe (Angelita, Juanita, Emma e Agustina); à direita, em outro quarto, uma cama para o mais velho, Ramón, e outra que eu dividia com Raúl. No fundo, dominando o ambiente, o quarto grande do casal. Por último, sob um teto levemente piramidal, o sótão.

Volto a don Fidel Pino Santos. Ele tinha muitas fazendas no Leste. E era uma das pessoas que emprestava mais dinheiro sob hipoteca, e navegava com uma sorte extraordinária, já que costumava hipotecar clientes morosos no pagamento, de modo que acabava ficando com muitas das propriedades que hipotecava. Eu me encantava ao vê-los bater papo, e principalmente com o modo como exibiam os respectivos brilhantes da mão direita no decorrer do diálogo, como quem não presta atenção ao relampejar das joias. Os dois com seus brilhantes. Don Fidel e don Ángel. As pessoas do campo usavam brilhantes para, caso lhes ocorresse algum percalço, terem algo como garantia. Don Fidel usava dois, *dois brilhantes*, um no dedo e outro na gravata. O uso dos brilhantes tinha sua lógica e demonstrava que seu interlocutor era um homem previdente. Se por uma má jogada da sorte você ficasse sem dinheiro ou sem nada do que estivesse levando, com o brilhante teria alguma coisa para fazer dinheiro rapidamente. Era útil também para poder sobreviver em épocas ruins. Nesse sentido, com seus dois brilhantes, don Fidel podia ser catalogado como duplamente previdente.

Ele foi meu primeiro padrinho. Em Cuba, essa era uma figura muito importante na estrutura familiar e atendia a aspectos totalmente práticos. Tinha origem, é claro, na amizade. Você nomeava como padrinho um amigo seu, para que ficasse responsável por seu filho – a quem você dava o primeiro nome do padrinho. Mais do que apenas representá-lo na hora do batizado, o acompanhamento que deveria lhe dar ao longo da vida tinha que ser digno da confiança depositada. E, principalmente, o padrinho deveria se fazer presente diante de qualquer dificuldade econômica do afilhado. Quem é que você escolheria para padrinho do seu filho? Quem melhor do que seu melhor amigo? De fato, o padrinho era investido para os efeitos de uma paternidade emergente. Mas meu pai teve algumas dificuldades com a questão da celebração de meu batizado, pois ainda não havia conseguido se divorciar de María Luisa, sua mulher anterior. Por isso, o apadrinhamento de don Fidel foi ficando no esquecimento. No fim, quando as cerimônias de praxe puderam ser celebradas e os padres aceitaram realizá-las, don Fidel Pino Santos foi designado como padrinho de Raúl. Não sei como meu pai se virou para convencê-lo de que agora o afilhado era o *mojonete** do Raúl, mas foi assim que as coisas se passaram. Em suma, eu não acho que don Fidel estivesse muito preocupado em saber quem era o *cabrón* do afilhado que don Ángel lhe estava despachando. Luis Hibbert. Era esse o nome daquele que finalmente foi designado meu padrinho. Era o cônsul do Haiti em Santiago de Cuba e era parceiro de meu pai na importação de mão de obra barata do Haiti para os três ou quatro meses de safra. Como eu tinha uns 7 anos na data do batismo e já tinha sido registrado nos livros de Birán como Fidel Alejandro, meu pai não teve muita margem para mudar meu nome para Luis Alejandro Castro Ruz. Mas sei que acalentou a ideia. Pelo menos um dia me perguntou se não teria me importado em me chamar Luis. Porque, segundo disse, para ele não fazia diferença chamar-se Ángel ou Fulgencio. Mas, como, sem dúvida, se tratava de uma conversa entre galegos, eu acho que o que o deteve foi minha resposta. Perguntei quanto me oferecia para me chamar Luis e quanto por Fulgencio.

Há pouco tempo, disse a uma simpática jornalista venezuelana, que parecia ter tomado um banho de Chanel, que perdi a virgindade aos 7 anos e com uma mulher mais velha. Estava falando de Nereida. A jornalista havia tentado me surpreender com a pergunta mais provocadora, imagino, de todo seu arsenal: "Comandante, o senhor é circuncidado?" É claro que não sou. Mas não respondi, pelos menos de imediato. Pensei, além disso, que provavelmente ela quisesse

---

* Literalmente, "titica". (N. do T.)

averiguá-lo por si mesma, por isso fiz os sinais correspondentes ao chefe da escolta – o coronel José Rodríguez, Joseíto – para que fosse criando as condições – em alguma das minhas casas nos arredores de Havana aptas para esse fim –, caso houvesse um contato próximo com a moça. Também, a partir de uma sinalização minha, Joseíto tinha que colocar em ação o mecanismo de varredura profunda de informação. Se ela estava numa recepção comigo, no Palácio, já teria passado com sucesso pela primeira prova. Não era uma assassina contratada pela CIA. Mas tratava-se agora de deitar com ela. Isso implicava algo mais severo. Desde despachar um grupo de rastreamento (brigada de registro secreto, é este o nome) para vasculhar todo o seu quarto no hotel (coisa que de qualquer modo já deveria ter sido feita como rotina, umas duas vezes pelo menos: primeiro, em sua chegada ao país, e depois, quando foi convidada para a recepção) até provavelmente a convocação do embaixador da Venezuela ou de qualquer um dos nossos contatos nessa sede diplomática. Trata-se de averiguar, em duas horas, tanto o potencial de recrutamento do inimigo quanto o potencial de aquisição de gonorreia, sífilis e principalmente aids de um alvo estrangeiro, venezuelano, nesse caso.

Devo admitir que a pergunta da circuncisão me pegou de surpresa. Mas, além disso, tudo o que tem a ver com a parafernália judia tende a me tensionar, no mínimo, ou a me pôr em estado de alerta, desde que na minha juventude, quando nos mandaram, Raúl e eu, estudar em colégios católicos de Santiago de Cuba, os outros garotos – para zombar de nós por não termos ainda sido batizados – nos chamavam de judeus. E, de qualquer modo, de todas as possibilidades, a última que Birán teria aceitado seria que me cortassem, à faca, um pedaço de pele. Para minha mãe, como soube depois que acontece também com a maioria das mulheres cubanas, o que mais despertava preocupação em seus filhos era sempre o aparelho reprodutor. Não era a dentição, nem o despertar da inteligência, nem que rachássemos a cabeça ou quebrássemos um braço ao cair de uma árvore ou de um cavalo a galope. Não. A preocupação delas era que o instrumento estivesse sempre limpo e com talquinho, e que no fim da adolescência tivesse adquirido dimensões satisfatórias. Acho que ficam mais excitadas diante da presença dos primeiros pelos pubianos de um filho do que quando contemplam os do homem com o qual vão deitar pela primeira vez. Quando isso acontecia, quando consideravam concluído o desenvolvimento e comprovavam que o rapaz dispunha de uma vara consistente, isto é, com os componentes de tamanho, grossura e irascibilidade aprovados, encerravam o capítulo para sempre. Em Cuba, um homem está feito não quando tem sua primeira mulher, mas quando a mãe para de ficar verificando seu pinto. É como passar a tocha para a próxima que vier. Para minha mãe, a única, a verdadeira preocupação depois de meu fracassado assalto ao quartel Moncada era que os capangas de Batista não me tivessem castrado. Perguntou-me isso sem rodeios na primeira visita que lhe permitiram fazer na prisão de Boniato, antes do julgamento: "Esses filhos da puta não lhe cortaram os ovos, cortaram?" Era uma possibilidade. Vários dos nossos companheiros no assalto foram emasculados, e alguns de seus cadáveres apareceram – nas sarjetas de estradas afastadas – com os testículos enfiados na boca. Também, desde que eu estava na Sierra Maestra, meus testículos foram um dos principais objetos da propaganda negra do inimigo. Mais que meus testículos, a ausência deles. Porque foi o boato que os batistianos fizeram correr. Que eu era como um eunuco lá no alto da Sierra. Diabólico. Mas eunuco.

Era uma garota do tipo que os cubanos chamam de chinoca, pelos traços de aborígene cubano que ainda restam em algumas pessoas do país, se bem que muito poucas. Os conquistadores espanhóis extinguiram os índios cubanos. Antes eles haviam sido dizimados pelos caraíbas. Só se salvaram das matanças algumas adolescentes, que os espanhóis fizeram suas mulheres, suas escravas, suas putas. Nereida descendia evidentemente de uma delas, e seu físico – pele acobreada, olhos escuros, cabelo preto e liso, de canelas finas demais e seios abundantes – era exatamente a antípoda do tipo de mulher que a partir dela passei a exigir: brancas, olhos claros, cabelos loiros e se possível cacheados, com boas panturrilhas e seios de meia laranja, que aguentem firmes dois ou três partos. Era a empregada que eu ouvia andar, descalça e desinibida, pelos pisos de tábuas de casa. Minha mãe não simpatizava nada com ela. Talvez achasse que tentava provocar meu pai, do mesmo jeito que ela própria o provocara quando estava naquela mesma posição, de empregadinha, embora nunca descalça – ela se refugiava nesse argumento como último bastião.

Mas minha declaração à jornalista venezuelana encharcada de Chanel era um blefe. A tal perda de virgindade foi limitada por minhas reais condições de virilidade, ou seja, as que alguém pode ter aos 7 anos, e também pelo fato inapelável de que um instrumento ainda a ser desenvolvido não nos pode ser útil de modo algum. Quero dizer que não houve penetração. Houve perda de virgindade no sentido de que as ações de roçar e apalpar, que cada vez mais começavam a se estender e se tornavam mais conscientes, eram conduzidas de uma forma cada vez mais deliberada até um clímax, que – com o passar dos anos – aprendi a chamar de orgasmo. O que ocorria era outra coisa. Essas brincadeiras costumavam ser qualificadas como indecências, e a pessoa, por pura intuição, sabia que deveria se manter distante de algo que era uma indecência. Mas acontecia também que o mesmo sistema de intuição deixava você com um certo desassossego em relação às possibilidades de tais indecências. Tudo isso ficava como uma entrada sem solução imediata no pequeno arquivo mental que começamos a desenvolver entre a puberdade e a adolescência, à espera de respostas – as convincentes. Até que um dia, provavelmente de soslaio, você vê o primeiro par de mamilos pretos na ponta de uns seios escorregadios e depravados. Nereida era a empregadinha para quem minha mãe ou uma de minhas irmãs armavam um catre na cozinha na hora de dormir, e que durou um ano apenas em casa, a média de tempo, e de quem comecei a seguir os passos pelos andares e que, sem preâmbulos, me encarou na solidão de um meio-dia e me perguntou se eu já tinha leite. No fim, tivemos nosso ninho de amor numa ponta sombreada do laranjal, sobre a grama, depois de um mangueiral afastado, pelo lado esquerdo da casa, que dava no caminho para Cueto. Ela fingia que ia levar lavagem para os porcos e eu pegava a direção contrária, a do caminho, como se fosse caçar pombos, e então, a partir de determinado ponto, desviávamos ambos, ela para a direita e eu para a esquerda, até nos encontrarmos na encruzilhada – invisível, mas exata – de nossa convergência, onde o laranjal nos provia de sombra e de ar fresco e nos ocultava. A primeira mulher que me enfiou a língua na boca, me manipulou entre as pernas, me apertou os testículos, me fez o que ela chamou de uma *paja de capullito** – ou uma *pajita de capullo*, não lembro em que posição ela punha o diminutivo – e que me beijou as partes, lambeu e enfiou meu pinto na sua boca e se dedicou a chupá-lo até que, finalmente, depois de semanas de esforço, me extraiu as primeiras temerosas gotas de um líquido entre gorduroso e aquoso que descartei de imediato como xixi e que fez com que ela, satisfeita com sua aparição, exclamasse "Seu leite!" foi Nereida. A primeira mulher de quem senti o latejar da vulva, na qual enfiei os dedos entre as nádegas e em quem descobri o anel de cobre que ela disse ser o seu cu e onde pediu que eu enfiasse o dedo sem dó, e em quem encostei e me esfreguei, sentindo-me lambuzar de outro líquido também gorduroso e aquoso, mas no seu caso bem mais gorduroso que aquoso e

---

* Literalmente, uma "punheta de botão em flor". (N. do T.)

que já não foi preciso descartar como urina, foi Nereida. A primeira mulher com quem experimentei o arrependimento instantâneo e o pavor por todas as ações que acabávamos de protagonizar sobre aquele tapete de grama foi Nereida. E a primeira mulher de quem senti necessidade de voltar imediatamente para perto a fim de continuar na faina de tais indecências, já que as sessões de autorrecriminação e de medo foram etapas logo esquecidas, foi Nereida. Com certeza, os líderes da pátria são ingratos com a primeira china que lhes tirou o pintinho da toca. Não há estátuas para elas. De alguma maneira seriam figuras equestres. Elas montadas sobre o líder. Ou o líder montado em cima delas. Não é piada. O que mais se parece com o que estou dizendo são os antigos cemitérios egípcios, que de vez em quando emergem das margens do Nilo e em cujas lápides os maridos que perderam suas mulheres mandaram gravar suas lamentações: "Oh, terna esposa minha, e agora que te encontras no Vale das Trevas, quem saberá preparar-me a carne de hipopótamo como tu fazias?" Está nas lápides de uma das culturas mais antigas do universo. Inscrito na pedra. Eu não posso ser menos nesta hora, enquanto redijo num laptop uma versão contemporânea das tumbas do Baixo Nilo. Enfim, aí vai: Nereida, onde quer que estejas, obrigado pela tua bunda. Fidel.

Tudo era cana. Foi isso que descobri quando o mundo se estendeu para além da região de sombra do tamarindo. Ramón, meu irmão mais velho por parte de mãe, ajudava meu pai na administração. Na verdade, ambos eram condescendentes comigo e não me lembro de jamais terem me pressionado para que me ocupasse de algum trabalho da colônia. A maior preocupação de Ramón como irmão mais velho em relação a me educar como irmão do meio parecia ser que eu não abusasse de Raúl por ser o irmão mais novo. Até aí chegava ele em seus remotos controles pedagógicos. Outra coisa era converter-se numa espécie de eficaz príncipe herdeiro do feudo. Desde que tenho uso da razão, estou vendo Ramón atrás de meu pai. Nas épocas de safra – mais ou menos entre dezembro e abril –, nenhum dos dois parava, porque durante a colheita a usina trabalhava seis dias por semana, 24 horas por dia, quase todos os domingos, e era preciso levar a cana entre as seis da manhã e as seis da tarde, e deixar bastante no *batey*, a vila canavieira, à noite. Assim, eximido de todo compromisso administrativo, para mim, desde sempre, a cana foi paisagem. Uma paisagem que parecia eterna e enfadonha. Eterna e enfadonha. Eterna e enfadonha. Meu pai semeou campos de cana do tipo Jaronú 55 quando eu tinha entre 5 e 6 anos de idade que ainda produziam 70 mil arrobas de cana quando a Revolução triunfou. Isso é factível porque a água de Cuba é altamente mineralizada, e as colônias bem irrigadas e fertilizadas, como as do meu pai, podem produzir até 70 mil arrobas de cana por ano, mesmo admitindo que os ratos (e isso ocorre de fato) comam até 5% da plantação. Claro, quando a produção desse campo baixava para 65 mil arrobas era porque tinha trinta anos e estava para ser desativado. Tudo isso para dizer que, no dia 16 de agosto de 1931, poucos dias depois de eu fazer 5 anos e de meu pai me dar de presente um peso debaixo do tamarindo, enquanto algumas mulheres tiravam a pele dos animais e outras descascavam mandiocas, o único prognóstico de alguma mudança de real significado nos 10.489 hectares de cana do tipo Jaronú 55 que nos rodeavam deveria ocorrer em 16 de agosto de 1961, quando as colônias anunciariam que estavam para ser desativadas pelo fato de sua produtividade cair para 65 arrobas por hectare, e não que eu fosse pronunciar um discurso no teatro da Central de Trabalhadores de Cuba numa concorrida reunião administrativa, expondo todos os fatores sobre o avanço da Campanha de Alfabetização, poucas semanas depois de minha esmagadora vitória sobre a brigada mercenária da CIA na Playa Girón.

Não havia acontecimentos. Havia uma mecânica. Acontecimento foi quando nos preparamos para ir estudar em Santiago de Cuba. O resto, como disse, era mecânico. Uma mecânica concreta e material, de engrenagens estabelecidas e que, como toda verdadeira mecânica, respondia a um ciclo de movimentos, de correspondências, de recebimentos e de entregas. Era talvez uma explicação do universo, e como tal, provavelmente, era uma obrigação ou um *fatum* aceitá-la. Nada podia movê-la, nada podia quebrá-la. Podemos chamá-la de sincronismo, para empregar um termo de perfeito ajuste mecânico. Ou podemos chamá-la de harmonia, para interpretá-la como arte. Compreendi isso em sua absoluta magnitude na tarde em que meu pai me levou ao *batey* do Preston e me mostrou aquelas enormes massas metálicas que no fogo interior da usina moíam sem descanso a torrente de canas que afluía de todas as colônias em volta e que num momento preciso do sistema, num instante inequívoco de criação, consolidavam a mansidão vegetal da cana com o imperativo metálico da usina. Barabooommm!!! Puxada por parelhas duplas ou triplas de bois, do campo até a usina, e posicionada no basculador, a carreta descarrega suas quinhentas arrobas de cana sobre as esteiras alimentadoras. A cana entrará mecanicamente nos moinhos e será prensada por conjuntos de quinze ou mais cilindros de três metros ou mais de comprimento e quase um metro de diâmetro. Na outra ponta da fábrica – de meio quilômetro de comprimento –, sairá açúcar, sem ter sido jamais tocado por mão humana. Também produzirá melaço. As usinas têm caldeiras de vapor para mover os conjuntos de cilindros dos moinhos e para evaporar a água do xarope. O consumo de vapor é igual a 50% ou 60% (495 quilos de vapor por tonelada de cana) do peso da cana. Essa energia consumida representa dez quilowatts-hora por tonelada de cana processada. A água é extraída por vários processos consecutivos de clarificação, evaporação, condensação, cristalização e centrifugação. As caldeiras são usadas para produzir eletricidade quando não se está moendo e usam como combustível petróleo e o produto do descarte da cana (o bagaço). No início do século passado, quando meu pai arou e semeou seus primeiros campos de cana, os engenhos usavam madeira como combustível. Precisavam de 13,42 hectares de bosque por ano para produzir 345 toneladas de açúcar não refinado. Os 13,42 hectares de bosque produziam 12 mil metros cúbicos de madeira. Bosques inteiros de ácanas e de mognos e de *majaguas* e de cedros foram queimados para produzir açúcar. Meu pai, previdente, guardou seus bosques para a indústria de carpintaria. Barabooommm!!! Outra carreta descarregada. Quinhentas arrobas de cana trazidas do campo. Entrarão mecanicamente nos moinhos, serão prensadas por conjuntos de quinze ou mais cilindros de três metros ou mais de comprimento e quase um metro de diâmetro, e do outro lado da fábrica sairá açúcar. Barabooommm!!!

Não ouvi mais falar de Nereida. Diluiu-se naquele mercado de mão de obra barata que flutuava nos arredores de qualquer centro urbano, povoado, aldeia ou simples encruzilhada de caminhos onde se reuniam algumas casinhas e que, no caso das empregadinhas jovens, abandonavam sua característica de força de trabalho flutuante pela de nômade quando viravam putas. A moça provinha desse mercado, e provavelmente foi desvirginada pelo pai ou por um irmão que por milagre não a engravidaram e geraram um desses monstros habituais do incesto, cultura massiva da área rural. Depois, passou pelas duras mãos de grande pressão dos cortadores de cana e foi invadida pelos paus malcheirosos de sabe Deus quantos carroceiros, até que minha mãe a colocou em casa – era essa a expressão, colocar. Então, meu pai e Ramón devem ter lhe dado *linga* – uma deformação, talvez brutal, de *lijadura*, de passar uma lixa sobre o objeto metálico que se quer rebaixar – antes que chegasse às minhas mãozinhas no despertar da puberdade e de eu olhá-la com pena, porque uma mulher como ela era recebida para depois ser convertida em inimiga de toda uma temporada – no caso, minha mãe fez isso – e alvo de acusação de mosca morta e da suspeita crescente de que estava levantando o marido da patroa. Esta era a expressão: levantar-lhe o marido. Não sei em que momento minha mãe achou que a moça representava um perigo – outra das expressões em uso, representar perigo –, a ponto de decidir liquidá-la. E acho que nunca descobriu nada sobre minhas andanças pelo laranjal, o que teria sido um motivo a mais para que a expulsasse de seu paraíso de tábuas de pinho. Minha mãe. Dona Lina. Vivia sob o estigma de seu triunfo.

Duas coisas ficaram claras para mim depois do desaparecimento daquela moça: primeiro, a relação entre sexo e ilegalidade, ou, de alguma maneira, que nunca a cultura humana se revela de forma tão desconcertada como diante da própria carne; e, segundo, que, ao contrário, apesar de todos os infernos que nos dizem que iremos encontrar no fim da jornada em virtude da heresia de confiar nosso inquieto personagem ao meio das coxas de uma jovenzinha, a coisa mais saudável que existe é uma relação precoce com uma mulher, pois isso nos afasta da masturbação. Depois de provarmos essa pele morna e sentir que é ela que nos manipula dentro da portinhola, é muito difícil conseguir superar a experiência com nossos próprios recursos. Um dia, ao voltar da escola, ela não estava mais em casa. Não a vi mais. E também não perguntei por ela. Quando maiorzinho, e principalmente depois que comecei a frequentar uns prostíbulos da periferia de Cueto, compreendi que deveria ter sido esse seu destino final. O puteiro. Com certeza ela esteve presente naquelas incursões, porque – pelo menos das primeiras vezes – me apresentei com meu dinheirinho na mão, o preservativo e a orgulhosa declaração de que já tinha leite. Ao que parece, considerava que era a declaração pertinente e no lugar preciso. Digo frequentar, mas não devemos exagerar. Aconteceu umas poucas vezes. E a operação toda podia sair por um peso. Eu roubava os preservativos de uma gaveta de Ramón, e o dinheiro também, quando o encontrava. Mais ou menos aos 11 anos abandonei a paixão pelas corridas a cavalo pelas chegadinhas, quando podia, aos *balluses* – o termo mais corrente para prostíbulo.

A "escolinha" de Birán não foi a única da minha existência. Quando me casei com Dalia Soto del Valle, perto da casa onde morávamos, na periferia de Havana, pela estrada velha de Santa Fe – o que alguns filhos da puta chamam "o *bunker* de Fidel" (não pensem que eu não sei, seus veados, e que a Segurança não me forneceu todos os nomes dos senhores) –, montei lá uma escolinha para que nossos filhos estudassem, à medida que os fôssemos tendo, e nomeei a própria Dalia como diretora e professora. Inconscientemente, acho, estava seguindo a projeção do feudo. Mas acho que, mais ainda, seguia a estrutura castrense. Um mundo autossuficiente e na defensiva. Dalia tem título de engenheira química, ou seja, é uma pessoa competente para essas ocupações. Se omito a data exata de nosso casamento é para não ofendê-la, pois segurei o matrimônio até depois do falecimento de Celia Sánchez, que era a heroína máxima da Revolução e que me havia acompanhado durante quase toda a campanha da Sierra Maestra e se tornara por seu próprio peso o símbolo feminino ao meu lado durante as duas primeiras décadas do processo. Na realidade, era algo que eu havia pedido a Dalia: não nos casarmos enquanto Celia estivesse viva.

Ali estudavam apenas os filhos de alguns dirigentes muito seletos – filhos de alguns comandantes da Revolução (como Juan Almeida) e de alguns ministros muito eminentes (como Diocles Torralba) e oficiais destacados do Ministério do Interior (como um dos gêmeos De la Guardia). Bem, o que lhes parece? Acabo de citar três exemplos nefastos: o mulato Almeida, porque é um tonto, e os outros dois porque são comprometedores demais desde os processos de 1989: Diocles, condenado por corrupção a vinte anos de cadeia, e um dos gêmeos, Antonio de la Guardia, fuzilado por narcotráfico. Certamente tanto meu pai como eu providenciamos para que o Estado provesse a educação de nossos filhos. Ele só conseguiu isso até o sexto ano, mais ou menos, que era até onde ia a escolinha pública número 15 de Birán. Eu, em compensação, consegui torná-los todos universitários. E agimos igual – meu pai e eu – com as decisões das carreiras. Meu pai disse que eu seria advogado, pois era muito falante e tagarela, e devido ao fato de que meu patrono nominal – san Fidel de Sigmaringa – obtivera doutorados em direito canônico e direito civil. Aceitei isso como a coisa mais natural. Com Fidelito (o rapaz que tive com Mirta Díaz-Balart, minha primeira esposa), propus-me a dotar a pátria de um gênio em assuntos nucleares. Engenheiro atômico, disse-lhe. Era uma forma secreta e lenta de mandar a fatura aos ianques e de chegar de novo perto de ser um perigo atômico, que é uma espinha que ainda tenho atravessada desde a Crise de Outubro de 1962. Não descansei até vê-lo em Dubna, a cidade fechada soviética nas proximidades de Moscou onde estudavam os futuros luminares nucleares do lado socialista. Chegamos até a preparar para ele um grupo de crianças gênios, os de maior rendimento escolar e maior inteligência de toda Cuba – como Jesús Rodríguez Verde –, para que o acompanhassem em seus estudos e para que fossem uma influência permanente em ideias e imaginação em seu ambiente. De todo o sistema escolar da nação escolhemos secretamente, a partir dos resultados de testes, um grupo de umas seis crianças, das quais lembro deste pequeno Einstein engarrafado, Rodríguez Verde, como o mais destacado. E designei um comprovado assassino, José Ignacio Rivero, para que fosse seu guardião permanente, até que teve que ser substituído devido ao crime que cometeu com dois pobres meninos na Nicarágua, onde se achava em missão de treinamento, e por isso Rolando Castañeda Izquierdo (Roli) ocupou seu lugar. Um capanga de outra natureza esse Roli, e nobre em certa medida, mas que acabei metendo na prisão por enriquecimento ilícito, suborno, extorsão, contrabando e porte proibido de armas, como parte dos já mencionados processos de 1989. Com certeza Fidelito portou-se muito bem com os dois. Dei a ordem para que José Ignacio Rivero fosse julgado pelos nicaraguenses e de acordo com suas leis. O general de brigada Fabián Escalante (nome de guerra Roberto), que se encontrava como delegado de nosso Ministério do Interior naquele país-irmão, tinha tremendo ódio de Ignacio Rivero, por antigas disputas institucionais, e estava procedendo com todo o rigor ao seu alcance. Mantinha-o preso numa imunda cela sandinista de Masaya junto com outros prisioneiros índios da contrarrevolução, quando Fidelito negociou com os próprios irmãos Ortega e com Tomás[5] para que o enfiassem num avião de volta para Havana. Quanto a Roli, um bandido, Fidelito também fez de tudo para atenuar sua condenação, embora o próprio Fidelito já não se encontrasse na melhor situação de poder nessa época para conseguir resgatar Castañeda Izquierdo. Eu o havia tirado da presidência da Comissão de Energia Atômica e o mantinha enclausurado numa casa próxima às principais residências do protocolo – não preso, mas bastante isolado –, com a única diversão (e também privilégio) de uma gigantesca antena parabólica de televisão, para que se intoxicasse vendo CNC e toda a porcaria que lhe chegasse via satélite.

Lembro que Antonio – meu penúltimo filho com Dalia – foi o único com quem tive dificuldades na hora de encaminhá-lo. Queria ser jogador de futebol. Queria dedicar-se ao esporte. Mas a mãe queria que fosse médico. Eu lhe disse:

– Rapaz, acho que você deveria estudar medicina.

Ele insistiu que sua vocação não era a medicina. Sonhava com as Olimpíadas.

– Mas não se joga futebol nas Olimpíadas – observei. – E também não é o esporte nacional cubano. O beisebol é o esporte nacional cubano. – Então, antes que ele tivesse tempo de elaborar outro argumento, disse-lhe: – Está bem. Não vamos perder tempo com discussões absurdas. Você vai jogar futebol. Mas primeiro vou convocar você para o Serviço Militar Obrigatório e mandá-lo por três anos para Angola. Na volta, você se dedica ao futebol. Vira esportista o quanto quiser, mas só depois de voltar da África. Da negra África.

Naquele mesmo ano, meu amado filho, Antonio Castro Soto del Valle, uma bênção de rapaz, entrou na Escola Superior de Ciências Médicas "Victoria de Playa Girón" para cursar seus seis anos de preparação como médico revolucionário, para orgulho e felicidade de sua mãe.

Quanto à nossa instrução, no fim meu pai teve que nos levar para Santiago, porque a escolinha de Birán tinha chegado ao seu limite e minha mãe estava convencida de que nos devia dar a melhor preparação possível.

E assim se passaram os primeiros anos.

3. A SÓLIDA INTRANSPARÊNCIA DAS PAREDES

L ara era o dedo-duro de Santiago de Cuba, e seu filho – depois da Revolução – ia muitas vezes tentar ver Raúl no Ministério da Defesa, em Havana, sem nunca ser recebido. Logo transformamos esse Ministério da Defesa em Ministério das Forças Armadas Revolucionárias, e o instalamos num edifício bastante moderno, na zona do porto, construído no início dos anos 1950 para o Estado-Maior da Marinha de Guerra. Acho que naquela época a Marinha tinha mais metros quadrados de área nos escritórios e corredores daquele edifício do que nas superfícies de todos os seus navios. Raúl foi se esconder na casa de Lara depois do assalto ao Moncada. Ele havia ocupado uma posição estratégica no terraço do hospital Saturnino Lora, de onde controlava o acesso principal ao quartel, e tirou de combate vários guardas, matando-os com rajadas curtas de metralhadora BAR 30-06. Talvez, de todas as operações do Moncada, a mais bem conduzida tenha sido essa, confiada a Raúl naquele hospital. Mas, esgotada sua parca munição, da qual havia feito excelente uso, com notável rendimento, procurou colocar-se a salvo numa cidade onde acreditava encontrar refúgio seguro. Esse senhor de sobrenome Lara era quem nos hospedava em nossa época de estudantes do colégio Dolores, de Santiago, recebendo por isso uma quantia em dinheiro, é claro. Em poucos minutos, ele avisou à polícia de Batista. O filho, no entanto, teve *el aquello* – como dizemos os cubanos, ou seja, "a lucidez" – de avisar Raúl da ação de seu pai. Raúl conseguiu escapar por um triz, e por umas quantas horas. Foi o tempo necessário para que a soldadesca se acalmasse um pouco, depois de ter assassinado o maior número possível de nossos companheiros e de arrancar os olhos de Abel Santamaría, nosso segundo na cadeia de comando. O banho de sangue é algo que não se consegue estimular por muito mais do que uma jornada, e não se estende por muito tempo depois que se rechaça o ataque inimigo. O cheiro de sangue é metálico e perfeitamente definível, e tem um ponto de saturação nos receptores do olfato.

Nunca tivemos muita sorte em Santiago – em nenhuma das casas onde nossos pais nos puseram quando fomos estudar lá, nem depois, ao assaltarmos o Moncada. Quando estávamos na casa da professora de Birán, onde nos hospedamos nos primeiros anos, veio a tragédia de meus pais ainda não serem casados, e foi por essa razão (que nos impedia de ser batizados) que nos chamaram de judeus. Depois veio o martírio da radionovela – *Los Castro de Birán* –, que nosso meio-irmão Pedro Emilio patrocinou numa emissora local (CMKC), para nossa surpresa e escárnio, e satisfação de uma crescente audiência daquela Santiago provinciana, mas arrogante.

Arrastei essas humilhações por toda a minha vida. Mas dei um jeito de armar explicações absurdas, evasivas e complexas, na hora de falar sobre isso nas entrevistas. Uma exuberância de argumentos esquivos, inventados. O favorito é que eu estranhava muito que apelidassem de judeus os rapazes não batizados, porque os *judíos* eram pássaros pretos muito barulhentos. Outro era que eu não fora batizado porque em Birán não havia igreja e o padre da sede da comarca, Mayarí, a 36 quilômetros de distância, vinha até a região para celebrar os batizados apenas uma vez por ano, e, além disso, meu primeiro padrinho – don Fidel Pino Santos – era homem muito ocupado e nunca coincidiu de ele estar em Birán ao mesmo tempo que o padre de Mayarí. Que estranho feudo espanhol esse, sem igreja e sem o vislumbre de um campanário! A causa verdadeira, se eu era filho natural ou bastardo, era sempre eludida.

Um advogado de Santiago, dr. Manuel Penabaz, dono da banca Penabaz, foi nomeado por María Luis Argota para representá-la em seus trâmites de divórcio com meu pai. Manolito Penabaz, que também se tornou advogado (fizemos a universidade mais ou menos na mesma época) e que esteve comigo na luta contra Batista e a quem nomeei primeiro juiz civil dos territórios liberados da Sierra Maestra, me contou que aproveitava o litígio para ir todas as tardes à casa de María Luisa tomar um lanche. Aproveitava as guloseimas servidas com solicitude por María Luisa – longe da vista, é claro, do respeitável dr. Penabaz –, como se isso fosse uma parte não escrita, mas de rigoroso cumprimento, do contrato de representação. O caso é que, enquanto meu posterior companheiro de luta Manolito Penabaz se fartava de suspiros e pudins e tortinhas de goiaba e geleias, meus pais eram obrigados a enfrentar a dura realidade de precisar dividir todas as propriedades, a herança e a fazenda com aquela boa senhora. Veio então a ajuda – de novo – de don Fidel Pino Santos. A sabedoria e a presença de don Fidel Pino Santos. E sua rede de magníficos contatos. Don Fidel era muito amigo de um procurador, famoso por ser um prodígio em questões de direito civil. Chamava-se Arturo Vinent Juliá. Don Fidel o colocou em contato com meu pai. A coisa estava ficando tensa porque, numa visita do velho Penabaz a Cueto, o povoado perto de Birán, para tratar de assuntos do divórcio, fizeram alguns disparos contra a janela de seu quarto de hotel. Aquilo era o Velho Oeste. Ou melhor, o Novo Velho Oeste, pois o Velho Oeste original já estava pacificado. Não havia mais Wyatt Earp e Doc Holliday e Virgil e Morgan Earp lutando contra os McLaury e os Clanton e travando trocas de tiros de trinta segundos no O.K. Corral de Tombstone, Arizona, às duas da tarde de 26 de outubro de 1881, deixando três caubóis mortos e Virgil e Morgan Earp feridos, quando o carrancudo dr. Penabaz, de sóbria casaca preta, corrente de relógio de ouro e chapéu de palha, sacou seu revólver Colt .45 cano longo, regulamentar da Guarda Rural e comumente chamado de morteiro, e devolveu os disparos que algum matador a serviço de meu pai acabava de efetuar. O problema era que o respeitável Penabaz comprara o secretário do tribunal de Cueto e sabia que a briga estava perdida, porque meu pai – sempre com a colaboração de don Fidel – havia comprado o juiz. Mas Penabaz, irredutível, moveu outras fichas e conseguiu que o caso e o subsequente julgamento fossem transferidos para a atenção do tribunal de primeira instância de Santiago de Cuba. É a hora em que Vinent faz sua jogada de mestre. Enfia 20 mil pesos numa pasta, mas em pesos do mais baixo valor nominal, só notas de um e de cinco, de modo que pesassem uma tonelada e se esparramassem em seis ou sete metros de diâmetro quando o fecho fosse liberado de sua trava, e aparece furtivamente, à noite, na casa de María Luisa, a quem oferece aquela explosão e subsequente chuva de dinheiro com a condição de que desista do caso. Só precisava assinar aquele papelzinho – e as cinco cópias anexas – que ele segurava. Aceitou. O processo foi encerrado. E acabaram-se as suculentas merendas de Manolito Penabaz. E os Castro de Birán ficaram com tudo. Foi quando Pedro Emilio, meu meio-irmão, teve a ideia de produzir a novela *Los Castro de Birán*. Era uma espécie de comédia em que zombava da parte da família da qual acabava de se desvincular.

Ele não aparecia em nenhum dos episódios, pois precisava guardar distância para seu próprio projeto político, que consistia em se candidatar a representante na Câmara pelo Partido Autêntico, ambição esta que o fez dilapidar todo o dinheiro da mãe, e mais o que conseguiu arrancar de meu pai, em troca da suspensão do supracitado programa. A técnica de desenvolvimento do enredo era muito simples: num pequeno café perto da catedral, Pedro Emilio contava qualquer coisa que lhe viesse à cabeça sobre os verdadeiros Castro de Birán a um diligente roteirista, que ouvia a respeito dos supostos abusos de meu pai, em diabólica associação com minha mãe, para despojar os bens e a fortuna de sua atribulada mãe. Poucos anos mais tarde, o roteirista ficou muito famoso, e é hoje um dos poucos ícones realmente venerados na história do rádio comercial no mundo, Félix B. Caignet, que conquistou toda a sua glória (e dinheiro) com duas radionovelas: *O direito de nascer* e *Anjos da rua*.

Querem saber de uma coisa? Essa foi a razão pela qual minha presença num colégio católico particular de Santiago de Cuba redundou em fracasso. Mais que fracasso, para mim foi uma tragédia. A maldita série radiofônica de meu meio-irmão Pedro Emilio com roteiro de Félix B. Caignet e atuação estelar – não me esqueço disso – de Aníbal de Mar (ele fazia o "protagonista", o papel de meu pai em tom de gozação, o típico galego do teatro bufo cubano).[6] Era transmitida pela emissora local, de propriedade de um tal José Berenguer (Pepín), com uma potência de saída modesta mas suficiente para ser ouvida por todos dentro do vale entre as montanhas onde fica Santiago.

Havia sido uma luta para que atendessem meu desejo de estudar em Santiago. Eu queria o colégio de Dolores, que era o suprassumo das instituições de ensino da região e que os jesuítas conduziam com tanta sabedoria quanto mão de ferro. Foi uma luta em casa, porque meu pai resistia a gastar dinheiro com estudos para um rapaz tão desobediente e arrogante como eu. Criei, então, uma situação de conflitos induzidos com minha mãe e meus irmãos. O objetivo era atingir meu pai. No fim, ele percebeu, é claro, o que precisava fazer para poder viver em paz dentro da própria casa e inclusive virar uma espécie de herói aos olhos de todos – por não permitir que a inteligência de um de seus filhos se perdesse naquele mar interminável de canas: livrar-se de mim e me mandar para o feliz colégio de sacerdotes. Não havia mais solução. Inclusive, minha mãe acreditava que poderia ser um bom negócio ter um advogado na família. Meu pai me mandou dessa vez para a casa do Lara, que era também um negociante amigo dele. E ali fui recebido, em companhia de meu irmão Raulito. Ele se juntou na última hora ao programa de salvação da ignorância dos filhos de Ángel Castro.

O sr. Lara, sua mulher e seu filho. Ele tinha um pequeno negócio de importação de ferragens, e acho que às vezes exportava aguardente também. Em suma, nada de outro mundo, mas lhe dava o suficiente para ter sua casinha nos arredores de Vista Alegre, o bairro aristocrático de Santiago de Cuba. Pelo que sei, meu pai comprava dele os facões Collin, milhares deles, antes da safra, e outros apetrechos de lavoura. Às vezes meu pai pagava com a excelente aguardente das usinas ou com álcool, que conseguia por preço bem baixo. Mas com os Lara padeci todas as injustiças e merdas de uma pessoa que não cedia em sua organização doméstica; em resumo, apesar do dinheiro que meu pai – don Ángel – lhe pagava por nossa hospedagem, eu não era seu filho, e muito menos Raulito. Estava claro que seu filho era o *júnior*, um bobalhão, que naquela fase da juventude não tinha a menor ideia de que iria dedicar parte de sua existência adulta e toda a velhice a nos perseguir por qualquer canto da República onde pudéssemos aterrissar, com o propósito de que lhe déssemos alguma sinecura do poder, e que isso obrigaria Raúl, durante igual período, a manter sempre um ajudante que lhe servisse de anteparo, com uma desculpa qualquer.

– Rapaz, diga ao Raulito que quem está aqui é o filho do Lara.

– O companheiro Raúl, o senhor quer dizer – corrigiam-no.

– Rapaz, escute, diga ao companheiro Raúl que quem está aqui é o Larita. É para vê-lo por alguns minutos. Diga que faz dois anos que estou atrás dele.

– O comandante Raúl, certo?

– Caralho, meu velho, veja lá se consegue dizer ao comandante Raúl que sou eu, o filho do Lara, o Larita. O filho do Lara, diga a ele. Há catorze anos que estou atrás dele.

– O senhor se refere ao companheiro ministro das Forças Armadas Revolucionárias.

– Caralho, pelo que lhe for mais caro, ouça, veja, diga ao companheiro ministro das Forças Armadas Revolucionárias que Lara, o filho, está aqui. Faça-me esse favor, rapaz. Diga-lhe que faz 22 anos que estou nisso... Vinte e dois, é fácil de lembrar.

– O senhor se refere ao companheiro Segundo Secretário do Comitê Central do Partido Comunista de Cuba, membro de seu Bureau Político e

Secretariado, vice-presidente dos Conselhos de Estado e de Ministros e ministro das Forças Armadas Revolucionárias, general de Exército Raúl Castro Ruz.

A Raúl e a mim, era imposta uma disciplina muito rígida, que, para piorar as coisas, se estendia até os 25 centavos dados a cada um no fim de semana. Gastávamos dez no cinema, cinco num refresco, cinco no lanchinho e os últimos cinco numa revista de quadrinhos de humor – os *muñequitos*, como se diz em Cuba. Meus *muñequitos* favoritos vinham da Argentina. Era uma revista chamada *El gorrión*. Pois bem, se não seguíssemos todas as normas de conduta, a nossa cota ia sendo rebaixada de cinco em cinco. Mas, como eu era especialista nessas disputas e em criar caso, e como além disso dispunha nessas circunstâncias do apoio decidido de minha nova sombra na vida – meu irmão Raulito –, decidi organizar uma breve rebelião de lápis e jarros quebrados e discursos de rebeldia. Estava tramando os procedimentos táticos quando surgiu uma ideia. Foi exposta pelo segundo comandante executivo a bordo e, na verdade, único soldado: Raúl Castro Ruz. Procedemos com essa variante alternativa, que teve seu momento de intensidade quando o *júnior* ingeriu uma infusão preparada por Raulito. Minutos antes, Raulito dissera que iria lhe preparar uma amostra de suas habilidades de camponesinho tranquilo de Birán, e que na verdade era um cozimento de flor de campana (um poderosíssimo alucinógeno, que em Cuba é conseguido com assombrosa facilidade a partir da flor silvestre de mesmo nome) e que Raulito aprendera a fazer, em sua dose mais alta de concentração, durante suas farras com o pessoal da briga de galos e os delinquentes de todo o norte da província. O *júnior* tomou. Tomou tudo. E foi ungido. As portas da percepção se abriram para ele. Os dois integrantes do casal Lara correram até a sala e, ao verem o estado em que se encontrava o *júnior*, foram correndo fechar todas as janelas da casa, para poder manter o espetáculo dentro daquele compartimento estanque que criaram a toda velocidade. O rebento ria freneticamente, ao mesmo tempo que se acusava dos mais atrozes pecados, sem que desse mostras de arrefecer em sua espécie de dança sioux ou cheyenne, que executava trepado em cima da mesa e fazendo pratos em cacos, um atrás do outro. Raulito, provavelmente o mais assustado entre nós, tentava ganhar algum controle, dando corridas em volta da mesa. Eu mantinha uma distante displicência e observava o desenrolar dos acontecimentos. E enquanto Lara abria os braços, como se esperasse que o filho

A SÓLIDA INTRANSPARÊNCIA DAS PAREDES

caísse como uma bola do céu, ouvi sua esposa dizer: "Velho, se este não fosse nosso filho, diria que está drogado."

Sem hesitação, fomos mandados, como internos, para Dolores. Isso custava a meu pai uns vinte pesos a mais por cabeça. O que se cobrava para os alunos convencionais, não internos, eram uns oito ou dez pesos. Vejam bem que, naquela época, isso era uma grana considerável, pois em Dolores não havia mais do que mil alunos, e nós, os internos, não passávamos de trinta. Havia uma diferença notável em relação a outros colégios católicos: a ausência de alunos negros. Notável porque a população de Santiago era majoritariamente mestiça. A explicação dos sacerdotes da Companhia para a ausência de alunos negros em Dolores era tão impecável quanto implacável. Diziam que, como seriam tão poucos os pretinhos da escola, eles ficariam muito em evidência e se sentiriam mal com isso, e que eles, os padres, não queriam fazê-los – nem vê-los – sofrer. No colégio Belén de Havana, a política de admissão da Companhia era mais flexível, principalmente depois do golpe de Estado de Batista, em 1952, que trouxe um enxame de pessoas do governo e do exército da raça negra. Muitos negros encheram o bolso de dinheiro rapidamente e se mostravam desejosos de que seus filhos se instruíssem na mais prestigiosa instituição educacional do país – especialmente porque a burguesia branca educava seu filhos ali.

Mas faltava pouco para que a burguesia de Santiago levantasse barricadas de defesa nos acessos ao seu bairro privilegiado de Vista Alegre. Nunca vi, em toda a minha experiência cubana, uma burguesia mais segregacionista do que a de Santiago de Cuba. Acho que isso era inerente aos complexos e à desorientação de uma aristocracia provincial. No próprio colégio de Dolores, onde só estudavam filhos de pais endinheirados, a diferença que se estabelecia entre os ricaços de Vista Alegre e o restante de nós era acentuada. Eles simplesmente não se dignavam a falar conosco. Não quero contar de que forma podia ser classificado um estudante como eu, filho da burguesia rural, mas com pais que ainda trabalhavam duro de sol a sol na terra e que não tinham tempo nem ânimo para vida social, nem ninguém que os convidasse, e que haviam despertado a simpatia de muito poucas pessoas em toda a sua existência. Nem é preciso falar do prazer que alguns têm depois, ao despojá-los de suas fábricas de cimento e de suas destilarias de rum e de suas ferrovias e instalações portuárias e termelétricas e usinas e armazéns e mansões, e de suas filhas e mulheres, e perguntam então a seus opulentos comandantes e capitães, que acabam de descer da Sierra e ainda sacodem a poeira do caminho e das longas barbas morenas, se vão permitir que essas meninas sigam para o exílio com o hímen intacto, pedindo que avancem sobre todas elas, pois nenhuma irá oferecer resistência, que todas estão esperando revolvidas de luxúria por este massivo direito de primícias que a Revolução vitoriosa estabelece sobre as últimas filhas virgens da burguesia nacional antes de ser erradicada.

Uma vez briguei com um desses garotos riquinhos de Vista Alegre. Não era um galinha-morta, pois levava vantagem sobre mim em altura e músculos. Mas eu já vinha desenvolvendo desde então minha técnica de nunca brigar para perder. Isso seria reforçado anos mais tarde com os instrutores vietnamitas de nossas Forças Armadas Revolucionárias, que nunca entravam numa batalha em sua guerra contra os ianques no Sul sem ter duas vezes a garantia de sucesso total. Não uma, mas duas vezes. Assim, quando eu via que estava em desvantagem, me atirava de surpresa e começava a bater com toda a velocidade na cabeça do adversário, e tentava tirar sangue dele. Os golpes na cabeça já assustam bastante; abrir uma ferida e tirar sangue já nos primeiros golpes descontrola muito o oponente. Além disso, esses *cubanitos* tinham o hábito de tirar o relógio ou a camisa antes de apresentar os punhos, e era então que eu aproveitava e pulava como um tigre em cima deles e os triturava com pancadas. Em Dolores havia duas normas, sancionadas pelos próprios sacerdotes, que eram invioláveis. A primeira era que ninguém podia entrar numa briga depois que esta já havia começado. Isto é, você não podia fazer a balança pender a favor de nenhum dos dois contendores. A outra norma era que, quando um dos oponentes dizia "chega", estava reconhecendo que se achava no limite de suas forças e possibilidades, que havia perdido a briga e que esta tinha sido limpa e disputada de forma honrosa. Nesses casos, não se podia, sob nenhum pretexto, continuar o combate, já que havia um perdedor e este admitia a derrota. No dia do meu combate com o rapagão de Vista Alegre, um tal de Johnny Suárez, eu estava acompanhado de um de meus inefáveis acólitos da época. Papito. Estávamos os três sozinhos e escolhemos como campo de honra o bosquezinho no fundo do pátio. E, quando estávamos quase chegando ao lugar, eu fingi que me agachava para amarrar o cadarço do sapato, de modo que o tal Johnny se adiantasse pelos menos dois passos, exatamente o que eu precisava para lhe meter um contundente soco por trás da orelha direita e deixar o punho correr, puxando seu couro cabeludo para abrir uma ferida na orelha, o que podia até deixá-la dependurada. O surpreendido Johnny virou-se para mim, tão surpreso quanto aturdido, com os braços abertos, talvez com a intenção de me perguntar por que o havia golpeado pelas costas, mas oferecendo o estômago ao meu livre-arbítrio. Aproveitei de imediato para golpeá-lo com um *jab* de esquerda no meio da barriga, o que lhe tirou todo o ar e o fez dobrar-se para frente, enquanto tentava se proteger – só que o fazia, depois desses dois primeiros golpes, com movimentos já totalmente descontrolados e puramente defensivos. Foi então que retirei a esquerda de seu estômago, e ele mesmo me ofereceu sua cabeça ao se inclinar para frente, ao alcance novamente da minha direita, que estava preparada à altura das minhas costelas, e eu a disparei contra a sua boca. Ele já tinha os ombros da camisa encharcados de sangue, e voltei a acertar um golpe de esquerda debaixo do esôfago e mais dois de direita em pleno rosto. Pela primeira vez, senti o sangue de um adversário salpicar em mim, e ele desabou sem ter me acertado uma só vez, fazendo um gesto com a esquerda que era a clara indicação de que queria desistir. Caiu sobre um joelho, mas fez um esforço e se aprumou. Então bateu de costas contra a parede, mas mesmo assim conseguiu se manter de pé. Foi quando me pediu que parasse. Fez isso dizendo: "Chega." Papito me avisou: "Ele já disse chega." Mas agarrei a cabeça de Johnny Suárez com a esquerda enquanto prendia sua garganta com a direita, e mantendo todo o peso do meu corpo contra o dele, numa posição praticamente de escorço, que assumi a fim de mantê-lo sob absoluto controle e indefeso, comecei a arrebentar-lhe a parte posterior da cabeça contra a parede, a esmagá-la, pegando impulso para os golpes a partir da posição de minha esquerda, que agarrava seu cabelo. Ele tinha me perguntado se eu sabia o que era um bidel – a forma teimosamente cubana de chamar o *bidet*.

– Bidel?

– Então como é que os Castro de Birán se limpam? Com a mão?

Essa havia sido a origem da briga, que devia chegar ao fim a julgar por seu novo pedido de cessar batalha e do novo chamado de atenção de Papito. Cada vez que a base do crânio rebatia de volta da parede, Johnny Suárez dizia "chega" e Papito repetia isso para mim, como um eco. "Ele já disse chega." Só dei por terminado o castigo quando percebi que o vulto que segurava com a mão esquerda era todo um peso morto. Então abri a mão e Johnny Suárez escorregou de costas pela parede, com olhos revirados, desabando no chão.

Ele precisou levar pontos de sutura atrás da orelha e na cabeça. Os sacerdotes, não para me defender, mas para defender a escola, explicaram que a falta havia sido dele por não ter se rendido, por não solicitar a cessação do combate, por não ter articulado em nenhum momento a palavra definitiva, "chega", o que por outro lado falava a favor da firmeza de seu caráter e do seu espírito indomável. A palavra de Papito como única testemunha foi decisiva para provar que meu adversário não se rendeu em nenhum momento.

Mas, naquela tarde, quando carregavam Johnny Suárez para a enfermaria, Papito – cochichando – me perguntou por que eu não parei o combate em nenhuma das tantas vezes em que o outro pronunciou "chega" ou pediu isso com gestos.

– Papito – respondi –, ele nunca disse "chega".

Papito assentiu.

– Olhe, Papito, se um filho da puta diz "chega", é porque está perdendo. E, se está perdendo, você não ouve o que ele diz – expliquei.

Papito foi um rapaz com quem fiz grande amizade. Jorge Serguera Riverí. Também virou advogado, mas em Santiago. E era filho de outro dono de colônia de cana. O velho Serguera. De qualquer maneira, nossos caminhos se bifurcariam por algum tempo, porque quando fui para Belén, em Havana, matricularam-no num colégio batista, que, por acaso, foi o mesmo em que matricularam Raulito. Os Colégios Internacionais de Cristo ficavam numa região montanhosa, trezentos metros acima do nível do mar, a dezesseis quilômetros de Santiago.

Acho que Papito está dedicado à Revolução Cubana desde que me conheceu em Dolores. Pelo menos, desde aquela época, por volta de 1939 ou 1940, quando estávamos no sexto ou no sétimo ano, subordinou-se a mim, de peito aberto, e assim se manteve até hoje.

Raúl, por sua vez, estava duas séries atrás. A escola – como se sabe – era da Companhia de Jesus, e todos os professores eram sacerdotes espanhóis, muito decididos e a quem se aprendia imediatamente a respeitar e a querer seguir. Havia um em particular, o padre Valentino, que nos conduzia como se fôssemos carneirinhos. Sua maior habilidade consistia em jogar beisebol com a gente. Em vez de rebater a bola com o instrumento indicado para isso, um bastão de *majagua* ou de qualquer outra madeira dessa solidez, ele a acertava com o próprio pulso ou punho. Acho que todo o mundo, o que faltava percorrer, e toda a história pessoal, a que me restava viver, se expandiram no dia em que entendi, naquela escola de Santiago de Cuba, o sentido missionário dos jesuítas. Foi como a paisagem que se abre quando chegamos ao alto da montanha. Primeiro, era o aspecto militar da questão. Mas havia também o mistério e ao mesmo tempo a necessidade subjacente ao conceito de missão. O "Deus existe, portanto eu obedeço" do estandarte espiritual de Inácio de Loyola poderia ter sido o lema estrito e firme de nossa Revolução, sem necessidade de trocar uma palavra, nem mesmo Deus, se entendermos Deus como a soma de todas as possibilidades e ambições dos homens que querem alcançá-lo. Isto é, a Revolução como última possibilidade mística do ser para se entregar a essa possibilidade e alcançar o absoluto.

O que vem a seguir é algo que ocultei durante muitos anos. Muitos. Um tempo durante o qual encobri todas as minhas declarações sobre o colégio Nuestra Señora de los Dolores com o ilustre manto de uma mentira piedosa (eu, livrando a cara dos irmãos da Companhia perante os revolucionários do mundo todo!), embora não uma mentira em sua forma direta e explícita, mas sim o uso de uma verdade suportável para desviar a atenção de uma verdade condenável. O que quero dizer é que aqueles santos homens forjaram meu caráter e que com eles aprendi uma das mecânicas da ação revolucionária mais importantes de todas as aplicadas posteriormente no processo político que tenho conduzido até o dia de hoje – ou seja, há cinquenta anos –, que se chama Revolução Cubana. Aqueles robustos sacerdotes espanhóis de violência mal contida sob seus hábitos só exigiam duas coisas: caráter e convicção. Seus olhares de aço e fixos em sua cruz de fogo me ensinaram. Só da convicção surgem os mártires. Mas solicitaram a meu pai que nos tirasse do colégio. A má fama da novela de Pedro Emilio e de termos sido judeus nos perseguia. Meu pai, na verdade, ficou indignado. Minha mãe, um mar de lágrimas. O irmão Salustiano ofereceu uma solução. Transferir-nos para o colégio Belén, em Havana. Um pouco mais longe e mais caro, talvez, mas era o colégio de maior prestígio do país e também era dirigido pela Companhia. Fidel Alejandro iria se sentir muito bem ali. E o outro. O pequeno travesso. Como se chama? Raulillo. É isso. O problema não era com o colégio de Dolores nem com a Companhia, explicava. O problema era com Santiago.

Naquela época, eu estava a ponto de concluir o primeiro ano do ensino médio, que me deixaram terminar ali, de modo que minha transferência para Belén parecesse um movimento natural, compreensível e sensato em busca de um maior nível acadêmico para os meus estudos de bacharel e para que fosse me familiarizando com a capital da República, onde certamente haveria de exercer minha profissão quando me diplomasse advogado (a carreira sempre esteve decidida, como se sabe).

Foi uma das melhores épocas da minha vida. O quinquênio 1940-1945. Morava em Havana e havia uma guerra mundial. Eu acompanhava diariamente os avanços e retrocessos das forças no teatro de operações europeu pelos mapas que recortava da revista *Carteles* e colava na parede de meu dormitório do Belén. Mas havia minha angústia por não intervir nas decisões. Os acontecimentos me afetavam, mas me eram alheios. Afetavam todo mundo em qualquer ponto do universo, mas uma dúzia de homenzinhos, protegidos em seus *bunkers*, organizavam, moviam, deslocavam. Em Cuba, a escala de participação era ínfima. Uma vez mais podia-se repetir a piada do cáiser Guilherme procurando no mapa-múndi a localização desse país de nome tão pouco austero (Cuba), que lhe fazia uma declaração de guerra – uma das 44 que recebeu. Nossa principal lista de baixas eram os 56 marinheiros mercantes cubanos, mortos pelo afundamento dos modestos cargueiros *Mambí*, *Manzanillo*, *Santiago* e *Libertad*, que transportavam, em comboio, açúcar para o Marrocos, e nossa principal folha de serviços era ter arrendado aos Estados Unidos os terrenos para as bases aéreas de San Julián e San Antonio, o afundamento de um submarino nazi pelo segundo-tenente Mario Ramírez Delgado em frente ao litoral cubano e a captura e o fuzilamento do espião de Hitler Heinz August Luning por Mariano Faget, um sabujo da polícia do ex-ditador Gerardo Machado reciclado como sabujo de Fulgencio Batista. Eu vivia o sonho das aventuras bélicas e me punha na pele de Patton, de Rommel ou de Zhukov, conforme a sorte oscilava, mas omitia, não me passava pela cabeça, enfiar-me na pele daquele obscuro gênio da conspiração, com divisas – naqueles anos – de sargento da Polícia Nacional, a quem algum dia a história de Cuba terá que fazer justiça e com quem eu tinha muito mais pontos de contato do que poderia conceber: Mariano Faget. A Faget ainda restava outra reciclagem, que era a de se tornar – por estudos e por convicção – um combatente comunista, recrutado e colocado pelo Partido à minha disposição no processo de integração das forças revolucionárias, em 1959, sendo a última peça de sua engrenagem que me entregaram (ficaram hesitando entre si, se o punham nas minhas mãos ou nas da KGB), porque era a joia mais preciosa de sua organização clandestina e que já estava operando nos Estados Unidos, no mais alto nível da CIA, em relação aos processos e programas cubanos, com seu impecável *pedigree* que, para começar, era o de um dos poucos homens que subiram no avião de Batista na manhã do estouro da boiada, quando ele fugiu de Cuba. Eu brincava de guerra nas paredes de

A SÓLIDA INTRANSPARÊNCIA DAS PAREDES

um dormitório do colégio favorito da burguesia cubana, enquanto a divisão de Contrainteligência do FBI colocava todas as suas esperanças de controle de Havana nesse policial maduro e feito de *carburo* – como dizemos os cubanos para qualificar um homem forjado nos combates ou nos duros afazeres diários –, no fim não só recrutado pelos comunistas, mas subordinado a este rapaz aqui, um pouco intranquilo e que se intoxica com leituras de *Mein Kampf* ou os densos cantos de luto a si mesmo de Primo de Rivera, que conta de antemão com o olhar de aprovação dos sacerdotes, diante dos quais, no entanto, você não valerá um centavo se o pegarem com *O manifesto comunista* ou *O capital*. Você está frito se for apanhado nessa travessura. Expulsão na certa. Então, na quarta-feira, 3 de fevereiro de 1943, soube que tudo havia terminado, porque o Exército Vermelho liquidara o último bolsão de resistência alemã em Stalingrado. Foram 503.650 alemães mortos ou capturados. E 300 mil soviéticos mortos. O cerco de Stalingrado começou em 25 de agosto de 1942. Foi o melhor momento do Exército alemão em sua ofensiva daquele ano, que se estendeu pelo leste até a linha Kurks-Jarkov-Taganrog, esmagou Voronej no Alto Don e girou pelo sul até alcançar o Volga e o sopé do Cáucaso. Os troféus de uma das maiores batalhas da história das guerras ainda estavam sendo contados às seis e meia da noite, horário de Moscou, na hora em que o Supremo Comandante em Chefe dirigiu sua mensagem de felicitação ao marechal de artilharia Nikolai N. Voronof e ao comandante do agrupamento de tropas do fronte de Don, coronel-general Konstantin Rokossovsky. Cinquenta e cinco locomotivas, 1.125 vagões de trem, 750 aviões, 1.150 tanques, 6.700 canhões, 1.462 morteiros, 8.135 metralhadoras, 90 mil fuzis, 61.102 caminhões, 7.369 motocicletas, 480 carros, tratores e transportes de tropa; 320 radiotransmissores e três trens blindados foram o resultado da primeira contagem. Mais de 2.500 oficiais haviam sido capturados naquela data, e 23 generais, rendidos nas últimas três semanas. O marechal de campo, general Friedrich Paulus, comandante do Sexto Exército alemão, fora rendido no sábado anterior com quinze de seus generais. O último boletim anunciava a rendição do coronel-general Walther Heitz, comandante do Sexto Corpo de Exército alemão, e do tenente-general Streicher, comandante do Oitavo Corpo.

Ao pé de todos os comunicados, a assinatura inequívoca:

O Supremo Comandante em Chefe

J. Stalin

Apenas dezoito anos depois, na noite de 19 de abril de 1961, no Posto de Comando Avançado das Forças Armadas Revolucionárias, deslocado para a usina Australia, na própria borda interna do teatro de operações, enquanto eu preparava meu comunicado pela vitória-relâmpago que havíamos obtido sobre os ianques e os mercenários de origem cubana nas areias da Playa Girón, na baía dos Porcos, chamei – por um telefone de magneto soviético, recém-colocado em serviço – meu principal oficial executivo no terreno, o galego José Ramón Fernández, que já se encontrava na Playa Girón e fazia a contagem dos prisioneiros e equipamentos capturados, para lhe fazer uma pergunta – da qual ele nunca conseguiu decifrar a origem:

– Trouxeram locomotivas?

– Locomotivas, Fidel?

– Sim, locomotivas. Capturamos alguma?

– Não, Fidel. Locomotivas, não. Mas tanques Sherman, sim. Cinco tanques Sherman.

Nem uma só locomotiva sequer aqueles veados conseguiram. Tive que me conformar com os quase 2 mil prisioneiros e seus cinco tanques Sherman. Concluí meu último comunicado sobre a batalha com uma descrição em termos genéricos do inimigo, que se rendia em massa, e informando que ainda procedíamos à contagem do volumoso armamento e munições capturados da força-tarefa da CIA, incluindo tanques e lanchas de desembarque, a derrubada de toda a sua frota aérea e o afundamento de seus barcos de logística. E assinei.

Fidel Castro

Comandante em Chefe

No dia seguinte, dia 20, me apresentei no litoral com um tanque T-34 e um canhão autopropulsado SAU-100, com minha escolta e um punhado de tripulantes, e divisamos um dos barcos da brigada mercenária, o *Houston*, encalhado a oeste da Playa Larga e na neblina da manhã. Estava preso ali, e uma espessa coluna de fumaça preta se erguia de seus porões; não parara de soltar fumaça desde a última passagem de nossa aviação e esteve recebendo fogo nosso a partir do primeiro dia da batalha, dia 17, que era uma segunda-feira. Não conseguiu fugir e encalhou. Os aviões decolavam da base de San Antonio, que os ianques transferiram para a aviação cubana depois da Segunda Guerra Mundial, vinte minutos de voo a noroeste da baía dos Porcos. Calculavam que estavam abandonando um povoado fantasma, que não teria mais utilidade após a retirada de seus hidroaviões Catalina e de seus bombardeiros leves B-25 de combate antissubmarino e após quase catorze anos sem que sua pista recebesse uma só aeronave. Ainda se percebia movimento de pessoal a bordo do *Houston*, que virara um alvo estático, e dirigimos a ele o fogo de nossos dois canhões. Então, lembrei-me de minhas paredes do colégio Belén cobertas de recortes da *Carteles* e entendi. Os dois campeões com que nos banqueteamos bombardeando o *Houston* haviam avançado antes pelas *plotagens* de uns mapas que alimentaram a imaginação de minha juventude, mas que também despertaram a nostalgia de algo impossível. Finalmente, eu decidia a batalha. Finalmente, era de verdade. Uma vez, lendo o escritor de ficção científica Ray Bradbury, compreendi seu infinito pesar por saber que nunca viajaria até uma estrela. Escrevia histórias sobre viagens interplanetárias desde a juventude, mas sabia que nunca se veria a bordo de uma nave especial nem acariciaria a cauda multicolorida dos cometas. O ronco metálico e enfadonho daquelas duas pesadas máquinas de morte que avançaram sobre suas esteiras desde os Urais até Berlim e os violentos respingos de cada canhonada efetuada sob as minhas ordens na baía dos Porcos confirmaram que me achava no curso de minha viagem às estrelas.

Tempos atrás, o caça-submarinos cubano CS-13, sob o comando do segundo-tenente Mario Ramírez Delgado, afundara o destruidor U-176 que tinha dado cabo dos quatro mercantes cubanos. O radarista a bordo do CS-13, o negro Norberto Collado, detectou sua posição a uma profundidade potável para o fogo na latitude de 23°21' norte, longitude de 80°18' oeste, aproximadamente a doze quilômetros a sudoeste do farol da baía de Cádiz – na costa norte de Cuba –, onde lhe soltaram três cargas de profundidade de 226 quilos cada uma, a cem, duzentos e trezentos metros, e quando giravam para o remate escutaram a quarta explosão. O negro Norberto Collado ouviu-as com maior intensidade que os demais, pois na excitação da caça se esqueceu de tirar seus fones de ouvido do sonar Motorola e consumiu em seus tímpanos todo o efeito devastador das ondas expansivas, ficando praticamente desabilitado desta função do organismo, ou seja, surdo para o resto da vida. O segundo-tenente Ramírez olhou o relógio: cinco horas e dezenove minutos da tarde do dia 15 de maio de 1943. O radarista Collado não percebeu ter ficado surdo. Simplesmente achava que havia silêncio. Ser surdo. Esse foi o único argumento de defesa do piloto do iate *Granma* quando os 82 soldados comprometidos com a liberdade de Cuba tentavam desembarcar num ponto do litoral sul próximo à Sierra Maestra na madrugada de

2 de dezembro de 1956. "Sou surdo", me explicou Norberto Collado ao enfiar o *Granma* no mangue de Las Coloradas. Eu já sacara a Brownie de 9 milímetros para esvaziar-lhe os miolos, ali mesmo, e torná-lo o primeiro mártir dessa etapa da Revolução Cubana – mártir não por convicção, com certeza – quando alguém gritou: "Avião!" e ouvimos o ronco, embora ainda distante, do Catalina da Marinha de Guerra. Nunca lembrei com precisão quem foi que recrutou Collado como piloto de nossa expedição. Nem consegui explicar a mim mesmo a relação entre ser surdo e confundir com a vista uma passagem ou canal, por onde se pode conduzir sem problemas e serenamente uma embarcação, com uma barreira intransponível de sórdidos mangues.

O padre Amado Llorente, como muitos sabem, foi meu professor no Belén. Tinha uns 24 anos, chegara havia pouco da Espanha e ainda não se ordenara sacerdote. Eu era um aluno interno de ensino fundamental de 17 anos. Llorente era professor de literatura e oratória. Além disso, era encarregado dos alunos internos do Belén. Eu era um dedicado esportista, que praticava com afinco para chegar a ser o que fui, um aluno a quem se concedeu uma medalha especial pelas habilidades em beisebol, basquete e natação. Nos fins de semana, quando praticamente todos os internos abandonavam o colégio para se reunirem com as famílias ou simplesmente para mudar de ambiente, eu ficava no colégio. Disso surgiu a lenda de que eu ficava só praticando basquete ou fazendo exercícios para melhorar minha técnica, ou nadando na piscina coberta do colégio, quando o certo é que não tinha a quem procurar. Birán ficava a mais de mil quilômetros de distância. Também é dessa época outra lenda: a de que certa vez apostaram que eu não seria capaz de correr de bicicleta a toda até me espatifar contra um muro. E que ganhei a aposta! Também, que era um inveterado mentiroso e que em muitas ocasiões o padre Llorente me recriminava: "Por que você mente para mim sem necessidade?" Ao que eu respondia: "Não ligue, não, padre, é a minha natureza."

Posso dizer que tive dois amigos de verdade no Belén. O padre Llorente e um rapaz de Cienfuegos, Eduardo Curbelo. Eduardo já faleceu, e o padre Llorente, ao que parece, ainda está vivo, em Miami, num lugar chamado Centro Juan Pablo II, uma espécie de asilo de sacerdotes – já deve estar bem velhinho –, e às vezes visita uma sucursal de nosso colégio Belén que a Companhia abriu

A SÓLIDA INTRANSPARÊNCIA DAS PAREDES

ali, embora sem a pompa e o prestígio que teve em Cuba. Nunca chegou ao meu conhecimento uma só expressão de censura ou crítica do padre Llorente. Ao contrário, ele costuma contar – a qualquer um que o entreviste a meu respeito – sobre aquele anoitecer de 1943, quando saímos em excursão até as colinas de Pinar del Río, ele e uns trinta rapazes, e ao cruzarmos o rio Taco Taco, que estava na cheia, esteve a ponto de se afogar e eu me atirei na turbulência das águas para salvá-lo. Por pouco não consegui. Por pouco não nos afogamos os dois. Ele também conta, com razoável orgulho para ele, que ao chegarmos à margem e pisarmos a terra salvadora, ambos ofegantes e quase sem conseguir falar, eu lhe disse: "Padre, nos salvamos por milagre, vamos rezar um Pai-Nosso e uma Ave-Maria em agradecimento." E foi isso mesmo, de joelhos, rezamos em voz alta e com a maior emoção e devoção as duas orações. Por que iria negar isso agora?

Quanto a Eduardo, nunca foi muito ajuizado. Era poeta. Se bem que eu acho que tudo o que produziu na sua vida foi um único verso. Algo sobre uma graciosa cotovia furta-cor. Ou parecido. Eu o encontrei no início da Revolução e o nomeei administrador do teatro Blanquita, que mudamos de nome para Chaplin e que era onde eu pronunciava meus discursos mais importantes em área coberta. Por esta última razão, o teatro ficava sob estrito controle da Segurança do Estado. Então, um dia no fim de 1961, houve um curto-circuito que chamuscou o forro de uma cortina do saguão, puramente acidental e à uma hora da manhã, com o teatro vazio. Mas os companheiros da Segurança, talvez num excessivo esbanjamento de zelo, carregaram todo o pessoal administrativo para as unidades 5 e 14 e os submeteram a interrogatório. Não foram mais de 24 horas, porque eu conhecia o estado de saúde mental de Eduardo e ordenei sua imediata soltura. Mas já era tarde. Isso desencadeou uma esquizofrenia que durou até sua morte, em 1995. Ordenei, então, que o aposentassem com o salário máximo de um administrador de teatro e que o atendessem em qualquer necessidade de medicação que se apresentasse. Deve estar preservada por aí, entre os documentos que agora constituem a Reserva Especial do Escritório de Assuntos Históricos, uma foto no salãozinho de bilhar do Belén. Estamos mostrando nossos tacos e sorrindo em harmoniosa camaradagem. Faz tempo que não contemplo essa imagem. Lá está Eduardo, muito bem-apessoado, à minha direita, ainda robusto, com sua abundante cabeleira cuidadosamente penteada, mas o olhar já perdido do poeta sem regresso.

Lembrei-me muito de Eduardo na véspera dos festejos de um Dia Internacional dos Trabalhadores. O desfile prometia. Era 1º de maio de 1991. Estávamos enfrentando muitas dificuldades com transporte, falta de equipamentos e falta de combustível, quando apareceu a ideia salvadora das bicicletas. Compramos cerca de um milhão de bicicletas da República Popular da China e começamos a distribuí-las pelos centros de trabalho. Em poucos meses, a classe operária, principalmente da capital, se deslocava para o trabalho de bicicleta. Com isso, a bicicleta virou uma espécie de símbolo da Revolução. Essa era a situação nos dias próximos ao desfile de Primeiro de Maio. O país enfrentava uma modalidade de sobrevivência que viemos a chamar de "período especial em tempo de paz", projetado originalmente para manter a integridade nacional em caso de uma confrontação militar com os ianques, e mesmo no caso de que nos ocupassem militarmente. Lembro-me especificamente da gravação que me foi trazida pela Segurança do Estado de uma conversa entre alguns jornalistas italianos hospedados no hotel Habana Libre. Estavam convencidos de que iriam presenciar o último Primeiro de Maio do castrismo. Conto isso para que vejam a gravidade da situação. Ao mesmo tempo, os companheiros de um dos escritórios da Segurança Pessoal fabricavam aquele trambolho, composto por várias bicicletas acopladas, uma delas, a maior, na ponta, presa por uma dúzia de tubos a outras quatro bicicletas que serviriam para empurrar e sustentar em firme equilíbrio a bicicleta da ponta, a maior, que seria, é claro, aquela em que eu iria, pedalando em falso, eu, o seu comandante em chefe, que abriria assim o desfile da classe operária cubana em data tão importante, sorridente e aguerrido e propelido por quatro de seus mais bravos membros da escolta, que pedalariam de verdade de um extremo a outro da praça da Revolução. No fim, desisti do projeto. Fiz a breve caminhada a pé. E depois, rapidamente, até a Mercedes. O que acontece é que não quero conversa com bicicletas desde o dia 7 ou 8 de dezembro de 1942 – foi esta a data –, quando quebrei o nariz na estúpida competição de sair correndo de bicicleta até bater contra os muros do colégio Belén e fiquei com o nariz enfaixado quinze dias. Desde então tenho essa aversão. Toda vez que passo a mão sobre este nariz de tabique quebrado, que agora é uma marca da minha personalidade, eu lembro. Que as bicicletas são uma merda. E traiçoeiras. Principalmente ladeira abaixo. E me lembro de Eduardo Curbelo, porque ele era o único que estava comigo e foi quem correu em busca de ajuda e quem ficou do meu lado, solícito e doce, tentando estancar o sangue que me corria espesso e ardente, do topo até a ponta do nariz, até pingar.

PARTE DOIS

O PASSADO DE UM HOMEM SEM PASSADO

Talvez desprezemos muito aqueles que matamos. Mas menos que os outros... Que aqueles que não matam: os castos.

Tchen, o terrorista, em *A condição humana*
– André Malraux

4. NINGUÉM MORRE NA VÉSPERA

Estava sozinho e aprendi a sobreviver instigando. Não aceitei o mundo à minha volta. E descobri o valor da palavra. Não como os escritores. Mas da palavra falada.

Bem, uma pausa.

Em toda a história anterior predominou a paisagem bucólica e houve algumas passagens sob os tetos monásticos da Companhia de Jesus. E em nenhuma dessas situações minhas aprendizagens com a palavra tiveram grande valor, a não ser nas aulas de oratória do padre Llorente. Agora entramos em outra etapa. Universidade de Havana.

Perpetrei a recriação de Birán e do ambiente de minha infância pelo puro prazer da evocação, e não para dar alimento aos que querem me "estudar" sob um método essencialmente pavloviano, posto que não sou o resultado dos traumas. Eu sou meus feitos. Meus feitos no futuro, não no passado, pois sou a minha história. Uma história que se libertou de todos os lastros da infância e da juventude e começou a se edificar na noite do ano de 1952, em que me vi sem nenhum centavo no bolso, sozinho e sem saber para onde ir. Já falaremos disso. Muitos anos depois, no entanto, aprendi uma coisa na minha luta surda contra os pequenos agricultores e mais tarde com a Brigada Che Guevara, que foi uma espécie de agrupamento de combate, mas constituído por quase quinhentas escavadeiras, todo tipo de engenhos pesados e sapadores, e à qual atribuí a missão de arrasar dezenas de milhares de hectares de bosques, florestas, terras cultivadas e roçadas, tampar lagunas, charcos, derrubar obras civis e choupanas (relocando primeiro seus moradores, é claro); tudo, absolutamente tudo o que se erguesse pela frente era derrubado, aplainado ou pulverizado pelas cargas de dinamite quando se tratava de penhascos ou morros de pedra. Uma espécie de rolo compressor, como o do marechal Zhukov na ofensiva do arco de Kursk, equipado pelos franceses da Richard. O objetivo era a cana. Garantir com a semeadura de cana mais extensiva de nossa história a provisão da safra de 1970, na qual sonhamos produzir 10 milhões de toneladas de açúcar e manter esse nível nas safras seguintes até derrubar os demais produtores do mercado mundial. Transformar o país num verdadeiro açucareiro universal e de quebra me livrar de quantos pequenos agricultores fosse possível. Era o que pretendia. Aprendi algo com isso. Que a cultura de uma nação, assim como o *ser* de cada um de seus filhos, começa no minifúndio. Na pequena fazenda. No pequeno lote do campo. Por quê? Porque o camponês é o primeiro defensor do ecossistema. Ele sabe onde deve ficar cada pedra de seu terreno, por onde correrá a água e o vento, os meses do ano em que deve semear cada coisa e quando colhê-la, as flores e os frutos que se dão melhor em cada terra, como oxigená-la, como e quando fazer o rodízio, que destino dar ao esterco do gado, onde amarrar os cavalos e qual a colmeia que pode ser aberta para se obter o doce pão de mel. Ou seja, o camponês, onde quer que se encontre na ilha, produz uma golfada do ar que você respira e com o qual enche os pulmões e nutre o sistema circulatório. Por isso você é cubano. Porque um *guajiro*, um camponês, provavelmente mestiço e analfabeto e de passo lento, muito lento, que neste exato instante está pensando em sacrificar um porco de 130 quilos que ele tem no chiqueiro, ou na outra coisa que distrai sua mente, porque o *cabrón* não tem rádio, que é aquela vulva leitosa da mulher, sempre pensando nisso, dedicou toda a manhã a triturar junto com a terra recém-arada uns maços de folha de soja para insuflar-lhe nitrogênio e tirá-la do cansaço das seguidas semeaduras anteriores. É fácil entender agora por que eu impedi que proliferassem. São a independência. São o livre-arbítrio. São a autossuficiência. Mas, principalmente, são o elo primitivo da cultura. Portanto, no lado oposto, estava a Brigada Che Guevara, porque tinha que remover essa alma da nação e deixá-los – a vocês, cubanos – desvalidos e ao sabor dos meus desígnios. E que isso não lhes pareça cruel ou desumano. São as exigências de uma revolução em luta de morte para, antes de mais nada, não se permitir desfalecer, não se permitir uma dívida com nenhum outro sistema. Vocês precisam entender. Cada um deve finalmente a um sistema. No dia em que a Revolução respeitar algo, fizer considerações sobre algum assunto, ponderar ou se refrear, por quaisquer que sejam as razões, e, principalmente, no dia em que achar necessário deter-se um instante para escolher entre o justo ou o injusto, pereceremos.

E se disse tudo isso foi para demonstrar que eu, Fidel Castro, não sou a resultante de obscuros traumas de moleque bastardo e segregado, mas da natureza que me formou e do poder da concatenação universal. De qualquer modo, e apenas como metáfora da precaução, se entre os grumos desta terra lavada e enriquecida por essas chuvas, e espairecida por esses ventos, e cultivada pelas mãos desses lavradores, encontrava-se o registro de leitura secreta de minha composição química essencial, ordenei sua destruição sob as esteiras e as pás e lâminas da mais poderosa brigada de demolição que a história já conheceu – a Brigada Che Guevara –, que teve, além disso (segundo meu ponto de vista), o mérito de mudar a organização ecológica do arquipélago cubano para sempre. É uma norma. Em alguns casos, faz-se desaparecer, evaporar, obnubilar; em outros, conserva-se. Começamos assim que a Revolução triunfou, quando a companheira Celia Sánchez passou a recolher toda a documentação que eu havia produzido nos dois anos de guerra nas montanhas. Meus recados aos chefes de coluna e minhas habituais broncas, meus vales de comida e outras provisões, minhas anotações para as falas pela Radio Rebelde, minha felicitação acompanhada de dois charutos ao negro Coroneaux por seu esplêndido manejo da calibre .50 na batalha de Guisa, minha carta ao comandante Quevedo para que depusesse as armas. Entendíamos por documentação qualquer coisa que eu tivesse deixado escrita sobre alguma superfície. Com esse material e os outros que foram aparecendo ou que foram sendo gravados (com entrevistas de veteranos e testemunhos da guerra), Celia encheu os arcos de um banco no bairro de El Vedado, em Havana. Colocou o único combatente veado reconhecido por todo o Exército Rebelde – o capitão Pacheco – à frente do arquivo e providenciou um nome impressionante para o esforço: Escritório de Assuntos Históricos do Conselho de Estado. Talvez devido ao costume de Pacheco – um homem de certa obesidade e nádegas volumosas – de passear por aqueles arcos com uma maritaca agarrada ao indicador da sua mão direita, o cotovelo encostado na cintura e o oscilar daquela mãozinha com o pássaro no vaivém de seu passo – "deixando a maritaca zonza", como ele dizia –, e também ao seu outro hábito de dar um grito de pavor toda vez que achava ter perdido algum de meus papeizinhos da Sierra, seguido de ânsias, palpitações e frio nos pés, a instituição ganhou o malicioso apelido de Escritório de Assuntos Históricos. Por outro lado, e em relação a outra classe de documentação, diante da possibilidade de que no futuro caíssem nas mãos do inimigo, a Segurança do Estado procedeu à incineração de todos os seus registros comprometedores após a chegada da administração Reagan à Casa Branca – talvez os oito anos de maior perigo atravessados pela Revolução Cubana, principalmente depois da advertência soviética de que não iriam se queimar em nenhuma guerra por nossa causa. Os registros que nos comprometiam, é claro. Não os que comprometem *ainda* a contrarrevolução. Esses estão a salvo. Todos. Impolutos e desinfetados. Cada vez que ouvirem algum cubano de Miami (ou outro lugar fora de jurisdição cubana) vociferar algo contra nós, saibam que temos bem guardado um registro de confissão e todas as substanciosas denúncias a seus irmãos de causa. Ninguém foi liberado de nossos estabelecimentos penitenciários sem ter nos deixado penhorada sua incriminação. Os outros, os que não falaram, os que se negaram a negociar, os que não entenderam a generosidade da Revolução que lhes dava uma oportunidade, são uma porcentagem dos fuzilados. A outra porcentagem é a dos que, apesar do imenso volume de suas confissões, denúncias, declarações e solícitas respostas aos interrogadores e posteriores súplicas e prantos e petições de piedade e de que lhes dessem outra chance, e de apelos à sua juventude ou à bondade de seus captores, também foram fuzilados. Uma revolução vive de seu passado. Mas é o passado de seus inimigos que convém manter vivo, porque o utilizamos como defesa.

Supõe-se que eu devesse dar resposta às subsequentes interrogações e/ou pressupostos da personalidade traumática. A questão é que, para montar o retrato clássico da personalidade revolucionária, a academia burguesa precisa de desequilíbrios. Desequilíbrios e também um caminho de obrigatórias vinganças.

A versão contrarrevolucionária de minha infância – que exponho a seguir – fornece claras respostas sobre o porquê de um filho de donos de terra se rebelar contra sua classe, começando pelas rebuscadas teses de que estaria farto de herdar tanta terra ou – o que é muito pior – que não teria interesse em possuí-las ou – oh, Deus, pior ainda – ainda que a terra herdada não me parecia o suficiente e decidi ficar com todas as terras do país. O megalatifundiário. O supra. O absoluto. Nesta versão, o desequilíbrio é interno. A infância divertida em plena natureza é deslocada e o conceito de que os ianques podiam enfiar no cu todos os seus clubes segregacionistas de Banes e das usinas de Preston e Boston e de que a única coisa que estavam realmente fazendo era tecer a corda para seu próprio enforcamento não são levados em conta.

A versão, tal como eles a elaboraram:

A minha hostilidade em relação aos Estados Unidos tem raízes muito profundas em minha psique. Primeiro, meu pai era um soldado de Valeriano Weyler e já tinha um profundo ressentimento pela derrota da Espanha diante dos Estados Unidos. Segundo, eu era filho ilegítimo, o que me causou profundo sentimento de inferioridade, que se projeta no âmbito coletivo na relação entre Cuba e EUA. E, terceiro, minha mãe era a empregada da casa onde morava a esposa legítima com meus dois meios-irmãos na plantação de Birán, força final determinante de meus ressentimentos de classe. Se a isso acrescentamos, primeiro, a cultura de Banes, dominada pela United Fruit, em que os cubanos eram discriminados em lugares como o Club Americano, e no qual eu fui alvo de desprezo e humilhações, e, segundo, a cultura dos jesuítas franquistas de Belén, que me levaram a idealizar Primo de Rivera e Francisco Franco, seria inevitável que eu fosse antiamericano. Analisando os fatores familiares, escolares, históricos e sociais que influíram em minha formação, o estranho seria que o resultado fosse outro. Não se percebe uma só influência que levasse a outra direção.

Ainda segundo eles, enganei os ianques e toda a contrarrevolução, não deliberadamente, mas porque tenho um sentimento de inferioridade tão grande que em minhas interações pessoais tento agradar, mostrando-me de acordo com meus interlocutores e reprimindo meus verdadeiros sentimentos e pensamentos para não antagonizar. Inconscientemente, vivo obcecado por ser aceito. Eis por que sou tão persuasivo. E é também, por isso, que não se deve acreditar nunca que penso realmente o que digo.

Mas essa é uma análise contrarrevolucionária, para começar, porque me põe na defensiva, e eu sou um símbolo pátrio e uma proteção. Nisso os soviéticos foram muito refinados quando não permitiram que eu fizesse uma autocrítica em 1972, depois de tudo o que havia falado mal deles desde a Crise de Outubro até fins dos anos 1960. Mas se querem uma explicação do que fui e sou e de como me forjei, esta teria de ser quase metafísica. Se sou um dos poucos rostos visíveis, identificáveis e permanentes da história contemporânea não é porque minha mãe tenha deitado com meu pai sem a correspondente certidão de casamento e eu seja bastardo ou sei lá o quê, ou porque os canalhas da United Fruit não me deixaram entrar em seu clube, ao qual, por certo, eu nunca fui nem me interessei em entrar, já que estava ocupado demais trotando a cavalo com Bilito Castellanos – filho do farmacêutico local – ou bolinando os deliciosos seios de uma garota num laranjal. Mesmo que na realidade fosse tudo assim – os ianques dentro de suas fortalezas de Banes, Preston e Boston –, estaria mais do que justificada a vingança. Com certeza a história classista dos feudos ianques na minha região natal vem de Georgie Anne Geyer e dos mexericos que acumulou das velhinhas americanas entrevistadas para o seu livro *O príncipe das guerrilhas*. Ao não terem outra coisa para oferecer depois de se darem conta – sessenta ou setenta anos depois, e com um pé na cova – de que a única coisa digna de se contar em suas vidas é um fragmento da vida de outra pessoa, dão rédea solta à doentia mentalidade de uma raça de assalariados de dejetos de um império bananeiro, mas obstinada em ser superior, e resolvem falar de mim. A uns poucos quilômetros de seus bairros exclusivos, eu havia passado minha infância. O que a senhora acha, miss Anne? O bastardo estava nos arredores. Outro biscoitinho, miss Anne? Mas eu entendo. Sou – e outra vez me perdoem a autoindulgência – o único ponto de contato no infinito de suas miseráveis vidas com essa categoria da experiência humana que é incolor, inodora e insípida, mas que se aspira alcançar e ser ungido por ela: a glória. Eu sou a glória dessas pessoas. Glória que, podem elas imaginar, se infla como um balão quando afirmam que bateram suas portas na minha cara. Sem dúvida, ninguém vai pretender que eu aceite semelhantes testemunhos. Sou o que sou por algo que se relaciona com os deuses, com sua natureza. Se querem uma explicação terrena, é porque sempre estou me testando, porque sempre enfrento os desafios. E quando não existem os desafios, eu os invento. Mas, vejam só, estamos num *ritornello* retórico, pois a primeira qualidade que reconhecemos nos deuses é sua disponibilidade, sem trégua, para o desafio.

A PRIMEIRA COLT DA SÉRIE

Falava da palavra e do uso que aprendi a fazer dela, indo de um ouvido a outro – e despejando palavras. Cada vez que faço uma introspecção sobre o quinquênio 1945-1950, hesito em decidir qual dos instrumentos me foi mais eficaz para sobreviver, se a Colt .45 ou a palavra. De momento, posso assegurar que ambas as possibilidades do entendimento humano se encontravam na minha esfera de controle quando ingressei, num dia de setembro de 1945, na Universidade de Havana. Meu pai me deu a pistola de presente, conseguida por bom preço com alguns oficiais americanos de passagem por Preston. Fazia anos que eu estava atrás de uma pistola, e a meu pai não pareceu de todo descabido que eu tivesse a minha, já que ia levar uma vida extramuros – isto é, fora da proteção das paredes do Belén –, e ainda mais tendo notícias de uma cidade em rápida combustão pela violência política depois que Batista saiu do Palácio e passou a faixa presidencial ao médico Ramón Grau San Martín. Consegui minha pistola. Uma Colt legítima do US Army.

Logo passaria a desenvolver um hábito. Visitar o escritório da Federação de Estudantes Universitários (FEU) à noite. "Dar uma passadinha por ali", como se diz. Meu interesse era Manolo Castro, o presidente da FEU, e alguns de seus acólitos, Eufemio Fernández ou Rolando Masferrer. Queria que reparassem em mim. Que me levassem em conta. Isso era imprescindível. Você precisava tomar esse céu de assalto: instalar-se em alguma posição da FEU se o seu objetivo fosse a política em Cuba. Já não mais apenas pela Universidade de Havana, mas como projeção profissional. Daí meus voos rasantes noturnos pela FEU. Além disso, confesso que Manolo Castro foi o homem que maior influência teve sobre mim durante meus anos de universidade. Enquanto ele foi o centro de minha admiração ilimitada e sincera, eu estava disposto a qualquer coisa para obter um olhar ou sorriso seu de aprovação. Não que estivesse disposto a matar por ele – como metáfora –, mas foi o que acabei fazendo. Pelo menos os dois balaços que alojei no estômago de um rapaz chamado Leonel Gómez foram para chamar atenção de Manolo Castro. Entendo que se trata de uma subordinação que só pode ser explicada como feminina. Não fujam. Calma, que cachorro não come cachorro, e, além disso, essa é uma relação muito comum entre os caras mais firmes e decididos. Estou cansado de notar ferozes combatentes mantendo esse tipo de relação, derretendo-se ante a presença de alguém que os domina. É a relação que, sem que eu proponha isso, vejo manifestarem comigo os caras mais valentões de meu entorno, meus generais, meus comandantes, meus pistoleiros e meus combatentes mais audazes e que têm mais pelos no peito. Mas percebo que se trata de algo feminino. Até ficam ruborizados e sem graça quando deixo cair alguma sinecura – algumas das minhas parcas sinecuras, uma palmada no ombro, um elogio não excessivo –, por alguma de suas proezas militares ou por terem arrebentado os miolos de qualquer um de nossos alvos no exterior. Rubor. É. Rubor e ciúme. Padeci dessas duas coisas com aquele filho da puta do Manolo Castro. Depois de ter dito isso, que acho que nenhum outro estadista do mundo tenha tido a coragem de fazer como acabo de fazer, ganhei o direito de acrescentar algo: a verdadeira razão de meu ciúme era que ele ocupava uma posição que me pertencia, ou na qual quem deveria estar era eu, e não ele. Ou seja, eu o via como um usurpador.

Nada. Nunca havia nada para mim. Às vezes nem se davam ao trabalho de devolver o cumprimento. Mas eu ficava sabendo de alguns comentários. Diziam que meu problema era que eu não tinha bagagem revolucionária. Não tinha história. Com o passar do tempo, nas raras ocasiões em que cismo de olhar para trás e me vejo entrando naquele escritório da FEU à direita da Filosofias e Letras para quem sobe por aquela imensa escadaria de mármore que desemboca – ou que surge – na rua San Lázaro, e os vejo a duras penas pela porta entreaberta, algum deles com os pés em cima de uma mesa, ainda posso ouvir a linguagem cifrada com a qual se comunicavam e suas risadas de companheirismo, que não têm nada a ver comigo. Nesses momentos, consolo meu espírito de rancores ao lembrar que Manolo Castro foi morto numa ruela de Havana em 1948, que Eufemio Fernández eu mesmo mandei fuzilar em 1961 e que Masferrer eu fiz voar em seu Ford Torino 68 azul-claro em 1975.

De estatura mediana, loiro, cabelo liso penteado para trás, estilo Rodolfo Valentino. Não era forte, embora tampouco pudesse ser qualificado como franzino. Mas se intrometia na questão dos camponeses. Teve uma luta tremenda e que lhe rendeu muita publicidade com o Vínculo de Guantánamo. O Vínculo era uma fazenda enorme, da qual o ditador Machado havia se apoderado. Tinha gado selvagem, que era morto a tiros, e muitas terras sem cultivar. Manolo Castro apareceu no Vínculo com os rapazes da universidade, depois de uma viagem de trem de mil quilômetros; eles tomaram as terras e as entregaram aos camponeses. Isso o converteu de maneira acachapante num herói nacional. Nem é preciso dizer da simpatia e do apoio que tinha na universidade, a partir dessa espasmódica reforma agrária que vinha desenvolvendo. Eufemio Fernández, ao contrário de Manolo, era um indivíduo muito elegante, bem-apessoado, de gestos muito medidos, e sempre se soube que queria parecer um gângster de Chicago, com suas camisas pretas e gravatas finas brancas, ou vice-versa. Mas, segundo o que me informaram, não soube manter a compostura diante do pelotão de execuções. Mas é muito difícil exibir um porte elegante quando, diante de seus olhos – e a sete passos de distância –, erguem-se as bocas de sete fuzis FAL. Seus esfíncteres e centros motores se descontrolaram antes mesmo que dessem ordem de preparar e ele se cagou e desabou *in situ*. Masferrer. Rolando Masferrer. Este, sim, nunca conversou com o jovem aprendiz de revolucionário. Nunca me suportou. Entrou em contato com Manolo – e foram muito bons amigos – a partir de todos aqueles litígios agrícolas. De todos, o personagem mais intenso e realmente interessante é Rolando. Ou foi. Havia sido comunista e veterano da Guerra Civil Espanhola, em que foi ferido numa perna na batalha de Majadahonda, tendo quase perdido a extremidade do membro – cuja principal sequela foi um apelido: o Manco.

VOCÊ PRECISA APONTAR PRIMEIRO

Ninguém conhece seu pistoleiro. Eu os conheço todos, com todos tenho intimidade. Essa intimidade cubana desses esbirros de charuto na mão e que é estrondosamente afetiva. Eles o abraçam, amarrotam sua *guayabera*, gritam "Há quanto tempo, você não mudou nada, compadre" (todos éramos compadres na sociedade política cubana), ou então "Você está igualzinho, doutor" (todos doutores), e abraçado e abraçador dão um jeito de gesticular muito, mas mantendo o outro a salvo da chama e das cinzas de seu charuto. O abraço é importante porque permite apalpar, por baixo da *guayabera* ou do paletó, onde o cara leva a pistola, ou talvez um revólver, e o calibre com o qual podem queimar suas costas assim que você se virar. É imprescindível discernir entre pistola e revólver, porque aí você fica sabendo se vai haver o intervalo entre o estalido de advertência de uma pistola, quando for acionada, e a volta do carro ao lugar depois que se colocar a primeira bala na agulha. *Chakanaan!!!* Demorei mais para descrever isso do que o tempo real de sacar o berro, mirar e tirar você de nosso convívio. O revólver, não, o revólver tem o tempo do clique de armar o gatilho, do profissional mirar e disparar, e você está morto em menos tempo do que esta frase levou para ir do início até a metade. Quando muito.

A semântica empregada é também digna de rápida ponderação em tais questões. Se bem que há nuances linguísticas no setor dos pistoleiros cubanos difíceis de entender em outras áreas idiomáticas. Em primeiro lugar, pela enorme diferença em sua carga de consideração social que os cubanos estabelecem entre o comum *tú* e o onipresente *usted*. E... como foi que me tratou? De *usted* ou de *tú*? Os cubanos só tratam de *usted* por iniciativa própria as pessoas que exigem uma espécie de reverência de léxico. Porra, me tratou de *usted*. É um sinal de respeito inequívoco pelos defuntos. Como é que vai matar alguém que acabou de tratar você por *tú*, alguém com quem tenha essa confiança? Inaceitável. Existem códigos para tudo. Vale a pena esclarecer que esses hábitos se perderam em nossos paredões de fuzilamento, onde mais vale que você termine com isso depressa. Ei, *tú*! Fica parado aí e não enche o saco.

Meu primeiro morto. Melhor, o primeiro que me é atribuído. Oscar Fernández Caral. Era chefe de uma espécie de seção de investigações da Polícia Universitária. Esse serviço de polícia havia sido criado para garantir absoluta autonomia à Universidade de Havana, que era como uma ilha independente, com governo próprio – e até com polícia, como estamos vendo! – no meio de Havana. Eu era acusado de ter extorquido o professor Ramón Infiesta para que desse nota para aprovar alguém – já não lembro mais quem – que pertencia a um dos grupos. Eu estava me esforçando para vencer umas eleições. Precisava dessa aprovação para que essa pessoa me devesse esse favor. O professor Infiesta, muito filho da puta, nos acusou: Aramís Tabeada (quem considerei durante um tempo meu mentor) e eu. Falou das pistolas em sua cabeça, uma apoiada em cada têmpora. Falou que o obrigamos a assinar. Percebendo poucos dias depois que tinha um cão de caça nos meus calcanhares, decidi ir discutir com ele. Nós nos ameaçamos mutuamente. Dias depois, Oscar Fernández Caral aparecia morto a bala perto de sua casa. Foi tarde da noite, num trecho ermo do bairro El Vedado, e ninguém tinha visto nada. Mas era inevitável que toda culpa caísse sobre mim. Um destacado juiz de instrução, Riera Medina, ficou encarregado do caso. Pouco depois, a acusação foi rejeitada. A família do morto contratou um advogado muito famoso, Rosa Guyón, que não conseguiu avançar um palmo. Causa rejeitada em segunda instância. Havia um aspecto técnico insuperável: a arma do crime não apareceu. O Laboratório Central de Criminalística declarou-se incompetente. Depois aconteceu a mesma coisa quando mataram – finalmente – Manolo Castro. Fui acusado duas vezes pelo feito e duas vezes a acusação foi rejeitada. A imprensa da época estava cheia de invectivas contra a minha pessoa em relação a tais processos. Depois da Revolução, em meados da década de 1960, um grupinho de sacanas decidiu fuçar nos arquivos da Biblioteca Nacional. Um tal de Luis Alfonso Seisdedos – devo ter por aqui os antigos informes da Segurança –, que chamavam de o Manco Drácula, pelas deformações de nascença que o obrigavam a arrastar as pernas, era o investigador principal, e o que parecia dar mais motivos de diversão aos velhos jornais. A primeira consequência daquelas leituras é que foram quebradas todas as fotocopiadoras da biblioteca, e, é claro, não era permitido tirar da instituição aqueles valiosíssimos incunábulos. Era uma época em que eu ainda não tinha condições de levar a extremos os mecanismos de censura, principalmente por causa do meu flerte com os intelectuais cubanos, tendo em vista meu flerte ainda maior com os intelectuais europeus. Assim, deixei que examinassem jornais mais ou menos durante uma década (dando tempo também para que o Manco Drácula, que eu sabia estar doente, morresse), até que finalmente pude instrumentalizar um sistema de identificação de acesso aos arquivos da Biblioteca Nacional que eu não acho que perca em complexidade e eficácia para o acesso aos quartéis-generais da CIA em Langley, Virgínia. Você precisa pertencer a um organismo estatal, ser militante do Partido ou da Juventude Comunista, explicar o motivo da sua pesquisa e ter o apoio de um ministro ou chefe de organismo de nível equivalente para *aspirar* a uma autorização de tempo limitado de pesquisa. Ah, o uso das fotocopiadoras fica sob supervisão e as cópias são pagas em dólar. E, no dia em que me incomodarem demais, mando dar uma surra neles. Na verdade, a biblioteca e esse departamento especificamente, chamado de Inferninho Ampliado, estão entre os primeiros que irão pelos ares em caso de uma invasão ianque. Inferninho Ampliado porque antes havia um inferninho sem adjetivos, chamado apenas de Inferninho, que era onde se conservava essencialmente toda a literatura pornográfica recuperada do capitalismo cubano.

Havia uma emissora de rádio que transmitia informação política em regime quase permanente, que se anunciava de maneira muito atraente e de grande apelo entre sua audiência – *El Periódico del Aire* –, de propriedade de uma figura típica de Havana e de seus meios políticos, além de muito popular: Guido García Inclán. Eu me apresentava pelo vidro do estúdio e lhe fazia um gesto de saudação. Quando o operador de áudio começava a fazer girar os discos de acetato com os comerciais e o letreiro de NO AR se apagava, Guido nos fazia entrar. "O que querem os inquietos rapazes da colina?" A colina era a Universidade de Havana, que de fato ficava em outros tempos no alto de uma elevação chamada Ladeira de San Lázaro. A compaixão de seu tratamento pessoal era de praxe. "Não, Guido, olhe, é que existe tal problema", e alguém lhe explicava o que fosse preciso explicar e tirava do bolso, dobrado, o seu discurso – a razão pela qual tinha ido vê-lo – e pedia a Guido "uma chance". Ele sempre cedia o espaço e inclusive incentivava a luta dizendo: "Como não, rapaz. Agora mesmo vou lhe ceder o microfone. As autoridades precisam ficar sabendo disso." A estação tinha como identificação de frequência a sigla COCO, e por isso era chamada por todos de a Rádio Coco. Igual ao duro fruto das praias tropicais. Se bem que não tão duro como a conhecida perseverança de García Inclán, que parecia destinado a sobreviver a todas as mudanças de regimes e sistemas sociais e econômicos que se criavam em nosso país. Basta dizer que chegou à plenitude de nosso socialismo e que a Coco foi uma das poucas empresas semi-privadas que sobreviveram. Foi ordem explícita minha. Não intervir na Coco nem nacionalizá-la. Mesmo assim, havia o problema de que a prática da publicidade comercial havia acabado no país e que as emissoras do capitalismo que vivem de anúncios, quando conseguem boiar até o socialismo, podem muito bem morrer de fome e não ter como pagar salários ou mesmo a conta de luz. Mas eu não queria ferir a dignidade do homem. Apesar da irreverência de meus comentários juvenis de que Guido parecia um dos personagens da tira *Anita la Huerfanita* [*Aninha, a pequeña órfã*, de Harold Gray], um gordinho que nessas historinhas era chamado de Señor Albóndiga [Sr. Almôndega], porque Guido era mais para flácido, gordinho, de cabelo liso, pálido, bem pálido, e com o correspondente bigodinho à la Valentino e nariz abatatado, eu queria que conservasse, em sua velhice, já que esta iria transcorrer em minha Revolução, uma presença digna. Assim, ordenei uma generosa subvenção estatal que cobriria os gastos da emissora e os gastos pessoais do radialista, mas sob a cobertura de anúncios de uns refrigerantes, cigarros e cervejas, nenhum dos quais dispunha mais de marca identificável e que eram produzidos de maneira uniforme e de acordo com os fornecedores que o país contratou – e que os ianques deixaram chegar até nós. Dava na mesma dizer pasta de dentes ou Perla. Todas tinham o mesmo nome, Perla; além disso, o tubo vinha sem embalagem. Nada de etiquetas. O mesmo para os refrigerantes. Dava na mesma dizer refresco ou Son. Todos tinham o mesmo nome: Son. As antigas garrafas de Pepsi ou de Coca-Cola, com suas marcas originais removidas. Se bem que havia épocas de bonança – dependendo dos insumos recebidos –, em que o público podia escolher entre Son de cola ou de laranja, as chamadas *naranjitas* [laranjinhas]. E até as ocasionais e maravilhosas temporadas do Son de piña [Son de abacaxi], as *piñitas*. O diminutivo em Cuba é utilizado quase sempre como expressão de ternura, carinho. Assim, a Rádio Coco foi bombardeada por uma sequência de anúncios de fabricantes fantasmas, anúncios que tinham a única missão de atuar como ferozes concorrentes na imaginação de Guido ao receber o talonário de nove cheques expedidos pelo Banco Nacional de Cuba contra a conta da Junta Central de Planificación, todos da mesma quantia de $ 1.215,15 m/n, mil duzentos e quinze pesos e quinze centavos em moeda nacional, que eram dividendos dos $ 10.936,15 m/n, dez mil novecentos e trinta e seis pesos e quinze centavos mensais, destinados ao velho amigo. Refrescos Son de Piñita. Isso, sim, é abacaxi! Pasta de dentes Perla, elaborada pela Empresa Consolidada de Sabonetes e Perfumaria Mártires de Jatibonico. Essa, sim, escova bem os dentes. Cigarros Populares. Esses, sim! Etc. Mas às vezes acontecia de algum desses produtos ficar escasso no mercado, e nós esquecíamos do Guido e de que ele continuava anunciando algo cuja produção às vezes demorávamos anos para conseguir voltar a estabilizar, quando isso era possível. Tampouco permiti que fizessem emendas ou correções em seus editoriais, aquelas tolices que todo dia ele disparava por volta do meio-dia. Ele seguia um roteiro de dialética muito simples, mas que fazia inflamar com sua voz fanhosa e dramática e que com muita frequência o levava ao que poderia ser interpretado como a origem exata de uma proclamação contrarrevolucionária. Isso acontecia porque os ouvintes escreviam ou ligavam para se queixar das muitas vicissitudes do cidadão médio na construção do socialismo: escassez de tudo, abundância de nada.

Ou, como dizíamos, abundância de escassez, escassez de abundância. Quando terminava uma daquelas queixosas e amarguradas cartas do ouvinte da Rádio Coco, na qual se relatava, por exemplo, o desabamento de uma velha casa sobre a cabeça de alguns aposentados que haviam dedicado os últimos anos a solicitar uma moradia melhor e que se encontravam agora em estado relatado como muito grave num centro assistencial, no qual, ainda por cima, havia falta de ataduras e de antibióticos e onde o diretor, segundo diziam, não comparecia para cumprir suas funções porque saía para se divertir com as enfermeiras. Guido lançava um clamoroso "Deixa o Fidel ficar sabendo disso!". Realmente, era de uma fé inabalável. O que fiz foi dizer aos companheiros da Segurança que prestassem atenção ao programa, porque por meio dele podíamos detectar muitos sinais incipientes da atividade contrarrevolucionária. Talvez vocês não acreditem, mas a ideia que surgiu com as cartas para o Guido me foi útil quinze ou vinte anos mais tarde para localizar nos mapas os setores de evidência de atividade contrarrevolucionária em escala nacional. Usávamos os colégios eleitorais e os resultados das votações. Num setor onde houvesse quantidade superior a 1% de votos anulados ou contra o candidato proposto pelo governo, já sabíamos o que nos ater. Reparem bem. Para nós é suficiente 1% de votos indisciplinados, como

94 A AUTOBIOGRAFIA DE FIDEL CASTRO

decidimos chamá-los. Suficiente para reparar no lugar e começar o trabalho de agentes secretos, movimentação de informantes, pequenas provocações (para começar) e comprometimentos, jogar iscas, acompanhar suspeitos e tudo aquilo que sirva para um levantamento detalhado dos arredores.

O primeiro é o difícil. Acho que comentei o assunto alguma vez com Papito Serguera, meu velho companheiro do colégio Dolores de Santiago e depois comandante do Exército Rebelde. É muito difícil, mas tem a virtude de abrir caminho para os próximos. Obriga você a vencer muitas resistências internas e o medo de não conseguir ser capaz de aguentar. Mas esses mecanismos de prevenções internas são substituídos depois por uma revisão daquilo que você fez bem e do que fez mal, e então você sucumbe à segunda paixão do assassino: a busca da perfeição e, portanto, a necessidade de repetir. É assim que matar deixa de ser um problema moral para se tornar uma questão prática. Eu lembro que no verão de 1986 eu estava me preparando para viajar até Harare (antiga Salisbury), capital do Zimbábue (antiga Rodésia), onde se celebrava a Oitava Cúpula do Movimento dos Países Não Alinhados. Lá seria entregue a direção da organização a Robert Mugabe, o brilhante novo presidente negro do Zimbábue, uma jornada não isenta de perigo, principalmente pela proximidade com a África do Sul. Preparamo-nos da melhor maneira. Além de reforçar nossas tropas em Angola e de colocar o batalhão completo de Tropas Especiais na própria Harare e armados com quatro complexos de foguetes portáteis antiaéreos Flecha que patrulhariam de forma permanente os acessos ao Harare Sheraton, onde seria celebrada a conferência, e que dispunham de mais de quinze minutos a partir do aviso precoce que seria dado por todos os nossos agentes deslocados até os aeródromos avançados dos sul-africanos, caso estes decidissem decolar sua aviação – a atribuição de nossos atiradores era "fazer um purê de Mirages" –, eu também dediquei uns dias a me aquecer um pouco. Perder alguns quilos e, principalmente, atirar muito com a vinte-tiros soviética. Foi então, no campo de tiro de Banes, a oeste de Havana, na prática de tiro em marcha sobre alvos móveis, que me dei conta de minha maior deficiência desde que faço uso de armas de fogo: eu tendo mais a olhar para a queda do alvo do que a apontar. Ou seja, passo por cima da mecânica obrigatória de primeiro mirar e, só quando o alvo estiver centrado na mira, apertar o gatilho. É como dizer a você mesmo: tudo o que você vai ver tem que ser através do vórtice do "v" da alça. Estique o braço na direção do alvo, grude o rosto no ombro que você avançou e aponte. Claro, no fim das contas, às vezes é complicado para mim agir como um soldado profissional e não como o intelectual que sou, por isso a tendência inconsciente mas dominante de contemplar o comportamento do alvo que acaba de receber os disparos.

– Ouça, Fidel – disse-me Papito, com aquele jeito preguiçoso e tão seu de pronunciar meu nome. – Fidel. Que susto o do primeiro.

– Nem me fale.

Talvez esta tenha sido minha resposta. Mas em situações desse tipo eu não falo, treinei para ouvir e nunca pronunciar uma palavra. Antes aprendera a lição de levar o charuto até a boca. Quando parei de fumar, substituí o charuto por um inalador Vick. O charuto era emblemático demais para tentar convencer as pessoas de que eu o trazia apagado, mas que o usava para ganhar tempo; além do mais, isso me obrigava a revelar um recurso mnemotécnico. Stalin costumava ter à mão um cachimbo apagado, mas com a piteira macerada pelas tensões de suas mordidas, e que ele levava à boca antes de dizer qualquer coisa a um subordinado. Você sempre precisa ter um instante de reflexão. Nunca solte a primeira coisa que passar pela cabeça. E muito menos fique dissertando a respeito de como você mata.

Papito acabava de chegar da Argélia, onde desempenhara as funções de embaixador e – como não poderia deixar de ser – armara confusões muito boas em escala internacional, que agora posso me dar ao luxo de tentar explicar (ou pelo menos farei isso mais adiante) e que, para dizer a verdade, em quase todos os casos eram por indicações minhas, embora ele precisasse arcar com a culpa quando as coisas saíam mal ou simplesmente passavam dos limites. Mas foi um formidável embaixador nosso na África, e de muitas maneiras deve-se a ele a invenção de nossas missões internacionalistas com o emprego de unidades regulares do Exército e à vista de todo mundo. (Em 1963, a seu pedido, enviamos de Cuba uma coluna de tanques para apoiar a Argélia em sua guerra contra o Marrocos.) Além disso, o comandante Papito Serguera reúne para mim todas as características e o porte de um embaixador revolucionário. Inquieto, simpático, gozador, muito culto e cheio de imaginação. Tão culto que era o único oficial do Exército Rebelde com quem eu podia passar horas falando de Roma e dos livros de Mommsen sobre o assunto que aprendi sob a batuta do professor Ramón Vasconselos e suas deliciosas dissertações – antes de este se tornar ministro de Batista. Papito apareceu em meu entorno como um interlocutor válido sobre césares e impérios na luta contra sua tirania.

Evoco tudo isso porque me vem à memória a tarde em que tivemos aquela conversa sobre os primeiros mortos. Ou melhor, seu monólogo. E me lembro disso porque estava montando na parede do escritório de sua casa um velho mosquetão beduíno dos dois que trouxera da Argélia: um para ele e outro para mim. Eu havia ido até sua casa para que me falasse do deserto e para pegar meu mosquetão.

– Ouça, Fidel. E depois dá no mesmo dois e duzentos.

Estive a ponto de lhe dizer: "É que não faz diferença, você não percebe? O primeiro é o único que importa."

Sorri, de forma quase imperceptível. Não lembro como surgiu o assunto. Mas é o tema em que acabavam as conversas com Papito. A morte. Mas não a morte sob qualquer circunstância. A morte dos homens que foram conduzidos até o paredão de fuzilamento. E não homens quaisquer. Batistianos. Muitos batistianos. Não podia ser de outra maneira com o fiscal principal da Revolução em seus primeiros dias no poder. Mudei o rumo da conversa. Os mosquetões. Papito me concedia o que considerava mais valioso e que, explicou-me, os beduínos do norte da África chamavam de *jazail*. A culatra – a parte posterior da arma – curta e curva indicava seu uso sobre cavalos ou camelos. A curva profunda no fim da culatra era usada para enganchar a arma na axila, para poder dispará-la enquanto a outra mão segurava as rédeas do animal, mantendo o controle. O mosquete é de 1821, ou de antes; seu canhão octogonal é decorado com motivos geométricos, e a culatra tem incrustações metálicas, também geométricas. Papito ficou com um modelo albanês do século XVIII.

Agora, os senhores, meus desconhecidos leitores, e talvez até algum de meus ardorosos inimigos, terão acesso às confissões que certa vez foram ouvidas por um de meus mais leais e decididos companheiros. Mas, se me abstenho de mencionar seu nome, é, como dizemos nas Forças Armadas, "por alta conveniência de serviço". Aos senhores é oferecido o privilégio do confessor. Que rara cumplicidade descobri entre o escritor de memórias e seu leitor: a primeira é supor que ele tem uma inteligência semelhante e uma capacidade de compreensão de todos os meus atos, uma simpatia e até um nível de cumplicidade que ultrapassa qualquer fronteira moral.

O primeiro. Lembro-me daquela noite em que – por volta das três da manhã – bati à porta de um amigo, cujo nome não devo mencionar porque mora no exterior e não sei se ainda pode ser acusado de acobertamento. Se bem que, depois de sessenta anos, devem ter prescrito todos os delitos por acobertamento de assassinato em todas as jurisdições.

Precisava tomar um banho, trocar de camisa, fumar um charuto e, principalmente, falar. Descobri algumas manchas escuras no colarinho da camisa. Pequenos fragmentos de osso craniano e massa encefálica haviam aderido ao tecido. Falávamos aos sussurros e meu amigo mal conseguia se controlar.

– Precisamos dar um jeito de queimar esta camisa – disse eu.

Depois do banho e das primeiras baforadas do Montecristo, eu lhe disse que pela segunda vez em minha vida precisava contar uma coisa que havia acontecido comigo. A primeira vez foi quando me meti com uma camponesa no laranjal do fundo de casa. A segunda vez era naquela noite. Mas havia uma diferença de sentimentos e sensações.

– Daquela vez, havia conseguido uma coisa pela qual todos os homens passam, mas que eu ainda não tinha alcançado, e, embora ainda fosse um menino, estava feliz e excitado por isso.

Meu amigo assentiu com gravidade, como achou com quase toda certeza que fosse seu dever assentir.

– Hoje eu transpus a barreira – disse eu.

Estava pontificando e usava o indicador, em tom de advertência, para dar mais ênfase ao pequeno discurso. O indicador como ponteiro.

– E você sabe o que sinto? – Com uma expressão de intimidade, mas mantendo o tom grave, continuei: – O que sinto é que sou livre.

Calixto Sánchez-White – soube-se com os anos – tinha conexões com a recém-criada CIA e com a Federação Americana do Trabalho (AFL). Não teria muito a acrescentar agora sobre meu antigo companheiro da União Insurrecional Revolucionária (UIR) Calixto Sánchez-White. Mas é um dado a ser considerado. Foi a primeira vez que tive contato (mesmo sem saber e de esguelha) com Langley. Se chegasse a saber então que trabalhava para a Inteligência americana, teria me esforçado ao máximo para conquistar sua confiança. Não se podia desperdiçar um agente da CIA verdadeiro no ambiente próximo. Anos mais tarde, estando eu no alto da Sierra Maestra, sobravam-me dados de informação e intuição para imaginar a quem ele respondia quando desembarcou com intenções de guerra numa área bastante próxima de onde já rondavam minhas guerrilhas.

Mas no época também não lhe dei muita atenção. O personagem organizou uma expedição desde Miami com o propósito de abrir outra frente de insurreição, mas teve a má sorte de cair num cerco do tenente-coronel Fermín Cowley Gallegos, chefe do Nono Distrito Militar (Regimento de Holguín) e um dos mais sanguinários apóstolos do batistianismo, e, além disso, teve a má ideia de acreditar em Cowley Gallegos quando este lhe ofereceu uma rendição honrosa e respeito irrestrito e escrupuloso para a vida dos dezessete integrantes do comando revolucionário desembarcado, negociação levada a cabo aos gritos num rescaldo da Sierra de Cristal, poucos minutos antes de que Sánchez-White e seus camaradas achassem razoável e oportuno depor as armas e sair de mãos para cima, tendo imediatamente as mãos amarradas com cordas e sendo pouco depois varridos pelo fogo sustentado de um sem-número de metralhadoras portáteis Thompson calibre .45 que o tenente-coronel Cowley Gallegos mandou descarregar sobre os expedicionários. E, se o chamei – argumento – de apóstolo do batistianismo, é porque poucos meses depois um comando do 26 de Julho, que seguia seus passos, localizou-o numa loja de ferragens de Holguín. Alfredo Abdón Ávila e Carlos Borja – dois combatentes do Movimento – aproximaram-se dele sigilosamente pelas costas enquanto ele examinava umas ferramentas, uma chave Philips, como se diz – um aficionado das artes manuais domésticas o tenente-coronel –, e Abdón esvaziou ao mesmo tempo os dois cartuchos calibre .12 de uma espingarda Remington de canos recortados com serra e lhe fez desaparecer a cabeça. Estou convencido desde então de uma coisa: Cowley ainda não sabe que foi morto. Abdón. O companheiro Abdón. Logo o tornamos coronel das Forças Armadas Revolucionárias, e sei que cumpriu missão internacionalista em Angola. Carlitos Borja também continuou com a Revolução, mas o mantive afastado porque tem o dedinho nervoso no gatilho e é muito rápido sacando a pistola. Para esse tipo de revolucionário, é melhor dar uma carreira de mártir, ou que o conduza a essa condição, desde que se possa tirá-lo do caminho, procurando de preferência que cuidem dele os fuzis do inimigo para não termos de levá-lo ao paredão. Nunca é conveniente do ponto de vista político matar velhos companheiros revolucionários.

VISTO COM MAUS OLHOS

Estamos em 1946. Um jovem estudante que procurava apoio para se tornar líder na Escola de Direito tentou conseguir uma aproximação com Manolo

Castro por meio de uma briga com Leonel Gómez, dirigente estudantil das Escolas Secundárias e opositor de Manolo. Conseguiu recrutar para a empreitada Fausto Antonetti Fernández, conhecido como Paco, e o galego Ángel Vásquez, os acólitos de Manolo. Feriu Leonel com uma bala no abdome, e milagrosamente Leonel se salvou. O jovem estudante precisava se desfazer da pistola, que era um presente do pai, e recorrer ao irmão mais velho, Ramón, para que lhe enviasse uma pistola nova com toda a urgência. Do mesmo calibre, por favor, .45. Manolo Castro, longe de apoiar o jovem estudante por sua ação de suporte e pelo arrojo demonstrado na contenda, mandou-lhe como resposta uma mensagem: "Diga a esse cara que não vou apoiar *um merda* para presidente da Escola de Direito." Esse foi o espírito e o teor da mensagem. Sem o apoio de Manolo Castro e muito menos de Rolando Masferrer, o jovem estudante ficou numa situação muito precária – pendurado na brocha, como dizemos. Então, a situação ficou muito mais complicada, trágica e fúnebre, quando Emilio Tro – o líder da UIR, a facção rival de Manolo Castro e Masferrer – considerou o atentado a Leonel uma ofensa pessoal e decidiu fazer um julgamento à revelia do idiota que fez o disparo. Como era o nome dele? Fidel Castro. Esse mesmo. Esse filho da puta. Chino Esquivel foi quem avisou o jovem estudante. "Escuta aqui, *guajiro*", disse ele, "hoje à noite você será um homem morto."

Um estudante de medicina – esqueci o nome dele, não dá para se lembrar de tudo, é impossível ser o cronista de sua própria história em desenvolvimento – encontra Chino numa movimentada esquina de Havana, a das ruas San Lázaro e Hospital, umas oito quadras a leste da escadaria universitária, e lhe diz: "Mas o que é isso, rapaz, o que faz aí parado, se oferecendo assim de graça? Não sabia que vão matar todos vocês? Onde está Fidel?" Eu estava num dos nossos habituais cafés no cruzamento das ruas 12 e 23, no bairro El Vedado, a cem metros do portão principal lavrado em mármore do cemitério de Colón.

Era tardezinha e o sol estava caindo por trás da remota e límpida corrente do golfo, que é a linha divisória desta cidade com o universo. Já estava a par da situação por intermédio de Chino e do estudante de medicina anônimo – para não dizer esquecido, que soa muito depreciativo –, e ouvia bater os sinos de minha própria morte nas mãos de um bando de enlouquecidos e sanguinários revolucionários quando apareceu, tímida e nada aperfeiçoada, a solução. Acabava de descobrir uma das mais extraordinárias e simples equações políticas, que podemos resumir em meu enunciado até agora secreto de que na traição está a força.

– Echeveite, o Gordo – disse eu.

Echeveite, o Gordo, era um dos parceiros de Emilio Tro.

– Ou Arcadio Méndez – acrescentei.

Outro dos parceiros de Tro.

– E que diabos tanta confusão minha com esse Manolo Castro, e com a FEU e o *emese erre*.

Peguei Echeveite, o Gordo, antes que ele saísse de casa, muito perfumado e de *guayabera* limpa e passada, como se fosse ver alguma mulherzinha, e não a caminho de um julgamento onde eu seria condenado à morte sem direito de defesa. "Só me diga onde vai ser a coisa, Gordo. É a única coisa que eu quero. Você vai pelo seu lado e eu vou pelo meu." Na casa de Estrada, um velho revolucionário da época da luta contra Machado. Não lembro quem foi que abriu a porta, mas lembro que me deixou entrar com uma expressão de "entre" de resignação e ironia. Estavam na sala, acomodados em sofás e poltronas e numa ou outra cadeira trazida da sala de jantar. As xícaras de café fumegavam numa mesa baixa em volta da qual todos oficiavam, com seus charutos acesos, que extraíam de uma caixa de H. Upmann # 4 que permanecia aberta do lado da imensa bandeja de prata com as xícaras e os guardanapos de pano, e que eram extraídos em números nunca inferiores a dois, um para o charuto imediato e o outro – ou os outros – para colocar ao lado das Parker no bolsinho esquerdo de cima das impecáveis *guayaberas* brancas que todos vestiam.

Eram pelo menos dez homens. O que a minha memória conserva da primeira panorâmica é que estavam Guillermo González, o Billiken; Echeveite, o Gordo; José de Jesús Ginjaume; Arcadio Méndez; e que o dono da casa, Estrada, não estava na sala e não apareceu durante aquela noite. Então minha panorâmica, começando pela esquerda, como costumam ser feitos os compêndios visuais de captura instantânea, terminou num ponto da direita onde eu sabia que – aboletado em sua poltrona de veludo, distante e sereno como um césar que, em vez de entreter o paladar com as uvas que podia pegar com delicados gestos da travessa a seu alcance, descobriu o embriagador efeito das fumaças e o caráter inequívoco de ordenar e mandar que só pode ser exercido cabalmente por um cacique cubano que sublinha ou pontua suas determinações com o movimento de uma mão direita, a sua, que entre o indicador e o anular segura um charuto – estava Emilio Tro.

Tive a intuição de que poderia me salvar quando José de Jesús Ginjaume quebrou o gelo, dizendo:

– Olha, rapaz, você tem colhões. Vir se enfiar aqui na boca do lobo.

José de Jesús Ginjaume. Paraquedista da Segunda Guerra Mundial e que fizera do anticomunismo sua religião. Era o segundo no comando da UIR e acho que se adiantou a Tro naquilo que Tro estava pensando, e que o fazia como uma forma de adulação, ou, mais exatamente, para deixar claro que, com as primeiras palavras que se pronunciavam mais ou menos formalmente num julgamento em que minha condenação à morte estava decidida talvez desde antes que a própria ideia de um julgamento surgisse, de repente o curso dos acontecimentos – e com eles meu destino – havia mudado. Não se deixa passar a oportunidade de demonstrar a um chefe que se sabe interpretá-lo, além de criar para ele uma base adequada e sobretudo honrosa para que mude "com facilidades de pagamento", como se dizia, um critério que já expressou diante de todos.

– Mais do que colhão – começou Emilio Tro, e ouviram-se murmúrios de aprovação mesmo antes que se soubesse o próximo enunciado –, é inteligente.

Os murmúrios de aprovação aumentaram e a condensação da fumaça expelida dos pulmões por uma tropa de cubanos também.

– Isso ele é, esse *cabrón*.

Cessaram os murmúrios de aprovação. A frase deixava algo inconcluso. Mas provavelmente eu era o único naquele lugar que já havia percebido a carga de camaradagem antecipada com que ele pronunciara aquele "*cabrón*".

Tro era um cavalheiro, isso era notório à primeira vista; um virtuoso, um veterano combatente da luta contra os nazistas, chefe da UIR, que não enriqueceu às custas do dinheiro público e a quem só se podia recriminar por certos fatos sangrentos, mas que deviam ser avaliados dentro das circunstâncias políticas em que haviam ocorrido.

– E é de rapazes assim que precisamos.

De fato, eu estava salvo.

Tive que explicar, não obstante, todos os pormenores do incidente de Leonel e os motivos que me levaram a agir de maneira tão desatinada, satisfazendo a curiosidade de todos eles.

No fim, o próprio Emilio Tro me estendeu uma xícara de café, já bastante frio, e pegou os três charutos que restavam na caixa. Com as próprias mãos, enfiou dois no bolsinho superior esquerdo de meu paletó de risca (eu não tinha *guayabera*) e colocou o outro na minha mão direita. Também riscou o fósforo e ficou segurando-o na ponta do meu charuto enquanto eu aspirava com força entre moderada e média e colocava para queimar de forma equilibrada aquela obra-prima da indústria nacional. A cerimônia estava concluída. Dava-me conta de que era a única modalidade de pacto de sangue sobre a face da terra em que não se usavam facas, nem os irmãos cortavam os dedos, as palmas das mãos ou os pulsos. Era dentro de uma raça de sibaritas irredutíveis que tomavam água em grandes jarros de fino cristal cheios de tilintantes pedras de gelo e que todas as noites se grudavam às sedosas bundas de suas mulheres – as senhoras –, e que, quando precisavam matar, se congregavam antes nos conciliábulos do fumo.

Emilio Tro soprou a cabecinha carbonizada do fósforo, deixou-o cair num cinzeiro e, com certo ar de resignação, disse:

– Desde que vi você entrar, percebi que já sabe de uma coisa. Não sei como aprendeu, mas já sabe.

Eu não tinha certeza daquilo que se supunha que eu deveria saber. E nunca teria acertado. Uma coisa é você pensar algo, outra é que alguém de fora consiga expressá-lo com as mesmas palavras.

Nunca esqueci o que Emilio Tro me ensinou: "Ninguém morre na véspera, rapaz. Ninguém."

5. O ESTADO E A REVOLUÇÃO

Cayo Confites e o líder que encontra a si mesmo

A aventura de Cayo Confites, no verão de 1947, é a operação entre militar e conspiratória mais atraente, aos meus olhos, de todo o período anterior à Revolução, e a que me trouxe os ensinamentos mais proveitosos. Principalmente do ponto de vista conspiratório, não houve nada parecido até começarem as grandes conspirações contra nosso processo, já a partir do próprio verão de 1959. E quanto à logística – que incluiu navios e aviões de carga e de combate –, o único paralelo possível é com a invasão da baía dos Porcos em abril de 1961, organizada pela CIA.

Cayo Confites foi como uma escola de intervenção. A vocação internacionalista que todas as revoluções têm se expressou, no caso do processo cubano de 1933, de forma adiada – com uns dez anos de atraso –, e se deu nessa ilhota da costa norte de Cuba, a umas nove horas de navegação do porto mais próximo, o de Nuevitas, que tem à frente uma barreira de rochedos e de ilhas habitadas apenas por cavalos selvagens, tartarugas enormes e espessas nuvens de mosquitos. Mas teve uma clara sustentação revolucionária. Se examinarmos as coisas mais detidamente, a revolução mexicana é a que menos fez, pois, como já se disse, o componente rural tinha peso excessivo em suas preocupações. A chinesa, de Mao, pelas mesmas razões, contraiu-se dentro das suas fronteiras, e além disso os chineses tinham fome demais e suas cidades tinham um cheiro forte demais de merda, a começar por Pequim, para que se preocupassem com o que faziam os países vizinhos. Não foi assim com a francesa e as outras três revoluções importantes, até nossos dias. Mas ninguém como os franceses para exportar sua revolução até o surgimento da nossa, porque os americanos foram realmente lentos para agir como vicários dos franceses, tão lentos que seu internacionalismo se dá mais como expansão imperial, coisa que os franceses também fizeram primeiro com Napoleão. Não falo agora de império para aproveitar e criticá-lo. Não, o que digo é que os revolucionários franceses exportaram ideias, enquanto os americanos, embora exportassem também ideias, fizeram isso da forma concreta em que eles as concebem: maquinário, empresas, capital e sem escolher muito os territórios onde instaurar a proposta revolucionária. Enfiem as tropas no Texas e os outros que se danem. Nossas ideias são as forças de cavalaria e as metralhadoras Gatling e Remington de corda por alavanca. É claro que nem todos os países onde você desenvolve seu internacionalismo são iguais, e nem você vai obter resultados satisfatórios em todos eles. Os revolucionários franceses que contribuíram com a Revolução Americana deixaram também a semente da expansão imperial. O desejo irreprimível – e muito justificável, sem dúvida – de fazer valer em escala universal as propriedades da liberdade, igualdade e fraternidade encontrou terreno propício e extremamente aplicado entre os ianques. Mas, reparem, entre os do norte. Não sei como teria funcionado a equação entre os escravocratas do sul. Digo isso por causa da experiência haitiana. Ou seja, quando os mesmos assessores revolucionários franceses se ligaram à escravidão, ou pelo menos não com os proprietários e diligentes ianques do meio-oeste americano, mas com a sociedade escravocrata haitiana, o que criaram foi um sangrento deslocamento social, de tal magnitude que dois séculos mais tarde o país ainda não encontrou seu rumo. E depois vieram os soviéticos com todas aquelas fugazes revoluções de bolso europeias anteriores à Segunda Guerra Mundial e sua contribuição para os chineses. Mas nós alcançamos um estado de graça do internacionalismo que é praticamente insuperável, e foi menos daninho e menos opressivo, porque fizemos o único internacionalismo da história que partiu de um país não desenvolvido, de escassa população e sem nenhuma base industrial nem tecnologia, e com apenas uma cultura de cantores populares e densos escritores barrocos, isto é, internacionalismo em estado puro e sem a menor possibilidade de projeção imperial posterior. Muito bem. Essa aprendizagem, eu, o chefe da Revolução Cubana, obtive de uns caras muito fodidos mas de origem revolucionária, de esquerda, de uma ou outra maneira de esquerda, e definitivamente comunistas, como o manco Rolando Masferrer, ou anticomunistas, como Manolo Castro. O espantoso de tudo isso é que os cubanos estavam organizando uma força militar de envergadura equivalente à que vimos anos mais tarde com a CIA na baía dos Porcos, mas sobre a qual ainda hoje teriam muito que aprender.

O objetivo era derrubar Rafael Leónidas Trujillo na República Dominicana. Eu diria que não havia nada melhor para justificar a convocação de uma revolução do que aquele mulato. Ele estava já há dezessete anos no poder quando nos preparamos para derrubá-lo. Continuava ali, catorze anos depois, em 1961, quando foi assassinado por militares (colados a ele até o dia anterior). Até então, havia manobrado a seu bel-prazer os bens da classe média e da burguesia dominicanas. As principais usinas de açúcar, as ferrovias, os hotéis, a aviação comercial, as fazendas de gado (e suas correspondentes reses), os portos e aeroportos, as fábricas de armas e munições e quaisquer outras empresas comerciais que oferecessem dividendos passaram a ser propriedades dele. Sem falar de todas as instituições governamentais, começando pela Presidência da República, seguida, claro, do Exército, da Polícia, da Força Aérea e da Marinha de Guerra. Os cadáveres de opositores e dissidentes que acompanharam essa empresa brutal nunca foram devidamente quantificados. Mas os *néons* (as agências de publicidade, também de sua propriedade) eram vigários de uma mensagem potencialmente divina. "Deus e Trujillo", anunciavam em tudo quanto é lugar os letreiros luminosos. Muitas cidades, avenidas, estradas e edificações levavam seu nome ou nomes de parentes próximos. Em 1930, mesmo ano em que alcançou a Presidência, um furacão golpeou fortemente Santo Domingo, a capital do país. Depois de restabelecida, a cidade foi por ele batizada com seu nome e passou a se chamar oficialmente de Cidade Trujillo. Enfim, tomar essa cidade infestada de estátuas de um mestiço treinado em 1921 pelos fuzileiros navais americanos se tornou nosso objetivo.

A expedição reuniu 1.500 homens. A invasão foi planejada para 25 de setembro. Havia dinheiro. Os países da região saíram enriquecidos da Segunda Guerra Mundial. Bendito seja o açúcar. Que quantidade de açúcar precisavam aqueles rapazes, os GI, para enfrentar as divisões das *Panzertruppen*. Nossos negros cortando cana, as usinas moendo, e aqueles esforçados branquelos ali batendo-se com suas Garand 30-06 e engolindo açúcar, doce, nobre açúcar para dar energia aos soldados da liberdade e estimular seus cérebros. Além disso, era muito fácil em 1946-1947 encontrar amplo fornecimento e variedade de armamento nos Estados Unidos e sem excessivo controle das autoridades, sem contar que se podia conseguir armamento também nos países da região, que os próprios americanos haviam fornecido a seus governos durante a guerra. Mas e a tropa? De onde você tira uma tropa em Cuba para uma aventura como a de Confites? "Com sua muito difundida bagagem *intelectual* (como costuma ser usada comumente a palavra no Caribe), o fetichismo da Revolução se manifesta frequentemente de maneira febril", foi a explicação da inteligência americana deslocada para a embaixada dos EUA em Havana.[7]

Avaliação – a meu ver – nem um pouco desacertada, sem dúvida. Embora sua elegância retórica não lhe tire o enorme conteúdo racista. Para a massa dos soldados, era a ideia da revolução e como sempre, entre cubanos, a possibilidade de ação, de uma verdadeira aventura que os tirasse da mediocridade de suas vidinhas cotidianas. Que indolentes esses americanos. Passam a vida nos bombardeando com Errol Flynn, Tarzan e John Wayne, e depois ficam alarmados quando você pega na espada. Para onde quer que você olhe, historinhas em quadrinhos, o cinema, as novelinhas baratas, você os vê cavalgando como os mais justiceiros e os mais rápidos para sacar o revólver. Mas eles querem que as coisas fiquem ali, que não saiam das páginas. O que falta colocar nas capas de suas publicações ou no início dos filmes, depois da advertência de que não se responsabilizam por qualquer semelhança com pessoas vivas ou mortas ou com fatos da vida real, é que se trata de material para ser apenas admirado, não imitado.

Manolo Castro autorizou. Masferrer não queria de modo algum. Finalmente prevaleceu o critério de Manolo de me admitir na expedição. Eu não queria ficar de fora, de jeito nenhum. Além disso, a expedição não era exatamente um segredo. Era um desses habituais segredos de polichinelo dos cubanos. Conheci esse mesmo ambiente de sigilo público nos dias anteriores à Crise de Outubro de 1962. Todo mundo sabia o que estava acontecendo e se ninguém havia ainda soltado isso no seu ouvido era só abrir a janela de madrugada para ver passar os enormes caminhões soviéticos Kamaz que levavam de um lado para outro os foguetes nucleares R-12 SS4 e R-14 SS5 de médio alcance, com os quais, de fato, se daria início à Terceira Guerra Mundial.

O Estado e a Revolução

Percebem? Para os cubanos, os instrumentos que devastariam até o último vestígio da presença humana sobre a face da Terra e que dariam status de verdade absoluta ao apotegma einsteiniano de que seria a última guerra dos homens não passavam de um assunto de fofoca de bairro. Os foguetes passeavam pelos arredores, e se podia até enfiar a mão por baixo das pesadas lonas e tocá-los, como quem se atreve a dar uma palmadinha afetuosa na bunda do pesado elefante no último desfile do circo.

A origem de Confites está no hotel San Luis de Havana, no qual se hospedavam muitos dominicanos, como Juan Bosch e o general Juancito Rodríguez, que de todos me era mais próximo e que me deu de presente uma pistola. Juancito tinha algum parentesco com Trujillo, mas foi um dos que contribuiu com mais dinheiro para a invasão. Outro que ajudou muitíssimo, como se sabe, foi José Manuel Alemán, o ministro cubano da Educação. Tudo isso começou por volta de 1944.

Eu não queria ficar de fora, e o homem da operação se chamava Manolo Castro. Peguei um avião para Holguín, cidade ao norte da parte oriental, onde eu sabia que os homens – todos voluntários – se concentravam numa enorme escola politécnica situada ao lado dos terrenos do Regimento de Holguín, uma das duas grandes unidades militares da província oriental. Não havia dúvida quanto ao comprometimento do governo de Grau com a operação, principalmente pela forma tão escancarada e sem compartimentação com que mobilizavam mais de mil homens, que por sua vez transitavam com armamento e até com aviação de combate, e que tinham como ponto de concentração uma escola pública cedida pelo ministro da Educação, vizinha às muralhas do quartel regimental de Holguín. Deixavam você entrar no politécnico. Mas, uma vez dentro, não deixavam você sair mais. Dava-se como certo que se apresentar no lugar e atravessar suas portas equivalia a algum tipo de juramento de ordem teutônica ou de cavaleiro das cruzadas. Os seis ou sete passos investidos para ir da calçada ao interior da escola, até seus jardins e a ampla esplanada diante do edifício principal, tinham um significado naqueles dias, o de que você assumia, por vontade própria, um destino. Alguém pediu meu nome. Depois de um tempo, voltou com o recado de Rolando de que me mandasse para a casa do caralho. Eu pedi ao rapaz que dissesse que não havia me encontrado ou que me mencionasse com outro nome. Mas dali a pouco recebi o recado de Manolo. Não precisava ir para nenhum lugar. Podia ficar.

A MÃO DE MANOLO

Dia 26 de julho de 1947. Ao cair da tarde, enfiaram-nos em caminhões do Exército e nos transferiram para a baía de Nipe, na costa norte. E dali para as barcaças, em grupos de vinte. Assim foram nos despejando em Cayo Confites.

Devo ter desembarcado com o sétimo ou oitavo grupo. A viagem levava umas três horas desde o litoral, porque Confites é uma das ilhotas mais afastadas do arquipélago cubano para o norte. Foram usados barcos de patrulha da Marinha, com a identificação apagada por algumas rápidas pinceladas de tinta, e duas maltratadas lanchas de desembarque. O sol estava se pondo quando abriram a porta da lancha e apareceram diante de nós a praia da ilhota e, de pé sobre a areia, com um uniforme militar sem insígnias mas com uma Thompson no ombro, cano apontado para baixo, despenteado pelo vento livre do mar que batia na praia, meu comandante Manolo Castro. Viam-se outros homens em pequenos grupos pelos arredores, fazendo fogueiras, que logo descobriríamos ser o método mais eficaz de lutar contra as pragas de mosquitos, mas Manolo era o comitê de recepção. Um comitê de recepção de um só homem. Cumprimentava com um sorriso e com um tapinha os homens que iam passando a seu lado e, ao mesmo tempo, fazia um gesto como que convidando-os a passar para o seu palácio. Seu palácio era uma espécie de acampamento à Pancho Villa, com os homens em volta de pequenas fogueiras, taciturnos e silenciosos, sob a noite estrelada. Sem cantar. Que estranho, sendo tão bons combatentes. Mas o soldado cubano não canta.

Em poucos dias, quando todos os arbustos secos e as madeiras dos restos de barcos e dos velhos pinheiros tivessem esgotado sua existência sobre o solo arenoso de Confites, seria inaugurado um pequeno tráfico comercial com pescadores da área para que abastecessem a tropa de paus e sacos de carvão.

Quando chegou minha vez de passar ao lado de Manolo Castro, ele me deteve. Com a mão esquerda, agarrou meu pulso direito, me estendeu sua mão livre e apertou a minha.

– Fico muito feliz por você ter vindo – disse-me.

Assenti. O gesto dele me surpreendeu, e eu não sabia o que responder. Mas ele estava me distinguindo de algum modo, já que não apertara a mão de mais ninguém.

Cedeu-me passagem. Franqueava-me as portas do seu palácio.

O ar ainda não cessara, de modo que as fogueiras se dobravam a sota-vento, na direção predominante do vento, que era de oeste para leste, e o acampamento *villista* de minha primeira noite de soldado mantinha seu curso de navegação estável e sereno na corrente do golfo.

Agora observem mais uma vez esta cena detidamente: a portinhola da velha lancha desce sobre a praia e é colocada em sua posição de rampa de desembarque. A lancha balança sobre a praia como um batráquio e nós começamos a desocupá-la. É o mais próximo que já havíamos estado da Normandia ou de Inchón. Ou seja, quanto ao uso de uma LC e de tomar posse de uma praia. Manolo Castro, com seu uniforme cáqui um pouco surrado, mas limpo, e com a Thompson no ombro, nos recebe. É o seu momento. Nada foi melhor antes para ele e não tem por que apostar no futuro. É o seu momento. Um fato evidente pela luminosidade de seus olhos, por certa displicência com que aprova a chegada dos combatentes e pela gentileza com que dedica a todos, mais por grupos e sem particularizar, um sorriso de aprovação. Nada de exagerar afetos. Nada que obrigue um príncipe a abandonar sua compostura. Somos nós, os infantes, que talvez conheçamos amanhã o rosto da morte, que devemos a ele essa oportunidade de oferecer nossa vida, e por isso lhe devemos gratidão. Então ele me detém. Com sua mão esquerda, agarra meu pulso direito, estende sua mão livre e aperta a minha.

Agora permitam-me voltar no tempo, para o instante em que ele me deteve. Com a sua mão esquerda, agarrou meu pulso direito, me estendeu sua mão livre e apertou a minha. Ainda não me disse que está muito feliz por eu ter vindo e eu estou olhando para ele enquanto ouço o alvoroço dos homens em volta das fogueiras espalhadas depois da linha de bagas-da-praia que traça o limite entre a borda da praia e o interior da ilhota e sua magra vegetação. Aquele burburinho chega até mim, e percebo alguma gargalhada inesperada. Sei que estão em volta das fogueiras e que são na realidade eles que dão abrigo ao fogo. E, embora o brilho do fogo seja ainda tênue, porque a noite ainda não chegou de vez, acredito ver seu reflexo na íris dos olhos de meu interlocutor Manolo Castro del Campo. Então, compreendo.

Simples assim.

Compreendo do que irá se tratar toda a minha existência. É uma experiência inversa àquela que, segundo dizem, os moribundos têm ao entrar no famoso túnel, ao fim do qual se enxerga uma luz, depois de terem visto toda a sua vida passando numa sequência cinematográfica instantânea. Mas o que tive naquela hora foi talvez uma espécie de revelação. O que eu via não era minha vida passada, mas o meu devir. Que os elementos catalisadores tenham sido provavelmente a inveja ou um acúmulo de humilhações ou o rancor sórdido e insuperável do burguês rural diante da descontração mundana do burguês urbano (isso, sim, é ódio de classe!) acaba não sendo uma explicação válida. Inclusive essas imundícies carecem de toda importância se no fim são as que levam um homem à sua própria redenção.

Acho que é o momento de maior definição de toda a minha existência. Nunca contei isso a ninguém. Na realidade, isso não é para os senhores. Conto isso a mim mesmo pela primeira vez. Há muitos anos venho revendo os mecanismos de meu próprio ser. Cada vez que tento tocar fundo no silêncio de meus escrutínios, apesar das resistências de minha própria natureza, ao alcançar essa fronteira em que a matéria deixa já de ser essa partícula primigênia de energia para começar a ser consciência, o que vejo diante de mim é um estudante de quarto ano da Escola de Engenharia da Universidade de Havana que me diz:

– Fico muito feliz por você ter vindo.

Finalmente eu ligava os ensinamentos da ordem mais rigorosa da igreja a um destino possível. Deixem-me explicar. Houve dois níveis de entendimento, para que eu os assimilasse, quando desembarquei ali. Recebi a data por propagação ambiental numa ilhota situada a 22°11,5' de latitude norte e a 77°39,8' de longitude oeste, que, como soube depois, tinha seu solo comido pelos microrganismos das casuarinas. Tratava-se de duas engrenagens, ou duas peças, ou dois argumentos, que sempre me haviam faltado na realização de meus sonhos. Eles se revelaram ali, um após o outro. A coisa mais importante foi tomar consciência de minha missão. O sentido missionário aprendido dos jesuítas me conduzia sempre até um vazio. Eu me mantivera em contato com a Companhia. Ia com frequência à igreja de San Juan de Letrán, em Havana, onde me reunia com um sacerdote cujo nome não vou revelar agora. Mas posso dizer que nessas incursões era acompanhado por um personagem, Mario Jiménez, a quem chamávamos de Luna Lunera, que ainda está vivo e pode ser localizado em Miami para dar fé disso. Bem, pelo menos poderá confirmar que ele ficava do lado de fora da igreja, cuidando, e que me surpreendia ocasionalmente entre as penumbras interiores no fundo do templo enquanto eu lia *O Novo Testamento* com meu sacerdote. Sempre o mesmo sacerdote. Talvez possa revelar todos os segredos meus com os soviéticos e até quase todos os da Revolução Cubana, porque em suma trata-se de fatos mais ou menos extintos. Que eu continue governando Cuba não significa que a Revolução não esteja extinta e principalmente que eu não saiba disso. Se alguma razão explica que eu ainda governe é que entendo cabalmente a situação em que me encontro, que é a de estar à frente de uma revolução extinta. Mas os jesuítas não. Nem são a extinta irmandade nem eu estou disposto a quebrar meus pactos de silêncio com eles. Só posso adiantar que talvez algum dia eu dedique um livro à história de minhas relações extracurriculares com a Companhia de Jesus.

Mas havia um desajuste na proposta. Alguma coisa que falhava. E tinha a ver, é claro, com a missão. Foi em Cayo Confites que compreendi que minha missão não podia ser de Deus, que minha missão tinha que ser terrena. Todos os que me rodeavam ali, sem exceção, estavam procurando posições e fortuna, e, embora não deixassem de ser revolucionários por causa disso, eu tinha obrigação de fazer a diferença. A primeira coisa era saber que todos aqueles homens deixavam de ser revolucionários no momento em que alcançavam sua almejada posição. Por isso, como derivação resultante desse aprendizado, sentia-me obrigado a manter a vigência do processo revolucionário, não por esses pobres lavradores da história, que com algumas sinecuras baratas já ficam satisfeitos, como colheradas de uma gordurosa sopa em suas panças, mas pela minha condição. No entanto, esse é um aprendizado posterior à obtenção do poder e está muito vinculado a um mecanismo descoberto pelos soviéticos e que não é exatamente a revolução permanente de Trotski, mas o espírito de guerra civil constante de Stalin. A revolução é feita para dentro, e nesse sentido finalmente se converte num mecanismo muito perigoso para os revolucionários, mas a guerra civil não, porque, de qualquer modo, na guerra civil você assume uma posição de defesa e a defesa sempre está voltada para o exterior. Mas eu dizia que o aprendizado de Confites era rematado pela necessidade de me agenciar a um território e que a ilhota me deu a chave de que você precisa de um espaço, de alguns quilômetros quadrados de solo, onde possa plantar os estandartes de sua missão, que era o argumento que os jesuítas me escamotearam em sua tentativa de querer me reservar para Deus.

A segunda coisa é o encontro com Manolo Castro. Tomei consciência de por que precisava lutar. E era pela liderança. Uma muito específica. Uma liderança na qual o fator militar tinha o peso decisivo. A investidura distanciava, ao mesmo tempo, da imagem do bandoleiro e da do político clássico e conferia um poder *outro*, um que não admitia discussões nem arroubos intelectuais e no qual você dispunha de uma cadeia de comando. A cadeia de comando. Porra. Nisso estava tudo. Aí residia *a coisa*. E foi isso o que eu soube e o que senti enquanto apertava a mão de Manolo Castro. Ele não percebeu. Nem lhe passou pela cabeça o que estava acontecendo naquele instante. Achou que estava apertando a mão de um subordinado a quem ele queria oferecer uma distinção e que eu, o subordinado, aceitava seu gesto com a devida gratidão. Quando nos despedimos, no entanto, desse aperto, eu era o Fidel Castro que havia concluído naquele preciso instante sua educação revolucionária e tinha entendido que Manolo Castro era um acidente a mais da história de Cuba e que se alguma vez fosse lembrado, seria por sua relação comigo. Inclusive por ter sido meu adversário. Melhor ainda como adversário, para dar maior intensidade à memória. Mas aconteceu algo que sempre desperta em mim o chamado à rebelião.

Sei que não foi uma atitude consciente dele. Porém, que importância tem a consciência para uma fera quando você a desperta. O que ocorreu foi que ele quis demonstrar que podia me distinguir e de fato mostrava a todos os que tivessem reparado na cena que tinha uma ascendência sobre mim. E isso foi tudo: a compreensão de que Manolo Castro e eu estávamos nos extremos opostos da cadeia de comando e que a situação tinha que ser revertida, pelo menos no que me dizia respeito, imediatamente.

Bem, passamos dois meses ali. Davam a você um Mauser argentino para o treinamento. Não havia balas de festim. Toda a munição era de guerra. O fuzil tinha que ser devolvido antes do banho, por volta das quatro da tarde. O banho era um mergulho na praia. As necessidades também eram feitas dentro da água, mas levando em conta a direção do vento para que o material expelido não se dirigisse à ilhota e ficasse lá acumulado. Se você tinha que montar guarda, ficava com o fuzil até o dia seguinte. Os plantões eram em seis ou sete pontos em volta da ilhota. Não se devia fumar na guarda, mas todos faziam isso, como defesa contra os mosquitos. Dormíamos na praia, que era em forma de ferradura. A parte aberta da ferradura dava para o norte, e por ali batia o mar e não deixava a areia se sedimentar. Era um trecho de recifes afiados e os pescadores que se aventuravam com sua pesca para vendê-la a nós diziam que no inverno as ondas arremetiam com estrondo sobre aqueles recifes. O paiol era uma fileira de caixas de madeira verde-oliva alinhadas sobre um promontório de areia, um promontório coberto por um acolchoado de folhas de bagas-da-praia. Um mulato gordo e de camiseta, que mascava uma bola de tabaco, ficava encarregado do arsenal. Anotava em cadernos escolares ensebados todas as entregas e devoluções dos máuseres. Manolo Castro abandonava a ilhota com frequência. Masferrer também. Diziam que Manolo ia até Havana e Miami para tratar da compra de aviões. Chegou a ficar preso uma vez em Miami, e os ianques o interrogaram. Masferrer também se ausentava com frequência. Mas ninguém sabia com que objetivo. Eram os dias em que eu descansava. Quando Masferrer aparecia na ilhota, eu não tirava o olho de cima dele. Nem ele de cima de mim. Mandava-me recados. Estávamos à vista um do outro numa ilhota de menos de um quilômetro quadrado de extensão e sem muitos acidentes do terreno onde pudéssemos ficar ocultados, mas mesmo assim ele fazia uso de estafetas. "Diga ao cara que se me der as costas, eu o mato", foi um dos recados que me mandou. Além do mais, era perfeitamente distinguível. Andava com um chapéu texano e com óculos de sol de piloto de bombardeio. Diferentemente do que acontecia com Manolo, tinha sempre um pequeno grupo de escolta acompanhando-o. Anos depois, uma das histórias que costumam circular entre a contrarrevolução de Miami é que Masferrer me encarou em Confites e me esbofeteou. É uma história que, ao que parece, lhes dá enorme satisfação. É claro que não vou responder agora a essa estupidez, mas não deixo de mencionar o detalhe para que não pensem que o estou omitindo e, com isso, alimentando sua credibilidade. O que lembro é que me fizeram tenente de um pelotão.

O problema mais premente, o que mais depressa se deteriorava, era o de nossas provisões. O problema da logística. Deslocaram o pessoal para um ponto de concentração ou assembleia antes de dispor dos recursos para isso. Para a inteligência americana, esse era um fator primordial que anunciava o iminente desastre, se bem que a meu ver nem sempre o método da assembleia sem recursos atua de forma prejudicial. Minha experiência é diferente. Se tivéssemos ficado à espera de recursos, a Revolução Cubana ainda estaria sendo planejada. Ou então eu seria agora um daqueles velhos do Partido entregando as bandeiras do comunismo a sabe Deus que jovem arrogante e impertinente. Na Sierra Maestra estabelecemos a norma de que para ir até lá você precisava trazer seu fuzil. Perdemos a conta dos guardas que foram mortos naqueles povoados e cidades em volta da Sierra porque alguém quis lhes confiscar o fuzil. Acho que morreram tantos ou mais do que em combate. Chegou uma hora em que os guardas não podiam nem ir a um puteiro, porque eram seguidos e quando tiravam seus apetrechos, entrava algum rapaz, matava-o e tomava seu Garand ou seu Springfield e a cartucheira com toda a munição. E rumo à montanha. Era sagrado. Aquela arma era sua e ninguém podia substituir nem trocar. Lembro quando chegou um de nossos combatentes, que logo demonstraria ser o mais valente e leal: Antonio Sánchez, que chamávamos de Pinares, por ser de Pinar del Río. Levaram-no à minha presença depois de ter sido recusado por aparecer desarmado na Sierra. Estava muito ofendido e argumentava com toda aquela tropa de rebeldes de uma maneira tão disparatada, mas tão apaixonada, que era fácil descobrir que havia ganhado a simpatia de todos os combatentes. De repente, pareceu me descobrir e foi direto até onde eu estava sentado, perto de uns troncos de madeira. E me disse:

– O senhor é o chefe, não? Fidel Castro. É, o senhor mesmo. Igual como aparece na *Bohemia*. Pois eu só quero que o senhor me responda a uma coisa. Me diga, onde já se viu convocar uma guerra sem ter armas?

Nunca esqueci a construção retórica de Pinares. Convocar uma guerra sem ter armas. E sempre me perguntei de onde teria tirado essa palavra tão pouco usual entre cubanos. Convocar. Mas, de qualquer modo, procurei de imediato uma daquelas soluções salomônicas que tanto sucesso faziam na campanha da Sierra Maestra e que, por seu próprio esquematismo e aparente equidade, se estabeleciam como princípios expeditos de justiça e contribuíam de maneira vertiginosa para propagar uma imagem formidável da Revolução, não tanto como ideia ou objetivo a ser alcançado, mas como os benefícios de um Estado já existente, atuante e além disso dentro do qual vivia um número cada vez maior de pessoas que de alguma maneira desfrutavam desse novo sentido da jurisprudência. Não se esqueçam disso, porque depois vai se mostrar muito importante. Nessa justiça de rápida e elementar instrumentação da Sierra Maestra estão as bases do Estado paternal cubano. Mas ao mesmo tempo está a necessidade que nos obrigou a individualizar a aplicação da justiça, das leis, das normas. Notem que durante quase meio século de processo mantivemos a decência de jamais encher a boca com a proclamação espúria de que a lei é igual para todos. Muito bem, voltando a

Antonio Sánchez Pinares. Uns oito anos depois o próprio Che iria me agradecer por tê-lo incluído em sua guerrilha boliviana. E digo Antonio Sánchez Pinares porque virou um hábito colocar seu nome de guerra como segundo sobrenome.

– Vamos fazer uma coisa – disse eu. – E você não vá me desapontar. Eu vou colocar você com o Camilo. E você vai seguir com ele. Mas o Camilo vai ter que lhe dar comida, certo? E você não tem como pagar por essa comida, porque não tem como combater. Ou seja, você é como um cortador de cana que aparece no corte da cana sem facão. Espere. Espere. Deixe eu terminar. Então, o que é que você vai fazer? Pois você vai carregar os sacos de batata-doce, vai carregar as caixas de balas da .30 que demos ao Camilo. Certo? Você vai fazer tudo isso. E aí, quando houver um combate, você vai ter que se virar debaixo das balas e tentar tirar a arma de um *casquito*. O que você acha? Concorda? Pois então não temos mais nada para conversar. E todos os senhores, preparem-se, vamos seguir adiante. Andando. E você, Camilo. O homem é seu. Aqui está.

Casquito [capacetezinho] era a maneira usual de chamar os militares batistianos. A experiência de nosso desembarque e do iate *Granma* é outro exemplo de logística deficiente, mas também de uma ação final vitoriosa. Éramos 82 homens – armados como pudemos – a bordo de uma embarcação de *medio palo*. *Medio palo* não é um termo de navegação, e sim uma definição cubana de medíocre. Não é nem totalmente fodida, nem totalmente confiável. Apenas *medio palo*. Os mesmos oitenta e tantos homens das Tropas Especiais que mandamos tomar Angola. Nem Cortês teve menos homens no início da conquista do México do que aqueles que Pascualito levou para cumprir essa tarefa. Tomar um país com onze vezes o tamanho de Cuba. Pascualito é Pascual Martínez Gil, que se tornou um de nossos mais bravos combatentes. Chegou a general de divisão. Se bem que logo tive que enfiá-lo na prisão. Já, já eu explico. Tomás, outro general nosso, era muito bom nisso de agir sem esperar nunca que fossem completados os recursos ou as tropas. Tinha até dado um nome a seu procedimento tático. Ele o chamava de *revolico* [rebu]. Dizia a mim: "Muito *revolico*, comandante. Eu nunca espero que fique completo, porque o completo ideal não existe." Tomás era o general de divisão Raúl Menéndez Tomassevich e havia ganhado fama e até a dimensão de lenda por ser o nosso comandante que liquidou os bandos contrarrevolucionários do Escambray.

O problema, portanto, é o território onde são colocados os homens. Se é uma ilhota, você está frito. Mas se é um país ou uma serra, a logística pré-organização em assembleia não tem por que preocupá-lo em excesso. Bem, eu resolvi o problema das provisões de comida na Sierra com as vacas das fazendas das planícies. Disse a Camilo que mandasse alguns homens com espingarda abrirem todos os currais que encontrassem e que tocassem o gado para a montanha. A ordem era *agilar* o gado com esse rumo. *Agilar*, acho, é uma deformação camponesa cubana de *arrear* [tocar o gado]. Embora possa também derivar de agilizar. Tocar milhares de cabeças de gado para que fossem por suas próprias patas até a Sierra foi uma tática considerada por alguns como genial. E acabou a fome no terreno virgem da montanha. Camilo se divertia como uma criança nessas andanças de vaqueiro. Daí começou seu hábito de usar o chapéu Stetson. Quanto às armas, já sabem. Não preciso repetir. Mate um *casquito*, pegue o Garand e venha. Em Angola, com os angolanos ou os portugueses, houve algumas diferenças táticas. Ou melhor, variantes do conceito. Na realidade, o que fizemos ali no final das contas foi agir como força de dissuasão e de alguma maneira contrarrevolucionária. Se repararem bem, desde um ponto de vista macrocósmico, era uma ação revolucionária porque abria uma frente ao imperialismo e em defesa da Revolução universal, mas visto de um ponto de vista interno angolano, ao impedir a ascensão das organizações dos camponeses pobres, a ação deixou uma margem de dúvida preocupante demais. Mas aquele país e os quinze anos de nossa presença são um exemplo claro da subordinação dos interesses particulares aos interesses gerais, e acho que teremos tempo para analisar isso. Ali não havia nenhum outro inimigo que se nos opusesse. E a Exxon e as companhias de diamantes estavam encantadas com a nossa presença e com a maneira pela qual os tanques cubanos afugentavam as guerrilhas nativas de influência chinesa, como as de Jonas Savimbi ou as de Holden Roberto. O problema dos rapazes das Tropas Especiais, pelo menos foi essa a missão que eu lhes dei, era chegar e ocupar. Iam armados até os dentes. O resto eram as provisões normais de um avião de passageiros em voo transatlântico. A maneira pela qual aquele imenso país se ocuparia de sua logística não era um problema que nos preocupasse. Para começar, se chegassem com fome, que tomassem a cafeteria do aeroporto de Luanda, ainda abastecida por uma companhia francesa de alimentos. Agora que penso nisso, não me lembro de ter dado nenhum dinheiro a Pascualito quando o dispensei no setor militar do Aeroporto Internacional José Martí e ele subiu por último pela escada do avião da Britannia. Claro, os ianques, sempre preocupados em alimentar seus soldados, produzem esse tipo de análise como a de Cayo Confites. Aplicar as

O Estado e a Revolução

normas de logística do Pentágono a uma ação revolucionária acaba sendo um erro estratégico. Mas é a natureza deles, e acontece porque não entendem a natureza dos bárbaros. Melhor para nós que não exista uma logística adequada pois essa deficiência torna o saque mais valorizado, e mais desejado, e principalmente torna os homens mais impiedosos ao atacarem. E depois dizem que eu não aprecio a iniciativa individual. O problema não é a iniciativa individual, mas a propriedade. Quando a propriedade é limitada ao que você é capaz de jogar dentro dos bolsos e da mochila, eu não tenho nenhum tipo de problema com isso. Quando se passa daí, entram outras considerações em jogo. É claro que acontecia de companheiros meterem a mão na mochila alheia, para pegar um charuto ou uma lata de leite condensado. Nessas situações, o Che e até Papito Serguera se mostravam muito inflexíveis. Eles sempre sustentaram que era uma fórmula equilibrada e paralela de manter a disciplina e de deixar estabelecido que nem sequer as modestas reservas na mochila de um companheiro podiam ser roubadas. É com base nisso que acho que houve mais fuzilados na Sierra Maestra por causa de latas de leite condensado do que mortos em combate contra as tropas de Batista. Pode-se dizer que as latas de leite condensado compensavam a mortandade que causávamos aos soldados nos prostíbulos.

Concluído o ensaio sobre logística e revolução.

Vamos terminar o assunto Cayo Confites.

O general Genovevo Pérez Dámera, chefe do Exército cubano, não resiste a duas tentações: o dinheiro de Trujillo e as pressões de R. Henry Norweb, o embaixador americano em Havana. Uma fórmula bastante amável de minha parte: tratar como tentação a corrupção e o medo. Pérez Dámera, um gordo que quebrou a coluna de vários exemplares extraordinários de crias de cavalos do Exército ao lhe impor o galope sob seu excesso de peso corporal, sabre em riste, nos desfiles da cidade militar de Columbia, realizava consultas em Washington, consultas exatamente sobre os preparativos da invasão da República Dominicana a partir de Cayo Confites, e já recebera as instruções pertinentes dos americanos (além da grana de Trujillo, em lugar seguro), quando aterrissou de volta a Havana no dia 15 de setembro. Era preciso abortar a expedição. Intecerptá-la onde quer que se encontrasse. Grau, por sua vez, havia resolvido se desligar do assunto e delegar toda a responsabilidade "ao comando militar". De modo que, no dia 24 de setembro, o general Pérez Dámera declarou, "pleno de razão", segundo o embaixador americano, que "não há nada em Cayo Confites". Nada, àquela altura, significava 1.500 homens cercados pelo Exército e pela Marinha em Confites. Nada. Mas estávamos sendo cercados e na mira de canhões. A opção era render--se ou ser reembarcado – como prisioneiro – para terra firme.

Quando os barcos vieram nos buscar, em 27 de setembro, esperei minha oportunidade. Queria embarcar num que fosse da Marinha. Disseram que as duas lanchas LCI iam para a baía de Nipe, onde estavam os caminhões do Exército, para nos conduzir presos. Birán ficava bem perto de Nipe, assim decidi que minha viagem terminaria ali. Dei um nome qualquer ao embarcar na LCI. Havia muita desordem e poucos marinheiros. E não menos de trezentos homens vomitando ao mesmo tempo. Disse a mim mesmo: "Prepare um bote inflável com armas e granadas." Fizemos nove horas de navegação. Alguém falou de um motim e de seguir nas LCIs para Santo Domingo, e me fizeram comandante de uma companhia. Mas a coisa não foi adiante. Saímos da praia às cinco da tarde e ainda era noite fechada quando alcançamos a baía de Nipe. A lancha da Marinha se aproximava para nos escoltar. Impossível encher o bote só com os pulmões, então enfiei meus sapatos, as granadas e as pistolas num saco impermeável do *blinker* de sinalização, do qual me apoderei com facilidade no meio da baderna. Achei que ninguém havia me visto pular na água. O peso das cinco ou seis pistolas e das granadas atuou como uma pedra de fundear. Estive a ponto de soltar meu carregamento com receio de que ele me pregasse ao fundo da baía, mas consegui estabilizar minha posição e começar a subir. Ia seguindo as borbulhas mais próximas, que eu mesmo deixava escapar em regime absoluto de economia, de modo a não perder nem o ar nem a orientação. Só podia me guiar pelas primeiras que soltava, porque logo as perdia de vista. Consegui distinguir, em diagonal à minha direita, alguns volumes de luz, do tamanho de bandejas, que pareciam flutuar e se afastavam, e soube depois que eram os refletores utilizados em minha busca. O angustiante nos mergulhos noturnos a pulmão é que você não dispõe de uma referência nem aproximada da superfície. A superfície o surpreende quando você emerge acima dela. Primeiro é o som e imediatamente depois os respingos da água. Então ouvi as vozes e vi os refletores. Mas já estavam se afastando e a lancha da Marinha fez o que calculei ser uma breve manobra de busca. Mas logo sua tripulação pareceu desinteressar-se do assunto e continuaram dedicando-se à tarefa mais fácil de dar escolta aos prisioneiros. Estavam me procurando. Ou tinham acabado de me procurar. Mesmo que só por alguns minutos.

Fui em direção às distantes e muito espaçadas luzes que acreditei ter diante de mim a meio quilômetro de distância.

Depois de um tempo senti o fundo pantanoso em meus joelhos. Ganhava a costa depois de uns vinte minutos nadando, e puxava a bolsa para a superfície, trecho por trecho, para que tomasse um pouco de ar e tentando fazê-la flutuar. Fiquei em pé com água pela cintura e continuei andando até ganhar a praia. Decidi esperar o amanhecer, para me localizar e procurar o caminho pelos canaviais de Preston até Birán. E para que minha roupa secasse. Já se ouvia, embora ao longe, o latido dos cães. Todos pareciam ter me detectado.

Depois de passar um dia vencendo montes e de chegar à estradinha de Preston, tive a sorte de que o motorista de um Plymouth me recolhesse. O que lembro com maior precisão – e até gratidão – de minha chegada em casa foi a atitude de Ramón, meu irmão mais velho. E que ninguém me recriminou nada. Era evidente que sabiam de minha aventura, embora eu não tivesse mandado nenhuma notícia. Minha mãe me abraçou e acariciou minhas bochechas, acreditando encontrar pela primeira vez minha barba, uma sombra quase imperceptível, ainda de adolescente, muito rala e meio ruiva.

– Meu menino tem barba – disse.

Era o orgulho por um atributo de virilidade que existia apenas em sua percepção. Meu pai se limitou a um resignado:

– Ai, Fidelillo, como estão me saindo caras suas batalhas. Bem caras.

Ramón era quem parecia totalmente satisfeito. Como se me desse as boas-vindas ao mundo dos adultos. Depois eu soube. Um dia, quando alguém observou na hora da refeição que já fazia semanas que não havia notícias minhas, Ramón comentou, sem parar de tomar sua sopa: "Não há telefone em Cayo Confites." As notícias já eram corriqueiras no rádio. Ao encarar a possibilidade de que eu estivesse envolvido naquele fato até então remoto e totalmente alheio à sua família, minha mãe teve apenas um momento de fraqueza, que consistiu em conter um longo e dramático soluço e dirigir-se até seu quarto, seguida, é claro, pela corte solícita e variegada de minhas irmãs, mas que, de imediato, deu margem a uma mobilização de parentes e conhecidos, na qual a cada um de meus irmãos, tios, empregados da fazenda e amigos de qualquer nível de apreço correspondia uma tarefa, uma missão, uma ligação telefônica, uma visita à casa de alguém, uma ativação de contato político. Apareceu então o chinês Miraval em seu jipe da Guarda Rural, para tomar pé dos acontecimentos e não se retirar sem antes garantir que faria o possível para averiguar se Fidelillo estava entre "os rapazes" (estava descartado por enquanto o conceito de conspiradores). A única resistência, se bem que de intensidade realmente muito baixa, e que mais pareceu uma queixa, veio de meu pai, quando poucos dias depois corrigiu Ramón: "Se não gritou lá dessa ilhota que você fala, não é por falta de telefone, Mongo. Aprenda a conhecer seu irmão. Não gritou porque ali não precisa de dinheiro."

Ainda estava nos braços de minha mãe, e Ramón aguardava sua vez, quando lhe pedi que pagasse o motorista.

– Ofereci cinco a mais de gorjeta.

O homem havia pedido três ou quatro pesos pelo trajeto – a corrida, como se chamava. Mongo lhe deu dez a mais.

– Tome aqui – disse Mongo. – Dez pesos a mais.

Ouvi isso com toda a clareza, apesar de ele praticamente ter entrado no carro pela janela.

– Espere. Espere um pouco. Deixe-me lhe dizer uma coisa. Se vierem buscar meu irmão, é porque você é um veado e o denunciou. E se isso acontecer, eu o mato. Olhou bem na minha cara? Tem alguma dúvida de que eu o mate? Correto. Então, boa tarde.

– Meu menino de barba – dizia mamãe.

Bem, passei os dias seguintes vagando, sem camisa, pelo pátio de Birán e procurando não me afastar muito. Não raspei a barba de imediato, seguindo os conselhos de meu pai, para não machucar a pele. Quando foi imperativo passar a navalha, diante de meu regresso iminente a Havana, fiquei com a marca branca que diferenciava o resto da pele, bronzeada em minhas semanas de expedicionário jogado numa ilhota da costa norte de Cuba.

Depois de Cayo Confites, a próxima coisa foi o comunismo. Meu contato com a leitura sobre ele. Estava saindo de toda a bobagem universitária de turmas e de procurar um cargo no governo por meio daqueles contatos, e via cada vez com maior clareza que as sinecuras do poder não são o poder – nem sequer por aproximação –, quando apareceu Alfredo Guevara e logo depois Leonel Soto e até o negro Walterio Carbonell, colegas universitários que se revelaram

O Estado e a Revolução

fanáticos bolcheviques. Deles, desse trio, vieram as primeiras sugestões de que visitasse a livraria do Partido ou que acompanhasse algum deles para ver o que havia ali de novo. Eu ainda vagava por aqui e por ali, e depois de sair da situação de banal aturdimento em que me mergulhou o discurso de Primo de Rivera, e sua arrogância tão tiranizante, e de cair nas mãos do pessoal da embaixada argentina e seu bombardeio de literatura peronista, que acrescentava uma nova camada de geleia ideológica aos depósitos de camadas anteriores, vieram os passeiozinhos pela casona do Partido Socialista Popular – "a sede" – naquela suntuosa avenida de Carlos III. Você subia com três passadas a escadaria de mármore de oito degraus – lembro dela como se fosse hoje – da sede e à direita ficava a porta de vidro, e através da porta e dos dizeres em meia-lua você via os livros.

O Estado e a Revolução. Você acha que ainda vai ler isso ao passar. Chapaev. Você acredita que vai ler em outra ocasião qualquer. Até que, por fim, um dia eu me decido e pego o livrinho da estante. Faço uma rápida checagem para ver se alguém pode me pegar fazendo isso. Ninguém. Tem um atendente, o de sempre, que eu ouvi chamarem de Manco ou Aleijado, e mais dois frequentadores. Alguém me dissera, talvez o Walterio, que aquele frustrado – eu me empenharia em chamá-lo assim – era um dos caras mais perigosos das estruturas de combate do Partido e que devia sua invalidez à tuberculose. Anos mais tarde, soube seu nome: Lalo Carrasco. E foi assim que batizamos uma de nossas livrarias mais bem abastecidas, no *lobby* do antigo hotel Hilton. Em termos gerais, sabia-se que ele dedicava os períodos de paz social a atender com acentuada má vontade na livraria e que empregava seu tempo ali para se entupir de toda a literatura que passasse pelo lugar. Mas quando era anunciada alguma manifestação, para enfrentamentos com a polícia e os bombeiros, abandonava o prazer da leitura e se aprontava para marchar na primeira fila. Armado de uma barra de 2,5 centímetros de grossura – nunca lhe faltava algum desses pedaços de metal nos esconderijos da livraria –, especializava-se em partir o tornozelo ou a clavícula do primeiro guardião da ordem com que se deparasse. Não importava a palavra de ordem que seus camaradas gritassem desde que ele conseguisse deixar o joelho de um policial completamente arrebentado. Eu tirei uma conclusão. Sua fórmula para se equilibrar com o restante da humanidade era procurar deixar o maior número possível de gente mancando ou cuspindo sangue. As lutas de rua e de barricadas do proletariado lhe davam uma plataforma ideal para seus objetivos.

Vladimir I. Lenin. Ao final de sua leitura – a primeira leitura, das centenas de vezes que ainda irei relê-lo –, seja qual fosse a hora da noite daquele mesmo dia em que a empreendi, talvez eu ainda não soubesse ter bebido de um só trago o livro mais importante de minha vida, mas tinha conhecimento de coisas muito mais importantes. É preciso destruir o Estado burguês até os alicerces. E com a Revolução é muito fácil. A Revolução. Aquele conjunto de sintonias e ressonâncias e temores e ecos que chegavam do passado juntava-se num só feixe e fechava-se como um punho naquela simples palavra. Revolução. Que conceito cada vez mais subjugante. E aquele final, em que ele diz que precisa deixar seu livro inacabado pelos acontecimentos na Rússia. E que vai viver a revolução em vez de continuar enchendo páginas. Porque – sei isso de cor, não preciso nem consultar: "É mais prazeroso e útil transitar pela *experiência da revolução* do que escrever a respeito dela." Deixem-me dizer uma coisa. Eu ainda não havia me formado advogado quando li aquele panfleto impresso in-quarto, mas, com apenas meus 19 anos, já havia matado. E sabia de uma coisa que todos os homens que já mataram sabem, desde seu primeiro morto: que eu perdera Deus. Fica-se consciente da perda desde que se despacha o primeiro, porque um assassinato – tenhamos o colhão de chamá-lo pelo nome – é acima de qualquer coisa o fim de um diálogo com Deus. Daí em diante, você navega sozinho pelo universo. Não tem mais nenhum tipo de assistência. Por isso os outros atentados são tão fáceis. Mas, uma revolução? O que um homem está disposto a perder em troca de fazer a Revolução?

Assim, um dia pego o livrinho que tem me perseguido desde a primeira vez, trazendo a cabeçona calva e um sorrisinho cínico na capa. Ele me deslumbrou, como quando você aprende – seja em que momento for de sua infância – que os bebês não são obra do Espírito Santo. É preciso destruir o Estado burguês até os alicerces. E a Revolução facilita isso. Com ela é realmente muito fácil, rapaz. Ao assumir o poder do Estado, a Revolução se converte numa ninharia, porque a ditadura do proletariado deixa de ser uma forma de governo transitório e se converte numa forma em si do governo, pelo menos é isso que fazemos nos países comunistas, era o que o homem parecia me dizer, muito mais insensível e fodida essa ditadura porque prescinde dos mecanismos e das instituições que amarram o Estado burguês. Ah, que forma mais aprimorada entre todos os poderes. O poder cuja razão de existência é a anulação de todos os poderes. Lenin é o único que podia ter conseguido isso. Dediquei depois bastante tempo a aprender a respeito dele. A ler não as obras dele, mas sobre ele. A melhor combinação que se podia ter, porque era a de um político prático com um teórico, isto é, um intelectual, e os senhores têm toda a razão de sentir terror pelos intelectuais, porque ao perseguirem uma ideia, sacrificam tudo por ela.

Depois do iluminismo, da Revolução Francesa, é que essas lutas ideológicas se convertem em assuntos muito sanguinários, e você só precisa ter visto como se ergue a máquina para saber, com rigor, do que estamos falando. O fio daquela lâmina de quarenta quilos do engenho promulgado pelo dr. Joseph Ignace Guillotin, que os carrascos e seus ajudantes nem sequer se davam ao trabalho de limpar-lhe os emplastros de sangue anteriores impregnados dos dois lados pelos esguichos sob pressão de uma das aproximadamente 40 mil jugulares e subclávias e carótidas procedentes das aortas cortadas no decorrer da Revolução Francesa, num procedimento que levava dois centésimos de segundo desde que se liberava a faustosa lâmina e que esta caía de uma altura de 2,3 metros, a uma velocidade de sete metros por segundo, até que, com um poder de impacto de quatrocentos quilos por polegada quadrada, efetuasse a decapitação em 1/70 de segundo. Merda de método humanizado, com o qual se pode demorar até trinta segundos para perder a consciência. Esqueçam a cervical. Meçam pelo relógio. Trinta segundos. Sua cabeça, sua vida inteira, sua consciência, rebatendo numa cesta onde as desesperadas mordidas de outras cabeças se aferraram como ratos e deixaram as marcas de suas dentaduras matraqueantes, e respirando o ar que teriam requerido os pulmões que se encontram agora numa mesa à parte, e de repente a falta de peso incompreensível de um corpo sobre o qual você não se sustenta quando o carrasco o tira pelos cabelos da cesta para exibi-lo ao povo em alvoroço e você tem como última visão a de seu torso decapitado, de bruços, e dispõe repentinamente de uma autonomia de sensações e de palpitações que continuam sendo suas, mas que forcejam sem conexão em áreas dissímeis de existência, enquanto você permanece encostado no madeiro onde o coração continua bombeando sangue e enquanto o cúmulo restante de circulação sanguínea em seu cérebro não se extingue e você acha que vai vomitar, quando desvanece no silêncio. E ele era um seguidor confesso dos jacobinos, um herdeiro deles, e magnifica o terror e enche a boca para dizê-lo. Lenin. Estão lá as ordens escritas de próprio punho e letra, mate tantos, diz com abundante frequência. Execute o czar. Liquide a porcentagem seguinte de *kulaks*. Que a Tcheka se encarregue.

Faço constar agora o lugar onde li meu primeiro Lenin. Era o ambiente mais favorável. Uma pensão das muitas que havia nos arredores da Universidade de Havana e que cobravam preços muito módicos. Tinham certas normas de disciplina, sobre barulho, sobre o volume de rádios e conversas, e principalmente em relação às imoralidades, ou seja, proibia-se de maneira terminante a presença de jovenzinhas nos quartos. Quase todas as pensões forneciam as três refeições diárias – incluídas no preço, é claro – e havia um incômodo geral em quase todas as residências deste tipo que era o banheiro comum. Se bem que tudo estivesse sempre numa agradável condição de asseio. Eu precisava me mudar com muita frequência, às vezes por razões de segurança e outras porque os donos das casas ficavam sabendo quem eu era e me punham na rua na hora. Li *O Estado e a revolução* numa pensão que ficava numa rua bonita de El Vedado, a 17, quase esquina com a rua L, a umas sete quadras da escadaria da universidade. Naquele dia serviram uma excelente carne com batatas, arroz e uma camada espessa de feijão-preto com um pouco de açúcar e um imortal e glorioso copo de água gelada, com os cubos de gelo tilintando contra o vidro, aquele copo suava. Depois do café tornou-se imprescindível mandar buscar um charuto. Era comum nestas casas haver um rapaz de recados. Você fazia seu pedido e lhe dava um real ou uma peseta. Era por volta de oito da noite. Peguei meu charutão, fiz uma cadeira com os travesseiros encostados na cabeceira da cama, coloquei a pistola sobre o criado-mudo, tirei os sapatos e me preparei para a leitura. Dois travesseiros, uma pistola, uma cama desarrumada mas limpa, um par de sapatos no chão e outro no armário envidraçado, onde havia ainda três gravatas, um terno de reserva e duas camisas, umas quantas meias e cuecas nas gavetas e um dinheiro miúdo, que juntando tudo, notas e moedas, devia chegar a uns catorze pesos, constituíam o montante de meu capital e propriedades naquele instante em que comecei a ler: "Acontece hoje...", li. "Acontece..." Levantei para achar o cinzeiro. "Acontece hoje com a doutrina de Marx..." Acomodo-me. Perfeito. Umedeço os dedos. Volto a abrir o pequeno volume in-quarto. "Acontece hoje com a doutrina de Marx o que costuma acontecer na história repetidas vezes com as doutrinas dos pensadores revolucionários..."

Para terminar, uma comparação. Já foi dito muitas vezes que *O Príncipe*, de Maquiavel, é meu livro de cabeceira. Errado. A origem dessa convicção deve estar no rubor que sua leitura provoca entre os pequenos burgueses que se dedicam a me estudar. Maquiavel é o mais longe que eles chegam em seus atrevimentos políticos. Mas Maquiavel era mais esnobe do que qualquer outra coisa, e *O Príncipe* é, para mim, leitura de segunda categoria comparado àquele livro de Lenin e seu final prodigioso, que é a própria fronteira entre a literatura e as exigências de uma existência que não se dá repouso. E de alguma maneira este livro – *A autobiografia* – faz agora o caminho inverso: depois de ter vivido a revolução, venho às suas páginas para escrever. De *O Príncipe* eu tomo tudo. Todo o Maquiavel. Ele é o homem que me diz: ouça, todas essas coisas morais são folhinhas de outono, e é preciso beijar velhinhas, embora você sinta repugnância ao fazê-lo. Mas o cara que você golpeou uma vez é seu inimigo para sempre. Não se esqueça disso. O príncipe é um homem realista. Um verdadeiro político precisa tirar os estereótipos da cabeça. É disso que se trata. Por outro lado, há uma mensagem subliminar. O quanto é difícil ser sincero. Escrever com sinceridade. Quando o li pela primeira vez, disse a mim mesmo: "Finalmente alguém me diz alguma coisa que eu queria ouvir, que eu precisava ouvir: tire os estereótipos da cabeça. Principalmente se forem de natureza moral."

Mas havia algo a mais em Lenin. Foi o arrebatamento, porque ele não se valia das necessidades para dotar seus argumentos de alguma justificativa moral. Foi o incêndio. Foi a iluminação. Lenin é pura mecânica aplicada, puro instrumento, puro ensinamento do uso dos recursos. Minha maior descoberta daquelas leituras, e digo isso muitos anos depois de tê-las feito, e vendo-as hoje em seu conjunto, era que todas as revoluções são possíveis se você sabe identificar as causas que as provocam. As revoluções. Causa e efeito. Que em nosso caso seria a equação *causas e utilização delas*. Foi a lição decisiva e predominante, porque alimentou meu caráter em todas as tempestades e me deu a única couraça moral de meu projeto. Não se pode ser contra a revolução. Pode-se ser contra as causas que provocam as revoluções. A Revolução existe, logo deve ser obedecida.

6. A CESTA DE MINHAS SERPENTES

—O pessoal da UIR quer matar o Manolo, e esse sangue vai espirrar em cima de mim.

Lembro-me de ter dito isso a Alfredo Esquivel, o Chino, meu colega mais próximo na universidade. O problema era que a UIR estava desgastada e em risco de extinção. Mas não recuava em seu empenho de vingar a morte de Emilio Tro. Emilio fora morto em 15 de setembro de 1947, quando eu me encontrava com os outros expedicionários em Cayo Confites. De novo a sensação de não participar do principal acontecimento. De não dominar o curso dos sacanas acontecimentos. E então abandonado por Deus numa ilhota à deriva na corrente do golfo e tendo como único meio de comunicação cinco aparelhos antediluvianos e descartados pelo Exército de Cuba. Três rádios RCA Victor e dois Motorolas conectados a baterias de caminhão que nos proporcionavam, a duras penas, atrás da insuportável cortina de ruído estático, algumas notícias de Havana, outras da Camaguey e dos Estados Unidos. E a nove horas do porto mais próximo! Por um daqueles aparelhos soubemos que Emilio Tro fora surpreendido pela gente de Mario Salabarría. Almoçava na casa de Morín Dopico, um comandante da polícia, quando começou a metralhada. Vão combater durante três horas num bairro residencial da Zona Oeste de Havana, com um locutor – direto do local dos acontecimentos – transmitindo o tiroteio com o mesmo entusiasmo e profissionalismo que um jogo de futebol. Aurora Soler, mulher do comandante Dopico, e depois Emilio Tro apareceram na porta. Por trás surgiu o tenente De la Osa. Avançaram até o muro do jardim, onde havia uma sebe podada, Reiniciaram-se os disparos e a mulher caiu. De la Osa a pegava pelos braços, como se tentasse levantá-la, enquanto Tro a segurava pelo cotovelos. Tinham acabado de chegar à calçada, e não estava claro se Emilio tentava levantar a mulher ou se procurava se esconder atrás de seu volumoso pacote, quando abriram fogo de novo. Emilio desabou. Caiu aos pés do tenente. Já estava morto quando caiu.

A cabeça de Manolo Castro virou o mais valioso troféu. Não os refreava sequer o fato de Manolo, assim como eles, estar bastante fragilizado depois do fracasso de Confites. De qualquer modo, ele continuava sendo o homem mais importante da Universidade de Havana. Todos o rodeavam. Todos lhe eram solícitos. Todos diziam "Manolo me falou isso" ou "Manolo me falou aquilo". Bastava o primeiro nome. Manolo. E todos sabiam de quem se tratava. No âmbito da universidade, ele era o centro.

E, embora seja verdade que eu fizera esse tipo de comentário com o China, também entendia de alguma maneira a necessidade de eliminar o problema Manolo Castro. Já era algo que incomodava. Um obstáculo. É por isso que não nego que, no contexto geral da UIR, contrária a que Manolo continuasse vivo, eu possa ter instigado as coisas na mesma direção. Mas era como uma gota de água no oceano. Não sei se irão me entender. Então, na noite de 22 de fevereiro de 1949, eu estava dentro de um carro pela rua San Lázaro, com a escadaria às minhas costas, em direção ao centro de Havana, em companhia de Billiken, Manolito (o Louco) e não lembro se também José de Jesús Ginjaume, quando disse a eles que iria ficar por ali. Tinha uma prova naqueles dias, acho, e precisava estudar. Ninguém se opôs nem levou a mal porque não havia nenhum plano nem estávamos nos dirigindo a nenhum tipo de operação. Eles continuaram seu caminho e tomaram o rumo da região do Parque Central, que, do início do século até mais ou menos o fim da década de 1950, foi o eixo da vida e da sociedade em Havana, e onde, além disso, a cem metros do parque, naquela que era a principal via comercial do país – a rua de San Rafael –, muito estreita e sempre cheia de carros e ônibus, ficava a pequena sala cinematográfica especializada em projetar desenhos animados e séries para matinês de Flash Gordon ou Hopalong Cassidy. Chamava-se – ainda se chama – Cinecito, e um de seus proprietários era Manolo Castro. Deviam ser umas nove da noite quando Billiken viu Manolo diante de seu estabelecimento. Estava tomando um café, em pé na frente do negócio que ficava no andar térreo do local. Deram a volta em seu carro. Estacionaram com a frente embicada para a rua e deixando espaço para sair rápido e sem problemas. Alguém, provavelmente Manolito, o Louco, ficou ao volante, sem desligar o motor. Dizem que foi Billiken quem atirou. Bem na cabeça. Por trás. E que os miolos de Manolo caíram como uma torta na calçada. Depois circularam muitas versões. Mas em quase todas comecei a ser citado. Voltei a viver a mesma experiência quinze anos mais tarde, quando assassinaram o presidente Kennedy. Que me acusem de um assassinato que não cometi, mas ao qual, certamente, de muitas maneiras é possível me vincular. Mas se eu já disse que não conseguia me calar quando se tratava de instigar contra Manolo Castro, por que calaria agora e deixaria de dizer que, com relação a Kennedy, pelo menos, se não instiguei a execução, tive sim informação bastante discernível sobre o que estava sendo preparado? Mais adiante falarei mais sobre o tópico. Mas posso afirmar que, poucas horas depois, quando chegou a notícia do atentado, já tinha a firme convicção de que tudo aquilo não ia levar a lugar nenhum.

Por certo, nesse assassinato sempre ficou a dúvida sobre a participação dos comunistas. Na universidade, havia um eterno estudante, Manolo Corrales, de família de linhagem, com dinheiro, que havia sido recrutado pelo Partido. Manolo estudava medicina e foi-lhe atribuída a tarefa de "atender" Manolo Castro e exercer influência sobre ele. Não posso assegurar agora até onde Manolo sabia da filiação desse outro Manolo e se a aceitava ou não. Mas a história que se conta é que Manolo Castro estava dentro do cinema quando esse outro Manolo, o comunista, fez ele sair para lhe contar sabe-se lá que história. Isto é, em menos de cinco minutos, aquele cérebro de Manolo Castro, que estava agora depositado no meio da rua San Rafael, havia passado do conhecimento de umas peripécias do Pato Donald à conversa mole de um comunista dissimulado, até ser colocado ao alcance de tiro do membro de um bando.

Mas a mais alucinada de todas as versões que eu conheço sobre minha hipotética participação é a que foi oferecida em 20 de dezembro de 1957 para a imprensa batistiana pelo jovem Manuel Marques Sterling y Domínguez, filho de um dos ministros de Batista, empenhados todos eles então em achar argumentos que me desacreditassem, e que conservamos em nossos arquivos históricos. Manuel assegurou que eu havia atuado como agente apontador para os assassinos e que me disfarçara de vendedor de bilhetes de loteria, colocado numa posição estratégica em frente ao teatro para identificar positivamente o alvo.

Embora tenha avançado bastante na narração, fiz isso para encerrar o caso Manolo Castro. E, para terminar de verdade, a título de reconhecimento, devo dizer que o único amigo que considerou como uma ofensa pessoal

130 A AUTOBIOGRAFIA DE FIDEL CASTRO

o assassinato foi Rolando Masferrer. Fez da morte de Manolo uma questão pessoal. *Se la cogió para él,** como dizemos. Por exemplo, Eufemio Fernández, que sempre se apresentava como seu amigo mais próximo, não fez nada. Não mexeu um dedo pela memória do companheiro. Quem comprou a bronca foi Masferrer. Nunca se consolou. Ficou procurando vingança o tempo todo.

A SÉTIMA PROVÍNCIA

Os comunistas tinham a crença, bem arraigada, de que só podiam produzir um bom comunista a partir de um cara ortodoxo. Usavam os termos "disciplina" e "atitude militante" para justificar-se. Mas com ortodoxia política não se toma o poder. Dá bons soldados, não líderes. Dá até bons conspiradores. Mas sempre lhes falta imaginação. E esqueceram o fator de aventura e de iniciativa pessoal que é imprescindível imprimir a essa atividade.

A Revolução Cubana é um prodígio da imaginação. Se tivesse me guiado pela matemática marxista e tivesse esperado que as contradições econômicas e toda aquela elaboração da mais-valia agissem em favor da crise insuperável, definitiva e total do capitalismo, provavelmente teríamos tido em Cuba o oposto. Como país preposto dos Estados Unidos e vendo as coisas como são, hoje seríamos um empório de riquezas e solidamente capitalista. Esse é o prodígio da imaginação de que lhes falo. O que converteu o país preposto por excelência dos Estados Unidos num baluarte comunista. A única coisa que tínhamos para explorar com a propaganda eram algumas misérias e alguns crimes. Bem no início de seu mandato, depois do golpe de Estado de 10 de março de 1952, podiam ser imputados a Batista dois ou três crimes, e provavelmente eu já esteja exagerando. Um estudante, Rubén Batista, que os policiais mataram numa manifestação. Não lembro agora de nenhum outro. Fomos nós que começamos a matar. É infinitamente superior a quantidade de mortos que produzimos em relação aos do regime de Batista. Sobre a base de uma dezena de mortos, no máximo uma dúzia, fomos capazes de produzir, com esse argumento, a quantidade de milhares de mortos que foram deixados estendidos no campo no processo da Revolução. É para isso que faz falta a imaginação. Você via em Marx a instigação argumentativa, principalmente no *Manifesto*, não no *Capital*, e em Lenin, os

---

* Literalmente, "Tomou-a para si". (N. do T.)

métodos. Mas eles deixam você sozinho. Dão a tese e dão as armas, mas dali em diante o problema é seu. E era onde se fodiam os camaradas recrutadores, além de atraírem todo o desprezo da massa estudantil.

Resolvi me explicar com tanta clareza no parágrafo anterior, mesmo sabendo que posso ferir algumas sensibilidades, porque, a esta altura das circunstâncias, não acredito que deva parecer nem patético nem decepcionante. Seria o pior dos favores que teria para minha obra. Tentar justificar alguns mortos a mais ou a menos numa nação que, contra todos os prognósticos, consumou o assalto ao céu.

Eu dizia ao Chino Esquivel quando via aparecer qualquer um dos comunistas numa de nossas atividades:

– Não deixe nem chegar perto, porque vai atrapalhar.

Mas, do mesmo modo que os comunistas se posicionavam da maneira mais ortodoxa possível, as forças de choque do anticomunismo pareciam lhes corresponder. De fato, os adversários agiam como se tivessem um acordo tácito de que nenhum dos dois avançaria das posições que já ocupavam. Com o beneplácito de um FBI da Guerra Fria, os oficiais Mariano Faget e José Castaño, ainda hoje lembrados como "cavalheiros" e verdadeiros artífices "do interrogatório científico", e o astuto, monástico e infatigável J. Edgar Hoover, chefe do FBI, haviam estabelecido sólidos vínculos de colaboração entre os serviços dos dois países e entre eles pessoalmente. Principalmente Hoover com Faget. Faget procedia do antigo Escritório de Investigação de Atividades Inimigas, ativado em Cuba durante a Segunda Guerra Mundial. Hoover chamou de "uma magnífica peça de trabalho policial" e de "o mais espantoso caso de espionagem das Américas [resolvido durante a Segunda Guerra Mundial]" a captura em Havana do espião nazista Heinz August Luning e sua confissão ao capitão Faget de que trabalhava sob contrato para o almirante Canaris.

Depois da luta contra os espiões do Terceiro Reich, Hoover, com visão de futuro característica e às portas da Guerra Fria, reciclou Faget para a luta contra os comunistas cubanos. Mas Faget cometeu um erro: ficar no encalço dos caciques cubanos do PSP – como já disse, uma versão cubana de um partido comunista ortodoxo, mas que tinha abolido a palavra comunista de seu nome para ganhar fácil acesso a setores da população que podiam se assustar com a simples menção ou lembrança dos "vermelhos" – ou atrás dos revoltosos líderes universitários que protagonizavam com regularidade diária algum problema de gravidade maior do que apenas macerar os neurônios alheios com a exploração do homem pelo homem.

Faget e seus especialistas de comunismo local omitiram além disso o dado importante, melhor ainda, importantíssimo, do qual deveriam dispor em primeira instância: que Cuba tinha seis províncias geográficas, mas que o Partido tinha sete. O Partido entendeu a importância de uma instituição na vida republicana desde os anos 1930: a Universidade de Havana, e todo o seu potencial científico, intelectual e profissional, como um feudo da atenção prioritária do Partido. A sétima província.

Olhem bem para mim. Da maneira que tenha se produzido, por uma derivação de casualidades ou por um plano definido. O caso é que começaram por me aproximar de Alfredo Guevara. Depois os livros a crédito na livraria da Carlos III. Depois Flavio, Leonel, Mas Martín e até Walterio. Depois o envio de meu irmão Raulito a Bucarest. Foi um processo longo e no qual se deixavam correr as coisas. Não acredito, na verdade, que até certo momento alguém tenha se proposto a me converter no chefe da Revolução Cubana. Depois de certo ponto, sim. Depois que tomamos o poder em janeiro de 1959, era imperativo, tanto para o Partido como para a KGB, recrutar-me. Não digo me recrutar num sentido pejorativo, pois na verdade foram eles que se subordinaram mais a mim, e nesse sentido se autorrecrutaram. Mas precisavam confirmar os objetivos. Percebem? Isso é o bom dos comunistas. Com eles você só tem que comungar ideologicamente. Todo o resto é secundário a partir desse pressuposto. Não posso dizer o mesmo sequer da Igreja. Mas se por um lado minha edificação como líder não deve ter sido um plano deliberado do Partido, o caldo de cultivo, a sétima província, isso sim era algo deliberado e organizado com esse propósito.

Naquela época andávamos de terno. Nada de mangas de camisa. E nem *guayaberas*. O traje normal de um estudante dos anos mais avançados de Direito era o terno duas-peças, calça e paletó, do mesmo tecido, uma camisa branca de colarinho e uma gravata. O Chino Esquivel e outros colegas de faculdade mandavam fazer os ternos no El Sol, uma loja do centro de Havana onde todos os profissionais da cidade diziam que mandavam confeccionar sua roupa. Eu nunca fui tão melindroso como o Chino. Costumava comprar os ternos já prontos. E em qualquer alfaiataria onde se pudessem conseguir bons tecidos mais ou menos baratos. Digo, os únicos três ternos que tive em toda a minha vida universitária. Dois comprados no início do primeiro ano e o outro, um terno cinza, muito bonito, em Nova York, quando fui com Mirta em lua de mel. Ela escolheu a cor. Também comprei ali uma jaqueta de couro igual à de minhas fotos do Bogotazo e que havia perdido. Além disso, acontece que não gosto que fiquem tirando minhas medidas. Fico com uma impressão muito ruim. Quando muito ajustar um pouco aqui ou ali, e isso era coisa que com sua fita amarela no pescoço o alfaiate resolvia num instante, dando pedaladas em sua máquina Singer, quase sempre mordiscando a língua, e fazia isso em sua frente. Esse negócio de você se deixar medir é bastante sério e, mesmo a contragosto, desde o início dos anos 1960, eu disponho de meu próprio alfaiate – o companheiro Barcárcel –, como parte da estrutura da Segurança Pessoal.

A fama da alfaiataria El Sol devia-se a um método de medição que em seus anúncios era chamado de "ternos anatômicos e fotométricos", e que era um slogan publicitário que havia convencido até os presidentes e ditadores da área. A técnica "fotométrica" consistia em fotografar você de todos os ângulos possíveis e depois medi-lo com o método clássico da fita e do esquadro e marcando com giz. Não poupavam flashes naquele lugar, me dizia o Chino. Batista aparecia impecável e senhorial nos anúncios dos anos 1950 da tão prestigiosa casa, que usava uma das linguagens mais forçadas que eu lembro. O honorável senhor presidente da República exibe seu enxoval de verão, na foto vestindo um arejado dril 100 de nossa exclusiva coleção para dignitários, mas do qual o senhor também pode dispor, além de ser talhado à perfeição segundo o sistema anatômico e fotométrico de El Sol. El Sol. Manzana de Gómez pela [rua] Monserrate. Tel. 6-7572.

Trujillo também mandava fazer seus ternos e uniformes ali, seus entrelaçados uniformes de generalíssimo, uns smokings de cauda curta com galões de bordas douradas e franjas de lã fiada. Eu andei fazendo minhas averiguações para ver se seria possível arrancarmos sua cabeça lá, naquele lugar. Imaginei que talvez fizesse algumas viagens secretas até Havana para suas compras. Sabia que também era cliente assíduo da Cuervo y Sobrino, talvez a joalheria mais famosa de nossa capital. Mas ele mandava emissários até Havana ou recebia vendedores na Cidade Trujillo [atual Santo Domingo] com amostras ou catálogos. De muitas maneiras, no fim da década de 1940 e até o início da década de 1950, Havana era uma espécie de supracapital dos países da área e exercia influência mesmo em cidades do sul dos Estados Unidos, como Miami, Fort Lauderdale e Key West. A Cuervo y Sobrino pareceu ser muito eficiente para Trujillo, fornecendo-lhe as medalhas e condecorações que lhe valeram o apelido entre os cubanos de *Chapitas* [Chapinhas]. Mas, antes das medalhas, eles demonstraram uma finíssima habilidade para incentivar a necessidade dele de condecorar a si mesmo e, por conseguinte, a obrigação de encontrar os motivos para as condecorações. Outro item que importava de Cuba eram as mulheres. Santiago de Cuba ficava mais perto para tais transações. Trujillo adorava importar mulatas claras de Santiago para suas festanças, colocá-las para cantar e depois levá-las para a cama. Nada excitava mais o benfeitor e pai da Pátria Nova generalíssimo Rafael Leónidas Trujillo do que uma mulata clara, que cantasse para ele e que, ao tirar o sutiã, lhe fizesse descobrir que tinha mamilos pretos. Isso eu sei de fonte muito próxima, de uma velha amiga de Santiago que havia sido cantora de música espanhola numa rádio local e que correspondia exatamente a essa tipologia tão cara ao ditador dominicano, e de quem você só descobria a procedência racial quando, ao desnudar-se, ela revelava a violência daqueles mamilos pretos, violentos e ofensivos pela brancura daqueles seios em permanente recato e mais violentos e ofensivos ainda pela lentidão do tempo e pelas indecisões a que ela se entregava antes de se deixar manipular. Quanto à elaboração das condecorações, o estabelecimento de Havana favorecido do sanguinário Rafael garantia a pureza do ouro e o uso dos mais suntuosos metais e das mais refulgentes pedras, com as íris mais elaboradas. Dizem que havia um secretário dos donos da Cuervo y Sobrino, um homem cadavérico e de terno preto, a clássica imagem do gerente de pompas fúnebres, encarregado de viajar até a Cidade Trujillo e lisonjear o ditador com uma nova condecoração. Primeiro era preciso agradecer à sua Alta Magistratura, o generalíssimo, pela enorme gentileza de conceder a audiência. Em seguida, era necessária uma espécie de cuidadosa cerimônia, na qual se abria um porta-joias, que repousava sobre um pano na mão esquerda do preposto da joalheria de Havana, e que o agradável estalo do fecho da tampa, ao ser liberado, fosse ouvido com nitidez e que se abrisse lentamente, e que com expressão de prestidigitador fosse retirado o papel-celofane que deixava descoberta a Cruz Gamada de Ouro com Incrustação de Rubi Central e Engaste de Diamantes. O passo seguinte era inventar um combate para nomear a condecoração e ditar um edital ou que o Congresso dominicano aprovasse uma lei criando a nova Ordem ou Medalha.

Quanto à Cuervo y Sobrino, devo dizer que a maioria de seus ourives ficaram em Cuba. Sem dúvida, os ourives, em qualquer latitude, têm duas das qualidades essenciais a um revolucionário: a pobreza de berço e a honradez. Além disso, os próprios donos, depois de um período na Itália, acharam conveniente reconsiderar suas escolhas e voltaram a Havana com algumas propostas, muito interessantes, de negócios. Por volta dos anos 1980, quando decidimos recolher algumas toneladas de ouro ainda em poder da burguesia ou de seus parentes remanescentes no país, criamos – com a ajuda deles, dos ourives e dos donos – as Casas de Câmbio, que foram batizadas popularmente como casas do ouro e da prata, e nas quais se avaliavam joias. Ali se atribuía a elas um preço e você recebia de volta um bônus para adquirir eletrodomésticos numa loja especial, habilitada para isso. Para ganhar a confiança dos que vinham fazer as trocas, pusemos anúncios na imprensa informando que os avaliadores eram os antigos joalheiros Cuervo y Sobrino. Acho que foi a única vez na história da Revolução que se apelou ao prestígio de um comércio burguês. O que não foi dito é que os antigos donos, ou pelos menos seus herdeiros, também estavam na jogada.

Bem, seja como for, com os olhos ofuscados ou não pelos efeitos do método fotométrico, o Chino era um devoto daquela alfaiataria. Dizia que, para ele, ternos eram na El Sol e gravatas, na El Encanto. Parecia estar recitando um comercial. Meus ternos na El Sol; minhas gravatas, na El Encanto. A El Encanto era outra instituição legendária da burguesia cubana. Era uma edificação de cinco andares localizada no principal centro comercial do país, o cruzamento das ruas Galiano e San Rafael, que as pessoas chamavam de "a esquina do pecado", denominação que, com certeza, tem uma etimologia discutível. Para alguns, é porque as grandes senhoras usavam o pretexto de ir às compras para se encontrar ali com seus amantes. Para outros, vem do fato de que alguma vez houve prostituição de rua em seus arredores. Toda essa frivolidade, no entanto, desapareceu poucos dias antes da invasão de Playa Girón, a 13 de abril de 1961, quando o contrarrevolucionário Carlos González Vidal espalhou fósforo branco por meio do sistema de ar-condicionado do estabelecimento, que em poucas horas ardeu até os alicerces. González Vidal, é claro, foi capturado e confessou, e rapidamente o levamos ao paredão.

El Sol. Cuervo y Sobrino. El Encanto

A cidade está aí, mas nunca decido percorrê-la. Embora sejam ruas de minha propriedade, por assim dizer, nos territórios de meus domínios, me abstenho de percorrê-las, até de passear por elas na alta madrugada. Não faria sentido. Seria muito mais terrível que uma viagem sentimental ou do que tentar restaurar uma nostalgia. Seria como o percurso de um ancião sob as luzes mortiças de um povoado fantasma. Nisso quero ser mais digno que meus inimigos de Miami. E eles têm a justificativa de que não foram autorizados a voltar, de que lhes foi vedada a passagem até os cenários de sua nostalgia. Mas – como sempre – me coloco acima deles. Não me valho de minhas justificativas, e sim de minha soberba.

Os cubanos que fugiram da revolução desenvolveram em Miami até uma indústria da nostalgia. Vendem velhos postais turísticos, reproduzem as listas telefônicas dos anos 1950 e os números atrasados da revista *Bohemia*, fabricam as mesmas marcas de refrigerantes e cervejas e batizam os restaurantes com os nomes que tiveram em Havana. Os senhores não têm ideia da quantidade de vezes por dia que o Departamento KT[8] da Segurança do Estado detecta chamadas de Miami para telefones de Havana que, é claro, já faz vinte ou trinta anos que não existem mais. Telefones de cinco ou seis dígitos que levam a linhas cegas. Eu, por pura curiosidade, ordenei algumas investigações. Na maioria das vezes são dos antigos donos de negócios para os telefones de seus antigos estabelecimentos. Não são poucos os casos em que os próprios estabelecimentos também desapareceram, porque foram derrubados ou porque foram por nós convertidos em albergues para a população carente ou até em unidades militares. Foram detectadas chamadas a casas onde todos os residentes faleceram. Mais de uma vez precisei reprimir as ideias de alguns companheiros de atender a uma dessas chamadas como se tivessem caído num telefone e num lugar ainda vigentes. Não acho que ninguém tenha direito de transformar em motivo de piada o passado de outra pessoa. Como se eu não soubesse a quantidade de ilusões que as pessoas colocam em seu passado.

Em setembro de 1947, filiei-me ao Partido Ortodoxo, que era a melhor de todas as opções que a República me oferecia se no fim o caminho não fosse o de uma revolução. Esta última coisa é algo que compreendo agora, é claro. Na época, ninguém atentou para esse fato. Inclusive não me é desconhecido o aspecto de que eu não desfrutava das simpatias do cabeça daquelas circunstâncias: Eduardo Chibás.

A CESTA DE MINHAS SERPENTES

Ninguém percebeu que se tratava de um ensaio meu: ver até onde a vaca dava leite. A vaca da República e suas instituições. Amigo, é claro que isso pode fazer muita gente pensar que ninguém é adivinho; além disso, nem eu mesmo sabia que aquela estrutura política não estava feita à minha medida e muito menos à das minhas ambições. Talvez tenham razão. Mas apenas em parte. Porque se alguma coisa aprendi com meu próprio exemplo como novato na política cubana foi ter a intuição a respeito de quem poderia me foder no futuro e, portanto, intuir quem eu teria de foder bem antes que essa pessoa se destacasse. Entendi que o Partido Ortodoxo não ia se pôr a meus pés quando entrei pela primeira vez em seus escritórios do Prado de Havana, e que o presidente Grau tampouco iria me entregar o poder apenas pelo vislumbre de que eu poderia acionar o motor de arranque da Revolução Cubana. Mas também não me mataram, que é no fim a única solução para indivíduos como eu, antes que montem um infalível aparato de Segurança Pessoal. Não. Não farejaram isso. Não imaginaram. Não conceberam. Limitaram-se a me deixar viver e operar em sua República e em igualdade de condições. Coitados.

Um dos prazeres de meus inimigos é pensar que eu retenho o poder só para impedir que seja aberta antes do tempo a caixa de Pandora de meus anos de governo. Ou seja, enquanto eu estiver aqui, com Cuba sob controle, a caixa estará fechada. Dedicam mais tempo imaginando meus segredos do que se preocupando com a própria retenção física do poder em minhas mãos. Minha explicação para tal comportamento é que isso justifica a incapacidade deles de me tirar do jogo e principalmente que eles acreditam poder me sujar moralmente com uma série de abstrações e de probabilidades nunca provadas. Quantos crimes inomináveis – pensam eles – eu escondo nessa caixa sobre cuja tampa tenho permanentemente colocada uma de minhas pesadas botas. Mas não deixa de me incomodar a apreciação tão rasteira que fazem de minhas habilidades de conspirador. Como se eu fosse deixar os vestígios de algum crime caso os cometesse. Muito antes que Gorbachev abrisse a possibilidade de exumar a documentação (e de passagem os restos humanos) de um massacre como o de Katyn, na Polônia, ou de que nossos camaradas da Alemanha Oriental deixassem intactos os arquivos da Stasi com os quais logo se banqueteariam a CIA e os alemães do outro lado, nós demos a ordem de queimar toda a documentação comprometedora. Isso aconteceu logo que Reagan assumiu o poder e os soviéticos nos disseram que não poriam a mão no fogo por nós. Por outro lado, tem gente lá fora, sobretudo em Miami, que tem estado fugindo o tempo todo dos dias ou anos em que serviram à Revolução. Infelizes.

138   A AUTOBIOGRAFIA DE FIDEL CASTRO

Indigentes históricos. Eu não tenho medo de nenhuma caixa de Pandora – acreditem –, pois, para começar, queimei todo vestígio possível de situações comprometedoras e em contrapartida deixei os vídeos de todos os possíveis abusos de meus inimigos. De saída, não existe um diplomata ianque de missão em nosso país que não tenha sido fotografado e gravado em vídeo, e esse material está em perfeito estado de conservação. As bundas enlatadas. É desse modo que os companheiros da Brigada KJ chamam esse material, pela quantidade de traseiros de diplomatas *e de mulheres diplomatas* (nossa, quantas lésbicas entre essas jovens do Departamento de Estado) gravados em fita, que preservamos em contêineres metálicos. É claro que, em minha frente, ninguém se refere desse modo ao material acumulado. A Brigada KJ é uma de nossas unidades de maior especialização e cuida da chamada checagem visual, é composta, portanto, dos que gravam e batem as fotos. Desde o surgimento da técnica de gravação em vídeo, os custos operacionais da KJ foram sensivelmente reduzidos e o equipamento se tornou muito mais simples. Pudemos nos desfazer dos laboratórios de revelação, que foram passados para o Instituto Cubano de Arte e Indústria Cinematográfica (ICAIC), e foi possível ampliar o pessoal e os meios de transporte. Agora esses companheiros estão lutando contra a degradação natural das imagens nas fitas magnéticas. A técnica digital veio em seu auxílio, e eles estão passando todo o material para discos de leitura ótica. Os ianques designados para Cuba depois da abertura da Seção de Interesses em 1977 parecem seguir a conduta de muitos magnatas e políticos americanos, desde a instauração da República em 1902 até a derrocada de Batista em 1958 – dos quais agora a figura mais distinguida dessa classe de funcionários é John F. Kennedy –, de vir se divertir com carne cubana. Mr. Kennedy e toda a historinha dele sobre Camelot. Imagine se o rei Artur teria deixado uma daquelas putas do Casa Marina chamá-lo de *"papito rico"** e, para começar, lhe enfiar uma camisinha. Porque, isso, sim, era a cobertura de prostituição nacional mais higiênica do mundo, sendo então um modelo da luta contra a gonorreia e a sífilis, como agora o país pode dizer que é um bastião contra a aids, além do que, é claro, não aceitamos oficialmente que sejamos endêmicos nessa questão da proliferação de prostitutas. As mais distintas famílias do poder e a diplomacia americana irão sofrer um embate sem paralelos telúricos na história quando esta caixa de Pandora for aberta, porque não são os traseiros em seu estado de inocência, isto é, de repouso, mas

---

*   Algo como "tiozinho gostoso". (N. do T.)

todos eles à disposição do público e para a comprovação do uso que lhes era dado. Esta é uma das áreas de combate que quase todos os países socialistas asiáticos abandonaram por questão de princípios. Não há questão de princípios em empregar câmaras ocultas para fotografar o pessoal inimigo credenciado no país sob cobertura diplomática, e sim no fato de eles levarem as mulheres para a cama. Os chineses, tenho entendido, chegaram até a fuzilar pobres infelizes chinesas por manterem relações com estrangeiros. Fuzilar, segundo os códigos dos irmãos da República Popular da China, é meter uma bala na nuca, tanto faz se provém de um fuzil ou de um revólver, e depois mandam a conta da bala para a família pagar. Os vietnamitas, nem se fala, para não mencionar os coreanos. Mas não com americanos. Com nenhum estrangeiro. Inclusive nós, cubanos, seus íntimos camaradas de armas. Tenho entendido que a única norte-vietnamita que teve relações com um estrangeiro em Hanói, no decorrer da guerra, foi uma médica que se apaixonou por um de nossos heróis daquele período, o capitão Douglas Rudd y Molé (cito agora seu nome completo porque já é falecido), que foi também o único piloto branco ocidental que participou de combates aéreos contra a Força Aérea ianque no sudeste asiático a bordo de um MiG-21PFV de bandeira vietnamita. Um dos homens mais valentes que conheci, se bem que posteriormente tive que encarcerá-lo e pendurar-lhe vinte anos (condenação que não chegou a cumprir toda). Não é fácil entrar em combate sob o compromisso de manter silêncio absoluto pelo rádio (com o objetivo de que não detectassem um estrangeiro, afora o fato de que ele não teria tido um idioma comum com o controlador de voo enquanto estivesse sob seu controle na zona de tráfego aéreo e até alcançar uns três quilômetros de altitude e encontrar-se a vinte quilômetros do aeroporto quando o controlador de voo o passasse para o radar distante e lhe dissesse para mudar a frequência, quase sempre no canal 8, para subordinar-se ao navegador do Posto de Comando, que é o procedimento ao entrar na zona de voo e iniciar a interseção). A volta não era problema. Nem a detecção entre os aviões próprios. Todos os aviões soviéticos comunicavam-se automaticamente entre eles por meio do sistema amigo-inimigo, que interroga você apenas com o apertar de um botão. O piloto não precisa ativar nenhum comando de resposta. A máquina se identifica sozinha.

– É muito bonito o silêncio de rádio – me dizia Douglas, ao voltar do Vietnã. – Você vai a baixa altitude e sua única comunicação é com o motor sobre o qual está sentado. Um formidável, todo-poderoso R-11F2-300, de 13.118 libras de propulsão. O 21 não é conhecido por seu radar nem por sua capacidade de captura, nem por seu equipamento para a aquisição de alvos nem por seu alcance, mas é reconhecido de maneira invariável por ser um avião para pilotos. Não tem computadores nem sofisticados equipamentos de navegação. Depende do piloto e de (é o que se espera) seu bom treinamento e experiência. Por isso, é meu avião. Você logo começa a confiar mais numa máquina do que na própria mãe, mais do que nos camaradas, mais do que no Partido.

Douglas era um iconoclasta, como costumavam ser nossos combatentes realmente cultos. Sua declaração sobre o Partido era a brincadeira à qual recorria para tirar um pouco da poesia que estava fabricando com toda aquela trama sobre sua dependência afetiva de um motor soviético R-11F2-300 para máquinas de combate. Mas eu o entendi, sempre bem além do que ele conseguia imaginar. Provavelmente nem ele mesmo percebia toda a sua solidão. Era disso que ele me falava. De sua solidão. Lembro que o havíamos mandado para uma missão ultrassecreta (sobre a qual já falaremos) e no fim tinha conseguido até combater. Mas, também, seduzir uma pobre médica vietnamita. Isso, é claro, ele não teve a ousadia de me contar – nem eu o teria permitido. Chegou a mim por informes da Contrainteligencia Militar (CIM). Sempre atrás do pau dos companheiros. De qualquer modo, tive que perguntar se os camaradas vietnamitas haviam tido informação sobre o *affaire* Douglas. Não. Ao contrário. Os camaradas estavam encantados com nosso herói. São muito sensíveis os vietnamitas. Era preciso ter cuidado com essas manifestações de liberalismo como as de Douglas.

O que quero deixar claro faz algum tempo é que nossos irmãos chineses, coreanos e vietnamitas abriam mão de um enorme potencial de atividade de contrainteligência ao não permitirem certos romances de estrangeiros com o pessoal nacional.

Sem dúvida, o grande problema na hora de contar muitas das manobras políticas de minha vida é que os motivos e os recursos empregados permaneceram ocultos, e os feitos verdadeiros perpetrados por mim se afastaram daquilo que o público viu, de modo que, às vezes, a realidade tanto tempo oculta parece inverossímil, e a única coisa aceitável é a velha fábula. É essa distorção que cria, penso eu, essa sede – ou essa imperiosa necessidade – de segredos meus, já que as coisas no fim correm tão bem comigo e vim superando uma emboscada após outra e parece que não existem balas com meu nome. Tampouco há mistérios. Esgotaram-se. Não há onde procurá-los. A graça de Cellini é que ele nos descreve ou resgata um mundo no qual não existiam as comunicações atuais, onde tudo era ainda mistério. Não é o que acontece atualmente. Que pedra, que seixo, que mata, que camada do subsolo não está hoje classificada e plotada, avaliada e fotografada? Os sacanas dos ianques, para onde quer que nos movêssemos, já tinham fotografado todos os cantos do arquipélago desde antes do triunfo da Revolução. Esses mapas em escala 1 por 50 mil, que utilizamos depois para acabar com os bandidos, foram os próprios ianques que produziram e deixaram as cópias nas salas de cartografia do Exército de Batista. Então soubemos que habitávamos um território arrancado de alguma maneira de debaixo de nossos pés, e que não havia poço nem pedra nem ponta de canavial cuja existência e até seu nome – por aborígene ou castiço que fosse – não compartilhássemos com um cartógrafo do Pentágono. Bem, depois de ter feito essa introdução imprescindível, e de ter sido pródigo em mistérios e segredos e tentar persuadi-los a esquecerem esse sal da terra – já não é para nosso desfrute –, agora lhes conto, no que seria talvez mais uma breve resenha adiantada cronologicamente, a respeito de quando me apaixonei pela primeira vez.

Casei-me aos 22 anos, e a idade de Mirta, por um elementar cavalheirismo, prefiro ocultar, mas mal completara uns 15 anos, ou pelo menos era assim que a via, com sua leveza de bailarina, leveza que eu só tinha visto nos deslocamentos fugazes dos últimos cervos que existiram nos bosques de Mayarí, tão fugazes e elusivos diante do caçador que ficava-se em dúvida se já não teriam sido extintos por completo e aquilo que se via passar pela frente e escapulindo entre os pinheiros era apenas o fantasma da última criatura graciosa e em total estado de inocência dos bosques de Cuba. Mirta tinha uns expressivos olhos redondos e era altiva e sutil, daquele modo tão fragoroso como só sabem ser as brancas cubanas, e a intensidade de seu atrativo aumentava por residir numa pessoazinha tão desvalida, tão desolada, uma pequena folha de outono oscilando ao capricho do vento, e por essa pequena folha ser por sua vez uma tímida cubana de soberba figura e descendente de uma família de batistianos e a ponto de contrair matrimônio com o futuro líder de uma revolução comunista. Três revoluções de considerável importância internacional – a mexicana, a soviética e a chinesa – se deram na primeira metade do século, enquanto eu rondava Mirta e ela se deixava rondar com a doce displicência que sabia imprimir a seus atos. Uma só revolução – a cubana – iria existir no mundo enquanto os dois nos dedicávamos a envelhecer cada um por seu lado e como dois estranhos destinados a não se encontrarem nunca mais. Venceram-nos duas abstrações. A ela, a incredulidade.

A mim, a incapacidade de persuadi-la. Eu, que tenho sido capaz de convencer homens muito duros a pedir para serem executados no paredão, não tive argumentos nem recursos para convencê-la de meu amor por ela e de que me acompanhasse aonde quer que eu fosse. Meu pequeno cervo dos bosques. Minha menina, que era como o orvalho que brota ao amanhecer e que é a lembrança ainda veemente do cheiro de sua pele naquele entardecer de Miami Beach quando o sol caía num horizonte que estava além do universo, enquanto o salitre, ao absorver as partículas finais de luz, cintilava sobre seus ombros de menina mimada, mimada e minha, e que apenas dois dias antes eu havia desvirginado sobre a arrumada cama de casal de um hotel americano. Venceram-nos. As abstrações e o tempo. Mas como convencer uma mulher de que o reino que você lhe oferece é uma revolução que se encontra apenas em seus albores e que você não apenas não a está planificando ainda como está aprendendo que é um objetivo possível, um talvez, um quem sabe? Como convencer, meu Deus, Mirta Díaz-Balart, que aquela revolução era a única coisa que eu tinha para lhe dar?

Primeiro moramos perto de uma fábrica de cerveja chamada La Tropical, no bairro de La Sierra. Era um apartamento em frente a uma fábrica de geleia de goiaba. O cheiro de toneladas de goiabas compactadas com açúcar e fervendo nas caldeiras era permanente em todo o bairro e lhe dava uma característica. Aí engravidei Mirta com meu primeiro filho, e o único que tive com ela. Depois mudamos para um edifício chamado Frenmar, na rua Tercera, em El Vedado, um bairro muito melhor. E a menos de cem metros do mar. Tínhamos em frente uma unidade do exército chamada Quinto Distrito, para a qual foi deslocada depois a chefatura do Corpo de Engenheiros, e finalmente derrubaram todas as seteiras e muros da guarnição para construir o Habana Riviera, um dos hotéis da máfia em Cuba. Mirta era uma boneca que não reclamava de nada, e uma cozinheira assustadora. Não é uma crítica. Era uma brincadeira entre os dois e espero que a faça sorrir se alguma vez lhe for possível ler estas páginas. Uma vez convidei o Chino Esquivel para almoçar.

– Vamos, Chino – eu disse. – Mirta está preparando almôndegas.

– *Guajiro* – respondeu ele. – E desde quando a Mirta sabe cozinhar?

Há pouco, em meu encontro com o Chino depois de quarenta anos, a primeira coisa que mencionou foram aquelas almôndegas de Mirta. Disse que não sabia como raios engolir aqueles pedregulhos pretos, é como ele ainda os chama, e que quase decidiu devolver o prato, mas ficou com pena dela. Principalmente, ficou sem argumentos ao ver a maneira tão ávida com que eu despachava um prato atrás do outro daquelas coisas que ficavam na panela e que eu extraía para colocar em meu prato e engolir sem protesto, inclusive como se estivesse gostando.

De todos aqueles personagens de importância secundária em meus anos de universidade, o pessoal de segundo plano, destaca-se Fernando Flórez Ibarra. O velho Fernandinito. Um cara decidido. Preciso destacá-lo porque, entre outras coisas, é um dos poucos que, segundo seus próprios relatos, esteve a ponto de me matar. Dois disparos que, era como me chegava a história, ele fez de uma posição favorável, porque eu estava entrando na cafeteria da Escola de Filosofia e Letras, que ficava num nível inferior ao portal da Escola, onde Mirta estudava. Depois do triunfo da Revolução, achei melhor chamá-lo para que não alimentasse mais essa história, que eu achava que ele inventara. O que eu sei é que uma vez tínhamos saído no tapa e, concedi-lhe, nenhum de nós dois pôde reclamar a vitória. Foi uma briga limpa, sem outra arma além dos punhos e diante de toda a estudantada e em plena Plaza Cadenas, que é o centro geográfico da Universidade de Havana. Foi só então que fiquei sabendo. Fernando teve o colhão de me confessar que uma vez me vira no fundo do estádio universitário, talvez a uma distância excessiva para um atirador de curta distancia, que costuma atirar a partir de carros em movimento, como costumam ser os homens de ações armadas urbanas, afeitos ao atentado e a atirar na certeza – isto é, pelas costas. Não são atiradores competentes. Na ocasião, ele me dirigiu uns dois disparos de trás de umas árvores, contou, enquanto eu corria em círculos em volta do campo de beisebol, bem na hora em que passava por baixo da enorme lousa do placar, ainda com nove entradas de uma partida da noite anterior não apagadas. A equipe da casa havia feito três *runs,* porque na linha inferior das entradas a última casa exibia um sólido três branco sobre fundo preto.

3

Diz Fernandinito que tomou esse número 3 como ponto de referência para me fazer voar a cabeça. Mirar no 3 e descer a pistola apenas um pouquinho. Era meio-dia, e eu trotava, rápido, sobre minha própria sombra concentrada sob meus pés e deslocando-se como um lugar sobre a grama, à minha velocidade de trote. Um sol forte e o campo vazio. Alguns casais de estudantes estavam nas arquibancadas, sentados, consultando livros ou namorando. Fernandinito entrou por uma porta lateral e um rápido reconhecimento permitiu-lhe definir que eu era um tiro muito difícil com uma Colt calibre .45, mas que seria imperdoável não tentar. Sacou, preparou, e quando eu cheguei

3

debaixo do 3, fez seus dois disparos. Ele se escondeu atrás das árvores que ficavam à sua direita. Esse movimento, de apenas dois segundos de duração, impediu-o de ver minha reação. Por um momento, com o coração batendo no peito, pensou que havia conseguido e que eu era um homem morto, porque quando mirou de novo para o lugar onde minha corrida devia ter parado,

3

não havia ninguém embaixo da lousa do placar.

Diz Fernando que então observou as arquibancadas e que as pessoas apontavam para direções diferentes ou recolhiam os livros para ir embora dali. Era evidente que ninguém havia reparado de onde tinham partido os disparos porque ninguém olhava em direção às árvores. Tampouco olhavam para a base da lousa. Ali não havia nenhum corpo. Isso acontece às vezes sob o sol de Cuba, que não apenas anula a visão das coisas, mas abafa os sons. Digo por experiência: o calor age por igual sobre as emissões de som.

Evidentemente, não havia sido na Escola de Filosofia e Letras porque nunca ia lá para ver a Mirta. Já sabia desde aquela época que não se deve vincular a família aos assuntos políticos. É um princípio básico de dupla proteção. Você não só mantém os seus fora da zona de perigo, como impede o inimigo de conhecer suas rotinas. Vocês já sabem como isso funciona. O melhor hábito é nenhum hábito.

Com o passar dos anos, é evidente que esqueci aqueles disparos. Acontecia muitas vezes. Dois disparos isolados que se moviam na atmosfera da universidade. Você primeiro sacava a arma, depois checava, e se não fosse com você, seguia seu rumo. É o que deve ter acontecido naquele dia. Não consigo resgatar o episódio em minha memória. A memória de Fernandinito tampouco ajuda. Porque se eu estava correndo naquela hora, e de short e camiseta, algum de meus companheiros – o Chino, Walterio – tinha que andar pelos arredores, como apoio e com minha pistola provavelmente enrolada na inocente presença de uma toalha.

– Bem, Fernandinito – lembro de ter dito a ele –, eu acho que esses comentários seus não são bons nem para você nem para a Revolução.

Essa conversa deve ter acontecido alguns meses depois da invasão mercenária de Playa Girón, em abril de 1961, porque lembro com precisão que Fernando já tinha se destacado em seu papel de fiscal dos Tribunais Revolucionários e mandando gente ao paredão. Os *Tê Erres*, como nós os chamávamos. E foi essa a época em que fuzilamos mais gente. Muito poucos saíam com vida dos *Tê Erres*.

Entendam que estou lhes dando uma aula, e vocês devem aproveitá-la. Pode parecer que o assassino não deva ser chamado por seu nome, pelo menos não em excesso. Mas trata-se de não saturar de qualificativos um inimigo para evitar que o efeito político se perca. E o que é mais perigoso: diluir na fumaça de um caldo aquoso todos os crimes que se pretende denunciar. Nosso famoso apóstolo da independência, José Martí, tinha o lema de "do tirano, diga tudo, diga mais". Os senhores sabem quem é, não? Um dos líderes da independência de Cuba, que converteu a década final do século XIX numa obstinada luta contra a Espanha. Obviamente ele se referia à Espanha como agora nós ao imperialismo ianque. Mas estava jogando com uma moeda falsa. Martí era um homem torturado demais internamente para dominar as sutilezas da propaganda moderna. Eu aprendi o uso da incriminação política na fonte muito mais direta das ações revolucionárias, e não no arrevesado apostolado de um homem de baixa estatura, pés em chagas e com uma dentadura em tal estado de corrosão que ninguém lembra dele ostentando um sorriso. Para falar com toda a clareza, aprendi nas execuções de rua. Como se sabe, uma de nossas falas era que o único morto difícil é o primeiro. É a mesma coisa na hora de levantar o indicador acusador. Basta um. Quando você passa desse número, o rosto da vítima se perde. Seu lugar é ocupado por um grupo. Um grupo amorfo e impreciso. No fim – não importa a quantidade de gente que você mate –, você só pode ser enforcado uma vez.

Martí. Às vezes fica difícil discriminar até onde ele agia como resultado de uma necessidade intelectual ou pelo ressentimento de se ver – e não poder escapar disso – num físico tão esmirrado, tão lastimável, tão pouco disponível para ser exibido, por exemplo, no Balneário Universitário. Estou fazendo uma reflexão. Pois, como se sabe, ele tem sido o símbolo idiomático da Revolução Cubana. O símbolo mais alto e vivo sou eu. Fidel Castro, evidentemente. Mas a presença de seu fantasma entre nós conferiu-nos uma espécie de linguagem comum com relação a tudo o que pode ser identificado como Cuba. José Martí foi o Jeová de nossa terra que nomeou todas as nossas coisas. Mas que fracassou em todos os seus planos, conspirações e guerras. Nesse sentido é que a Revolução efetuou sua jogada publicitária mais brilhante. Nós não nos apoderamos de José Martí. Nós o vingamos. Triunfamos em todas as frentes em que ele foi derrotado, incluindo a frente de minha longa vida, apesar das centenas de planos urdidos pela CIA, ao passo que ele se deixou matar facilmente com apenas 40 anos, e vestindo um terninho de guerra azul e montado num imponente cavalo branco impoluto que resolveu arremeter contra os máuseres espanhóis. E os mortos vingados são como os barcos que você ocupa, parados e sem tripulação, em alto-mar. Muitos de nossos inimigos dizem que nos apoderamos de Martí para colocá-lo a nosso serviço. Bem, com o simples enunciado desse argumento eles fazem a mesma coisa, só que a seu favor. Disse antes que isto era uma reflexão. Pelo menos parte dela. Mas não quero que interpretem mal minhas palavras. Martí está firmemente ancorado em minha geração. E sempre foi venerado. Essa é a palavra de uso comum entre os cubanos para se referir ao sentimento por José Martí. É uma emoção que deve dominar-nos. A veneração. Como se estivéssemos obrigados a padecer de certos abalos do espírito na hora de mencioná-lo. E confesso que de alguma maneira eu também tive minhas sessões de prostração martiana. Evidentemente, não acho que valha a pena a esta altura dos acontecimentos continuar importunando a audiência com a mesma história. O problema era que, numa sociedade que vivia tomada pela devoção martiana, a única forma que havia para seguir adiante era sendo o mais devoto de todos. Puro pragmatismo e pura propaganda. Imagino que não seja ofensivo nem sequer para ele mesmo. Trata-se de uma mecânica revolucionária que ele conhecia perfeitamente e que nunca deixou de empregar.

Minha dentadura. Ao contrário do apóstolo, tive apenas um problema dentário. Foi com meu dente central superior direito, que escurecia devido aos resíduos necrosados de um nervo, sequela bastante comum nas peças com tratamento de canal ou de endodontia, que por falha na eliminação da polpa deixam esses resíduos, e que em meu caso turvava minha linha sagital superior. Eu estava na Sierra Maestra e como chefe do Exército Rebelde, quando montamos um acampamento fixo em La Plata Alta. Um dos primeiros empenhos de minha chefatura sedentária da guerrilha foi que me levassem uma pesada cadeira de dentista, no lombo de mulas, e driblando mil emboscadas do Exército. A direção do Movimento, por sua vez, me mandou um dentista de Santiago de Cuba: o dr. Pedro Sánchez. A cadeira veio de Manzanillo – uma das maiores populações perto da Sierra, graças a gestões – levada por um mensageiro – de Celia junto ao pai dela, que era um dos médicos mais conhecidos da cidade, e que localizou o equipamento num armazém esquecido do início da República, provavelmente abandonado pelas autoridades sanitárias do exército americano. Estava claro que precisávamos de uma cadeira odontológica de pedal, para poder trabalhar sem eletricidade. Ela foi instalada no fundo da casinha, oculta sob as árvores, onde eu tinha minha cama e o equipamento mínimo imprescindível de meu escritório de campanha: uma mesa, alguns livros e um rádio transoceânico. O dr. Pedrito passou meia campanha acionando o pedal e tentando me branquear o dente. Foi relativamente fácil convencê-lo a mudar o tratamento. Desde que ele me explicou qual seria o procedimento a adotar *com meu dente*, tive a absoluta convicção de que devia ser revisto. Primeiro, é preciso isolar com algodão a área onde se está trabalhando, e deixá-la livre de saliva, o mais seca possível. Com uma broca redonda montada num contra-ângulo de baixa velocidade, desgasta-se por trás a peça – a face lingual – até chegar à câmara pulpar, onde se coloca um fundo fino de cimento de fosfato. Em nosso consultório improvisado, toda a velocidade dos instrumentos dependia da paixão com que fosse acionado o pedal, razão pela qual, além disso, eu havia exigido de Celia que cuidasse da alimentação de meu dentista, e principalmente que lhe proporcionasse uma dieta rica em fibra (carne) e uns bons e densos purês de abóbora, por causa daquilo que se diz: que é um alimento excelente para o fortalecimento e a esbeltez das pernas. Isso se tornou imperativo depois da tarde em que Pedrito desmaiou, acionando o pedal, e ficou dependurado em minha boca. Continuemos com meu tratamento. Quando o cimento endurece, coloca-se uma bolinha de algodão, bem pequena, embebida em água oxigenada, e espera-se cinco minutos, até que tenha secado bem, quando se introduz uma pasta de perborato de sódio dentro dessa cavidade e espera-se outros cinco minutos, e se enxuga bem e se cobre o vão com um cimento provisório. O tratamento, conhecido como recromia e que requer várias sessões, tem sucesso discutível. E, como se compreenderá, era totalmente inaceitável para mim, a partir da simples pronúncia desse respeitável nome. Recromia. Assim, fiquei umas duas tardes analisando as variantes estratégicas que poderiam ser aplicadas a esse caso e, quando tive clareza, expus a Pedrito como as coisas iriam ser. O doutor, um mulato de estatura regular e silenciosa obediência, que se apresentara em meu comando com uma maleta de papelão repleta de impecáveis aventais brancos, a indumentária com a qual se investiria para me atender, com a satisfação de quem veste uma roupa de domingo, concordava, aprovava, parecia-lhe adequado. Primeiro, expliquei-lhe, essa história de abrir buracos no dente, nem fodendo. Segundo, todo o tratamento seria externo. Terceiro, a exigência de manter seca a área de trabalho havia caducado com a implementação de meu método. Por último, que ficasse sempre atento aos aviões. Alguma contraindicação? Algum efeito colateral? Não – resposta do dentista –, só que vamos diminuir a porcentagem de perborato para não queimá-lo. Eu passava sentado naquela cadeira todo o tempo que podia, com Pedrito ali no pedal, e eu com a boca aberta e meu babador amarrado ao pescoço e o charuto aceso na mão esquerda e acumulando saliva, porque não tínhamos sugador, e o dr. Pedrito dizendo "Cuspa, comandante", quando notava que a saliva escorria pelo canto dos lábios, e eu soltando umas cuspidas pretas no chão de terra batida que rapidamente eram absorvidas pelo centro gravitacional da Terra, e depois da terceira cusparada, Pedrito dando-me uma chance para uma baforada de meu charuto – "Fume, fume, comandante", dizia –, até que considerava que eu já havia exalado toda a fumaça de meu havana e voltava a arremeter, de broca em punho (em cuja ponta estava presa e girava a escovinha de cerdas brancas), em cima do dente inundado da solução de água oxigenada com perborato de sódio que a seção de Nova York do Movimento obtinha, o mesmo que era usado na Faculdade de Odontologia da Universidade de Nova York, que ele polia como um ourives faz com sua joia mais valiosa, e tome pedal para movimentar a broca, e cospe, e fuma. Tínhamos acertado o tempo. Três ataques de polimento por um de fumo. E tudo suave, sereno, já que o procedimento é viciante. Se não se consegue rapidamente recuperar a cor desejada, a tendência lógica será insistir, e quanto mais sessões, mais o dente se debilita, e terminará partindo-se porque não deixa de ser um ataque à camada de esmalte. Como tampouco tínhamos água encanada, o líquido disponível para enxaguar-me ficava em dois cantis em cima da bandeja. Um de água, outro de conhaque. Em resumo, quando triunfou a Revolução, aquele dente estava tão preto como no início da campanha. Mas chegou uma hora em que tomei gosto em ficar repousando ali, com meus bons charutos e soltando minhas cusparadas enquanto o dr. Sánchez e sua broca branqueadora ronronavam a meu redor, e isso me dava um relaxamento, uma espécie de devaneio, e eu ficava então lá divagando e salivando à vontade.

7. UMA ORGANIZAÇÃO MILITAR COM UM BOM APARATO DE PROPAGANDA

Os argentinos chegaram em março de 1948. Ensinaram-nos algo que eu usaria *institucionalmente* na Revolução: a influência. Temos até em atividade, ainda, um departamento que opera no Ministério de Relações Exteriores, mas que na realidade é uma frente da DGI – a Direção Geral de Inteligência –, o que costuma ser chamado de linha de trabalho com fachada de chancelaria. Essa frente é o chamado PI – ou Plano de Influência –, e trabalha essencialmente sobre os intelectuais estrangeiros, os movimentos de minorias e coisas do gênero. Todos esses grandes acertos nossos com escritores e artistas e com os negros americanos e com os mais estranhos personagens latino-americanos, e o apoio e solidariedade que recebemos desde Harry Belafonte até Rigoberta Menchú ou desde os negros norte-americanos até quase todas as organizações indigenistas do continente, são obra do PI, de seus recrutamentos, suas abordagens, sua lábia, sua paciência, seus flertes, seu adubar e seu bom olho. Não acredito que tenhamos falhado nunca com nenhum dos expedientes do PI. E se os alvos têm dinheiro, melhor. Os milionários são os mais leais. Nada satisfaz mais um milionário que saber-se respaldado por uma organização cubana de inteligência. Para homens terrenos, que é o que eles são, enfim, servir uma organização comunista mesmo que seja a distância lhes proporciona a tranquilidade de espírito que já não é possível obter no confessionário da igreja, e como gozam além disso de todas as seguranças, é um ativismo intensamente romântico, mas não está sujeito às eventualidades de interrogatórios e torturas. Tudo a seu favor. Evidentemente, não aprendemos a metodologia toda com os argentinos. Mas captamos a ideia. O resto – com certa cultura acrescentada da KGB – foi desenvolvido depois por nós.

Para dizer a verdade, primeiro apareceu toda aquela insossa influência latino-americana de Haya de la Torre e da APRA, pura velharia retórica, e velharia principalmente para alguém que já havia sido ungido com os primeiros sacramentos de *O Estado e a revolução*. Mas os argentinos vieram com uma coerência, com uma estrutura. Tinham uma embaixada em Cuba. Mandavam emissários. Entupiam você de folhetos e retratos de Juan Domingo Perón. Mas além disso perguntavam pela sua família e se você tinha alguma necessidade urgente, que eles, modestamente, pudessem ajudar a aliviar. E até tiravam algumas notas do bolso e as passavam para o seu, sem alarde, sem sequer olhar o valor das notas, como fazem os verdadeiros amigos. Juan Domingo Perón. De repente, Juan Domingo Perón começou a ser um personagem familiar entre nós.

Aonde apareciam? Bem, nos lugares onde nós perambulávamos, nos cafés, nos bancos de cimento da Plaza Cadenas, nos degraus da escadaria. Qualquer lugar com um pouco de sombra e brisa fresca é formidável para conspirar. E se você tem um charuto para queimar, então é perfeito.

Era gente dedicada à sua missão. Eu achava que isso só era possível entre os comunistas. Mas aprendi com os argentinos que se podia dispor de uma militância consagrada a determinadas tarefas sem que as pessoas fossem necessariamente comunistas. A única coisa imprescindível era a ideia. Se você tem uma ideia, existe uma possibilidade. O problema com frequência é achar uma ideia atraente. Essa é a questão.

Uma noite, diante de nossas respectivas e fumegantes xícaras de café com leite, estava a turminha: Carlos Iglesias Mónica (um dos argentinos), o Chino Esquivel, Alfredo Guevara, Rafaelito del Pino e eu, eu enfiando por uma das extremidades um terço de filão de pão *criollo* encharcado de manteiga, amaciando a massa no vapor residual do leite que me embaçava os óculos, e desfrutando com o peso que o pedaço de pão ia ganhando à medida que se chumbava de leite, quando Iglesias Mónica queixou-se de algo que os americanos estavam prestes a fazer na Colômbia. Entreolhamo-nos. Ninguém sabia o que os americanos iam fazer na Colômbia. A nona conferência pan-americana de chanceleres, explicou Iglesias Mónica.

– Mas na realidade trata-se de um evento contra a terceira posição e o presidente Perón.

Sem pensar muito, eu disse:

– Pois iremos fazer nosso próprio congresso. Vamos aproveitar a conferência desses vagabundos e foder com ela fazendo um congresso pan-americano de estudantes.

Iglesias Mónica comprou logo a ideia. Percebi isso pelo seu estado de excitação, que ele mal conseguia controlar. Soube além disso que ia direto para a embaixada vender a ideia como sua.

– Vou até a embaixada.

– O que acontece na embaixada? – perguntou o Chino.

– O dinheiro – disse eu ao Chino e já em perfeita harmonia com Iglesias Mónica. No mínimo ele deve ter percebido naquele momento que eu não me preocupava com a apropriação da ideia por outro.

– Ele tem que começar a arrumar o dinheiro – esclareci ao Chino.

Assim foi inventada nossa presença em Santa Fe de Bogotá e assim Juan Domingo Perón contraiu sua primeira dívida comigo. Disse *foi inventada*. Tenho que ser mais preciso, pois estou (aproximadamente) a um terço do caminho de minhas memórias e não posso desprezar a oportunidade de deixar assentados todos os meus acertos, sempre e quando o tenham sido. Assim não é *foi inventada*. O certo é *eu inventei*. Foi quem sabe a primeira vez que tive a ideia de usar o contragolpe. Como essa seria a arma de uso mais frequente nos anos da Revolução – exaltada inclusive por Jean-Paul Sartre –, deve-se mencionar sua denominação de origem controlada, como se faz com os melhores vinhos.

Em poucos dias começamos a nos reunir no hotel Nacional de uma forma mais ou menos metódica. Um quarto que os argentinos tinham. Iglesias Mónica, o gordinho Iglesias Mónica, muito ativo, grande conspirador, ou, como nós o descrevíamos, "sinistrão", assumiu o comando. Aparecia com seu traje branco de argentino nos trópicos, sorria, ainda que guardando uma prudente distância, e de imediato perguntava onde nós havíamos ficado.

O grupo do hotel Nacional, em seu início, era formado por Aramís Taboada, Rafael del Pino, o Chino Esquivel, uns estudantes chamados Pablo Acosta e Carlos Moreno, Iglesias Mónica e – naturalmente – eu. Os argentinos pagariam tudo. Sem dar um pio. Foram criadas as várias comissões para visitar os países da região, que convocariam e negociariam a presença das organizações estudantis. O México não era problema, pois um dos principais dirigentes estudantis astecas, Jorge Menvielle Porte-Petit, estava em Havana e já participava das reuniões do hotel Nacional. Bogotá era o destino. Bogotá e foder com a conferência de chanceleres dos americanos, com o próprio George C. Marshall o do famoso plano de reconstrução da Europa, presente. Alfredito Guevara, convidado por mim, participou, como secretário organizador da FEU (precisava procurar algum apoio verdadeiramente "oficial"), das últimas reuniões do hotel Nacional. Depois encarreguei-o de informar (e convidar, evidentemente), meio de esguelha, o presidente da FEU. O autêntico presidente da FEU. Enrique Ovares. Se bem que pedi a Alfredo que tivesse calma e não se apressasse a chegar a Bogotá.

O Chino foi quem pegou as passagens numa agência que ficava no lobby do hotel Plaza, onde ele tinha um amigo.

Meu primeiro voo de avião! Havia a probabilidade da aventura, quem sabe também o mistério do insondável, ainda mais nas viagens e nos aviões de então, quando a Cubana dispunha de dois DC-4 que se chamavam *La Estrella de Cuba* e *La Estrella de Oriente*, enquanto a Pan American sonhava seu sonho imperial e acreditava dominar o mundo sob as asas dos Clippers, que eles chamavam de *Belle of the Skies, Guiding Star* ou *Golden Gate* e nos quais ofereciam dormitórios com o luxo dos hotéis de Manhattan. Os aviões ainda eram os DC-3 e C-46 e começavam a operar os DC-4; recebiam esses nomes como se fossem as naves de Colombo. Os motores eram de pistões e o radar era desconhecido pelos donos das empresas aéreas, e ainda se voava como se fosse através de uma selva, no sentido de que as rotas mal começavam a ser abertas e conhecidas e não havia um só satélite artificial fora da órbita terrestre. Como ajuda à navegação a partir da superfície, só se podia contar com as esparsas torres de controle, e o pessoal se guiava de preferência pelas médias dos postes direcionais e por sua capacidade de leitura da nebulosidade e principalmente pelo desempenho da orientação visual dos pilotos e porque jamais cometeram o erro de furar um cúmulo-nimbo e se resignavam a passar por baixo ou bordejá-lo – bordejá-lo se não fosse um cúmulo tão largo que fizesse sombra ao Orinoco e se tivessem suficiente reserva de combustível para essa lenta volta de horas pelas bordas de um cúmulo portentoso –, porque não havia potência nos motores e a estrutura aerodinâmica tampouco permitiria sobrevoá-lo a 12 ou 13 mil metros de altitude, já que com a ausência de cabine pressurizada a única coisa que separava você do céu era uma leve camada de alumínio.

Rafaelito e eu chegamos a Bogotá no domingo 4 de abril e nos hospedamos no Claridge. Dois dias depois, aterrissaram Enrique Ovares e Alfredito Guevara. Traziam Jorge Menvielle Porte-Petit, que se enfiara no avião com eles em Havana. Jorge se gabava de ser amigo muito próximo de *Miguelito* Alemán, o presidente mexicano, e de seu filho, o *outro Miguelito*, por isso era razoavelmente conveniente tê-lo sempre a nosso lado.

ORAÇÃO PELA PAZ

Lembro que saíamos do hotel e descíamos duas ou três quadras, chegávamos à Carrera Séptima e depois virávamos à esquerda para ir até o escritório do compromisso ou ir à praça em frente ao edifício onde estava sendo realizada a conferência da OEA. Mas, no sábado, quando saímos, começou a aparecer gente, gente correndo, algo que só posso descrever como um frenesi, e corriam em várias direções e gritavam. Parecia gente enlouquecida, correndo de um lado para outro.

Bogotá, 9 de abril de 1948.

Jorge Eliécer Gaitán. O assassino é um desgraçado chamado José Roa Sierra. Irá sobreviver poucos minutos a seu crime e acabará sendo praticamente esquartejado pela multidão. Quase imediatamente, o móvel do magnicídio deixou de ser pessoal para se converter num espinhoso assunto político. A exoneração de um tal tenente Cortés, do exército colombiano, acusado de matar em 1938 um tio de José Roa Sierra e que Gaitán como advogado havia conseguido pintar como inocente num escandaloso julgamento que abalou o país, resultava totalmente insatisfatória. Apareceram dois novos culpados. A Agência Central de Inteligência (CIA) e Fidel Castro.

A CIA e eu crescendo juntos. A Agência acabava de ser criada e eu, no mesmo estilo, andava em minhas primeiras aventuras. Desde então temos feito esse longo caminho em paralelo, nunca juntos, mas tampouco muito separados. O contra-almirante P.K. Hillenkoetter, então chefe da CIA, achou conveniente dizer que o assassinato tinha sido "puramente uma questão de represália pessoal" para imediatamente jogar a culpa dos distúrbios numa conspiração comunista internacional, embora sempre dando como certo que eles – na CIA– tinham informações suficientes de que alguma coisa importante estava sendo preparada para tirar dos eixos a reunião da OEA. Mas depois dessa incongruente relação entre a sede de vingança de José Roa Sierra e uma insurreição bolchevique que, ao que parece, aguardava de tocaia, a CIA manteve hermeticamente fechados seus arquivos. Era preciso ver o empenho com que queriam interrogá-los imediatamente, mas esse empenho para os americanos é algo que eu nunca entendi bem no caso de Gaitán. A presteza do contra-almirante Hillenkoetter em demonstrar que tinham boa inteligência sobre o que supostamente estava sendo tramado demonstra precisamente que foram surpreendidos pelos acontecimentos. Por outro lado, eles não tinham como saber algo que só estava em meu cérebro. A troca de mensagens cifradas confidenciais entre Washington e suas embaixadas de Havana e Bogotá revela o desamparo de informação em que se encontravam, e que só faziam sair do estupor de um boato para entrar em outro, enquanto o presidente Ospina Pérez tinha que mandar os tanques para salvar Marshall naquela tarde infeliz, na qual também lhe era dado contemplar sua mulher – a Honorável Senhora Primeira Dama –, que colocava um revólver na cintura e se dispunha a fazer pagar caro sua vida.

A tese de uso corrente é que não houve manipulação política por trás do assassinato de Gaitán porque não houve organização e, se não houve organização, tampouco houve propósito. Também foi minha tese essencial sobre o assunto durante todos esses anos e com ela tenho sido convincente e eficaz. Mas que tal se eu lhes disser agora exatamente o contrário? Olhem-me com firmeza. Nos olhos. Ouçam-me. Para que exigir "organização" se o que se necessitava justamente era de desorganização? Vendo as coisas com objetividade, havia surgido um veículo de subversão mil vezes superior a meu pretendido congresso de estudantes latino-americanos. Que importância teria já esse evento para fazer com que a reunião da OEA fosse um incômodo para Marshall se de repente eu tinha diante de mim Jorge Eliécer Gaitán e contemplava sua cabeça com a negra cabeleira de indígena meticulosamente alisada com brilhantina e a imaginava partida e se esvaziando como um ovo. Os estudantes liberais me colocaram em contato com ele e me levaram para encontrá-lo no dia 7 de abril, pouco depois do meio-dia. Em seu escritório, na Carrera Séptima; subia-se por uma escadaria de madeira onde se acumulava o eco dos passos e as pessoas se apoiavam num surrado corrimão, e as velhas tábuas que compunham os degraus também estavam gastas e afundadas no meio. Esse meu primeiro encontro com Gaitán foi o dado que mais suspeitas levantou sobre minha pessoa e principalmente porque Gaitán se deu ao trabalho de anotar meu nome em sua agenda. Eu, como é de

UMA ORGANIZAÇÃO MILITAR COM UM BOM APARATO DE PROPAGANDA 157

se supor, estava animado por meus próprios interesses nesse encontro com Gaitán. O principal era me desfazer definitivamente da tutela dos argentinos. Não iria ficar eu, em Bogotá, Colômbia, organizando um congresso criado por mim para deixá-lo de presente para o peronismo. Eu me valera dos argentinos para me afastar e escapar das estruturas da FEU cubana e organizar um congresso de estudantes no qual a FEU ficava em posição de igualdade com as demais organizações estudantis latino-americanas, mas todas elas subordinadas a mim como organizador do evento. Gaitán, calculei, era meu homem.

Mas ele também se apaixonou por meu congresso de estudantes. Andava, excitado, de um lado para outro de seu escritório, e antecipando já o evento. Ali estávamos, acompanhando-o com o olhar, os dois ou três colombianos que nos haviam arranjado o encontro, Rafael del Pino e eu. Mas nenhum de meus acompanhantes percebia o que estava ocorrendo, que o congresso, pela terceira vez, estava prestes a mudar de dono.

– Um congresso em grande estilo – dizia Gaitán. – Com uma grande manifestação de massas no fim.

Não me lembro de ter visto nunca, ninguém, em toda a minha vida, a quem lhe caísse de modo tão eloquente o conceito martiano do índio de casaca, como quando vi discursar Jorge Eliécer Gaitán vestido de casaca preta naquela tarde da véspera.

– A ideia é fechar o congresso com uma grande manifestação de massas – insistiu. – E, evidentemente, tenham os senhores certeza de que podem contar comigo para que encerre seu congresso. Isso é algo que já está prometido.

Tinha diante de mim o homem perfeito da oposição burguesa. O homem ideal do Estado constituído. Nunca disposto a ultrapassar os limites, a alterar as estruturas, a ameaçar a ordem. Em pouco tempo, em Cuba, eu teria que lidar com um fenômeno parecido com a pessoa de Eduardo Chibás, que tinha uma desmedida popularidade. Gaitán era um estorvo para a revolução. Todos esses líderes que podem chegar ao poder por meio das urnas são os grandes empecilhos à ditadura do proletariado. Legitimam a existência e as bondades do Estado com seus triunfos nas campanhas eleitorais. Em Chibás encontrava-se um fator favorável à causa: estava sempre disposto a se deixar levar por um chilique e disparar uma bala na íngua – a virtual e inapelável mutilação. Não parecia ser o caso de Gaitán.

– Aqui está, jovem – disse-me. – Alguma coisa assim irá dominar o encerramento de nosso magno ato.

Ele me estendia um folheto em cuja capa lia-se *Oração pela paz*, de Jorge Eliécer Gaitán. Havia em seus gestos alguma coisa do representante comercial que oferece amostras de seus formidáveis produtos.

– Oração pela Paz – disse, convencido de que não era preciso acrescentar nenhuma palavra mais. Até ergueu as sobrancelhas em sinal de magnificência.

Meus acompanhantes, os colombianos, assentiam, como se o próprio Cristo estivesse dedicando-lhes uma separata dos Salmos ou do Gênese. Rafaelito del Pino também aprovava e sorria, talvez com mais entusiasmo do que qualquer um ali.

Novo encontro no dia 9. Combinamos isso.

Lembro-me de mim com minha jaqueta de couro preto, no estilo dos oficiais da Tcheka ou dos bolcheviques profissionais, e de como achava irreal me ver a 2.800 metros acima do nível do mar, no planalto central da cordilheira dos Andes, tentando encontrar de qualquer maneira a fórmula que me permitisse processar aquela loucura e, embora hoje pareça uma brincadeira, pesando também principalmente as oportunidades que pudessem permitir converter-me ali mesmo em chefe da Revolução. Todos os meus esforços desde o momento em que a notícia do assassinato de Gaitán correu pelas ruas de Bogotá, até a alta madrugada do dia seguinte, eu os dediquei minuciosa e conscientemente a explorar essas duas possibilidades e nesta ordem de prioridade: controlar e depois dirigir. Era como amansar uma fera e depois cavalgá-la. Comecei, evidentemente, por pequenos setores. Dizia a mim mesmo: neste quebra-cabeça devo conseguir que duas peças se encaixem. E depois uma terceira. E depois outra. Tente fazer isso.

Rafaelito ia na frente, com seu surrado sobretudo do exército americano, seu chapéu de Dick Tracy e sua calça cáqui. Havia trazido seu sobretudo de Havana, sabendo da altitude de Bogotá. Eu tinha que me virar com minha jaqueta de couro, que era a peça mais agasalhante que se podia comprar em Havana – que, como se sabe, é capital de um país em cujo território nunca caiu um floco de neve. Dick Tracy era (ou é) um detetive das histórias em quadrinhos, publicadas em Cuba por um jornal chamado *El País*. Acho que esse suplemento em formato tabloide saía às quartas-feiras. Dick Tracy tinha um chapéu de abas curtas e um rádio acoplado ao seu relógio de pulso. Desconheço se continua sendo publicado nos Estados Unidos, mas desapareceu de nossos jornais em meados de 1960. Ocupamos esses jornais, expulsamos de Cuba seus diretores e nunca mais soubemos de Dick Tracy, Superman, Mandrake ou Tarzan.

Então, a primeira coisa que vejo é aquele homem de baixa estatura que batia com os pés numa máquina de escrever. O trágico simbolismo da cena é para mim inteiramente perceptível anos mais tarde, por volta de janeiro de 2001, lendo um telegrama sobre os avanços da guerrilha de Kabila sobre a capital do Zaire. Capturaram um piano de cauda durante o assalto a um convento, levantaram a tampa desse piano, deixando as cordas à mostra, e defecaram generosamente dentro dele. Sempre tive minhas profundas suspeitas sobre esse negro folgado, mas o Che se empenhou em convertê-lo num paradigma de guerrilheiro e em abarrotá-lo de armamento e de combatentes cubanos. Cagaram no piano. Foi nisso que resultaram as hostes de Kabila 33 anos depois da morte do Che: em cagar dentro de pianos. E esse era o simbolismo daquele homem de pequena estirpe que pisoteava uma pesada Underwood de teclado em espanhol à altura da Carrera Séptima (se lembro bem) com a rua Sexta. Certamente, nem ele nem os selvagens armados com Kalashnikov das forças de Kabila conheceram nunca a frase célebre de Goebbels, de que quando ouvia falar em cultura sacava o revólver, mas estavam expressando o mesmo sórdido rancor diante de seus instrumentos.

Enquanto tentava não perder Rafaelito de vista, eu, como um piloto de caça a quem se confiara a proteção de meu efetivo, passei o restante do Bogotazo mais ou menos de lá para cá pela Carrera Séptima, algumas vezes como testemunha, outras como agitador, outras como combatente, outras como fugitivo, outras até mesmo como um teórico de barricada mas com o nível de Marx, tudo isso no lapso de apenas uma tarde, que é a aventura em que a plutocracia colombiana fabricou a noção de que eu havia dirigido aquela revolução e que além disso a havia fomentado. Eles nunca aprendem. Nunca entendem. Os únicos propiciadores da revolução foram eles mesmos. Durante anos vêm dizendo que eu dirigi o comunismo internacional em Bogotá. Como se eu fosse capaz de insuflar em quatro dias toda aquela carga de ódio e de loucura que teve sobre Santa Fé de Bogotá o mesmo efeito da lava do Vesúvio em Pompeia.

Meu teatro de operações, portanto, se reduziu virtualmente à Carrera Séptima e às ruas laterais. As vitrines pareciam estilhaçar enquanto passávamos. E depois do estrondo e derrubada de cada vitrine aparecia imediatamente uma turba vestida de roupas novíssimas, ostentando o esplendor das joias recém-arrancadas dos manequins. Então começava uma chuva de pedras e em seguida de paralelepípedos e depois começou o tombamento dos bondes. Lembro de ter perguntado ao Rafaelito que caralho estariam fazendo os líderes do Partido Liberal, o partido do Gaitán, que não se punham à frente da situação. Meditei muito sobre aquele momento. Deviam ser uma e meia da tarde ou uma e trinta e cinco quando comecei a ficar tentado pela ideia. A realidade é que eles precisavam de um chefe. Eu. Qualquer um. Teria sido um benefício mútuo. Tanto para os sublevados como para o governo. Porque quando você tem um chefe no bando contrário, tem pelo menos alguém com quem pode negociar. Esse foi o grande problema de Bogotá se olhamos do ponto de vista de procurar uma mediação. Se olhamos da perspectiva de provocar uma derrota no evento de George C. Marshall, nem é preciso dizer: o Bogotazo foi uma vitória esmagadora. Mas depois de conseguido esse êxito inicial, a situação fez com que se perdesse todo o sentido, porque fugiu ao controle.

Em algum momento, ainda cedo, decidimos ir até a pousada onde Alfredo e Ovares se hospedavam. Lá eles chamam de pensões. Em Cuba dizemos casas de hóspedes. Estavam na pensão. Alfredo conseguiu para nós um pouco de café morno e começamos a debater. Era preciso esquecer – era evidente – o malfadado congresso de estudantes.

– É melhor a gente se concentrar em ver como se sai vivo disso – disse Ovares.

Rafaelito lançou-lhe um olhar depreciativo. Não era covarde o Rafaelito, realmente não era. E tinha um bom treinamento. O melhor que os americanos são capazes de dar em seu exército. Mas precisávamos encontrar alguma saída e acho que todos concordávamos em que a questão era chegar à embaixada de Cuba. Estávamos decidindo que rumo tomar quando uma retumbante passeata se fez ouvir lá fora, fazendo tremer as paredes. Os vultos eram visíveis através das cortinas das janelas e as pessoas passavam depressa e pesadas como uma manada de bisões, e eu fui lá fora, como quem decide enfrentar de peito aberto uma tempestade no mar; todos armados com artefatos de metal ou madeira, qualquer instrumento de uma certa contundência e que servisse pelo menos para afundar algum crânio, muitas barras, estacas, os mais sortudos com fuzis. Essa foi a procissão à qual me juntei e que me fez deixar Alfredito e Ovares falando sozinhos, a procissão pela qual selei meu destino, pela segunda vez na vida, com uma revolução que não me pertencia e, como soldadinho enfileirado e, para cúmulo dos cúmulos, nesta ocasião, desarmado. Ah, meu efetivo, Rafaelito, continuou me dando escolta, um pouco atrás de mim.

UMA ORGANIZAÇÃO MILITAR COM UM BOM APARATO DE PROPAGANDA 161

* * *

Fomos dar numa delegacia de polícia – a Terceira Estação –, onde finalmente arrumei armas. Primeiro foi uma escopeta para lançar granadas de gás lacrimogêneo. Mas um oficial da polícia se achou esperto ao me propor trocá-la por um fuzil Mauser de ferrolho modelo 24/30, de fabricação belga; uma verdadeira joia da produção europeia de armamentos anterior ao domínio do mercado latino-americano pelos americanos com os Garands semiautomáticos de calibre 30-06 que acabavam de demonstrar, com o restante do armamento americano, sua versatilidade e eficácia nos teatros de operações europeu e do Pacífico. Era evidente, enquanto o oficial se retirava com minha escopeta de gás lacrimogêneo, que ele acabava de assinar sua *pax separata* e que ele seria um perigo mortal enquanto o Mauser estivesse dependurado em seu ombro. Eu o vi sair do pátio da delegacia, ganhar a rua e perder-se na fumaceira da sublevação. Acho até hoje que foi a melhor transação de minha vida. Um Mauser também de calibre 30-06, com canhão de 18 polegadas e culatra e ajuste de nogueira, procedente da Fabrique Nationale de Herstal, Bélgica, mais catorze projéteis, cinco no tambor e nove no bolso, melhoravam notavelmente minha situação. Eu estava contente. No auge de intensidade de meu contentamento. E agora tinha a palavra o camarada Mauser.

Começou então minha ronda de agitador revolucionário pela Carrera Séptima, ronda que me levou a cooperar (de modo inconsciente) com uns efetivos da Guarda Presidencial decididos a dissolver uma das manifestações, até que Rafaelito, que também havia conseguido um fuzil e um punhado de munições, e era mais versado do que eu nas questões de identificação militar, me perguntou meio de soslaio por que eu estava empurrando as pessoas e até mesmo dando-lhes já um par de coronhadas se aqueles soldados eram da Guarda Presidencial e uns rematados filhos da puta; nossa ronda (ou talvez fosse mais adequado dizer trajetória, a lógica trajetória do revolucionário em formação), que continuou com a neutralização de uns ninhos de franco-atiradores – alguns sacerdotes espanhóis – encarapitados no campanário do colégio San Bartolomé ou no convento de Montserrat (não lembro bem); trajetória que depois me levou a um muro diante do Ministério da Defesa onde atirei contra uns doze estudantes colombianos que só sabiam concordar com um discurso sobre a precariedade da dignidade humana em situações de crise social e que foi onde perdi de vista o Rafael del Pino e depois fiquei sabendo que havia sido preso e conseguiu se safar com a história – contada sem que faltasse uma só inflexão da gíria do Brooklyn – de que pertencia à guarda pessoal de Marshall; e trajetória que me levou à universidade com o objetivo de recrutar um batalhão de combate andino (foi o nome que me veio à mente), que não produziu resultado algum, e que ainda me deu tempo de me apresentar na sede central do Partido Liberal à procura de algum líder disponível, uma manobra igualmente sem resultado positivo; e que concluiu, ao cair da tarde, com minha decisão de acompanhar alguns homens de rostos cada vez mais apagados até as ladeiras do monte Montserrat, de 3.600 metros de altitude, onde fiquei até de madrugada, quando aproveitei para usar as seis ou sete munições que me restavam, fazendo disparos salteados para o fundo de um vale onde o crepitar de mil fogueiras indicava casas, estabelecimentos ou escritórios de uma cidade que, afinal, era-me estranha, mas que eu perfurei a bala a distância e sem conhecer nunca o resultado de meus tiros.

Chovia. Lembro da chuva, fina e fria, daquela tarde e daquela noite em Bogotá e nas ladeiras do Montserrat. Pela altitude da cidade e consequentemente pelo baixo teto de nuvens, o brilho dos incêndios não escapava da atmosfera. Era um teto inamovível de nuvens que mantinha o cenário com a mesma coloração mortiça e poeirenta, de um vermelho ainda indeciso, como se você estivesse obrigado a olhar através da chama de uma vela, e era o espectro que dominava o vale. Ao cair da tarde, os últimos sublevados de Bogotá, agora nos parapeitos de uma ladeira do pico de Montserrat, pareciam vagabundos de outro planeta.

Não me restava nenhum projétil. Dos catorze, havia gastado dois deles para derrubar um sacerdote de um campanário, no início da tarde. Os outros empreguei ao anoitecer nas ladeiras do Montserrat em disparos distantes até as fogueiras que relampejavam lá embaixo, onde acreditava adivinhar uma cidade nas penumbras da Idade Média. Alguns de meus acompanhantes, cada vez em menor número, sem dúvida, nesse levante de uma só noite, entregavam-se ao mesmo inútil exercício entre os bosques e a noite, disparando sobre os incêndios de Bogotá, disparos cada vez mais esporádicos, à medida que se esgotava a reserva coletiva de projéteis. De modo que meu Mauser era um instrumento inútil e esvaziado de seu único significado. Deixei-o lá no monte, encostado a uma árvore sem nome, sem marca, sem sombra – foi a noite em que descobri que a descansada sombra da luz da lua desaparece ao ser absorvida pela escuridão do chão. Atravessei a cidade como quem percorre um sonho, sem peso e intangível, onde as sombras e os fogos eram, por igual, todos tão perigosos quanto irreais.

UMA ORGANIZAÇÃO MILITAR COM UM BOM APARATO DE PROPAGANDA 163

Ainda havia gente que parecia dançar as ancestrais danças guerreiras em volta das fogueiras. As fogueiras eram bondes e carros e montanhas de escombros convertidos em matéria de combustão pública. Cheguei à pensão de Alfredito e Ovares lá pelas três da manhã. Rafaelito não aparecera. "Está no Claridge", pensei. E propus a Alfredo e Ovares que os dois, por sua conta, tentassem chegar até a embaixada cubana.

Evidentemente havia passado da conta ao me sobressair, pois, quando cheguei ao Claridge, meia polícia secreta colombiana já estava atrás de mim, além do que –segundo o que me disse um alarmado Alfredito – o próprio presidente Ospina Pérez me acusara pelo rádio de ser o causador da revolta. Disse "os estudantes cubanos". Os estudantes cubanos eram eu.

Minha cabeça perigava. Ou seja, precisava fugir.

E, de fato, Rafaelito estava no Claridge.

A famosa descrição das potências estrangeiras que me respaldavam ou das quais eu era delegado ou seu mais destacado agente (em alguns casos, os argentinos, em outros, os soviéticos) e das misteriosas limusines que nos recolhiam no Claridge para nos colocar a salvo, são abundantes em minhas biografias e são tidas como fatos nas reportagens anuais que a imprensa colombiana se vê na obrigação de publicar a cada comemoração do Bogotazo. Mas vamos contar o que aconteceu. Aconteceu que eu me enfiei pela janela do carro do embaixador argentino, com um mergulho de parafuso que cai na piscina, e que Rafaelito qualificaria como um salto de Superman. Quando chegam os argentinos, eu lhes digo que eles precisam me tirar dali, e os argentinos, empacados, dizem que de jeito nenhum iriam me tirar dali. Foram até o hotel procurar não sei que funcionário de sua embaixada hospedado ali. "Vocês precisam me tirar daqui", eu lhes disse. E os argentinos teimando que não.

Enfiei-me pela janela e, de dentro do carro, meti um pontapé na porta do Cadillac, acho que era um Cadillac, e já estava deitado no colo dos argentinos de fraque, em cima dos quais eu caí, no banco de trás, quando, na direção de meus pés, vejo Rafaelito de sobretudo, chapéu de abas curtas e o gesto inconcluso de segurar um cigarro e atrás dele, sob as penumbras de uma cidade dos Andes à qual lhe foi cortado o fornecimento de energia elétrica, as arcadas do Claridge. Mesmo sem me erguer de cima das pernas dos diplomatas, digo a Rafaelito:

– Suba, Rafa!

– *Manus militaris* – disse o diplomata da direita, como um comentário de esguelha ao interlocutor à sua esquerda, e sem se atrever a tocar em mim ou a exigir que saísse de seu colo, onde eu parecia ter-me acomodado.

– De fato – respondeu o da esquerda, no mesmo tom, tomando todo o cuidado para não me incomodar e sem sequer olhar para baixo de seu abdome, onde se encontrava meu torso e minha cabeça e onde eu parecia me aninhar.

O homem que ia sentado no banco da frente, do lado do motorista, também se pronunciou.

– Segismundo.

– Diga, Vossa Senhoria – respondeu o interpelado.

– Segismundo, faça o senhor o favor de dirigir-se à embaixada que apetece aos senhores – escutei dizer a pessoa que era tratada como Vossa Senhoria.

O embaixador cubano chamava-se Guillermo Belt. Agradecerei sempre sua decisão, sua celeridade.

– Estou mandando vocês para Cuba agora, rapazes – disse-nos.

Entre Havana e Bogotá não havia voos regulares. Mas os ventos da sorte corriam a nosso favor. Um mês antes, o governo cubano havia permitido que se celebrassem em Havana umas corridas de touros, proibidas por lei, como uma demonstração que talvez conseguisse convencer os legisladores a se pronunciarem de maneira favorável às corridas e permitir sua realização regular em Cuba. Declarava-se que era *o esporte favorito* da mãe pátria e que uma alta porcentagem de nossa população era de *origem peninsular*. Toda uma retórica muito complicada para nomear o espetáculo e os espanhóis. Outro argumento, de arestas muito sólidas, era que as brigas de galo estavam autorizadas e eram aceitas como perfeitamente legais. Era permitido criar um clube de briga de galo por município em toda a extensão do país, e também podiam se montar quantos ringues de briga de galo fossem necessários para os galeiros, sendo a diferença essencial entre um e outro que este era chamado de clube e o outro de ringue. Enfim, que a corrida de touros, celebrada num estádio de beisebol chamado La Tropical, recondicionado às pressas para o evento, foi um verdadeiro desastre. E dois dos seis touros fugiram da briga. Uns touros colombianos, mansos, lentos, e para todo o pessoal de Havana pareciam mais com carregamentos de bifes ainda estruturados na composição de animais sobre suas quatro patas.

UMA ORGANIZAÇÃO MILITAR COM UM BOM APARATO DE PROPAGANDA 165

Do descontentamento, o público passou para o motim. A intervenção da polícia foi brutal, segundo relato da imprensa, e também do Chino Esquivel, que não perdia nenhuma dessas festas. A única atuação ponderada e aceitável veio dos organizadores da corrida. Imediatamente anunciaram que estavam oferecendo uma nova corrida, com touros melhores, e que os mesmos ingressos seriam válidos nessa nova ocasião. Bem, pois essa era a razão pela qual na pista do aeroporto de Techo em Bogotá havia um avião cubano com um carregamento de dois touros de tourada na cabine, e que o embaixador Belt tivesse a possibilidade de nos embarcar. Cinco rapazes não vão incomodar uma carga de touros, disse o piloto. Os cinco éramos Alfredito, Ovares, Rafaelito, o mexicano Jorge Menvielle Porte-Petit (que não sei de onde apareceu e a quem aconselhamos a não abrir a boca para não denunciar seu país de origem) e eu. Eduardo Hernández, o Guayo, um conhecido cinegrafista, apareceu também na pista. Suando, correndo, com a Bell & Howell Eyemo na mão direita e os bolsinhos da jaqueta de cinegrafista pobre cheios de pequenas latinhas cinza de filme de 35 milímetros, sem revelar, do Bogotazo. O C-47 de carga decolou sem dificuldades e os dois touros pretos convenientemente colocados no centro, sobre a viga mestra da aeronave, no lugar em que as asas se cruzam com a fuselagem, para manter o equilíbrio na distribuição da carga, não mostraram contrariedade nem sobressalto com a mudança de planos. Assimilaram, bovinamente mas com mundana resignação, que o avião de carga levantasse o nariz e iniciasse a decolagem. Eu me mantinha em pé, agarrado a um dos velhos arreios dos paraquedas que ainda pendiam do teto. Se não me falha a memória, Guayo fez a mesma coisa. Os outros descobriram que, retirando os parafusos que os prendiam à fuselagem, os assentos em paralelo podiam ser baixados para frente até o fim do comprimento das correntes e que, por seções, acomodam até cinco homens.

– Agorinha mesmo eles vão começar a cagar e isso aqui vai ficar foda – resmungou Ovares.

– Os touros não cagam no espaço – disse o luminar Rafael del Pino, como se o velho C-47 (um dos quatro comprados como sobras de guerra pelo Expresso Aéreo Interamericano SA e cheio de remendos dos balaços que o perfuraram ao sobrevoar a praia de Omaha no dia do desembarque na Normandia), se dirigisse para além da atmosfera terrestre, e exatamente um segundo antes que o touro que se encontrava na popa soltasse seu primeiro jato de merda sob pressão, e que um momento depois Ovares perguntasse se não dava para abrir alguma janelinha. Foi desse jeito que, treze anos antes do lançamento do Sputnik, a primeira nave tripulada enviada ao cosmos, conforme descrição de Rafaelito, ocorreu a decolagem de Santa Fe de Bogotá.

Depois de duas horas de voo, e de algum modo já acostumado ao efeito do esterco, ocupei um assento ao lado de Alfredo Guevara, silencioso, sofrido, frágil como de costume, as pernas cruzadas, bem juntas na altura dos joelhos, e segurando um lenço branco contra o nariz e a boca.

Ele disse exatamente o que eu precisava ouvir.

Sua voz surgiu abafada e sufocada através do filtro de seu lenço.

– O que você aprendeu em Bogotá, querido Fidel?

Havia com certeza algumas chaves aprendidas na revolta. Todas seriam úteis em meus assuntos e principalmente com a hipótese de uma revolução em Cuba, coisas que me fizeram receber como uma aula magna aquele 9 de abril de 1948 em Bogotá e que eu revelei a um admirado Alfredo Guevara enquanto o CU-T101 deixava a costa continental atrás de sua cauda e cruzava o mar sobre Cartagena das Índias, avançando pelo Caribe em direção a Santiago de Cuba. Fiquei conversando com Alfredo umas três horas, até o avião entrar numa zona de leve turbulência; dava para ver pelas janelinhas como as asas se fletiam e, mais embaixo, um teto de nuvens brancas. Fui até a cabine. Não devia haver nenhum problema, pois os dois pilotos fumavam e conversavam animadamente sem sequer prestar atenção aos controles. Estávamos a uma hora e meia de voo de Cuba e o piloto disse que estava se aproximando da República Dominicana e que, se não houvesse nenhum problema com o tempo e chegássemos a Cuba antes de os fortes cúmulos começarem a rondar ou antes de terem sido descarregados, tentaríamos alcançar Havana sem fazer escala em Santiago ou Camagüey, pois estávamos a uma excelente velocidade de cruzeiro, 330 quilômetros por hora, e nos deslocávamos na fluidez de um trecho de 18 mil pés, não era preciso mais devido ao bom tempo, e o trabalho dos dois motores Pratt & Whitney R-1830 de 1.200 cavalos de potência cada um era estável e seguro.

Bogotá foi uma comoção. Foi como o efeito de uma onda de choque. A pergunta de Alfredo me obrigou a procurar uma resposta. Desde então aceito com verdadeira gratidão uma pergunta inteligente, porque me obriga a sintetizar aspectos de meu conhecimento que quase sempre estão no subconsciente e não vieram à tona. Obriga-me a aprender com meus próprios pensamentos. E é como conseguir um consenso a partir de minha própria experiência. O que hoje costuma-se chamar com bastante frequência de terapia de choque é a descrição mais adequada que tenho para explicar os ensinamentos do Bogotazo. Mas tais lições vieram como sessões de destilação. Talvez a mais importante de todas seja a que se mostra alguns anos depois, quando eu disse que o Movimento Revolucionário 26 de Julho estava projetado como uma organização militar com um bom aparato de propaganda. Isso foi como a destilação final de tudo aquilo que aprendi na jornada, à qual se pode acrescentar o brilho de minhas leituras marxistas. Lenin definiu uma vez o comunismo como a implantação do poder dos sovietes mais a eletrificação. E hoje eu poderia parafrasear dizendo que a origem da Revolução Cubana é o Bogotazo mais *O Estado e a revolução*.

Mas essa foi a destilação final – e diríamos que perfeita – de toda uma série de destilações primárias que existiram antes e que se produziram, acho, por um sinal de aviso muito particular, muito específico. O sinal que me foi revelado quando vi as multidões sem controle. E soube desde então que eram os piores inimigos de uma revolução, piores que os exércitos mercenários, que os cossacos, que os guardas brancos, que o governo menchevique, que as cem flores que Mao fez crescer para depois cortá-las, que uma insurreição contrarrevolucionária, que a CIA. Foi a primeira coisa que enumerei a Alfredo Guevara. Podia imaginar toda aquela multidão se fosse dirigida a um objetivo, e se ela tivesse um comando – principalmente este último aspecto. A imperiosa necessidade de um comando. Estavam na rua, haviam se sublevado, e era uma espécie de festa. Mas não estavam ali para fazer a revolução. Nada excita mais os pobres e lhes desperta com maior vigor a imaginação do que o anúncio de uma festa na qual não se paga ingresso. Tiveram um motivo. Gaitán. No futuro, teríamos que procurar um sucedâneo de Gaitán. Isto é, não existe revolução sem motivo. Mas naquele momento o ensinamento era derrotista porque não havia resultados imediatos de signo positivo. Depois é possível aprender com essa destilação, e quando ela se converte em aprendizagem, o signo se reverte e adquire seu caráter positivo. Copiaram? Ao se permitir a ação sem controle da multidão, perdem-se as oportunidades da revolução. A vida e o tempo me deram razão nesse enunciado de minha conversa com Alfredito. A Colômbia não conhecerá tão cedo a possibilidade de uma verdadeira revolução, porque essa foi uma ação corrompida numa só tarde pelo próprio povo colombiano. Se alguma vez me deparasse com o momento, esta seria uma coisa que eu não permitiria, sob hipótese alguma, aos cubanos. Estiveram a ponto de transbordar na revolução de 1933, mas Batista e seu grupo de intelectuais deram um basta rapidamente. Não houve mais que alguns saques e linchamentos esporádicos.

Acabo de mencionar a necessidade de manter as massas sob controle e a obrigação de procurar um motivo. Isso abrange as duas partes essenciais da destilação para a conquista do poder: o aparato militar, que finalmente se converte numa elite governante, o que na linguagem usada pelo marxismo será considerado como "a vanguarda", e um aparato produtor de motivos, para obter o apoio da população no decorrer da guerra. Mas houve também Esparta. E essa foi uma destilação final de uma vindima inesperada. Controlar a população por uma espécie de exército, mas não como uma força exógena de repressão, mas como uma cidadela de tipo espartana na qual as barreiras entre a vida civil e os quartéis nunca ficam definidas com precisão. Como converter Cuba, uma das sociedades mais abertas e libertinas do mundo, cheia de prostitutas, jogadores, boas-vidas, numa praça inconquistável, fechada, um reino da austeridade? Bem, pois vamos agradecer a Bogotá. Porque foi lá onde eu sempre digo que muitas coisas tiveram origem.

Não me lembro de ter tocado muito no tema do Bogotazo até que, nos anos 1980, apareceu Gabriel García Márquez e depois os jornalistas colombianos amigos seus. O Bogotazo virou então uma referência ineludível. O melhor momento dessas tertúlias nostálgicas do Bogotazo na casa cubana de Gabriel – bem, a casa que coloquei à sua disposição – foi uma noite em que contei o episódio do homem que pisoteava a máquina de escrever no meio da revolta, história que depois repeti algumas vezes, inclusive diante das câmaras. Gabo ficou encantado com a história, tanto que me fez repeti-la diante de alguns de seus convidados em outra ocasião, mas com o acréscimo de que desta vez me disse, numa espécie de tom confessional:

– E você sabe, Fidel, quem era o homem que chutava a máquina? Era eu, Fidel! Eu!

Coitado do Gabo. Agora está doentinho, lutando contra um câncer. Mas se chegar vivo à publicação deste livro, compreenderá finalmente por que a partir de então, cada vez que nos encontramos, eu olho para seus pés. Enfiados regularmente em uns mocassins brancos e sem meias, uns pés pequenos e com a virgindade e brancura de uma velha Cinderela, me pergunto o efeito que teria causado o impacto desses pezinhos tão delicados sobre a blindagem de uma Underwood número 5 com mecanismo de golpe frontal produzida depois de 1910 e como era possível que não tivesse ficado aleijado naquela tentativa.

Tive outra mulher antes de me casar com Mirta. Um pouco mais velha que eu. María Laborde. Tive um filho com ela. Jorge Ángel. Esse relacionamento nunca veio a público e María teve muito respeito por minhas necessidades nesse sentido. Soube que ela estava grávida quando eu me preparava para casar com Mirta. María me pediu que a deixasse ter o filho e, em troca, prometia não criar problemas de nenhum tipo. Cumpriu religiosamente sua palavra. Eu não hesitei em dar meu sobrenome ao rapaz e em ajudá-lo, e à sua mãe, durante todos esses anos. Jorge Ángel Castro não só é meu primogênito como é, de todos os meus filhos, o mais doce e o que se dá melhor comigo. Provavelmente não será um Castro quanto às ambições e às tormentas que minha marca genética pode desencadear. Talvez esteja respondendo mais à conduta genética da mãe. Jorge Ángel é formado em química, trabalhou muitos anos na Academia de Ciências, está casado (compareci ao seu casamento), tem uma bela família e não lhe falta nada. Nada no sentido mais modesto que se costuma conhecer dentro da Revolução Cubana, onde os luxos máximos são uma casa de dois ou três quartos num dos bairros antigos da pequena burguesia, um aparelho de vídeo e um carro soviético Lada. María tem ocupado com muita discrição um cargo de responsabilidade dentro da Revolução.

Agora cumpri minha parte com os senhores, ao não eludir uma informação pessoal importante, mas convido-os a virar rapidamente a página, pois esse é um setor de minha vida que reclama existir fora do escrutínio público e ao qual me sinto obrigado a oferecer todo tipo de proteção.

Apaixonei-me por Mirta Díaz-Balart. Quase imediatamente. O clássico amor à primeira vista. E, como é comum nesses casos, foi mútuo. Eu estava no primeiro ano de direito e costumávamos estudar na casa de Rafael Díaz-Balart, um colega de classe. Foi lá que a conheci. Em contraste com meus habituais infortúnios de aceitação social, seu irmão Rafaelito parecia muito satisfeito com a notícia. Como se sabe, a lua de mel foi em Miami e em Nova York. E meu pai me deu de presente os 10 mil pesos que aparecem em todas as biografias. Era mais que suficiente para que eu tentasse utilizá-los naquilo que era o plano dele, ou seja, que eu aquietasse a cabeça, e foi por isso que ele me deu o presente: 10 mil pesos era muito dinheiro naquela época. Ele pretendia que eu me afastasse da política, organizasse minha vida profissional e montasse algum negociozinho até terminar a faculdade. Mas o fundamental era que me afastasse da luta. Evidentemente, aquilo mal deu para o gasto. Foi uma das luas de mel mais dilatadas da história. Durou quase três meses. E me juntei a Rafaelito, em Nova York. Foi ali onde, além do terno cinza que Mirta escolheu para mim e da jaqueta preta de couro, comprei um Lincoln Continental, usado. Despachamos o carro de barco até Cuba. Ao chegar em Havana, não havia dinheiro para pagar os impostos aduaneiros daquele carro fúnebre. Então, mais uma vez, o Chino me salvou. Mobilizou alguns colegas nossos de faculdade, uns irmãos de sobrenome Granados – um dos quais, Raúl, era companheiro nosso nas incursões à casa de Juanita –, cujos pais eram fazendeiros, e venderam uma ou duas vaquinhas e com isso pagamos a alfândega.

Tenho associado o fim de minha lua de mel à passagem para outra etapa de minha vida. Isso pode ter uma lógica evidente demais e pode ser um sentimento experimentado pela maioria dos homens ao concluírem sua viagem de núpcias e entenderem que já não são solteiros. Mas eu associava isso também ao deslocamento geográfico. À medida que eu avançava pela rodovia interestadual US-1, que me levava de Nova York a Miami, e que no fim seria um trajeto que terminaria em Cuba, eu também transitava em direção a outra instância de tempo, mas fazendo rodar um Lincoln Continental de segunda mão sobre uma impoluta rodovia federal americana. Juntei muito dinheiro para a lua de mel com Mirta. E mais o presente de 10 mil pesos de meu pai, equivalentes à mesma quantidade em dólares, que na época era muito dinheiro. Outros familiares, amigos e figuras da política me encheram de grana e presentes. Batista me presenteou com uma luminária para o criado-mudo. Estava me classificando em seu nível de estima. Pelo menos a estima que me dedicava na época. Passei em Miami uns dez dias. Depois, liguei para meu cunhado Rafaelito Díaz-Balart, que se casara em março com uma moça muito bonita, Hilda, e que estava morando em Nova York. As coisas não iam muito bem ali para os dois. Rafaelito tentou primeiro levar a vida como pastor batista num bairro pobre de Manhattan, onde, depois dos sermões, precisava ocupar-se também da limpeza do templo. Ofereceram-lhe 150 dólares por semana. Acabaram numa empresa de exportações, Hildita e ele, fazendo trabalhos de datilografia.

– Onde você está? – perguntou-me Rafaelito.

– Em Miami – respondi. – Miami *bich*.

– Mas em que lugar?

– Num hotel.

– Mas qual?

– O melhor hotel da praia. O xá ficou hospedado aqui. Quero ir para aí, para Nova York.

– Onde faço reserva? – perguntou. – No Waldorf Astoria?

– Não. Quero ficar com você – disse eu.

Rafaelito estava alojado no que chamavam de *furniture room*. Um pequeno quarto mobiliado. A cama e uns criados-mudos, e foda-se. Era tudo. E uma pequena cozinha em cima do vaso sanitário. Rafaelito, conforme confessou, tinha ido embora de Cuba fugindo dos compromissos com a UIR – lembram? A organização de Emilio Tro. Ficamos membros da UIR entre outras coisas porque nos protegia. Mas o aspecto que mais preocupava Rafaelito era que um belo dia eles podiam chamar você para matar alguém e você tinha que ir. E, argumentava Rafaelito, era foda matar alguém sem saber nem quem era, nem por que matá-lo. Muitas vezes era o resultado de *cranques*. Ou seja, de armações usadas para criar uma corrente de opinião. A engenhosa conversão lexical cubana procede do *crank* americano, a manivela usada para dar a partida nos carros antes da invenção do motor de arranque.

– Eu quero morar com você – disse eu.

– Isso é do caralho – comentou ele.

– Eu levo dinheiro. A gente come fora. E eu aprendo inglês.

O senhorio era um alemão. Havia apenas um quarto vago. Mas o alemão não queria alugá-lo porque era contíguo ao quarto em que ele morava e o banheiro era compartilhado, ou seja, para uso dos dois quartos.

– Se forem como os senhores... – disse o alemão.

Queria dizer que se nós fôssemos tão ordeiros e responsáveis como Hilda e Rafaelito, então não haveria problema. Tal era a condição sob a qual ficou acertado o aluguel.

– São pessoas maravilhosas – afirmou Rafaelito, que deu ao alemão garantias a nosso respeito e sobre nossas normas de conduta com a absoluta consciência de que era sua última conversa amigável com o alemão.

"Chegou Bola de Churre."[*] Foi assim que Rafaelito me chamou quando chegamos ao edifício do alemão em Manhattan. Era então uma forma carinhosa de tratamento. Acho que é uma prática muito cubana fazer com que

---

[*] Literalmente, "Bola de Sujeira". (N. do T.)

aquilo que em certas condições pode ser um insulto grave seja usado, com as mesmas palavras, na mesma ordem, como expressão inequívoca de afeto e íntima amizade. Não há nada mais caloroso ou que encha mais o coração de camaradagem do que um bom amigo qualificar você como grande filho da puta, para demonstrar sua admiração e respeito. Que não é a mesma coisa que ser um grande filho da puta para os seus inimigos, e é absolutamente inadmissível que lhe gritem isso na cara, caso em que deverá ser tirado a limpo na hora com sangue, com balas e sangue. Rafaelito se deu ao luxo de me chamar de Bola de Churre sob suas duas condições de absoluta contradição. Como meu irmão a toda prova e como meu inimigo irreconciliável. Bola de Churre é um cidadão pouco dado ao asseio. Que tem *churre*. Muito *churre*. Tanto *churre* que é uma bola desse elemento.

Bem, pois Bola de Churre chegou a Manhattan e o alemão dedicou um par de horas à explicação dos fechos das portas do banheiro, a porta que dava para ele, a porta que dava para mim. Quatro tranquinhas dominavam a existência. Abram o banheiro e fechem minha porta. Terminem suas necessidades. Abram minha porta e fechem a sua. *Underrrstand*? Fechem o banheiro por dentro. Necessidades. Pupu. Terminar. Abrir banheiro por dentro minha porta. Sair. Fechar banheiro por fora sua porta. *Underrrstand*? *Abrrrirrr*. *Fecharrrr*. Fazer pupu. Fechar. *Abrrirr*. Meu Deus, pergunto-me a esta altura da história e das circunstâncias: será que Lenin teve tanto trabalho assim para cagar em Viena? Já podem imaginar o resultado disso tudo. Pois foi que, em nossos dois meses de estadia em Manhattan, o alemão não conseguiu fazer xixi direito uma vez sequer. Rafaelito atuava como uma espécie de emissário em tempos de armistício. Enquanto sua irmãzinha e por sua vez querida esposa minha, Mirta, olhava para o teto e realmente naquela época via graça em todas as minhas confusões e desaforos, Rafaelito achava impostergável solicitar-me que não descompusesse tudo da maneira tão metódica e entusiástica com que eu parecia agir.

– Pelo menos tente, Fidel – dizia-me ele.

Bem, fora essas discordâncias com o que dei de chamar de Quarto Reich, dediquei-me efetivamente a estudar. Segui meu método de memorização da universidade. Ler uma página, decorá-la, arrancá-la, fazer uma bolinha com ela e jogá-la fora. Tratava-se de aprender inglês. Aprender essa língua como um idioma materno. Rafaelito me arrumou um enorme dicionário e me impus aprender duzentas palavras por dia. Lembro que já estava em "*beaverboard*", na metade da página 101, coluna esquerda, quando a crise com o teutônico chegou à sua fase terminal. Poucos dias antes eu havia comprado o Lincoln Continental, de segunda mão, do ano anterior, com portas eletrônicas, com o qual foi embora todo o dinheiro que me restava. Rafaelito desconhecia, evidentemente, que eu já estava sem fundos. Mesmo assim me recriminava pela compra daquele encouraçado. Dizia que teria sido mais inteligente comprar um Buick ou um Dodge, novos em folha, e mais baratos. Foi então que o alemão disse que não iria tolerar mais nenhuma informalidade e que não iria permitir que a sua bexiga – *mein blase!* – arrebentasse por culpa minha. "*Mein blase!*", alegava.

– Vamos pagar a conta e ir embora – disse-me Rafaelito, com evidente resignação.

– Pagar *como*? – perguntei. – Se eu não tenho onde cair morto, Rafa.

Rafael Díaz-Balart empalideceu.

– Olhe, Rafa, o que temos que fazer é resistir. Aguente uns dias e você vai ver como esse mesmo alemão nos põe para fora sem que a gente precise soltar nenhum centavo. Aguente e você vai ver.

O estado de indignação germânico nos deu tempo apenas de arrumar as malas. Poucos dias depois estávamos na estrada, rumo a Miami. Eu deixei de lembrança o dicionário com as primeiras 58 folhas arrancadas, cinquenta de dicionário e oito de títulos e explicações do editor. Até hoje fiquei sem saber o que significa "*beaverboard*", porque cheguei até lá mas não consegui ler sua definição. Sempre imaginei que seria uma espécie de chapéu de castor ou então um tamanduá bonachão e que se encontra a bordo. O alemão não urinava e nós íamos pela Interestadual US-1 Sul. O Lincoln, como era de se esperar, quebrava na entrada de todas as cidades. Cinco dias durou aquela viagem. O litoral, à nossa esquerda, e os Estados Unidos da América, em toda a sua extensão, à nossa direita. Atrás de mim, sorridente e divertida e tirando pipocas de um saco inesgotável e fazendo-as estalar entre seus dentinhos de brinquedo, e com a saia coberta de restinhos brancos de pipoca, minha esposa, Mirta, com a qual ia trocando caretas e piscadelas de olho e mandando beijinhos pelo espelho retrovisor. Rafaelito, à minha direita, de alguma maneira contente e até desejoso de voltar a Cuba, depois de seu fracasso em conquistar Nova York. De vez em quando pegava a direção e guiava um trecho. Hilda, distante e silenciosa, no assento direito. E seguimos em frente.

Um Lincoln preto na Interestadual US-1 Sul.

PARTE TRÊS

ÍNTIMO COMO CRISTO

8. O PODER, ANTES DE VIRAR PODER

... o velho sangue que não lhe fora dado escolher por si mesmo, que lhe fora legado sem contar com a sua vontade, que tanto havia corrido, qualquer um sabe por onde e pulsando por que afrontas, por quais ferocidades, por que carnais apetites, até chegar às suas veias.

– William Faulkner

Uma vez, Gamal Abdel Nasser, deixando-se levar pelo entusiasmo inicial da Revolução Cubana, comentou com meu embaixador no Cairo sobre os supostos erros cometidos pelo imperialismo no pós-guerra. Dois erros estratégicos. O primeiro, a criação do Estado de Israel. O segundo, propiciar o golpe de Estado de Fulgencio Batista em Havana e depois aceitá-lo no poder. Sem o primeiro, explicou, ele, Nasser, não teria deixado de ser um obscuro coronel do exército egípcio, destacado talvez para a zona de Gaza. E, sem o segundo, eu não teria deixado de ser um obscuro aspirante à Câmara que clamava pela necessidade de uma reforma agrária. Era uma forma, evidentemente, de ele também aparecer na cena, e como parte de uma tosca conspiração que abrangia qualquer canto do planeta onde se pudesse fazer tremular uma bandeira vermelha, e na qual todos nós éramos joguetes ao capricho do que podia ser concebido como uma espécie de comando mundial comunista, provavelmente refugiado num porão do Kremlin, e no qual não havia distinção entre ser russo e ser vermelho e onde todos olhavam fixamente para um mapa-múndi em cima de uma mesa tosca de madeira, obrigado a se manter desenrolado por quatro copos vazios de vodca nas pontas. Quando meu embaixador me contava isso, eu não conseguia conceber aquele homem, que dominava o espectro político de quase todo o Oriente Médio, dedicando-se a esse tipo de elucubração neostalinista. Depois precisei me obrigar a tentar entender o caráter árabe, empenho no qual quase sempre fracassamos. Isto é, devido ao nível de relações que muitas vezes estabelecemos nessa zona, o que acabou prevalecendo foi aceitar quase todos os tratos sem entender um pingo do que realmente se esperava de nós, ou, como eu costumava chamar a portas fechadas: um voo cego que durou décadas. Depois, nos anos 1970, quando nossa aliança com os soviéticos se tornou parte intrínseca do mecanismo de nosso governo e quando eu mesmo fui de alguma maneira o chefe desse movimento comunista internacional, ficou mais difícil para mim aceitar a mecânica mental de homens como Nasser e essa sua visão da história como um enigma ou, pior ainda, como resultado de alguns obscuros e indecifráveis conspiradores. De qualquer modo, era compreensível o interesse em se colocar sob nosso guarda-sol, e também o fato de o firme dirigente egípcio nos valorizar tanto. No início da década de 1960, no cenário da Guerra Fria, Cuba era notícia constante, e minha presença nos jornais praticamente ofuscava a dos demais estadistas mundiais. Apenas quem competia comigo eram Kennedy ou Kruschev, e depois Johnson e Brezhnev, enquanto Nasser só aparecia esporadicamente em suas guerras nunca vencidas contra Israel. E, além disso, eu o ganhava também em galhardia e imagem. Não se zanguem. Tirando a provável carga de vaidade do critério anterior, o que estou fazendo é me referir a um fato. Confinado àquele então esquecido canto do mundo, seu raciocínio era de um stalinismo em estado puro, ou quase puro, e era assim que ele o transmitia ao embaixador cubano, enquanto os dois se entendiam nos embates de seus respectivos usos do inglês. As cenas que me chegavam do Cairo, pelos relatórios do nosso embaixador, Luis García Guitar, eram vívidas e distintas. Talvez refletissem mais o caráter de nosso embaixador, que era vívido e distinto. E stalinista. García Guitar era um daqueles estranhos produtos do comunismo cubano, mais que duro, brutal se fosse preciso, mas totalmente entregue à causa e muito inteligente e hábil. O homem perfeito para colocar ao lado de Nasser. Seus relatórios eram o material que a chancelaria colocava diante de meus olhos quando eu precisava me ocupar de algum assunto relativo à região. Foi o primeiro a nos descrever Nasser como um stalinista. Com certa alegria, como se depreende do fato de nosso embaixador ter encontrado uma alma gêmea. García Guitar conquistou Nasser no momento em que apresentou suas credenciais, em 3 de outubro de 1964,[9] e ao responder a uma pergunta sobre a situação econômica da Cuba revolucionária, quando nosso embaixador lhe disse que nos empenhávamos na batalha de fazer sabonete com açúcar de cana.

– *Soap from sugar, Excellency?* – perguntou o presidente egípcio, segundo dizia o relatório do embaixador, que respondeu com o tom mais sério possível:

– *Yes, mister president, soap from sugar.*

Está no relatório também que foi a partir desse momento que a cerimônia se converteu numa espécie de orgia de hilaridade, com Nasser apoiando-se no ombro direito de nosso embaixador para poder se curvar à vontade em seu ataque de riso, enquanto chamava todo o seu séquito de ministros e generais e apontava com a outra mão para o corpanzil rechonchudo mas sólido do embaixador García Guitar e dizia nos intervalos ofegantes dos risos:

– *SOAP FROM SUGAR!*

A parte ruim da história teria sido que García Guitar contou a Nasser que o mencionado sabonete era um de meus experimentos de então, voltados para a economia de matéria-prima de exportação num país, Cuba, onde seus habitantes, os cubanos, acham que têm a obrigação de tomar banho todos os dias. Bem, pois Gamal Abdel Nasser podia ser duro, ter um "um longo andar de camelo" (como descrevia nosso embaixador) e até rir de nossas experiências na indústria de sabonetes, mas tinha o traço comum que identifica e une todos os stalinistas de todas as partes e épocas: a nostalgia das revoluções. É uma coisa que aprendi ao longo dos anos e que detectei nos relatórios de García Guitar sobre as ocasiões em que Nasser o levava a bordo de seu iate para desfrutar de um chá gelado, charutos e uma conversa sobre a Revolução Mundial ao entardecer, enquanto a embarcação presidencial se deslocava lentamente sobre o Nilo.

– Os erros imperialistas são mais valiosos do que nossos acertos. Às vezes é só questão de ficar sentado na porta de sua loja e esperar que errem – dizia um Nasser acometido de sinusite crônica e rodeado de diligentes adolescentes, que lhe traziam a tempo os lencinhos levemente perfumados com que espremia seu nariz.

Era uma visão deliberada da história. Mas – o pior de tudo – permeava todas as suas estruturas de combate. O perigo consistia em que, sendo uma visão religiosa, estava nas mãos de comissários tão impiedosos como disciplinados.

Mas também era a sua fragilidade. Acabaram sucumbindo. Todos. Afinal, a história não era essa merda pré-desenhada.

De qualquer modo, as sessões de elucubração nasserista ao vaivém do Nilo, transmitidas pelo correio diplomático e chegadas às minhas mãos, me fizeram pensar numa certa analogia. Não se pode eludir o fato de que tivemos uma data em comum para celebrar nossas origens. E esse é todo o stalinismo que realmente nos uniu. Que em 26 de julho de 1953 eu havia comandado o assalto ao quartel Moncada e que em 26 de julho de 1956 ele anunciara a nacionalização do canal de Suez. Era o ponto a que eu queria chegar para dar início a este capítulo, que trata de minhas lembranças do Moncada. Certamente, apesar de Nasser e seus sofismas, apresso-me em advertir desde já que a origem da Revolução Cubana, se teve algum contato com o movimento comunista internacional, foi absolutamente tangencial e manejado por mim a distância, muita distância. Porque essa origem não foi mais do que meu próprio estômago. Podem dizer que foram minhas aberrações, se lhes parecer adequado. Chamem como quiserem meu propósito. Mas, isso, sim, foi todo pessoal. Nem stalinismo, nem erros do imperialismo, nem nenhuma dessas bobagens marxistas.

Eu.

A Revolução sou eu.

Nenhum assunto de homem casado estava resolvido quando o barco desatracou do cais de Key West e tomou o rumo de Havana. Eu me dirigia, com minha mulher a bordo e o Lincoln Continental no porão do navio, para a República do homem com lar constituído, mas os bolsos vazios. Tudo o que eu possa dizer agora sobre o que eu era na época irá soar como queixa de mulher, e não como a excelência do período de formação final de um líder revolucionário em desenvolvimento e, principalmente, debatendo-se com as injustiças da sociedade capitalista. De momento, deveria ser esse o signo ou o dogma pelo qual estaria obrigado a viver nos anos posteriores ao meu casamento. Era o país ao qual minhas circunstâncias me destinavam. E era o futuro que me via obrigado a aceitar. No dia 1º de setembro de 1949 nasceu meu segundo filho, Fidel Castro Díaz-Balart, que depois de 1959 achei melhor tirar da exposição pública, e que até terminar o doutorado em física na União Soviética seria chamado de José Raúl Fernández. Por razões explicadas anteriormente, Fidelito é reconhecido historicamente como meu primogênito, embora eu já tivesse outro filho, Jorge Ángel Castro, de meu relacionamento com María Laborde. Uns sete anos depois de Fidelito, e como decorrência de meu relacionamento também extraconjugal com Naty Revuelta, nasceu – em 19 de março de 1956 – meu terceiro filho, uma menina: Alina Fernández Revuelta. O sobrenome Fernández (e não Castro) tem uma explicação. Naty mantinha comigo uma relação igualmente extraconjugal. Orlando Fernández-Ferrer era o prestigioso (e endinheirado) médico com quem se casara. Endinheirado e estoico. Aguentava como um decidido capitão de navio em sua ponte de comando todos os vendavais e tormentas que sua adorável Naty se empenhava em lhe meter pela proa. Ou era ela própria a tormenta? Essa produção de infantes como resultados de relacionamentos não abençoados nem pela Igreja nem pela lei tem também uma explicação, quem sabe óbvia demais: não suporto camisinha.

Uma garota, professora da Escola de Artes e Letras, pela qual movi mundos e fundos para tentar conquistá-la, porém sem resultado, foi quem definiu isso melhor:

– É que o preservativo, Comandante, é como aplicar a técnica do palimpsesto ao pau. O senhor entende?

Vamos chamá-la de V. Tínhamos esse tipo de conversa fluente sobre o assunto habitualmente proibido enquanto eu a levava para casa, eu guiando o Gaz-69 de quatro portas depois de dizer ao motorista que passasse para o banco de trás, entre a severidade dos outros dois seguranças, e com a jovem V à minha direita, no assento que eu lhe cedera. Foi impossível levá-la para a cama porque, argumentava ela, era como abrir as pernas para José Martí.

– Os dois até aparecem nas notas de um peso – disse ela na noite em que a vi de relance numa aparição imprevista minha na Plaza Cadenas, na universidade, e depois, sendo já onze e meia da noite, saí à procura dela pelos arredores do alto centro de estudos, até encontrá-la, quando mandei parar os três jipes soviéticos com os quais me deslocava então.

– Aonde posso levar a professora? Já é muito tarde.

A memória é talvez um dos centros do organismo com maior tendência a nos satisfazer. Você nunca dispõe de musculatura adicional quando precisa levantar um grande peso, e a vista tampouco se torna mais aguçada nem faz suas próprias correções quando você quer acertar um alvo a mais de mil metros. Mas quando você quer recordar, ali está a memória colocando rapidamente à disposição um primeiro grupo de lembranças *essencialmente amáveis*. É como se, a seu pedido, ela servisse apenas guloseimas, para que você possa escolher, sobre a clássica toalha de xadrez escocês estendida rapidamente e sobre a qual brilham já as geleias e a massa folhada. Mas o material ferrado, ou aquele insignificante, esses resistem a aflorar, a serem extraídos do arquivo. Estão presentes como intuições negativas ou sinais de alerta, no caso do material ferrado, enquanto o outro, o insignificante, flutua junto com as garrafas dos náufragos num mar calmo no qual não se divisa nenhuma nave. Tudo no cérebro. Tudo guardado desde que você nasce. Basta que o caráter pessoal e a aventura do momento o determinem.

A Azpiazo, Castro & Resende foi uma ideia que surgiu na escadaria da universidade. Estávamos concluindo o curso e eu precisava me separar do Chino, porque ele, filho de advogados, tinha que cuidar do negócio do pai, que além disso já dava sinais de estar com câncer. O velho Esquivel tinha pouco tempo para treinar o filho. Resende, de origem bem pobre e com a mesma idade que eu, teve a ideia de montar a banca. Azpiazo era nove anos mais velho e votou contra mim quando eu aspirava à candidatura da FEU. Mas se sentiu motivado por uma razão legítima. Ele era também de origem muito pobre e me tomou por um menino de família boa. Um ricaço. Apesar desses ânimos de inspiração de classe baixa, que tanto teriam deixado Marx encantado, Azpiazo foi um eterno homem apolítico, cujo único objetivo na vida era deixar de passar fome, mas sem se comprometer com nenhum partido nem ideologia. Com essa disposição, aceitou o advento da Revolução e, pelo que sei, passou o resto da vida como advogado de um de nossos escritórios coletivos, instituições de pouco brilho e menos entusiasmo. Ficou ali como teria se mantido em qualquer outro obscuro departamento legal de um ministério de Grau ou do próprio Batista. O cheque mensal estava garantido, e o abastecimento, regulamentado pela caderneta de racionamento implantada por nossa Revolução desde 1961. O que mais podia desejar? Ou seja, para que ligar para o Comitê Central com a intenção de falar com o Fidel, ou apenas para deixar o recado – em qualquer das instâncias –, dizendo que seu antigo sócio Jorge Azpiazo Núñez de Villavicencio estava interessado – se não fosse incômodo, é claro – em melhorar de posição? Resende, ao contrário, não perdeu a chance de passar para a direita e no fim emigrar para Miami assim que triunfou a Revolução. As antigas aspirações não valeram um tostão furado no seu caso. No mínimo, se mostraram insignificantes para a afirmação revolucionária de feição marxista.

Fechamos o acordo às vésperas de nossa graduação, sentados os três na escadaria. Calculo que deviam ser umas seis e meia da tarde, porque o sol não nos incomodava, e devíamos ocupar um trecho de uns dois metros entre os degraus 70 e 72.

Alugamos um pequeno escritório no segundo andar do edifício localizado na Tejadillo, número 57, a maior parte dele ocupada por escritórios de advocacia alugados. Os cubanos dizem *alquilar* [alugar], mas ao emigrar usam *rentar* [arrendar]. Desconheço os volteios etimológicos que no subconsciente *criollo* diferenciam uma palavra da outra. O dono se chamava José Álvarez e seu edifício era o Rosario, e o aluguel era de sessenta pesos por mês. Álvarez exigia um mês adiantado e outro de depósito, com o inconveniente de que todo o capital de que dispúnhamos, os três, era oito pesos. Para ser sincero, não precisei gastar muita lábia para convencer Álvarez a aceitar os oito pesos para que pudéssemos começar a trabalhar. Também o convenci a nos emprestar alguns móveis, pelo menos uma mesa e uma cadeira. Era imprescindível – insisti – começar. Também lhe agradeceria muito se pudesse arrumar alguém para escrever nossos nomes na porta. Por ordem alfabética, evidentemente.

AZPIAZO, CASTRO & RESENDE

DOCTORES EN DERECHO CIVIL
Y LICENCIADOS EN DERECHO
DIPLOMÁTICO Y CONSULAR

O primeiro cliente foi a Madereras Gancedo. Os senhores não sabem com que gosto, depois de pouco mais de dez anos – em 1960 –, despojei Gancedo, um imigrante espanhol típico, de seu negócio e de seus armazéns lotados de mercadoria. Na verdade, ele não tinha o mesmo espírito de meu pai, também galego, e a única coisa que parecia interessá-lo eram as dívidas de uma miríade de pobres carpinteiros de Havana. Mas me lembro de seu endereço, Concha, número 3, com Luyanó, num bairro do sudeste da cidade onde ficavam quase todos os atacadistas de madeira, e perto de um entroncamento ferroviário. E os telefones. Meu Deus, lembro-me dos dois telefones. A memória cada vez se ativa com maior rapidez e parece deixar registros em gavetas que eu já tinha esquecido, cheias de velhos postais, cartas, fotos, como se se tratasse da descoberta de uma outra vida. Como é possível? O 9 1819 e o 9 1529. Já não existem mais Gancedo, nem seus armazéns, nem seus telefones, nem mesmo esses dígitos em nossas redes de comunicação, e eu estou me lembrando deles com uma precisão tão exata quanto inútil. É como procurar a velha casa da infância num bairro que foi totalmente demolido para dar lugar a uma nova construção.

Era trabalho para uma agência de cobranças, mas convenci meus sócios a aceitá-lo. E convenci também Gancedo a nos pagar – pelo menos uma parte – adiantado e em espécie: madeiras e chapas de compensado para terminar de fabricar os móveis de nosso escritório. Depois entramos em contato com os infelizes integrantes de sua lista de devedores e pedimos que estes, por sua vez, dessem-nos a lista daqueles que deviam a eles, com a ideia inicial de chegar à mera origem de todas as obrigações contraídas e ainda não cobertas. Era quando surgia o dilema. Quero dizer que, quando se conseguia algum resultado entre aqueles que deviam aos carpinteiros ou marceneiros dos bairros periféricos, nunca mais do que vinte ou trinta pesos, a operação de entregar esses pesinhos surrados, desbotados e gastos aos pobres da terra para imediatamente depois tirá-los de suas mãos, pois era preciso devolvê-los a um galego bem nutrido de favas com linguiça, isso se transformava numa bofetada de alta velocidade com o dorso da mão, que se congelava a um milímetro do rosto. Esse violento percurso em leque, que continua até a bochecha e faz você virar a cabeça até o outro lado, para onde a força do impacto o deixa olhando quando uma bofetada desse tipo pega você em cheio, estaria determinado por aquilo que fizéssemos com o dinheiro. O resultado vocês já imaginam, não é? O galego Gancedo nunca viu um centavo procedente de nossas gestões. E nem do carregamento de madeira que nos adiantou para nosso mobiliário. E agora vamos falar aqui, entre nós, vamos falar ao pé do ouvido, vamos nos olhar nos olhos. De frente. Alguma vez os senhores desfrutaram da expressão de espanto primeiro de espanto e depois de desconcertada gratidão, quando você diz a um pária, a um servo da gleba, a

O PODER, ANTES DE VIRAR PODER

um escravo, a um proletário "Esses vinte pesinhos são seus, garoto"? Não vamos pagar a esse potentado nem fodendo. Abaixo os potentados, rapaz. Quando vocês se depararem com essa experiência, no dia em que isso acontecer com vocês, só aí compreenderão totalmente de que maneira se produz o verniz final na formação de um líder revolucionário. Um triste escritório de advogados em Habana Vieja e uma massa ambulante e desorganizada de carpinteiros e marceneiros podem se transformar no movimento histórico mais deslumbrante do mundo ocidental no século XX se eu entendo a moral da história do advogadozinho irresponsável e seu séquito de carpinteiros. Não se esqueçam da gratidão e do tremor daquelas mãos só porque de repente vão poder enfiar no bolso vinte pesos que não estavam em seus cálculos. Não se esqueçam, e agora cubram-me de todos os insultos que quiserem e digam-me todas as vezes que lhes ocorrer que eu sou um filho da puta.

É espantoso que a banca Azpiazo, Castro & Resende tenha resistido até eu me desligar dela para me envolver nos preparativos do Moncada. Ganhamos um total de 4.800 pesos nos três anos de atividade – desde nossa graduação em setembro de 1950 até uns dois meses antes de julho de 1953 –, o que era uma soma muito baixa e teria sido quase uma vergonha para os outros colegas de estudos, que já estavam se instalando, quase sempre com bastante sucesso. Aramís Taboada tinha seu régio e concorrido escritório de advocacia na rua San Ignacio, se não me falha a memória no número 104, relativamente perto de nosso edifício Rosario da rua Tejadillo. E Rafaelito se instalara num ostentoso edifício chamado La Metropolitana, na rua Presidente Zayas, a principal das vias que cruzavam diante do Palácio Presidencial. Evidentemente, a maior parte de nossa clientela, donos das pequenas bancas do mercado municipal, camponeses do interior da província de La Habana despojados de seus terrenos e estudantes que haviam apanhado da polícia em alguma manifestação, não dava para muito mais do que isso. Visto em perspectiva, mais do que a banca, o que me parece maravilhoso é ver como Jorge e Rafael aguentaram.

O golpe de Estado de Batista, em 10 de março de 1952, foi a coisa mais proveitosa que poderia ter me ocorrido. Ao romper o sistema institucional do país, ele não fez outra coisa senão deixar aberto o caminho para a Revolução. De alguma maneira – e se as circunstâncias fossem mais amáveis – teria que agradecê-lo. Também sei reconhecer que, a respeito de sua mecânica conspirativa interna, puseram em execução um plano perfeito.

Todos os oficiais suspeitos de oferecer resistência aos golpistas estavam sob vigilância. Já havia grupos de soldados designados para prendê-los assim que o sinal fosse dado. Foi escolhido o 10 de março porque era o dia seguinte às festas do Carnaval de Havana, para que os confabulados se confundissem com os participantes nas festas e bailes de rua. Sogo, o oficial encarregado da guarda no comando de Columbia,[10] permitiu que a caravana de doze carros de Batista entrasse sem resistência.[11] As fotos tiradas naquela manhã em Columbia de um Batista em traje esportivo e rodeado de uma multidão fervorosa de soldados com capacetes de aço são, de alguma maneira, aos meus olhos, o símbolo da fragilidade de uma nação. Quando as contemplei então nos jornais, despertaram em mim uma inveja em princípio incompreensível. Aquela turba de robustos camponeses de pele cetrina, com nomes e sobrenomes que só podiam corresponder a homens do entorno de Batista – os Sogo, os Tandrón, os Tuñón, os Cañizares, os Margolles (por Deus, como é que alguém que não seja batistiano pode se chamar Sogo?!) –, celebrava algo mais que um triunfo veloz e até merecido, se levarmos em conta sua eficácia e o fato de terem feito apenas quatro mortos.[12] Estão com os uniformes empapados de suor devido à excitação, e até podemos imaginar o cheiro acre da soldadesca enquanto cada um briga para aparecer junto ao general Batista na foto ou para se tornar visível com um abraço de subordinado agradecido e pronto para o que o chefe mandar. Celebram algo que parece ser a vocação dos militares latino-americanos: a ocupação de seus próprios países. No entanto, o que estão celebrando com maior afinco é que, com o único esforço de que o golpe os tenha surpreendido, estando eles alistados no Exército, são eles os que farão os negócios a partir de agora, os que manipularão o dinheiro, os que deitarão com as senhoras (e as putas). Pela terceira vez em menos de um século, o país tem que acomodar um grupo social emergente que pretende se instalar como sua nova aristocracia. Ainda falta – dentro de seis anos – nossa chegada triunfal a esse mesmo acampamento de Columbia. Mas eu contemplo as velhas fotos de março de 1952 e não posso evitar que se convertam num retábulo de conceitos, numa transmutação ou deslocamento de imagens para a abstração filosófica. Ou talvez, para consumo dos entendidos, o melhor destino que eu poderia dar à teoria da relatividade, se me fosse permitido aplicá-la fora da física, se me permitirem aplicá-la em termos históricos. Mas como dizer a esses guardas na excitação de seu triunfo que todos eles são homens mortos? Como explicar a eles que no breve intervalo de seis anos um rapagão ainda insignificante e praticamente desconhecido – e que se corrói de inveja porque se adiantaram a ele na tomada do poder, e que frustrado e violento fica sabendo da notícia por um velho receptor de rádio Motorola – irá enviá-los em massa para frente dos pelotões de execução e desapossá-los de todas as fortunas e propriedades que tiverem acumulado nesse tempo?

Bem, Batista e os seus deram o golpe e já têm o poder, e eu me verei – em pouco tempo – pobre e desorientado, na escadaria da Universidade de Havana, olhando minhas veias, sozinho, eu com meu sangue. Bato com energia controlada com o indicador e o anular da mão direita, como instrumentos de impacto, perto do pulso e sobre a parte interna do antebraço, a porção mais clara de pele por ficar protegida do sol, com o objetivo de estimular a circulação sanguínea e tentar registrar as latitudes, as frequências, os ecos do que imagino que seja a situação de maior proximidade física possível com minha própria existência. Estou só e num cenário que já não me pertence. Uma vez mais, cai a tarde sobre Cuba. Tenho à frente, à minha direita, uma pracinha que transformaram em estacionamento de carros e onde, no meio, colocaram um pedestal e, em cima deste, o busto de bronze de Julio Antonio Mella, com sua estela inapagável de tinta esmalte branca aderida sobre sua parte direita, a que agora me é invisível pelo fato de a escadaria onde estou ficar do outro lado. Depois da pracinha transformada em estacionamento, em frente, está a fachada do hotel Andino, onde costuma ficar meu irmão Raúl. À esquerda, e cruzando San Lázaro, numa casona de princípios do século, um enorme cartaz anuncia a presença, ali mesmo, do Gimnasio America.

Não tenho nem para comprar tabaco. Nada melhor do que um bom tabaco para ativar o pensamento. Sem tabaco. Sem a agitação dos companheiros. Estou sozinho. Sozinho com meu sangue. E com fome.

Poucos dias atrás era candidato a representante pelo Partido do Povo Cubano (Ortodoxo) e, ao mesmo tempo, estava inventando uma coisa que empiricamente se chamava – ou alguns assim a chamavam – Ação Radical Ortodoxa (ARO), mas que não encontrou respaldo em quase ninguém e logo se diluiu no meio de notícias mais importantes. Não era uma tentativa divisionista, embora alguns preferissem ver assim. Era apenas uma tentativa de ativar um conceito de luta, de combate.

As perspectivas de oposição legal, de momento, eram nulas. O golpe de Batista foi dado oitenta dias antes das eleições que estavam convocadas. Depois do golpe, catorze dias depois, exatamente em 24 de março de 1952, coloquei a primeira pedra de meu monumento em vida com meu recurso apresentado diante do Tribunal de Urgência de Havana. Fiz isso a título pessoal, como advogado, sem deixar de ser membro do Partido Ortodoxo. Ainda desconhecia, é claro, que os preceitos de uma oposição legal teriam que ser anulados para sempre no país se eu quisesse prevalecer em meus esforços.

E foi ali mesmo, sem ter nada para levar naquela noite para casa para alimentar minha mulher e meu filho, sem poder sequer fumar um bom charuto – não tinha grandes exigências de fumante veterano naquela ocasião, me dispunha a aceitar desde um Cazador de Pita até um Romeo y Julieta número 2 –, e enquanto prosseguia com essa indagação de meu próprio pulso, agarrado à minha munheca como se por meio do fluxo de meu próprio sangue, como se este fosse uma corrente subterrânea, pudesse detectar o sinal que aguardava, que eu sabia que teria que se manifestar por algum lugar, e enquanto meu olhar divagava entre o anúncio do Gimnasio America e o busto de Mella e voltava a pousar no absurdo daquela longa tábua rotulada talvez no início da década de 1940, que eu decidi destruir a República.

Isso é o que, desde então, me diferencia do resto da humanidade: quando eu me vi no ponto mais baixo, optei pelo assalto à fortaleza.

Rebelar-me contra um meio que me obrigava à mediocridade não é delito nem pecado. O problema é, sem dúvida, a necessária correspondência com os *mesmos direitos* que, supõe-se, dão sustentação a meus adversários – os que se convertem nisso – quando eles por sua vez rechaçam sua mediocridade sob meu mandato. Mas é problema deles resolver isso. Se eu tomo todas as avenidas e me apodero de todos os argumentos e não lhes deixo nenhum terreno de manobra, nem um resquício, o problema deles é ultrapassar esses campos de arame farpado nos quais eu os encurralo depois que tomo o poder.

Mas quero que se detenham neste instante de minha descoberta. A partir da decisão daquela noite, tudo o que fiz em minha vida foi defender o fato de tê-la tomado. Porque nessa decisão, que foi absolutamente pessoal, arrastei com ela todo o país, e com país quero dizer toda a sua população, toda a sua natureza e toda a sua história. Devem reparar porque, quando descubro então o estado deplorável de minha situação pessoal e me vejo forçado pelas circunstâncias a procurar uma solução, faço com que, nesse instante, um homem, um apenas, eu mesmo, se transforme no ponto nevrálgico da nação. E isso leva à mais ajustada das apreciações teóricas da Revolução Cubana. Já lhes disse anteriormente, mas agora irá ganhar a força das revelações: eu sou a Revolução. Minha fome e minhas frustrações e meus rancores e tudo o que se apeteça nomear, minha língua, meus olhos, minhas vísceras, são a Revolução e são suas resultantes.

Então, houve um lampejo de entusiasmo quando aquela brasa saltou das escuras cinzas em minha consciência. Era o sinal? Havia pensado algo que era abstrato, algo que vinha provavelmente de minhas leituras infantis, dos cavaleiros da Távola Redonda, ou de mais longe ainda, quando me enredava com Nicolau Maquiavel, e o que adornava minha consciência profunda enquanto percorria os parágrafos de *O Príncipe* eram castelos medievais, homens a cavalo e forças de sítio na neblina da madrugada que fervem as caldeiras de azeite nos receptáculos das catapultas. A fortaleza. Assaltar a fortaleza. Esse havia sido o módulo da abstração. As fortalezas. O maior equívoco e absurdo de todas as concepções militares da história da humanidade. Concentrar todas as forças disponíveis num só lugar e esperar ali o golpe do inimigo. As fortalezas só existem para ser assaltadas. Ah, meu caralho. O que eu não daria por um Partagás. Até por um Cazador de Pita. Porra, mas eu já achei. Se a ideia está aí. Já achei, porra. Já achei. Como é possível que não tenha percebido antes? Se este é um país cheio de fortalezas! Não. Columbia não pode ser. É grande demais, tem tropas demais. Que outra, porra? Que outra?

– Tente dormir, Abel – disse eu.

Eu estava sentado no chão, recostado ao batente da porta, quando Abel se aproximou. Lembro que eu estava pensando nos dez homens que mantínhamos presos num dos quartos internos, com a porta bem firme fechada por fora com um cadeado Yale. A Revolução estava para começar e já tinha seus primeiros prisioneiros, e não procediam das fileiras do inimigo; eram revolucionários. Uma metáfora muito difícil de digerir para mim, acreditem. Mas servia também para pôr-me à prova. A lição que estava destilando era que, uma vez iniciado o processo, não só era inadmissível permitir a mais mínima vacilação entre os revolucionários, como era mais inadmissível ainda que eu a permitisse. O cabeça dos prisioneiros – no momento – era Gustavo Arcos Bergnes. Esses dez homens, passamos a chamá-los de "os relutantes", porque havia sido esse o pecado deles: mostrarem-se relutantes em participar da ação, que fora explicada a muitos dos integrantes apenas um pouco antes. O que eu estava pensando era se os deixava trancados ou que diabos faria com eles quando saíssemos para o combate. O próprio Gustavo me deu a mais honrosa das soluções (se não honrosa, pelo menos razoável, pois agora não saberia definir qual das duas seria mais conveniente para a causa). Bateu na porta e disse que havia pensado melhor e que estava disposto a lutar. Depois contou que sua mudança se dera depois de ouvir Lester Rodríguez, um de nossos chefes de grupo, e meu irmão Raúl, cantando com voz calma velhas canções cubanas até que adormeceram. Os outros nove mantiveram sua negativa e no fim decidi que iria soltá-los antes de partir para o combate. Não compreenderam a mensagem que Gustavo, sim, entendeu perfeitamente. Participe ou morra. Anos mais tarde, evidentemente, na hora de descrever o caráter absolutamente voluntário daqueles que tomaram de assalto o Moncada, sempre disse que ofereci a alternativa aos pusilânimes de esperarem um tempo prudente – meia hora ou algo assim – depois da saída do último de nossos carros antes de se retirarem de La Granjita. Desnecessário explicar (para não complicar os bons efeitos da propaganda revolucionária) que nenhum dos nove sobreviveu e que o Exército capturou todos na própria Granjita ou nos arredores, e que além disso não tinham escapatória possível, em uns montes desconhecidos e sem um centavo no bolso e nenhum meio de transporte à disposição. Participe ou morra.

A estreita estrada que leva de Santiago à Playa Siboney passava a uns cem metros da porta. Havia um caminho de lajotas de barro vermelho até a entrada da fazenda, escoltada por arecas. E já haviam transcorrido pelo menos quarenta minutos desde que passara o último carro pela estrada.

A madrugada era lenta e a temperatura sufocante, porque a tarde transcorrera sem os benefícios de um aguaceiro, e toda a chuva dos cúmulos estava contida nas camadas médias da atmosfera. Minha camisa grudara nas costas devido ao suor, e no céu limpo do amanhecer de 26 de julho de 1953, à distância que estávamos de Santiago, onde o clarão de sua iluminação pública não atenuava o brilho das estrelas distantes, a abóbada celeste parecia se expandir com a fugacidade do plâncton. Se o céu se mantivesse igualmente limpo por volta do meio da manhã, e nenhuma nuvem se interpusesse entre a projeção dos raios solares e Santiago e seus arredores – calculei –, iríamos ter um 26 de julho seco, e muito quente.

O PODER, ANTES DE VIRAR PODER

Dia 26 de julho de 1953. Uma da manhã.

– Uma da manhã – disse eu.

– É essa a hora que você tem?

– Uma da manhã.

– Eu também – disse ele. – Uma da manhã.

– Descanse, Abel. Descanse – insisti.

O pessoal havia chegado em vários carros de Artemisa, Matanzas e Havana. Há dias eu os vinha alojando na pequena casa de madeira com piso de mosaico de La Granjita, perto da praia de Siboney, a quinze minutos de Santiago de Cuba. Cento e vinte quatro homens e duas garotas.

Agora dormem. Ou fumam em silêncio. Ou esperam.

– Tenho vigias dissimulados lá fora.

– Você não está cansado, Fidel?

– Cansado, não. Tenso.

Rafael Morales Sánchez está no desfile de Carnaval. Há um carro alegórico com moças que representam a Marinha, o Exército e a Polícia. Morales Sánchez é o comandante inspetor do regimento acantonado no Moncada. Tem duas sobrinhas no carro alegórico. O carro é um caminhão enfeitado onde as moças se exibem e dançam.

Pedro Sarría Tartabull está na rua Trocha. A Trocha é a via principal onde são permitidas as celebrações e os bailes e desfiles do Carnaval. Sarría é tenente da Ordem Pública do Esquadrão 11 da Guarda Rural e compartilha a chefia de manutenção da ordem com a polícia. Realiza o que ele chama – em seu jargão – de "serviço próprio", observando as patrulhas que tem deslocadas na rua. E sentado, algumas vezes num quiosque muito luxuoso chamado El Príncipe. Ou passando depois para outro quiosque; e assim fica observando, desde a meia-noite.

Estamos nos preparando para partir. Vestimos os uniformes do Exército. Para diferenciar-me, o meu é o único com divisas de sargento-mor. É imprescindível na hora de dar voz de comando que os combatentes possam localizar seu chefe. Explico o plano de ataque e peço voluntários para tomar o posto número 3. No chão fica alinhado o armamento: rifles calibre .22, escopetas calibre .12, pistolas .38 e .45, uma carabina M-1 e uma velha metralhadora. Meu discurso é sucinto.

– Companheiros – digo –, vocês poderão vencer dentro de umas horas ou serem vencidos, mas de qualquer maneira, ouçam bem, companheiros, de qualquer maneira este movimento triunfará.

Cantamos, bem baixinho, o Hino Nacional.

Depois de um tempo, com todos os companheiros subindo nos carros, digo a Raúl e a Pepe Suárez que abram o cadeado e soltem os presos. Mas que nenhum deles saia do quarto em meia hora. Não me preocupa que possam avisar alguém, porque não há telefone num raio de vinte quilômetros. Já faz um tempo que passaram os leiteiros – os caminhões de distribuição do leite – e o serviço de ônibus só começa às seis da manhã. Quanto à Polícia e ao Exército, todos estão concentrados no Carnaval. Então, entre as sombras, vejo Gustavo, não sei se indeciso ou porque não lhe designaram carro.

– Você vem comigo – digo.

José Izquierdo Rodríguez fica na rua, vigiando a ordem pública, até as quatro e trinta da manhã. Izquierdo é o chefe da Polícia de Santiago de Cuba, com grau de comandante. Já encerrou alguns casos daqueles que acontecem em todos os carnavais, de gente que bebe, fica esquentada e parte para a briga.

Zenén Caravia Carrey, como todo mundo nesse dia em Santiago, foi ver o Carnaval. Está ali, com a família. Caravia Carrey é o tenente fotógrafo do Regimento e correspondente em Santiago da imprensa oficial.

Morales Sánchez, ao fim do desfile, espera as garotas e as leva para suas casas, no carro dele. Depois vai para casa e se deita. Nossa caravana sai de La Granjita rumo a Santiago. Primeiro saem os carros que vão tomar o Hospital Civil. São três. Depois, os carros que vão tomar o Tribunal de Justiça. São dois. Trinta e cinco homens. E depois, comigo, os carros que vão tomar o quartel, que são catorze. Eu levo cerca de noventa homens. Vou guiando e coloco Gustavo sentado à minha direita. Percorremos a avenida Roosevelt, deixamos para trás o bairro Vista Alegre, entramos pela Garzón e viramos na rua Moncada, que desemboca no posto 3. O primeiro automóvel avança. É a hora em que tiro meus óculos e guardo no bolso do uniforme. Percebo na hora o sobressalto que minha precaução desperta em Gustavo. A partir de então irá praticamente atribuir o fracasso do assalto a esse gesto meu. Porque alguns segundos depois eu enfiei o carro sobre a barreira, em frente à porta do Moncada. Mas isso não acontece, como pode-se supor, por causa de minha miopia, mas pelo desencadeamento de pequenos fatores que se somaram de forma negativa e nos fizeram perder a iniciativa da surpresa. Gustavo nunca entendeu que eu não estava tirando meus óculos por um gesto de vaidade, mas porque ninguém em seu perfeito juízo, principalmente nos anos 1950, se apresentaria de óculos num combate contra um exército de rudes camponeses, todos com vista vinte-vinte, a mesma dos gaviões e dos linces, que descobrem sua presa lá das alturas de seu voo ou de seus postos de observação nos galhos dos baobás, que era como anunciar a mil metros de distância que se havia algum autor intelectual, alguém inventando tudo aquilo, tinha que ser – é claro – o único de óculos. Era como subir num ringue de boxe para lutar de óculos. Abel e eu éramos os únicos entre os assaltantes que precisávamos de óculos. Os dois entramos em combate sem eles. Ele no Saturnino Lora. Eu no Moncada.

Assim, deixamos para trás o bairro de Vista Alegre, entramos pela Garzón e viramos na rua Moncada, que desemboca no posto 3.

O primeiro automóvel avançou.

Emeterio Bayona fica até de madrugada tomando cerveja na porta de sua casa. Tomando cerveja e conversando, porque é Carnaval em Santiago. Bayona é sargento músico da banda do Regimento.

Cinco e quinze da manhã. No posto 3 há dois soldados e um cabo. Estacionamos a dez ou quinze metros. Descemos todos. Somos oito.

– Abram alas, que aí vem o general – grita Renato Guitart, o único residente de Santiago entre os nossos.

O soldados se perfilam. Apresentam armas. Renato e Pepe Suárez arremetem sobre eles e os desarmam. O cabo Izquierdo descobre a manobra. Avança até a campainha de alarme. Pepe Suárez atira nele.

– Filho, o que você fez! – diz, surpreso, o cabo.

Ele cai. Mas na queda consegue tocar a campainha de alarme, que começa a soar com estridência por todo o quartel. Quarenta e cinco minutos mais tarde, o dr. Erik Juan y Pita, primeiro-tenente do Exército, médico de plantão, Regimento 1, Guarda Rural Maceo, certifica que às seis horas de hoje, 26 de julho de 1953, presta os primeiros socorros a Isidro G. Izquierdo y Rodríguez, cabo do Regimento 1 Maceo, que apresenta ferida por projétil de arma de fogo na região cervical direita. Duas feridas por projétil de arma de fogo de pequeno calibre na região epigástrica (hemorragia bucal). Prognóstico: MORTAL.

Mauricio Armando Feraud vem dos festejos de Carnaval com seu irmão, o tenente Pedro Feraud e sua cunhada. Beberam bastante. Estão alegres, mas não bêbados.

Os assaltantes do posto 3 estavam sob a vigilância de uma guarda de ronda externa, armada com pequenas metralhadoras, a dez metros dali. Eles não a notaram, mas eu, do segundo carro, sim.

– Vamos pegá-los – digo.

A ordem é mal interpretada pelos ocupantes do assento posterior do carro que acompanham os movimentos de um sargento que se aproxima. Os guardas da patrulha externa de ronda ficam paralisados ao ver o que acontece na frente deles, no posto 3.

Morales Sánchez está dormindo.

Eu aproximo meu carro – o melhor Pontiac da agência em que Abelito era vendedor – da calçada esquerda, entreabro a porta e tiro a Luger. Os soldados se viram bruscamente para o automóvel e nos apontam suas Thompson. Gustavo Arcos, pronto a cumprir a ordem que acredita ter recebido de mim, abre a porta, apoia seu pé esquerdo na calçada e grita para o sargento:

– Alto!

Eu, em movimento defensivo diante das Thompson apontadas para mim, jogo o Pontiac em cima dos guardas, mas é quando bato contra a barreira e o motor morre. Arcos cai no chão. O sargento leva instintivamente a mão à cartucheira, mas cai atingido por um disparo que alguém faz de dentro do carro. Os soldados da patrulha desatam a correr. Continua soando a campainha do alarme.

Morales Sánchez acorda, sacudido pela mulher. Ela diz que ouviu um barulho de tiros de arma de fogo e coisa e tal. Morales Sánchez atribui aquilo aos mestiços, que costumam soltar fogos todos os carnavais.

– São os mestiços – diz ele à mulher.

– Preste atenção – responde ela –, porque parecem mais tiros de metralhadora.

Então ele se levanta e liga para a Chefatura. Atende alguém que se identifica como tenente Pupo e diz:

– Olhe, comandante, aqui se formou uma confusão; há um tiroteio intenso entre as Forças Armadas.

Meu irmão Raúl e cinco companheiros chegam às portas do Palácio da Justiça. Raúl toca a campainha com insistência. Escuta os primeiros disparos da batalha. Bate na porta com a culatra do fuzil.

O PODER, ANTES DE VIRAR PODER

195

Genaro Quintana Reyes dormiu nos bancos do tribunal. Está lavando o rosto quando tocam a campainha do Palácio da Justiça. Genaro é membro da Polícia Nacional, destacado no Palácio da Justiça. Escuta uns disparos. Chama um soldado e lhe diz:

– O que estará havendo? O que são esses tiros?

Voltam a bater com força na porta. Genaro abre. Então aparece, uma porção de indivíduos com fuzis, vestidos de soldados, com galões e excitados, muito excitados. Eles dizem:

– Mãos ao alto!

– Desarmem ele!

– Como, se estou desarmado? – diz ele.

– Vire-se de costas – ordenam-lhe.

Aparecem outros guardas destacados no Palácio e também são detidos. Deitam-nos de barriga para baixo e colocam um negro para vigiá-los. Os outros sobem no terraço depois de fazerem voar o cadeado da porta. Eles começam a disparar contra o quartel.

Izquierdo chega à Chefatura de Polícia e prepara o pessoal. Portam umas carabinazinhas velhas Krag-Jorgensen, da guerra dos Estados Unidos contra o México, que nem atiram, com munição imprestável. Seguem por Trocha até San Miguel. Santiago está tranquila. As pessoas dormem depois de uma noite de festa. Alguns transeuntes se perguntam o que estará acontecendo no Moncada. Estão atirando do Palácio da Justiça.

Os vinte homens comandados por Abel chegam em três carros ao Hospital Civil Saturnino Lora, que fica nos fundos do Moncada.

– Batista está morto! Viva a revolução! – grita Abelito, e desarma o soldado que guarda a entrada do hospital.

Abel consegue escutar que o tiroteio no Moncada começou. Dirige-se ao fundo do hospital, desloca seus homens e começa a atirar sobre o Moncada.

Morales Sánchez sai sozinho em seu jipe. Não o avisaram que o Hospital Civil está ocupado pelo inimigo. Ao passar pela Escola Normal e cruzar a rua Trinidad, fica de frente para o hospital e vê uma porção de militares uniformizados, o que o faz frear o jipe para observar o que está acontecendo. Nesse momento, os militares disparam tiros que atingem a frente do veículo, e ele se pergunta por que os soldados estão atirando nele se mantém boa relação com eles.

Mauricio Armando Feraud ouve os disparos e vai com o irmão Pedro ao quartel. Eles têm o costume de sair cortando caminho pelo Hospital Saturnino Lora, um atalho. Os dois caminham com a tensão dos tiros que escutam, vindos do Moncada. Mauricio Armando está desarmado, porque seu revólver .45 estava com defeito e ele o deixara no armeiro para conserto. Ele e o irmão vão em direção ao hospital.

O tenente Pedro Feraud está a alguns metros de lá quando ordena a Mauricio que espere um pouco. Agita sua pistola sobre a cabeça e grita com todo vigor:

– Rendam-se! Rendam-se!

O silêncio que se segue parece normal. Ninguém atira. Os irmãos Feraud retomam a marcha. Então, soa uma detonação seca e dura, e Pedro Feraud cai de bruços. O tiro lhe atinge na aorta. Ele dá outra volta completa sobre si mesmo e cai novamente, aos pés do irmão. Ao desabar, larga a arma. É quando Mauricio Armando a pega. Conhece bem as pistolas. Tenta manipulá-la, mas de repente sente uma trepidação no braço. Foi alvejado. Doze grãos de chumbo. Cai. Vai recuando e agacha num declive, deixando um rastro de sangue.

Morales Sánchez, sob os disparos feitos contra ele do hospital, pisa no acelerador e vai até a Martí, e dali gira à esquerda, chegando à entrada principal do Moncada. Ele entra, cruzando o polígono, sob os dois fogos. No quartel, encontra uma situação difícil, caótica, muito corre-corre de soldados e ações erráticas e sem sentido.

Izquierdo localiza a origem dos tiros, que partem do Tribunal de Justiça. Desce pela Garzon e entra pela porta principal, a que dá para a rua da fábrica da Coca-Cola. O tiroteio, como descreveria depois, "é intenso". Muitos soldados saem das barracas com suas armas, correndo, vestidos pela metade.

Sarría sai de Trocha para o quartel. Vai no jipe e, em vez de entrar pela porta da frente, de onde estão atirando, entra pela porta que dá para a rua da casa de Río Chaviano, que fica mais próxima de seu esquadrão. É um dos primeiros a chegar, e quando chega já há um morto em seu esquadrão, deitado sobre uma cama. Havia parado um instante e, do hospital, por uma janela, partiram a sua testa, bem no meio; era um soldado que viera emprestado de Bayamo. É seu primeiro morto.

Morales Sánchez sobe até a Chefatura, onde está o coronel Río Chaviano, muito nervoso, por certo, deitado entre a parede e um birô que o protege, com o telefone no chão, pedindo reforços a Havana. Então, ordena a Morales Sánchez, gaguejando:

– A... Assuma a defesa do quartel.

Está morrendo de medo. A defesa não está a cargo de Morales Sánchez. Ele não tem autoridade para isso. Ele é comandante auxiliar, inspetor de regimento. A defesa do quartel cabe ao comandante Andrés Pérez Chaumant, que fica na praia de Ciudamar e diz depois que foi cercado por uns rebeldes ali. Aparece em Moncada à uma da tarde. Um irmão de Morales Sánchez, o mais velho, está ferido gravemente e é posto numa cama da barraca. Ele entra e tira seu irmão e outros feridos dali; vê que na própria barraca há já alguns militares mortos – são oito, e estão de cuecas e camiseta, porque serviam na Tesouraria, que fica ao lado daquela barraca. Tira o irmão e o manda para o hospital. Lá ele é operado, mas não resiste e morre. Então, Morales Sánchez recolhe e desce para buscar os oficiais, reúne-os e prepara a defesa do quartel.

O posto 3, varrido pelos disparos, agora está instransponível. Depois de reorganizar os homens, percorro a rua que dá para o quartel, embaixo de balas, naturalmente, e ouço os gritos de meus companheiros:

– Afaste-se! Afaste-se!

O ataque surpresa havia fracassado. Transformara-se num combate de posições. As munições de que dispomos, de baixo calibre, batem impotentes nos muros do quartel.

Depois de uma hora de combate, praticamente todas as nossas reservas já foram exauridas. Percebo que se continuamos lutando é apenas por impulsos absurdos e talvez até pela vaidade. Mas não tenho ilusões a respeito do êxito do assalto. Na luta, fragmentada em pequenas ações parciais, só conta agora a sorte individual de cada homem.

Já estou convencido de que todos os esforços para tomar a fortaleza são inúteis. Pedro Miret, Fidel Labrador e outros seis francoatiradores se dispõem a cobrir a retirada. Miret também compreende que o assalto fracassou e que a sua vida – iria me contar isso depois – lhe parece *totalmente desprovida de interesse*. Estamos em retirada, em grupos de oito e dez homens.

O LIVRO DOS IMPOSSÍVEIS

A vaidade? Bem, perdemos e ainda não queremos aceitar. Os profissionais foram eles, e não nós. Homens simples, do interior, trabalhadores, mas a quem nunca daremos a possibilidade da glória, que souberam onde colocar as metralhadoras e nos rechaçaram. E há duas razões primordiais para tornar elusiva a glória do vencedor. E do vencedor em combate limpo. A primeira é clássica: embora tenham ganhado a batalha, no fim não irão ganhar a guerra. A segunda, nunca evidente nem mencionada, pois é recôndita e sáfica, oculta-se nas zonas mais obscuras da alma da nação: é o racismo. O racismo numa nação erguida pela mão de obra escrava, mas sempre sob o mando de espanhóis ou seus descendentes, exceto nas duas oportunidades em que um mulato, que para desprezo maior era mestiço de índio cubano, sabe Deus de que dizimado grupo tribal, teve a ousadia de nos governar com mão de ferro em duas oportunidades. De modo que servimos, em bandeja de prata, à sempre temerosa e volátil burguesia nacional branca, um serviço tangencial: matar soldados. Não se esqueçam de que ainda somos identificados, mais do que como revolucionários, como estudantes, como "os garotos da universidade". E os estudantes em Cuba são sempre brancos. Os mecanismos desse tipo de pensamento terão de ser ajustados num futuro previsível, pois não posso fazer uma revolução do proletariado lutando contra um exército de mulatos e de negros e de camponeses pobres. Além do que o verdadeiro exército da burguesia e do imperialismo foi o que Batista derrubou com o golpe de Estado de 10 de março de 1952 e que remata principalmente, em abril de 1956, depois do Moncada, quando liquida o complô – incentivado e financiado pela CIA – do coronel Ramón Barquín. Portanto, tenho que suar para poder definir o projeto e os objetivos de minha propaganda e mostrar essas "instituições armadas" – como eram chamadas – como um instrumento de repressão dos imperialistas e das classes altas, e não, como eram, como um modo de vida – com roupas e lençóis limpos, três refeições por dia e um abono no Natal – para 50 mil ou 70 mil cubanos que, de outra forma, seriam um humilhante potencial adicional de mais desempregados e de 50 mil ou 70 mil famílias a mais na miséria, com proles descalças e com a barriga estourando de lombrigas. Muito complexo. Tudo muito complexo. Mas é uma coisa a ser revolvida *a posteriori*, pois preciso deles agora – burgueses e imperialistas –, preciso de ambos, e não posso torná-los meus inimigos. A aliança tática com meus encarniçados inimigos de amanhã está feita e sem que meus aliados táticos tenham jamais conhecimento de que a subscreveram. De momento, tenho que me servir de um setor sempre presente nos exércitos: o setor de seus criminosos. Não do outro, o dos que ganham a vida, que é o majoritário.

Eu vi a movimentação dos profissionais do Exército cubano, vi como lutavam no Moncada sob o fogo e nunca os vi se agacharem, nem em algum gesto involuntário de sobressalto, sempre erguidos e com absoluto domínio de suas ações, embora fosse para muitos deles, inclusive, seu batismo de fogo, e os vi me capturando, e desarmando e prendendo meus companheiros, e não se produziu um só caso, ouçam bem, nem um único caso desses oficiais – estou falando dos que assumiram as posições no combate – de levantarem a voz ou desferirem um golpe em algum de nossos companheiros, além de terem a integridade e hombridade de passarem por cima do fato de que acabávamos de matar um irmão ou um bom amigo deles num ataque surpresa e sem declaração prévia de hostilidades. Trata-se de minhas memórias, ou seja, escrevo como se ditasse minha última vontade e sem me reprimir, sem fazer reparos a mim mesmo.

Esse era o trabalho deles, e previsivelmente parecia estar numa das cláusulas (registradas pelo menos no espírito, senão no papel) de seu contrato militar (*se atacarem, contra-ataquem*), e em relação a nós foram íntegros, eficientes, profissionais, capacitados. A maior mostra de seu profissionalismo foi no fim do combate, com todos nós capturados. Enquanto a matilha de Río Chaviano se deleitava em sua festa de sangue, nenhum dos velhos oficiais se deixou levar pelas emoções do vencedor bárbaro. Desapareceram no mesmo anonimato do qual, na hora precisa, surgiram para nos dar combate e nos derrotar. Essa é a história do comandante inspetor do Regimento 1 Maceo, Rafael Morales Sánchez; do comandante-chefe da Polícia Nacional divisão 1 Santiago de Cuba, José Izquierdo Rodríguez; do tenente-chefe Esquadrão 11 Guarda Rural Regimento 1 Maceo, Pedro Sarría Tartabull.

No fim, no *vivac*[13] de Santiago de Cuba – uma espécie de primeira instância para onde eram levados os prisioneiros recém-capturados – e rodeado por Izquierdo, Sarría, Morales Sánchez e pelo próprio coronel Alberto del Río Chaviano, além de dois ou três taquígrafos, esses homens, a única coisa que me reprovavam era ter-me lançado à aventura com um armamento tão pouco adequado. O que no fim se transformou num de nossos principais *assets* de propaganda – termos enfrentado o Exército com aquelas escopetas de caça de baixo calibre – era, na realidade, o argumento do ponto de vista militar mais censurável de nossa ação. Essa era a única coisa que eles faziam questão de destacar. Eu podia tomá-lo como quisesse, cada vez que me diziam: "Mas, rapaz, você é louco? Como atacar um quartel como o Moncada com esses fuzizinhos?" Mas era também como uma advertência, ou como dizer: "Ouça, rapaz, da próxima vez procure um arsenal melhor." Não para Río Chaviano, evidentemente. Para Río Chaviano, seu poder de fogo – em comparação com o nosso, é claro – era a base de sua prepotência e a carta patente para seus abusos.

Era preciso procurar um equivalente estratégico ao da supremacia logística do adversário, que talvez estivesse no uso do tempo, e em não apostar todo o capital no golpe rápido, contundente e localizado sobre um ponto isolado do território, que costuma ser o resultado de todas as conspirações. Havíamos fracassado na ideia de manobra principal. Minha experiência agora é que você não pode sitiar um bastião se não for superior a ele em poder de fogo e capacidade de destruição, e que o estratagema de se abastecer do armamento do inimigo é funcional na luta de movimentos e de território extenso de uma guerrilha, mas não quando você depende do paiol de armas e explosivos da própria fortaleza a ser rendida. Não funciona, porque faz você cair na própria armadilha. Que é se enfiar dentro das paliçadas e ver, em sua derradeira hora, como as pontes levadiças se erguem, ou ficar do lado de fora sem poder sequer arranhar a muralha.

Enquanto estava naquele *vivac* de Santiago, me sentindo de alguma maneira protegido pela presença dos comandantes Morales Sánchez e Izquierdo e principalmente do tenente Sarría, com quem tinha conseguido um *rapport*[14] no caminho que fizemos até ali, desde a fazenda no pé da Gran Piedra, onde ele me capturara – ele também me inspirava proteção por me ter feito partícipe do segredo ("o Partido me mandou para salvar você") que permitiria me apresentar com pleno domínio de mim mesmo diante do tenebroso Río Chaviano –, retomei as operações. Era 1º de agosto de 1953, por volta das onze da manhã. Não havia decorrido uma semana desde que Renato Guitart gritara "Abram alas, que aí vem o general!", que o cabo Izquierdo avançara até a campainha de alarme e que Pepe Suárez, ao disparar nele, efetuara o primeiro fogo de combate de toda a história da Revolução Cubana que atingia um alvo vivo.

Agora eu tinha que começar pela propaganda, é claro. Em suma, era o único recurso intacto e à minha disposição naquele momento.

Depois chegou a hora da adaptação à prisão. Em meu caso, não era um estado de resignação, mas de reconhecer o terreno e começar a me mexer. Ótima oportunidade para pôr à prova uma das frases do reverenciado patriota José Martí que mais havia me chamado atenção tempos atrás, pela carga de ambivalência sempre tão atraente do oximoro. Dizia que mais valia uma ideia justa no fundo de uma gruta do que um exército. Para mim, tinha as ressonâncias distantes da advertência de Cristo de que era mais fácil um camelo passar por uma agulha do que um rico entrar no reino dos céus. Embora ele propusesse isso como absolutamente impossível, e não como um desafio, e principalmente numa época em que se podia conceber que você fosse Filho de Deus, mas não se podia conceber Einstein nem a Lei da Relatividade. Para mim, confesso, quanto mais impossível for o volteio retórico, mais me atrai – em suas piruetas imaginativas – seu desafio implícito, talvez porque eleve a barra do salto em altura alguns centímetros. Por isso costumava me ver decidido a dar pontapés no traseiro do camelo até embuti-lo na agulha.

Bem, chegara a hora de testar os equilíbrios químicos. Eu já estava no fundo da gruta. E todo um exército me rodeava.

Soube que o general Francisco Tabernilla ("Pancho"), chefe das Forças Armadas, mandou plastificar o radiograma em que foi informado de nossa captura e onde se davam as primeiras informações a nosso respeito. O propósito era dá-lo de presente a Batista, para que o dependurasse em seu gabinete. Mas Batista não deu muita atenção ao presente e o fez deslizar para dentro de alguma gaveta, apesar de sempre ter dado algumas palmadinhas de agradecimento ao seu velho companheiro. A amarga verdade é que nós – como troféu de guerra – ocupamos um tempo muito escasso em sua imaginação.

República de Cuba

RADIOGRAMA OFICIAL

EXÉRCITO CONSTITUCIONAL

Preso o dr. Fidel Castro, de 26 anos de idade, e seus companheiros José Suárez Blanco, de Artemisa, de 23 anos; Oscar Alcalde Valls, de 31 anos, residente em El Cotorro; Armando Mestre Martínez, de 24 anos, vizinho da divisão Poey; Eduardo Montano Benítez, residente no bairro La Ceiba, Marianao; Juan Almeida Pozo,[15] de 27 anos, da divisão Poey; Francisco González Hernández, de 22 anos, de La Ceiba, Marianao; e Mario Chacón Armas,[16] de 26 anos, do mesmo lugar.

9. HAVANA PELA ÚLTIMA VEZ

Meus pais já estão em contato (e gastando bastante dinheiro) com o monsenhor Enrique Pérez Serante, arcebispo de Santiago de Cuba, para que auxilie em nosso resgate. É quando o padre decide investir-se "como autoridade eclesiástica" e se interessa por nosso rastreamento, e começa a agir junto com outras personalidades de Santiago, das quais a mais destacada era ele, para nos salvar a vida. Ele se encontra, evidentemente, com todos os donos de fazenda da região, e é dessa forma que nos chega o recado para que nos entreguemos. *Mas quer que nos entreguemos a ele*, e somente a ele – a Pérez Serante. José Sotelo nos transmite sua mensagem. Nesse momento, como se pode ver, há três forças deslocadas para a área, que competem para nos agarrar: Pérez Serante, para alegrar o bolso com não menos do que 10 mil pesos oferecidos por meus pais e, além disso, ganhar magníficos pontos como pacificador; o grupo clandestino do Partido por meio de Sarría, por todas as razões que os senhores sabem, sendo a primeira delas poder me ter ao lado dele na luta contra os reformistas; e os oficiais do Exército, os da turma de Río Chaviano, porque a única parte da ordem de Batista que faltava cumprir era me matar. O recado de Pérez Serante alivia nossa situação e oferece nova perspectiva. O argumento que tão prolixamente utilizei depois em meus inúmeros relatos sobre o assalto ao Moncada, de que um grupo dos companheiros que estava comigo e tinha as piores condições físicas se apresentara às autoridades por meio do arcebispo, um grupo de seis ou sete companheiros, tem apenas uma porcentagem de verdade. Na realidade, eu também decidira me entregar. Só que esse primeiro grupo iria antes, a título de teste. Era como a missão atribuída a uma patrulha de exploração. Eu ficaria com dois companheiros, os mais fortes e determinados, aguardando até conhecer o desfecho da primeira entrega. Esse é o pequeno grupo com o qual sempre disse que nos propúnhamos atravessar a baía para chegar à Sierra Maestra e organizar de novo a luta. Tolices. Só fui pensar na Sierra Maestra como teatro de operações em dezembro de 1956, ou janeiro de 1957, depois do desembarque do *Granma* e na condição de fugitivo que se embrenhava por aquelas montanhas depois de voltar a fracassar na tentativa de uma conquista rápida do poder. Falei com José Sotelo para que aceitasse o encontro entre esse grupo e o arcebispo. Então nos separamos deles, à espera do amanhecer e do arcebispo, e nos retiramos até mais ou menos uns dois quilômetros, no limite com Las Delicias, a fazenda vizinha, propriedade de Juan Leizán, num lugar que chamam de Mamprivá.

Não calculei que a essa hora o Serviço de Inteligência Militar estaria interceptando as comunicações e grampeando uma conversa telefônica de Sotelo com o arcebispo, e bem cedo, antes do amanhecer, iria enviar patrulhas por toda aquela área, nas proximidades da estrada. Mas, por sua vez, o Exército não calculou que podia incorrer num erro correspondente: o de ter o tenente Pedro Sarría no comando desse patrulhamento ao pé da Gran Piedra.

Estávamos um pouco cansados e dormíamos nas encostas das montanhas, sem cobertas nem nada, e – já dentro da propriedade de Leizán, a fazenda Las Delicias – achamos uma pequena cabana de madeira, de uns quatro metros de comprimento por três de largura, em forma de triângulo e coberta por folhas de palmeiras, feita para guardar ferramentas, e decidimos proteger-nos um pouco da neblina, da umidade e do frio ficando ali até o amanhecer. E o que aconteceu, ao amanhecer e antes de acordarmos, foi que uma patrulha de soldados invadiu a cabana e nos despertou com os fuzis sobre nosso peito.

Confiamos demais. Fazia uma semana que estávamos nesse jogo e os soldados não nos encontravam. Rastreavam e procuravam, e nós os havíamos ludibriado durante esse tempo, e achamos que isso podia ser eterno. Subestimamos o inimigo. Cometemos esse outro erro e caímos nas mãos deles.

Ocorre, então, uma casualidade. Pedro Sarría. Um homem com certa energia, como descrevi em algumas entrevistas, mas não um assassino. Os soldados queriam nos matar, estavam excitados, procurando o menor pretexto; tinham os fuzis montados e apontados, e nos amarraram. Inicialmente nos perguntaram a identidade e demos outro nome. Mas até eu desconheço que Sarría tem duas instruções, de dois comandos diferentes, e que está tentando conjugá-las bem. Posso intuir as ordens de seus oficiais superiores no Exército, mas nunca imaginar sua tarefa em relação a mim atribuída "pelo pessoal". Desconheço que tem essas outras instruções e na realidade irá me proporcionar uma lição que depois vou utilizar com frequência e principalmente com o Che, quando ele se entregar ao exército boliviano em 8 de outubro de 1967. Não deixar que você se entregue ao inimigo e que ele possa usá-lo em sua maldosa propaganda. No caso do Che, foi preciso matá-lo para que não se convertesse num traidor, público e notório, e pudesse assim continuar servindo à causa, como um símbolo pelo menos. É um benefício mútuo o que se obtém quando você impede um homem como o Che de passar para o bando contrário. A causa fica a salvo da traição de um de seus filhos bem-amados e ele é elevado à categoria mais útil dos mártires. Um método infalível de preservar um revolucionário. Em última instância, é uma ação totalmente justificável do ponto de vista ético: não deixar que arrebatem de você um símbolo que passe a ser utilizado como símbolo também pelo inimigo é algo não só permitido ou razoável, mas necessário.

Esses soldados, por alguma razão, querem nos matar seja como for; se tivéssemos nos identificado, os disparos teriam sido simultâneos à identificação. Crio, então, uma polêmica com eles, para acabar de decidir a situação, já que não via a mais remota possibilidade de sobreviver. Como eles nos chamam de assassinos e dizem que tínhamos ido ali para matar soldados, alegando que eram os continuadores do Exército Libertador, eu retruco que eles são os continuadores do Exército espanhol e que os verdadeiros continuadores do Exército Libertador éramos nós, o que os deixa mais furiosos ainda.[17]

Quando já nos considerávamos mortos, Sarría intervém e diz:

– Não atirem, não atirem.

E pressiona os soldados. Enquanto faz isso, em voz mais baixa, repete:

– Não atirem, não se matam as ideias, não se matam as ideias.

Que coisa extraordinária está dizendo aquele homem. E repete três vezes:

– Não se matam as ideias.

Estou gostando mais dessa frase do que da frase de Martí. É mais simples e direta.

Mas o mais importante foi, naquele instante, perceber que se abria uma porta e que na luta imediata que se me apresentava inesperadamente, a de sobreviver, contava com um aliado naquele tenente suarento e de voz categórica que havia se colocado entre os fuzis Springfield de seus efetivos e meus dois companheiros e eu, em deliberada atitude de nos proteger. Embora tivesse falhado a gestão de nos entregarmos ao arcebispo, a mudança repentina de situação podia se revelar muito mais proveitosa. Em menos de sessenta segundos deixava de me preparar para a morte, com raiva e indignado comigo mesmo, e passava a urdir novos planos, como se no próprio paredão, na hora de supostamente colocarem a venda em meus olhos, abrissem-me uma mesa de dobrar, desenrolassem os mapas em cima dela, dessem-me um lápis e me perguntassem: "E agora, por onde vamos?"

Saímos ganhando com a entrada de Sarría no âmbito de nossas ações. Principalmente, se focamos o horizonte distante do julgamento histórico – se não perdemos esse foco –, os senhores verão como de imediato a imagem muda, porque a essência da ação se transfigurou: já não estamos nos rendendo a um obeso e abúlico arcebispo de província, que vai nos pôr à disposição das autoridades militares da praça Santiago de Cuba, que nas próximas semanas aparecerão, sua eminência o bispo e o respeitável coronel, nas fotografias das páginas sociais, com as bochechas cheias de gordura de algum banquete dos notáveis da cidade no Rotary Club ou na Barra Bacardí, enquanto não houver forma digna de aparecermos no cenário depois de toda a inútil mortandade causada e de que um padre de aldeia nos tire do monte onde nos escondíamos e nos entregue pelas orelhas ao paciente e magnânimo chefe militar que, dando pancadinhas impacientes com sua corrente de relógio sobre as polainas, nos aguardava. Não há rendição. Não há entrega. Fomos capturados enquanto o sono nos vencia. Isto é, ainda podemos dizer que estamos em pé de luta. Ainda podemos descrever a situação como um revés temporário. Inclusive, as circunstâncias são mais que propícias para que comecemos a ver-nos como heróis – e na verdade não somos outra coisa. Nada mais emocional e capaz de gerar compaixão no espírito humano e a necessidade de se solidarizar do que a visão de um gladiador caído. E esse é o grande significado de Pedro Sarría Tartabull na origem da Revolução Cubana. Que limpou sua imagem. A nossa.

E, cacete, como esse negro soube negociar bem.

Lembro como se estivesse me vendo agora, recostado na cama de minha cela, aquelas sessões de avaliação do combate e seu final. Continuava me preparando para o julgamento e fazendo anotações para a alegação. Mas tive que começar a separar informação de argumentação. Porque as argumentações – se eu realmente as levasse às últimas consequências – não tinham qualquer cabimento na alegação. Tudo isso era um trabalho que eu produzia em minha mente. No fim, só iria parar no bloco de notas o que fosse informação utilizável na alegação.

A base da negociação de Sarría – e que ele concebeu nos escassos quarenta minutos de nossa viagem de caminhão até o *vivac* de Santiago de Cuba – foi que os próprios militares estavam impressionados pela ação, digamos que às vezes expressavam um certo respeito pelo que havíamos feito, ao que se somava a satisfação pelo invencível exército ter rechaçado o ataque e capturado os assaltantes, e ao que vinha se juntar um elemento psicológico: a consciência já os estava atormentando, porque àquela altura haviam matado de setenta a oitenta prisioneiros, e a população sabia disso. Então, se já ganharam a batalha e, além disso, entre os prisioneiros têm o chefe inimigo são e salvo e disposto a declarar, o que ganham atirando outra meia dúzia de cadáveres no necrotério de Santiago?

Excelente negociação. E aprendizagem melhor ainda. Mesmo nas piores condições de combate e de enfrentamento, é possível negociar. A única coisa necessária é ter algo a oferecer. Não grandes coisas, nem se deve ir além das justas proporções da necessidade, e jamais oferecer sonhos ou quimeras. O verdadeiro *asset* de negociação em condições de quase desespero é jogar na mesa uma ficha equivalente à situação, e de valor imediato. Se você não perder de vista que toda negociação não é mais do que uma manobra de abstrações sobre um fundo situacional objetivo, mas que você está tentando subtraí-la desse fundo, você já ganhou metade da briga. O simples fato de negociar já é vitória. Deixem-me dizer que de tudo isso saiu um dos princípios básicos de nossos trabalhos operacionais, que com tanto sucesso aplicamos desde o triunfo da Revolução em nossos aparelhos de inteligência e contrainteligência: dizíamos que quando você conseguia fazer sentar para conversar ao pior e mais acirrado de seus inimigos, era sinal de que já tinha fodido com ele. Digo *sentar*. É algo que temos estudado e documentado por meio de milhares de interrogatórios. Quando você chama um detento até o escritório ou ele está solto na rua e você o intima a ir até uma casa de segurança, você nunca lhe oferece assento. Espera-se que ele peça. O oficial ou o interrogador podem estar ou não em pé com ele, e os assentos, evidentemente, devem estar à mão, mas é preciso esperar as palavras mágicas "Posso sentar?" ou "Por que não sentamos?" para que você saiba que esse homem já é seu. Nenhum homem dos que se sentaram para falar conosco nos mais de quarenta anos de Revolução conseguiu depois escapar do compromisso. Do mesmo modo, temos que admitir que não se registrou nenhum caso de um duro que tenha solicitado sentar – nunca.

Minha estadia de menos de dois anos no Reclusório Nacional para Homens em Isla de Pinos[18] foi dedicada primordialmente a uma intensa atividade literária. Posso dividi-la numa produção de três etapas. Primeiro foi a reconstrução de minha alegação de autodefesa, agora universalmente conhecida como *A história me absolverá* – Não? Não é universalmente reconhecida? Tive uma sorte logo de saída: que a casa dos pais de um de meus companheiros no frustrado assalto ao Moncada, Chucho Montané, fosse em Nueva Gerona, o povoado mais próximo do presídio, na realidade, o único povoado da ilha, quero dizer, com ruas asfaltadas, instalações elétricas e dois hotéis. Os barcos que viajavam até a ilha, dois velhos trastes de madeira que faziam a travessia partindo de Batabanó – outro povoado similar no litoral sul de Havana – em oito horas de lenta navegação por aqueles mares rasos, atracavam a pouca distância da casinha, também de madeira, dos Montané. Por ali circularam, entre outras, minhas cartas cifradas com as instruções das tarefas aos companheiros ainda disponíveis fora da prisão, principalmente a Melba e Haydee, condenadas a sete meses de prisão no cárcere para mulheres de Guanajay, uns sessenta quilômetros a oeste de Havana, a partir do momento em que foram libertadas. Foi também a casa onde encontravam abrigo seguro nossos parentes quando viajavam para nos visitar no instituto penal. Mas, desde o princípio, era o lugar onde armazenava aos poucos as páginas do que eu escrevia. É um problema escrever nessas condições, quando você não tem a possibilidade de revisar os trechos anteriores. Cria uma espécie de desassossego, porque é como estar na fronteira de um passado que vai ficando indistinto e de um futuro com suas habituais incógnitas. Continua sendo uma obra que está na memória até que entregam a você o primeiro exemplar impresso. De qualquer modo, esse desassossego se aliviava pela certeza de que as folhas estavam a salvo, já não descansavam comigo, e ninguém iria me surpreender com elas.

A segunda etapa foi a correspondência política, uma parte cifrada do que ia se configurando como o Movimento 26 de Julho e outra de teor público, que foram quase sempre cartas a um jornalista chamado Luis Conte Agüero. O conjunto desse material se perdeu. O que se salvou está agora num livro[19] de cartas minhas compiladas por este personagem, talvez o mais inocente de todos os meus inocentes úteis, e realmente muito útil naquela circunstância. Tinha um programa de rádio que o anunciava como "a mais alta voz de Oriente", porque, quando saiu de sua emissora original de Santiago de Cuba para uma de Havana, achou conveniente fazer-se respaldar por esse slogan grandiloquente. É claro que minhas inflamadas proclamações e cartas vindas da Isla de Pinos contribuíram para melhorar sua audiência. Mas houve uma época em que o respeitei. Inclusive – sem que ele soubesse disso na época, é claro – ele esteve em meus planos do Moncada. O discurso ao povo de Santiago para que ficasse firme conosco e com o armamento estocado no quartel estava previsto para ser lido em seu programa.

Hoje me seria penoso reler essas cartas – que Luisito publicou, por certo, sem minha autorização –, primeiro porque estavam remetidas a ele mesmo e pela quantidade de elogios que me via obrigado a fazer. Puro compromisso político, tão político como repugnante. ("Luis... Você tem inteligência, coragem, grandeza de sobra..."[20] Ou: "Querido irmão: nem as grades, nem a solidão, nem a incomunicabilidade, nem o furor dos tiranos impedirão de chegar às suas mãos estas linhas portadoras de minha cálida adesão, nesta hora em que você colhe os aplausos e o carinho granjeados por suas cívicas lutas."[21]) Será que me via obrigado *ou achava estar obrigado* e na verdade agora me recrimino pela quantidade de lisonjas inúteis que lhe dediquei? Se por acaso fosse salvar hoje algumas linhas, para mostrar em certas passagens os acertos que expresso com maior clareza e concisão nestas memórias, mas que então se viam constrangidos pela menor experiência ou pelo temor de despertar as inevitáveis suspeitas de quem estivesse seguindo meus passos ou atento ao meu expediente, teríamos amostras como as seguintes.

> ... seria formidável se na Cadeia Oriental fosse possível anunciar diariamente o tempo que já faz que estou incomunicável: tantos meses, dez dias, tantos meses, onze dias... assim sucessivamente. (Lembra Catão, que sempre terminava seus discursos pedindo a destruição de Cartago.)[22]

Atenção à primeira linha a seguir. É uma coisa da qual já falamos antes, mas quero que o comprovem agora como um pensamento em seu estado primitivo, mas claríssimo.

> Não se pode abandonar um minuto a propaganda porque é a alma de toda luta.[23]

210 A AUTOBIOGRAFIA DE FIDEL CASTRO

E, na mesma carta, talvez a mais premonitória de todas as advertências e a que passou despercebida tanto a Luis Conte Agüero que dispunha do documento, de meu punho e letra, original e sem cópia, em sua gaveta, como a todos os serviços de inteligência em meu encalço. Os dois grifos são meus.

Muita mão esquerda e sorrisos com todo o mundo. Prosseguir com a mesma tática que foi seguida no julgamento: defender nossos pontos de vista sem levantar rusgas. *Teremos depois tempo de sobra para esmagar todas as baratas juntas.*[24]

Por último, esta frase que deixa até a mim espantado ao lê-la agora:

Condições que são indispensáveis para a criação de um movimento cívico: ideologia, disciplina e comando. As três são essenciais, mas o comando é básico.[25]

A terceira etapa tem a ver com as circunstâncias que me obrigaram a romper com Mirta e me divorciar dela. Está expresso numa daquelas cartas: quando me foi arrebatado das mãos o que dei de chamar na época de "o único ideal privado de minha vida" e ao qual estive motivado a servir decidida e cegamente.[26] Mirta. Ainda me dói aqui, cacete, no meio do peito. Os senhores sabem o que é o peito de um homem, de um homem como eu? Pois ainda me sinto sufocar quando me lembro daquela noite de sábado de 17 de julho de 1954, quando ouvi pela transmissão das onze da noite do noticiário da CMQ que "o ministro do Governo havia determinado a exoneração de Mirta Díaz-Balart". Sim, os filhos da puta batistianos me deixavam ouvir um radiozinho. Estavam me desferindo um golpe baixo. Não só me haviam derrotado militarmente e assassinado meia centena de companheiros e me condenado a quinze anos de prisão. Também seus arautos anunciavam que minha mulher estava na folha de pagamento de uma repartição pública, sem nunca ter trabalhado lá. Talvez fosse melhor estar preso, porque se estivesse livre, mas com os mesmos compromissos que me tinham posto na prisão, ou seja, a liderança de uma intentona revolucionária, a dor teria sido bem maior. A prisão mitigou minha agonia porque me permitiu usá-la como escudo perante mim mesmo, diante da verdade que eu sabia reconhecer entre todo o lixo acumulado de minha própria retórica, a de tomar Mirta em minhas mãos e fazer descansar sua cabeça em meu peito, debaixo de meu queixo, e sentir a fragrância de seu cabelo cuidadosamente lavado e ajustadinho sobre suas têmporas em seu penteado de colegial e aquela respiração a meio caminho entre implorar e consentir, da moça que espera a reprimenda por uma travessura, mas que se sabe a salvo de males maiores e de um mundo cruel e alheio do qual eu a protejo, do qual eu a cuido, do qual eu a mimo. O cárcere me beneficiou com o argumento de seus muros intransponíveis. Se estivesse livre, se houvesse tido Mirta em minha frente, aquela criatura frágil e assustada, e se minhas infalíveis mãos de galego obstinado e brutal tivessem podido segurá-la... Ah! O que teria feito naquela noite, meu Deus, o que teria feito sabendo que não ia matá-la, e que a única coisa que teria querido desesperadamente seria me render, me render diante de Mirta Díaz-Balart. Meu espírito morreu naquela noite. Sei que morri naquela noite. E foi então que entre os homens e Mirta, eu escolhi os homens, e por isso a partir daquele momento eles iam conhecer o preço de minha escolha, porque iriam pagar, saberiam, sem lugar para piedade nem trégua.

Cuba é um desses estranhos países em que os líderes revolucionários preferem antes aceitar a morte de um filho do que arriar suas bandeiras políticas. Sabe-se que Carlos Manuel de Céspedes, nosso primeiro presidente da República em Armas, ouviu em seu refúgio nas montanhas da Sierra Maestra a descarga que ceifou a vida de seu filho, que os espanhóis lhe haviam oferecido em troca de sua rendição. Stalin é outro. Da remota União Soviética e em outro século, mas com conduta igual. Os senhores devem lembrar quando os nazistas lhe ofereceram trocar um filho seu, que haviam feito prisioneiro, por um general alemão, que estava nas mãos dos soviéticos, e a resposta que Stalin mandou dar aos negociadores era que ele não trocava generais por capitães. Ou seja, conheço perfeitamente o significado desse tipo de perda porque também tive que escolher, e não é um sentimento que se possa descrever por aproximação. Se me atenho à letra dos clássicos, e essa leitura eu nunca esqueci, o apotegma de Engels de que amamos mais os filhos da mulher que mais amamos justifica minhas assertivas. Mais ainda, não estando Mirta em poder do inimigo, mas ao alcance de meu perdão.

Essa é a terceira parte de minha produção literária no presídio. Minhas cartas quando soube que Mirta e as sinecuras agenciadas por seu irmão Rafael eram conhecidas por todos.[27] É a dor e uma noite que nunca cessaram para mim, e disso restam alguns vestígios de frases em cartas ("Não se preocupe comigo, você sabe que tenho o coração de ferro e serei digno até o último dia de minha vida. Nada se perdeu!"),[28] em geral, lamentáveis fanfarronices.

Nada se perdeu?

Isla de Pinos, sábado 17 de julho de 1954.

Mirta:

Acabo de ouvir pelo noticiário da CMQ (onze da noite) que "o ministro do Governo havia determinado a exoneração de Mirta Díaz-Balart"... Como não posso acreditar sob nenhum conceito que você tenha figurado jamais como empregada desse Ministério, procede que você inicie imediatamente um processo criminal por difamação contra esse senhor, dirigida por Rosa Ravelo ou qualquer outro advogado. Talvez tenham falsificado sua assinatura ou alguém tenha estado cobrando em seu nome, mas tudo isso pode ser demonstrado facilmente. Se tal situação for obra de seu irmão Rafael, você deverá exigir dele sem alternativa possível que elucide publicamente essa questão com [o ministro de Governo, Ramón] Hermida, mesmo que isso lhe custe o cargo e mesmo que lhe custe a vida. É seu nome que está em jogo e ele não pode fugir à responsabilidade que deve saber muito grave para com sua única irmã, órfã de mãe e de pai, cujo esposo está preso.

Não deixe de apresentar, agora com mais razão do que nunca, o escrito a Miguel Quevedo [o diretor da *Bohemia*]. Aja com firmeza e não hesite em enfrentar a situação. Peça conselho a Luis Conte [Agüero]; estou escrevendo-lhe também umas linhas. Considero que seu pesar e sua tristeza *seja* [sic] grande, mas conte incondicionalmente com minha confiança e carinho.[29]

Fidel

Leitura altamente recomendável: assim eu chamaria o trecho anterior, principalmente para quem se envolve num intento contrarrevolucionário. É bom que conheçam minha experiência como presidiário para que saibam o quanto me podem comover a rudeza e a asfixia dos longuíssimos anos que passamos em nossas prisões. Por outro lado, essa perseguição implacável e encarniçada e o não me darem paz nem sequer quando estava numa cela solitária me foram proveitosos uns seis ou sete anos mais tarde, quando tive que instrumentar meu próprio regime de prisões. Serviram-me para entender na própria carne que a prisão não é só um edifício onde você prende um cara por um certo tempo para isolá-lo da sociedade e impedi-lo, pelo menos durante esse tempo, de voltar às suas andanças. Não. Nossas prisões tinham que ser um sistema, uma teia de castigos da qual não escapasse ninguém do entorno familiar do prisioneiro, para macerá-lo moralmente de muitas maneiras.

O cárcere é uma passagem obrigatória da introspecção. Disse introspecção e não autoanálise. Sempre rechacei a autoanálise por considerá-la uma prática prejudicial em tais circunstâncias. Não faz muito sentido ficar prestando contas a você mesmo se no fim o que você tem pela frente é um muro. Para que se mortificar, então? Ainda hoje, com mais de 70 anos nas costas, não é um luxo que me permita, nem que me preocupe. Dizia introspecção. Dizia pensar em que coisas fazer e como fazê-las. Mas se alguma coisa, de todo modo, foi flageladora e virtualmente qualificável como autoanálise e me calou fundo e me obrigou a dedicar-lhe muitas horas de pensamento e desvelo, foi Mirta e a sinecura do ministério do Governo.

Nosso casamento poderia ter resistido sem esse dinheiro. Na realidade, não tínhamos grandes necessidades, e meu pai, pressionado ou não por minha mãe, finalmente acabava cedendo e me enviando de Birán o dinheiro que eu lhe pedisse. Ou uma quantia aproximada. Mas algumas vezes, muitas vezes, eram 2 ou 3 mil pesos, e meu pai mandava; isso era uma verdadeira fortuna na época. Era mais do que ganhava por ano a ampla maioria dos cubanos. Mirta calou para sempre qualquer referência a meu óbvio conhecimento de todo o assunto da sinecura e – ainda mais vergonhoso para mim – suportou com integridade e em silêncio que eu abjurasse dela, e sei que fez tudo por mim. Que fez tudo por – que trabalho me custa esta palavrinha até mesmo para escrevê--la – amor. O maior ato de covardia de toda a minha existência – e não creio sinceramente que se me possam atribuir outros mais – ela me permitiu que, perante os olhos do povo, eu o convertesse em virtude. Abjurei de Mirta para poder me apresentar diante do meu destino absolutamente isento de culpas. E Mirta não disse nada. Teve a coragem, o caráter e a determinação de absorver toda a onda negativa de choque do episódio e de deixar para mim a glória do invicto, sabendo além disso que, a partir de então, não existiria entre nós sequer a esperança do reencontro e mesmo do perdão, porque deve-se saber que eu, o invicto derrotado por si mesmo, nunca mais poderia voltar a olhá-la de frente.

Um amigo, o Chino Esquivel, diz que meu divórcio com Mirta teve uma influência decisiva em mim, igual ao dano produzido por meu rompimento com Rafaelito. O divórcio significou – são suas palavras textuais – que me foi arrebatada "a doçura tão necessária na vida de todo homem" e que isso se refletiu depois em certas rudezas e certas durezas na hora de governar. Quanto a Rafaelito, sempre estive convencido de que não queria que eu saísse da prisão.

Mas havia cometido um erro tático ao cantar o hino do 26 de Julho a Batista. Isso me manteve separado de meus companheiros durante quase todo o tempo e de alguma maneira enfraqueceu nossas possibilidades. Estando sozinho, dependia apenas das eventuais visitas a que tivesse direito. Mas, estando com os demais companheiros, multiplicávamos de fato nossas vias de comunicação com o exterior. Por isso insisti tanto com Conte Agüero para que conseguisse por meio da imprensa que me tirassem da medida disciplinar. Isso também atrasava a luta pela anistia, porque era preciso investir um tempo na questão de meu confinamento.

Enquanto isso, eu tentava reconstruir com outra mulher minhas possibilidades amorosas. Comecei a reinventar Naty Revuelta. Eu não sabia então que nenhum amor é igual a outro e que tudo isso tem muito de química e – como disse posteriormente, inclusive em entrevistas para a imprensa – que existem tantos amores quanto químicas. Isto é, o velho e vulgar axioma que um prego tira outro é inteiramente válido, mas só se for um prego verdadeiramente novo e ao qual a pessoa confira propriedades também verdadeiramente novas. Comecei a ensaiar algumas cartas de retórica forçada dirigidas a Naty, nas quais cheguei a dizer que "algumas coisas são eternas, e não podem ser apagadas, como minhas lembranças de ti, que irão me acompanhar até o túmulo"; ou outras, certamente melhoradas: "Me sinto como quando li *Os miseráveis*, de Victor Hugo, gostaria que durasse para sempre", cujo autêntico valor final é para consumo de historiadores e biógrafos – ou seja, que fui um entusiasta de Hugo. Evidentemente, de quem mais alguém pode ser entusiasta quando está recluso e apodrecendo numa solitária e submetido aos caprichos de carcereiros pálidos e brutais? Uma coisa eu percebia desde então: por que sinto tanta pena dos homens dos outros séculos. Não de séculos muito distantes, porque com esses já perco todo tipo de contato. Mas eu diria mais ou menos que desde fins do século XVII e principalmente desde meados do século XVIII, digamos que desde o início da fotografia, eu os sinto como parentes que podem ter morrido quando eu era criança. Eles me dão pena porque imagino que vivem em lugares escuros e com roupas empoeiradas e que não são muito dados ao asseio. São notáveis e vivem até em palácios, mas desconhecem os benefícios dos dentifrícios e da água corrente. E acho que o culpado por esse rumo de meus pensamentos não é Victor Hugo e, sim, minhas leituras de Victor Hugo. Isto é, se li ele inteiro foi porque estava enfiado numa cela e dispunha de todo o tempo do mundo, e a questão era mais encontrar uma maneira de preencher o tempo. De uma situação análoga surgiram esses livrões do século XVII e XVIII. Surgiram no inverno e do tédio. E essa é a grande herança que nos deixou sua literatura: escrever para a população carcerária de um ou dois séculos mais tarde, e no melhor dos casos para presos políticos ou de consciência, e não para fraudadores, assassinos, estupradores e toda a ampla gama do lumpemproletariado. E sempre levando em conta, fazendo a ressalva, de que não há televisão nesses recintos. Onde quer que os artefatos da eletrônica se façam presentes, Victor Hugo está fodido. Por outro lado, e falo agora com relação às mulheres, a prisão obriga você, é claro, a operar com as lembranças. Você escolhe namoradas ou empreende qualquer outra gestão em áreas que se localizam no passado, no último cenário que você viu antes de ser preso. Você interage apenas consigo mesmo e segundo a capacidade que tiver de extrair lembranças de sua memória. Não pode sair procurando uma mulher no presente. O mundo real está do outro lado dessa parede mofada e intransponível. Então é quando se produz o fervor das ilusões. E o estabelecimento dos compromissos sagrados com criaturas canonizadas pela sua própria necessidade de conservá-las e que, provavelmente no mesmo instante em que você as idealiza, estão elas de quatro sobre uma cama levantando sua bunda ante a vergonhosa proximidade de uma vara de qualquer tamanho e grau de endurecimento, pertencente ao primeiro filho da puta que lhes piscou um olho na rua.

Soube que a anistia era uma possibilidade quando vieram me visitar três representantes do governo, e depois pelas declarações de Batista garantindo que erradicaria a violência no país. O dado definitivo foi que relaxaram meu confinamento e me devolveram ao pavilhão 1, junto com meus 28 companheiros.

Surgiram, no entanto, duas dificuldades na questão do uso da retórica, assim que o governo mostrou sua disposição à abertura. Algo semelhante ao fenômeno que tive que aprender a evitar em minha posterior batalha, já no poder, contra os americanos e o assunto constante do embargo. No caso de Batista, eu precisava sair do presídio. No caso dos americanos, ao contrário, era preciso que me mantivessem o embargo. Mas, do ponto de vista da propaganda, o desafio era similar: como apresentar ao público uma resolução que na realidade era o seu contrário. A visita que os senadores Gastón Godoy e Marino López Blanco, e no fim o próprio ministro do governo, Ramón Hermida, fizeram-me no dia 31 de julho de 1954, em minha cela, deu muito trabalho para mim, e me obrigou a aplicar todas as minhas habilidades na hora de descrevê-la para publicação.[30]

Se Hermida me estendia a mão cordialmente, só descrevia seu gesto e me abstinha de descrever o meu. *O meu*: que retribuí com a mesma cordialidade. Ficava assim no texto apenas seu gesto, enquanto na imaginação do leitor eu me erguia como um gigante de dignidade e fidalguia. Como além do mais se tratava de meu texto, de minha versão, eu podia acomodar as palavras, e até mesmo as intenções deles, da forma mais conveniente para que eu nunca parecesse grosseiro e nem intransigente por me negar a debater, e que desse a impressão de que todos tinham ido lá prestar contas a mim, e não a verdade final e contundente: que eles tomavam a iniciativa do diálogo e que o único impedimento para minha liberdade começava a ser eu mesmo.

Saí da prisão em 15 de maio de 1955 graças à anistia assinada por Batista no dia 6, após umas eleições vitoriosas para ele e que lhe deram uma margem ampla suficiente para que se permitisse o luxo da benevolência. Abriram-nos as portas do presídio ao meio-dia, e demos a primeira entrevista coletiva na casa de madeira dos Montané. Àquela noite, já bem tarde, embarcamos no alquebrado barco *El Pinero* para a lenta travessia pelas águas rasas entre Isla de Pinos e Cuba. Atracamos ao amanhecer no ancoradouro de Batabanó.

Minha irmã Lidia me hospedou em sua casa de El Vedado. Era um apartamento que ficava exatamente em cima da floricultura Le Printemps, no cruzamento das ruas 23 e 18. Estava cheio de gente. O Chino Esquivel, como era de esperar, foi para lá assim que o mandei chamar. Nós nos abraçamos e depois eu o levei a um dos quartos e lhe disse:

– Você viu a quantidade de *guajiros* aí fora?

Lembro que usei esse termo que, como se sabe, é um cubanismo para camponês, mas que nunca chega a se definir como tendo conotação depreciativa ou afetuosa, o que provavelmente depende do tom empregado ou da pessoa que é qualificada assim.

– Pois é – respondeu o Chino, que aparentemente não havia reparado na condição de camponeses de meus visitantes.

– Todos estão bravos comigo porque não os levei para a morte.

Eram parte da tropa do Moncada que havia sido excluída, quase todos parceiros arrendatários da periferia de Havana.

– Ouça, Chino, localize o Pardo. Diga-lhe que quero almoçar com ele e com você. Trouxe seu carro? Bem, vá buscar seu carro e buzine quando estiver aqui embaixo. Não demore, vamos ver se consigo me livrar dessa gente. Principalmente o Luis Conte Agüero, que está vindo para cá e não quero nem vê-lo.

Como nos velhos tempos. Lá se foi o Chino buscar seu carro. Eu voltei para a sala e conversei um pouco mais com meus *guajiros* e, adotando um ar súbito de conspirador, disse que dentro de pouco tempo viriam "umas pessoas" e que eu precisaria sair. Mas que, quando soasse a buzina com a contrassenha, seria essencial que nenhum deles saísse de lá junto comigo, que esperassem até uns dez minutos depois de eu ter ido embora para saírem. E só em grupos de dois em dois.

Pardo. Meu mentor José Pardo Llada, último sobrevivente dos grandes líderes do Partido Ortodoxo. Almoçamos em seu apartamento um excelente arroz com frango, tomamos cerveja Hatuey, tivemos quindins polvilhados com canela como sobremesa e acendemos nossos prodigiosos H. Upmann número 4, de uma caixa que Pardo abriu em minha homenagem, e a extensa e alegre sobremesa foi dedicada à minha tentativa de convencer Pardo a juntarmos forças, as da ortodoxia e as de nossa gente do 26, os que já nos chamávamos "os moncadistas". Mas, com exceção dos charutos e das rodadas de café, não consegui outras coisas de Pardo. Ele confessou que não tinha, nem de longe, a minha ousadia. E não só isso: com toda sinceridade, me explicou que tinha medo dessa ousadia. Nunca ficaria contra mim, mas não podia me acompanhar. Não posso negar que naquele momento senti meu amor-próprio ferido. Mas esse não foi o sentimento dominante. A verdade é que eu me confundi porque a campanha para que a anistia nos incluísse como presos políticos fora levada a cabo por muitos membros da ortodoxia. Agora me dava conta de que tinha sido um gesto que devíamos agradecer, mas não mais que isso. E que eu confundi a gestão de alguns bons samaritanos com a decisão de lutadores. Pior ainda: todo o empenho deles para conseguir nossa libertação era para participar do rearranjo eleitoral batistiano sem grandes remorsos. Compreendi tudo isso na metade do arroz com frango, mas, evidentemente, isso não tirou um tico de meu voraz apetite, porque já tinha em plena capacidade de funcionamento o recurso pessoal que me proporciona maior felicidade, que é o processamento acelerado das informações do ambiente e a tomada instantânea de decisões a partir de seu resultado. Repeti três pratos fundos daquela delícia e lhes disse que iria levar uns dias para ver ao que me dedicaria, que estava pensando na possibilidade de voltar a exercer a advocacia.

Naquela manhã, quando pisamos terra firme no cais de Batabanó, libertados da Isla de Pinos, disse a Ciro que, se tivesse tempo de ir até Artemisa, sua cidade, para ver sua família, que fosse sem problema, mas que voltasse logo, de tardezinha, para a casa de minha irmã Lidia e arrumasse carro e armamento. E lá estava ele, esperando-me na sacada de minha irmã, como um sentinela em seu posto de vigia.

Fiz-lhe sinal para que descesse e se juntasse a mim na calçada, e então, com o olhar, procurei um telefone público. Havia um na entrada da floricultura Le Printemps. Ainda me incomoda a lembrança daquele cheiro dos gladíolos de funerária que se notava sob aquela arcada. Enfiei minha moeda de cinco centavos na abertura e disquei os números três, zero, um, um, nove, um. Eram os dígitos do aparelho instalado pela Compañía Cubana de Teléfonos na residência da rua 11, número 910, em El Vedado. O segundo toque do 30 11 91 não chegou ao fim de seu ciclo de duração quando uma voz transmitiu seu tremor antes que seu som. É possível que tenha sido assim, primeiro o tremor e depois o som? Eu também estava muito nervoso e acabava de perceber em minha frente o Ciro, que já assumira como escolta, e que me dirigia um sorriso cúmplice e dava uma palmadinhas num dos lados da barriga para indicar que já estava armado.

Naty atendera ao telefone, depois de esperar o dia inteiro por aquela chamada, e eu ainda não me dava conta. Estava fazendo meus cálculos e tomando minhas precauções. Não é outra a conduta para qual a prisão nos treina. Se bem que provavelmente naquela tarde – ou só por aquela tarde –, consegui prescindir de tanta proteção e de tantos sinais subjetivos.

– Ouça – disse eu.

Silêncio.

O uso da forma mais respeitosa "ouça" em vez de "ouve" era proposital e, como costuma acontecer muitas vezes na fala popular cubana, é daqueles recursos de expressão que devem ser interpretados como seu contrário. Nesse caso, a distância implícita da expressão em seu modo imperativo equivale exatamente ao oposto de intimidade.

– Ouça, mocinha – repeti. – A senhora é a pessoa que quis matar de obesidade o Fidel Castro mandando-lhe tantas guloseimas?

– Senhor – respondeu ela, finalmente. – Meu senhor.

Então ouvi seu longo suspiro. E ela continuou:

– Ai, Fidel. – Já chorava desconsoladamente. – Fidel, Fidel. – E repetia: – Fidel, Fidel.

Ciro, em gesto de evidente consideração, e da maneira mais discreta possível, havia se afastado alguns passos e dirigia o olhar para os carros que trafegavam pela rua 23.

– Muito bem, Naty – disse eu com certa secura brusca, tentando tomar o controle da situação. – Não me desperdice mais lágrimas a distância. Quero-as todas para mim. Quando você acha que a gente pode se ver?

Sabia qual seria sua resposta instantânea. Sabia que já teria preparada alguma desculpa para escapar do marido desde que soube de nosso desembarque em Batabanó.

– Em vinte minutos. Você sabe onde – disse ela.

Em vinte minutos. Num apartamento que tínhamos disponível desde a época anterior ao Moncada. Não digo aqui o endereço para que ninguém tenha a ideia de fazer um museu ali. E também porque quem o cedia eram figuras que depois se revelaram encarniçados inimigos da Revolução, e não acho que mereçam nenhum tipo de crédito, nem sequer como donos de pousada.

– Temos carro? – perguntei a Ciro.

Ciro assentiu.

Chucho Montané tinha conseguido o carro naquela mesma tarde com seus associados da General Motors de Cuba. Era um Pontiac de segunda mão, mas em muito bom estado.

Lembro o que pensei quando me acomodei dentro do carro e Ciro ligou o motor. Pensei nos olhos de Naty. Concebi-os pela primeira vez em muitos meses como algo possível, tangíveis em alguns minutos. Essa proximidade com aquele fulgor não esquecido era também meu maior motivo de temores. Eu ainda era bem jovem, mas vinha de dois anos de castidade forçada e não podia evitar a angústia de todos os ex-presidiários em seu primeiro dia de liberdade. Não estava muito seguro de que responderia adequadamente diante de uma mulher. E, vocês podem acreditar ou não, nada me deixa mais frágil ou vulnerável do que os olhos verdes ou azuis, mas de preferência verdes, de uma mulher. E assim fui dizendo a mim mesmo que, na medida do possível, deveria evitar colocar meu próprio olhar no campo visual dos olhos dela, na direção em que eles se projetassem. E a única forma de manter a imprescindível agressividade certamente animal era, em meu caso, evitar seu olhar de frente. Depois, o que aconteceu é que superei essa prova, e o que de fato me tirou do prumo e me surpreendeu, algo para que eu não havia me preparado, depois de fechar a porta às minhas costas e no instante de abraçá-la, foi o cheiro de sua pele, aquela fragrância que eu havia ignorado em minhas lembranças e com a qual não contava em nenhum de meus planos. De imediato, a tepidez de suas lágrimas na gola de minha camisa e sua respiração ávida e o tremor. E eu lhe dizendo, erguendo-a docemente pelo queixo, quero ver as lágrimas nesses olhos. Embaçando esses olhos.

No trajeto, e sem abandonar a observação pelo retrovisor e pelos espelhos laterais de tudo o que se movia a nossa volta, Ciro me disse que havia armamento garantido. Duas pistolas Colt calibre .45 e quatro caixas de 25 cartuchos. Minha pistola e minhas duas caixas de cartuchos estavam debaixo do assento. Ramiro Valdés conseguira o material com seus contatos em Artemisa. Mal haviam chegado às suas cidades e já estavam em ação. Constatei que havia um senso de orgulho em todos eles e que isso me dava satisfação. Estavam desfrutando pela primeira vez da recepção aos heróis. E isso lhes permitia reconhecerem-se como o que eram de verdade. Aconteceu algo que eu logo aprenderia a descrever com a precisão da terminologia marxista. Aconteceu um salto de qualidade.

Dia 16 de maio de 1955, por volta de sete da noite. Acabamos de ser anistiados e eu me dirijo ao covil secreto onde vou deitar com uma mulher pela primeira vez no intervalo de um ano e dez meses, quando tenho consciência plena de que somos um punhado de homens distinguidos pelo direito à arrogância. Ciro, o menino camponês dos arredores de Artemisa, que ganhava a vida como funcionário de uma loja do interior de pouca importância, mas paradoxalmente chamada La Revolución, dirige um carro, feliz e até exaltado depois de cumprir pena na prisão, para dedicar sua segunda noite de liberdade a escoltar da rua a diversão de outro homem com uma senhora à qual não lhe é possível sequer, por uma questão de elementar disciplina, olhar seu rosto.

– Você está de relógio? – perguntei.

Ciro acabava de parar o Pontiac.

O interior do carro já estava na penumbra, por isso Ciro levantou a mão esquerda da direção e virou o pulso para que eu olhasse o artefato barato que usava.

– E reparou se alguém nos seguiu?

– Reparei, Fidel. Ninguém.

– Bem, você me espera ou vai embora?

– Vou ficar, Fidel.

– Melhor – disse eu.

Então dei uma batidinha com o indicador no vidro de meu relógio e calculei em voz alta:

– São sete e dez. Se até as onze eu não tiver saído, buzine duas vezes. Estou no apartamento 303. É aquela janela onde acabaram de acender a luz. Qualquer perigo toque essa buzina três vezes ou vá direto me buscar. *Oká*?

– *Oká*, Fidel. Mas fique tranquilo.

Enfiei a mão debaixo do assento e peguei a pistola. Soube na hora, pelo peso, que estava carregada. Mesmo assim fiz deslizar o pente para fora da empunhadura e, com o polegar, pressionei a primeira bala da carga, para baixo, dentro do pente. Mostrou-se relutante, quase inamovível, em descer. Perfeito. Por sua vez, pela posição do gatilho, descansando sobre o percutor, soube que não estava montada, mas assim mesmo me certifiquei fazendo correr o carro até a metade da câmara para comprovar que estava vazia. Soltei o carro, que caiu contra a trava frontal, onde parou em seco, com um estalido, e voltei a colocar o pente dentro de sua cavidade na empunhadura. Coloquei a pistola na cintura, debaixo da *guayabera*, na hora em que descia do Pontiac e ficava em pé na calçada. Depois alisei a *guayabera* e repeti:

– Às onze, Ciro.

– Às onze, chefe – respondeu.

Subi dizendo a mim mesmo que se realmente conseguisse evitar o efeito de apaziguamento de seus olhos em regime de fulgor máximo, ou seja, o efeito que seu olhar produzia em mim, seja qual fosse o lado de onde viesse, a primeira coisa, ou o que deveria acontecer em seguida, seria tentar reconstruir todas as piruetas que planejara em minha reclusão. Seria como seguir um roteiro que eu mesmo escrevera e que precisava seguir passo a passo, diálogo por diálogo, até que me saciasse de levar às vias de fato todas as possibilidades que minha imaginação acumulara. A rigor, havia cumprido o período de castidade correspondente ao meu sacerdócio de revolucionário. Foi uma castidade de tempo limitado, com certeza, e poderia tê-la burlado facilmente soltando algum dinheiro ao encarregado de turno ou ao sargento de plantão para que trouxessem alguma das muitas putas que havia na zona de prostituição de Nueva Gerona, mas me abstive de solicitar isso quase pela mesma razão pela qual rompi com Mirta: para não dar argumentos de presente ao inimigo. Agora encontrava a iluminação entre os seios e as coxas daquela mulher, porque com cada descarga de meus poderosos orgasmos e as sacudidas entre meus braços daquela cubana, eu chegava àquele território da realidade circundante que de repente é nítido e no qual nossos pensamentos vêm à superfície com a força das revelações. Só os homens que vêm de longos períodos de abstinência – acho que nisso os mais irmanados são os marinheiros e os ex-reclusos – e que não tenham cedido às tentações da pederastia, ou, pior ainda, à idiotice da masturbação, sabem o que significa e como enche os olhos e embriaga a presença de uma mulher nua e o desafio dos mamilos erguidos sobre a soltura dos seios e de sua boca entreaberta e desejosa, enquanto você se aproxima dela caminhando de joelhos entre suas pernas, que também começam a abrir-se num movimento que intuitivamente você sabe ser coincidente com a abertura dos lábios vaginais sob a obscenidade de seus pelos pubianos, mais obscenos quanto mais inocente for sua pele e desprevenidos forem seus atos. Mas tem que estar de barriga para cima, cacete, e com os braços estendidos, inertes, ao lado do corpo, para que se dê a entrega total. Entendam que todo o propósito, todo o sofrimento e toda a energia estiveram concentrados na obtenção de algo que é definível talvez com excessiva precipitação como poder, e que eu sou não apenas o símbolo de mim mesmo, daquele que possui as pessoas, mas que, neste lugar, como o chefe saltando primeiro na trincheira, brandindo acima da cabeça a pistola Mauser Parabellum, gritando ao ataque para conduzir sua tropa, inicio os procedimentos de meu assalto ao céu. Eu, que neste momento estou de joelhos, mas me inclinando para frente para levar meus lábios à sua boca e à sua língua, enquanto me aferro aos quadris dessa branca recém-saída do banho e que me ergue ligeiramente a pelve acomodando-se, expectante, para ser penetrada, sabendo que eu vou vir de baixo e sem necessidade de me ajudar com a mão para colocar-lhe a glande no umbral da vagina, onde em uníssono estabeleceremos aquele primeiro contato da carne, enquanto continuo dominando-a com maestria por seus quadris, que seguro com minhas mãos agora de ferro, e a ponto de enfiar-lhe um pau no qual não cabe mais nenhum milímetro cúbico de sangue sob pressão, avermelhado pelo bombeamento em torrentes e pela luxúria.

10. OS BOSQUES SE MEXEM

STALIN: *Para fazer uma revolução, é necessária uma minoria revolucionária dirigente. Mas a minoria mais capacitada, mais abnegada e mais enérgica ficará desvalida se não puder se basear no apoio, mesmo que passivo, de milhões.*
WELLS: *Mesmo que passivo? Talvez subconsciente?*
STALIN: *Em parte também o apoio semi-instintivo e semiconsciente, mas sem o apoio de milhões mesmo a melhor minoria seria impotente.*

– *Bolshevik*, n. 17, 1934

Era preciso ter pressa naquele verão. Era imprescindível, e muito urgente, conseguir mudar aquilo que chamávamos de clima político, porque Batista estava ganhando a guerra da tranquilidade cidadã e fazia alguns negócios prosperarem e o dinheiro circular. Do sucesso ou insucesso que ele tivesse nesses propósitos, dependiam as possibilidades da Revolução. À parte a indústria açucareira e o fato de que o país estava prestes a conseguir uma de suas melhores safras, o turismo crescia a um ritmo vertiginoso e já estava se tornando uma frente aberta muito perigosa para nossos planos. É quando entra em cena o pessoal da máfia americana. Batista e eles haviam feito seus primeiros planos por volta de 1950 em Daytona Beach, norte de Miami, onde Batista tinha uma casa e onde permaneceu quase todo o tempo de seu exílio voluntário depois da saída da presidência em 1945. Eles se autodenominavam

"O sindicato do jogo", e seu principal cabeça visível com relação à praça de Cuba era um homem baixinho, de pequenos óculos de armação de plástico preto, relógio Waltham extraplano com bisel de diamantes no pulso esquerdo e que se gabava de ter uma avó cubana, embora o resto de sua parentela fosse italiana. Ele se chamava Santos Trafficante, mas era mais conhecido como Don de Tampa. Valho-me do arquivo de informação "histórica" sobre Santos que me forneceu a Segurança do Estado e que acompanhou seu nutrido registro de informação operacional, pois foi um personagem que não perdemos nunca de vista, e com toda a razão, já que o identificamos como vinculado ao assassinato de Kennedy, sem falar de sua comprovada participação numa dezena de tentativas de atentados contra minha própria pessoa. Batista abriu as portas à máfia americana ao assinar a chamada Lei do Jogo, que permitia montar cassinos em edifícios cuja construção fosse avaliada em não menos do que um milhão de pesos. A suposição era que essa medida evitaria a entrada de cubanos pobres nos salões de jogo, já que tais edificações ficavam apenas em bairros da classe alta ou nos setores mais modernos da cidade, o que deixaria os cassinos reservados ao turismo americano e aos cubanos endinheirados. A presença do "Sindicato" fazia-se sentir favoravelmente no setor dos serviços e da construção. Um mar de anúncios de neon inundava a cidade, dando-lhe um feitiço, uma magia, diante da noite e dos alísios, enquanto o fluxo das prostitutas, trazido pelas milhares de famílias camponesas e pelos bairros pobres da periferia, já não precisava fazer sua parada obrigatória e final nos bordéis dos bairros de Colón, La Victoria, Pajarito. Agora elas tinham a oportunidade de virar rumbeiras ou modelos em qualquer um das centenas de pequenos cabarés que proliferavam. Por tudo isso, as possibilidades de criação de uma situação revolucionária em Cuba oscilavam. Nunca a Revolução Cubana foi tão fraca como quando Havana gozava. Eu, que já me deleitava usando termos como condições objetivas e subjetivas, me surpreendi ao ler em Lenin que um dos fatores mais propícios para criar condições objetivas era uma catástrofe natural. Quer dizer que me restava então a outra possibilidade? Um maremoto? Um terremoto? Um furacão? Não. Não era algo que pudéssemos ficar sentados aguardando. Era o mesmo que esperar que nevasse no Saara. E Cuba não é zona sísmica, a não ser na faixa de Oriente, em frente à fossa de Bartlett. Tampouco tem vulcões. Seria preciso, então, aguardar a temporada dos furacões e que algum fenômeno atmosférico passasse pela ilha, mas isso requeria um aparato político muito bem

OS BOSQUES SE MEXEM

estruturado, para tornar possível, sobre os escombros de um furacão, levantar em armas a população, além do que, se não fôssemos rápidos, o governo chegaria primeiro com seus recursos e ganharia mais simpatizantes com seus planos de assistência, que além disso se converteriam em apetitosos negócios. Assim é que o máximo que podíamos fazer era nos tornarmos um ciclone. Por certo, depois da Revolução descobrimos o valor econômico dos furacões e ciclones e a enorme ajuda internacional que se recebe nesses casos. Os pobres soviéticos, que jamais conheceram um furacão em seu vasto território, tiveram que enfrentar os devastadores efeitos desses fenômenos sobre nossa ilha do Caribe. Essa festa de doações pelas sequelas dos ciclones e furacões durou até que um ciclonezinho fora de temporada, o Kate, passeou de 19 a 22 de novembro de 1985 por sete de nossas províncias, e Gorbachev pessoalmente me ligou do Kremlin e disse: *"Esdrasbuituie, tavariche Fidela."* Nada, que queria saber com a maior precisão possível de que maneira poderiam nos ajudar. Números concretos. Coisas precisas. Pregos. Madeira. Arame. Quantos pregos? Quanta madeira? Em tábuas ou toras? Quantos quilômetros de arame? Espessura? Não gostei nada – é bom que saibam – daquela conversa, a primeira que mantínhamos por meio da nossa linha direta, uma das únicas linhas diretas do Kremlin com o continente americano. A outra era com a Casa Branca, obviamente. Mas a nossa tinha a vantagem de contar com o melhor decodificador de voz que existia na época no planeta e que ia do Palácio da Revolução até a base de Lourdes, na periferia de Havana – onde a voz já chegava completamente deformada e ininteligível –, e daí até seus satélites militares, que por sua vez a transmitiam ao Kremlin, onde voltava a ter os sons recompostos. No retorno de Moscou a Havana, aplicavam-se os mesmos engenhos. Isso sempre obrigava você a uma conversação lenta (o que não deixava de ser muito conveniente, pois dava tempo, ou melhor, obrigava você a pensar), ao que se somavam os minutos que o intérprete requeria para elaborar sua tradução.

Com Gorbachev, a doação foi ajustada, precisa: 30 mil toneladas de arroz, 20 mil de farinha de trigo, 10 mil chapas de zinco, 5 mil chapas de alumínio, 2 milhões de telhas de amianto e mil toneladas de amianto de fibra longa. Na época de meu amigo Brezhnev, teríamos conseguido com esse ciclone até um regimento de MiGs.

Desligamos os telefones.

Уточните.

Ficava na cabine à prova de som do quarto andar do Comitê Central, projetada – quanto ao mobiliário – por nosso principal tradutor de russo, Jesús Rensolí, que era um homem de Raúl. A instalação ainda existe. Inútil, apagada e em silêncio, para sempre em silêncio. Sem ninguém no Kremlin que levante o outro aparelho e com Rensolí fugido para a Finlândia no início da década de 1990 e depois para Washington, onde virou uma figura importante do Banco Mundial. Sua decoração consistia no tapete mais macio sobre o qual andei na vida, de cor bege; uma maciez de tapete de seis polegadas, onde minhas botas pareciam afundar até o calcanhar; mais duas poltronas de couro vermelho – uma para o próprio Rensolí e outra para mim, os dois únicos autorizados a depositar nossas nádegas ali – e uma mesinha niquelada sobre a qual ficavam o gravador e os dois telefones – um para Rensolí e outro para mim, os dois únicos autorizados a tirá--los do gancho e sempre ao mesmo tempo.

– Que cacete é esse *utachnitie* que ele repetiu tanto?

Rensolí pareceu hesitar em sua resposta. Depois percebi que procurava a forma mais amável de me dizer algo que ele sabia, de antemão, que poderia me desagradar.

Por fim se decidiu.

– Comandante, é uma expressão concisa. Quer dizer "especifique". Ou também pode ser traduzida como "seja preciso".

Diante do argumento de que não havia condições para a revolução e que teríamos de esperar que elas amadurecessem, era preciso inventar. Enfim, o fato é que fui obrigado a procurar a pedra filosofal da Revolução Cubana. Dito de outro modo, tinha o princípio da história e o final. Mas faltava toda a parte do meio. O recheio. Era possível usar atalhos, certamente. Mas o uso de um atalho se referia à tática, ao método. Sim. Porque para mim era claro o conceito do atalho. E não há nada no marxismo que desqualifique os atalhos. Nunca ninguém negou a validade científica de que o trecho mais curto entre dois pontos seja a linha reta. E se esse trecho mais curto for o atalho e não a estrada? Bem, pois então, o atalho. Embora isso não fosse ainda o argumento.

Em contrapartida, eu me dava conta de que já não estava mais naquele entardecer na escadaria da universidade, quando assaltar o Moncada virou minha razão de ser pelos próximos meses, e também com a diferença de já ter esse fracasso nas costas. Fracasso não encarado como algo negativo (nunca se deixe levar por esses ecos da derrota: é a única maneira de transformar a mais empacada ou humilhante das situações num simples episódio no longo caminho). Na realidade, daquela vez, enquanto preparava o assalto, elaborara alguns estranhos sofismas sobre uma greve geral que acompanharia a ação do Moncada, e de alguma maneira tinha que organizar essa fileira; era por aí que talvez pudesse procurar a força de que necessitava. Devia levar mais a sério minhas leituras marxistas. Aquela massa heterogênea que eu vislumbrara era sem dúvida a população urbana. Os camponeses não haviam sido mais do que um adorno e uma ênfase dramática na minha alegação de *A história me absolverá*. A população urbana e suas possibilidades de greve geral eram componentes que começavam a me mandar seus sinais, como lampejos na escuridão da noite.

Muitos anos depois dessas cavilações, pronunciei uma de minhas frases favoritas –"nunca teríamos tido a ideia de iniciar uma luta revolucionária num país onde não houvesse latifundiários" –, que, na verdade, era uma frase inventada como justificativa teórica nas nossas origens, pois quando começamos a luta mal tínhamos consciência da utilidade que no fim os latifundiários teriam para nós. Contávamos com um excelente cenário para trabalhar. Um cenário de desgraças e de merdas e de desajustes sociais que começavam a tornar sombrio o mapa da República. Uma vez um escritor disse que a literatura se alimentava de carniça social,[31] e posso lhes dizer que essa é uma equação que a Revolução descobriu muitos anos antes. Pelo menos era algo mencionado por Stalin desde os preâmbulos da Revolução de Outubro, quando falava em exacerbar as contradições. Depois, sem pruridos de qualquer espécie, ao se ver no comando da União Soviética, isso foi parte consubstancial de sua política externa. E eram estudos nos quais Flavio me iniciara ao me dar os primeiros folhetos stalinistas, que ele chamava de munição para a artilharia de longo alcance. Ouviram? Exacerbar as contradições. Elas já existem. Mas podemos exacerbá-las.

Comecei, então, a considerar que tais condições teriam de ser criadas, mas era preciso fazê-lo lutando. Sem dúvida, o assalto ao quartel Moncada entrava nessa lógica. Isto é, no nosso caso, o esforço em procurar uma teoria para a Revolução era como pôr o carro na frente dos bois. É quando eu produzo meu melhor momento teórico, que é justamente uma espécie de antimatéria da teoria, ou seja, não criar pressupostos antecipadamente, e que depois eu associaria a uma música, a de "A força do destino", e até com uma mística. Agir no decorrer

230   A AUTOBIOGRAFIA DE FIDEL CASTRO

do processo. Isso teria deixado Lenin com febre só de me ouvir falar. A força do destino. Aprendi esse título com nosso romancista Alejo Carpentier. Acho que nunca ouvi a música. Deve haver discos, imagino. O título já me bastou.

Ouvi Alejo mencionar a expressão de passagem uma noite – talvez nos anos 1960. Estávamos numa recepção no Palácio da Revolução e chameio-o num canto para felicitá-lo pelo livro *O século das luzes*, que me impressionara muito e que eu recomendara a Raúl, que por sua vez o recomendou a companheiros que, por motivos diversos, mantínhamos presos em La Cabaña – a fortaleza construída pela Espanha na entrada do porto. Não estou falando de contrarrevolucionários, mas de companheiros de nossas fileiras que tivemos que disciplinar. Lembro-me com precisão de pelo menos dois deles, que receberam em sua cela exemplares enviados por Raúl. Um para o capitão Armando Torres e outro para o pretinho Carlos Jesús Menéndez. Os dois estavam numa ala especial daquela prisão, onde havíamos organizado certas comodidades, camas em vez de beliches, colchas para o frio, alimentação boa e servida em prato de porcelana, copos de vidro e quatro talheres. Eu simpatizava com Armando Torres, que chamávamos de "O Francês". Estava preso – "guardado", segundo nosso jargão – porque tinha ido a Paris e de Paris a Argel com o objetivo de fomentar uma guerrilha em não sei que país africano, tudo por sua soberana inspiração. Era um desses filhos da burguesia cubana que tiveram bons estudos e no momento de começarem a exercer suas carreiras – de inaugurar suas sofisticadas bancas de advocacia, suas clínicas particulares, seus escritórios de projetos arquitetônicos, suas firmas de engenharia – descobriam que a aventura estava na Revolução, uma aventura com a promessa de todos os poderes. Armando havia estudado filologia na Sorbonne – daí seu apelido – e voltou a Cuba para se somar a uma das colunas rebeldes sob o comando de meu irmão Raúl, na zona que nós chamamos de Segunda Frente Oriental Frank País. Com o triunfo da Revolução, foi um dos primeiros chefes das unidades de Luta Contra Bandidos na província de Oriente. A primeira notícia de que algo não ia bem com Armando foi quando atirou pela porta de um helicóptero Mi-4 metade de seu Estado-Maior, no que denominou de uma prática de helidesembarque a grande altitude e com todo o equipamento, mas sem auxílio de paraquedas, e na qual deixou um rastro de nove cadáveres espatifados contra o duro solo da Sierra Cristal. Nós o mantínhamos em tratamento psiquiátrico em Havana, quando deu um jeito de fugir, e só voltamos a ter notícias dele quando os argelinos nos avisaram que haviam detectado um cubano organizando um bando de beduínos num ponto próximo à fronteira com o Marrocos, e queriam saber se o fuzilavam *in situ* ou nos mandavam ele de volta no primeiro voo.

– No primeiro voo – ordenei a Papito Serguera, nosso embaixador na república irmã argelina. – Mas seguindo os requisitos de segurança estabelecidos – acrescentei.

Os requisitos eram: engessado do queixo até o tornozelo. O outro, um personagenzinho – que nunca contou com a minha simpatia –, era Carlos Jesús Menéndez, um tenente, piloto de combate do primeiro grupo treinado na Tchecoslováquia para voar nos MiG-15. A verdadeira importância do tenente era ser filho do famoso Jesús Menéndez, líder sindical açucareiro assassinado em 22 de janeiro de 1948 por um sicário de nome Joaquín Casillas Lumpuy. Mas virou um problema para nós, apesar de ser filho do glorioso mártir; nem lhe passou pela cabeça agradecer-nos pelo fuzilamento do assassino de seu pai no mesmo dia do triunfo da Revolução, quando o pessoal do Che o capturou entre a Plana Mayor do regimento Leoncio Vidal de Santa Clara, e – por ordens diretas minhas – não só lhe negamos a possibilidade de um julgamento como também a de um fuzilamento de praxe, já que uma horda de rebeldes o atirou algemado na caçamba de um caminhão e na metade do caminho aplicaram-lhe a lei de fuga, lá mesmo, *sancochado* [malcozido] – como dizíamos – a balaços de carabina dominicana San Cristóbal pelas costas. O pretinho tampouco levou em conta que era um oficial das Forças Armadas Revolucionárias e que Raúl o apresentara publicamente como um dos pilotos que derrubariam metade da aviação ianque caso ousassem nos invadir, uma espécie de herói por antecipação. Seu problema foi dar guarida a um fugitivo de uma das nossas fazendas de reabilitação de presos comuns, que era irmão de uma mulherzinha com a qual ele estava enrolado. Assim, quando meu irmão Raúl me disse que o favorito de nossos filhos de mártires comunistas estava ocultando um delinquente, eu respondi (textual):

– E quem esse cara acha que é? Cape o homem!

Na realidade, ele se apaixonara pela garota, irmã do fugitivo, que era um delinquente comum de longa data e com uma ficha de vinte centímetros de grossura, a quem – ao que parece – havia sido mister ministrar algumas baionetadas nas nádegas como medida de contenção e de castigo aplicada ao pessoal insubordinado na fazenda onde estava. Acrescento isso como informação complementar: em meados de 1961 foi dada a instrução de armar os guardas de presídio com todas as baionetas de fuzis Springfield e Krag-Jorgensen da Primeira Guerra Mundial que estavam em nossos arsenais de material herdado pelo antigo Exército da República. Um guarda com aquela baionetaça de quase meio metro de comprimento na cintura era um símbolo consistente e adequado de manutenção da disciplina, e mais ainda quando meia população carcerária podia mostrar em suas regiões glúteas os efeitos de tais submissões ao rigor carcerário.

De modo que o indivíduo arrumou algum jeito de fugir e se apresentou com suas cicatrizes ainda recentes diante de um de nossos primeiros pilotos de combate, que decidiu nesse momento dar abrigo ilícito a presos comuns. Por pouco tempo, sem dúvida, porque imediatamente nosso excelente aparato de Segurança de Estado os detectou e os prendeu. O fugitivo voltou para seu campo de prisioneiros, com uma carga adicional de uns dez anos a mais para cumprir, e Carlos Jesús, depois de alguns dias de trâmites no centro de instrução de Villa Marista, foi enviado a La Cabaña, a essa espécie de masmorra cinco estrelas que preparamos ali para certos companheiros. Raúl foi quem insistiu para pegar leve com o aviador, e quem lhe mandou outro exemplar de *O século da luzes*. Acho que entendo a atitude de Raúl ao enviar esse livro a nossos prisioneiros mais queridos, já que se passava entre o Caribe e a França na época da Revolução Francesa. Era como dizer que um genuíno revolucionário oferece a outros revolucionários um sucedâneo em papel como simulação de uma experiência revolucionária, ou quem sabe, e melhor ainda, para dizer "seu xilindró não é culpa minha, trata-se da situação comum justificada por todas as revoluções modernas". Quanto ao tenente Carlos Jesús Menéndez, lembro que mandei o interrogador perguntar sobre seus motivos. A resposta de Menéndez foi decepcionante, ao mesmo tempo que indicava uma conduta que poderia se repetir com outros membros de nossas próprias fileiras. Disse que não queria se sujar de sangue. Que considerava prudente manter distância do processo revolucionário se este começava a dar baionetadas em prisioneiros desarmados.

– Nada – dizia Raúl. – É que os pilotos têm essa relutância com o sangue. Os pilotos morrem de corpo limpo e no ar-condicionado. É a diferença entre matar um homem ao destruir sua máquina a 10 mil pés de altitude e o sanguinário combate à curta distância da infantaria.

Eu discordava dessa noção.

– O caso é que se trata de um fraco, um filho da puta, Raúl. É um revolucionário pela metade. Está nos impondo condições. Arranque os colhões dele.

Bem, mas Alejo me disse que se sentia oprimido pelo peso de dois títulos procedentes de duas obras musicais. Não via a hora de utilizá-los no seu próximo romances. Os dois. Mas não sabia ainda qual deles.

– "A sagração da primavera" é um – disse-me ele. – "A força do destino" é o outro.

Este último me deixou enlouquecido. "A sagração da primavera" não comoveu um só dos meus neurônios quando Alejo o mencionou. Continuei indiferente diante de sua explicação, com minha tacinha de conhaque na direita, enquanto com a esquerda, num gesto defensivo usual da minha personalidade (quando quero superar uma situação reveladora da minha ignorância diante de qualquer assunto, toco o meu interlocutor), fiz como se ajeitasse o nó da sua gravata, um nó dado de maneira impecável. O que me perturbava era o excesso de abstração da primeira frase e o fato de não saber como responder a alguém que era uma das nossas montanhas culturais – a mais insigne de todas, sem dúvida, pois conhecia pintura, música, literatura, ensaios, urbanismo, arquitetura – que "A sagração da primavera" era uma tremenda merda. Que "A força do destino" era o título bom.

Minha segurança começava a ser um problema e uma preocupação para os companheiros. Você não pode ficar impune ao proclamar uma insurreição publicamente e sob o nariz dos capangas. Desde os primeiros dias de junho, Raúl, Ñico e Chucho Montané se mudaram com suas armas para a casa de Lidia, e eu decidi não dormir duas noites no mesmo lugar. Foi um excelente treino para poder depois me movimentar pela Sierra e, muito melhor, para lidar com a CIA e a contrarrevolução e seus mais de seiscentos planos de atentados urdidos, e muitos levados a cabo, nos 43 anos de Revolução. Então, os capangas deram uma surra num líder da oposição chamado Juan Manuel Márquez e assassinaram o ex-comandante da Marinha de Guerra Jorge Agostini, que acabara de voltar do exílio – um velho ajuste de contas dos batistianos. Numa só noite explodiram sete bombas em Havana. O acusado de colocar uma das bombas, a do teatro Payret, foi meu irmão Raúl. Depois houve o assalto ao jornal *La Calle*, onde o velho amigo Luis Orlando Rodríguez publicava meus artigos incendiários. Apesar de tudo isso, na noite de 12 de junho realizamos, com todas as formalidades possíveis da clandestinidade, a reunião constitutiva da Direção Nacional do Movimento Revolucionário 26 de Julho, composta por onze membros.[32] Em 17

234   A AUTOBIOGRAFIA DE FIDEL CASTRO

de junho, ordenei a Raúl, sobre quem pesavam duas ordens de busca e captura, que procurasse asilo na embaixada do México. Raúl viajou para o México em 24 de junho. Depois ordenei a saída de outro pequeno punhado de companheiros. A força invasora começava a ser montada fora de Cuba.

Em 7 de julho de 1955, quando saía para o México, declarei no aeroporto de Rancho Boyeros, em Havana, que me via obrigado ao exílio "para preparar um levante armado contra a tirania de Fulgencio Batista". Com ar triste, mencionei o que, na realidade, era a consecução absoluta dos meus novos objetivos. "Fechadas ao povo (o povo era eu!) todas as portas para a luta cívica, não resta outra solução que as de 1868 e de 1895 (as guerras de independência promovidas por nossos libertadores, os *mambises*,* contra a Espanha)." Deixei um rosário de frases convenientes e talvez um pouco altissonantes demais para serem reproduzidas no futuro, mas que então foram muito eficazes (é como tentar uma dança de salão da corte de Luís XIV numa discoteca contemporânea: esse é o problema do historiador de sua própria história se não tem o devido senso de humor na hora de discriminar "os valores do passado"): "A paciência cubana tem limites." "De viagens como esta não há regresso, e, se houver, será com a tirania decapitada a meus pés." E também os elementos implícitos em "Vou morar em algum lugar do Caribe", que ainda vou usar no futuro, como no próprio México, quando viajei para lá em 1982 e disse que iria "voando sobre as ondas", e todo mundo ficou esperando um avião da Cubana até Cozumel e cheguei no *Pájaro Azul*, o iate com motores das lanchas-foguete Oza soviéticas. Ou quando dizíamos "de algum lugar de Cuba", em qualquer de nossas constantes mobilizações militares.

A PROFECIA DOS BOSQUES

Uma parte importante do tempo eu dedico a treinar o grupo que me acompanhará naquilo que depois será a odisseia, e a conseguir os recursos materiais para ela, mas a propaganda continua sendo minha preocupação fundamental. Passo a preparar uma série de manifestos ao povo de Cuba. Em 8 de agosto, termino o primeiro manifesto do M-26-7. Ainda não aponto os canhões para o PPC (o Partido Ortodoxo), e me dedico a exorcizar meu próprio exílio e a esclarecer por que escolhi a

---

* Guerrilheiros cubanos que, no século XIX, participaram das guerras de Independência contra a Espanha. (N. do T.)

via da luta armada. Com uma tiragem de 50 mil exemplares, meu primeiro panfleto deve começar a circular em 16 de agosto de 1955, quinto aniversário da morte de Chibás, para que nesse dia milhares deles fossem distribuídos no cemitério. "Vamos romper a cortina de silêncio e abrir caminho para a nova estratégia", escrevo em 3 de agosto daquele ano. O segundo deve criticar as formas anteriores de luta e lançar "já as primeiras palavras de ordem de *insurreição e greve geral*". Considero tão vital este último manifesto que recomendo fazer dele 100 mil exemplares.

A greve geral? É claro que isso desmente por seu próprio peso qualquer discurso sobre guerra de guerrilhas mais ou menos prolongada. A teoria do golpe rápido. Isso é o que ferve no meu cérebro. Já é algo que começa a ser a primeira alternativa. De alguma maneira tenho consciência de que é repetir o Moncada, mas com variantes muito importantes. Durante anos consegui ludibriar todos os meus estudiosos com a tese de que já desde o México eu havia definido a luta guerrilheira como a opção direta a seguir imediatamente após o desembarque, quando na realidade foi a última. Por outro lado, levem em conta que nem mesmo aos meus mais íntimos seguidores eu ficaria revelando todos os meus pensamentos. Os pensamentos, numa conspiração, são sempre como uma granada sem espoleta na mão. Se você abrir a mão... A questão, em última análise, e como eu vinha matutando desde o *vivac* de Santiago de Cuba, era que precisava procurar um equivalente estratégico para a supremacia logística do adversário, e talvez (era ainda um talvez) esse equivalente estivesse no uso do tempo (quem sabe uma política de luta prolongada) e em não apostar todo o capital no golpe rápido, como no Moncada. Martelava meu cérebro seguidas vezes com o dilema de como achar variantes para enfraquecer essa supremacia logística de meus inimigos. Na realidade, o espantoso do axioma hitleriano de que a história é escrita pelos vencedores não é a brutalidade da sua verdade, mas que eles a escrevem do jeito que querem. Isso quanto àqueles que escrevem a minha história. Quanto a mim, fazia tempo que aprendera a resolver meus pensamentos a sós, comigo mesmo. O resultado das minhas elucubrações, não importa para onde as dirija, eu costumo representá-lo como os exércitos de Macduff em *Macbeth*, disfarçados de árvores – os bosques em movimento que as bruxas pressagiaram a Macbeth –, em sua aproximação à fortaleza de Dunsinane. Ninguém deve saber nada a respeito delas até que o cerco esteja consumado.

Assim, vou para o México com um discreto visto de turista, chego no voo 566 da Mexicana de Aviación, que me trouxe de Havana a Mérida, Yucatán. Não vou direto para a Cidade do México, porque estou com pouco dinheiro, e minha irmã Lidia precisou vender a geladeira para me pagar a passagem. Aqui já me esperavam meu irmão Raúl, Calixto García e vários outros companheiros. Dali me desloco até o porto de Veracruz, onde passei a noite, e desse porto até a Cidade do México, onde chegamos por estrada no dia 8, eu sempre com o velho e surrado terno cinza e uma mala cheia de livros, mais a *guayabera* e acho que dois ou três pares de meias.

11. ASSIM FOI TEMPERADO O AÇO

A propaganda tem sido bastante simétrica em relação ao Che. Em se tratando de um homem que rechacei inicialmente, e cuja presença ao nosso lado se encarregou depois de me dar razão de sobras para isso, acredito que o usei adequada e bem produtivamente em favor da Revolução. Era um pobre-diabo. Mas a verdadeira biografia desse pobre-diabo a quem todo o mundo conhece como Che e que se chamava Ernesto Guevara de la Serna dificilmente é compatível com a do personagem criado a partir da Revolução Cubana. Sei que para todos vocês terá um gosto muito amargo reconhecer que estão há cerca de quarenta anos prostrados de admiração diante de um homem que existe apenas como propaganda.

No início eu disse simetria porque os biógrafos parecem concordar que a origem de suas convicções revolucionárias se produz em seus percursos pelo subcontinente latino-americano. Supõe-se que, viajando da Argentina até a Guatemala, descobriu a miséria e a exploração dos povos e a voracidade do imperialismo norte-americano. Foram viagens, como se sabe, realizadas por partes, desde que terminou a adolescência. Cada ano se aventurava mais longe e por mais tempo desde as fronteiras de sua casa. Essas excursões se tornaram com o tempo uma espécie de apostolado ideológico, uma aprendizagem *in loco* dos vetores de uma revolução. Mas se há algo que conheço perfeitamente, depois de incontáveis horas de conversa com o Che, é o caráter esportivo de todas essas viagens, e que, se alguma leitura animava seu espírito, eram os romances de aventuras de Emilio Salgari, não os panfletos de Marx. E que, acima de tudo, se ele se impunha chegar cada vez mais longe e tentar as situações mais extremas, era como um desafio pessoal e se devia aos espantosos ataques de asma que o acometiam desde muito pequeno. Após muitos anos observando o Che diretamente, entendi que a força de suas convicções, seu estoicismo diante do perigo e sua vontade de ferro não tinham nada a ver com autênticas convicções, com estoicismo ou vontade. Era a asma, na verdade. É algo consubstancial aos asmáticos. Esse sufocar permanente, e principalmente as respostas constantes do organismo e as cargas de adrenalina emitidas em abundância pelo sistema neurovegetativo, fortalecem a pessoa diariamente para resistir a qualquer onda de medo, e com tanta consistência como se estivesse num pequeno forte japonês sob a preparação da artilharia da Sétima Frota ianque durante a Guerra do Pacífico. Ou seja, cada vez que o Che exigia algum tipo de esforço sobre-humano de nossos combatentes, eu me via obrigado a olhar para o outro lado e fazer-me de desentendido, pois – entre outras coisas – já era muito tarde para destruir uma de nossas primeiras lendas da Sierra. Além disso, de qualquer modo, a experiência se mostrava benéfica no fim, porque os companheiros se viam obrigados a alcançar uma meta cada vez mais alta, e isso os temperava e lhes infundia orgulho. Mas, no mais fundo de minhas convicções, eu sabia muito bem o que estava vendo. Via um homem doente obrigando um monte de alegres e saudáveis rapazes cubanos a se pautarem pelos cânones de sua enfermidade.

Essa suposta aprendizagem revolucionária continuou, depois de muitas voltas, na Guatemala. Para ganhar a vida, ele saía pelas ruas da Cidade da Guatemala vendendo imagens do Cristo de Esquipulas, um Cristo negro trazido pelos espanhóis, a quem os guatemaltecos atribuem poderes milagrosos. Então conheceu Ñico López. Eu estava na prisão de Isla de Pinos e Ñico, que conseguira escapar ileso das ações do 26 de julho, pulava entre o México e a Guatemala, naquilo que podíamos imaginar como trabalhos de propaganda e coleta de fundos, mas que na realidade era apenas o pobre Ñico tentando sobreviver naquele submundo de branquinhos em desgraça que tentam ganhar a vida enganando os aborígenes. Avaliem os senhores o baixo estofo dos negócios a que se dedicavam o Che e Ñico, se um deles vendia estatuetas aos índios e o outro era representante de um movimento revolucionário cujos integrantes estavam atrás das grades em Cuba. Só um esforço de imaginação descomunal permitiria adivinhar que depois de cinco anos o Che se converteria num dos homens mais venerados da história de nossa civilização.

Ñico, naquelas andanças guatemaltecas, contou a respeito de nosso combate do Moncada ao argentino, ele com os Cristos de Esquipulas no ombro. E o argentino lhe respondeu, com aquele tom bastante irônico, ou de permanente incredulidade, que o caracterizava:

– Conta outra história de caubóis, vai.

Não acreditou numa só palavra. É paradoxal, visto da perspectiva atual, que o segundo ícone em importância da Revolução Cubana (o primeiro, evidentemente, devo ser eu) tenha tido seu primeiro contato com o processo a partir de uma história que considerou inaceitável para a sua inteligência. Mas iria se produzir uma espécie de equidade histórica entre o argentino e nós. Quando me falaram do Che pela primeira vez, ofereci enorme resistência a que fosse apresentado a mim. Isso de alguma maneira estabeleceu um equilíbrio na origem de nossas relações, que foi uma espécie de rejeição mútua inconsciente. Como duas cabeças sobre barra de metal que, ao serem colocadas uma em frente à outra, norte com norte, se repelem. Ele não acreditou na história do Moncada. Eu não queria conhecê-lo. Minha explicação? Pois essa se produziu num nível intuitivo. Expliquei isso a Raúl, porque foi meu irmão quem primeiro me falou do Che, quem me vendeu ele primeiro. Estávamos no México e Raúl me disse que havia um argentino, médico, que ele queria apresentar para a mim. E é aí que lhe respondi (e é por esse comentário meu que falo de intuição):

– Porra, Raúl, lembre que a América Latina está toda ela cheia de trotskistas. O único partido que acabou com isso foi o cubano. Por que enfiar o trotskismo na Revolução Cubana?

Faço a vocês a advertência de que até essa etapa da Guatemala, Ñico e o Che eram homens de escassa formação política. Isso eu posso garantir a respeito dos dois, que conheci perfeitamente. Talvez Ñico – um infeliz que nunca desfrutou, em toda a sua vida, do mais banal de todos os prazeres, o de se debruçar sobre um prato fundo cheio de carnes e batatas, feijão e grão-de-bico e comer até se fartar – tivesse uma inclinação natural para a mudança social, o que nos termos marxistas se chama luta de classes. Mas o Che continuava sendo um menininho à procura de aventuras, embora por essa época já estivesse envolvido com alguma literatura revolucionária, da qual seu maior proveito era pessoal: decorar alguma terminologia e depois usá-la para impressionar os pobres-diabos de seus amigos. Aconteceu, então, de os americanos derrubarem Jacobo Árbenz. Um governo eleito pelo povo, em eleições absolutamente democráticas, desbancado. Árbenz estava há três anos na Presidência da Guatemala. Em 16 de junho de 1954 começaram os bombardeios sobre o palácio presidencial. A partir desse episódio, a lenda do Che se consolida com o desastre guatemalteco. O vendedor ambulante de Cristos de Esquipulas se converte, assim, no protótipo do herói no dia de seu despertar. Diante de seus olhos materializa-se uma contrarrevolução e, o que é pior, Árbenz não mexe um dedo para armar o povo. Isso se repetirá até a saciedade. A indignação do Che pela incapacidade de mobilização do governo guatemalteco.

O fato é que decorreu um tempo em que eles se perderam de vista totalmente, pois os dois tiveram que sair a toda velocidade da Guatemala. O Che, porque talvez tivesse levado longe demais seu interesse pela literatura revolucionária e entrara em contato pessoal com comunistas "e outros setores revolucionários", conforme ele mesmo iria me contar. Porque quando nos conhecemos e me fez seu relato, o que me chamou atenção foi aquela menção sua a outros setores revolucionários. E foi o que corroborou minha intuição a respeito de seu provável adestramento trotskista.

Depois de aproximadamente um ano, Ñico e Che voltaram a se encontrar num hospital do México.

– Você? O que faz aqui?

– Trabalhando como médico, e você?

Já não enganava mais índios guatemaltecos. Agora enganava os mexicanos. "Estou trabalhando como médico", disse claramente. De onde ele tirou de repente, como num passe de mágica, uma carreira de doutor em medicina?

– Continuamos preparando a revolução, vamos voltar para Cuba. Estamos nos reunindo na casa da María Antonia Gonzáles. Apareça lá.

É o que se supõe que Ñico tenha dito a ele. E o argentino foi e encontrou o Raúl. Depois, Raúl o mencionou a mim. Seu argumento principal foi que não tínhamos médicos para a invasão. O argentino podia nos ser útil. Finalmente aceitei. Disse que o levasse uma noite até a casa da María Antonia. Isso foi na segunda semana de julho de 1955. Anos depois, ele escreveria que naquela noite descobriu que nós dois pensávamos igual.

– Tudo o que Fidel diz é igual ao que eu já havia pensado – diz.

ASSIM FOI TEMPERADO O AÇO

Eu pensando igual a ele? Eu nem me lembro mais do que possa ter dito, sentado no chão da cozinha de María Antonia a noite toda, mas o Che, ao meu lado, parecia ouvir e acreditar.

Ainda existe a cozinha. Estreita e velha. Os companheiros que passam por ali dizem que está bem conservada e que a embaixada cubana cuida de sua manutenção.

Pedrito Miret viaja a Cuba e por indicação minha entra em contato com Frank País, em Santiago. Os dois se deslocam até Manzanillo e localizam Celia Sánchez, que eles já conhecem. Celia, carregada de mapas e fotos amadoras de tamanho de cartão-postal, tinha ido várias vezes até a sede do Partido Ortodoxo em Havana, depois de nossa saída da prisão, para me convencer de fazer a guerra naquela região. Conhecia só de vista o Pedro Miret, a quem eu delegava tarefas desse tipo. Eu percebia que o exemplo do Moncada se espalhava, porque havia muita gente desejosa de que eu organizasse a revolução nas regiões onde moravam. Assim apareceu Celia Sánchez, que como René Vallejo é daqueles *manzanilleros* que estudaram nos Estados Unidos e terão enorme destaque no processo. Miret volta ao México e me fala de suas explorações na região com Celia e Frank. Mando-o de volta a Cuba e lhe digo que, em princípio, o acordo é desembarcar em Pilón.

Em setembro já tenho mais ou menos definido o *staff* da direção do Movimento, tenho-o em minhas mãos. Miret me traz de Cuba todos os mapas do litoral que eu lhe pedi, e chegam Juan Manuel Márquez e Chucho Montané. Chucho vem com Melba, uma das duas companheiras veteranas do Moncada. Espero que se lembrem dela. Eles vêm participar dos preparativos da expedição, mas também para desfrutar da lua de mel, pois se casaram. Miret volta a Cuba com a ordem de começar a me enviar outros combatentes.

O Che se casara com uma tal de Hilda Gadea em 18 de agosto de 1955; eles viviam num pequeno apartamento. Um de meus fugazes romances do período surge nessa casa. Eu já era um assíduo visitante e ali conheci Lucila Velásquez, amiga de Hilda, durante uma reunião de despedida oferecida em minha homenagem, já que ia para os Estados Unidos a fim de arrecadar os fundos de que o movimento precisava. Lucila era muito atraente e chegada à poesia. Dá para levar a sério um parágrafo que diz que tal pessoa *é chegada à*

242   A AUTOBIOGRAFIA DE FIDEL CASTRO

poesia? Lucilita teve vários encontros comigo e, evidentemente, se apaixonou. Hilda, agora falecida, como podem supor, me contou que a jovem uma vez lhe perguntara:

– Hilda, me diga, como foi que você fez para fisgar o Ernesto?

O Che, que ouvia a conversa, respondeu com uma de suas ironias:

– Foi assim: estavam atrás de mim na Guatemala para me prender, e ela foi parar na prisão por não ter revelado meu paradeiro. Casei com ela em sinal de reconhecimento.

Além da ironia havia, é claro, um componente de heroísmo forçado que nunca faltava em suas declarações. Ele era realmente muito bom no envio de mensagens subliminares. De onde o argentino tirou que alguém o estava procurando na Guatemala para prendê-lo? Mas de qualquer modo era compreensível. Pela primeira vez na vida ele se vinculava a um autêntico grupo de revolucionários, que de fato haviam assaltado quartéis, que de fato haviam sido comandantes e que de fato haviam cumprido pena na prisão. O que estava fazendo era um esforço para se igualar. Era difícil para um argentino ficar por baixo de um grupo de genuínos valentes e não ter uma só cicatriz para abrir a camisa e mostrar. Era, naquele momento, o único que não podia fazer referência a ações de guerra. Nesse sentido, a Guatemala era sob medida. Quem poderia agora determinar o que teria feito ou deixado de fazer ali? O que sempre me espantou, no entanto, é que ele nunca percebeu que eu o deixava soltar sua história sem reparos de nenhuma espécie e que não soubesse que tudo tem seu preço, inclusive soltar a mentirinha de que os guatemaltecos da revolta contra Árbenz queriam prendê-lo. Isto é, que ele acreditasse realmente que estava me enganando. É ruim, muito ruim, se propor a me enganar. Mas pior ainda é convencer-se de ter conseguido. Porque esse é o tipo de insulto que eu nunca esqueço.

Em 20 de outubro, parto para os Estados Unidos. Os ianques não me criam nenhum problema com o visto. Minha primeira parada é na Filadélfia. Depois vou para Union City, New Jersey e Bridgeport, Connecticut, para falar com os cubanos, colocar um grande chapéu de vaqueiro sobre a mesa e recolher dinheiro. Chego a Nova York em 23 de outubro. Falo no domingo, 30 de outubro de 1955, no Palm Garden, da rua 52 com Oitava Avenida, e lanço pela primeira vez meu slogan de sermos mártires ou livres no ano seguinte. Juan Manuel Márquez me acompanha quase sempre; carismático, corpulento, bom orador e com a capacidade de se subordinar a meu comando sem chiar. Eu o nomeara segundo no comando quando os guardas o capturaram logo depois do desembarque do *Granma* e o metralharam. Coitado, não sabe (nem eu, é claro) que será um dos primeiros mártires de nossa causa. Mas está com quilos a mais. Teria sido de enorme utilidade para cobrir meus flancos diante das ambições de todos os chefes e líderes do segundo escalão que surgiram no processo, principalmente durante a guerra. Juan Manuel teria atuado muito bem a meu favor como subchefe. Mas a única coisa que me deixou, além de alguns meses de serviço útil, foi o conhecimento de que um homem com excesso de peso pode causar estragos à guerrilha se você não se livra dele a tempo, ou se ele mesmo – como foi o caso de Juan Manuel – fica para trás. O axioma é que a guerrilha avança no passo de seu homem mais lento. Mas essas foram considerações posteriores. No decorrer de nossa viagem de arrecadação de fundos pelos Estados Unidos, ele foi sempre o parceiro animado e o de maior capacidade de comunicação. Nisso acho que sua gordura contribuía de maneira positiva. Pelo menos não conheço oratória mais embriagante que as dos homens gordos, talvez pela vibração de suas carnes na hora de discursar, ou pelo convencimento que consegue um homem de bochechas cheias e de gordura à flor da pele quando convoca para a luta ou o para o sacrifício. Eu representei outra coisa depois; além disso, vestia uniforme de campanha, usava barba e estava impondo a veemente oratória do terror, que é a de toda a Revolução. Mas em nossa peregrinação pelas cidades norte-americanas andávamos de terno, com paletós transpassados e gravata, e era de praxe uma certa elegância e modos de executivo. É nesse sentido que Juan Manuel se mostrava insubstituível.

Em 20 de novembro, estou em Miami e à noite falo no Flagler Theater. Nessa cidade me junto a meu filho Fidelito. Quem o traz é minha irmã Lidia – de avião, vindo de Havana –, depois de eu ter pedido a Mirta. Pela primeira vez, fico tentado a retê-lo comigo. Experimentei a dor e a associo a Friedrich Engels. Embora em *A origem da família, da propriedade privada e do Estado*, seu tratado sobre relações humanas em que aborda as questões como um Darwin das mecânicas filiais,[33] ele não descreva com as minúcias de minha própria experiência o tópico dos sentimentos paternos nos primeiros contatos com seu filho depois de um divórcio, eu utilizo seu revelador comentário de que os homens amam mais os filhos das mulheres que mais amam para contribuir com um adendo à sua teoria. Penso que não existe essa dor pelo filho que acreditamos desamparado e carente de cuidados e de nossa presença; ao contrário, planejamos e até em certos casos levamos às vias de fato todos os planos de sequestro e retenção das crianças tidas com a mulher que mais amamos não por consideração à criança, mas como ações que refletem o amor desesperado que ainda temos pela mãe. Entendem? Não amamos os filhos, porra nenhuma. A gente baba ainda é pela safada, que sabe Deus com quem está se deitando agora. Oh, Deus, aquela barriga lisa e aquele tufo de pelos pubianos que eu considerava de minha propriedade até a eternidade, aquelas coxas cor de mel que se abririam apenas para me receber cobertas agora pelo sêmen de qualquer sem-vergonha, e as gotinhas brilhando como pedraria sob a luz de uma lâmpada elétrica. Não. Engels tampouco falou disso, nem nenhum outro dos clássicos do marxismo. Até onde sei, nunca se estudou de fato o efeito – que é permanente, por certo – que pode advir das relações pós-maritais da mulher que você mais amou na psique dos fundadores dos primeiros Estados socialistas. É difícil discernir, por exemplo, o efeito que algo similar poderia ter causado em Vladimir Ilich Ulianov se por acaso Krupskaia tivesse sido sua mulher mais amada. Uma ideia leva à outra. Pergunto-me, nesse preciso instante, se alguma vez em suas reuniões de avezado conspirador em Viena ou em Petrogrado o camarada Lenin sentiu que a Krupskaia lhe deslizava a mão por baixo da mesa em direção à braguilha.

Bem, de momento, o sequestro de Fidelito é suspenso. Fico com ele em Miami alguns dias e o mandei de volta. Vou a Tampa e a Key West, tradicional dos atos de fé cubanos, pois foi a mesma peregrinação de José Martí quando organizava a luta contra a Espanha, no fim do século XIX. No total, conseguira reunir os primeiros 10 mil dólares. A viagem também foi útil para organizar os Clubes Patrióticos e as Casas do 26 de Julho. Em Key West fiquei dez dias, descansando numa casa de hóspedes. Acho que foi a última vez que desfrutei desse suave prazer humano chamado de férias.

Volto à Cidade do México e, no Natal de 1955, na casa de María Antonia, me entrego ao prazer de cozinhar pessoalmente e convido alguns companheiros, inclusive o argentino, de momento uma figura exótica e certamente simpática aos meus futuros expedicionários. No fim do jantar, dos torrones e do café arábica, do que mais sentia falta era o não ter um Partagás entre os dentes.

No verão de 1956, já me encontrava divorciado de Mirta e estava no México preparando a expedição a Cuba, com o propósito de derrubar o ditador

Fulgencio Batista, no poder desde 1952. Mas Mirta estava prestes a casar com Emilio Núñez Portuondo, filho do então embaixador de Cuba nas Nações Unidas. Ao saber que Mirta se casaria com um conservador e que meu filho, Fidel Castro Díaz-Balart, de 6 anos de idade, conhecido como Fidelito, iria crescer sob a influência da família de minha ex-esposa, concebi um plano – que então me pareceu "perfeito" – para impedir que meu filho permanecesse ao lado da mãe. Liguei para Mirta em Miami, onde ela estava com Fidelito, e pedi que deixasse o menino passar duas semanas comigo no México. Fidelito precisava estar de volta em duas semanas. Eu dera minha palavra ao pai dela de que devolveria o menino em duas semanas por intermédio de minha irmã Lidia, que era uma boa amiga de Mirta. Cinco semanas depois, Fidelito não havia sido devolvido nem Mirta recebera notícia alguma do filho – nem de mim, *seu ex-esposo*. Finalmente, conseguiu se comunicar com Lidia, no México. Lidia disse que sentia muito, mas que eu havia decidido que seu filho não iria crescer dentro de uma família de *esbirros*, palavra muito usada em Cuba e que nasceu como referência aos sicários do ex-ditador Gerardo Machado. Fidelito havia chegado ao México vindo de Miami em 17 de setembro de 1956. De imediato, coloquei-o nas mãos de um casal: Alfonso "Fofó" Gutiérrez, engenheiro civil mexicano, e Orquídea Pino, cantora cubana de casas noturnas. O menino teve seu nome mudado para Juan Ramírez e foi feito membro dos Boy Scouts. Começou uma vida diferente na confortável mansão dos Gutiérrez, que era rodeada por um muro alto e tinha piscina. Eu o visitava ali, tocando com força a buzina do carro ao chegar.[34]

É desnecessário continuar me estendendo nesses episódios do México e dos anos posteriores de luta na Sierra Maestra, já que existe uma imensa quantidade de literatura a respeito de tais fatos. E não estou escrevendo a história da Revolução Cubana, mas a minha pessoal. Devo prestar atenção àquilo que realmente me importa ou tem significado segundo meu próprio julgamento. A abundância de textos sobre essa etapa, segundo meu sincero entendimento, deve-se ao fato de que seus autores saíram de Cuba muito cedo e são testemunhas ou participantes desses dois ou três aninhos e na realidade desconhecem o processo revolucionário verdadeiro, o posterior a 1959, do qual estiveram ausentes e que foi quando se engrossou o caldo. Atualmente eu tenho a metade do Exército Rebelde em Miami, para não dizer os sobreviventes do movimento urbano de Santiago e Havana, e há mais sobreviventes da luta em Santiago do que em Havana, porque a polícia de Batista se enfureceu com esses combatentes de Havana e os aniquilou. Bem, tenho impressão de que o que restava em Havana do Movimento 26 de Julho na época do triunfo da Revolução era meia dúzia de homens. Depois tive que fuzilar alguns de Santiago, porque eram os mais ativos contrarrevolucionários, e, como caíram no conto de que tinham sido decisivos na luta contra Batista, precisei detê-los em seco para que não fizessem o mesmo comigo. Querem saber a verdade? A única coisa realmente importante que ocorreu em todos esses 33 anos até o triunfo da Revolução é que eu nasci. Todo o resto é a história que os vermes contrarrevolucionários não cansam de repetir e publicar nas revistas de vaidades de Miami. De qualquer maneira, utilizei as páginas precedentes para dar minha visão de certos fatos e de como se concatenaram para me dar uma visão da mecânica revolucionária e de como fazer andar determinadas coisas. Mas já é hora de encerrar esses capítulos para evitar me transformar num cronista a mais dessa épica da qual meus inimigos quiseram se apoderar.

Entre os meses de agosto e outubro de 1956, Frank País havia visitado cinco vezes Havana e mantido encontros com dirigentes do movimento para os preparativos de meu desembarque. Durante sua última visita, ao chegar do México e ser nomeado chefe nacional de Ação e Sabotagem, Frank especificou as missões que Havana cumpriria em apoio ao desembarque: sabotagem e neutralização dos sistemas elétricos e telefônicos, principalmente.

No México, em 22 de novembro, ordeno a meus lugares-tenentes que enviem as ordens aos diferentes grupos que, distribuídos na Cidade do México, irão participar da partida. O encontro ocorrerá dois dias depois num cais sobre o rio Tuxpan, a alguns quilômetros de Veracruz.

Em 27 de novembro chega a Havana um cabograma do México dirigido a um funcionário do hotel Royal Palm, mas cujo verdadeiro destinatário era Aldo Santamaría Cuadrado, que dizia "reservem quarto hotel". Era a ordem de apoio ao desembarque para o M-26-7 em Havana, Matanzas e Pinar del Río.

ASSIM FOI TEMPERADO O AÇO

Na estrada da Cidade do México a Tuxpan enfrento o incidente que já lhes contei, quando fomos detidos por uma barreira policial e eu perguntei aos guardas se eles queriam que a Revolução Cubana começasse no México.

Depois matamos um último traidor. E isso eu nunca contei, nem ninguém do grupo participante revelou. Fizemos a cova numa praia próxima, em Cancún; abrimos o buraco antes de zarpar, e antes de zarpar levamos o traidor até lá e o matamos. Estivemos presentes: Cándido González; o negro Héctor Aldama Acosta, irmão do caolho Agustín Aldama; Gustavo Arcos; e Raúl Castro, que foi quem lhe deu o tiro na cabeça. Foi assim que contou ao Norberto Fuentes. "Eu o matei." Nome? Bem, agora não posso precisar, porque disso não sobraram papéis nem qualquer outro tipo de testemunhos, nem esperem também que eu a esta altura pergunte ao negro Aldama se ele se lembra dos nomes daqueles filhos da puta que matamos no México, e muito menos que pergunte a Gustavo Arcos, que passou para a dissidência mais aberta e de confrontação. Mas posso lhes fornecer com toda certeza três nomes, os três comprovados como espiões de Batista: o de Jesús Bello Melgarejo, o de Arturo Ávalos Marcos e o de Cirilo Guerra. Acho que há um quarto executado, mas não consigo ter certeza. Digo porque me parece que enterramos dois no campo de treinamento. Depois Orlando Piedra, o chefe de polícia batistiano que nos perseguiu com maior fúria no México, declarou em Havana que Arturo e Cirilo foram enterrados no Deserto dos Leões, num prolongamento da avenida Insurgente, Cidade do México, e embora o fato nunca tenha sido investigado, não posso assegurá-lo nem desmenti-lo, porque eu nunca participava dos enterros. Evitava muito estar presente nesse tipo de tarefa, não porque me causasse nenhum tipo de reparo ou relutância, mas por considerar meu dever de não empanar o nome do dirigente máximo da nascente Revolução. Poderia parecer que o fazia por mim, mas na realidade o fazia por todos. Jesús Bello Melgarejo. Acho que foi ele que executamos em Tuxpan, antes da partida do *Granma*. Bello Melgarejo era cidadão americano e veterano da Segunda Guerra Mundial, e não se voltou a saber dele. Segundo uma versão diferente da nossa, foi convidado a tomar umas cervejas, depois foi levado enganado a uma reunião e finalmente levou um tiro na nuca. Para fazê-lo desaparecer, foi atirado num barranco, onde só chegavam os abutres e os coiotes. Fantasia. Pura fantasia. Está enterrado numa prainha ao sul de Tuxpan. Se forem lá agora, e se o mar de quase sessenta anos e o vaivém permanente de suas ondas não fizeram desaparecer a enseada, irão encontrá-lo.

Começou a travessia pelo rio Tuxpan em direção ao Golfo do México. Os comandos do exército de Batista, que estavam sabendo da operação, nos prepararam a acolhida em Cuba. No início da madrugada de 25 de novembro de 1956, com meu relógio marcando uma e meia da manhã, partimos da pequena cidade de Tuxpan. O iate estava ancorado em frente a ela, na margem oposta do rio, lugar conhecido como Santiago de las Peñas. Quando a embarcação começou a se mover, o fez com as luzes apagadas; a embarcação se separou do dique e colocou a proa sentido rio abaixo, rumo ao porto do litoral. A bordo todos os ocupantes guardavam silêncio. Chovia bem forte desde a tarde do dia anterior. O porto estava fechado a todo tipo de navegação devido ao mau tempo. O iate navegou tranquilamente pelo estuário do rio Tuxpan durante meia hora, tempo que durou seu percurso do cais até a costa. Na entrada do porto, o farol foi a única testemunha da luta daquela embarcação contra o vento intenso e a ressaca. Oitenta e dois homens a bordo. O *Granma* colocou a proa em direção a Cuba.

Tinha ao meu lado o Che. Calado. Eu diria que resignado. Ou como um cãozinho de madame. Pela primeira – e acho que única – vez em minha vida, senti pena dele. O Che passou no México, aonde nunca mais voltaria, dois anos e três meses de sua vida.

O *Granma*, uma embarcação construída para o transporte de quinze pessoas, 25 no máximo, com 82 homens, em meio a uma tormenta de vento e água que fazia duvidar da possibilidade não mais de alcançar Cuba, mas de vencer a pequena distância que nos separava do golfo, parte com o rumo colocado a leste numas remotíssimas praias que as cartas marcam como Niquero. À meia manhã do dia 26, enquanto se testavam as armas disparando contra o horizonte, a asma se apoderou dos pulmões do então tenente médico Ernesto Guevara, que não conseguiu carregar seus remédios na bolsa de viagem pela urgência e pela excitação da partida. Faustino Pérez injetou-lhe adrenalina e a asfixia cedeu. Também ficou em terra grande parte da comida destinada à viagem. Algumas bolsas com laranjas e bolachas e uns pedaços de carne que estavam dependurados no porão da embarcação formavam as provisões que foram racionadas estritamente durante toda a viagem por mim pessoalmente.

As águas do golfo começaram a fazer sentir seu forte embate contra a nave, e esta pareceu ceder. O iate, com seu perigoso vaivém e sob um céu preto e uma incômoda chuvinha invernal, provocou enjoos e fortes náuseas em todos nós. Um dos expedicionários, Faustino Pérez, me perguntou:

– Temos apenas um motor, não é?

Apenas um motor. Mas nos consumia uma intensa e silenciosa emoção. Por um momento prendi a respiração, pois temia que algum ruído pudesse abortar a empreitada. Entramos no golfo do México e vi Tuxpan perder-se entre fracas luzes; todos sentíamos que o silêncio da partida não era necessário, e, como se estivesse combinado, ouviu-se o Hino Nacional cubano, em uníssono.

O vento soprava inclemente e as ondas estremeciam o casco com violência. Exceto dois ou três marinheiros e quatro ou cinco pessoas mais, o resto dos tripulantes ficou com enjoo. Mas no quarto ou quinto dia o panorama geral se aliviou um pouco.

Sobrecarregado, o *Granma* navegava a uma velocidade média de seis nós, quatro a menos que o previsto, e como o mar estava acima de sua linha de flutuação, produzia uma pressão que impulsionava a entrada de água na nave, tanto pelos banheiros como pelas juntas das tábuas dos camarotes.

O rumo foi perdido. As correntes e o mau tempo desviaram o curso do *Granma* e o afastaram cada vez mais das praias de Niquero.

Enquanto esse parecia ser o início de nossas tragédias, não sabíamos que em Havana se produzia uma manifestação de estudantes em 27 de novembro. Jesús Suárez Gayol, um dos chefes nacionais do Movimento, e Otto Díaz, da Escola de Comércio, saíram feridos a bala de um confronto de rua e, do lado contrário, quinze policiais foram feridos por golpes e contusões, entre eles dois capitães. Na ocasião, não ficamos sabendo, mas esse foi o prólogo propício para o levante em Santiago de Cuba. As notícias não teriam sido mais alentadoras se tivessem chegado até nós.

E em 30 de novembro, como estava combinado com Frank País, eclodiu a sublevação. O numeroso grupo de membros do M-26-7 que aquele dia executou diversas ações em Santiago de Cuba para facilitar o desembarque dos expedicionários é decisivo. A operação começou às cinco e quarenta e cinco da manhã, mas os combatentes não puderam se manter nas ruas depois do meio-dia, embora alguns francoatiradores fustigassem um pouco mais os militares.

Pela primeira vez foi usado o uniforme verde-oliva e o bracelete vermelho e preto com letras brancas (M-26-7) que caracterizariam nossos combatentes. A operação foi levada a cabo três dias depois de recebido o cabograma com a senha combinada.

Quanto ao 26 de Julho em Havana, Aldo Santamaría foi preso e teve que comer o papel que continha o cabograma recebido do México para que os esbirros não conhecessem seu conteúdo. Antes, informara esse conteúdo aos companheiros Enrique Hart e Héctor Ravelo, dirigente do M-26-7 na província Havana Campo. O Movimento 26 de Julho contava com um plano elaborado pelo engenheiro Federico Bell-Lloch para paralisar as comunicações do país e a rede elétrica. Mas isso nunca chegou a acontecer, e depois nunca se soube que diabos ocorreu com aquele plano e onde foi parar o famoso engenheiro Bell-Lloch. Enrique Hart Dávalos parecia ser o dirigente de Havana mais esperto e consciente. Pelo menos repetia até cansar:

– Com o que tivermos, temos que fazer tudo o que pudermos.

Bem, não era o raio paralisador de toda a atividade energética e de comunicações do país, mas era uma contribuição. Um de seus comandos, o de uns tais de Paco Chavarry, Miguel Fernández Roa e Eduardo Sorribes, havia subtraído grande quantidade de fósforo branco do Colégio de Belén e tinha uma boa quantidade de cartuchos de dinamite, trazidos alguns de Matanzas por Jesús Suárez Gayol e outros conseguidos por Roberto Yepe, assim como algumas armas curtas e uma porção de granadas fabricadas em Regla, com o que foi possível armar vários tumultos. Na cidade de Havana, o emprego de fósforo branco em cinemas, lojas e ônibus teve tal magnitude que o ministro do governo Santiago Rey e o próprio ditador se referiram a esses fatos em três oportunidades no mês de dezembro, em declarações oficiais aos veículos de imprensa.

De qualquer maneira, por meio do rádio de bordo – carregado de estática e que mal podia ser ouvido –, essa atividade, e a eclosão de Santiago principalmente, surpreenderam a mim e a meus homens distantes dos acontecimentos. A revolta de Santiago foi finalmente dominada pela polícia, não sem antes produzir sua sequela de feridos, mortos e detidos. Esses homens foram desperdiçados numa revolta popular de apoio a um desembarque que ainda não se produzira. E ainda se criou um problema novo: as forças de segurança de Batista foram alertadas e deviam estar nos esperando. Eu não estava errado:

alguém havia nos delatado. Alguém que, mais de quarenta anos depois, ainda não descobrimos quem foi. Minha única esperança é que tenha sido o dedo--duro que Raúl matou em Tuxpan. Não é fácil passar mais de quarenta anos tentando descobrir qual de seus companheiros no reduzido grupo da Direção era o traidor. A prova, a ponta do fio de Ariadne, é o seguinte comunicado do Estado-Maior de Batista a todas as suas unidades de mar e ar:

> Providenciem busca de iate branco 65 pés, sem nome, bandeira mexicana, com rede que cobre todo o barco; saiu de Tuxpan, Veracruz, México, em 25 de novembro passado. Informe este CEN sobre resultados. General Rodríguez Ávila.

Depois de 172 horas de travessia, descobrimos Cuba no horizonte e decidi ingressar por uma praia desolada situada a sudoeste de Niquero, cujo nome logo saberíamos: Las Coloradas.

O *Granma* enchia d'água e sua permanência sobre a superfície era uma questão de horas. Por isso dei a ordem de nos dirigirmos a toda velocidade para a ilha. Desceríamos ali onde o *Granma* decidisse apoiar sua proa. E a velha embarcação escolheu cravar-se num banco de areia a dois quilômetros da costa, num pântano chamado Belic, a uns 2 mil metros de Las Coloradas e à igual distância de Niquero. Quanto mais perto estávamos do horizonte escuro que identificamos por um momento como terra firme, mais nos convencemos do equívoco da apreciação. Aquilo era um pântano que mal permitia avançar até uma linha de coqueiros onde a terra se intuía firme. Era 2 de dezembro de 1956, e René Rodríguez foi o primeiro a se lançar à água em busca da praia. Não deu pé, e ele gritou:

– Caralho, estou me afogando!

Minha resposta surtiu um efeito inesperado em René. Gritei:

– Anda, porra!

E ele, como Cristo entre as águas, começou a avançar. Esse dia eu entendi o que era a voz de comando e, pela primeira vez, desde o Bogotazo, soube o que era impor-se sobre uma multidão fora de controle.

Uma lancha torpedeira da Marinha de Guerra cubana que apareceu por algum orifício do horizonte efetuou vários disparos sobre a retaguarda que, sob o comando de Raúl Castro, ainda se encontrava a bordo do *Granma*. A torpedeira contava com um avião de apoio, que começou a soltar bombas de forma indiscriminada sobre toda a área dos pântanos. Nós nos dividimos em pequenos grupos e começamos a procurar as vias de fuga. Enquanto eu tentava adentrar num monte ou encontrar um charco de água doce onde pudesse saciar a sede, em Havana a United Press International anunciava minha morte em combate. Eu ainda não sabia disso, ainda acreditava que o grosso dos meus homens se deslocava à minha volta, entre os densos canaviais, quando o que estava acontecendo era que acabava de perder quase toda a força expedicionária, exceto dezesseis homens, que, por sua vez, seriam dizimados em três partidas. Entrei num canavial, e as balas passavam assoviando e as afiadas folhas da cana Jaronú me cortavam o rosto. Nessa minha pequena luta contra as forças da adversidade, aquilo em que pensava com maior intensidade não era no triunfo da revolução social, mas em meu desespero para tomar uma Coca-Cola.

Agora lembro que poucas horas antes de sair, talvez cerca de dois dias, eu estivera folheando minha leitura favorita de Lenin. Em determinado momento, com a pressa do acampamento, eu o enfiara no bolso de minha jaqueta de campanha e lá ficara esquecido. Voltei a me lembrar dele na madrugada do dia 2 de dezembro, enquanto tateava os bolsos procurando algum charuto esquecido. Era perigoso esse tipo de literatura. Já nos criara bastantes problemas o exemplar de *O imperialismo: fase superior do capitalismo* que haviam encontrado no apartamento de Haydee e Abel dias depois do Moncada. Assim, decidi me desfazer de meu livrinho. Antes de atirá-lo na água, abri-o pela última página. Sabendo o que iria encontrar. Mesmo assim, foi como uma carga de adrenalina. Nunca esqueci essa frase que eu iluminei na ponte do *Granma* com uma lanterna de barco: "Viver a 'experiência da revolução'." Então, atirar o volumezinho pela borda, sem que nenhum de meus acompanhantes percebesse, foi como uma espécie de liturgia. Algo íntimo. Algo exclusivo, entre os deuses, a corrente do Golfo e eu. O livro se abriu suavemente como uma pomba no ar e se perdeu na escuridão do mar – ou me foi impossível distingui-lo por causa das lentes embaçadas de salitre ou da chuva inclemente.

PALAVRAS FINAIS À PRIMEIRA EDIÇÃO

Este folheto foi escrito nos meses de agosto e setembro de 1917. Já estava traçado o plano de capítulo seguinte, o VII: "A experiência das revoluções russas de 1905 e 1917". Mas, afora o título, não me foi possível escrever uma só linha deste capítulo: veio "estorvar-me" a crise política, às vésperas da Revolução de Outubro de 1917. Com "estorvos" assim só podemos nos alegrar. Mas a redação da segunda parte do folheto (dedicada à "experiência das revoluções russas de 1905 e 1917") terá de ser adiada certamente por muito tempo; é mais agradável e mais proveitoso viver a "experiência da revolução" do que escrever a respeito dela.

O Autor

Petrogrado
30 de novembro de 1917

12. OS NÔMADES E A NOITE

Meu irmão Ramón bateu uma foto minha. Ela agora está meio apagada e se desvanece sob os efeitos de uma obstinada gama de tons de cinza. Não sei como andam as coisas atualmente com a fotografia, que tipo de emulsões estão sendo usadas para conseguir cores tão vivas e firmes. Mas essas imagens anteriores aos anos 1950 pareciam envelhecer junto com as pessoas e os objetos. De modo que sabíamos sempre quando estávamos olhando a foto de um morto. Eram empoeiradas e às vezes comidas pelas bordas, e nelas todo mundo parecia obrigado a oferecer a expressão de rosto mais severa. De fato, essas fotos davam a sensação de que haviam murchado e de que iriam soltar pó se a gente as sacudisse. Ou será que de fato acumulavam ácaros na imobilidade de seus lúgubres álbuns? Minha foto é de outubro de 1947. Ramón me disse:

– Pare aí, Fidel.

Pare aí queria dizer que ficasse imóvel.

– Olhe pra cá.

Eu estava sem camisa e com os braços estendidos ao longo do corpo; tenho atrás de mim as colunas de cimento do tanque elevado de água da fazenda de Birán, e na direção para onde aponta minha sombra veem-se os paus de *caiguarán* – os inamovíveis *caiguaranes*, que não permitiam a entrada nem dos pregos mais afiados – sobre os quais se apoiava minha casa. A leve sombra que delineia meu rosto é minha barba de então, em seu momento de mais consistente crescimento. Olho a foto agora, na distância dos anos, para voltar a fazer uma composição do lugar enquanto escrevo este trecho e, aplicando meus bem adquiridos conhecimentos de medicina, tenho satisfação em contemplar o corpo de um jovem que teve um adequado processo de crescimento, uma doce, saudável, esplêndida adolescência. Todos os meus traços masculinos estão bem definidos, a harmonia facial, o desenvolvimento muscular, os depósitos proporcionais de gordura adequados à idade e uma região mamária bem definida. Se não disponho de muita barba é uma questão de fenótipo familiar, questão de informação genética, mas a sombra que enverniza meu rosto, a que mostro aqui, é adequada e suficiente para minha idade. Que coisas estranhas tem a experiência humana. O símbolo pelo qual sou distinguido na história, minhas barbas guerreiras, sempre foram um atributo de árdua obtenção para meu organismo.

Assim, não pensem que a barba me sai com facilidade. Na verdade estou mais para imberbe, com barba rala e que demora para crescer e para que sua presença seja notada. Tampouco tenho pelos no peito. E costuma acontecer de minha barba crescer primeiro que o bigode. Este quando sai, no início, parece um bigode de chinês, liso e caído para os cantos dos lábios. Falava da foto. Acabava de chegar de Cayo Confites, veterano de uma guerra que nunca existiu, mas pela primeira vez – embora sem que me propusesse a isso em princípio – apresentava-se uma associação natural entre meus esforços bélicos e o crescimento, ainda que tímido, de uma barba minha. A segunda vez será na Sierra Maestra, dez anos mais tarde, e depois nunca mais farei a barba. Estou magrinho nessa foto e com a pele curtida pelo sol sem proteção de Confites e pela aspersão do salitre. Não a pele queimada do camponês, que é terrosa e opaca, mas a do homem do mar – em meu caso, a de um jovem exposto aos elementos que se abateram sobre uma pequena ilhota desguarnecida diante da Grande Barreira das Bahamas –, por isso é uma pele dourada ou de um vermelho esmaltado.

O mais importante – e a razão pela qual essa foto está agora, entre papéis e anotações, em cima de minha mesa, sendo usada como um dos documentos de minha informação – é o significado e o valor da barba que irá crescer em mim nos dias posteriores ao desembarque do *Granma*; e porque quis comparar a de Confites, que era tímida e foi raspada, com a barba serrana, que se eternizou. Minhas barbas, que cresceram mais devido aos imperativos das circunstâncias do que por uma vontade expressa, e muito menos ainda pela busca de um símbolo publicitário ou pelo orgulho de um atributo guerreiro. Estou falando de um ponto de vista pessoal, entendam. Uma barba de cultivo recente significa também pequenas mudanças de hábitos e a aquisição de gestos desconhecidos, como vou descobrir de imediato, depois do desembarque.

OS NÔMADES E A NOITE   257

* * *

A última coisa que lembro é de Norberto Collado. Era nosso errático timoneiro que, com as primeiras luzes do amanhecer, tentara duas vezes seguir a rota adequada pelo labirinto indicado pelas boias, e duas vezes voltara ao ponto de partida. Tentava uma terceira vez quando saquei a Browning e a encaixei em sua têmpora esquerda. Restavam uns poucos litros de combustível. Já era pleno dia. O inimigo explorava sem cessar por mar e por ar. A nave corria grande risco de ser destruída a poucos quilômetros da margem com toda a força a bordo. Eu enxergava o litoral perto e visivelmente raso.

– Vai, seu veado. Embica pra margem. Direto. Vai com tudo, seu veado.

O *Granma* parou a sessenta metros da costa. Desembarque de homens e armas. O avanço – parou dar algum nome às tristes piruetas nossas no mesmo lugar, de onde conseguíamos nos desprender apenas algumas polegadas de cada vez – produzia-se num remanso de água praticamente estancada sobre barro movediço, que ameaçava engolir os homens sobrecarregados de peso, e eu ainda brandia minha pistola Browning 9 milímetros com a qual estive a ponto de lhe meter chumbo quando saltei pela borda. O grito, acho que de meu irmão Raúl, alertando "Avião!", surtiu em minha psique um efeito muito mais poderoso do que o desejo irrefreável de matá-lo, ou o que pareceu ser um impulso homicida bem definido. Entrei na água com a pistola no alto, e o fuzil Browning de mira telescópica na outra mão. Uma posição, diríamos, bastante incômoda e de precário equilíbrio. Fiquei pregado no leito barrento quase até as clavículas, embora o contrapeso da mochila tenha contribuído para me manter erguido. Se levarmos em conta que minha estatura nessa época era 1,88 metro, pois calculem um metro e meio de água pela parte da borda em que abandonei a nave. Ouvia o barulho dos demais companheiros atirando-se na água e corroborei de imediato que não existe voz de comando mais efetiva para uma tropa bisonha em sua primeira manobra real de desembarque do que um aviso de avião. Então, tive essa última visão do timoneiro, ainda sobre a ponte, tão pálido que parecia ter perdido todo o sangue, embora nunca soube se pela proximidade da aviação ou porque tinha escapado de levar um tiro no crânio. Passar ao lado do *Granma*, encalhado na borda daquele mangue e com os motores desligados, foi como ver na praia a agonia de uma baleia, e numa visão em escorço a partir de uma água turvada pelo desespero e sufoco de oito homens, e enquanto você usa pela primeira vez botas de combate na sordidez de miasmas da costa cubana, a cada

258   A AUTOBIOGRAFIA DE FIDEL CASTRO

passo carregadas de lama e água como esponjas, tudo isso era uma visão que se me afigurava fantasmagórica além do incompreensível: a morte do *Granma*. E por que caralho ninguém canta agora o Hino Nacional?

Mesmo correndo o risco de parecer pretensioso ou de estar querendo mostrar uma cultura de esnobe, preciso dizer que parecia uma imagem captada por aquele louco dos bigodes em ponta que derretia relógios e fazia boiar os olhos. Bem, eu também via as revistas de fofocas nas quais Dalí e seu último escândalo apareciam ao lado de reproduções de seus quadros. E foi nisso que pensei brevemente enquanto avançava por um costado do barco. Pelo irreal, mas principalmente pela conduta não esperada dos objetos e por uma tomada de perspectiva arbitrária, aquela cena parecia um de seus quadros.

Certamente, se de fato houve algum avião naquela manhã, seus efeitos não se fizeram notar em nosso barco, como tampouco os disparos a que supostamente foi submetido por uma fragata batistiana, porque o caso é que poucos dias depois o *Granma*, sem um arranhão, foi tirado e rebocado pela popa. A Marinha de Guerra usou os serviços de um velho rebocador. O *Granma* foi reabastecido de combustível e por seus próprios motores foi levado até os cais da Marinha no porto de Havana, em frente ao povoado de Casablanca, onde se manteve flutuando e preso a um dique até nosso triunfo.

Quanto a Collado, não sei como se virou para saltar do iate, evitar o cerco que os guardas montaram em pouco tempo por toda a região, e chegar a Havana. Como ninguém o perseguia e as patrulhas policiais passavam por ele como por um mulato quarentão a mais, um dos tantos e tão abundantes nessa cidade, e não era identificado nem como um herói da Segunda Guerra Mundial (foi o radarista do caça-submarinos cubano CS-13 sob o comando do segundo-tenente Mario Ramírez Delgado, lembram?), nem como o timoneiro de uma expedição revolucionária e muito menos como um futuro – breve futuro de dois anos – comandante da Marinha de Guerra Revolucionária, ingressou como pedreiro numa das turmas que levantavam um majestoso condomínio no bairro de El Vedado, que se tornaria uma das construções mais emblemáticas de Havana, o edifício FOCSA.

Em 5 de dezembro, em Alegría de Pío, região de Ojo del Toro, completamos uma considerável soma de erros. Os dois primeiros. Deixamos o iate encalhado no lugar do desembarque, em vez de afundá-lo ou deixá-lo à deriva. E as botas novas.

Aquele iate cravado ali sobre um mangue, ainda mais uma embarcação branca, era a melhor sinalização de nosso local de desembarque que poderíamos ter dado de presente ao inimigo. Só precisavam seguir nosso rastro. E foi o que fizeram. Rastros numa barreira de mangues e logo depois num solo pantanoso? Evidentemente, se alguém nos persegue e chega menos de um dia depois ao lugar, o pântano ainda não teve tempo de cobrir de novo as pegadas e apagá-las, ficando o lugar marcado como uma linha de pontos sobre um mapa. Nos mangues, então, tudo fica pior ainda quando oitenta homens atravessam dando tropeções, partindo raízes e dobrando folhas. Um tento a nosso favor, até a chegada a Alegría de Pío, é que acredito ter mantido uma rígida disciplina quanto a não deixar restos no caminho, nem aliviar as cargas das mochilas para nos delatarmos sem querer.

Alegría de Pío fica uns vinte quilômetros a leste de Las Coloradas. Chegamos ali no terceiro dia em três jornadas de marcha, duas delas noturnas, o que mostra nossa lentidão. O lugar onde montamos acampamento é plano, limitado por um canavial ao norte e por uma franja de monte baixo ao sul, separados por um corredor. A posição não era alta nem dominante, por isso era vulnerável à observação e a um eventual fogo do inimigo. A deserção do guia, Tato Vega, ao amanhecer e a presença de aviões resultaram insuficientes para nos indicar que o exército se aproximava.

Quanto à defesa, supunha-se que estivéssemos organizados em três setores. Três setores que (soubemos logo disso) só existiam em nossa complacência mental, nas crenças ditadas pelo esgotamento e que eram teoria, pura teoria. O primeiro pelotão, a cargo de Juan Almeida, dava para o leste. O segundo, coberto pelo pelotão de Raúl, a nordeste. E o terceiro, sob a responsabilidade de José René Smith Comas, cobria o sul. Eu ficava no centro do acampamento. Precisava tirar um soneca, na verdade. Um pouco antes das quatro da tarde alguém me acordou e me serviu uma fatia de chouriço, duas bolachas e um gole de leite condensado que tomávamos direto da lata e que íamos passando de um para o outro. Era a mesma ração servida aos demais companheiros, me disseram. Comecei a pensar que precisava acabar de me espreguiçar e clarear a mente, para empregar alguns minutos na organização de minhas ideias de manobra. Duas coisas haviam dominado em princípio minha cabeça nos dias anteriores: uma era sair daquelas planícies o mais rápido possível, e, melhor ainda, muito melhor, seria se conseguíssemos localizar o pessoal da Celia e seus caminhões do comitê de recepção. A outra era, pelo menos na primeira tarde, que a roupa e a cartucheira de cintura acabassem de secar para eu poder guardar a pistola e deixar as mãos livres para o fuzil. Duas calamidades adicionais se somaram rapidamente no decorrer das horas: sede e fome. De qualquer modo, o gesto inconcluso de matar o timoneiro Norberto Collado e depois manter a Browning empunhada até que sentisse toda a minha roupa como um papelão serviu para que minha pistola fosse a única das trazidas do México a chegar invicta, sem erosões, até o fim da guerra.

Às quatro e cinco da tarde, não havia ainda percebido o perigo. Colocara três pelotões de defesa perto demais do lugar escolhido para acampar, reduzindo eu mesmo as possibilidades de aviso precoce diante da proximidade do inimigo. Tampouco me dava conta de um primeiro sintoma de abulia disciplinar no rastro de canas cortadas, mastigadas e cuspidas depois de extrair-lhes todo o suco, que na marcha da noite anterior tínhamos deixado no chão e que levavam direto até nós.

A Segunda Companhia de Batalhão de Artilharia de Montanha do Exército Nacional, sob o comando do capitão Juan Moreno Bravo e guiada pelo traidorzinho Tato Vega, chegou inadvertida a cinquenta metros de nós. Movimentavam-se sem uma exploração organizada e com o destacamento na realidade procurando a leste, enquanto nós estávamos ao norte deles. O encontro conosco surpreendeu-os e provocou súbitas e desordenadas descargas de fuzilaria. Embora não conseguíssemos organizar a defesa, o desconcerto do inimigo e nosso permitiu a muitos de nós saírem do lugar e se salvarem. O Che, ele mesmo contaria depois (e converteu isso de alguma maneira numa de suas lendas particulares), teve que escolher entre abandonar uma mochila repleta de balas e outra carregada de medicamentos. Depois de hesitar um instante, carregou a que levava munições. Essa decisão lhe salvaria a vida, já que uma bala de metralhadora calibre .45 que ia em direção a seu peito repicou na mochila e foi parar do lado de seu pescoço.

O resultado do enfrentamento foi calamitoso – para nós. Uma parte foi capturada e fuzilada por uma força militar superior e mais bem-treinada, que se preparou estrategicamente para receber a invasão soviética. O Che conta que, ao se sentir encurralado pelas forças governamentais, um dos guerrilheiros se atreveu a propor a rendição a seus camaradas, entre os quais se encontravam Ramiro Valdés, Camilo Cienfuegos e o responsável pelo grupo, Juan Almeida. A voz de Almeida, do pretinho Almeida, ergueu-se sobre o ruído da metralha e ordenou "Aqui ninguém se rende, porra!", enquanto esvaziava o carregador de sua metralhadora sobre um inimigo invisível atrás das canas que o rodeavam.

Eu fui parar no canavial contíguo. Sozinho. Depois se juntaram a mim Universo Sánchez e Faustino Pérez. O primeiro trazia as botas no pescoço. Universo preferira seguir descalço do que se submeter à tortura de um calçado novo. Então, aprendi duas das lições mais duradouras desse tipo de guerra. Uma é que se devem reservar os primeiros dias de uma campanha para domar nas montanhas as botas novas. Dois: nenhuma experiência é mais perdurável do que as amizades surgidas em tais situações. Existem casos que irei valorizar eternamente, como o de Faustino. Vou perdoá-lo todas as vezes que conspirar para me derrubar depois do triunfo da Revolução. Cada vez que descobríamos um movimento da CIA ou da contrarrevolução, o nome de Faustino aparecia por algum lado. Mas o que eu podia fazer com um dos companheiros com que tropecei na angústia daquela fuga por um canavial, onde você via as canas se dobrarem mansamente sob o efeito das balas e onde já tínhamos ouvido, a nossas costas, o furacão de fogo que avançava sobre o canavial e de onde nos próximos dias haveriam de tirar os cadáveres carbonizados de três de nossos companheiros? Como ordenar o fuzilamento de um dos três homens que, às quatro e trinta e cinco da tarde de 5 de dezembro de 1956, eram o único ativo existente da Revolução Cubana? Faustino ia na frente e Universo pelo lado. Agora lembro que as folhas da cana quase me afogavam. Elas caíam em cima de mim e Universo, tentando me proteger, em vez de afastá-las, jogava-as em cima de mim. Universo. Quase me mataram! Universo, com as botas no pescoço, aparecera uns dez minutos depois de iniciado o combate. Faustino, com seu gorro enfiado até as orelhas, seus óculos de aluno aplicado e seu Browning de mira telescópica, veio logo depois. Por isso é que digo a vocês que, naquela hora, a Revolução Cubana éramos Universo, Faustino e eu, só os três.

O cerco se estreitava. Dizem que depois os guardas e os aviões fizeram um pente fino no monte de Alegría de Pío. Um pente-fino a bala. Segundo os relatos que me chegaram posteriormente, um camponês de nome Augusto foi tirar seus animais, provavelmente um par de bois, da zona de combate.

Eles costumavam soltar os bichos nos campos de cana já cortados para que se alimentassem. Por acaso, esse camponês tinha soltado seus bichos por um canavialzinho que já estava cortado, nas proximidades de Alegría de Pío. Um pouco afastado de Alegría de Pío, mas não muito. Para piorar a situação, os animais não eram dele. Ele os emprestara para semear umas fileiras de alimentos. Foi quando topou com um de nossos companheiros do desembarque. Calculo que deve ter tropeçado com Juan Manuel Márquez, que vinha com um grupo de homens, todos cabeludos, magros, cheios de sangue e barro, e que declararam de início que estavam perdidos. Esse camponês convidou-os para a sua casa. Atrás chegaram os outros. E sua casa ficou cheia. Depois Augusto contou que os rapazes "davam nojo". Mais que os guardas em seu encalço e a sujeira acumulada, o que partia a alma de Augusto era a fome. Disse que lhes serviu refresco de mel de abelha e limão, pois não tinha outra coisa, e que ouvia o ronco do aviãozinho de reconhecimento.

Foi a última notícia que tivemos de Juan Manuel vivo. É provável, além disso, pelas informações recolhidas, que Ñico López tenha sido um dos expedicionários que perambulava com esse grupo. Também é a última informação disponível dele em vida.

Tato Vega. Poucas semanas mais tarde, uns espingardeiros designados por Crescencio Pérez, o líder local dos camponeses – na época nosso mais valioso aliado –, deram conta do traidor, execução que resultou do primeiro pacto estabelecido por mim na Sierra Maestra. Eu não lembrava bem de seu nome. Mas perguntei a Raúl, que guardava uma lista em seu livrinho de bolso. Quase todos eram camponeses que nos tinham ajudado e que deveríamos recompensar de algum modo com o triunfo da Revolução. Mas havia também a lista especial. A do pessoal que não podia chegar ao dia desse triunfo.

Muitos anos depois de Alegría de Pío, leio que eu saíra com uma imagem péssima diante de meus camaradas pela sequência de erros e reveses.[35] Mas é algo que eu não engulo. Não é assim que vejo as coisas. E nem tudo o que acontecia ali eram derrotas. Os senhores veem esse mapa momentâneo do que foi o desembarque e de Alegría de Pío? Pois vou lhes dizer que ali também estávamos constituindo a eternidade de um governo. O acaso e a posição em que caíamos seriam depois os lugares ocupados na instituição revolucionária em seu aparato de governo – e até na história –; depende do rolar dos dados sobre o tapete verde. Ramiro, Guillermo, Universo, Faustino, Ciro, Che, Raúl.

De qualquer modo, se de fato minha posição moral diante de meus camaradas estava fraturada, nunca ninguém chegou a me dizer isso na cara. E eu teria podido intuí-lo, de qualquer modo. De momento, o que vai contar é que conseguimos nos embrenhar no monte à procura das alturas protetoras da Sierra. E que continuo sendo o chefe. Isso quer dizer, nas atuais circunstâncias, que sou eu o eixo em volta do qual as pessoas têm que se colocar se quiserem sobreviver. Primeiro, sou o chefe de mim mesmo. Depois, sou o chefe de Universo e meu. E sou também chefe de Faustino. Posição moral fraturada? A virtude de um estrategista em última instância não é reconhecer seus erros, mas saber deles. Nos próximos dias, quando conseguir reagrupar um punhado desses fiéis, e que somemos vinte homens, a única coisa que vou poder oferecer a eles serão palavras de estímulo. Vou deixando frases de fé na vitória por onde quer que passe. Elas podem ter um louvável efeito permanente se a gente depois ganha a guerra. Assim, éramos três homens sedentos e com a roupa em farrapos, com um descalço, todos famélicos e acossados, em Purial de Vicana, ao pé da Sierra Maestra. Quando pergunto a um camponês pelo nome da uma montanha que se via ao longe, azulada e altiva, com as nuvens descansando em seu cume, ele me diz que se chamava "colina de Caracas". Afirmo:

– Se chegarmos ali, ganharemos a guerra.

Do mesmo modo, quando encontro Raúl e pergunto com quantos homens escapou do cerco do Exército e se conseguiu salvar suas armas, e ele me diz que são cinco e os cinco com suas armas, digo:

– Agora sim, ganhamos a guerra.

Essas frases, sobre o fundo de derrota e morte em que as pronuncio, são verdadeiros milagres da retórica, grandes oximoros inconcebíveis de homens em seu limite de resistência física, que até o momento não causaram uma só baixa no inimigo, nem um arranhão, e que têm como ato razoável e compreensível a rendição incondicional.

O leste magnético da Revolução

Não lembro bem onde dormimos, mas no dia seguinte de manhã fomos procurar água. Foi Universo quem desceu. Trouxe três cantis. Mas ouvimos ruídos.

– Vamos embora – disse.

Desde então, fiquei muito tempo com obsessão por água. Tivemos que atravessar a pé umas doze noites inteiras, andando só à noite, abrindo caminho a peito pelos montes porque não tínhamos facão e atentos para não deixar nenhum rastro. Não me lembro de ter tomado água durante todo esse tempo.

Sem comida, em território desconhecido, desalentado pelo curso dos acontecimentos e sem saber a sorte que poderiam ter tido meus companheiros, com os quais perdera todo contato, vou em busca da cordilheira, para o leste. Cada um dos três grupos sobreviventes percorrerá desde o desembarque do *Granma* esses montes e canaviais durante dezesseis angustiantes dias.

Pressinto que o cerco está se fechando.

A única coisa que me sustenta é ver, ao longe, o que às vezes parece uma cordilheira, mas logo depois se desvanece no horizonte ou pode ser confundido com uma linha de nuvens.

A espécie de teorema que os clássicos haviam encontrado na Europa no início do século XX se reproduz comigo quando decido procurar a Sierra Maestra. O que ali envolveu num debate grandiloquente as nações capitalistas mais avançadas e os grandes teóricos revolucionários, incluindo Marx, Bakunin, Lenin, Trotski, Rosa Luxemburgo e depois Stalin e até Mao, foi uma situação micro, localizada no silêncio de meu cérebro, o cérebro de um homem virtualmente em farrapos e que se deslocava à maior velocidade que lhe permitia seu esgotado físico em busca de um maciço montanhoso que acreditava vislumbrar a distância e que se fazia acompanhar de seus últimos dois apóstolos. Mas aquelas montanhas que se erguiam no horizonte cintilante produziam repentinamente um influxo de ondas positivas em minha mente e me faziam avançar para elas como atraído por uma força de velocidade crescente. Tive a convicção de que, se chegasse à cordilheira, estaria a salvo.

Ainda não percebia o que realmente iria ocorrer: que aquele era o cenário de minha batalha, que era ali onde se originaria a Revolução. A calma forçada de minha idade hoje e certos maneirismos aos quais não escapamos os marxistas me levam a elaborar essas comparações provavelmente arriscadas. Mas Lenin e os bolcheviques tiveram a mesma necessidade de se dirigir para o leste. As analogias são atraentes demais para serem omitidas. Um dos pontos de inflexão de importância considerável na história do comunismo foi o Congresso dos Povos do Leste, celebrado em Baku, em 1921. Enfrentando a realidade de que a tão longamente esperada revolução alemã não se produzira, os bolcheviques decidiram voltar as costas para o oeste – dali não viria nenhuma situação favorável – e ocupar-se deles mesmos enquanto voltavam o olhar para o leste. Voltaram-se para si mesmos com tanta convicção que proclamaram uma nova doutrina, a de construir o socialismo num só país. E se voltaram para o leste à medida que Baku os deslocou da ênfase de um sistema mundial de revoluções proletárias nos países industrializados para uma luta anti-imperialista dos países colonizados ou semicolonizados. A pobreza e a merda que eu encontrar enquanto mantenho o rumo da Sierra Maestra e decido ignorar o Ocidente industrializado e moderno de meu país, onde até os comunistas tentam se acomodar a todas as fórmulas da complacência e a um mínimo de objetivos reformistas, serão o equivalente das fontes de energia que os soviéticos encontraram em sua busca para o leste.

Desde que desembarco em Las Coloradas até mais de seis meses depois, quando ataco a guarnição de El Uvero, não faço outra coisa a não ser me dirigir de forma permanente e sustentada para o leste, para a Sierra.

Em 17 de dezembro chegamos à fazenda Cinco Palmas, em Purial de Vicana. Cinco Palmas, a uns sessenta quilômetros a nordeste de Alegría de Pío, é a propriedade rural de Ramón Pérez, a quem chamavam Mongo. As únicas medidas de segurança que tomo depois de me posicionar num altinho com Faustino e Universo são vigiar a casa por meio da mira de meu fuzil até me convencer, depois de várias horas, de que o Exército não está por ali e, em seguida, mandar Universo, descalço e nas condições que estava, dizer ao dono da casa que preparasse comida para uma tropa de vinte homens e que ele seria generosamente pago. É quando vejo Universo voltar com aquele camponês. Levanto-me com o fuzil preparado e digo-lhe:

– Eu me chamo Alejandro.

O rosto do homem se ilumina e ele sorri com simplicidade, me estende os braços e exclama:

– Fidel, caralho! Estávamos esperando você por todas as montanhas – diz. – Há dias – prossegue. – Os desembarcados nos chamam. Sou o Mongo Pérez, irmão de Crescencio Pérez. Crescencio anda feito louco por toda a região procurando vocês. Crescencio, Guillerme e os dois filhos mais velhos de Crescencio: Sergio Pérez, o mais velho, e Ignacio Pérez, o que lhe segue. É preciso avisar Crescencio de que você está aqui. Na fazenda de seu irmão Mongo. Fidel, caralho – conclui.

Crescencio Pérez chega a Purial de Vicana na primeiras horas da manhã de 19 de dezembro. Ele e seus homens recolheram doze fuzis abandonados pelos companheiros. "Aí os trazem seus rapazes", diz. É um patriarca. Mal entra na casa, onde me estava permitindo o luxo de um café que acabaram de passar, quando todos os presentes se põem de pé e se ouvem sua respiração agitada e a pergunta direta, sem preâmbulos:

– Qual dos senhores presente é Fidel Castro?

Os olhares, voltados para mim, em uníssono, oferecem a Crescencio a informação que ele pedira. Eu deixo meu café e avanço em direção àquele homem, agora eu com os braços estendidos e meu mais decidido olhar de aprovação. Nós nos abraçamos. O velho também me olha com aprovação. Seus olhos se apertam – se achinam, como nós costumamos dizer –, sorridentes. Até me permito uma pequena brincadeira.

– Don Crescencio, o senhor não se ofenda com o mau cheiro. Estou há uns dezesseis dias sem trocar de roupa.

Então olho em todas as direções para saber se posso soltar a próxima confissão:

– E sem tomar banho também.

Todos são risadas sob aquele teto de folhas de palmeira. Crescencio ri com mais vontade. Toquei exatamente na tecla que devia tocar. Um homem barbudo, sujo e que devido às circunstâncias não pôde tomar banho nas últimas duas semanas e que ainda é capaz de brincar com sua deplorável situação não é um bem-nascido da cidade. É alguém com que a gente pode se entender.

O Che disse uma vez que todos havíamos sentido o carinho sem resistência dos camponeses da região, que nos haviam atendido e levado por meio da longa cadeia clandestina dos lugares onde nos resgataram até o ponto de reunião na casa do irmão de Crescencio Pérez.

Em 23 de dezembro, chega um jipe com dois casais enviados pela direção do Movimento de Manzanillo para saber se estou vivo. Uma das moças é filha de Mongo Pérez. O próprio Mongo havia mandado a mensagem de que eu estava vivo. Eugenia Verdecia, a outra mulher, traz trezentas balas de submetralhadora e nove cartuchos de dinamite escondidos na saia. Em seguida, mando Faustino tomar um banho e aproveitar a viagem de volta até Havana. Quero que me arrume um jornalista americano. Quero publicidade. Ele vai nesse jipe, vestido de camponês rústico, e nessa mesma noite come na casa de Celia Sánchez, em Manzanillo. Um creme de aspargos. Sempre lembrava desse primeiro prato. No dia seguinte, viaja até Santiago de Cuba e se reúne com Frank País, Vilma Espín, María Antonia Figueroa, Armando Hart e Haydee Santamaría. No outro dia, de manhã, está no voo regular da Cubana que o leva a Havana.

É dia de Natal. Véspera de Natal, 24 de dezembro de 1956. Domingo. Assamos um bezerro na churrasqueira e comemos carne malpassada até bem tarde da noite. Estou sentado num banquinho no pátio de Mongo Pérez e contemplo meu arsenal. No lote há fuzis Johnson, uma Thompson, outro mexicano Mendoza, várias espingardas Remington 22 e alguns Browning com miras telescópicas. Todo o equipamento bélico recuperado foi restituído aos combatentes. Temos agora vinte armas longas e dezessete expedicionários. Crescencio me avisa que há trinta jovens serranos que insistem em se incorporar à guerrilha. Eu me ofereço para falar com eles. Aplico a fundo minha habilidade de advogado. A fala é sobre os fins da Revolução, os sacrifícios da luta armada, a necessidade de redimir o campesinato da pobreza e dar aos camponeses terra própria. A seguir, seleciono quinze para engrossar as fileiras como auxiliares dos combatentes e peço ao resto que espere até que disponhamos de armas.

Já havia me esquecido do predomínio de tons amarelos da ilha e do aroma sempre presente de salitre, que se confunde com a umidade no amanhecer e com o cheiro da lenha, e de seu crepitar quando a chama quebra algum nó de velha memória da madeira, bem como do tremular da luz dos lampiões e do fogão quando cai a noite. Admito, então, os primeiros dois camponeses na tropa. Guillermo García e Manuel Fajardo. É um lugar-comum de nossa historiografia dizer que Guillermo foi o primeiro camponês incorporado ao Exército Rebelde. Isso é inteiramente correto, mas por frações de segundo. Já havíamos tido duas refeições quentes e abundantes e eu lidava com meus planos de me dirigir à colina de Caracas, e o grupo, de muitas maneiras satisfeito, se aglomerava no pátio de Mongo. Apareceram novos charutos e uma nuvem de fumaça nos envolvia quando disse ao camponês Guillermo García, um homem já maduro:

– Guillermo, pegue esse fuzil. Se você não souber usá-lo, a gente ensina.

Depois, a mesma coisa com Manuel Fajardo. Agora éramos dezenove homens e vinte fuzis. O fuzil número 20 não foi dado a ninguém, um Mendoza. Simbolicamente era atribuído ao velho Crescencio Pérez, que em princípio decidimos que permaneceria ao pé da Sierra, servindo-nos como uma espécie de enlace e tentando localizar algum outro expedicionário retardatário. O Mendoza ficou pulando de ombro em ombro entre nós, até que saímos no dia 25. Mas Crescencio partiu com o reduzido grupo de homens, como um soldado a mais, e se embrenhou na montanha. Evidentemente, levava seu Mendoza. Ele o estreou em 17 de janeiro de 1957 ao combater pela primeira vez em La Plata, e no dia 21 em Arroyos del Infierno. Crescencio entrava e saía de nossas posições cada vez que precisávamos de algum recado. Depois incorporou-se formalmente à nossa tropinha e, inclusive, logo lhe designamos uma área geográfica sob sua responsabilidade. Por esses dias em que nossas forças se compunham de um número flutuante entre dezoito e vinte homens e num esforço para elevar os ânimos, batizei as tropas recém-reunidas depois da última dispersão com o ambicioso ou até pomposo título de Exército Revolucionário Reunificado. Esse é um dado que não vejo reproduzido com frequência. Ninguém mais se lembra disso.

Em 15 de janeiro de 1957, estamos próximos de nosso objetivo. Observo o movimento das tropas inimigas. Ao anoitecer do dia 16, cruzamos o rio La Plata com informações precisas sobre a disposição das defesas e do número de efetivos da guarnição militar. O encontro casual com um colaborador do exército de Batista me permitiu obter mais informações sobre as posições das tropas e os nomes de alguns camponeses que colaboravam com a Guarda Rural. Chicho Osorio trabalha como capataz numa das maiores propriedades particulares da região. Na hora do encontro conosco, passo-me por um suposto "comandante González" do exército batistiano. O homem está tão estropiado pelo álcool que é incapaz de me identificar e sequer percebe que reconheci na hora as botas mexicanas de um de nossos companheiros desaparecidos depois do desembarque. Em minha postura de coronel da Guarda Rural, começo a interrogá-lo. Imutável, convenço o delator a nos guiar até as portas do próprio destacamento militar de La Plata. O segundo disparo efetuado pelos rebeldes no assalto ao quartel teve como destino a cabeça de Chicho Osorio, que morreu na hora, repicando contra as pedras do rio. Eu faço o disparo contra o telegrafista que manda seus miolos pelos ares e que Che se encarrega de divulgar em seus livros. Contamos com umas poucas armas que não são suficientes para todos e umas granadas de fabricação brasileira que quando atiradas pelo Che não explodem. O grupo de assalto diz aos soldados para se renderem, mas estes respondem com uma descarga de fuzilaria. Dou ordem para avançar e queimar as casas que servem de proteção aos soldados. O primeiro a tentar é Camilo Cienfuegos, que fica na metade do caminho detido pelo fogo cruzado inimigo. Universo Sánchez consegue tomar uma das casas. Um grupo de soldados resiste à carga de Almeida, que no comando de um grupo tenta ganhar terreno. Os gritos de rendição não demoram a aparecer. Ganhamos. Acabamos de ganhar o combate. Vamos embora com fuzis, uma metralhadora, víveres e munições. O exército de Batista sofreu duas baixas e cinco feridos. Entre os rebeldes não se registram novidades. O Che oferece assistência médica aos soldados inimigos feridos na contenda, e depois nos retiramos em direção a Sierra Maestra, em busca de proteção na densa mata de suas montanhas. Já sei que os comandos do exército batistiano ordenarão mais cedo do que tarde uma perseguição em grande escala e preparo a defesa. Decido receber meus perseguidores numa emboscada no Arroyo del Infierno. Precipitam-se sobre nós em 26 de janeiro. O primeiro soldado pertencente à vanguarda das tropas regulares se aproxima da emboscada rebelde e cai morto também sob a mira telescópica de minha propriedade. O Che derruba seu primeiro adversário provocando-lhe a morte com uma bala no peito. Os demais perseguidos abrem fogo contra as árvores e o mato. Ganhamos a segunda. Acabamos de ganhar.

Para o encontro com o americano, vou até a fazenda de Epifanio Díaz. Começamos a marcha em 12 de fevereiro de 1957, saindo do alto da Sierra. A entrevista foi com o correspondente do *New York Times* Herbert Matthews e teve importante impacto propagandístico. Quando perguntou quantos eram os efetivos com os quais contava a Revolução, eu apresentei meus veteranos nomeando-os como meu "Estado-Maior". O que eu não disse foi que aqueles homens, além de pertencerem ao meu Estado-Maior, eram toda a minha tropa, companhia de engenheiros, pessoal de cozinha, comandos intermediários, cavadores de latrinas, oficiais, suboficiais comunicadores, policiais militares, sargentos-mores e soldados. O que ocultei foi que aquele reduzido grupo de homens era tudo com o que contava para opor resistência a um exército profissional de mais de 50 mil efetivos. A publicação da reportagem concedida ao *The New York Times* provoca imediata reação das autoridades governamentais. Elas tacham a reportagem de fantasiosa, e num primeiro momento insistem na versão que informava sobre minha morte. Dias depois, o conhecido veículo americano publica fotos em que posamos juntos.

No fim, o que me resta na lembrança é um momento de satisfação. Havia sido reconhecido. Mesmo sem que eu tivesse todas as peças de discernimento ao meu alcance naquele momento, já podia me considerar no olimpo dos personagens literários. Por isso, digo que existem ocasiões em que o desfrute de uma experiência se produz de forma diferida. Eu não sabia direito quem era Herbert Matthews. Apenas vi um senhor mais idoso, do tipo que os cubanos chamamos de "um americano velho". Vestia um boné à Lenin. A esta parte do traje só lhe faltava a viseira na ponta para que fosse um boné de jogador de golfe. Matthews portou-se de modo correto e amável. Desde o primeiro olhar, percebi que contava com um simpatizante nosso. Depois soube que era um veterano da Guerra Civil Espanhola e que antes de voltar ao seu país havia feito sua visita de cortesia a Ernest Hemingway na casa que o romancista tinha numa das colinas perto de Havana. Eles se viam pela primeira vez desde a Espanha e se dedicaram a falar de mim. Evidentemente, desta última parte só fiquei sabendo mais tarde.

Assim que o velho se despediu de mim na fazenda de Epifanio, Faustino me contou que Matthews havia sido um entusiasmado simpatizante dos republicanos. "É dos meus", pensei. A experiência me colocava numa dimensão não prevista por mim: a de personagem literário, inclusive a de personagem literário em vida, se entendem o que quero dizer. Eu lera *Por quem os sinos dobram* e suas páginas me haviam feito pensar no atrativo da guerra. Estar enfiado numa gruta com nossos camaradas enquanto enrolam um cigarro ou preparam alguma comida pode ser uma circunstância insuperável. A guerrilha. Esse é o único agrupamento humano que não tem antes nem depois. Ninguém se prepara na vida para ser guerrilheiro. E se sobrevive, ninguém pode superar a lembrança e a nostalgia de sua intensidade. Eu vislumbrei a vida da guerrilha por meio de Hemingway. Foi como uma nostalgia por antecipação. Ou quem sabe vi a mim mesmo nesse cenário ao saborear sua leitura. Eu era o personagem da novela que não havia escrito, mas que na vida real está lendo a novela que escreveu. Vejam a foto. Matthews e eu estamos fumando uns charutos que acabaram de ser enrolados por um dos filhos de Epifanio sob aquela cobertura de palmeiras levantada às pressas. Independentemente de estarmos compartilhando uma sessão de propaganda revolucionária – ele, talvez inconscientemente; eu, sabendo o que faço –, damos origem a uma lenda. Matthews faz anotações minuciosas de todas as fanfarronices que me vêm à cabeça. Eu me encontro em perfeito domínio do personagem que me é exigido ser e cujo primeiro requisito é dizer apenas o que ele quer ouvir. Que somos praticamente um exército em operações e que os oficiais inimigos não têm onde se esconder diante do alcance de nossos fuzis de mira telescópica. É uma espécie de onipresença do francoatirador. Deus pode ter a liturgia e até a ameaça do apocalipse. Mas nós somos muito mais expertos, e o instrumento de nossa divindade é uma Browning calibre .30-06, capaz de derrubar rinocerontes em investida frontal.

Em última análise, estamos aplicando com Matthews um método que depois repetiremos até a exaustão. Nunca passaram de doze os carros de patrulha à disposição da Segurança do Estado em Havana. Um centro urbano de 2 milhões de habitantes controlado pela ronda permanente dessa quantidade ridícula de veículos de cor creme. Seus infatigáveis percursos alimentavam a ilusão de que eram milhares, com seus emblemas da Segurança do Estado em ovais brancos sobre as portas dianteiras. Primeiro tínhamos os Ford Fairlane de 1958 tomados da polícia de Batista. Depois de quase quinze anos de serviço os substituímos por uma dúzia de Alfa Romeo, mas não aguentaram o mesmo castigo e os trocamos por carros soviéticos Lada uns seis ou sete anos depois. As próprias Tropas Especiais, nosso legendário agrupamento de comandos da Direção Geral de Tropas Especiais, com os quais supostamente seriam detidas as ondas de *marines* ianques, só contavam em seu momento de máximo esplendor com seis jipes soviéticos, seis caminhões da mesma procedência, duas motos Ural com *sidecar* e um bote Zodiac. O bote havia sido capturado dos próprios americanos e era usado nas mais estranhas missões especiais de infiltração nos litorais dos países vizinhos. Era conservado todo lambuzado de talco, num armazém com ar-condicionado, para que não apodrecesse. O talco, marca Micocilen, produzido pela indústria farmacêutica cubana para combater os fungos dos pés, era o único disponível no país. Quanto ao material rodante, três dos jipes levavam montados lança-foguetes antitanques B-10; os outros três eram armados com metralhadoras antiaéreas de calibre .14,5; dois dos caminhões tinham canhões duplos antiaéreos K-30, ou, na nomenclatura técnica, complexos antiaéreos ZU-23 R; e havia outros quatro caminhões para o transporte da companhia de tropas. Para mim, desde a entrevista com Matthews, os recursos militares, tanto em forças vivas como em armamento, não contavam por seu poder verdadeiro, mas por sua aparência de dissuasão. Universo Sánchez ou Luis Crespo ou Camilo, cruzando diante da choupana de minha entrevista com Matthews repetidas vezes, depois de trocarem entre eles ocasionalmente o boné ou o modelo de arma que levavam ao ombro, produziram para mim o mesmo resultado que os elefantes para Aníbal.

Matthews e Hemingway cochichando na fazenda Vigía, a casa na colina a sudeste de Havana. E ambos falando de mim, dizem os informes. E ambos felizes com suas velhas lembranças, que se avivam ao conjurar as misérias de um bando de guerrilheiros sem nenhuma relação verdadeira com a formidável e aguerrida força de montanhas que Matthews acreditava ter conhecido. Felizes pelo contato comigo. Era eu. E era a Espanha de novo.

So you saw him?
And how is?
And is handsome?
You saw him, right?
You saw him.
The Cuban chap.
Oh, God.
Good.
You saw him, right?
Good.*

Enquanto Havana continuava negando a existência da guerrilha, dei a segunda entrevista aos jornalistas norte-americanos na Sierra Maestra. Dessa vez com Robert Taber. A diligente Celia Sánchez, da qual já falei bastante, era a emissária que os acompanhava.

Com Bob Taber, rodamos o filme que nos mostra levantando os fuzis depois de cantar o Hino Nacional. Lembro-me de ter ao lado Raúl e Universo Sánchez. Acabamos de cantar o Hino Nacional cubano no alto do Pico Turquino, a montanha mais alta de Cuba, e é evidente a felicidade que sentimos.

---

* "Você o viu?/E como ele é?/E é bonito?/Você o viu./O camarada de Cuba./Oh, Deus./ Bom./Você o viu, certo?/Bom."(N. do T.)

Era um pouco infantil sair cantando o Hino, mas provavelmente por isso mesmo aparecemos tão contentes. Tínhamos por trás o busto de José Martí sobre seu pedestal de pedras erigido quatro anos antes por um grupo de entusiastas das leituras patrióticas e da gesta independentista cubana e que coroaram o cume depois de árdua travessia e da ajuda de forçudos camponeses, que aliviaram a empreitada de trasladar o pesado busto de bronze. A ordem era não usar mulas para que nenhum bicho degradasse o lugar. O grupo teve como protagonista principal o dr. Manuel Sánchez Silveira, o pai da jovem que posteriormente organizou a recepção de minha expedição mexicana e depois se tornou minha ajudante pelo restante da campanha na Sierra Maestra. Não se tem notícias de que entre a expedição para erigir o busto e a chegada da guerrilha alguém mais tenha estado presente no quase sagrado cume.

Esta mesma magra, penso, é a que irá me garantir a intimidade. Celia, um apostolado, Cristo, como era esse cara na intimidade? E Maria Madalena, nunca fez travessuras com seu queridinho?

Falei a Celia sobre a conveniência de que ficasse conosco e de que aparecesse no filme de Taber como representante da mulher cubana. Uma mulher de fuzil no ombro, marchando pela Sierra, era uma imagem inédita no mundo. Além do que, sinto falta de uma ajudante, você entende, *humm*?

– Você, sempre comigo – disse depois a ela. – E não se preocupe com nada.

Chamei Fajardo, Guillermo e Ciro. Disse a eles na frente dela:

– Os senhores são responsáveis por cuidar dela e para que não lhe falte nada. Alguma pergunta?

OS EXÉRCITOS DA NOITE

No dia 18 de maio de 1957, chegaram as esperadas armas e balas de Frank País que eu tencionava usar no ataque ao quartel de El Uvero. Vinham em barris de gordura desde Santiago de Cuba e, naquela mesma noite, os homens que estavam naquela arriscada missão – verdadeira obra de infiltração e clandestinidade –, Gilberto Cardero, Enrique López, Lalo Pupo e seu filho Héctor Pupo, sobem com elas até a montanha. Eu escolho dois ou três homens de cada esquadrão, um total de dezoito, e os mando receber as armas, limpá-las da gordura e trazê-las. Sergio e Ignacio Pérez, os dois filhos de Crescencio, estão entre os designados.

274   A AUTOBIOGRAFIA DE FIDEL CASTRO

Um fuzil pode determinar a guerra quando você não tem reserva. Eu estive a dois minutos de ordenar a retirada.

Em 27 de maio de 1957 inicia-se a marcha noturna em direção a El Uvero. Esse pequeno destacamento militar batistiano fica numa planície que termina junto ao mar, numa praia coberta de pedras arredondadas. Há crianças e mulheres numa serraria perto do lugar e isso me preocupa bastante. Nenhum civil deve sair ferido.

Ainda é noite quando, posicionado estrategicamente no alto de uma colina, de onde controlo todo o terreno, ordeno na manhã de 28 de maio aos grupos de assalto que tomem posições.

Digo a Celia que se mantenha ao meu lado.

– Está com o seu M-1?

Ela assente, um pouco nervosa.

O M-1 veio no carregamento de Frank.

– Fique do meu lado – digo a ela. – E atire sempre do chão, como ensinei. Não se levante para nada. Só se eu disser. Ouviu?

O Che carrega uma metralhadora com a qual irá cobrir o avanço de Camilo Cienfuegos sobre um dos flancos. No centro do ataque está Raúl, no comando do pelotão com mais combatentes.

Cinco da manhã. Os primeiros raios de luz aparecem no litoral. Algumas chapas de zinco do quartelzinho brilham sob os raios do sol. De minha posição, inicio o fogo sobre o telhado e os sentinelas adormecidos do destacamento de El Uvero acabam de passar do sono a uma descarga de metralha. Vejo um homem aparecer na janela, assustado, e faço meu segundo disparo. Sei na hora que o matei. Depois me informam que era o telegrafista. Oitenta homens se lançam ao assalto. Os guardas reagem. O Che recebe reforços; Manuel Acuña e Mario Leal se somam a seu flanco. De sua posição, Celia Sánchez dispara o seu M-1 até esvaziar todos os carregadores. Está atirando rápido demais.

O Che se lança contra o quartel sem medir os perigos. Almeida o vê passar em direção à fortaleza disparando sua arma e seguido pelos quatro combatentes que compõem seu grupo. Leal, que avançava atrás do Che, é atingido por um disparo na cabeça. O Che coloca um papel sobre o ferimento numa tentativa de deter o fluxo de sangue. O avanço havia parado porque a planície não oferecia mais defesas, exceto alguns arbustos ralos entre as forças de ataque e as defesas do forte. A situação começa a ficar insustentável e começo a ficar impaciente.

OS NÔMADES E A NOITE   275

Tenho que decidir com precisão em que hora nossas forças chegaram ao limite e, então, bater em retirada. Uma vez mais estou nos limites de minha reserva. Isto é, nos limites de minha estratégia. Vários integrantes da coluna rebelde caem sob o intenso fogo inimigo que consegue mantê-los a distância. Vejo, para a esquerda, que um setor da defesa inimiga começa a silenciar. Ouço o fogo inconfundível de um Garand uns cinquenta metros à frente dos guardas. De minha posição consigo distinguir a figura que já me é familiar de Guillermo García, Guillermo trabalhando com seu Garand. Ordeno a Almeida que, custe o que custar, avance com seu pelotão sobre a posição inimiga e a tome. O grupo parte e é recebido por uma saraivada que derruba cinco de seus membros, entre eles o próprio Almeida, que recebe um tiro no peito, milagrosamente desviado para o ombro ao rebater numa colher e atravessar uma lata de leite condensado. Vendo que Almeida caiu, o Che fica em pé disparando e se dirige até as posições inimigas; seguem-no Joel e Acuña, que cai pouco tempo depois ferido pelas balas inimigas. A decisão de Che faz Raúl, com seu pelotão do centro, lançar-se ao ataque e chegar rapidamente até as primeiras defesas do quartel. As ações de Guillermo García e Almeida decidiram a sorte do combate. García, com sua pontaria, conseguiu derrubar vários inimigos enfraquecendo as defesas e Almeida abriu o caminho direto para as portas do quartel. Os gritos de rendição começaram a se fazer ouvir um após o outro. O forte havia sido tomado com um saldo de catorze soldados batistianos mortos e dezenove feridos, que foram atendidos pelo Che, já que o médico do exército regular, com medo, havia esquecido tudo o que se refere à medicina e só pensou em sua segurança pessoal. Eu ordenei a libertação de dezesseis prisioneiros.

As quase três horas de combate deixaram um saldo de catorze feridos entre os rebeldes, que ficam sob os cuidados do Che, enquanto eu tento subir até a serra convencido da perseguição que irá provocar a recente ação militar contra o quartel Uvero. Vamos num caminhão Diamond-T de carregar madeira, dos Babún. O Che começa o transporte dos feridos. Os voos rasantes da aviação anunciam um rastreamento em grande escala por parte do exército. O Che compreende que precisa achar um lugar para esconder seus feridos até que se recuperem o suficiente para poder andar. Encontra-o na casa de Guile Pardo, que os refugia em sua cabana. Che não apenas se esconderá com seus homens nessa casa como aproveitará o tempo para construir uma rede de colaboradores. David, um capataz de um latifúndio da região, que no início fornecerá alimentos ao grupo, passará a ser com o tempo uma conexão com Santiago. A falta de medicamentos produz no Che um forte ataque de asma. De médico, passa a ser mais um doente, que terá de ser atendido por seus companheiros.

Sergio Pérez Zamora, o filho mais velho de Crescencio Pérez, tornou-se merecedor de um dos Springfield tomados em La Plata. Fiz isso, principalmente, para satisfazer Crescencio, para que se sentisse valorizado. Mas o xodó de todo rebelde na Sierra era o Garand. Chamavam-no de *Garantido* ou *Garañón*. E parece que Sergio não estava totalmente feliz com seu Springfield. Sem dúvida, é incômodo ficar pelejando com um mecanismo de ferrolho na hora do combate, mas não deixa de ser uma arma temível nas mãos de um guerrilheiro realmente disposto a fazer estragos nas fileiras do inimigo. Seu alcance efetivo é superior ao da visão de qualquer homem normal, e se for mantido em movimento nas altitudes desses picos pode tornar muito lento o avanço até mesmo de um pelotão. Terão quer varrer a área com morteiros ou com a força aérea para tentar localizar o francoatirador, que além disso é um só homem, batendo-se com o máximo rendimento contra toda uma força. Mas tente explicar isso a um homem da estirpe de Crescencio Pérez, cuja nova obstinação, além de possuir sua terra, é ser proprietário de um Garand. Eles não entendem. De modo que, quando o bando enviado para recolher o armamento de Frank para o ataque ao Uvero voltou ao ponto da reunião, não deixei de notar que Sergio se desfizera de seu Springfield e se apoderara de um dos Garand do carregamento. Alguma obscura intuição me aconselhou a fazer vista grossa do assunto. Embora fosse totalmente inadmissível lhe permitir administrar a seu bel-prazer os recursos da Revolução, tive aquele estranho sinal de que era para deixar as coisas como estavam. Enfim, as violações da disciplina só existem quando você as faz notar.

Concordo que ele combateu muito bem em El Uvero com o pelotão de Camilo e que depois foi um habilidoso motorista do caminhão madeireiro Diamond-T no qual subimos até terreno alto. Embora já naquela manhã tivéssemos tido um primeiro esbarrão. Dois esbarrões. Um era pelo desespero e pela cobiça e até violência com que ia para cima daquilo que considerava um saque de guerra, o que incluía despojar os soldados feridos ou ainda com as mãos em cima de qualquer objeto que lhe chamasse a atenção, um relógio barato, ou um maço de cigarros.

– Ouça, Sergio – disse a ele –, o saque de guerra é o material militar que está no chão e que não sejam pertences pessoais dos prisioneiros.

Com o mesmo espírito procurei Camilo naquela desordem do fim de batalha e lhe disse:

– Ponha ordem aqui nesta situação, Camilo. São seus homens, não? Faça-me esse favor.

A segunda diferença é porque Celia, que estava ao meu lado, disse-lhe que subisse num dos caminhões madeireiros que havia no pátio (três no total), trouxesse-o e carregasse-o com as armas tomadas do inimigo. Como dissemos, os equipamentos pertenciam à empresa de Babún, os donos de quase toda a Serra. Sergio e Ignacio, os dois, haviam sido caminhoneiros antes de se rebelarem, motoristas habilidosos de montanha, como eles mesmos se qualificavam. Sergio trouxe o caminhão até o quartel e os homens passaram a recolher as armas e a jogá-las na caçamba. Terminado o carregamento, disse a Sergio que esperasse. Ele me respondeu. Não ficava calado. Disse que não demoraria a chegar a força aérea do inimigo e perguntou se eu estava querendo que acabassem com todos ali. Preferi deixá-lo sem resposta e fui até Celia, que estava verificando se os feridos precisavam de algo mais que pudéssemos lhes oferecer. Ordenei, então, aos companheiros que subissem. Ajudei Celia a montar na cabine e a coloquei no meio, entre Sergio e o lugar à direita que eu imediatamente ocupei.

– Vamos embora, Sergio – disse.

Alguns companheiros se dependuraram nos para-lamas – e onde mais puderam – e partimos de volta às montanhas.

O segundo caminhão era dirigido por Gilberto Cardero, com os cadáveres de nosso pessoal, e um pelotão de combatentes. O terceiro caminhão, que nos seguiu pela tarde, era guiado por Ignacio e nele subiram nossos feridos, aos cuidados do Che, e também o pelotão de Raúl Castro.

Dias depois, abandonados já os caminhões e estando numa elevação, sentados quase todos no chão, recostados às nossas mochilas, nos preparávamos para empreender a marcha rumo ao setor oeste do Pico Turquino, quando Sergio, que estava em pé, me perguntou a respeito de nosso rumo. Em princípio, não me pareceu adequada a pergunta, porque não era usual em nossos acampamentos. Ninguém perguntava o rumo. Depois, soube que não se tratava de outra coisa que uma garota. Ele namorava uma moça em Sevilla ou perto de Lomón e tinha vontade que a guerrilha cruzasse pelas redondezas. O caso é que eu lhe respondi de maneira bastante áspera.

– E desde quando aqui neste exército se pergunta para onde vamos?

Sergio não gostou nada de minha resposta.

Eu acho que o único que compreendeu tudo o que podia acontecer em seguida foi meu irmão Raúl. Porque, mesmo sem chegar a ficar em pé, tirou as alças da mochila dos ombros e ficou na expectativa.

E eu não medi que ia aumentar a carga de humilhação com minha próxima ordem.

– O senhor pare de perguntar aonde vamos e pegue esse saco.

Eu havia visto aquele saco, de juta, perto dos pés dele. O conteúdo podia ser granadas ou conservas. Estava ordenando que o jogasse no ombro porque íamos iniciar a marcha.

Ficou impávido. Parado. Toda a guerrilha em silêncio.

– O saco – disse eu enquanto o olhava diretamente nos olhos, que brilhavam com fulgurante intensidade nas sombras da noite.

Foi exatamente a impertinência de minha parte que Sergio Pérez Zamora estava esperando para empunhar o Garand e apontá-lo para minha caixa torácica, pronto a abrir fogo sobre mim a uma distância de menos de quatro metros. Já estava puxando o dedo do gatilho quando Raúl pulou de onde se encontrava e, com os braços abertos, em cruz, ficou interposto entre o setor de fogo e eu, que ainda permanecia sentado, sobre a grama. Raúl exclamou, alarmado:

– O que é que você vai fazer, Sergio? Vai matar a Revolução Cubana!

Hesitou. Sergio hesitou. Foi algo muito lento e de digestão muito difícil para ele. Mas hesitou.

Baixou o cano do fuzil, sem que ninguém pedisse. Raúl estava ainda com os braços em cruz. Os demais companheiros recuperaram o fôlego e entraram em cena. Começaram a se ouvir palavras de reconciliação, tapinhas nas costas, ofertas de amizade e os vocábulos típicos cubanos para essas circunstâncias. *"Coño, caballeros, que no se diga. Coño, caballeros, que todos somos hermanos. Coño, caballeros, que todos estamos aquí por lo mismo. Coño, caballeros."**

Raúl já havia abaixado os braços, mas se mantinha em minha frente, como um escudo vivo. Ciro, com sua presteza usual, e sem alarde de qualquer espécie, aproximou-se do saco de juta e ia carregá-lo no ombro quando Sergio o deteve com um gesto enérgico e lhe disse:

---

* "Pô, pessoal, o que é isso. Pô, pessoal, somos todos irmãos. Pô, pessoal, estamos todos no mesmo barco. Pô, pessoal." (N. do T.)

OS NÔMADES E A NOITE

– Foi a mim que disseram para carregá-lo.

Sergio colocou o Garand no ombro e com a mão livre pegou o saco e o carregou do outro lado. Virou-se do modo menos forçado que pôde até me dar as costas.

Crescencio e seu outro filho, Ignacio, haviam ficado de fora da disputa e numa discreta atitude de observação. Fiquei em pé lentamente. O guia designado até o oeste do Pico Turquino – porque disse conhecer o caminho – era Manuel Fajardo. Disse:

– Vamos andando, companheiros, que a noite é longa.

Meu propósito era converter aquela zona nos arredores de Turquino em nosso principal refúgio e esconderijo, pelo menos por um tempo.

Raúl arrumou um jeito de ficar a sós comigo no dia seguinte, enquanto amarrávamos as redes no bosquezinho de aroeiras que escolhemos para acampar, e me disse que era preciso matar Sergio naquela noite.

Eu, forçando um sorriso, caso alguém nos estivesse observando, lhe disse:

– Agora é você que quer matar a Revolução?

Eu precisaria estar louco para pôr um dedo em cima daquele homem. A Sierra Maestra inteira sairia atrás de nós. Se o matássemos, o exército poderia ir embora, tranquilo, para seus quartéis. Crescencio e suas hostes se encarregariam de acabar conosco. Raúl entendeu muito rápido. Reconheço que, entre todos os nossos companheiros, Raúl era um dos que se colocava mais rápido do lado das conveniências e não perdia muito tempo em bobagens mentais. No fim das contas, quando você age em nome da justiça ou de uma ideologia ou para satisfazer uma vingança, não está mais do que manuseando palavras. Mas esse manejo de abstrações pode custar caro. É certo que uma guerrilha nunca pode se permitir o luxo de deixar um traidor atrás dela. Mas Sergio caía numa categoria diferente, porque ele não ficava atrás. Ele se deslocava conosco. E além disso tivera o colhão de me dar as costas e continuar conosco o tempo todo como se nada tivesse acontecido. Ou seja, de muitas maneiras confiava em nós e tudo aquilo tinha ficado de fato para trás. A mim iria servir, de qualquer modo, para conceber uma ideia de manobra que, até o dia de hoje, é de extrema utilidade na Revolução Cubana. Eu a chamo de sistema de alianças cativas. Quer dizer que, enquanto Sergio se movimentasse conosco, estaria sob controle. Mas que a situação se apresentaria muito mais favorável quando abandonássemos o nomadismo e fôssemos sedentários, porque de imediato estabeleceríamos um perímetro de responsabilidade para Crescencio e lhe diríamos que esse seria seu setor de combate. Evidentemente, os filhos iriam direto para esse mesmo lugar como seus oficiais executivos. E nesse caso já não haveria necessidade de obrigar ninguém a se deslocar com você nem a matá-lo por não poder deixá-lo para trás. Nesse caso, você o absorve no território sob seu domínio. É seu aliado, mas cativo. Devem saber que esse tipo de aliança é mais fácil de manipular e infinitamente mais confiável do que as alianças voluntárias ou de boa-fé.

Não quero esquecer um detalhe. Antes de sair de El Uvero, adverti os três motoristas que, quando chegassem a um ponto da montanha em que os caminhões não pudessem mais avançar, porque o caminho fosse agreste ou porque haviam ficado sem gasolina, que dessem sumiço deles, queimando-os ou atirando-os de algum barranco. Nenhum dos três me obedeceu. Soube disso muitos anos depois. Os três deram um jeito de escondê-los sob a folhagem ou deixá-los aos cuidados de um parente no fundo de alguma fazenda, e os recuperaram imediatamente após o triunfo da Revolução. Percebi isso na quinta-feira, 28 de maio 1987, quando vi uma reportagem no vespertino *Juventud Rebelde* sobre o trigésimo aniversário do assalto ao quartel de El Uvero e a primeira coisa que vi foi Sergio Pérez Zamora todo despreocupado, vestindo o uniforme verde-oliva e sentado no impávido Diamond-T, dizendo que aquele era o mesmo caminhão no qual levou Celia e eu naquela manhã em direção à Sierra.

Era a história de todas as sublevações humanas. A circunstância já clássica em que as necessidades e as exigências perdem seus contornos em prol de seguir um líder. Eu via a mim mesmo cruzando pelos caminhos da Sierra como um Cristo, ou como um dos conquistadores, como Átila ou Alexandre, e havia um facho de luz que eu acreditava receber das alturas. Mas mesmo assim, à medida que todos aqueles homens encontravam em mim uma confiança e uma necessidade de abrigar-me ou de que eu os abrigasse, ou de se abrigarem eles também com minha presença, eu me dava conta de que precisava ganhar uma distância, uma intimidade, o que significava que, no interesse da unidade, eu tinha que ser também distante, remoto. Por que no interesse da unidade? Porque eu não podia ser acessível a todo mundo e a todas as ideias. Isto é, não podia pertencer a ninguém. Tinha que permanecer num ponto distante desde o qual decidisse para onde se movia a balança ou para onde as coisas deviam ser encaminhadas. De alguma maneira, simbolicamente, era preciso ficar a determinada altura física real. Eu me dei conta disso quando Sergio Pérez pegou o Garand e esteve a ponto de me matar. Disse a mim mesmo: "Ah, preciso estar com eles, mas fora deles." E foi nisso que simbolicamente se transformou o acampamento de Plata Alta, ou o Comando. Uma espécie de santuário, lá em cima, inacessível, onde eu morava. Por estar com eles, me permiti entrar numa de suas prosaicas conversas e por pouco submeto o processo inteiro da Revolução Cubana ao capricho do dedo de uma mula como Sergio Pérez. O passado nunca é assunto vencido. Nem sequer aquele instante, tão fugaz como um estalido diante da boca do Garand com o qual Sergio me apontava para me matar e que me perseguiu até hoje, consigo dominar com o valor de todos os seus detalhes, de todos os seus significados. Foi o momento em que toda essa história poderia não ter existido. Sergio Pérez Zamora, o filho de Crescencio, no instante em que ainda não interrompera o movimento de pressão de seu dedo forte como um toco de pau, de tanto usar aquelas mãos como garras na montanha, no volante e na marcha dos Diamond-T, e em que eu já me dava por morto, quando a ação ficou paralisada por Raúl implorando com os braços em cruz que não me matasse e de alguma maneira pela boa vontade de meu assassino. Não consigo lembrar de outro momento em que eu tenha realmente dado por terminada minha vida.

Em meu acampamento de La Plata Alta conseguimos um certo padrão de vida antes da Ofensiva de Verão. Remoto, inacessível. Em rápida sucessão adquiri (a) uma estufa de lenha; (b) uma bateria de frigideiras e caçarolas; (c) um cozinheiro cabeludo conhecido como Miguelito; (d) um pequeno gerador a diesel; (e) uma geladeira elétrica; e (f) a primeira ração de carne e ovos em dezoito meses. Durante toda a campanha, eu dormira a céu aberto como os demais, tendo um mosquiteiro como única distinção sobre minha rede. Mas em La Plata as janelas tinham persianas de madeira, e uma mulher dormia ao meu lado. Celia Sánchez. Ela era mais velha e, de algum modo, mais sábia do que eu, sábia para as coisas mundanas, para o trato social, os senhores me entendem. Eu desconheço a origem, mas é manifesto o interesse de todas as minhas mulheres por me ensinarem a usar os talheres e para que tome banho todos os dias. Talvez porque prefiram extrair de mim todas as fantasias sexuais que lhes provoca o bom selvagem e tentam evitar minha projeção como intelectual. Tete era bonita e sofisticada.

Celia era calada e fanática. Celia, além disso, tinha aquela aparência de mulher machona ou francamente sapata, mas a impressão se apagava logo devido à sua doçura, e eu a deixava à vontade, e era prestativa. Era, além disso, feiosa. Tudo isso, eu percebia, era um ingrediente de homossexualidade latente, coisa que, evidentemente, me preocuparia durante vários meses em minha estadia na Sierra Maestra e que não me permitiu desfrutar plenamente de nossas devastadoras vitórias posteriores à Ofensiva de Verão. Não pensem, nem sequer para mim era fácil assimilar a ideia. Até que consegui me deparar com alguns manuais de sexologia – leituras posteriores ao triunfo revolucionário, é claro –, e esses estudos me eximiram de qualquer culpa. Não havia nenhum indício de homossexualidade no fato de eu me satisfazer com uma mulher com as características de Celia nas noites serranas, especialmente porque ela era a solução de uma questão de extrema gravidade como é a ausência de alguém para coabitar, além do que, dizem os doutos manuais, em última instância o homossexualismo é detectado até em insetos e animais inferiores. Ou seja, não havia motivos de preocupação. Se uma barata permitia que lhe comessem o rabo, por que teria eu que me envergonhar de minha Celia na Sierra? A razão de não ter mandado trazer esses manuais para Sierra Maestra era que nenhum companheiro da resistência urbana ou das seções do exílio teria entendido a natureza do pedido. Eu poderia me interessar por *Kaputt,* de Curzio Malaparte, ou pelo *Materialismo e empiriocriticismo,* de Marx, mas não por um manual sobre a felicidade conjugal e muito menos por algum texto sobre conduta homossexual e sobre como determinar sua presença na própria personalidade, e já era possível encontrar isso nas primeiras e tímidas publicações daquela época. Já imaginaram o escândalo que se teria armado? Fidel pedindo um livro sobre viadagem lá do alto da Sierra. Por outro lado, havia também a sensibilidade de Celia. Eu não queria feri-la nem teria sido elegante de minha parte. Assim, se nunca a exibi como minha companheira no decorrer da campanha, foi por conveniências de serviço e pelas exigências políticas de uma tropa que eu mantinha no máximo da austeridade e da abstinência. Celia estava convencida da conveniência de nosso pacto de silêncio extramatrimonial ou, pelo menos, fazia-me acreditar nisso. O fundamental, para mim, era mantê-la afastada de uma ideia muito perniciosa e que era do que se tratava na verdade. De que, em vez da dar rédea solta aos meus impulsos sexuais com uma bichinha, fazia isso com uma mulher que, eram as evidências, queria ser mais homem do que eu, mas que no fim, à noite, em nossa intimidade de La Plata Alta, cedia.

Qualquer mulher entende que você, ao lado dela, cometa um crime, que aja à revelia da lei e da moral e até de Deus, mas nunca aceitará que você a rejeite por seu aspecto. Nem entenderá nem perdoará. Nunca. Uma reflexão para encerrar o assunto. Uma vez mais em minha existência, e principalmente em questões relativas ou associadas à minha participação na luta revolucionária, o aparente e visível tinham que ser escamoteados da vista do público e resolvidos por meio de complicados usos da retórica, de verdadeiros jogos de palavras com os conceitos, e até pela conversão das coisas mais banais num assunto da maior reserva tático-estratégica.

13. A REPÚBLICA E SUA CAPITAL SÃO MINHAS BOTAS

PRÍNCIPE DAS EMBOSCADAS

Deixem-me dizer o que aprendi nesta área da atividade humana. Escrevemos por reflexão, mas agimos por impulso. Bom ou mau, moral ou imoral, justo ou injusto, o que conto aqui é um fragmento de vida, e foi o que de fato aconteceu. Nem sempre é fruto da meditação, mas de decisões e intuições que surgem como decorrência da inteligência, da inteligência que há por trás das decisões, a inteligência que não é só o produto de certa ordem de uma massa encefálica mais ou menos bem organizada, que é também filha da informação e, principalmente, da informação inconsciente.

Vou dar um exemplo de intuição e de seu reflexo no sistema neurovegetativo.

Uma vez, uma entre muitas, fiquei com a boca seca na luta guerrilheira da Sierra Maestra, em fins de 1958. Foi na batalha de Guisa, um povoadozinho ao pé da Sierra. Ali me surpreendi com a conduta de meu próprio sistema vagal, pois não estava sentindo medo, mas tinha a boca pesada e seca como pedra. Acabava de preparar uma emboscada com meu pelotão das Marianas, as moças a quem entregamos o melhor armamento e que vínhamos treinando há meses. Coloquei-as numa passagem obrigatória dos reforços do inimigo e me encaminhava para revisar outras posições quando, para meu próprio consumo, senti que todos os meus sistemas internos de alarme haviam sido acionados. Nesse dia, aprendi o que era a intuição. Era o sinal do envio de informação inconsciente. É interpretado como um conjunto que aparentemente está em repouso. Então, esse conjunto desperta. E não falha. Pelo menos àquela tarde, mal apareceram os primeiros carros dos guardas, rente a uma baixada do caminho, e se ouviram os motores dos tanques e caminhões com o reforço, as Marianas, todas elas, debandaram, e posso dizer que as mais heroicas foram as duas ou três que não abandonaram suas armas. Nunca lamentei tanto um armamento desperdiçado como aquelas carabinas M-2 e San Cristóbal. Dezessete armas, das melhores de nosso arsenal, abandonadas. Nunca esqueci as quantidades. Três carabinas M-2, cinco M-1 e nove San Cristóbal. Além disso, entregaram ao inimigo todo aquele flanco. E tudo faz parte da vida que conto agora, e que às vezes eram meros golpes de efeito, que só serviam a um projeto de propaganda, inclusive golpes baratos, e que se tornaram fatos históricos. Não há profundidade nem densidade de pensamento em muitos dos monumentos do passado. As Marianas. Nunca confundam ilusões com necessidade. Aprendam isso. E havia tanto entusiasmo por aquela primeira unidade de cubanas combatentes... Bobalhonas.

Lembro que anos depois, acho que no início de julho de 1979, mandei trazer para Cuba todos os comandantes que tínhamos na região da Nicarágua. Estávamos a ponto de derrubar o ditador Anastasio Somoza e eu havia dirigido minuciosamente a ofensiva a partir de Havana. Tínhamos o propósito de ultimar os detalhes da ofensiva final e decidi lhes dar uma longa aula sobre o uso das emboscadas e o aproveitamento que se pode obter disso. Então – sem mencionar as Marianas, é claro, para não manchar um de nossos ícones de propaganda – disse a eles que o principal inimigo operacional do guerrilheiro é confundir ilusão com necessidade.

É imprescindível examinar uma explicação de índole, digamos, estratégica. Meses antes de descer até Guisa, e como consequência da Ofensiva de Verão na qual os batistianos chegaram a nos contrair até nos cercar – em La Plata, por volta de 20 de julho – num fronte de menos de dois quilômetros, eu havia tomado a decisão de ordenar a meus homens que dissolvessem as colunas, diante do receio de que nos capturassem ou destruíssem a única coisa que podíamos salvar da Revolução naquele instante: que era ela, a própria Revolução, como símbolo, e, numa ordem muita mais grosseira, mas muito pertinente, todo o dinheiro que havíamos acumulado e que procedia de contribuições voluntárias e de certos impostos da zona de guerra. Aprendi, então, que a revolução é um baluarte que, embora abstrato, de todo modo deve tornar-se inacessível. É por isso que a partir dessa experiência – e por muito que nos expandíssemos territorialmente – propus a mim mesmo manter-me a distância em relação ao resto da tropa, numa espécie de Estado-Maior flutuante, que eu concebi como uma guerrilha de chefia nômade dentro de nossas posições sedentárias. Isso é, em linhas bem gerais, a modalidade daquilo que muitos anos depois do triunfo revolucionário se instaura em Cuba como nossa política de defesa,[36] que consiste simplesmente na dispersão permanente e calculada de todos os nossos recursos militares e na autonomia de todos os comandos territoriais, com a ordem de combate dada de antemão. Ninguém precisa tirar nenhum telefone do gancho para perguntar se deve abrir fogo ao invasor.[37] Isso com certeza irá explicar a vocês por que no melhor de meus momentos o máximo de homens que tive à minha volta na Sierra Maestra foram uns quatrocentos, mas que logo me desprendia deles nomeando meus novos comandantes e mandando-os cumprir missões em frontes cada vez mais distantes. Raúl para o Segundo Fronte. Almeida para Santiago. Camilo primeiro para as planícies de Oriente e depois para Pinar del Río. O Che para Las Villas. Hubert Matos para o cerco de Santiago – no que iríamos chamar de Terceiro Fronte. É também o surgimento de outra de nossas inovadoras doutrinas militares: o deslocamento de frontes pelas fronteiras distantes. É o que conseguimos primeiro com as guerrilhas na América Latina e depois com o uso de forças regulares na África, em Angola, quando deslocamos nossas primeiras linhas de combate para mais de 15 mil quilômetros de distância das costas de Cuba. Todos os meus velhos companheiros devem se lembrar de minha relutância em aceitar novos membros na guerrilha quase desde o princípio da luta. Eu soltava então certas expressões que não deveria repetir hoje em dia, dada minha investidura de chefe de Estado. Somos tantos, porra, que por aquilo que cagamos os guardas já devem saber onde nos encontrar. Dizia isso. Expressão recorrente na época. E na verdade eu relutava muito em aceitar novos membros. Por outro lado, havia a questão da escassez de armamento, e por isso dei a ordem para que não se aceitasse ninguém que não trouxesse uma arma.

Por falar em voluntários desarmados, lembro que uma vez, antes da Ofensiva, chegou a mim um camponês de Pinar del Río, extremo ocidental da ilha, dizendo chamar-se Antonio Sánchez, e logo batizado como Pinares, por causa de sua província de origem, e que, trazido pela mão do Che, ao ficar em minha frente e eu recusá-lo como membro por aparecer desarmado na Sierra, me disse com a mais justa indignação que já vi na vida:

– Mas de onde o senhor tirou a ideia de convocar uma guerra sem armas?

Convocar. Usou esse verbo.

Vocês se lembram dessa história. Já falei sobre ela em páginas anteriores. Pinares havia se aproximado da Sierra por iniciativa própria, fazendo o trajeto inteiro nos ônibus mais baratos do transporte público até alcançar um pequeno povoado ao pé da serra. Contatou a primeira guerrilha avançada brandindo uma foto minha da reportagem de Bob Taber que aparecera no ano anterior na revista *Bohemia*. A ordem de não aceitar novos membros se não trouxessem uma arma havia surtido bons dividendos com alguns rapazes dos povoados vizinhos, que se dedicavam a emboscar guardas nos prostíbulos, matá-los a pedradas ou com um facão ou simplesmente roubar-lhes o Springfield ou a San Cristóbal deixados ao pé da cama. Mas o homem de Pinar del Río vinha apenas com minha foto, e muita fome. O caso é que o Che topou com ele pelo caminho e decidiu levá-lo até minha presença. Foi quando o homem enfiou a mão no bolso para tirar a foto toda amassada, impressa em rotogravura, comparou a imagem do retrato com o original (isto é, comigo) e exclamou:

– Mas é igualzinho, menino.

Decidi pegar um charuto (ou acender de novo o que já trazia meio mordiscado), sentei num toco que jazia à beira do caminho e me armei de toda a paciência do mundo para ouvir o que pudesse vir em seguida.

– O que vamos fazer com o *pibe*, Fidel?

– Como o que vamos fazer, argentino?

– Pois é, *mirá*, Fidel, é que o *pibe* tem um argumento.

– Ah, o famoso *pibe*. E com seu argumento.

– E esse argumento qual poderia ser?

– Fala pra ele, *pibe*. Fala qual é o seu argumento.

Então ele soltou aquilo da guerra convocada sem armas. De onde eu tirara a ideia de convocar uma guerra sem armas![38]

Então, elaborei meu sermão com toques salomônicos, dizendo que o fuzil tinha que ser manejado por ele no combate, e não o coloquei sob as ordens do Che, mas de Camilo. Nunca gostei de deixar juntas pessoas que se entendem e simpatizam tão rápido.

Em 1º de dezembro, na serra do Escambray, o sistema de montanhas que preenche quase toda a região sul da província, o Che e Rolando Cubelas – líder do Diretório Revolucionário 13 de Março – assinaram o que chamaram de Pacto de Pedreros, que é, em suma, o arranjo que serve como preparação para a ofensiva final em Las Villas. Por outro lado, em Dos Arroyos, o Che se encontrou com Alfredo Peña, da Segunda Frente Nacional do Escambray. Não chegaram a um acordo nem assinaram nada, embora fosse uma aceitação tácita de colaboração. A Segunda Frente era um desprendimento da guerrilha do Diretório e se tornou rapidamente o grupo guerrilheiro mais questionador de nossa chefia e de filiação direitista mais evidente.

Se algo de bom havia nisso tudo, era que, sob a chefia de Che, em 1º de dezembro, ao se iniciar a ofensiva rebelde em Las Villas, com base de partida nas montanhas próximas a Sancti Spíritus, e com o Diretório Revolucionário e a Segunda Frente Nacional do Escambray subordinados à chefia do 26 de Julho, de bom grado ou à força, eu ficava protegido de quase todos os males do desgaste, ali em meus picos da Sierra Maestra, enquanto pegava em Las Villas a carne mais suculenta do que pudesse restar ainda de soldados com brios no exército de Batista. Enquanto me conservava em boa segurança no meu santuário, colocava também na briga o melhor das tropas revolucionárias, que até o momento me tinham sido adversas e desafiado meu comando – o Diretório e a Segunda Frente –, bucha de canhão ideal. Reconheço que os caras haviam demonstrado sabedoria ao se rebelarem em Escambray em vez de procurar acomodação na Sierra Maestra, onde precisariam se juntar às nossas guerrilhas, se bem que não como força aliada de identidade independente, mas como soldados rasos (e talvez um ou outro como oficial, mas muito dispersos), ou os teríamos ido buscar em seus esconderijos e fuzilado como bandidos, que foi o destino das guerrilhazinhas independentes que quiseram chegar perto de nós na Sierra Maestra. Nada mais fácil do que encontrar delitos nas fórmulas de sobrevivência de um grupo de rebeldes, a começar pelo fato de que eles precisam comer. Na primeira galinha subtraída de algum pátio ou nas primeiras batatas-doces arrancadas da lavoura, já se configura um delito de furto. Depois eles enchem a pança e não se sabe de onde aparece uma garrafa de rum e nessa mesma noite eles comem a camponesinha que é a filha mais velha do dono do sítio. E isso já é estupro. Em outra época, era parte do simples rito matrimonial do campesinato cubano. Você comia a menina e a levava um pouco mais acima, onde erguia sua própria cabana e roçava um terreninho com uma queimada e semeava. Mas nas condições da luta revolucionária e pela própria necessidade de estabelecer nossas prerrogativas como grupo dominante na área e para desestimular o surgimento de qualquer dessas guerrilhas autônomas, começamos a fuzilá-los. As primeiras que se prestavam eram as próprias camponesas, porque descobriam, pela primeira vez, o atrativo do espetáculo. Com nenhuma delas se consumou realmente um delito de estupro, pois nenhuma foi obrigada a abrir as pernas ou as nádegas ou seja lá que músculos ou extremidades cujas aberturas foram providas. Mas quando elas se viam diante da tropa em formação e, inclusive, às vezes, diante de jornalistas americanos – se bem que em alguns casos fosse necessário explicar o que era um jornalista, o que era um estrangeiro – era inevitável que reagissem contra a fugacidade daquele casamento e adotassem o papel de vítimas. Mas outra coisa bem diferente era amarrá-los a uma mutamba e arrebentá-los a bala.

– Agora você não tem mais pau, queridinha! – Foi a única frase desafiadora que ouvi no ato de um desses fuzilamentos, proferida por um rapaz que chamavam de El Maestro e que ergueu seu olhar até a jovem que acabava de abandoná-lo à sua própria sorte, depois de dar um balbuciante testemunho de um doce estupro.

Voltando ao Che. A tática do Che – seguindo minhas instruções precisas, como se compreenderá – foi bloquear as estradas entre as principais povoações. Começou com a estrada de Sancti Spíritus a Trinidad, que Batista acabara de construir, e continuou com a Carretera Central na altura da ponte sobre o rio Tuinicú.

Depois inutilizaram as pontes sobre as linhas da ferrovia central. Assim foram interrompidos os abastecimentos "de vida e guerra" de Havana para o resto da região de Oriente, onde só era possível chegar por ar ou mar.

Os rebeldes atacavam e tomavam primeiro os pontos mais desguarnecidos, e se moviam gradualmente para os mais fortificados. Os ataques aos quartéis eram iniciados à noite, depois da montagem de emboscadas contra eventuais reforços em todas as vias de acesso.

Teve influência poderosa a província. Las Villas. Embora eu nunca tenha julgado conveniente expressar isso de modo taxativo, a guerra se decidiu ali, naquele território que demarca o meio de Cuba. Situada a mais de trezentos quilômetros a leste de Havana, o centro administrativo e político do país e onde

Batista toma decisões e tenta conduzir a guerra a seu favor, e a uns quinhentos quilômetros a oeste da Sierra Maestra e seus territórios vizinhos, onde eu consegui estabelecer os fundamentos de um bem organizado, movimento guerrilheiro e onde se localiza o principal teatro de operações dessa guerra, a cidade de Santa Clara – capital da província de Las Villas –, um enclave que parecia entregue ao esquecimento e à sonolência das velhas cidades de província, vê-se transformada, em apenas umas três semanas de atividade bélica, em ponto focal onde se decide o destino da República.

Pois bem, quando descemos para a ofensiva final em Oriente e com a ideia de começar por Guisa, eu – por tudo o que expliquei anteriormente – não tinha comigo mais de vinte homens, os que havia em La Plata Alta, e somando os que consegui reunir em Vegas de Jibacoa, éramos uns quarenta. Não havia armas. Mas esse era um problema menor, e expliquei isso aos meus silenciosos seguidores.

– As armas quem tem é o inimigo.

Na verdade, andamos catando armas das confusões de caminhões emboscados e mandados pelos ares com minas e raspando a pele chamuscada dos cadáveres com a madeira dos fuzis até 7 de dezembro, que é a data em que um prometido avião de Caracas aterrissou em nossa pista clandestina de Cienaguilla e nos trouxe um deslumbrante lote de armamento novinho. O primeiro alívio que isso significou não foi dispor de um lote consistente de Garands, novinhos em folha, mas o aumento imediato do aspecto, digamos, higiênico da tropa. O problema era que alguns companheiros não se esmeravam na hora de extrair a carne incrustada sob pressão nas culatras e nos coldres das San Cristóbal pelas explosões de nossas minas, e aqueles tecidos começavam a apodrecer entre os interstícios do madeirame e ficavam exalando cheiro. Às vezes, você até podia detectar a distância qualquer tropa nossa armada com os despojos de uma emboscada, e era como se os fantasmas de todos aqueles infelizes soldadinhos que matamos para suprir nossas necessidades logísticas continuassem presos a seus minúsculos grumos de cartilagens ou de nervo ocular.

Aquele cenário causou tamanha impressão em mim que ainda hoje sinto relutância em me aproximar das carabinas San Cristóbal que exibimos nos chamados museus da Glória Combativa, que pululam em nossas unidades militares com lembranças das batalhas do Exército Rebelde.

A amarga realidade, dado que nossas provisões de armamento dependiam dos depósitos inimigos, é que as San Cristóbal foram uma parte destacada de nosso exíguo arsenal. Acredito fazer um ato de justiça histórica ao aceitar que o fuzil emblemático do Exército Rebelde era essa carabina. Apesar de não haver até o presente estudos exaustivos sobre o armamento capturado e usado por nós, posso assegurar sem receio de errar que a San Cristóbal foi, necessariamente, a arma orgânica da guerrilha, como o foi, necessariamente, das tropas batistianas; isto é, por necessidade em ambos os casos.

Na última hora – enquanto esperava a primeira partida de cerca de 20 mil fuzis FAL negociados na Bélgica como primeira resposta de independência diante do embargo de armas dos ianques –, Batista havia adquirido umas 5 mil dessas carabinas dominicanas de duplo gatilho, nada confiáveis, por certo, ou "muito ciumentas", que era nossa forma de chamar as armas que disparam por qualquer coisa e com um aço que aguentava muito pouco tempo de combate. Na realidade, você compreendia que era um armamento produzido mais para a repressão – atirar contra manifestações de rua ou fuzilar opositores –, e não para aguentar os rigores do combate, muito menos do combate prolongado. Decididamente não era um FAL nem um AK 47. E já podem imaginar a resistência desse aço dominicano. Apesar de que o próprio FAL também apresenta lá seus defeitos, não pensem que não. Vive travando assim que cheira um pouco do salitre das nossas costas, ou talvez seja pela finura da areia. Mas o incrível é esse Kalashnikov, que quando fica com o cano vermelho você o enfia pela ponta num balde de água, e ele chia ao contato com a água, e aí você tira e continua atirando como se nada tivesse acontecido, como se disparar sem descanso rajadas de treze ou catorze carregadores de trinta projéteis cada um numa barreira de contenção de sete ou oito minutos contra um assalto dos bandos contrarrevolucionários da Unita não seja nada demais. Talvez não acreditem, mas em Angola nossos mais experientes combatentes, na hora de se entrincheirar, colocavam um balde de água aos pés para refrescar o Kalashnikov de vez em quando. Não porque ele o exija ou porque conste de seus manuais de manutenção, mas pela vocação de bons cuidados que todo verdadeiro soldado deve ao seu armamento.

Agora me veio à mente uma curiosidade. É estranho – ou talvez tenha sido consequência de uma confiança excessiva em dispor de uma República de paz e boa vizinhança – que nenhum governo cubano anterior à Revolução – nem sequer Batista – tenha produzido armas de infantaria. Não foi o caso, como se pode comprovar, do generalíssimo Rafael Leonidas Trujillo na ilha vizinha. Trujillo enfrentou – embora muito antes – as mesmas dificuldades de Batista para obter armas e munições. Por isso considerou a ideia de produzi-las ele mesmo. Tampouco foi o nosso caso, nem antes nem depois de tomar o poder. Antes, pelas rústicas fábricas de armas nas montanhas que o Che inaugurou e onde chegamos a produzir até um fuzil lança-granadas denominado M-26. Depois, por outra perspectiva totalmente diferente da enfrentada por Trujillo. Não é que nos faltasse armamento de infantaria, é que não consideramos suficiente tudo o que recebíamos do campo socialista quando começamos nossa própria produção de carabinas Kalashnikov, com licença soviética, na fábrica Mambí da província de Camagüey. Uma preciosidade. Nós os chamamos de AK Negro, pelos severos tons escuros de sua parte de madeira, feita de caobas serranas. As últimas caobas de nossos bosques cuidadosamente reservadas para entalhar as peças autóctones de nossa – de momento – irregular produção diária de carabinas; irregular quanto à sua quantidade, explico; às vezes uma centena, às vezes uma dúzia.

Tinha um Land Rover conversível. Nós nos movimentávamos. A guerrilha se deslocava a partir das montanhas. Guerra de estradas. Nerice era o primeiro motorista. Mas Raúl, que também vinha descendo e tinha um Toyota, me disse para pegar o seu motorista, mais hábil. Seu nome era Alberto Vázquez García, e o chamavam de Vasquesito. A mulher dele era motorista também, guiava ônibus em Santiago de Cuba, lembro disso. Tiraram o Nerice e puseram o Vasquesito, e andávamos pela estrada à noite, só nós. Era uma loucura. Por pouco não fomos mortos pelo próprio Exército Rebelde. Vasquesito foi iniciado ali. Vasquesito de chofer, Celia no meio e eu à direita. Atrás iam os quatro rapazes da minha escolta, todos serranos, Miguel Ángel Fonseca e Marcelo Verdecia "Nangue" do lado esquerdo, e Mariano Díaz e Aníbal Hidalgo do direito. Aníbal atrás de mim. Um jipe aberto, de alumínio. Às vezes levávamos um passageiro, algum oficial nosso da zona por onde passávamos, Pedrito Miret, Hubert Matos, Guillermo García ou algum capitão que eu decidia enlouquecer, e se sentavam atrás, em cima de uma caixa onde ficavam as reservas, reservas de coisas capitalistas, sopas Campbell, Kirby, e às vezes bolachinhas com geleia. Sempre rodávamos à noite. Aníbal havia sido mensageiro descalço. O mulato Mariano Díaz era serrano, o ameríndio Nangue também; Miguel Ángel era da região de Salto. Aníbal era de Holguín. O armamento era o rifle automático Browning de dois apoios de Mariano, as San Cristóbal de Nangue, de Miguel Ángel, e o M-1 de Aníbal, além de minha pistola Browning e depois um FAL da Venezuela, que me foi trazido por Luis Orlando e que fora enviado pelo almirante Wolfang Larrazábal, o presidente provisório daquele país. Celia trazia seu M-1 e Vasquesito talvez carregasse uma pistola .45.

Em dezembro, só se transitava em comboios pela Carretera Central nas três províncias orientais da ilha. A ferrovia central já não chegava mais a Santiago. A linha de ônibus La Cubana havia suspendido seu serviço, com perda total de 25 ônibus avaliados em 20 mil cada um.

Eu fixei impostos revolucionários aos grandes empresários das três províncias orientais (0,15 dólares por saco de açúcar). Os delegados do Movimento 26 de Julho, principalmente Pastorita Núñez e Alberto Fernández, coletavam esses tributos, que ultrapassaram 3 milhões de dólares. Os grandes fazendeiros de açúcar, gado e agrícolas viram-se obrigados a pactuar comigo e pagar para continuar operando suas empresas. Como só havia 36 usinas açucareiras de propriedade norte-americana e que respondiam por 37% da produção nacional, e o resto das usinas estava principalmente em mãos cubanas, a tragédia provável ficava circunscrita ao pátio. Os fazendeiros, colonos e vaqueiros entregaram ao Che em Las Villas uns 700 mil dólares, em caráter de impostos voluntários antecipados, por meio do capitão rebelde Antonio Núñez Jiménez, depois que o presidente da associação pactuou comigo em Guisa.

Três quartas partes da produção açucareira do país e a metade da pecuária estavam alienadas em territórios orientais e provincianos sob nosso controle. A interrupção das vias nacionais por estrada e ferrovia na região central de Las Villas quebrou a ilha em duas, fraturando a base física do regime. As fábricas de Havana se ressentiam da perda do mercado nas três províncias orientais. Num artigo de Andrew St. George sobre uma de suas estadias na Sierra no fim da campanha, estimava-se que, depois de 15 de dezembro, cada dia representaria uma perda de 2% do rendimento total da safra.

Os grandes empresários cubanos e norte-americanos em Cuba pressionavam há muito tempo o governo dos EUA para que forçasse uma solução política "sem Batista nem Castro". Finalmente, os poderosos interesses açucareiros solicitaram em Washington um contato oficioso comigo por meio de um emissário confidencial, capaz de negociar uma trégua que garantisse salvar a safra açucareira que deveria começar em 15 de janeiro. Enfim, no fim das contas os magnatas açucareiros vieram pedir de joelhos que eu os deixasse terminar sua penúltima safra como proprietários, porque a de 1961 já seria com as usinas e todas as estruturas e territórios adjacentes em minhas mãos.

O embaixador Smith, em nome de seu governo, pediu a Batista que abandonasse o poder e o país, mas sem sugerir nenhuma fórmula para preencher o vazio de poder que seria criado. Era um caso de indisfarçada intervenção política, mas que se tornou catastrófico pela péssima forma como foi realizado. Toda mediação ou intervenção estranha pode ser positiva ou negativa, pode ajudar ou prejudicar. A ação política norte-americana nesta oportunidade foi francamente imprevidente, pois precipitou a derrubada do regime sem estimular a formação de um governo de transição com representantes da classe média, capaz de mobilizar a opinião pública o suficiente e de elevar o moral das Forças Armadas, de modo a desestimular qualquer propósito totalitário, castrista ou de outra índole, segundo convinha aos melhores interesses de Cuba e dos próprios Estados Unidos.

O subsecretário de Estado para Assuntos Latino-Americanos, mister Roy Rubotton, declarou na época em Washington que não havia evidência de comunismo organizado dentro do movimento castrista nem de que eu me encontrasse sob influência comunista. As declarações de Rubotton constituíram a melhor garantia para os que militavam nas fileiras revolucionárias e guerrilheiras lutando contra o regime de Batista.

O embaixador Smith, o outro, o finalmente bom – pelo critério de Batista –, parecia convencido de que os grupos revolucionários sob meu comando estavam infiltrados de comunistas. Pelo menos, era o argumento lógico. Mas nada pôde fazer para que essa verdade ou lógica – que podem (e devem) ser assuntos diferentes – fosse devidamente conhecida. Batista analisava. Smith teria tentado conseguir, se é que não tentou de fato, que o embargo de armas fosse suspenso se o Exército tivesse conseguido dar alguma demonstração efetiva, ganhando combates decisivos; mas as esperanças se mostraram vãs, porque depois do fracasso da ofensiva de junho nenhuma das unidades em operação ganhou sequer uma escaramuça.

Mesmo assim, os últimos esforços do governo estavam sendo feitos. Batista pensava ainda – ou pensou até aquele fatídico e frustrante, para ele, 17 de dezembro, em que o embaixador Smith lhe decretou o fim de todas as esperanças de evitar a hecatombe – que, apesar de tudo, as armas pedidas na Europa chegariam a tempo e os acontecimentos lhe permitiriam reorganizar as Forças Armadas.

No fim, Batista acariciava o propósito de que "os esforços eleitorais realizados por seu regime dariam os resultados satisfatórios que desejava", principalmente diante dos americanos; queria limpar a barra, estava conseguindo, mas ninguém acreditava nele, e os acontecimentos não favoreciam em nada o propósito de que "o candidato *eleito*" (quer dizer, escolhido a dedo por Batista), dr. Andrés Rivero Agüero, assumisse a presidência normalmente e permanecesse nela, o que fazia duvidar da possibilidade de reconhecimento por parte do governo americano.

A eleição de Andrés Rivero Agüero como novo presidente de Cuba era o objetivo de Batista. Com esse movimento de peças, Batista esperava recuperar uma boa relação com os Estados Unidos e legitimar outra vez o regime. Essa era sua jogada.

Pelas informações que o embaixador Smith coletara em "fontes militares e revolucionárias", de acordo com a interpretação que se podia fazer delas, a suposição era que os elementos básicos do Exército não resistiriam até o próximo 24 de fevereiro, quando deveria tomar posse o presidente eleito, e que a deterioração da autoridade era "considerável" e que as numerosas conspirações que, sob qualquer pretexto e por diferentes motivos, vinham se produzindo no seio das Forças Armadas as desmoralizavam.

Ao terminar a entrevista com o embaixador Smith, na noite de 17 de dezembro, Batista se reuniu com urgência com os chefes do Estado-Maior Conjunto para lhes informar que o governo dos Estados Unidos retirava seu apoio ao regime e não reconheceria o candidato presidencial eleito, que deveria tomar posse em 24 de fevereiro de 1959. Batista enfatizou a gravidade da situação e pediu aos altos chefes militares que o ajudassem a encontrar uma solução nacional que lhe permitisse abandonar o país, seguindo as indicações de Smith.

Pediu absoluto segredo para que a notícia não chegasse às lideranças políticas e quadros de oficiais, aduzindo que isso poderia precipitar um colapso nas Forças Armadas.

Utilizando o helicóptero que o general Francisco "Pancho" Tabernilla Dolz lhe enviara de Havana (um Bell 47G-2 pilotado pelo tenente Orlando Izquierdo), na manhã do dia 28 de dezembro o general Eulogio Cantillo – chefe das forças na província – se deslocou do quartel Moncada em Santiago à demolida usina Oriente em San Luis, onde ficava meu comando. Às oito da manhã, trocamos um aperto de mãos. Analisamos exaustivamente a situação nacional, o curso da Revolução e o estado das Forças Armadas naquele momento. Houve acordo para um movimento conjunto que devia ser realizado a partir das três horas da tarde do dia 31 de dezembro, começando com a sublevação das tropas do Moncada e de Matanzas, ao mesmo tempo que os grupos rebeldes fariam sua entrada na cidade de Santiago. Militares, rebeldes e o povo em geral se confraternizariam, e uma proclamação à nação anunciaria o golpe revolucionário e convidaria as guarnições militares restantes do país a aderir ao movimento. Se o regime resistisse, os tanques de guerra com base no quartel de Moncada encabeçariam o avanço conjunto sobre a capital da República, tentando percorrer os novecentos quilômetros (Santiago-Havana) em 36 horas.

Comprometidos comigo, ficaram o coronel J. Rego Rubido (vice-chefe de Oriente); o comodoro da Marinha de Guerra M. Camero, chefe do Distrito Naval Sul; o brigadeiro Carlos Cantillo González (meio-irmão do general Eulogio A. Cantillo), chefe da província de Matanzas, e o coronel Arcadio Casillas, chefe de Operações na região de Guantánamo. Cantillo faria uma viagem rápida à capital para ultimar os detalhes do plano.

Terminada a entrevista, Cantillo regressou a Santiago, onde informou sobre o acordo e deu instruções ao coronel José Rego Rubido, seu segundo; assim como ao comodoro Manuel Carrero, chefe do Distrito Naval de Oriente, e ao tenente-coronel Arcadio Casillas Lumpuy, chefe de Operações na região de Guantánamo, que haviam sido previamente convocados ao Moncada. Cantillo assim instruiu o coronel Rego Rubido:

– Estarei aqui [na data combinada, 31 de dezembro], mas, se por qualquer motivo precisar permanecer em Havana, o senhor se encarregará de cumprir todas essas instruções. O senhor e o comodoro Carrero irão avançar para receber Fidel Castro na periferia da cidade.

ESTA NOITE, A LIBERDADE

No dia 28, à tarde, Raúl aparece com Vilma Espín no acampamento de Hubert Matos, no prédio abandonado de uma escola. Raúl, por indicação minha, conta a Hubert Matos que eu tive uma conversa com Cantillo e que mando dizer que há uma missão importante para ele. Hubert vem me ver na usina América, para onde transferi o comando central, e me diz que o ambiente é de euforia e que já saboreavam o triunfo. Então eu conto sobre a reunião com Cantillo e que chegamos a um acordo e que ele terá um papel importante. Eu digo:

– Olha, Hubert, esqueça todos os planos de ataque a Santiago e tudo isso. Ficaram sem efeito. Chegamos a um acordo com Cantillo. Que consiste no seguinte: no dia 1º de janeiro às três da tarde, no quartel Moncada, haverá um pronunciamento conjunto do Exército Rebelde e do Exército Constitucional e será dito ali que a luta terminou, que as duas forças se uniram e que a Revolução triunfou, e que vai começar um período de pacificação e que isso e aquilo. Mas você é o homem que vai me representar ali com Cantillo. Por razões óbvias, eu não posso ir. Além disso, você irá com trezentos homens bem escolhidos de sua tropa, que comparecerão bem-vestidos, e é isso que será feito e serão lidos os pontos, e é você que estará ali e eu vou ficar em algum lugar com uma boa tropa. Para o caso de ter que sair para resgatá-lo.

"Isso, Hubert", continuo, "é para ver se entramos em Santiago sem problemas e para ver se, como reflexo, conseguimos que a capital se subordine. Mas não se preocupe de que algo dê errado. Se as coisas saírem mal para nós ou saírem de um modo que não planejamos, o país ao qual pertencemos é, de qualquer maneira, a parte de terra onde tivermos plantadas as botas. Agora reúna seus homens. Explique-lhes a delicadeza da missão e que se arrumem e fiquem apresentáveis."

Naquele dia 31, à noite, estou na casa de Ramón Font, o administrador da usina América, quando ouço uns disparos. Um capitão havia tomado uns tragos e feito disparos no ar com um rifle automático Browning calibre .30 para festejar a chegada do ano novo. A sua pequena festa ocorreu a umas duas quadras de onde eu estava. O povoado estava cheio de rebeldes que perambulavam, procurando uma mulher ou uma garrafa de rum ou um cantinho para dormir. Fui buscar o capitão e disse aos rapazes da escolta, acho que Aníbal e Nangue:

– Amarrem o cara e tirem a camisa dele. Vamos fuzilá-lo de manhã. Eu mesmo vou fuzilá-lo.

Voltei à casa de Ramón Font, onde preparavam uma caçarola de arroz com frango para mim.

Assim é que o tenente Pedro Bocanegra, da escolta do presidente, recebe a ordem de Batista, um gesto de aprovação, de fechar a porta do avião, e o coronel-aviador Antonio Soto Rodríguez, à frente dos controles do C-46, recebe as instruções do aeroporto de destino:

– Jacksonville – diz Batista.

Decolam de Campo Columbia, que a partir do dia seguinte seria chamado Cidade Liberdade, e depois de um tempo têm negada a autorização de entrada no território americano pelos controladores de voo de Miami. A alternativa agora é Cidade Trujillo.

– Cidade Trujillo – diz Batista. Queria Jacksonville porque era sua porta de entrada habitual quando ia para sua casa de Daytona.

Agora o C-46 voa sobre a costa sul, ao amanhecer, e precisa de duas horas de voo em velocidade de cruzeiro para que a Sierra Maestra se desloque sob sua barriga e que isso coincida com os primeiros raios daquele sol de inverno incidindo sobre a fuselagem prateada e provocando um reflexo que seja visível desde o chão.

Eu ouço, lá no alto, o som inconfundível dos motores de um avião. Lá em cima. O sol continua levantando-se, lentamente, sobre a ilha.

Não podia falhar naquele tiro. Ia fuzilá-lo ao amanhecer. Enquanto isso, ele ficava amarrado ali, no mato.

Tentava imaginar como seriam as coisas no dia seguinte, quando Santiago se rendesse a mim, e se Hubert seria capaz de me garantir o lugar. Mas não acho que tenha ido muito mais longe nas minhas especulações. Sempre achei que teria ficado louco só de vislumbrar o que me deparava o futuro, um futuro que começaria em três horas. Como imaginar, naquela madrugada rumo a uma caçarola de arroz com frango no núcleo da usina Central, os meus regimentos de blindados avançando pelo planalto africano; a minha exigência dos melhores aviões da frota soviética para me deslocar pelo mundo; ser recebido por centenas de dignitários; levar para passear meus convidados estrangeiros por nossos polígonos de manobras de golpe em massa de nossas forças de combate; ver-me retratado nos jornais que cobrirão todas as paredes de povos e cidades; que irá existir um Estado a meus pés e que vou dispor de minha guarda pretoriana; que haverá uma cultura de novo tipo que se irradiará tendo-me como eixo; ou que até serão inventados esportes e seremos capazes de introduzir as excelências helênicas do atletismo no jogo dos piores bagunceiros do mundo, que é o beisebol?

O som do avião me alertou. O reflexos da Sierra estavam aflorando. Percebi que não era um avião de guerra e que o som não se parecia com o dos bombardeiros leves B-26 de Batista. Estava muito alto. Não é um avião de combate, mas a essa hora tampouco voam os aviões da Cubana. Há alguma coisa que escapa ao meu sistema de conexões e reflexão e, enquanto me aproximo da casa de Ramón Font, com Celia e os rapazes da minha escolta seguindo-me os passos, digo a mim mesmo:

– Que estranho esse avião.

LIVRO II
O PODER ABSOLUTO
E INSUFICIENTE

PARTE QUATRO

UM HOMEM SOZINHO PODE TUDO

Compreender a Revolução é mais difícil do que morrer pela Revolução.

– De um discurso de Fidel Castro em Santiago de Cuba durante os atos comemorativos pelo nono aniversário do assalto ao quartel Moncada em julho de 1962

14. MEU ESTADO, A REVOLUÇÃO

onfesso que foi impossível resistir a uma tentação. Visitar minha mãe. No dia 24 de dezembro decido ir lá. Raúl já havia passado por ali – em Birán, a fazenda dos nossos pais, onde fomos criados – no dia anterior. Para não ficarmos juntos, por razões de segurança, ele tinha se retirado. Pelo que me lembro, foi a primeira vez que, como uma forma de proteção, evitamos deliberadamente ficar os dois no mesmo lugar. E, desde então, adotamos essa tática de nunca estarmos juntos em nenhum lugar onde o inimigo possa nos localizar com facilidade.

Fazia anos que eu não a via. Sabia que Raúl de alguma maneira a mantinha sob sua proteção, assim como nossas propriedades, pois a zona de extensão guerrilheira sob seu comando – a chamada Segunda Frente Oriental Frank País – ia além dos limites de Banes.

Uma breve explicação. O núcleo-matriz da guerrilha – a emblemática Coluna Um José Martí, subordinada a mim pessoalmente – foi dividido em março de 1958, e uma parte ficou a cargo do comandante Raúl Castro, operando permanentemente ao norte do vale intramontano da região oriental. Desse grupo deriva a organização da chamada Segunda Frente Oriental Frank País, que leva o nome do segundo chefe do Movimento 26 de Julho, metralhado pela polícia batistiana no dia 30 de julho de 1957, no beco do Muro, em Santiago de Cuba. Pensamos em usar o nome de Frank para atrair o maior número possível dos intranquilos (e muitas vezes detestáveis) jovens de Santiago para a Segunda Frente e afastá-los de mim; além do mais, isso tornava de algum modo insustentável a tese de que eu mesmo teria denunciado a presença de Frank naquela rua sem saída da cidade. Um estratagema ingênuo, mas efetivo.

Fomos até Birán em quatro ou cinco jipes, lotados de rebeldes. Partimos de La Rinconada. O *guajiro* Crespo, que dirigia um dos jipes, não percebeu, devido à altura da grama, que havia uma pequena ponte e capotou num canavial. No fim, não sei como se viraram para chegar, mas me lembro deles em seu Willys soltando fumaça pelo capô, como se bufasse, e da alegria imperturbável, apesar de tudo, com que nos alcançaram em Birán.

Depois do abraço de minha mãe e de ela ter xingado com sonoros "caralhos" os rapazes da escolta, que – nas palavras dela – estavam "saqueando" o laranjal, o que encontro ali são os mortos de Ramón. Ramón Castro Ruz. Uma mortandade que o safado produzira ali.

"Mongo", meu irmão. Ao que parece, perdeu o controle com uns arrendatários, uns pobres desgraçados, com os quais teve algum problema a respeito de posse da terra, ou de pagamentos atrasados, ou por causa de alguma mulher, ou de uma dívida com galos, vai lá saber. Que vício esse de Ramón pelas brigas de galos! Bem, para ser justo, dos dois irmãos meus. Mas foi Ramón que levou o Raulito para esse vício.

O caso é que pouco depois de eu me deixar mimar um pouco por minha mãe e de deslumbrar-me com ela e com todas as suas guloseimas natalinas, apareceu no andar debaixo da casa uma comissão de camponeses. Tinha corrido a notícia da minha presença e eles vinham reclamar justiça. Minha mãe já me advertira de que Ramón havia ido a Holguín tratar de negócios. Mas mesmo que ele estivesse ali, não era hora de, em razão de algum ou outro assassinato cometido pelo atual cabeça da família, montar um daqueles julgamentos rápidos usuais na nossa guerrilha e submetê-lo ao rigor da Lei Fundamental da Sierra. Uma lei que, como todos sabem, consistia invariavelmente em aplicar a pena de morte por fuzilamento a qualquer acusado de qualquer dos delitos previstos – qualquer conduta que implicasse algum problema que levasse ao enfraquecimento moral ou material das colunas guerrilheiras ou que resultasse em má propaganda para a causa. Portanto, não era hora de fuzilar Ramón, porque isso criaria a pior imagem possível para a Revolução na hora em que ela quase conseguia seu triunfo. Ninguém teria reparado na minha disposição de fazer prevalecer a justiça até mesmo com meu abrutalhado irmão. Não, todos iriam reparar é no fato de que eu estava disposto a matar até meu próprio irmão.

Claro, não foi isso o que eu disse àqueles camponeses no meu discurso. Primeiro, convidei-os para nos reunirmos na escolinha. Eles eram uma centena.

Um público fácil de influenciar, como costumam ser as plateias rurais cubanas, e ainda mais naquela época, já que eram todos analfabetos. Para hipnotizá-los, bastava ficar ao lado deles e soltar oportunamente alguns palavrões – nada aproxima mais você de uma plateia de pobretões do que expressões grosseiras ou de mau gosto. Mas, além disso, tinha a meu favor o fato de ser filho do latifundiário da região e de ser "doutor", advogado, e de repente mostrar-lhes que essa criatura, inacessível por natureza, dispunha-se a atendê-los, ouvi-los, assentindo compreensivamente diante de suas queixas e sem qualquer reparo em se indignar com os prováveis desmandos *até mesmo* de um irmão. É o momento que aproveito para ser perante eles e para sempre maior do que Cristo. Porque, além de escutá-los, vou me dignar a falar com eles. Apelo à lógica simples da sagrada solidariedade do sangue para silenciá-los. O que deveria fazer eu numa situação daquelas, defender a todo custo um irmão meu ou virar-lhe as costas?

Qual deles não teve que ocultar ou proteger um irmão brigão ou bagunceiro ou até mesmo fugitivo da justiça? É sobre esse fundo de culpabilidade compartilhada que faço avançar toda a minha retórica e, evidentemente, trata-se em princípio de esclarecer que nenhum crime ficará impune, nem mesmo se for cometido pelo irmão do mais alto dos dirigentes revolucionários. De cara, faço as menções obrigatórias às forças repressivas da tirania, aos golpes com os cantos dos facões da Guarda Rural, aos abusos, à fome, aos parasitas que invadem as barrigas de seus filhos, que nunca calçaram um sapato e que nunca tomaram banho com sabonete. É imprescindível tocar nesses temas para lembrá-los da injustiça e da fome com que vivem, e para que esqueçam um pouco qualquer dos males anteriores e se concentrem no verdadeiro mal. O problema não é o impulsivo do meu irmão Ramón, embora em dias passados ele já houvesse degolado um lavrador. O problema é o capitalismo. Para esse objetivo se dirige toda a força do meu discurso. Arrancar o mal pela raiz. Os senhores entendem? Primeiro temos que ganhar essa guerra. No fim, haverá a próxima reforma agrária e vamos lhes entregar as terras gratuitamente. A terra. A posse da terra. Embora nada disso signifique que iremos deixar de investigar a fundo as denúncias sobre meu irmão e, se forem certas as colocações dos companheiros – a essa altura do discurso já são nossos companheiros –, Ramón será devidamente punido. Agora, o problema, de qualquer maneira, é a guerra. Terminá-la. Mas terminá-la com a nossa vitória.

Os companheiros estão de acordo?

310   A AUTOBIOGRAFIA DE FIDEL CASTRO

* * *

Terminada a reunião com os camponeses e adiado o processo de meu irmão para depois do triunfo da Revolução, voltei para casa. Minha mãe aceitou que dois ou três de meus principais comandantes me acompanhassem no jantar, mas exigiu que lavassem as mãos primeiro. Não lembro quantas das minhas irmãs estavam presentes, mas lembro que iam e vinham, junto com duas ou três camponesinhas que ajudavam com as panelas de arroz e as grandes e fumegantes caçarolas de feijão-preto e as bandejas transbordando de deliciosas carnes de porco. Vestiam saias largas de camponesas e se diferenciavam das minhas irmãs porque, sem nenhum pudor, andavam descalças sobre o piso de madeira da casa. Meus demais acompanhantes foram atendidos num pátio sob a folhagem do velho tamarindo. Ali foram postas as toscas mesas de caoba encaixadas com os dormentes que sobraram da primeira linha férrea canavieira do meu pai e estenderam-se as toalhas, e meus camaradas foram solicitamente atendidos por outro bando de jovens camponesas, e alguém disse que aquilo parecia uma quermesse. Minha mãe ficou sentada ao meu lado, na mesa nova da sala de jantar, e ouvíamos a festa lá embaixo entre o pessoal da minha escolta e as camponesas. Quase não provou nada da comida e não desgrudou de minha mão, em cima da mesa, embora comandasse todas as operações do serviço com o imperioso silêncio de seu olhar.

Fomos embora à meia-noite.

Celia não veio nessa viagem. Achei prudente não aparecer com uma mulher na casa de minha mãe.

Celia esperava por mim, junto com parte da minha tropa, debaixo de uma pontezinha perto de Palma Soriano. Acampados nas sombras. Eu ouvia suas polainas, seus trastes de campanha, suas conversas abafadas. Constatar que estávamos na Carretera Central – mesmo que fechada ao trânsito – e que meus homens se movimentavam sem tomar precauções e como num balé em câmara lenta, me fez compreender pela primeira vez, com toda a intensidade, que estávamos a ponto de ganhar a guerra.

Distingui Celia imediatamente pela chama nervosa de seu cigarro. Estava taciturna e inquieta. Estava triste.

– Celia – disse-lhe. – Trouxe uma marmita com o jantar.

Sabia o que ela iria responder. Que não estava com fome, embora depois talvez comesse um pouco.

MEU ESTADO, A REVOLUÇÃO 311

– Não estou com fome, Fidel – respondeu. – Talvez depois eu coma um
pouco. – E que não me preocupasse. – Não se preocupe, Fidel.

– Não, não estou preocupado. É que você precisa comer alguma coisa.
E que depois comeria.

– Depois, Fidel. Depois.

Descobri, então, os criadinhos. Eram dois jovens, bem mal-ajambrados, *tipos índios*, como dizem os cubanos, de provável descendência yucateca ou dos
próprios aborígenes cubanos. Apesar de suas exageradas escolioses, carregavam
duas enormes mochilas, nas quais estava todo o dinheiro e toda a documentação
da Revolução Cubana naquela etapa. Eram os únicos que sabiam sempre para
onde eu ia. Celia contava para um dos dois ao pé do ouvido. Marchavam a umas
três horas de distância de nós. Se bem que, às vezes, quando me deslocava no
Land Rover, eles demorassem até um dia e meio para alcançar-nos. Cumpri-
mentei-os, perguntei-lhes se haviam jantado e dei-lhes charutos de presente. Foi
a fórmula que achei para dar uma de desentendido com Celia e suas silenciosas
recriminações.

Era uma noite úmida e não havia vivalma na estrada, que de qualquer modo
fora fechada ao trânsito por nós mesmos. Disse a Celia que estávamos de partida. Tínhamos que ir nos aproximando das ruínas da velha usina Oriente, nas
proximidades de San Luis, o povoado a oeste de Palma Soriano, onde eu tinha
encontro marcado nos próximos dias com o general Cantillo, principal chefe
das forças batistianas no teatro de operações.

– Vamos indo, cavalheiros – disse. – Não quero amanhecer nesse descampado.

O coronel Ramón M. Barquín tinha uma visão elitista das conspirações contra Batista. Barquín, ele próprio um conspirador e, como se sabe, mantido
preso desde 1956 atrás das grades de Isla de Pinos, recebia os ecos dos movimentos castrenses em estado de absoluto desamparo. Como líder da chamada
"conspiração dos puros", que altos oficiais batistianos ainda hoje proclamam
como a primeira tentativa da CIA de derrubar Batista, Barquín via esgota-
rem-se todas as possibilidades por trás das sólidas barras. A verdade é que
a CIA fez o possível para usá-lo como opção antes que o país inteiro se en-
tregasse ao meu controle. Quase todos os planos da CIA com os possíveis
golpistas passavam pelo desejo de libertar Barquín e colocá-lo à frente de

uma junta militar. É aqui que se produz um dos enigmas mais surpreendentes do fim da guerra, ou pelo menos a revelação do firme interesse de Batista em arrebatar toda possibilidade de solução aos americanos, à burguesia nacional e – evidentemente – aos seus oficiais renegados: a última ordem que ele dá a Cantillo antes de abandonar o país na madrugada de 1º de janeiro de 1959, já na escadinha do avião, é que de modo algum deve libertar Barquín e trazê-lo para Havana. Uma nota final de reconhecimento: nunca a legendária Segurança do Estado de nosso processo revolucionário, legendária pela sequência irrefutável de batalhas que ganhou da CIA, rendeu a devida homenagem ao SIM batistiano como seu único e imediato precursor, que abortou com eficácia e prontidão todos os complôs que despontaram em seu território. A verdade é que houve equivalentes nacionais autóctones à vitória de Playa Girón bem antes de mim – e sem blindados soviéticos. Considerem essa observação como meu sincero reconhecimento.

O projeto era tomar o poder de Batista e colocar Barquín à frente de uma junta de governo. A junta seria formada pelo general Eulogio Cantillo, chefe das forças militares de Oriente. A junta funcionaria em caráter provisório "e somente para garantir a estabilidade e a ordem pública do país" durante o período de tempo entre a queda do regime de Batista e a posse de um governo civil de unidade nacional, que incluiria conhecidos políticos da época "e incluiria Fidel Castro" – segundo leio nos documentos originais que chegaram até nossos dias – e outros representantes dos grupos oposicionistas em luta contra Batista. Quanta generosidade! Ou devo dizer uma honra imerecida? Eles me incluíam! Em contrapartida, o coronel Rosell, chefe do Corpo de Engenheiros, estava sendo teleguiado – e isso já é por ordem expressa da CIA – para reunir-se com um tal de Ismael Suárez de la Paz, ou "comandante Echemendía", do 26 de Julho, em Havana. Eram instruções precisas de Jack Anderson, que era o homem da CIA em Havana, e portanto obedecer a ele era o mesmo que obedecer diretamente ao comando de Langley. O propósito da CIA era tentar criar algum tipo de vínculo, mesmo que fosse para começar, entre o Exército e as estruturas clandestinas do 26 de Julho em Havana. Se conseguissem, avaliavam eles, isso lhes daria uma posição privilegiada de monitoração e apadrinhamento de qualquer tipo de conspiração que resulte desses contatos. Ao escolherem o anódino Ismael Suárez de la Paz, ou "comandante Echemendía", estavam mostrando – evidentemente, sem saber – o pobre grau de penetração que têm sobre nosso movimento. Lembro que

MEU ESTADO, A REVOLUÇÃO

eu estava na Sierra quando chegou a informação de que os americanos haviam contatado a direção do 26 de Julho em Havana, e que quem os atendia era o comandante Echemendía. A direção pedia orientações sobre como proceder. Mandei a resposta, determinando que ouvissem o que eles tinham a dizer. Lembro também que, nessa hora, com o papelzinho ainda na mão, sentado naquele banco de ripas de palmeira que eu tinha na entrada do acampamento de La Plata, virei-me para Celia e perguntei:

– Que raios de comandante Echemendía é esse, moça?

Quer dizer que estão tentando estabelecer contatos para que a missão de resgate do coronel Barquín do presídio da Isla de Pinos seja realizada com sucesso. Sem dúvida, eu estou fora disso tudo. Estou descendo a Sierra para minha ofensiva final, enquanto esses sacanas conspiram não só pelas costas de Batista, mas também pelas minhas.

Audiência, em caráter de urgência, concedida por Batista ao tenente-coronel José Martínez Suárez, que desejava falar com o senhor presidente "sobre uma questão importante". Batista marcou para as oito da noite. Martínez Suárez informou-lhe que o general Eulogio Cantillo havia partido naquele dia para Oriente, cumprindo uma ordem do general Tabernilla Dolz – chefe do Estado-Maior Conjunto. Como Cantillo tinha por hábito toda vez que vinha a Havana despachar com o Estado-Maior, não voltava ao seu comando sem ver o senhor presidente, Batista disse ao tenente-coronel Martínez Suárez que achava estranho Cantillo ter partido sem conversar com ele.

– Não podia fazê-lo, senhor presidente. Recebeu ordens de se deslocar até Oriente com a maior rapidez possível, pois irão colocar um helicóptero à sua disposição em Santiago para que possa ir até o lugar onde deverá ter um encontro com Fidel Castro.

– Se for certo isso que o senhor me diz, esta noite mesmo vou demitir os chefes do Exército. – Supõe-se que Batista tenha respondido.

– O que me consta é que o general Cantillo foi para Oriente e vai cumprir essas instruções. O senhor sabe que em todos os comandos, de Las Villas até Oriente, as unidades que não estão cercadas ou rendidas estão deterioradas, ou sem comunicação. Eu lhe peço, senhor presidente, que não mencione meu nome, porque poderia me custar a vida; mas conversei com o general Cantillo antes de ele partir para Santiago de Cuba. Avalio, senhor presidente, que é um pouco tarde, porque já se ordenou ao chefe das forças do Exército, coronel Rego Rubido, e ao chefe do distrito naval, comodoro Carnero, uma trégua para fazer um pacto com Fidel Castro.

Quando terminou essa conversa, Batista chamou imediatamente o chefe do Estado-Maior do Exército, general Pedro Rodríguez Ávila, para comprovar se o general Cantillo havia partido de fato para Oriente. Ele confirmou, dizendo que o Chefe do Estado-Maior Conjunto lhe dera ordens de partir, e que mandara, além disso, o comandante da Aeronáutica, brigadeiro Carlos Tabernilla, preparar o avião e o helicóptero necessários.

Então, Batista convocou uma reunião e perguntou ao general Tabernilla, na presença dos demais comandantes, quem é que havia oferecido e combinado as tréguas. Tabernilla respondeu que ignorava esses trâmites, e, ao dizer ao presidente que tinha conhecimento do que fora ordenado ao general Cantillo, aquilo de ele ir até Oriente conversar com o cabeça dos rebeldes, tossindo nervosamente ao tentar oferecer suas vagas explicações, revelou que o general Cantillo lhe comunicara a intenção de falar com um sacerdote que tinha contato com Fidel Castro e que por isso queria ir a Santiago de Cuba; mas que ele, Tabernilla, não havia autorizado ninguém. Então, Batista deu ordens diretas ao chefe do Estado-Maior, general Pedro Rodríguez Ávila, para enviar imediatamente um radiograma cifrado mandando o general Cantillo suspender qualquer encontro marcado, direta ou indiretamente, com líderes rebeldes, e que tinha ordens de se apresentar ao Estado-Maior assim que fosse localizado. O general Eulogio Cantillo não respondeu o despacho e tampouco voltou no dia seguinte. Batista ordenou a Rodríguez Ávila que investigasse e ficasse de olho no regresso de Cantillo. Mas ao não obter resposta do radiograma, Rodríguez Ávila decidiu enviar um mensageiro por via aérea até Santiago e designou o coronel Martínez Suárez.

No outro dia, o avião estava avariado e demorou para ser consertado, até que por fim decolaram. E lá pelas dez da manhã, quando Martínez Suárez chegou a Santiago de Cuba, Cantillo já havia partido para Sierra Maestra, e à tarde, quando Cantillo voltou de helicóptero com Izquierdo – "Izquierdito", o melhor piloto de helicópteros com que contavam e a quem o comandante da Aeronáutica, Winsy, ordenou "Prepare o helicóptero, para que não dê nenhum tipo de problema, revisão completa", – diz Martínez Suárez que Cantillo declarou, em inglês, "*It's too late, Martínez*" ["É tarde demais"], como uma garota ao levantar da cama depois de perder a virgindade, com a mesma doce malícia e talvez rubor. "Virgem e tarde demais, Martínez."

E Martínez Suárez voltou a Havana com a versão de Cantillo, contada pelo próprio, de que não recebera o telegrama do Estado-Maior para suspender a reunião com Fidel Castro, que não recebera, apesar de Cantillo ter deixado um ajudante de guarda à espera de qualquer contraordem, e que nenhuma contraordem havia chegado.

O assalto a Santiago de Cuba, planejado para 30 de dezembro, mais tardar 31, havia sido adiado pelas solenes promessas do general Cantillo, acordadas na conversa que eu tivera com ele em 28 de dezembro, na usina Oriente, em Palma Soriano. Conversamos durante quatro horas. Um sacerdote católico e vários oficiais presenciaram o diálogo, no qual se chegou ao acordo de realizar, todas as partes cronometradas, o movimento militar-revolucionário. Era o grupo mais variado que eu tinha à mão, e meu único objetivo era promover uma imagem de diversidade. Para isso, eu me valia especialmente na mesa de negociações com Cantillo da presença de Raúl Chibás, irmão do falecido líder ortodoxo Eduardo Chibás, que já havia deixado crescer uma vasta barba e que eu fizera comandante da noite para o dia, e do sacerdote Francisco Guzmán, que acredito termos tirado de uma igreja dos arredores. Evidentemente, o toque final era mostrar, límpidos e animados, os dois comandantes – José Quevedo e Francisco Sierra – que haviam passado para o nosso lado, os dois com suas armas de cintura, as pistolas Colt .45 de praxe do exército norte-americano, e de imediato e por extensão do exército cubano, e bem providos de charutos – Quevedo com um pacote novo de tabaco Raleigh para o seu cachimbo –, ambos com as estrelas dos graus de comandante nas pontas da gola de suas jaquetas. Que maior prova de seu promissor futuro Cantillo poderia querer?

Houve café, charutos e troca de amabilidades. Mas ignorei todas as referências de Cantillo sobre o apoio e "representatividade" que eu tinha do Exército e, principalmente, não me mostrei impressionado por nenhuma das referências. Queria fazê-lo ver que tínhamos que ir ao ponto, e que acabasse de se livrar de toda aquela carga de compromissos que só agiam em detrimento de sua liberdade de escolha. Naquela reunião com ele, ocorreu-me algo que vi transparecer com monótona frequência em muitos de meus interlocutores. Tive uma deslumbrante compreensão do fenômeno poucos dias depois dessa conversa com Cantillo, quando avançava com minha triunfal caravana em direção a Havana. E o pior de tudo é que muito poucos se davam conta do que estava acontecendo, de que, com a passagem do meu tanque Sherman sobre aquelas calçadas, eu trazia na verdade a liberdade, não só aquela com a qual eu vivo e que prezo como um tesouro, mas a que dou aos meus seguidores a oportunidade de ter. O grupo. Essa é a simples matemática do meu enunciado. O poder é o grupo. Mas as pessoas se apegam a coisas que as impedem de ser livres. Conceito de honra, conceitos morais, conceitos éticos, conceitos econômicos ou políticos, conceitos de todos os tipos. Evidentemente, são coisas que mudam no decorrer dos anos. Não só de uma era da humanidade para outra. Ou de uma etapa da história para outra, mas dentro da própria história pessoal; a pessoa não tem a mesma moral quando é uma criança que reage a impulsos do que quando tem alguma consciência ou recebe alguma educação, ou quando a vida a endurece. Tudo isso é bobagem. O problema é a necessidade que a pessoa tem. E nem mesmo, como disse Louis Althusser, numa frase – que tenho sublinhada – de seu calhamaço sobre a liberdade. Que a liberdade é a compreensão da necessidade. Ah é? E ele escreveu isso antes ou depois de estrangular a mulher? Pois eu ofereço às pessoas uma compreensão absoluta de sua necessidade *e, além disso, o poder*. Ou seja, você nunca é mais livre do que quando tem o poder. Um Althusser ministro do meu gabinete dificilmente teria cumprido dois dias de prisão. Teófilo Stevenson – três vezes campeão olímpico dos pesos pesados e que treinamos para que derrubasse Cassius Clay numa luta que no fim não pôde ser marcada –, numa certa ocasião, em sua cidade natal de Las Tunas, foi surpreendido no ato de dinamitar o carro da mulher. Encontrava-se sob o mais desumano e intenso dos ataques de ciúmes – na verdade, de despeito, diria eu, pois a mulher o abandonara – quando arrumou uns cartuchos de dinamite de uns sapadores que construíam uma estrada perto dali e inventou um engenho tão diabólico quanto ingênuo, e de confecção muito complicada, usando cabos de telefone conectados aos cartuchos e estes, por sua vez, ao mecanismo de ignição do Lada, que provocariam a explosão vingadora. Ao ser informado do desatino, chamei Ramiro Valdés, nosso ministro do Interior, e ordenei:

– Ouça, Ramirito, com o Teófilo tudo, menos prendê-lo.

Era o mínimo que eu podia fazer por aquele negro que levou a glória de Cuba aos quatro cantos do mundo e que recusara todas as ofertas multimilionárias dos ianques para que desertasse. Mas as pessoas se deprimem e se obnubilam. Não agem de forma consequente com a liberdade que lhes dou. Por exemplo, na hora de matar, não o fazem com alegria, e sem arrependimentos nem recriminações. Não há liberdade maior do que a de saber responder às necessidades táticas. Não às estratégicas. Às táticas. Porque as estratégicas sempre, no fim, alcançam uma dimensão abstrata ou ideal. Não. Nada disso. As táticas, que são as que têm a ver com a materialidade iminente dos assuntos. Depois dizem que uma revolução é uma obra de repressão. Mas se é exatamente o oposto! Não existe cenário da história humana em que a liberdade seja uma exigência maior do que nas revoluções. Elas exigem liberdade total.

Durante as discussões, Cantillo tentou sem sorte me fazer aceitar um cessar-fogo. Mas, para dizer a verdade, o único aspecto em que o vi hesitar foi o de colocar Batista a salvo. Percebi algo. Cantillo ignorava as duas coisas essenciais que eu ponderava em relação a Batista. A primeira, que a vida do cara não me importava um tostão. Mas a segunda, a verdadeiramente importante, era que eu precisava que ele fosse capturado vivo por questões de espetáculo público.[39]

Em Havana – no dia 28, ao cair da tarde, segundo me disseram –, o chefe do Estado-Maior informou Batista de que Cantillo estava saindo de Santiago de Cuba. Batista destacou um ajudante para o aeroporto, com instruções de acompanhar Cantillo até a casa particular de Batista, na fazenda Kuquine, sem que Cantillo se comunicasse com nenhum outro comandante.

Batista recebeu o general Cantillo na biblioteca, a portas fechadas. Ao lhe perguntar por que tinha ido a Oriente sem vê-lo, Cantillo respondeu que, quando informara o chefe do Estado-Maior Conjunto sobre os problemas de seu comando, o general Tabernilla insistiu para que fizesse algum contato com Fidel Castro. Lembrou então naquela hora que um religioso, o padre Guzmán, enviara-lhe um recado dizendo que poderia servir como intermediário para conversar com o líder rebelde. E que o general Tabernilla Dolz ordenou-lhe que embarcasse na hora para fazer contato com o mencionado sacerdote e tentar uma reunião pessoal com Fidel Castro para "saber o que queria".

Reconheço que Cantillo estava no fio da navalha. Quando chegou a Kuquine para o encontro com Batista (e praticamente se colocou sob as ordens dele), Cantillo quis começar a contar-lhe sobre sua reunião comigo, e Batista rejeitou a ideia.

– Não, não me conte nada – disse, e acrescentou: – *It's too late*.

Dessa vez, foi ele quem disse. E lhe deu a seguinte ordem:

– O senhor não se reporte ao general Tabernilla, o senhor vá direto para sua casa.

Mas antes de se despedir, revelou a Cantillo seus planos de abandonar Cuba em 6 de janeiro, e a seguir ordenou que fosse até Oriente no dia seguinte e suspendesse qualquer acordo comigo.

O leitor terá calculado que a informação sobre a cúpula batistiana chegou às minhas mãos depois do triunfo da Revolução. Também contei com um material recuperado meticulosamente nos últimos anos. Desse modo, soube que Batista aproveitou o momento da despedida, antes que o general subisse em seu automóvel, um Buick azul, e segurou-o pelo braço para perguntar a Cantillo – ou talvez apenas como uma reflexão que escapou involuntariamente de seus lábios:

– Há uma coisa estranha – disse. – Se Fidel Castro tem a guerra praticamente ganha desde a Ofensiva de Verão, por que mantém o interesse em negociar?

Voltamos ao mesmo ponto. Batista não entende. Para quê, se ganhei a guerra, deixo as portas do diálogo abertas – e inclusive o estimulo. Vai ver, calcula ele, esses dois anos de luta também estariam pesando. Será que eu estaria exausto? Problemas internos nas minhas fileiras? Errado. Grave erro. A guerrilha é a formação militar de maior elasticidade sobre o terreno. Mas, de qualquer maneira – e esse é o sinal que Batista nunca capta –, eu estou abrindo vias de comunicação com o exército. *Não com ele*.

Em que ponto o grande negociador que Batista é e que eu também sou não encontramos uma composição, em que ponto não concordamos. É decepcionante que Batista não tenha percebido. O ponto é que ele era um perdedor e teria significado apenas um estorvo para a minha conquista do poder. Era preciso sacudi-lo de cima, como se faz com um inseto zonzo.

– Não tenho resposta, presidente. – Supõe-se que Cantillo tenha dito. – Nenhuma.

Pouco depois de ele voltar de sua reunião com Batista em Kuquine, os Tabernilla vão até a casa de Cantillo, dentro do perímetro do acampamento de Columbia, e o velho Pancho lhe diz:

– Mas, *Canti*, como foi com Fidel...?

E ele responde:

MEU ESTADO, A REVOLUÇÃO

– Sinto, general, mas tenho ordens do senhor presidente para não me reportar ao senhor.

O problema desses Tabernilla é que essa foi a única conspiração que houve, pelo menos em Cuba, destinada a abrir mão do poder, não a tomá-lo, mas a abrir mão dele. Eles viam o que acontecia e conspiravam, mas não para ficar com o governo. Como em sua reunião com o embaixador americano de 23 de dezembro e depois com o mais alto escalão de Columbia. Para ver como podiam sair de tudo aquilo. Que é quando Batista o chama e lhe diz:

– Ouça, Pancho, você me deu um golpe de Estado.

– Eu, *chief*? – contam que dizia o velho Pancho Tabernilla.

Eu estava em La Plata Alta uma tarde e me avisaram da chegada de Pardo Llada e de outro senhor. Quem me avisou foi meu novo secretário (enviado também do Partido até a Sierra, um meticuloso e rápido datilógrafo): Antonio Llibre. Que lá estavam, nos banquinhos rústicos da entrada, José Pardo Llada e um advogado de Holguín chamado Manuel Penabaz. Pardo me trazia uma garrafa de conhaque. Não sei como conseguiu transportá-la sem quebrar até La Plata. Manolito, a quem conhecia perfeitamente, trazia outros presentes: barras de chocolate Hershey's e livros, se não me falha a memória quatro livros: um de Josip Broz Tito sobre a guerra de guerrillas, o *Diario de campaña,* de Máximo Gómez, e os pequenos volumes de Mao Tse-tung: *Sobre as contradições no seio do povo* e *Guerra de guerrilhas.* Então, Manolito tirou de um pacote de aspecto bastante rústico e de grossas bordas uma caixa verde com debrum dourado que continha o primeiro Rolex à prova d'água que eu teria na vida e, do fundo do pacote, uma câmara fotográfica Minox. Depois, passou-me uma revista *Selecciones*[40] – o último objeto daquele pacote milagroso –, abriu a capa e apareceu na primeira página um anúncio da Rolex com um almirante dignamente sentado no convés de um encouraçado, tendo embaixo uma legenda que dizia: "Os homens que regem o destino do mundo usam Rolex." Procurava, com aquela literatura, que eu valorizasse com toda a intensidade a joia que acabava de me presentear.

Dias depois, estávamos sentados junto ao batente de madeira da casa ocupada pelo hospitalzinho de La Plata Alta e falamos de Mao. O cheiro de café vinha de dentro da casa. Celia estava na cozinha, atenta ao borbulhar da infusão. Eu brincava entre meus dedos com um excelente Montecristo número 4 ainda apagado. Saboreava de antemão o momento de acendê-lo, depois do café.

Para mim era claro que tanto Mao quanto os americanos trabalharam suas teses dentro dos limites de sua experiência. Mas isso foi particularmente desastroso para os americanos, porque as deduções que eles fizeram nós, depois, nos dedicamos a subverter em praticamente toda a América Latina, no decorrer dos anos 1960. Eles se assustaram realmente. Acreditaram de verdade que íamos tomar o poder no conjunto desses países. Concentraram recursos enormes e todo o empenho em criar forças especializadas para vencer a contrainsurgência e encheram as delegacias de polícia do continente com seus assessores de inteligência e especialistas em interrogatório (isto é, brutais torturadores, impecáveis, com suas pastas de executivos carregadas de artefatos eletrônicos de última geração para aplicar nos colhões, esvaziar olhos ou fritar línguas). Nunca se deram conta de que isso não era mais do que uma manobra defensiva da Revolução Cubana e de custo muito baixo. Naquela ocasião, o que fizemos foi empregar a guerrilha como nossas fronteiras distantes. Obrigamos o Pentágono e a CIA a derrotarem uma hipotética revolução continental e a darem as costas a nós, onde não havia nada que fosse hipotético, pois se tratava da revolução real. Enquanto nossos solidários irmãos latino-americanos tombavam em combate diante de *rangers* treinados pelos gringos, nós, em Havana, nos convertíamos sem maiores contratempos num centro conspirativo da revolução mundial de maior envergadura do que a Terceira Internacional. Não sei se perceberam isso alguma vez. Mas ficaram tão imersos em seu conceito de que os conflitos de baixa intensidade eram inócuos para a tomada do poder que – imagino – devem ter se sentido de alguma maneira aliviados.

– Sabem de uma coisa? – disse, lembro, naquela tarde no batente da porta do hospitalzinho de La Plata.

Pardo e Manolo ficaram em silêncio.

– Quando a Revolução triunfar, vamos precisar de um exército de 300 mil homens. Temos que nos preparar para ficar não menos do que vinte anos no poder.

Pardo empalideceu diante do anúncio. Ficou claro para mim naquele instante que nunca seria meu aliado e que o trecho do caminho em que me acompanharia seria muito curto. Ao contemplar a súbita palidez em seu rosto compreendi a razão daquele fenômeno que se costuma chamar de solidão do poder.

MEU ESTADO, A REVOLUÇÃO

É que ninguém está disposto a se arriscar a seguir de pés juntos a imaginação desenfreada.

Pardo balbuciou:

– E os americanos, Fidel?

E que o pior inimigo das possibilidades é o medo.

– Os americanos são uns imbecis, Pardo – disse eu. – E não vão fazer nada contra nós. Vão ficar paralisados. Vamos paralisá-los. Vejam o que Raúl fez com eles na Segunda Frente. Sequestrou-lhes cinquenta marines e nem chiaram. E não é só, Raúl exigiu-lhes cinquenta fuzis Garand novos para iniciar qualquer negociação e eles deram. Em voo direto da Base Naval de Guantánamo até uma pista da Segunda Frente.

Vejam, vocês têm aí um dado que nunca havia sido divulgado.

Pois bem, em seguida fico sabendo que, longe de mim, Pardo comenta com Penabaz:

– Ouça, rapaz, o Bolas ficou doido.

Bolas era um velho apelido que me puseram na Universidade de Havana. Bem, na realidade, meio apelido, porque o apelido inteiro era "Bola de Churre", pelo boato que corria de que eu era muito pouco amigo do asseio pessoal. Não iria perdoar Pardo por isso. Não iria esquecer. Pardo não sabia de uma coisa: que a única coisa que você não se pode permitir é empalidecer diante de alguma das minhas declarações, porque eu sei que esse é o nascimento inevitável de um inimigo. A partir de então, e até que nos desfizemos dele depois da Revolução, Pardo nunca pronunciou uma palavra que não fosse ouvida por algum ouvido de minha conveniência e da qual eu não fosse devidamente informado. Nem uma só palavra escapou do meu conhecimento. Nem nos montes intrincados, nem nas cidades, nem em Moscou, Pequim ou Nova York (aonde, entre outros muitos lugares, eu o enviei como meu embaixador itinerante), nem nos aviões, nem nos banheiros. Nenhuma.

Eram umas seis da manhã. Eu caminhava pelas ruas ainda escuras do *batey* da Central América – central é um engenho ou usina de açúcar e *batey*, o seu casario, o seu núcleo habitacional. Acompanhado por Celia Sánchez e alguns dos rapazes da escolta, eu ia pensando no capitão de nossa tropa que deixara amarrado sem camisa, para ser fuzilado por mim mesmo assim que o sol surgisse, e matutava comigo que não podia falhar nesse tiro, enquanto me aproximava da casa de madeira apoiada sobre pedaços de tronco do administrador da usina, o sr. Ramón Font. Não podia falhar, pensava, pela quantidade de público que se aglomeraria para ver o fuzilamento. O capitãozinho havia feito uns disparos para o ar no Ano-Novo, porque – me contaram – havia bebido demais.

Era essencial que eu impusesse uma férrea disciplina em minhas forças agora que se fazia evidente a derrubada da ditadura de Batista. Não podia permitir o luxo das celebrações a essa tropa de rústicos camponeses que se encontram às vésperas da liberdade. Até aquele momento, uma das minhas grandes conquistas havia sido ter fomentado aquele exército no alto das montanhas, com homens cuja única diferença em relação a bandidos e assaltantes de beira de estrada era que eu os mantinha na linha à base das descargas dos pelotões de execução. Sua coesão como guerrilha revolucionária dependia de eu fazer-lhes saber seus limites de movimento pendular à que estavam restritos. De um lado estavam os fuzis batistianos e do outro os meus. De modo que as penas de morte aplicadas a todos aqueles amantes que eram qualificados (sem que averiguássemos muito) como estupradores puseram um freio na situação.

Apresso-me, não obstante, em declarar que os camponeses eram pessoas normalmente agradáveis e de ambições modestas. Apesar de carecerem de quase todos os recursos da vida moderna, anunciados desde a Revolução Industrial nos primórdios do outro século, em Cuba eles dispunham do essencial para viver, isto é, umas galinhas, um porco comendo detritos no curral e uns corredores semeados com arroz, outros com feijão, e por isso não conheciam a angústia do futuro. Na realidade, nem há por que se atormentar com essa fixação do futuro quando, se você olhar bem, não sabe sequer se teve um passado. Mas o apego ao ambiente os convertia em parte de outra das engrenagens perfeitas da economia rural *criolla*. Porque o entorno lhes dava o hábitat, e o hábitat lhes dava a tranquilidade material, e a tranquilidade material lhes dava aquele temperamento de eterna serenidade. Nada havia acontecido antes, nada haveria de acontecer depois. Tudo isso até o belo dia em que ingressavam numa das nossas guerrilhas. A simples posse de um fuzil operava a conversão.

O rapagão estava amarrado ali, numa das matas do pequeno parque do *batey,* e eu ia fuzilá-lo àquela hora da noite, mas quando tentei localizá-lo pela alça de mira do FAL não o vi com clareza porque estava sem óculos, e não me pareceu adequado tirá-los de novo do bolso, porque havia muita gente aglomerada atrás de mim e o certo é que não posso falhar com eles. Fui seguindo todas as minhas manobras com o fuzil enquanto apontava para a cabeça do infeliz, e fiquei esperando um sinal de Celia ou de qualquer um de meus oficiais que me tirasse do apuro – o que não aconteceu –, quando acabei dizendo que o deixassem ali amarrado. Claro, seria a minha estreia do FAL, que o contra-almirante Wolfang Larrazábal[41] mandara de presente da Venezuela com uma generosa provisão de munições, e não sabia que a essa distância do alvo, tão curta, a potência do disparo do fuzil certamente o teria decapitado e o corpo teria perdido sua compostura, e com isso a montagem de um ato de justiça teria se transformado num espetáculo muito desagradável. Já observei que um homem derrubado pela descarga de um pelotão de fuzilamento pode esvair-se em sangue no chão e mesmo ter convulsões depois de receber até três ou quatro tiros de misericórdia sem que isso provoque uma reação desfavorável no público presente. Mas miolos pulando para fora ou tripas se espalhando ao sair do abdome porque a descarga abriu a pele da barriga são suficientes para provocar expressões de repugnância. Digo que era minha estreia *contra um alvo vivo* porque nos dias anteriores, estando no Comando Geral de La Rinconada, antes de irmos para a usina América, dediquei bastantes horas e munição a me familiarizar com o fuzil e depois a disparar com ele nos aviõezinhos do exército que sobrevoavam o lugar.

O sol se levantou na manhã de inverno cubano e me encaminhei para o meu arroz com frango. A madrugada estava fria e ordenei que pusessem uma camisa por cima do capitão que aguardava seu fuzilamento. Fulgencio Batista conspirou melhor. Algo andava mal. Pressentia que alguma coisa estava acontecendo e temia pelo pior. A verdade é que nunca uma pessoa está tão sozinha como diante de seus próprios fluidos de informação inconsciente. A religião dos ateus é a superstição. Ou, pelo menos, é a posição mais próxima da metafísica que eles conseguem. Mas acho que a superstição é uma modalidade generalizada de intuição. O caso é que eu estava recebendo uma carga muito aguda de premonições ainda não chegadas à fase de decifração enquanto dava longas passadas pelos corredores externos da hospedaria e tragava com força um charuto e ruminava meus pensamentos a meia voz.

– Fidel.

Por um instante não reconheci nem a voz de Celia.

– Por que você está aí fora?

Ela me pegou pelo braço, num gesto mais fraterno do que feminino.

324   A autobiografia de Fidel Castro

– Não fique aí tomando sereno, Fidel. Olha só como sua camisa está úmida. De sereno.

Quando ouvi o avião, num gesto instintivo, fazendo uma viseira com a mão em direção a leste para me proteger dos raios do sol, quase horizontais àquela hora, procurei no zênite. Identifiquei na hora que não era um bombardeiro, mas um avião de transporte ou um cargueiro. Mas, por que tão alto? O último aeroporto que fica nesta região é o de Santiago de Cuba e o avião já deveria estar com o trem baixado e roçando os tetos desta usina. Que esquisito esse avião, disse a mim mesmo.

Cavalo doido sem nome, vermelho amanhecer

Manolo Penabas chegou a Los Negros montado num cavalo. Um cavalo tomado em Guisa. Pertencia a uma burguesinha chamada Evorita Arca e tinha prêmio de salto em barreira. Manolito o confiscou na fazenda dos Arca – Villa Évora. Bem, dali foi a cavalo até Los Negros, um cavalo dourado-escuro, muito elegante, cruzamento de cavalo árabe, muito brioso. Não era fácil montá-lo. Veio com uma sela inglesa muito incômoda. Los Negros. Tinha a missão de cobrar os impostos aos árabes e ali, na companhia de Pacheco e de Samé, a coisa se desviou para uma investigação do que se decidiu chamar de os desmandos do Mexicano. O trio de investigadores incluía Pacheco e Samé. Tinham ido cobrar impostos e agora queriam fuzilar um filho da puta que chamam de O Mexicano. Ele se declarara dono de uma área e roubava dinheiro, até que Sorí Marín o mandou prender, já fazia um ano. Foi julgado por esses três ginetes e Manolito nomeou como advogado de defesa (de novo!) Pacheco, que cagava de rir. O Mexicano negou tudo e, como todos tinham pavor dele no lugar, ninguém depôs contra. Foi absolvido o Mexicano.

Naquela noite, quem me contou era o próprio Manolito, ele dormiu ao lado de Pacheco, na casa de um mouro chamado Alejandro Zaitún, que tinha um armazém de compra de café. Quando levantou, ouviu no rádio a notícia de que Batista tinha se mandado. Não precisava mais do cavalo. Pacheco tinha um jipe. Deu o cavalo de presente ao mais pobre infeliz do lugar, um rapaz totalmente idiota, que ficou louco quando Manolo lhe entregou as rédeas de seu cavalo. Os caminhos estavam muito ruins. Já amanhecera quando ele se desfez do cavalo e havia gente acordada em Los Negros. Vamos para a usina América. Todo mundo saiu para a rua para comemorar em Los Negros. Um Willys. Chegaram à usina América. Pacheco soltou Manolito ali, em frente à casa do administrador, onde eu estava, e Pacheco disse:

– Vou embora antes que esse louco me nomeie presidente da República.

Não havia excitação nem nada em todas as ruas, ainda adormecidas, do *batey* da usina América. Tudo normal. Pardo, tranquilo. Sentado no terraço, na cadeira de balanço, esperando talvez que o chamasse para lhe servir um pouco de arroz com frango. Ninguém percebera que tínhamos ganhado.

– Ouça, Pardo, o rádio está dizendo que Batista foi embora.

Entram na sala onde eu estou às voltas com meu arroz com frango. Nem bem terminaram de me contar que Batista saiu de Cuba e já estava em pé, metendo um tabefe na mesa e gritando:

– Esse filho da puta me deu um golpe de Estado!

Minha primeira reação foi incendiária – literalmente.

– Chamem os capitães de Santiago! – gritei. – Chamem os capitães. Peguem todos os caminhões-tanque e tirem toda a gasolina dos postos. Vamos atear fogo a Santiago de Cuba. Tanques de 55 galões.

Incendiar Santiago. Arroz com frango. Traição. Li em algumas das minhas biografias (o dado aparece em várias delas), que uma vez, quando criança, pedi um dinheiro ao meu pai, deviam ser uns centavos, e diante de sua negativa em soltar aquelas moedinhas tentei provocar um incêndio na casa de Birán, atear fogo, reduzi-la a cinzas. Se bem me lembro, falam até que queimei alguma coisa, fiz algum estrago antes que me capturassem com a tocha na mão. Anos depois, a casa foi consumida uma noite, num instante, pelo incêndio provocado por um charuto aceso que meu pai esqueceu no sótão. Fico feliz por meus biógrafos desconhecerem essa informação do que eu quis fazer com Santiago no dia do triunfo da Revolução, porque se sentiriam muito atraídos em explicar do ponto de vista psicológico o despertar de meus delírios piromaníacos quando meus caprichos não são atendidos, sejam umas moedas solicitadas ao meu pai ou a rendição da República.

Talvez fosse dramática demais minha pretensão de oferecer a segunda cidade do país à voracidade das chamas, e admito que pela minha mente já passavam desde a enlouquecida imagem de Nero até o incêndio de Chicago do domingo, 8 de outubro de 1871. Agora, vamos falar sério: não é que eu costume dar rédea solta à minha imaginação, a meus rompantes, mas acontece que, às vezes, as pessoas não percebem que eu não sou mais do que um filho do vizinho. Igual a qualquer outro, mas que não encontra contenção, quer fazer tudo o que lhe vem à cabeça e tem essa possibilidade de fazer tudo. Quem vai poder me segurar? Ocorreu a mesma coisa com aquele rapaz, um breve capitão nosso, que eu ia fuzilar. Analisando melhor agora: como matar um valente diante de todo um povoado, por maior a fascinação que o espetáculo possa ter sobre o público? Aquela cabeça – que era onde iria atirar – arrebentando como uma abóbora sob o fogo do meu FAL, quem apagaria essa cena da história da Revolução Cubana? De qualquer modo, impunha-se uma ação muito contundente, porque eu realmente não sabia o que estava acontecendo na capital.

Talvez não me entendam e isso até possa parecer-lhes desumano ou cruel. Mas trata-se de ser objetivo. Não que eu seja cruel, mas é que eu descrevo com objetividade cenas nas quais sou apenas uma parte da composição. O que posso fazer? Estou aqui tentando explicar uma coisa, chegar a um ponto: eu desconhecia o alcance do que estava se passando em Havana.

Nunca a Revolução Cubana foi mais vulnerável do que naquele instante, quando venceu. Aquelas horas, desde que eu ouvi o avião de Batista até que consegui me assentar na capital e controlar o Diretório e dissolver o Exército, quando estavam todos os fios soltos, essas foram as horas mais difíceis.

No fim, ninguém poderia ser mais parecido do que nós dois, pelo menos nesta etapa: Fulgencio Batista e eu. O general mimando seu exército, eu adulando-o com algumas promessas de sinecuras até mesmo quando chego a Columbia, a principal instalação militar do país, a oeste de Havana, para brincar com os militares em meu discurso, quando lhes digo que aspirávamos a um exército disciplinado – a algazarra com que me receberam não me deixava falar – e eles, divertidos e esperançosos, me aclamavam, não paravam de me aclamar. Mas era preciso amansá-los, derrubar todas as suas defesas e qualquer motivo de suspeita à base de uma retórica fraternal. Ainda estavam armados, ainda estavam organizados em companhias e batalhões. Deixem-me contar a vocês: desde os dias mais escuros da Sierra Maestra, eu havia precisado desse exército para garantir Havana. Em 13 de março, quando ocorreu o assalto ao Palácio pelo Diretório, eu me dei conta de que estava a novecentos quilômetros do poder. Fiquei sabendo pelo nosso rádio novinho em folha de baterias Zenith – enviado por Celia – que um comando havia tentado assassinar Batista e fracassara. Para mim, foi a notícia que me deixou mais alarmado em toda a campanha. Fez-me entender

MEU ESTADO, A REVOLUÇÃO

como nunca antes o quanto estava realmente distante dos centros de poder e que qualquer imprudente poderia pôr a perder todo o trabalho que com tanto empenho eu montara e até poderia dar-se ao luxo de matar Batista, assumir o controle e convocar eleições quando lhe desse na telha enquanto eu apodrecia lá em cima, na Sierra, sem que provavelmente ninguém se lembrasse muito de mim. Dizem que dois ou três oficiais da guarda do Palácio se plantaram de costas para a porta do escritório presidencial e não deixaram se aproximar nenhum dos assaltantes. Nunca ninguém avaliou o serviço que prestaram esses homens à Revolução. Naquele momento, paradoxos de nossa história, estavam impedindo o triunfo do que iria se converter imediatamente numa contrarrevolução, caso os assaltantes tivessem conseguido seu objetivo. Passaram a vida acusando-me de *putschista* e agora eles produziam um *putsch* que fez empalidecer todas as minhas ações anteriores. Caralho, por pouco não conseguiram.

E compreendo num instante que vou perder a guerra devido à minha distância – que a distância era formidável, mas só como estratégia de defesa – e, então, passo a meditar sobre meus vínculos com o exército. A ideia de manobra era a seguinte: delegar às próprias tropas inimigas a presença nos edifícios de governo em Havana dada minha impossibilidade de preencher com minhas guerrilhas a distância que me separava. Era um estratagema possível desde que eu fosse capaz de abrir alguns canais de comunicação e de, no momento oportuno, lançar-lhes os rojões da esperança. Em suma, tratava-se de circunstâncias. Incluir o exército em algum momento não significava outra coisa que derrotá-lo, mas sem chamar isso de derrota, e sim de assimilação.

Nessas negociações fui surpreendido ainda pelo 31 de dezembro. ·

Foi quando concebi a decisão a respeito de Santiago de Cuba, de torná-la capital, porque a questão era que a Revolução preservasse sua identidade onde quer que eu estivesse e não onde se encontrassem os edifícios dos ministérios, e eu estava diante do perigo de que se forjasse o golpe de Estado em Havana e de que o Diretório, que já se dirigia a tomar o Palácio, nos sabotasse a tomada do poder. O problema não era o símbolo de um palácio, o problema era eu. Por isso, nomeei Santiago capital e comecei a me deslocar lentamente para Havana, até chegar a Columbia. Já não se tratava de reduzir a cidade a cinzas, pelo contrário. Santiago, capital provisória em 1º de janeiro, caso fosse preciso confrontar orientais e havaneiros; em suma, o que faço finalmente é correr para Havana, mas deixando uma capital na retaguarda. Os senhores conhecem as imagens do

8 de janeiro de 1959. Nas poucas ocasiões em que lido com dinheiro ou manuseio uma nota de um peso, contemplo a cena. Eu em cima de um tanque de guerra sendo aclamado pelos cidadãos enquanto avanço entre os arranha-céus da cidade. Tudo é idílico. Não poderia ser de outro jeito, e o desenho de nossa entrada em Havana é confeccionado em Praga, no início de 1961, quando encomendamos aos tchecos a fabricação do novo papel-moeda cubano. Havana. Não escondo de vocês minha ansiedade antes de chegar, montado em meu tanque e rodeado por meus oficiais e por comandantes batistianos. Minha última lembrança de Havana era o Chino Esquivel na tarde anterior à minha viagem ao México, para preparar a expedição do *Granma*. Lembro que o seu horizonte surgiu repentinamente na ladeira de um povoado chamado San Francisco de Paula, uns quinze quilômetros a sudeste da cidade, pela Carretera Central. Vi Havana como algo novo naquela tarde de janeiro e não a reconheci. E disse:

– Porra. Que classe de país eu conquistei. E tudo isso é meu?

De imediato vou inundá-la com meus imundos barbudos. Muitas coisas se uniam em minhas tensas jogadas. Não é por gosto que me oponho a tudo o que seja clandestinidade em Havana, e até mesmo em Santiago, que tive que começar aplainar para os meus seguidores. Era preciso quebrar a vontade das cidades para que a guerrilha pudesse manter sua supremacia. Conseguido esse objetivo, era hora de arremeter contra o exército, ainda intacto. Tratava-se de uma ação imprescindível para a existência da Revolução. É por isso que começam os fuzilamentos aos punhados. Mas, primeiro, dou a ordem para que as três missões norte-americanas sejam expulsas. Eu sabia o efeito moral que isso causaria nos altos comandos militares e até mesmo na burguesia nacional. Pela primeira vez desde a instauração da República de Cuba, a casta militar teria que se virar sozinha.

15. A REPÚBLICA NO PATÍBULO

Aquelas classes que têm que abandonar o cenário
da história são as últimas a acreditar que seu jogo terminou.

– Stalin

Acho que a noção geral dos meus objetivos estava bastante clara na minha mente quando o horizonte de Havana surgiu diante da visão de minha caravana, assim que iniciamos a descida que a Carretera Central faz desde as colinas, a uns quinze quilômetros a leste da cidade, logo ao deixar para trás a vila de San Francisco de Paula. A visão de Havana foi deslumbrante pelo inesperado dos arranha-céus. Estava claro que a vingança era imprescindível para poder continuar respirando como os povos dignos – ou o que nós começamos a chamar dessa maneira, de os povos dignos –, e que nada é mais consubstancial às exigências da vingança do que primeiro ter existido uma afronta. Logo, que se não tivessem existido afrontas objetivas e palpáveis a nosso alcance, precisaríamos inventá-las. Precisam saber que a primeira tarefa imposta pelo triunfo revolucionário foi a busca desesperada de um inimigo que suprisse a vaga deixada por Batista, e, se conseguíssemos um de longa data, melhor. Já percebíamos que o lote de esbirros batistianos a fuzilar estava se esgotando, e que os fuzilamentos massivos acabam sendo má propaganda, pois deslocam você do papel de vítima – e a partir do momento em que você é um carrasco fica muito difícil vender a imagem de Davi contra Golias.

E você não pode ficar trocando de inimigo todo dia. O mais conveniente é um inimigo estratégico. Aquela famosa cartinha minha para Celia, com um juramento meu de iniciar uma guerra contra os americanos depois que acabássemos com Batista, era premonitória. Mas só isso. Seria tolo reivindicar que, desde então, eu estaria criando as condições para dispor de um inimigo de maior substância que Batista. Tolo e um exercício inútil de cinismo. Mas um surto de inteligência intuitiva diante do espetáculo de uma miserável moradia camponesa reduzida a cinzas pelos foguetes americanos não tem por que ser desmerecido em sua capacidade de informação armazenada para um eventual futuro.[42] Lenin disse que uma Revolução vale o que souber defender, que é o conceito ampliado por nós de que uma Revolução, pelo menos uma como a cubana, vale por sua capacidade de criar inimigos dos quais possa se defender.

Já disse que nunca fomos mais vulneráveis do que quando ganhamos. Nesse sentido, me referia às forças que disputavam conosco o poder quando ainda não o havíamos consolidado a nosso favor. Mas, depois que conseguimos isso, a vulnerabilidade imediata que identificamos foi a de carecer de um inimigo.

Dispersar o exército e os grupos guerrilheiros paralelos e imediatamente (ainda não mencionei isso com força suficiente) destruir a plutocracia econômica do país não era mais do que a aplicação consciente dos métodos leninistas. Mas meu inimigo, essa criatura para justificar todas as minhas ofensivas, onde estava essa sanguinária, cruel e desumana entidade? E isso já não era leninismo, meus pacientes leitores. Isso já era – e me perdoem a indulgência e o que possa parecer vaidade excessiva – era puro fidelismo.

A primeira vez que tive a convicção de ter ganhado, de que o triunfo era inquestionavelmente meu, materializou-se diante dos meus olhos na variedade de estilos que Celia aplicou aos cabelos. Demorei um tempo para entender o que estava acontecendo na mente dela. Tínhamos saído da usina América rumo a Palma Soriano, onde eu já era esperado para me dirigir à nação pelo rádio, e os companheiros da Radio Rebelde, com Carlos Franqui à frente da operação, estavam com o equipamento a postos. No início, só nos seguia um jipe com Pacheco ao volante, onde iam Pardo Llada e Penabaz. No meu Land Rover, ia o pessoal de sempre. Celia no assento dianteiro, entre o motorista e eu, e os quatro rapazes da escolta atrás, com o jipe sem capota. Mas começavam a somar-se veículos de todas as bandas, de todas as fazendas, de todos os caminhos que desembocavam na estreita estrada que vai da usina América a Palma Soriano. Vinham em tratores, caminhões de cana, carros alugados. Então reparei em Celia e em sua contida inquietação. Reparei ainda que havia colocado um lenço na cabeça, amarrado na nuca.

Antes a tinha visto com uma boina. Depois com o cabelo solto, até os ombros. Agora pegava o retrovisor e o virava de frente para ela. Achei por um momento que tomava algum tipo de medida de segurança e queria saber se estava tudo em ordem atrás de nós. Mas tirou um tubinho de lápis labial e começou a aplicá-lo sobre os lábios, com cuidado para que os solavancos inevitáveis do caminho não desalinhassem o traçado. "Essa mulher", disse a mim mesmo. "Essa pobre mulher." Nos anos vindouros e até o dia de sua morte, mais de duas décadas depois, Celia Sánchez Manduley será a mulher mais poderosa de Cuba. Provavelmente da América. E talvez até do mundo. Ela será a grande mediadora no decorrer do nosso processo e a quem irão recorrer, aos milhares, revolucionários e cidadãos e até burgueses deslocados do poder, à procura de sinecuras, casas, carros, justiça, comutação de penas de fuzilamento ou reduções de sentenças, remédios, dinheiro, obras de arte, autorizações de saída, bolsas de estudos, internações em hospitais e qualquer recado que alguém sinta necessidade de me mandar. Era a Instituição. Mas sabia que, com o triunfo da Revolução, eu saía irremediavelmente de seu lado. Que o triunfo dos meus ideais era a perda de todos os seus. A Instituição não era mais que uma frágil dama da obscura pequena burguesia semirrural, que ansiava ser uma mulher recostada no meu regaço, obediente e recatada. Também, há alguns dias, eu vinha cometendo um daqueles erros imperdoáveis de meu caráter. O problema é que sempre achei que minhas bolas são de tamanho exagerado. Tratei o assunto com alguns de meus médicos e anatomistas e disseram que minha observação carece de qualquer validade científica. Eu deduzi, no entanto, que era um fardo para mim quando as bolas ficavam carregadas de sêmen. Era muito diferente subir e descer montanhas quando estava com os ovos leves ou quando estavam carregados. Por isso me foi tão benéfica a presença da companheira na Sierra; não só como ajudante executiva, quero dizer, mas para manter-me descarregado. Evidentemente, nunca disse a ela que minha permanente disposição sexual na montanha correspondia ao que eu avaliava como uma exigência de minha capacidade de movimentação. Uma mulher perdoa que você a trate como uma prostituta – e Celia não era nenhuma exceção quanto aos dotes femininos –, mas não que a ponha chupando seu pau porque você está com dor nos colhões. Elas são putas, mas não são remédios.

Acontece, então, que descemos para a planície e que efetivamente se produz uma mudança de nível, e que o peso dos testículos deixa de chamar minha atenção, e portanto começo a espacejar meus furtivos contatos noturnos com Celia e a requerer em menor grau seus aplicados favores.

Minha rápida solução para a tristeza inevitável que Celia quis imprimir àquela manhã foi criar uma situação muito mais lamentável.

Ela já tinha guardado no bolso, sobre o seio esquerdo, o batom, quando eu lhe dei uma palmada na coxa e soltei um palavrão.

– Puta que o pariu.

– O que foi, Fidel?

Não estava olhando nada em particular. Não estava olhando para ela. Olhava o caminho que tínhamos à frente e as pessoas e os caminhões que se precipitavam na sarjeta para nos ver passar e cumprimentar-nos com um aceno de mão.

– O que você acha que pode ser? Supõe-se que isso seja o triunfo da Revolução Cubana – disse. – E o que temos? Temos o Diretório, os comunistas do PSP e as forças de Gutiérrez Menoyo, aqueles filhos da puta da Segunda Frente do Escambray, como concorrentes na linha de saída para disputar comigo o poder, e Batista aterrissando em Santo Domingo e Cantillo montando um golpe de Estado em Columbia. Isso é uma vitória, Celia? Diga a verdade. Isso é uma vitória ou isso é uma merda?

Palma Soriano. A população foi às ruas, e para onde quer que eu olhasse parecia haver civis armados – com braceletes bicolores do 26 de Julho como única identificação válida. Tive que me acostumar a me deslocar entre multidões nos anos seguintes. Ainda não podia imaginar que seriam mais de quarenta anos. Não acredito que ninguém tenha ouvido seu nome tantas vezes à sua passagem como eu ouço o meu desde 1º de janeiro de 1959. Enquanto avançava no meu Land Rover, vi surgir as primeiras modas revolucionárias. As moças se arrumaram para sair, com blusas vermelhas e saias pretas de babados longos, as duas cores dos citados braceletes do Movimento. Os homens, abandonando eventualmente o uso de navalhas de barbear, queriam parecer de repente tão carrancudos e mal-lavados como nós e todos se dispunham a fazer parte de um pelotão de fuzilamento, talvez como a última oportunidade de matar nessa guerra. Um país até ali tão exigente com a barba de seus cidadãos e onde uma das linhas de

A REPÚBLICA NO PATÍBULO

maior demanda das duas grandes fábricas de sabonete – Crusellas e Sabatés – eram os tubos de desodorantes para aplicar nas axilas, torna-se permissivo não só com homens com barba por fazer, mas até com um reconhecível mau cheiro de suor, e a partir das andanças pelas montanhas isso acaba sendo de bom gosto ou de alguma elegância no convívio social. Eu diria que esse tom da vida selvagem é consubstancial a uma revolução triunfante de guerrilheiros. E por onde quer que eu fosse, as pessoas pronunciando meu nome. Fidel, Fidel, Fidel. Eu digo aos senhores que nem Cristo conheceu tal apoteose. Baseio-me em estudos científicos que realizei sobre a relação numérica existente como possibilidade entre figura histórica aclamada e massa convergente aclamadora. Se Palma Soriano contava com 25.421 habitantes – segundo as estatísticas de 1953, o último censo efetuado em Cuba antes da Revolução –, e adicionamos mais uns 5 mil de população flutuante para o dia do nosso triunfo, o que nos dá uns 30 mil habitantes para a data, e comparamos isso com um máximo de 25 mil habitantes em Jerusalém no dia da crucificação de Cristo, acrescentado ainda a observação de que nem toda a população de Jerusalém ou daqueles povoados da Judeia saía para as poeirentas ruas para saudar o Senhor, mas que, sim, sem sombra de dúvida, toda a população de Palma Soriano veio às ruas para me aclamar, dá para concluir com facilidade que eu sempre, desde minha arrancada no primeiro dia da Revolução, tive mais público que o Filho de Deus. Meus dados, repito, têm um aval científico. As estimativas iniciais – de 55 mil a 95 mil habitantes em Jerusalém – se reduziram drasticamente para a metade ou para a quarta parte ao se concluir que o fornecimento de água para a cidade desde todas as suas fontes possíveis teria sido suficiente apenas para um máximo de 70 mil consumidores, supondo que fossem fornecidos vinte litros diários por pessoa. Palma Soriano, em compensação, era uma próspera sede de município – prosperidade animada pela presença de três usinas de açúcar, a América, a Miranda e a Palma –, situada na parte larga da depressão que se estende desde o vale superior do rio Cauto até a bacia de Guantánamo e que estendia sua administração até um grupo de montanhas da Sierra Maestra – pelo sul –, e onde nunca houve problemas com abastecimento de água.

Preparados os equipamentos da Radio Rebelde – nos estúdios de uma modesta estação local – e com todas as estações do país prometendo entrar em cadeia conosco, e eu pronto para o primeiro dos meus comunicados que poderia ser considerado "oficial", ou de um estadista com todo o rigor da palavra, ainda arranhando as portas do poder, mas estadista. O ambiente do local – não tenho outra maneira de descrevê-lo – é eletrizante, e todos os olhares estão voltados para mim.

Procuro achar espaço naquela sala quando alguém me diz que o general Eulogio Cantillo estava tentando se comunicar comigo. Mostram-me um telefone ou um microfone com uns fones de ouvido. Sei que se trata de algum tipo de aparelho fônico.

– Eu não estou louco – digo.

Descubro o homem que sei estar designado como presidente em meus pronunciamentos pela Radio Rebelde, o magistrado Manuel Urrutia, e mais comandantes do que eu sabia existirem no Exército Rebelde. Voltam a me dizer que Cantillo estava me ligando de Havana. Eu sei que não estou louco. Lembro-me de ter pensado isso. Eu não estou louco. Mas não lembrava que, além de pensar, havia dito isso. Revendo agora as notas recolhidas por Celia naquela manhã descubro uma anotação.

– Eu não estou louco – disse eu. – Os senhores não percebem que os loucos são os únicos que falam com coisas inexistentes, e como Cantillho não é o Chefe do Estado-Maior do Exército, eu não vou falar com coisas inexistentes, porque não estou louco. Todo o poder é para a Revolução.

Perfeito esse fim. Todo o poder é para a Revolução.

Tenho o comandante Hubert Matos em Alto del Villalón. Está posicionado para o assalto a Santiago. O coronel Rego Rubido e o comandante Bonifacio Haza vão ter com ele antes do meio-dia. Brandiam as duas maiores bandeiras brancas de conversação do mundo. Faziam-se acompanhar de um ministro protestante, o pastor González. Bonifacio Haza, que se colocara sob as ordens de Hubert desde as semanas anteriores, seria depois fuzilado a mando de Raúl. Foi o último na fileira ceifada pelo fogo das metralhadoras à beira de uma cova coletiva aberta na noite de 12 de janeiro ao pé da colina de San Juan. Rego Rubido e Haza se apresentam em Alto de Villalón para ver o que irão fazer, pois já sabem da fuga de Batista. Hubert diz:

– Bem, a luta pode ter terminado, mas se não houver acordo, eu ataco. Fidel quer atear fogo a Santiago.

Hoje. O único acordo possível, para os batistianos, era a rendição. Sem condições. Rego parece se encolher em seu assento, e nisso chega Raúl e se soma à conversa. Por fim, Rego diz que não pode se responsabilizar pelos demais oficiais, ao que Raúl retruca:

– Então vamos a Santiago falar com eles.

Deslocam-se em vários jipes até o Moncada e ali convidam os oficiais, dizendo-lhes que fossem falar comigo. Eu, antes que chegassem ao Moncada, havia dito a Hubert por um telefone de manivela e caixa de madeira que encontrara na saída de Palma, ainda intacto e funcionando como uma relíquia viva na parede meio desmoronada e chamuscada do quartelzinho do Serviço de Vigilância de Estradas, atacado por nós na segunda-feira, que pegasse seus oficiais e os posicionasse na estrada que liga Caney a Santiago de Cuba, e ordenei que mandasse seus oficiais colocarem todas as suas colunas ao longo da estrada e reunissem o maior número de carros e caminhões que pudessem. Mais tarde é que reparo: vão se meter na boca do lobo. É incrível, penso, mas quase toda a minha habilidade como símbolo de guerra tem estado em minha capacidade de me esquivar da morte, de eludi-la, de toureá-la a uma distância prudente. Aquele Raúl e aquele Hubert que mando antecipadamente para Santiago assumem o movimento de esquiva que me pertence, e, evidentemente, não era hora de pôr as coisas a perder. Nunca chegou a hora, para um cara como eu, de pôr as coisas a perder. Isto é, da imolação. Mas o que sempre me assombrou é como sou accito como predestinado por aqueles que me rodeiam e com que celeridade se dispõem a se imolar por mim, embora nunca tenha sido o caso.

Havia uns quatrocentos carros, jipes e caminhonetes e não menos de 3 mil soldados ocupando o trecho de estrada que ia de Santiago a El Escandel. Rego e seus oficiais viram aquela massa de um quilômetro de tropas enquanto se dirigiam até onde eu os esperava, em El Escandel. Deslocavam-se em dois ônibus, e os nossos, ao anoitecer, pareciam 10 mil homens. O que podem ter experimentado eles, nos claros-escuros daquele anoitecer invernal dos arredores de Santiago, que não tenham conhecido os romanos sitiados pelos bárbaros?

– Fidel tem bons planos para os senhores – dizia-lhes Raúl, que os acompanhava num dos ônibus. – A Revolução triunfou – prosseguia –, mas os senhores são vencedores também.

Eu falei com eles de cima de uma mesa na escola de El Escandel. Disse:

– Não haverá mais guardas pretorianos, mas um só exército.

Ali estavam até os esbirros que depois fuzilamos – e eu em cima de uma mesa. E dali para Santiago. Depois eu disse:

– Vamos para Santiago.

Tínhamos fome, e disse a Celia para ir buscar comida. Quando estávamos entrando em Santiago, digo a Hubert que não saísse do meu lado.

Naquela noite, estávamos em Santiago e, da sacada do prédio da Prefeitura, digo:

– Por fim, chegamos!

Trinta minutos mais tarde, proclamei Urrutia presidente e Santiago capital provisória da ilha. Urrutia fez seu juramento diante da multidão. Saio da solenidade mesmo. Digo:

– Daqui mesmo saio para Havana. Pela estrada.

Hubert ainda está a meu lado. Não se separou.

– De seu pessoal – digo a Hubert –, levo o Duque com a tropa, cento e tantos homens. Você tem que ocupar a cidade, os pontos altos.

Pela manhã, ele voltou ao Moncada. Para tomar posse do lugar, ele como chefe do distrito.

Pergunto por Rego Rubido. Aparece o coronel com seus óculos de professor de colegial, bonachão e dócil, mas sem a menor consciência de que sua promoção prometida a chefe das Forças Armadas terminará assim que cheguemos a Havana e eu comece o desarme por ele mesmo. Instruo Rego para que me organize rapidamente uma coluna motorizada composta por um batalhão de infantaria, uma bateria de artilharia de campanha e uma patrulha de tanques. A Caravana da Liberdade. Para Havana. Acompanham-me no total uns mil insurretos e 2 mil soldados do exército.

– Venha comigo, Rego – digo-lhe, com o mais cordial e cálido dos meus estilos e até com um certo tom de desamparo.

Uma viagem lenta e calculada, e não tanto com o propósito de ser aclamado e de que me vejam em cima de um tanque, mas de ir rendendo e tomando focos de resistência à minha passagem, muita negociação, muita conversa, embora os ossos mais duros de roer sejam a cidade de Cienfuegos, tomada pelo pessoal da Segunda Frente Nacional do Escambray, e todas as posições de Havana, para cujos arredores já se deslocou o Diretório Revolucionário, que as reivindica para si. Enfim, levo o exército comigo, e também Rego Rubido, que ainda não sabe que é meu refém.

Raúl, em companhia de Vilma Espín, vem se despedir. Já estavam sob as arcadas do Moncada, o mesmo lugar onde eu tentara forçar à bala a entrada de meu comando de assaltantes seis anos antes, e a coluna de Rego e meus rebeldes já estavam em formação de coluna sobre os veículos e eu vinha da Prefeitura. Fiz caso omisso da lembrança de meus próprios vacilantes passos naquela manhã do assalto e me dirigi ao tanque que supostamente abriria a marcha. Observei de esguelha que Raúl dizia algo no ouvido de Vilma, evidentemente pedindo que o deixasse ter uma conversa a sós comigo, porque se separou dela para ganhar os dez ou doze passos que nos separavam, e Vilma não se moveu. Dirigi um cumprimento com a mão a Vilma e sorri para ela em gesto cúmplice, como dando-lhe a entender que aprovava sua relação com meu irmão. Ela tinha uma aparência juvenil e fragrante com seu uniforme verde-oliva e a pesada pistola na cintura e com o gladíolo branco preso sedutoramente de lado em sua densa cabeleira preta. Tive notícias bem precoces sobre a relação consumada pelos dois no comando da Segunda Frente Oriental Frank País, que Raúl instalou em Mayarí e onde se dedicou a receber, por um lado, todos os combatentes que se *queimavam* na clandestinidade de Santiago, e, por outro, a maioria dos comunistas que o Partido nos enviava desde que aprovara sua tese de apoio à luta armada. Eu aceitei meia dúzia, mas Raúl recolheu os demais. Quanto aos combatentes queimados de Santiago, Vilma foi muito útil para Raúl. Chamávamos de queimados os companheiros que na cidade se destacavam colocando bombas ou executando policiais e por qualquer razão tinham seu nome conhecido pela polícia e começavam a ser procurados. Vilma mostrava grande ascendência sobre eles por proceder de uma das mais antigas famílias da aristocracia de Santiago e porque seu pai havia sido administrador da maior fábrica da região – a destilaria Bacardi – nos anos 1940. Não sei que relação de respeito obrigatório estabeleciam os companheiros de Santiago com essa família de patrícios provinciais. Poucos dias depois dessa despedida – eu ainda não havia chegado a Havana –, os dois se casaram numa cerimônia civil.

Raúl tinha uma longa cabeleira que prendia com um broche emprestado por Vilma e que caía por trás de sua boina preta. Solto, batia perto da primeira vértebra dorsal. A violência do ostensivo atributo feminino em sua impostada embalagem militar era, para mim, uma revelação do que eu chamava de equívoca personalidade de meu irmão. Antes de Vilma, enviada ela também pelo Movimento de Santiago como queimada, chegavam-me notícias do grupo de rapazes escolhidos por Raúl como seus seguranças na Segunda Frente. Distinguiam-se por serem mulatos de mais de 1,90 metro de altura, alguns de olhos verdes, e todos criminosos. O melhor do melhor dos lotes de sua raça. Nesse sentido, a ida de Vilma para a Segunda Frente e, principalmente, seu evidente acasalamento com Raúl constituíram uma excelente notícia. Mas então veio o triunfo e aqueles comandantes procedentes do Movimento de Santiago começaram a se destacar nos Tribunais Revolucionários e esbanjando sentenças de morte. E eu os via nas fotos dos jornais e nos julgamentos transmitidos ao vivo pela televisão e o que chamava atenção eram suas cabeleiras, e como as levavam soltas e como eram desumanos, e que muitos deles, se – diferentemente de meu irmão – não eram imberbes, davam um jeito de fazer a barba muito bem feita, mas não mexiam na cabeleira. Sendo brancos e de berço, seus lisos cabelos brilhavam ao lado dos coques rústicos dos mulatões que eram a maioria da minha tropa da Sierra Maestra, onde havia outra raça, mais tosca, de matadores.

Passei o braço pelo ombro de Raúl, a fim de fechar ainda mais – no nosso conciliábulo de rua – o efeito de gaiola de Faraday.

Baixei a voz para certas informações precisas. Indispensáveis.

– Você fica aqui com Haza, certo?

Raúl assentiu.

– Bem, não tire o olho, nem perca um movimento de nenhum desses oficiais. Você precisa ficar muito alerta. E comece a reformá-los.

– Haza é um homem morto, Fidel. Esta noite dou cabo dele.

– Porra, Raúl. Não se precipite.

– É preciso fuzilá-lo, Fidel. Esse é um filho da puta. O pessoal do Movimento já está puto de vê-lo tão presunçoso por toda a cidade com um bracelete do 26 de Julho.

– Ok. Fuzile-o, mas espere até eu avançar um pouco com a caravana. Digamos, quando estiver por Camagüey. Entendeu? É preciso dissolver o exército, Raúl. Eu me encarrego do Rego e das guarnições que ainda falta render. Sua missão agora é atacar essas estruturas.

– Os dedos-duros também – apressou-se em dizer, como se precisasse ganhar algo a seu favor. Fuzilar também dedos-duros equivalia às suas fichas nesse jogo.

– Você faça o que quiser com os dedos-duros, Raúl. Mas ouça o que eu digo quanto ao Haza. Espere até eu estar longe.

– Haza é um filho da puta – insistiu.

Assenti e, numa suave mudança de manobra, ainda com o braço por cima do ombro de meu irmão, me aproximei de Rego Rubido.

A REPÚBLICA NO PATÍBULO
339

As últimas horas de existência de um exército, que em sua melhor época foi integrado por uns 70 mil homens e ao qual os Estados Unidos forneciam um material de guerra digno do aliado, com o qual planejavam enfrentar a eventual invasão soviética, ficaram marcadas pelo vago desejo de seus membros de continuarem recebendo a mesma paga, as correspondentes mudas de uniforme todo ano, serviço médico competente e a excelente e abundante alimentação que era servida nos quartéis cubanos. Eu os olhava de minha perspectiva, no alto da velha tribuna de madeira do polígono de Columbia, que Camilo mandou inspecionar antes de minha chegada, para ver se aqueles caibros aguentavam o peso de minha comitiva e a pressão do público. Aquela plataforma não veio abaixo porque Camilo teve a precaução de rodeá-la com os mais bem fornidos combatentes de sua coluna, que mesmo assim tiveram que permanecer com as costas grudadas na estrutura e forcejando à base de alguns bons golpes da culatra de suas metralhadoras Thompson, desferidos às cegas contra a insensatez da multidão. Ele também teve a precaução de dar-lhes aquelas Thompson que conseguiu coletar no acampamento, pois eram mais compactas e, portanto, mais manejáveis para enfrentar aquela maré humana e mantê-la à distância. Para mim, um dos grandes mistérios da minha chegada a Havana é que não se tenha registrado nenhum acidente. Primeiro, desde a torre do meu tanque Sherman. Eu via como ia se abrindo uma espécie de trilha entre a multidão de gente que enchia as ruas e me aclamava e como o público ia se deslocando pelos costados exteriores daquela massa de ferro cujo condutor tinha ordens de não se deter. Nunca quis olhar para trás, convencido como estava a cada momento de que se voltasse o olhar, por cima da tampa da escotilha, veria os cadáveres destroçados de alguns daqueles idiotas, melhor dizendo, daqueles infelizes. Outro milagre era que o condutor conseguisse se orientar por aquelas ruas sem nenhum sinal de referência e que não tenha subido uma única vez com uma esteira na calçada, rodeado por aquela multidão compacta que a duras penas lhe abria o caminho, e que fizesse isso do nível em que se encontra o condutor de um Sherman, com a visibilidade sempre abaixo da estatura média de um homem, embora seja um tanque de estrutura mais para alta e não uma dessas esplêndidas máquinas soviéticas que operamos depois, das séries dos T-52 e todas as posteriores, que parecem andar aplastadas contra o chão, o que me fazia comentar que se agachavam. Era um batistiano e não me deram tempo de lhe dar os parabéns quando chegamos à frente do

Columbia. É um pesar que sinto porque agora, ao escrever, é que pondero sua habilidade de condutor. Teria podido dar a ele algum cargo. Até mesmo deixá-lo nas novas Forças Armadas. Havíamos saído da cidade de Matanzas, uma joinha da costa norte, cruzada por lentos canais e com muitas pontes e casarões coloniais, cem quilômetros a leste de Havana, antes do meio-dia. O momento crucial para mim, pessoalmente, e daqueles que sempre procurei não comentar, naquela aproximação minha a Havana e meu regresso a ela, teve lugar no povoado chamado Cotorro. Concordo que um povoado com tal nome ofereça um parco suporte de significado para um momento digno talvez de um César. Mas tampouco acho que possa transmitir-lhes com palavras a emoção que experimentei, assim limito-me ao registro. Bem, foi quando descobri que toda a parentela de minhas irmãs bloqueava a estrada à saída de Cotorro e que seguravam acima de suas cabeças um menininho, disfarçado às pressas com um uniforme verde-oliva, e eu, para me certificar de que aquela criança estava sorrindo para mim e que me estendia os braços de uma distância de talvez trezentos metros, decidi colocar meus óculos – primeira vez em todo o percurso que me permitia esse luxo.

– Como cresceu esse menino! – disse a Rego Rubido, por cima do ruído de metais triturados do motor que se encontrava à minha direita, sofrendo, estoico, todos os embates da viagem de novecentos quilômetros num tanque Sherman e sobre pavimento duro, de Santiago de Cuba até Havana.

– Hubert, é Fidelito! – disse a Hubert, que estava bem atrás de mim, apoiado com uma mão na escotilha para não perder o equilíbrio, em cima da superfície superpovoada do chassi exterior do tanque. – Fidelito! – repeti, apontando para frente. Então, dei umas palmadas no ombro de um de meus seguranças, Aníbal, sentado à minha esquerda e com seu braço direito recostado no canhão, e lhe disse: – Olha como esse menino cresceu em dois anos!

Ninguém me respondia com palavras. Só concordavam. Como meu filho chegou até meus braços, lá em cima, nos meus domínios da torre do tanque, é algo impreciso agora. Só me lembro da sensação – e ainda me lembro bem – de fazer contato com seus ossinhos tenros. Foi o que senti de seu corpo ao abraçá-lo. Todos e cada um de seus ossos. Já estão satisfeitos? Não pensem que vou me estender muito mais nessa novelinha sentimental. Só acrescento, como registro, que minha primeira conversa com Fidelito nunca irá merecer um lugar nos frisos.

– Sentiu falta de mim? – foi a única coisa que, confesso, me veio à cabeça para lhe dizer. E ele, é claro, com 9 anos de idade, tampouco melhorou nosso nível dialético.

– Não trouxe nada pra mim? Eu quero uma metralhadora.

Mirta estava em Cuba naquele dia – eu soube disso depois. Fidelito havia ficado em Miami até o dia 5, mas ela o mandou buscar para que eu o visse ao entrar em Havana.

– O que você disse que queria? – perguntei-lhe.

– Uma metralhadora – respondeu, enquanto passeava o olhar ávido por todo o armamento que meus companheiros exibiam. Voltei a apertá-lo contra o peito. O cheiro de sua pele. É a outra coisa de que me lembro, além do contato com seus ossos. Esclareço agora, para uma correta organização desta leitura, que uns poucos quilômetros mais adiante fiz parar a caravana e passei o menino a Celia, que viajava num dos jipes atrás de mim, para que tomasse conta dele no restante do trajeto e depois procurasse um jeito de fazê-lo chegar aos familiares.

– Eu mando buscar você depois, campeão. E vamos ficar muito tempo juntos. Prometo. Sim. E a metralhadora.

O trajeto e a entrada em Havana da caravana são ícones obrigatórios da história contemporânea e sempre fizeram parte do mundo das imagens. Não posso agora tentar competir com ele com este texto, embora ali houvesse, modéstia à parte, material suficiente para um grande poema épico – ou isso é o que fizeram acreditar muitos escritores que nos visitaram. O primeiro foi Pablo Neruda, com certeza. Mas depois perdemos a conta. Aquela *Canção de gesta*, ou como se chamasse, custou-nos uns 10 mil dólares. Mas aprendi, de tanto andar com outros artistas e poetas, e principalmente cinegrafistas, que quando os fatos históricos passam primeiro pela lente de uma câmara e atrás dela há um operador medianamente hábil, não sobra muito espaço para as amenidades da recriação artística. Os rolos de cinema documental e de filmes para televisão que foram conservados daquela marcha, assim como os milhares de quadros de negativos de 35 milímetros, dos quais recuperamos apenas 40%, pois o resto está nos arquivos das publicações americanas – naquela data, Havana estava inundada de repórteres fotográficos ianques –, são nosso despercebido equivalente aos poemas homéricos. Não estava de todo mal, de qualquer modo, a imagem. O que acontecia é que eu – ainda – estava um pouco à moda antiga. Mas, naquela mesma noite, meu discurso no Columbia seria transmitido pela televisão a todo o país. E na noite seguinte eu compareceria a outro programa. Um que se chamava *Ante la Prensa*, que tinha sólida reputação de programa de interesse político e que era cópia fiel de um americano de nome igual (*Meet the Press*). Já estava até me entusiasmando com a palavra. Comparecer. Comparecimento. Ficaria para trás nos próximos dias a época em que as transmissões radiofônicas eram o único espaço da política cubana, às vezes rematadas com os artigos de fundo na edição de sexta-feira da revista *Bohemia*. Por outro lado, no trajeto para o Columbia, tinha visto meu retrato em cartazes que as pessoas agitavam à minha passagem, e também os vi dependurados nas sacadas e colados nas paredes. Foi a primeira vez na vida que me vi reproduzido num cartaz. O que quero dizer é que o uso da imagem capturou minha atenção de tal maneira que iria empregá-la sempre que possível como meu principal instrumento de propaganda.[43] Acabava de descobrir algo. Eu era o primeiro guerreiro em traje de campanha e de barba que se apresentava, ao vivo, diante das câmaras de televisão de um país. Para começar, era o único guerreiro em uniforme de campanha e de barba que existia no universo. Por si, essa estampa do Exército Rebelde e sua marca eram totalmente inéditas na história, uma mistura muito variada de barbudos feudais, mas que carregavam fuzis FAL ou moderníssimas carabinas de caça Browning com mira telescópica, e que seguravam enormes charutos entre os dentes e levavam as metralhadoras a tiracolo, cruzadas sobre o peito, ora lembrando Robin Hood, ora lembrando Emiliano Zapata. Era, enfim, o triunfo da subversão e um modelo com tamanho poder de convencimento que irá se impor primeiro, e manter em estado de encantamento até os dias de hoje, à própria contrarrevolução cubana. Nunca poderão assimilá-lo, mas sempre vão querer repeti-lo. Digo mais: a única constante da contrarrevolução cubana é sua projeção mimética daquela tarde. Se não, observem seus discursos, documentos e propaganda. Todos aspiram a uma restauração contrarrevolucionária que tenha lugar numa só jornada, e o único modo pelo qual eles contemplam o desaparecimento de nosso regime é como uma "queda". Nenhuma possibilidade de negociação ou de reforma, por exemplo. Só se veem me tirando do lugar naquele tanque e colocando-se lá para brandir meu fuzil. É verdade que se trata de uma imagem tão atraente quanto única. Por isso, no início de 1961, quando mandamos imprimir nossa primeira emissão de notas na Tchecoslováquia, eu disse ao Che, na época presidente do Banco Nacional:

– Ouça, argentino, nas notas de maior circulação, que são as de um, ponha um desenho com a entrada dos rebeldes em Havana.

Volto ao cenário do Columbia. Eu observava a multidão de militares que já não sabia a que cadeia de comando responder e contagiada pelos milhares de civis dos bairros próximos que inundavam o acampamento e lançavam mão de qualquer coisa – de capacetes de aço, polainas, luvas brancas de cerimônias de gala e cantis até colchões de beliches – que encontrassem nas barracas agora desabitadas ou pelo menos sem ninguém para cuidar. Então, havia aquela expressão de lastimável esperança nos soldados, e eu fazia brincadeiras com eles, dizendo que os soldados deviam ser disciplinados e que tentassem fazer silêncio e me ouvir. Eram declarações calibradas, cujo alcance estava predestinado a convencê-los de que ainda continuavam sendo militares em serviço aos nossos olhos. Era também o uso inédito, até então, de uma linguagem de grande flexibilidade tática, porque não respondia a nenhuma das necessidades do passado. Aqueles oficiais e soldados, no entanto, não chegavam a compreender que estavam dispensados, e muitos deles inclusive fuzilados. Deu muito trabalho até que me deixassem começar. Tampouco dava para ouvir outra coisa – desde minha entrada em Havana – com aquele ruído de multidão, como se fosse uma maré irrefreável, cujas ondas não se retiram e se mantêm arremetendo sobre a praia. Por fim, o público se acalmou, embora controlado a duras penas. Imaginem agora as próximas quatro horas. Eu falando sobre os anos difíceis que nos aguardavam e que tudo aquilo era apenas o começo, enquanto os oficiais de Camilo, dois metros abaixo de nós, avançavam a golpes de culatra contra quem se aproximasse da tribuna. Nesse momento, com um bater de asas de surpresa e o brilho de seus voos sob os refletores, umas pombas que alguém soltara na plateia pousaram – duas delas – sobre meus ombros. Sustento, desde então, que as pombas procuraram o ponto de referência mais alto do lugar, que era eu – com meu 1,88 metro de estatura – em cima daquela tribuna. Um gozador, no entanto, um com bastante mau gosto, diz que as pombinhas se sentiram atraídas pelo estranho odor que eu exalava. Contive qualquer movimento mais brusco dos meus gestos para evitar espantá-las e para que os fotógrafos pudessem se extasiar com a cena, e porque conhecia o feitiço que isso exerceria sobre o auditório. Passaram metade do meu discurso pousadas sobre meus ombros e tive que aguentar até que cagassem nas minhas dragonas. Eu não sei se as pombas mijam, mas se mijam, também mijaram. Lembro que Hugh Thomas, em seu grande livro sobre nós (ou melhor, *contra* nós), disse que era um presságio de paz, isto é, considerando seu ponto de vista e a julgar pelo que ocorreria depois, um presságio equivocado. Embora uma das mais arraigadas superstições cubanas defina a pomba como um encarniçado emissário do infortúnio, inclusive da morte, a Thomas não faltou razão, e imagino que tenha se assessorado com algum babalaô[44] enquanto realizava suas pesquisas históricas em Cuba. Evidentemente, eu intuía que se tratava de um sinal muito bom. Meus conhecimentos religiosos de então eram escassos, mas dominava alguns rudimentos, principalmente de ouvi-los de minha mãe, de modo que em seu voo de aproximação aos meus ombros, fiz uma rápida checagem visual das patas, que elas já aproximavam das minhas dragonas para terminar a manobra de pousar, e tive tempo de comprovar que não eram pombos-correio, porque não traziam argolas, sem discussão o melhor dos desígnios, uma vez que na religião você nunca pode trabalhar com um animal amarrado, com nenhuma cordinha, nenhuma argola, que impeça sua liberdade. Depois, no decorrer da Revolução, como alguns companheiros sabem, desenvolvi uma estreita relação com os iorubás, inclusive participando de suas cerimônias. Determinantes para abrir as portas de muitos de seus segredos para mim foram aquelas pombas de 8 de janeiro, porque a pomba branca é o animalzinho que se dá de comer a Olofin, uma quantidade nunca revelada que oferecem a Olofin, o representante de Olodumaré na terra, o deus supremo dos iorubás, nos impenetráveis ritos de iniciação de um babalaô.

O comandante Camilo Cienfuegos estava à minha esquerda na tribuna, magricela, o estômago plano, seu emblemático chapéu de vaqueiro Stetson e um uniforme verde-oliva já lavado e decentemente passado.

– Estou indo bem, Camilo? – perguntei-lhe de surpresa e com o requerido tom de companheirismo no meio da minha descarga sobre os perigos que o futuro prometia.

Camilo assentiu, sem afetações, só com dois curtos movimentos de cabeça, mas num gesto que foi acentuado pela oscilação das largas abas de seu chapéu. Foi o momento em que se registrou o primeiro fato verdadeiramente significativo de tudo o que ia ser a Revolução Cubana. Nesse intercâmbio com Camilo, produziu-se a primeira rebelião inata do processo: a rebelião da linguagem. Interromper um discurso de tão obrigatória solenidade – como é dizer a um exército à sua frente, que ainda está armado, que você o derrotou – e interrompê-lo para fazer uma brincadeira com um companheiro de guerrilhas, como dois caras que estão tomando lanche juntos, significou que se estava implementando em Cuba, pela primeira vez desde sua existência civilizada de cinco séculos, a linguagem do poder. Amanhã, o paredão.

Passei a primeira noite em Havana no hotel Monserrate. Era uma instalação a meio caminho entre albergue de estudantes e casa de encontros. No térreo havia uma boa taberna, um balcão onde vendiam café *criollo*, charutos e bilhetes de loteria, outro balcão que era a recepção do hotel propriamente dita e um terceiro balcão no qual se emitiam bilhetes de trem e ônibus interestaduais. Algumas das companhias de ônibus usavam o Monserrate como local de pernoite. Havia até uma descomunal campainha de parede para anunciar a partida dos ônibus para Matanzas. Duas fileiras de sólidas poltronas de caoba estavam à disposição tanto dos hóspedes do hotel como dos passageiros que esperavam sua hora de embarcar. Muitas vezes, como devem ter calculado, fugi num desses ônibus, com a polícia nos calcanhares, rumo às províncias. Podem imaginar também que essa foi a razão que me mobilizou a passar minha primeira noite de chefe vitorioso da Revolução num dos quartos baratos do Monserrate. Chegamos sozinhos, pouco depois da meia-noite, Celia, o capitão Pupo, o motorista Leoncito e eu. Celia me falou que havia deixado Fidelito com uma de minhas irmãs (não soube então identificá-la), muito antes de entrar no Columbia, e deslizara duzentos pesos na bolsa dessa minha irmã para qualquer necessidade. Naquela primeira noite, o resto da escolta foi virtualmente sequestrado pela população. As pessoas queriam nos ter. Não sei explicar de outra maneira. Ter-nos. Apropriar-se de nós. Provavelmente – é o meu cálculo –, mais da metade dos meus rapazes perderam a virgindade naquela noite. A rua estava desolada diante do Monserrate e lembro que assinei o livro de registro. O dono não se entendia com o molho de chaves nem com os botões do velho elevador com porta de grade metálica. O livro de registro não apareceu nunca mais, apesar da tropa de investigadores que Celia escalaria para localizá-lo, com o propósito de exibi-lo em algum dos nossos museus. No dia seguinte, Celia ligou para Camilo para lhe dizer onde estávamos e que mandasse alguns carros e homens com armas longas. Camilo estava no Columbia e tinha despachado patrulhas por toda Havana com a missão de me localizar. Ao meio-dia, consegui reorganizar parte da minha escolta. À tarde decidi me mudar para o Havana Hilton, inaugurado há poucas semanas. Ocupamos o 23º andar inteiro. Como as paredes eram de correr e intercambiáveis – descobrimos isso depois –, montamos um ingênuo plano de defesa, que consistia em mudar as posições do meu dormitório com frequência diária. Não havia controle de nada. Os demais andares também foram ocupados. Então, mais ou menos depois de um mês de nossa estadia ali, os donos quiseram cobrar milhares e milhares de pesos, e coloquei o hotel sob intervenção. Mas já era preciso pensar em sair. Celia era quem pressionava mais para isso. A ideia de mudarmos virou sua obsessão. Claro, um edifício de 25 andares, com cerca de quinhentos quartos e toda aquela infraestrutura à minha disposição, incluindo telefonistas, garçonetes, arrumadeiras e auxiliares de escritório, além de todas as demais mulheres que iam até o hotel para me conhecer, era uma situação que cada vez mais fugia ao seu controle. Então, a escolta passou para o hotel San Luis, numa avenida comercial de segunda categoria chamada Belascoaín. Celia tinha amizade com o dono do San Luis e este ofereceu cobrar uma quantia módica para albergar uns quarenta de meus homens – a escolta ia conhecendo um incremento constante de pessoal. Fiquei mais uns dias no Hilton até que viajei para a Venezuela – de 23 a 27 de janeiro.

Por aqueles dias, meu irmão Raúl, que mandamos trazer até Havana, escolheu três oficiais rebeldes de sua confiança, Pupo, Pedro García e Valle Lazo, para que fizessem uma depuração da escolta (na verdade, estavam sendo relatadas muitas confusões de bebedeiras, mulheres e tiroteios) e ordenou que preparassem uma guarnição em Cojímar, a aldeia de pescadores a leste de Havana, que todos conhecem do filme *O velho e o mar*. Na entrada, havia uma colina, da qual se via a foz do rio Cojímar, que os pescadores tinham transformado, pelo uso, numa baía abrigada; à esquerda, havia uma vista completa do povoado, e no topo da colina, uma casa. A casa foi desapropriada e imediatamente equipada com móveis novos e aparelhos de ar-condicionado. Do solar vazio em frente removeu-se o teto, e em seguida ergueram-se ali as barracas da guarnição; no portão de acesso ao lugar foram colocados dois postes de cimento, e se puxou uma corrente de um lado ao outro para impedir a passagem de veículos não autorizados. A entrada era liberada de maneira muito simples, bastando levantar a forquilha de ferro em que terminava uma das pontas da corrente, que ficava enfiada numa argola embutida num dos postes, e deixar cair a corrente no chão, por cima da qual passariam os pneus do veículo, e a via ficava livre.

Raúl fica pouco tempo em Santiago de Cuba. Ele é o organizador por excelência. Mando trazê-lo de Havana e digo-lhe que se mude para a casa de Batista no Columbia. A dissolução do Exército é uma tarefa excessiva para Camilo. Em seguida, começa-se a fazer sentir a mão pesada do meu irmãozinho, não só pelas melhorias na minha escolta, mas porque em poucas semanas começo a perceber que estamos levantando um novo Exército. Os uniformes bem passados

A REPÚBLICA NO PATÍBULO

347

– embora ainda numa variedade de estilos, mas já se começa a detectar um porte –, os sapatos engraxados, as barbas se não feitas pelo menos aparadas, as divisas dos oficiais colocadas com certa meticulosidade nas pontas da gola ou nas dragonas, e cada vez menos homens com armas longas na rua. Raúl é quem me surpreende um dia com a orgulhosa declaração de que dorme com a mulher na cama de Batista, e o argumento significativo é que do inimigo devemos arrebatar até a cama. Bem, sempre o achei um homem de caráter medieval. Está naquela transição entre o selvagem e a cultura do renascimento. Talvez venha daí seu caráter tão impiedoso, mas, também, sua necessidade de dar uma explicação honrosa e interminável para suas ações mais sombrias.

Celia ficou um tempo tirando todo o conteúdo dos quatro grandes bolsos do meu uniforme de campanha – dois na frente do peito da camisa e um de cada lado da calça – na noite da nossa chegada à capital, enquanto nos acomodávamos, mal ou bem, no hotelzinho Monserrate. Tirou charutos desfolhados, caixas de fósforos, dois pares de óculos e papéis de todo tipo. Lembro-me com toda precisão do verso de um papelão de um maço de cigarros Competidora Gaditana no qual alguém havia anotado para mim os seis ou sete nomes de guardas que iriam ser fuzilados, e que havia uns dois nomes riscados, porque decidiram trocá-los por dois outros. Era evidente que o interesse estava em arredondar um número e não nas causas pelas quais se aplicava a pena capital.

Eu calculo que naqueles primeiros dias fuzilamos não menos do que quinhentos oficiais e soldados batistianos. O mais famoso, segundo o consenso, foi o coronel Cornelio Rojas, um homem de massa volumosa, que ofereceu uma aula magistral de retórica. Cornelio era um dos chefes do regimento batistiano de Santa Clara e famoso por sua crueldade. Parecia haver uma compreensível relação entre sua obesidade e os ofícios de esbirro, como se sua própria natureza de sibarita tornasse mais aceitável que ele arrancasse os seus colhões se você não confessasse. Pelo menos andou com passo decidido até o paredão, com seu chapeuzinho de abas curtas e uma camisa por fora da calça. Colocado diante das bocas dos fuzis de diferentes calibres e procedências diversas – acho que uma carabina americana M-1, uma carabina dominicana San Cristóbal, um Springfield e um Garand americanos, além de uma minimetralhadora italiana Beretta –, ergueu o braço direito em majestoso gesto de tribuno e disse a um de seus carrascos, com voz tonitruante e sem uma só inflexão de angústia ou medo, que, agora que tinham sua revolução, era dever deles cuidar dela. Um discurso muito convincente e fluente, mas interrompido pela saraivada de balas que lhe arrebentaram a cabeça e lhe esvaziaram todo o conteúdo, deixando um rastro de massa encefálica e ossos na parede contra a qual pareceu se chocar. Trouxeram-me o filme uns dez dias depois. Embora fosse sem som, dava para ouvir sua voz pela energia dos gestos. De qualquer modo, seu discurso foi relatado pelos jornalistas presentes e dado a conhecer ao país inteiro. "Agora que têm sua revolução, rapazes, devem cuidar dela." E todo o país ficou sabendo de sua serenidade diante da morte. Eu, pelo menos, nunca esqueci a maneira decidida com que erguia seu braço direito para dar ênfase aos seus pronunciamentos, nem como a fidalguia de sua atitude foi desvirtuada pelo gesto involuntário de suas mãos, que se recolheram como as asas de um franguinho ao receber o impacto. Seu cérebro já era uma mancha sanguinolenta gravada sobre os poros de uma parede quando subitamente seu corpo perdeu a gravidade e desabou à sua direita, mas com as mãozinhas se juntando na altura do peito, como quando Chaplin realiza a dança dos pãezinhos no filme *Em busca do ouro*. Talvez a primeira manifestação de censura deliberada do meu governo tenha se dado a partir da filmagem do fuzilamento do coronel Rojas. Proibi, a partir de então, a presença de fotógrafos em qualquer local de execução. Quero dizer, fotógrafos que não estivessem sob nosso controle. Pouco depois, foi preciso estender essa modalidade de censura também ao pessoal que estávamos submetendo a julgamento. Havíamos julgado Merob Sosa, outro coronel batistiano, com Papito Serguera – meu velho colega de estudos primários em Santiago de Cuba – atuando como infatigável procurador revolucionário, a imagem viva de um jacobino à sombra de nossas palmeiras, e a decisão era, evidentemente, fuzilar Sosa, quando a opinião pública pareceu inclinar-se perigosamente em favor do batistiano. Segundo o estudo que fizemos posteriormente, o militar ofereceu uma impecável demonstração de valentia e de absoluta serenidade diante do tribunal de sua morte, e isso resultou numa propaganda muito negativa para nós. Ficava o tempo todo mostrando as algemas que mantínhamos em seus pulsos para torná-las visíveis diante das câmaras de televisão, sorria displicente e dizia: "Estou no circo romano", referindo-se ao público que lotava o Palácio dos Esportes, onde o julgávamos, e que o insultava e pedia que o fuzilassem. Finalmente foi preciso também proibir que se fizesse o registro fotográfico dos réus no corredor da morte – isto é, depois do julgamento e antes da execução –, porque um fotógrafo se infiltrara num dos corredores da prisão de La Cabaña e conseguira um excelente instantâneo do próprio Merob Sosa estendendo os braços, por entre as barras medievais da cela, numa tentativa inútil de acariciar sua filha mais nova, a quem se permitiu uma última visita nos braços da mãe.

A foto saiu na primeira página de um jornal vespertino chamado *Prensa Libre* e provocou uma espécie de consternação nacional. Aproveitei a situação, é claro, para fazer com que a opinião pública entendesse de forma cabal até onde estávamos dispostos a chegar com o processo revolucionário e dei as ordens pertinentes ao Che, encarregado de La Cabaña, para que, naquela mesma noite, ou no dia seguinte – não lembro exatamente –, fuzilassem Sosa. Então, aproveitei uma intervenção por aqueles dias na televisão para expressar minha própria consternação pela forma com que os meios jornalísticos manipulavam a dor, até certo ponto compreensível, de um homem que iria ser fuzilado e que via pela última vez sua filhinha de colo.

Deixem-me dizer que os fuzilamentos, assim como a obstinação por agarrar Batista, foram equivalentes aos de outros companheiros por executar destacados esbirros que haviam fugido do país – especialmente para Miami. Havia dois coronéis – Esteban Ventura Novo e Orlando Piedra Negueruela – que monopolizavam a atenção. Não sei a quantidade de vezes que suas vítimas – de forma independente – e até seções altamente especializadas de nossos serviços de inteligência vieram me dizer que tinham localizado Ventura ou Piedra. Eu sempre rejeitei esses planos porque me pareciam pouco proveitosos. Ninguém no mundo conhecia esses esbirros de pouca importância, por mais que tivessem lacerado a carne de companheiros nossos ou os tivessem castrado ou esvaziado seus olhos com a ponta de uma tesoura. A Revolução não obtinha nenhum benefício propagandístico do episódio de metralhá-los em sua cafeteria favorita; ao contrário, iríamos pôr de sobreaviso todas as forças policiais americanas para que seguissem o rastro de nossas estruturas clandestinas em Miami. Eu sempre dizia: "Ocupem-se do Batista." Se eu queria sequestrar Batista, era para armar mais escândalo que os israelenses com Eichmann. Explicava isso reiteradamente ao meu ministro do Interior de turno.

– Quem diabos é Esteban Ventura Novo para a opinião pública internacional?

Isso demonstrava a mim mesmo – e conto para que possa servir de experiência transmitida a algum líder em formação – o longo trecho percorrido na minha aprendizagem e a solidez do que eu havia amadurecido nos últimos anos, pois meus impulsos e toda a dor humana da qual pudesse ser informado eram agora submetidos por mim à práxis da propaganda e à sua utilidade. Havia uma mulher em particular, chamada Verena del Pino Moré, procedente das fileiras clandestinas do 26 de Julho em Havana, que havia caído nas garras do coronel Piedra e este a havia estuprado sobre uma espécie de cavalo de exercícios de ginástica, ao que parece instalado para essas finalidades pelo alto chefe policial em suas câmaras de tortura. Verena não superou o traumático episódio e ficava batendo nas portas de nossas dependências de espionagem brandindo suas peças íntimas rasgadas e com as velhas manchas de sangue já amareladas como prova irrefutável de sua necessidade de vingança e como bandeiras de seu clamor para que se fizesse justiça.

Houve outros casos, embora de teor diferente. Uma tarde – continuamos nos primeiros dias da Revolução –, Raúl passava bem devagar com sua caravana de carros por uma das ruas próximas à Universidade de Havana, quando os faróis de seu Buick descobriram, sentada num banco de cimento, uma garota que chorava desconsolada, com o rosto apoiado sobre as mãos abertas. Não vou mencionar o nome para preservar sua privacidade, mas se tratava de uma conhecida nossa. Chorava porque havia sido despojada de seu trabalho e, além disso, temia por sua vida. Para encurtar a história, confessou a Raúl que havia virado amante do terrível Ventura para salvar a vida de um irmão capturado pelo esbirro por sua atividade clandestina. Agora, estavam todos vivos e sem maiores problemas. Seu irmão era um dos novos capitães da Polícia Nacional Revolucionária. Ventura, em Miami, estava montando uma companhia de segurança, que tinha até caminhões blindados para o transporte de dinheiro e guardas armados com escopetas recortadas. Enquanto isso, ela era repudiada pelo irmão, ignorada por Ventura, acusada de puta e de batistiana e despojada de seu cargo no Ministério da Fazenda. Nem é preciso dizer que Raúl, em gesto quixotesco (que eu aprovei com satisfação na hora, assim que fiquei sabendo), passou a cuidar do seu caso, colocou-a de volta no trabalho ou lhe arrumou um novo no exército (estabeleço essa incógnita para impedir sua identificação) e lhe deu um número de telefone para que ela ligasse em caso de qualquer outra contrariedade.

– Raúl – disse eu quando o encontrei –, aqui a única coisa que não pode acontecer é que aquela louca da Verena fique sabendo.

Raúl. Meu irmão Raúl. Não acho que vá fuzilar mais ninguém no que lhe resta de vida. Refiro-me ao fato de que ele mesmo vá dar o tiro de misericórdia. Já está velho demais para essas histórias. Portanto, não acho que eu vá ter nenhuma outra oportunidade para falar com ele desse assunto e até quem sabe para recriminá-lo. Que mãozinha dura a desse meu irmão nos territórios guerrilheiros colocados sob seu comando! Não acredito que ninguém tenha fuzilado tanta gente em Cuba como ele. E depois do triunfo da Revolução, em janeiro de 1959, estando à frente da antiga província de Oriente, começou com o metralhamento de uns jornalistas batistianos num descampado, na periferia da cidade. Uma coisa expedita e irregular e sem nenhuma uniformidade. Chegou um trator, abriu uma vala, depois veio um caminhão com uns infelizes amontoados na caçamba, e outros mais num ônibus de transporte público, uns setenta no total, mandaram-nos descer com dois gritos e abriram fogo ali mesmo, com o próprio Raúl dando a ordem e ele mesmo sacando a pistola e abrindo fogo sem restrições, de modo que seus dez ou doze acompanhantes reagiram com certo atraso e cada qual disparou quando esteve pronto e com a arma à sua disposição, ora um revólver, ora uma metralhadora Thompson, e depois empurrando com os pés os que haviam ficado com alguma das extremidades para fora da vala, para que caíssem dentro inteiros e que, quando o trator voltasse para cobrir e aplainar, não destroçasse os cadáveres nem deixassem pedaços para fora. O jornal de onde Raúl tinha tirado suas vítimas, mais que batistiano, era masferrerista. Do pessoal de Rolando Masferrer. Este tinha uma característica: não importava a tarefa que estivesse fazendo, fosse como senador da República ou à frente de uma força paramilitar (a tigrada de Masferrer), que tantos sufocos nos deu na Sierra, ele instalava sempre junto com seu acampamento uma rotativa.

Eu acho que Rolando foi o mais completo e sólido dos mercenários cubanos – honra que rendo a meu obstinado inimigo –, pela fusão que sabia tão esplendidamente conjugar de homem de letras com homem de ação. Bem, o fato é que eu nunca vi esse fuzilamento ser mencionado em nenhum lugar, nem no pior dos libelos contrarrevolucionários. E, se não me falha a memória, esse foi o primeiro fuzilamento em massa produzido pela Revolução, da provável dezena de fuzilamentos ocorridos nessa região oriental, sempre com aprovação de Raúl. Mas ninguém o reivindica. Poucos dias mais tarde, em 12 de janeiro, aparentemente aconselhado por alguém que sei quem é, mas não quero revelar, Raúl mandou fuzilar uns duzentos oficiais e membros destacados do Exército batistiano. Dessa vez se respeitou algum senso de marcialidade. O trator abriu a vala ao pé da colina de San Juan, a oeste de Santiago, onde no fim do século anterior os espanhóis haviam enfrentado as cargas dos *Rough Riders* de Ted Roosevelt. Foi ordenado que se fizesse uma vala mais profunda, de modo que ninguém ficasse à flor da terra. O resultado, imprevisível, foi que a pá da Caterpillar de 400 cavalos começou a revolver velhas ossadas dos artilheiros galegos, ou provavelmente do Regimento Ásia do Exército espanhol, e os botões costurados por dentro e toda a bijuteria funerária dos infelizes recrutas, alguns inclusive ainda aferrados aos cabos apodrecidos das máuseres, numa vala comum até então desconhecida. Por esse motivo, mandou-se parar o motor do equipamento – para proceder de uma vez por todas – e que se alinhassem os batistianos, ombro a ombro, diante das cinco metralhadoras calibre .30 de resfriamento a ar colocadas sobre tripés, que consumiram duas cintas de duzentos projéteis cada uma e que varreram a fileira de prisioneiros em menos de um minuto. Eu não conheço outro caso na história de Cuba de alinhamento e metralhamento de filhos da puta seguidos de arremesso de corpos em vala. Mas lembro que, quando soube desse caso, disse a Raúl que suavizasse um pouco.

16. UM RUÍDO DE PRAÇA SITIADA

El Aire Libre se tornara nosso lugar preferido de reunião desde a época da universidade. Exceto pelo fato de que ficava a meia quadra do cemitério de Colón, a principal instalação desse tipo em Cuba, com as cargas de pressentimentos negativas que esses lugares têm, o café oferecia o atrativo de ocupar uma posição estratégica na cidade. Ficava no cruzamento que era um nó de comunicação das rotas de transporte público, que passavam por ali vindo dos quatro pontos cardeais. Além disso, os primeiros fardos com as edições dos jornais vespertinos de Havana eram despachados aos jornaleiros daquele cruzamento em primeira mão, e lá pelas três da tarde já era provável conseguir um jornal cheirando a tinta fresca e com as chamativas manchetes em vermelho das notícias às vezes ocorridas apenas uma hora antes, e das quais muitas vezes você era o protagonista, de modo que você se sentava com os amigos, abria aquela folha diante dos olhos – um *Avance*, um *Prensa Libre*, um *El País*, este último impertérrito na solidez de seus tipos pretos, jamais o luxo de uma manchete em vermelho – e podia ler alguma coisa em que você era mencionado ou de sua própria autoria, enquanto os copos de trezentos mililitros de café com leite, com as colheres de açúcar afundadas no líquido tilintando contra as bordas, socadas pelo leite que ainda fervia, não só fumegavam, mas ficavam no centro de uma mesa de mármore, convidativos. Esse foi o signo de nossa geração e das três ou quatro gerações de políticos e diletantes cubanos que nos antecederam na República: o generoso e excessivamente adocicado copo de café com leite. Nossas projeções não são filhas do vinho nem da cerveja, nem do estilo da boêmia europeia ou dos cafés ao ar livre. Não conhecemos o vínculo entre álcool e diletância, mas as infusões sobre leite pasteurizado e homogeneizado, e com cada copo carregado com não menos de três colheradas de açúcar refinado. Além disso, El Aire Libre – uma proteção imprescindível contra as inclemências alternadas do sol e da chuva – ficava sob um teto, no início toldos verdes, substituídos depois por alumínio corrugado, e se a Revolução não triunfasse em janeiro de 1959, os donos já planejavam montar um sistema de ar-condicionado Westinghouse. Talvez o nome do café não sobrevivesse à instalação dos aparelhos, porque, acho eu, o conceito de ar livre se perderia quando aqueles enormes consoles verticais começassem a funcionar. Outra coisa inesquecível de nossas tertúlias era o cheiro permanente das flores. Todos os *jardines* – como eram chamadas as lojas de flores e arranjos florais – concentravam-se na área, alternados com algumas oficinas de lápides. Os empregados dessas floriculturas, para manter o vigor das plantas, regavam-nas metodicamente em seus vasos metálicos de exposição ou nos canteiros, protegendo-as da inclemência do sol sob um teto ou a favor da sombra. Mas, calculo, o regadio constante da água sobre as flores produzia um efeito de aspersão da fragrância exalada por elas e espalhava-a pelo bairro próximo, ao mesmo tempo que mantinha as calçadas úmidas e com charcos ocasionais, como depois de um aguaceiro fugaz.

Evidentemente, as gerações posteriores desconheceram por razões de força maior a forma de vida mundana que era encenada no El Aire Libre, nosso tão querido café. Em primeiro lugar porque nos vimos na precoce necessidade, lá pelos fins de 1961, de racionar o café e o leite, e essa escassez na distribuição de tais produtos continua vigente até hoje. Cavalheiros, parece mentira, mas foram mais de quarenta anos de café e leite racionados. Por outro lado, o transporte público também encolheu consideravelmente e os jornais da tarde se reduziram a um só por alguns anos, até que enfim foi preciso fazer desaparecer de circulação este último que restava. Problemas com o fornecimento de papel, entendem? Não obstante, sempre fica a glória de que essa interseção da 12 com a 23 foi o lugar onde, em 16 de abril de 1961, e com todo o meu Estado-Maior sobre o estrado de uma arquibancada preparada como tribuna, e diante de uns 50 mil milicianos que compunham o cortejo fúnebre dos tombados na manhã anterior pelo ataque aéreo de surpresa a três de nossas bases da aviação de combate, como prelúdio à invasão da baía dos Porcos, eu proclamei o caráter socialista da Revolução Cubana. Ali há um friso, na esquina em frente ao El Aire Libre, agora rebatizado como La Pelota, que celebra o fato.

A seguir exponho o relato que me fez o Chino Esquivel, poucos dias antes da minha partida para o México, a última vez que o vi antes do triunfo da Revolução. Estavam no El Aire Libre, tendo à frente um dos nossos habituais copos de café com leite. A manteiga residual escorrida da massa dos pães flutuava sobre a superfície ainda fumegante do leite escurecido pelo café e espessado por três ou quatro colheradas de açúcar, todo um prodígio dos hábitos alimentares *criollos* que, com as seis fatias de baguetes carregadas de manteiga, não saía por mais de quinze centavos.

É isso o que acontece em Havana enquanto eu, a mais de mil quilômetros de distância, tento ganhar os montes próximos à granja de Siboney. Consegui escapar do tiroteio diante dos muros do quartel Moncada e agora tento alcançar o monte. Se conseguir chegar ao alto da cordilheira ou à densidade de algum bosque, vou poder decidir se uso as montanhas como refúgio ou como via de fuga. Mas, de momento, tenho urgência de uma sombra, uma jarra de água fresca e, se possível, um charuto. Esses serão os mais valiosos instrumentos para, por ora, conseguir o sossego e começar a matutar.

Tais eram meus principais objetivos existenciais por volta das oito da manhã do domingo, 26 de julho de 1953 – sombra, água e charuto –, quando Aramís Taboada, nosso antigo companheiro da Escola de Direito, ligou para o Chino e lhe disse que algo muito grave estava acontecendo em Santiago de Cuba. Por ser domingo, calculou o Chino, era cedo demais para telefonar. Mas, disse ele, sentiu um inexplicável sobressalto quando ouviu a voz de Aramís: "Algo muito grave está acontecendo em Santiago."

Aramís não tinha carro, mas o Chino tinha um Ford de segunda mão, que ele descrevia sempre como "um *fordinho* aí", mas que ele já equipara com um dos primeiros sistemas de ar-condicionado que chegaram ao país. Passou por Aramís, os dois se cumprimentaram com ar grave, como se fossem responsáveis por qualquer acontecimento que tivesse lugar na ilha, e, como não sabiam na verdade para onde se dirigir naquela manhã de ruas desoladas em Havana, decidiram ir até o jornal *Pueblo*, do qual outro amigo comum, Luis Ortega, era o proprietário e diretor. Ali já estavam Fernández Macho, um antigo vereador de Havana e prefeito da cidade por substituição regulamentar nas épocas do presidente Grau, e um advogado, Raúl Sorí Marín, colega de estudos de todos nós e irmão de Humberto Sorí Marín, que também era advogado e colega de estudos, que anos depois eu teria como hóspede na Sierra Maestra e a quem, como os senhores sabem, confiei a redação da primeira Lei de Reforma Agrária e que, depois do triunfo da Revolução, foi surpreendido em estranhas tratativas com a CIA, e que mandei fuzilar junto com a notícia do desembarque da briga-da mercenária em Playa Girón em 17 de abril de 1961. Pois bem, Luis Ortega estava em pé atrás de sua mesa e falava ao telefone com seu correspondente em Santiago de Cuba. Ia transmitindo aos presentes os detalhes de um combate que, na verdade, já havia terminado. Luis Ortega dizia que era uma bronca entre os próprios militares, quando se viu interrompido pelo Chino que, para surpresa inclusive dele mesmo, disse algo que acabava de intuir e que soltou a viva voz sem conseguir se conter:

– Isso não é o Exército, senhores. Isso é o Fidel Castro.

– Não?

– Não são eles.

Ortega congelou o gesto declamatório que ia iniciar com a mão direita e dirigiu seu olhar, intrigado, ao Chino.

– Nada de exército, senhores – insistiu o Chino.

– O sr. Fidel Castro – repetiu.

O Chino considerou impostergável a necessidade de se apresentar na minha casa. Aramís decidiu acompanhá-lo.

Eu morava num apartamento do bairro de Almendares, no fundo de uma fábrica de geleia de goiaba – Dulces Villaclara – e perto de La Tropical, uma indústria de cervejas muito conhecida. Mas o cheiro predominante não era o da levedura, mas o da goiaba, e para onde quer que você fosse naquela área sentia a espessa viscosidade do produto, que, no eufemismo habitual da publicidade, chamavam de "finos cremes de goiaba, laranja, manga e torrões de frutas", mas que significava para todos os vizinhos uma atmosfera pesada e solidamente ado-cicada, onde o oxigênio parecia filtrar-se com dificuldade. Não havia nenhuma presença policial à chegada do Chino com Aramís. Mirta trazia Fidelito arrastado. O olhar de Mirta, a cuidadosa lentidão com que entreabriu a porta e o alívio que sentiu ao comprovar a identidade dos visitantes confirmaram todas as suspeitas do Chino.

UM RUÍDO DE PRAÇA SITIADA

– Nunca vi tanto horror num olhar – contou-me o Chino. – Nunca.

O Chino evitou todas as figuras de retórica elusiva ou de amortecimento que podem ser empregadas num diálogo desta natureza. Direto.

– Mirta, *isso* foi o Fidel.

– Foi – disse Mirta. Ou talvez tenha apenas assentido.

O Chino se virou para Aramís.

– Não disse a você que isso era coisa do Fidel?

Satisfeito com suas mostras de sabedoria, voltou o olhar para Mirta.

– Bem, Mirta, o que ele lhe contou?

– Veio há uns dois dias, pegou duas mudas de roupa íntima e disse que ia para Pinar del Río.

Pinar del Río fica na direção diametralmente oposta a Santiago de Cuba. Totalmente do outro lado.

– Chino – disse Mirta. – Não tenho comida e estou devendo o aluguel.

O Chino deu-lhe os trocados que tinha com ele. Quando me contou essa história, pensei em como estava certo na hora de ir até o Moncada sem me preocupar com nada do que deixava para trás; um só pestanejar de minha parte, um só instante meu de hesitação e a Revolução Cubana nunca teria existido. Eis a verdade nua da origem de um movimento de dimensões históricas: peguei um par de cuecas em minha casa e disse à minha mulher que ia no sentido diametralmente oposto ao que na verdade tomaria. Renúncia. Renunciar e me distanciar dos mais simples detalhes terrenos e suas prováveis e pequenas recompensas, previstas no fim para o homem prudente. Não conheço uma vocação que ignore mais possibilidades humanas do que a liderança revolucionária; talvez alguns no princípio tenham a ilusão de que em certo estágio do processo haverá um descanso, como um patamar numa escadaria, e que você poderá voltar à condição de mortal comum. Pois isso nunca ocorre, é bom que saibam. Não há patamares nessa escadaria. De qualquer modo, o assalto ao Moncada me ensinou a deixar a logística doméstica na mão de outros. Você se ocupa das batalhas; fica na mão de Deus levar a sopa ao desolado comedimento de sua casa.

– E a previdência social, Mirta? Você tem os documentos da previdência?

Nessa hora Mirta esteve a ponto de perder o controle e começou a soluçar, com o peito contraindo-se com violência e os olhos cegados por uma cortina de lágrimas. Ela entendera muito bem a situação que o Chino previa para ela. A previdência possibilitava, com o falecimento do titular, a pensão do cônjuge.

Impossibilitada de usar a voz pela intensidade das emoções que a embargavam, Mirta se limitou a assentir e, em gesto meditabundo, a cobrir o lábio superior com o inferior.

O Chino decidiu cumprir sua missão de procurar dinheiro e foi bater em todas as portas que pudesse. À tarde, estava ainda nessas gestões quando dois carros lhe fecharam a passagem. Rafaelito Díaz-Balart e sua escolta.

– Estou o dia inteiro procurando você – disse.

Rafaelito tinha um plano. "Uma ideia", nas palavras do Chino. A ideia era que ele reunisse um grupo de quatro ou cinco jovens, mais ou menos conhecidos na política, fossem à nunciatura e solicitassem uma entrevista em caráter de urgência com monsenhor Arteaga, para que o único cardeal existente então em Cuba intercedesse junto a Batista para que não matassem Fidel. Enquanto isso, disse Rafaelito, ele iria "conversar com o chefe" – Batista.

O Chino, portanto, convocou o grupo concebido por Rafaelito e o conduziu até a porta da nunciatura, um bem cuidado edifício da época colonial, no centro histórico da cidade. Foram atendidos em primeira instância pelo seminarista Raúl del Valle, que os convidou a se sentar e esperar numa antessala. O seminarista saiu da antessala e fechou a porta. Silêncio. Dez ou doze minutos. Passos lá fora.

Volta o seminarista e solicita aos distintos visitantes que façam o favor de acompanhá-lo. Sobem por uma escadaria de madeira até um segundo andar. Há uma porta no fim de um corredor. O cardeal os recebe num terraço interno. Está sentado numa pequena poltrona de madeira e não se levanta para cumprimentar. É um homem magro e com uma severa cifoescoliose que o mantém com o olhar sempre voltado para o chão, e com a luz que recebe, filtrada por umas folhas de palmeira colocadas atrás do encosto de seu assento, ganha um aspecto cadavérico. A cicatriz de uma ferida costurada de urgência vai da borda do barrete vermelho até perto do cenho. Cada um se posta à sua frente, ajoelha-se e beija o anel cardinalício, depois que Arteaga estende displicente a mão e facilita a operação. Será o último vestígio da reforma do vestuário a ser iniciada por Paulo VI entre 1963 e 1978, que eliminará o privilégio da cauda e suprimirá a moda do capelo, além de introduzir outras limitações menos evidentes como os tecidos sublimes da roupa interior e o barrete de seda, aquele gorro em forma de trapézio que os papas impõem a suas eminências para simbolizar a ascensão cardinalícia e que prevalecerá como única lembrança da idade de ouro da vestimenta eclesiástica.

UM RUÍDO DE PRAÇA SITIADA

E foi esse adorno que, com gesto lento e entediado, o cardeal Manuel Arteaga Betancourt ajustou, talvez para corrigir sua posição sobre o ossudo crânio. Em seguida, retornou suas exaustas mãos ao regaço de sua batina, onde descansava um barato leque de papelão. Os delegados entraram no assunto rapidamente, e o cardeal não deu mostras de querer sair de seu sopor até que, com toda a sua comprovada habilidade dialética, Aramís mencionou o fato de eu ser filho de uma das famílias mais ricas de Oriente. Ao perceber o sucesso instantâneo de seu estratagema, Aramís começou a descrever o latifúndio canavieiro do meu pai como se fosse o Império Espanhol no século posterior à conquista, onde o sol nunca se punha.

– Um rapaz um pouco louco, Sua Eminência – disse Aramís –, mas de família muito boa.

– Imprudências da juventude, filho. Imprudências da juventude – acrescentou o revitalizado cardeal.

Pois bem, de imediato ele se propôs a ligar pessoalmente para a senhora primeira-dama, Martha Fernández Miranda de Batista; para o augusto e honorável militar, o coronel Alberto del Río Chaviano, chefe do Regimento Moncada; e para a Sua Eminência e mui querido amigo, o bispo de Santiago de Cuba, monsenhor Pérez Serante. Pelo menos a ligação para Pérez Serante foi feita diante deles. O jovem seminarista que atuava evidentemente como seu ajudante colocou um telefone branco sobre a mesinha à esquerda de Arteaga. O aparelho era ligado por um longo cabo, igualmente branco, a alguma tomada que se perdia de vista no aposento vizinho.

– Gostaria de falar com Sua Eminência o bispo de Santiago.

Como era de esperar, Sua Eminência o bispo de Santiago estava ciente do ocorrido e não só isso: com a ajuda do Todo-Poderoso, já dera os primeiros passos no empenho de restaurar a paz e a concórdia entre os cubanos. Pelo menos os cubanos de sua região. O cardeal instruiu seu bispo no sentido de fazer tudo o que estivesse a seu alcance para que se preservasse a vida do dr. Fidel Castro, filho bem-amado dos ilustres Castro-Ruz de Birán. Varão impetuoso, se podemos assim chamá-lo, mas fervoroso católico, educado sob a orientação e sabedoria dos irmãos da Companhia de Jesus – informações todas, como poderão supor, que acabavam de ser fornecidas pelos presentes. Depois, armado de seu leque e agenciando um pouco de ar para sua cansada cabeça, o cardeal disse que seu secretário, o jovem seminarista, comunicaria por telefone os próximos passos a seguir. Cumpriu com assombrosa eficácia sua promessa. Naquela tarde foram intimados a se apresentar no dia seguinte no acampamento Columbia, de onde seriam trasladados em avião militar, para que estivessem presentes ao que supostamente seria meu ato de captura – e à imediata negociação para impedir que fosse linchado. Até aí, como haverão de supor, chegou a eficácia de sua tramitação. Porque, no dia seguinte, ao chegarem ao Columbia, foram recebidos por um tenente designado para lhes informar que a viagem estava suspensa e – disse mais – que, na verdade, a tropa em Santiago ameaçava um levante se alguém se atrevesse a me capturar vivo.

É estranho que nunca ninguém tenha revelado essa história da negociação com o cardeal. A publicação de alguns desses detalhes teria criado situações muito difíceis no manejo de minha propaganda, a menos que me dispusesse a ferir muitas sensibilidades em meus seguidores ou que tivesse de me inibir de atacar pelo menos Rafaelito e o cardeal. Todos passaram para a contrarrevolução quase no início do processo e já desde então, graças a seus expedientes de conspiradores, me proporcionaram argumentos de sobra para nem sequer hesitar diante do dilema ao qual obrigam os velhos tempos e as prováveis dívidas de gratidão: o de perdoá-los por aquele status de afeto ou de acabar com eles sem mais. Não falo do Chino, porque nunca foi um ativista contrarrevolucionário. O cardeal Arteaga, no entanto, foi um dos estandartes precoces da burguesia nacional em seu combate à Revolução Cubana, e se prestou a que circulassem as primeiras pastorais da Igreja contra mim e que se organizasse um Congresso Nacional Católico em novembro de 1959 – que na realidade era um bem concebido ensaio de rebelião urbana, válido como um exercício de avaliação de forças e mostra de disponibilidade e como uma advertência lançada a nós. Embora sua mensagem pudesse parecer muito confusa para os não avisados, eu tomei as devidas precauções. Afluíram milhares de católicos – das províncias a Havana –, que se hospedavam nas casas de outros milhares de paroquianos, tudo sob o controle dos prelados e das igrejas dos bairros, que então eram muitas. Também fizeram dos colégios e instituições beneficentes de sua propriedade ou que eles administravam um excelente uso de apoio logístico. O programa elaborado compreendia que a Virgem da Caridade do Cobre percorresse a ilha. Para isso fizeram uma maratona de revezamentos na qual, partindo do Santuário do Cobre em Oriente e avançando à frente do carro com a efígie da Virgem, membros da Juventude Católica e fiéis em geral foram passando uma tocha que

UM RUÍDO DE PRAÇA SITIADA

supostamente identificava seus anseios contrarrevolucionários. Enfim, não se tratava de outra coisa do que colocar a Virgem da Caridade competindo comigo. Pelo menos, o percurso da periferia de Santiago de Cuba – onde fica o Santuário de El Cobre – até Havana era o mesmo da minha Caravana da Liberdade de onze meses antes. Ao entardecer de 28 de novembro, a maratona terminou na esplanada que era chamada de Plaza Cívica (poucos meses depois rebatizada como Plaza de la Revolución), onde se reuniram uns 500 mil paroquianos e foi oficiada uma missa diante da venerada imagem. Quando apareceu a estatueta de gesso, carregada nos ombros por um bando de alucinados, os aplausos se fizeram ouvir com força por todo o âmbito da Plaza Cívica. Foi nessa hora que meus companheiros começaram a mostrar seu nervosismo. Estávamos no Ministério das Forças Armadas Revolucionárias, já perfeitamente instalado no antigo Estado-Maior da Marinha de Guerra, e observamos os pormenores da atividade num par de televisores ali instalados. Raúl queria passar os tanques por cima deles. Sua opinião era apoiada por uma dúzia de combatentes ali reunidos. Tive que acalmá-los e chamá-los à reflexão. Em primeiro lugar, de que tanques estávamos falando? Era imprescindível estender a vida útil dos quinze trastes velhos que tínhamos no acampamento de Managua, a sudoeste de Havana. E como queriam fazer o massacre? À vista do mundo todo e na presença das câmeras de televisão? Eles não entendiam. Esse é o tipo de batalha que você nunca se permite o desafio de aceitar. São batalhas a serem evitadas até porque você pode ganhá-las *a posteriori*, quando as condições e o terreno forem inteiramente favoráveis. E isso acontece quando você pega as pessoas depois, uma por uma, sozinhas, em suas casas. O encerramento estava programado para o dia seguinte com uma procissão por uma avenida central que terminaria no estádio de beisebol, diante de uns 40 mil membros da organização Acción Católica (nem eu mesmo tenho ideia da quantidade de membros dessa organização que fuzilamos nos anos seguintes). Até aquele momento não haviam tido a cortesia de me convidar para nenhum de seus eventos. Mas eu me adiantei a eles na avenida e me infiltrei por entre o público até ficar à frente da procissão. Tinha tirado de uma gaveta todos os escapulários, correntes e medalhinhas que eu levava dependurados no peito e no pescoço na Sierra Maestra para receber os fotógrafos americanos e voltei a me exibir com eles. Mas tiveram sorte. Ou, melhor dizendo: sua sorte radicou na frieza dos meus cálculos. Não houve então um só sacerdote morto em Cuba nem depois como resultado da violência revolucionária ao longo de todo o nosso processo. Até essa possibilidade do martirológio eu lhes arrebatei.

– Não quero um só veado desses morto – deixei sempre bem claro aos oficiais que conduziam as operações ou as manifestações de rua contra as igrejas. – Podem matar até um coroinha. Mas mesmo esse tem de ser fora da igreja. De preferência a caminho de sua casa e num bairro afastado.

Vou lhes dizer uma coisa. Não há nenhuma obra de maior precisão e de exercício de esmerado controle do que essas manifestações de rua. Um só detalhe que nos escape, como, por exemplo, algum civil carregando inadvertidamente uma arma de fogo e a utilizando num momento de confrontação, ou a multidão conseguindo arrombar as portas, janelas ou grades e entrando nos edifícios tomados por sua turbulência, e já estaríamos à beira da guerra civil. Quase todas as guerras civis começam numa manifestação que escapa ao controle. Nesse caso, nossa tática era consistente e consequente. 1) Anteciparmo-nos com nossas próprias manifestações; isto é, dar curso a uma teoria de manobras que finalmente se institucionalizou ao longo do processo revolucionário, que é ganharmos nós a rua. Nunca se esqueçam disso na hora de estudar a Revolução, porque foi o conceito básico de nosso caminho ininterrupto de vitórias: *Ganhar as ruas*. 2) O único pessoal autorizado a portar armas – *e apenas de cintura* – é o pertencente às suas forças policiais ou de segurança e seu uso é apenas e estritamente permitido em casos extremos e para disparar para o ar. Esse pessoal é o que estabelece os limites topográficos da manifestação e faz valer sua declarada investidura de agentes da ordem. Quanto aos manifestantes, estão ali apenas para gritar, até que se lhes arrebentem as veias do pescoço se quiserem, e para erguer seus punhos esquerdos, brandindo-os desvairados acima de suas cabeças. Os decibéis da violência, evidentemente, encontram-se cuidadosamente atendidos pelo nosso próprio pessoal de agitação e propaganda distribuído em nível tático entre a multidão. Os castigos corporais ao adversário – e no máximo e apenas contra alvos perfeitamente definidos e localizados – não podiam ir além de dois pontapés. Nunca ferimentos a bala. E nunca – nunca, por favor! – levar armas longas, ou pelo menos exibi-las fora dos carros de patrulha. Não são necessárias e além disso dão uma sensação indesejável de estado de sítio. 3) Evitar da melhor maneira possível que o inimigo ou adversário consiga agrupar-se numa quantidade maior do que dois ou três indivíduos e monte sua própria unidade de manifestação. Esses embriões têm de ser dissolvidos antes mesmo que se formem – é o procedimento que chamávamos de quebra-grupos. Podem ser identificados facilmente porque sempre ocorrem nas partes externas da nossa massa de manifestantes e porque através de uma inconsciente linguagem extraverbal transmitem a você seu crescente impulso suicida, típico do afã de protagonismo da pequena burguesia. Pois bem, já durava alguns dias esse fervor e possível incremento da ilusão clerical, e num dos meus comparecimentos pela televisão me propus a abordar o assunto para liquidá-lo. Lembro de ter dito no ouvido de Raúl algo realmente grosseiro antes de me sentar diante das câmeras. Vou repeti-lo aqui porque é um detalhe de rigor histórico. E embora ache que nem mesmo Raúl se lembre mais disso agora, e desse modo a história poderia perfeitamente passar sem a frase, não quero deixar nenhum fio solto, nem mesmo flutuando nas nebulosidades de uma lembrança que remonta há mais de cinquenta anos. Reitero minhas desculpas pela vulgaridade. Mas disse a Raúl:

– Vou fazer esse cardeal Arteaga cagar pela boca.

Eu sabia que ele tinha um câncer no reto e que havia passado por uma colostomia. Minha declaração daquela noite, revelando que centenas de cheques bancários no valor de milhares de pesos, expedidos de próprio punho em nome do cardeal Arteaga pelo sanguinário ditador Fulgencio Batista, estavam em nosso poder e que suas fotos iam ser publicadas a partir do dia seguinte no jornal *Revolución*, provocou uma sucessão de obstruções intestinais e deterioração do estado geral de saúde do prelado. Se ele se viu ou não obrigado a fazer literalmente suas necessidades pela garganta fica na dependência da força que tenha sido mostrada por seu esfíncter pilórico. Porra. Esse parágrafo ficou meio desagradável. Mas foi assim que as coisas se passaram. E não poderia ser de outro modo com as consequências do uso de seu tubo retal, seu macerado tubo retal. Duvido que os leitores estrangeiros ou os cubanos nascidos depois da Revolução conheçam um dos grandes escândalos da alta sociedade cubana dos anos 1950 – um episódio relativo a esse conduto. Digamos, à sua conduta com seu conduto. Héctor Duarte, um pistoleiro que costumava incrementar seus ganhos monetários sendo o favorito dos apetites sexuais do cardeal, não obteve em certa ocasião os rendimentos que considerou merecer. Sem dar tempo ao cardeal sequer de gritar, desenroscou o anel cardinalício do dedo de sua eminência e empregou-o como instrumento de perfuração cortante, ou quem sabe como um prego de cinco polegadas, que como uma navalha abriu uma ferida em Arteaga da testa, onde costumava assentar a borda de seu barrete, até o cenho, o que levou o cardeal a cair no chão inconsciente e perdendo muito sangue, enquanto Héctor enfiava o anel no bolso e se dirigia à casa de penhores mais próxima. Não lhe deram muito, ao que parece – uns quarenta pesos. Esses obscuros detalhes de sua vida pessoal podem parecer, e com razão, excessivos para muitos leitores. Mas a meu ver são imprescindíveis para se conhecer o aspecto moral de personagens como este e o alto custo que gerou na opinião pública nacional, além da consequente responsabilidade pelo enfraquecimento da Igreja cubana. Antes de virar a página, deixem-me contar a última mancada do velhinho. Foi em 17 de abril de 1961, quando Arteaga entrou nos prédios da embaixada argentina em Havana e solicitou proteção diplomática diante do temor de ser preso e fuzilado. Já era de domínio público que naquela manhã havia ocorrido o desembarque de um agrupamento inimigo na baía dos Porcos, e o fantasma que pairava sobre o clero cubano era um amálgama de sangrentos episódios amplificados por eles mesmos, como a Guerra Civil Espanhola e o número de sacerdotes, cada vez maior, de padres *derrubados a bala dos campanários* por minha própria mão no Bogotazo. O lustroso Lincoln preto do cardeal Arteaga, que rodou pelo caminho de cascalho até a porta da mansão ocupada pela chancelaria argentina, e as portas traseiras abertas, onde um grupo de diplomatas e funcionários e certamente o monsenhor Raúl del Valle se esforçavam para tirar do carro com o menor dano possível o exausto cardeal Arteaga, são um símbolo, embora desconhecido, do fim do catolicismo em Cuba.

O seminarista. Até onde chega minha informação, ele foi ordenado sacerdote em algum momento, e no fim da década de 1950 já havia sido recompensado com o título de monsenhor, embora continuasse como secretário do cardeal Arteaga mais ou menos até a morte deste num hospital de Havana. Depois saiu de Cuba e aterrissou em Nova York. E ali virou secretário do cardeal O'Connor. Uma verdadeira ascensão hierárquica em suas funções de auxiliar eclesiástico ao colocar-se à sombra do chefe da Arquidiocese de Nova York. Mas, mais ou menos em fins da década de 1980, o sacerdote pegou um câncer, embora eu não saiba onde. O caso é que o cardeal John O'Connor era muito amigo nosso e costumava viajar até Havana partindo de Nova York em seu Learjet, quase sempre com algum recado do papa ou de outros altos funcionários do Vaticano, e com o acompanhamento invariável de quem já era monsenhor. O'Connor foi, por exemplo, quem me empurrou a visita de Madre Teresa de Calcutá, isto é, que quase me obrigou a recebê-la em Havana, embora também tivesse tido a

UM RUÍDO DE PRAÇA SITIADA

habilidade de me dizer que eu a colocaria rápido no bolso se a deixasse montar meia dúzia de seus hospitais em Cuba. Esses asilos católicos, atendidos por freiras, são algo que sempre nos foi conveniente, pois constituem excelente propaganda para demonstrar nossa tolerância em matéria religiosa e fazem com que as freirinhas resolvam alguns problemas sociais com uma porção de velhinhos. Além disso, a própria Igreja se encarrega dos abastecimentos. Eu também contribuo, evidentemente. Lembro que no início dos anos 1960, quando recebemos o primeiro lote de 25 carros soviéticos Volga – que de imediato Aníbal Escalante e outros comunistas distribuíram entre eles no Comitê Central e no jornal *Notícias de Hoy*, que continuava como seu órgão oficial –, eu separei alguns daqueles carros e os passei sem custo algum para as freirinhas dos hospitais. Fazia o mesmo de tempos em tempos com alguns lotes de televisores que aparecessem no porto ou com geladeiras e liquidificadores. Assim é que Dona Teresa de Calcutá iria ser bem recebida e aceitaríamos que abrisse todos os hospitais que desejasse organizar e abastecer e que trouxesse quantas freiras lhe parecesse conveniente para cuidar dessas instalações. Um tento a nosso favor: em Cuba não há lepra nem tuberculose, por isso suas freiras teriam um trabalho mais leve. Quanto ao infeliz monsenhor, irremediavelmente condenado à morte, entendeu que tal situação lhe dava direito a uma última vontade, por isso pediu ao cardeal O'Connor que inventasse uma viagem a Cuba, por qualquer motivo. Sua última vontade era percorrer as ruas do bairro de sua infância. Bastou uma conversa telefônica de O'Connor comigo para que poucos dias depois seu Learjet recebesse autorização para pousar em Havana. Um cara muito engraçado, O'Connor. Lembro que me transferiram sua ligação para um dos aparelhos conectados à bateria de telefones atrás do encosto da minha cadeira giratória.

– O Cardeal – disse, referindo-se a ele mesmo na terceira pessoa – tem o fim de semana livre e pondera sobre a conveniência de dar um pulinho em Cuba.

Só queria saber se sua excelência, o presidente cubano, tinha a disponibilidade de recebê-lo. Repetiríamos a atividade de sempre. Ir para Cayo Piedra e dedicar duas tardes para tomar vinhos da minha melhor reserva, degustar queijos, e fumar, ele, uma dúzia de charutos Cohiba. E enquanto se entregava aos prazeres de *gourmet*, me obrigava, divertido, a lhe repetir uma e outra vez as maldades que havia feito com a Igreja católica em Cuba. Depois, com um bom lote de charutos cubanos no seu Learjet – onde nenhum agente da alfândega de Nova York ousava xeretar –, nos despedíamos. Minha caravana de Mercedes blindados atravessava a pista do aeroporto até a escada de seu avião e ali eu recebia, com sorriso cordial, sua bênção.

– Adeus, querido amigo – eu lhe dizia.

– Adeus, meu filho amado.

Não quero parecer cínico e menos ainda quando se trata de contar a minha vida e suas peripécias, mas a rapidez com que me vejo obrigado a explicar algumas coisas pode levar a essa conclusão. Quando você começa por contar o desenlace é como mostrar apenas o que repousa em cima do líquido vertido num recipiente, e isso não expressa com exatidão o que estava dentro, a matéria que compõe a essência. E se você não explica que suas ações foram derivadas de suas necessidades, pode deixar uma impressão muito ruim. Digamos, por exemplo, que eu matei o general Arnaldo Ochoa ou que mandei o Che para a morte e deixe o leitor fora do assunto. A minha imagem ficará muito mal se antes eu não explicar as razões que me levaram a agir e se com indícios eu não convencer o leitor e o trouxer para o meu lado para que ele diga, porra, o cara não tinha outra opção, eu mesmo teria me oferecido para dar o tiro de misericórdia. Mas realmente, às vezes, ao escrever este capítulo sobre os primeiros meses da Revolução, tenho quase tanto trabalho em alinhavar sua informação como tive em controlar o desenrolar dos fatos quando eles estavam se produzindo na realidade. Depois de Playa Girón (ou baía dos Porcos), não é mais assim, porque a partir de então tive para sempre meu poder absolutamente consolidado. E digamos que, a partir daquela batalha, minha existência foi uma sequência de episódios mais ou menos felizes, sempre com o saldo a meu favor. Ah, a argumentação. Os senhores não sabem os prodígios que tenho conseguido com meu muito eficaz uso de argumentos junto ao discurso. A luta na Sierra foi meu melhor laboratório nesse sentido. E meu melhor exemplo é o de um rapaz que chamavam de Menguado Echavarría, que – na periferia de territórios que já controlávamos – andava com uma guerrilha de outros três ou quatro acólitos, assaltando fazendinhas isoladas e distribuindo a quantidade suficiente de namoricos com as camponesinhas para ser qualificado por cada uma delas e seus pais principalmente como um estuprador contumaz. Havia outras guerrilhas "à solta", como dizíamos. E começavam a prejudicar nossa reputação, por agirem sem controle e afetarem nossas finanças ao embolsarem as arrecadações. Mandei Camilo prender os caras. Ele

UM RUÍDO DE PRAÇA SITIADA

trouxe cerca de cinquenta, de uns três bandos que andavam espalhados pela planície; a saber, o bando do Chino, o de um tal de Merengue e o de Echavarría. O julgamento, que deve ter sido um dos mais rápidos da campanha, tomou um rumo inesperado. O procedimento era fuzilar os cabeças e incorporar os demais às nossas colunas. Mas a atitude do tal Echavarría complicou o bom andamento das coisas. Ele teve uma mudança, na verdade. Antes do julgamento, mostrava-se agressivo, intolerável e despótico. Essa é a minha mais elegante tradução das cinco ou seis vezes que nos mandou para a puta que o pariu. De imediato, ordenei que fossem tomadas medidas para evitar sua fuga, ou seja, que o amarrassem. Tínhamos outro problema com Echavarría: dois de seus irmãos eram capitães de nossas colunas e seus pais nos haviam hospedado e dado comida nos dias mais difíceis. Perdoá-lo ou torná-lo digno de uma condenação mais leve era totalmente impossível, pois se exigia um castigo exemplar e, dadas as circunstâncias, era forçoso também fuzilar os outros dois cabeças. Este foi o primeiro desafio que enfrentei: como fazer com que aquele jovem fosse conduzido à morte e eu ficasse limpo como um cordeiro aos olhos de seus pais e de seus dois corajosos irmãos à frente de pelotões rebeldes. O outro desafio foi provocado pela sua própria atitude de desacato. Então decidi argumentar. Essa foi a linha central do desenvolvimento dialético:

– Você sabe que toda a sua família está dentro da Revolução. Que você mesmo chegou a tenente por seus atos de coragem e por seus sacrifícios. Seus irmãos são heróis e seus pais estão orgulhosos da participação deles. Eu quero que seja você e ninguém mais, como revolucionário, como militante ativo da Revolução, que diga se deve ser fuzilado ou não.

Era preciso arrebatar-lhe a convicção do ofendido – que vê seus velhos companheiros erguendo os canos de suas carabinas para matá-lo – e colocar no lugar a do patriota cujo serviço é altamente reconhecido. Mesmo assim, não pensem que foi fácil. Quem esteve comigo naquele processo sabe que dediquei mais de um dia – calculo umas 25 horas, com bastante aproximação – tentando convencer o rapaz da justiça daquilo que ia acontecer com ele. Primeiro mandei tirarem dali o pelotão e os cadáveres de Chino e de Merengue. Levei o rapaz até debaixo de uma mutamba e mandei desamarrá-lo e que nos deixassem a sós. Já havia conseguido que não me olhasse com receio e que houvesse um certo clima de confiança, que acentuei ao mandar buscar charutos – lembro que fumava Trinidad & Hermanos ovalados – e um prato de legumes com um pouco de carne.

Echavarría chegou à conclusão de que devia ser fuzilado ao terminar seu quarto maço daqueles cigarros escuros, ou seja, 64 cigarros, de um meio-dia ao outro, já que vinham dezesseis em cada maço. Percebi que havia concordado comigo quando as pesadas emanações de seu suor foram se apaziguando e o cheiro de sua pele ficou aceitável. Eu não tinha parado de falar nessas 25 horas, e minha argumentação se centrou na ideia única de que mesmo sendo fuzilado ele seria um revolucionário, e de que havia algo nele que o diferenciava dos outros dois fuzilados – Chino e Merengue –, ou seja, que ele era um dos nossos. A ideia da morte em si, de seu próprio horror, era absolutamente secundária na conversação que mantínhamos. Ou o que eu fazia acreditar que era uma conversação, pois isso não existe quando é apenas um que fala. Mas a situação não poderia ser mais propícia para obter os resultados requeridos: o chefe máximo da Revolução sentado no chão ao seu lado, embaixo de uma mutamba, dedica a você mais de um dia explicando em detalhes os porquês de uma decisão que foi tomada a seu respeito e dizendo que a sua cooperação é muito necessária. E, na realidade, o que eu estava solicitando dele era quando muito uma pequena mudança de posição na cerimônia do fuzilamento: que em vez de estar no pelotão, ficasse à frente dele. Sua respiração se estabilizara de maneira notável quando se pôs de pé lentamente, deu algumas palmadas na parte de trás da calça e me disse:

– Se puder me fazer um último favor, mande trazer mais alguns cigarros e umas folhas de papel e lápis. Quero escrever para os meus pais.

Era a primeira vez que um condenado à morte na Sierra pedia para escrever sua despedida. Não pude esconder uma expressão de admiração. Devia ser porque íamos fuzilar o primeiro camponês não analfabeto. Um pequeno detalhe. Lembro que, ao ficar em pé, sua rústica calça azul, daquelas comuns em Cuba para trabalhar no campo, ficou arregaçada acima dos tornozelos, talvez por ele ter estado tanto tempo sentado, e como era um tecido suado e impregnado de terra e que recebera a umidade das noites serranas sem uma lavada talvez durante semanas, exigiu que ele sacudisse as pernas com um par de enérgicos gestos, o que obrigou a parte baixa da calça a ocupar sua posição habitual sobre as línguas de suas baratíssimas botas de meio cano. O detalhe que eu queria contar é que senti um inexplicável incômodo ao descobrir que Echavarría não usava meias. Que entre seus pés e o rude couro interno de seu calçado não mediava nenhuma proteção. E o inexplicável do detalhe é que ninguém na Sierra usava meias nessa época, e provavelmente nem soubessem de sua existência, e por isso sempre me perguntei ao lembrar do episódio ao que teria se devido minha angústia de ver seus finos tornozelos sujos de terra. Bem, concluindo, Echavarría escreveu longas cartas para seus pais e irmãos, nelas perdoou seus juízes e executor, e considerou justa a atitude do tribunal. Pedia a seus familiares que prosseguissem na luta contra a ditadura e que nunca considerassem sua morte uma injustiça. Eu disse a Camilo que o fuzilasse ele mesmo. Era uma consideração talvez espúria, mas de qualquer maneira uma consideração. Porque de alguma estranha maneira pensávamos que, se fosse Camilo o algoz, algo de seu sorriso e de sua doce presença iria agir como um bálsamo na execução. Então vários companheiros chegaram perto de mim com as cartas de Echavarría nas mãos. Não quis lê-las antes que o fuzilassem. Camilo, como era de esperar, chorou como uma criança durante dois ou três minutos da execução.

Na segunda noite de minha estadia na capital, fujo do hotel numa caravana de dois ou três Cadillacs – ainda estou usando os de Batista, e vou fazer isso por várias semanas mais – e me disponho a fazer um reconhecimento. O que vi na cidade naquela noite me serviu para elaborar certos planos imediatos. Tenho uma ideia muito clara do que preciso fazer. Primeiro, destruir a plutocracia, mas agindo num nível sub-reptício, de conspiração quase imperceptível, como só se pode conspirar a partir do poder, porque você possui todos os mecanismos para tornar a conspiração indelével; é obrigatório fazer *tabula rasa* deles, porque a única fórmula de governo absoluto neste país é que todo mundo seja igual. Seu aniquilamento eu já o concebera desde a Sierra Maestra, a cada vez que recebia os emissários de Julio Lobo ou dos outros capitães da indústria nacional, ou ao receber dádivas dos latifundiários. Claro, não com os tanques, porque certamente seria desnecessário, além de uma propaganda muito ruim, mas destruí-la sem apelação. A outra coisa era colocar sob sítio esta cidade deslumbrante e prazerosa que volto a descobrir e que enche meu espírito de premonições negativas desde que me recebeu como herói há poucas horas. Esta, calculo, é a única cidade que pode se sublevar. E de imediato estou dizendo a Camilo que me ponha as unidades que capturou em função dessa missão, mas que as tire do Columbia e as desloque, por exemplo, para Managua – um povoado a quinze minutos de distância, onde na época ficava o centro de criação de cavalos do Exército, contíguo à Escola de Cadetes – e que só admitia pessoas de Oriente para dar-lhes treinamento.

Depois percebo que tampouco Camilo é o homem para a tarefa, entre outras coisas, porque é outro havanês.[45] Desde o início passamos a chamá-la de Operação Budapeste, com aquela definida determinação sobre o que deveríamos fazer. O receio me assaltou na tarde anterior, quando chegamos com a caravana ao principal cruzamento da cidade. Era o novo cruzamento principal, porque o centro da cidade parecia ter se deslocado do centro neocolonial de ruas ainda com nomes castiços como Galiano, Neptuno ou San Rafael para esta zona de novos arranha-céus e torres de televisão, identificada como La Rampa. Minha chegada a esse novo centro nevrálgico da capital logo terá o benefício do equivalente moderno dos frisos gregos: sua reprodução nas notas de circulação comum. Ali estou, sobre o que se supõe que seja meu tanque Sherman, com o braço erguido e rodeado por meus companheiros rebeldes, recebendo a aclamação de todo um povo à minha chegada ao cruzamento das ruas L e 23. O que não está registrado nesta cena elaborada pelos artistas do banco estatal tchecoslovaco, a quem encomendamos a emissão de nosso papel-moeda, é que eu, em cima do meu tanque e aceitando a acolhida da nação, era um homem que suspeitava.

E começamos a trabalhar. No dia 9 de janeiro, pela manhã, terminada a mudança do hotel Monserrate para o Habana Hilton, dei início a uma série de reuniões de caráter sigiloso. Já havia concebido algumas ideias sobre como conduzir meu governo. Sabia, principalmente desde meados de 1958, quando concebo meus primeiros tateios conspiratórios com a cúpula do Exército batistiano, que não se deve deixar o inimigo órfão de lideranças. Mandei procurar alguns rapazes que haviam se destacado na luta clandestina, mas em cuja origem houvesse alguns traços mais ou menos comuns. Queria que fossem pequeno-burgueses que tivessem apresentado problemas de indisciplina e que não contassem com nenhuma cultura ideológica. Selecionei, com a ajuda de Celia, cinco ou seis deles e marcamos entrevistas, mas em horários diferentes e sem que se vissem. De todo modo, havia um tumulto tão heterogêneo de gente ali dentro e no corredor em frente à minha suíte do Hilton que era como tentar identificar alguém no Zócalo do México ou na Times Square, ou seja, eu não precisava me preocupar muito que eles viessem a se reconhecer depois. E ninguém reparava no seu vizinho naquela multidão. Todos os olhos estavam postos em mim. A tarefa, fui dizendo aos rapazes conforme Celia os enfiava dentro de um quarto – criado para isso com os painéis intercambiáveis da suíte – e no qual eu entrava por uma porta lateral corrediça – também intercambiável –, e com a segurança de que ela havia colocado um rebelde armado com uma metralhadora Browning de dois apoios e duas cintas de balas cruzadas sobre o peito para impedir o acesso de qualquer pessoa não autorizada, a tarefa, dizia, era que voltassem às suas províncias ou bairros de origem e começassem a realizar pequenos trabalhos de sabotagem. Pequenos de início. Lembro o nome de um deles: Luis Felipe Bernaza, que mais tarde ganhou certa celebridade como realizador cinematográfico. Ficavam boquiabertos quando lhes propunha a missão. Tinha de explicar o que iria acontecer em Cuba nos próximos meses, que era o desenvolvimento de virulentas conspirações para derrubar a Revolução. Embora nenhum deles percebesse que estava recebendo sua primeira aula sobre materialismo histórico, principalmente dos capítulos que descrevem a luta de classes, e que aquela situação que eu começava a lhes descrever primeiro como uma guerra ainda não concluída contra batistianos, dedos-duros e outros colaboradores do antigo regime (e a quem dois ou três meses depois acrescentaríamos os latifundiários e/ou donos de terras e mais alguns meses depois seria incrementada com os potentados e que no fim já seria o saco onde enfiaríamos os imperialistas e todos os seus sequazes) era a contrarrevolução. O objetivo era que começassem a se destacar nessas atividades para atrair seguidores; que quando a contrarrevolução despertasse, nós já tivéssemos líderes à disposição. O objetivo era antecipar-nos. Vem vindo uma guerra muito grande – explicava – e quando isso ocorrer, eles não irão nos surpreender, porque já estaremos esperando por eles e com a capacidade de prover-lhes seus dirigentes. Nós é que vamos dirigir a contrarrevolução. Era um estratagema de duplo propósito, confesso. A realidade é que aqueles rapazes, como Luis Felipe Bernaza, por sua condição de classe, eram autênticos contrarrevolucionários, e por isso pedi a Celia que me ajudasse a selecioná-los a partir dos nomes fornecidos por alguns chefes da resistência. Sabia as características que estava procurando, como disse acima: indisciplinados (isto é, irreverentes por natureza), carentes de ideologia (isto é, não predispostos a nenhuma falha moral) e pequeno-burgueses (isto é, não vinculados necessariamente a um componente econômico, e com uma relação para com a burguesia mais de inveja do que de atração). Revelaram-se os melhores. Para mim, a chave de seu sucesso é que passaram a fazer como jogo aquilo que na verdade teriam feito se eu não os houvesse recrutado antes. Mas, além disso, o risco que correram foi mínimo. Estavam do lado do poder e desfrutavam das últimas sinecuras da burguesia *criolla*. Em tal sentido, eu também me adiantei a eles. Com uma enorme quantidade de tempo a meu favor, eu os arrebatei das forças do adversário. Mas se tratava também de homens muito perigosos, de comprovada valentia e com uma mortandade considerável produzida em cada um de seus lugares de origem; não era de modo algum conveniente deixá-los à disposição da contrarrevolução. Todos eram projetos de jovens assassinos que haviam povoado as fileiras da luta clandestina. Todos haviam matado. Desde uma idade muito precoce.

Eles como realizadores? A questão é que Alfredo Guevara, nosso excelente presidente do Instituto del Cine, sentia desmedida fraqueza por esses jovens que haviam cumprido missões heroicas dentro das fileiras do inimigo e que agora precisavam de repouso e de algum lugar onde pudessem reorientar suas vidas jovens e promissoras, pois que sua vida útil como conspiradores profissionais havia cessado. Alfredo, como uma galinha com seus pintinhos, colocou sob sua proteção alguns desses bravos expoentes de nossos homens. E sempre distinguindo-se por uma seleção muito refinada de altivos e atléticos jovens que, não fosse a inclusão de dois ou três fornidos mulatões, teria parecido efetuada por uma comissão de recrutamento do Partido Nazista. Mas não formem a ideia de que Alfredo os queria para desafogar-se com nenhum deles. Bem, quem poderá dizer se ele quis isso ou não. Mas não ia às vias de fato. Na realidade, ele os queria no ICAIC como uma espécie de pequeno mas misterioso exército particular, cujos integrantes perambulavam pelos escritórios daquela organização, entre a esforçada sofisticação que não acabava de tomar forma de nossos artistas tropicais e um numeroso pessoal que transitava com as enormes latas cinza de filme, e que matava o tempo nas pequenas salas de projeção assistindo às centenas de *westerns* ainda conservados nos arquivos.

No caso desse companheiro, Bernaza, depois de conversar comigo, dirigiu-se ao Instituto de Santiago de Cuba – onde fazia o ensino fundamental – e ateou fogo a uns baldes de lixo e depois sujou de breu e cobriu de penas um bedel. Bom começo. Tanto que dois anos depois, quando ocorreu o desembarque de Playa Girón, já era o chefe da direção colegiada das organizações contrarrevolucionárias que operavam clandestinamente em Santiago.

A situação do material encouraçado era lamentável. Usando como instrumento de reflexão um de meus axiomas favoritos de Stalin, o de que a estratégia é uma reserva, percebia que não iríamos muito longe com os tanques herdados de Batista. Embora, sem dúvida, fossem suficientes para dominar uma situação – *de momento*. A escolha do centro de criação de cavalos de Managua, ao pé de umas elevações, a sudoeste da capital, e ao lado da Escola de Cadetes, revelou-se acertada. Primeiro porque ficava a vinte minutos dos acessos da cidade – pelo lado oeste. Um desses tanques com esteiras precisava apenas de uma hora para deslocar-se até o centro da cidade e começar a disparar em qualquer objetivo que lhe fosse ordenado. No decorrer dos anos seguintes, tomamos diversas medidas para agilizar o deslocamento até a capital. A principal foi o traçado e a construção do chamado Primeiro Anel de Circunvalação de Havana, uma estrada de oito pistas de largura que nos permitia introduzir os regimentos de tanques do teatro de operações do Ocidente – destinados à defesa da cidade de Havana – por qualquer de seus acessos, exceto, é claro, o litoral, e tornar mais eficientes os locais de posicionamento permanente desse tipo de força, ao fazer passar diante de sua entrada principal uma estrada de primeira magnitude. Também – e esta informação é pouco conhecida – uma considerável porção de quilômetros do Primeiro Anel foi projetada para uso como pista da aviação de combate, e incluiu a construção de refúgios subterrâneos nos terrenos à beira da estrada para a eventual preservação de nossos MiG. É incrível, mas tudo isso se dissolveu, costumo dizer a meus companheiros, como o sonho de uma noite de verão. Esse foi o auge de nosso desenvolvimento militar, quando éramos um dos poucos países do mundo que falávamos de geopolítica em termos próprios e com mais de quinhentos tanques deslocados para o cone sul-africano para dar aval a essas nossas pretensões, e que até obrigou Ronald Reagan a nos descrever como um camundongo com anseios imperialistas. Que filho da puta. Eu me lembro de parar no fim de um daqueles trechos de estrada nos quais o trânsito era interditado e que em cinco minutos se convertia numa pista de aviação de combate, e os MiG-21bis começavam a sair de baixo dos montes vizinhos e lançar-se ao ar um após o outro com o rugido familiar de uma decolagem forçada, e eu, brincalhão e na plenitude de meu poder, virava-me para o alto escalão dos assessores soviéticos que me acompanhavam e lhes dizia:

– E depois não queremos que digam que somos um porta-aviões soviético ancorado diante do litoral americano.

Após o desaparecimento da URSS, como terão de entender, voltamos à política dos tanques obsoletos. Eu digo que com um tanque médio T-55 ou um T-62 nas ruas principais controlamos Havana. A geopolítica simplificou-se drasticamente. O segundo princípio básico do uso dos tanques – e verão isso escrito agora pela primeira vez – é que, se a distribuição em massa é o que se prevê para conquistar um território, quando se trata de manter seu próprio pedaço de país dominado – isto é, para a repressão –, é suficiente contar com uma companhia encouraçada espalhada pela cidade.

Os quinze A34 Comet chegaram a Cuba junto com quinze aviões de combate Sea Fury. Embora, como se sabe, nenhum desses equipamentos tenha sido usado para as batalhas finais de Batista, nós fomos os beneficiários. Pelo menos nos permitiram um primeiro abastecimento de material novo não americano e abriram nosso apetite pelo material europeu. Melhor ainda, nos demonstraram que o mercado americano era prescindível e que não havia por que temer seus embargos. Isso é algo que devemos a Batista e a seus negociadores, e é a primeira vez que me permito reconhecer isso publicamente. Também estavam a caminho os fuzis belgas FAL. Eles compraram um primeiro lote de 20 mil, e nós, outros 20 mil. Mas, em fins de 1959, quando o chanceler Raúl Roa aterrissou em Londres como meu enviado especial, o premiê Harold Macmillan o recebeu com a diatribe de que a Inglaterra censurava enfaticamente o uso da pena de morte, uma referência nada subliminar às execuções em massa de batistianos. Eu pretendia mudar o lote de Sea Fury por aviões a jato, mas ele veio com essa história. Roa, de qualquer modo, sentiu regozijo.

– Como! – exclamou. – Decidiram finalmente se opor ao machado do verdugo? Tenho de informar isso imediatamente a Havana. Porque, vejam bem, os senhores também já fizeram rolar muitas cabeças por *aqui*!

Nenhuma condolência pelos aviões Sea Fury e os tanques Comet vendidos a Batista. Afinal, era armamento para liquidar revolucionários! Tampouco uma glândula lacrimal sequer ativada dois anos depois, quando as mesmas máquinas, recicladas em meu favor, foram empregadas – pelo menos os Fury – para esmagar a invasão da baía dos Porcos. Mas os militares e os confidentes batistianos caíam como moscas diante do armamento de procedência norte-americana e dominicana. Fizemos voar a massa encefálica de Cornelio Rojas e com ela sujamos um muro de Santa Clara usando fogo combinado de magníficas carabinas americanas M-1 entregues a Cuba em razão do Pacto de Ajuda Mútua Econômica e uma ou outra carabina dominicana San Cristóbal, e ninguém reclamou com os fornecedores nem com os verdugos que executavam os verdugos da véspera.

Esse é o problema de países como o nosso que não produzem armamento: sermos depois submetidos aos caprichos da crítica dos fornecedores. E os engenheiros britânicos – imperturbáveis com seus cachecóis escoceses e cachimbos – continuaram chegando todas as manhãs para o processo de montagem dos tanques e sem levar em conta que diante de seu nariz haviam sido deslocados do acampamento os batalhões de um exército e que outro exército havia tomado posse desse acampamento.

17. O CONTUBÉRNIO SAGRADO

Era, se quisermos, o esquema de uma teoria do homem e seus poderes; vinha recla-mado por contragolpe; ninguém o havia traçado, mas continha já o germe do radicalis-mo, pois devia fornecer aos cubanos a forma de pensar sua condição e de mudá-la.

– Jean-Paul Sartre, *Ideologia e Revolução*

Eu tive um grave tropeço no nível dos sentimentos populares nas primeiras semanas da Revolução. Num dos meus comparecimentos à televisão, um jornalista perguntou se eu achava correto um negro fazer galanteios a uma branca. A pergunta era tão absurda e tão arraigadamente racista que por pouco não pulei na jugular do infeliz. Mas confesso que me pegou fora de prumo, e isso provocou uma resposta minha também absurda e pouco refletida. Respondi que era tão reprovável quanto um branco fazer galanteios a uma preta e que o melhor era definitivamente que ninguém galanteasse ninguém. Deixem-me explicar aos leitores estrangeiros, que talvez não estejam familiarizados com o costume do galanteio, que se tratava de toda uma arte com profundas raízes *criollas* e, em última instância, uma mostra de bom humor e imaginação popular, além de uma celebração indiscutível da beleza feminina. O galanteio consistia em dizer *alguma coisa* às moças bonitas quando passavam diante de um homem, e se fosse um grupo de homens, então, o galanteio era ainda mais adequado. Com certeza não faltavam às vezes grosserias e certas expressões fora de lugar, mas os melhores galanteios competiam em sua intenção poética. Era imprescindível acolher bem a passagem de uma garota. Inclusive, sabia-se que as mulheres se enfeitavam e que vestiam suas melhores peças para serem objeto de algumas boas séries de galanteios, um jogo inocente e digamos fantasioso de toda uma população. E aconteceu de eu dizer aquela bobagem pela televisão. Acho que a única vez em toda a minha carreira política que voltei atrás numa declaração foi a propósito dos galanteios. Mas, também, faltou pouco para que me visse à beira de uma sublevação nacional. Liguei para o comandante Efigenio Amejeiras, recém-nomeado chefe da Polícia Nacional Revolucionária, e dei-lhe instruções precisas.

– Porra, Efigenio, eu lhe peço, por favor, não me prenda ninguém só porque fez um galanteio.

A resposta de Efigenio foi sintomática da situação que o país atravessava.

– Ouça, Fidel, é verdade que você vai proibir os galanteios? Fidel. Fidel. Você ficou louco, Fidel?

Com a quantidade de policiais e de pessoal uniformizado que eu via galanteando as mulheres pelas ruas de Cuba... Assim, corri até uma estação de televisão para declarar enfaticamente que tudo fora um mal-entendido. Acrescento a propósito que nunca fui muito bom em galanteios.

Mas lembro que, anos depois – por volta de 1965, segundo registra minha memória –, minha caravana de automóveis Oldsmobile subia com lentidão uma rua de acesso ao litoral, na zona que os havaneiros chamam de La Rampa, quando vi uma cubana de sólidas panturrilhas, com nádegas avantajadas sob um vestido de algodão vermelho, com uma cintura que se você a enlaçasse com as mãos roçaria as pontas dos dois anulares, branca, de cabelo preto solto e evidentemente saboreando ela mesma seu majestoso andar e o fato de poder castigar, implacável, a humanidade com seu esbanjamento de beleza, que ela sabia apreciar em si mesma. Então virei o pescoço, posso dizer até que idiotizado, com a boca aberta, e espetei, fora de controle:

– *Hija de puta!*

Uma exclamação que deve ter sido ouvida até nos confins desta cidade, e que além disso contou com a explícita aprovação de todos os que souberam do fato. Ela, evidentemente, me identificou no meio de um trânsito normal pela inconfundível presença de meus três Oldsmobiles cor de vinho, e retribuiu com um saudável e amplo sorriso de complacência. Até me dirigiu um gesto, apontando-me com o indicador, como se dissesse, sua, Fidel. Sou sua.

Depois, nessa ordem de reveses ou de má administração apadrinhada pelo Ministério do Governo, ocorreu que meu velho amigo Luis Orlando Rodríguez, nomeado por mim ministro do setor, declarou que acabaria com o jogo em Cuba. Referia-se ao jogo nos cassinos que ainda eram de proprietários norte-americanos. Eu tentando fazer minha política de flerte com os ianques, a qual mantinha os cassinos abertos como parte de meu estratagema de aparentes indecisões e seduções, quando o sapador enlouquecido Luis Orlando decide que é hora de não girar mais nenhuma roleta em todo o território nacional nem de rolarem mais os dois dados vermelhos sobre o tapete verde do *blackjack*. Não é menos certo que aqueles cassinos eram supostamente operados por gente reputada como mafiosa e que eu já tinha mandado tirar os principais chefes da organização de seus luxuosos apartamentos em El Vedado e interná-los em Tiscornia, um estabelecimento há muito tempo usado, desde o início da República, para abrigar pessoas que seriam deportadas e aguardavam o veículo da deportação. Ficava numa curva do porto de Havana, e seu hóspede mais ilustre era Santos Traficante, o conhecido Don de Tampa, máximo representante em Havana do chamado Sindicato do Jogo. Eu o mantinha em Tiscornia também como parte de um dos meus estratagemas com os ianques. O FBI estava louco para pôr a mão em Santos e declarara publicamente seu interesse em que o entregássemos. Eu respondera – fazendo uso pela primeira vez de nossa lógica dialética do "toma lá, dá cá" revolucionário – que de nossa parte não havia nenhum problema, desde que eles por sua vez nos entregassem os esbirros batistianos aos quais haviam dado refúgio com a fuga de Batista. Foi a primeira vez que o povo cubano entendeu que os americanos não nos amedrontavam e a primeira vez também que os americanos ouviram alguém falando com eles no mesmo tom de voz. Se não entenderam bem o significado da nossa reação é por meu apurado convencimento de que eles não sabem lidar com iguais. E essa é a pior coisa que lhes pode acontecer. Porque os impede de conhecer o inimigo. Assim, enquanto eles tentavam decifrar minha reação, fiz de Santos o cidadão mais eminente de Tiscornia. Talvez ele nunca tenha acreditado nisso, mas eu também o mantinha ali por uma medida de precaução. Recebia notícias de que havia agentes do FBI circulando pela cidade e qualquer um podia tentar um sequestro, algo nada difícil de realizar na Havana de então. Se queriam esse peixe grande, teriam que negociá-lo comigo. Fazia isso também para afastá-lo de Frank Fiorini (ou Sturgis, como se fazia também chamar), o inefável chefe da Polícia Militar da Força Aérea Rebelde e, segundo uma das piadas minhas da época, alguém que não sabia direito a que serviço secreto ianque servir – se à CIA, ao FBI, ao G-2 do Exército ou ao S-2 da Marinha. Lembro que olhei para o teto ao saber da nomeação de Fiorini à frente daquele corpo da Polícia Militar, praticamente inexistente, formado talvez por dois pelotões destinados a montar guarda na entrada das bases aéreas, isso sim, fazendo-se distinguir do restante dos soldados por suas vistosas polainas brancas, que eram equipamento residual dos depósitos batistianos, assim como pelas inconfundíveis luvas e capacetes brancos. Fiz vista grossa, mas disse a Camilo que o chamasse e lhe oferecesse o cargo de interventor dos cassinos da máfia. Era a melhor jogada que eu poderia conceber para colocá-lo numa situação crítica diante de quem ele na verdade temia: Santos Traficante. Santos e sua *entourage* ítalo-americana tinham mudado seu Estado-Maior do cabaré Sans Souci, originalmente um clube campestre, para o hotel Comodoro, no litoral oeste. O Sans Souci fora saqueado com inusitada fúria quando se anunciou o triunfo da Revolução. Nenhuma outra instalação mafiosa recebeu maior ultraje no 1º de janeiro de 1959. Menos de três anos depois, aproveitamos as edificações para instalar nelas a oficina de reparos de metralhadoras antiaéreas tchecas de quatro bocas calibre .12.5. Então, na primeira semana de junho de 1959, publica-se a notícia de que o companheiro ministro do governo, o comandante Luis Orlando Rodríguez, anuncia que expulsará Santos Traficante do país nas próximas horas. E esta é a última vez que se ouve falar de Luis Orlando como ministro de governo. Em 10 de junho nomeei José Naranjo "Pepín" para o cargo. A orientação que lhe dei em relação a Santos é que o deixasse procurar uma solução com seus advogados, que fosse embora quando quisesse e para onde quisesse. E mais duas coisas: não permitir que meu nome fosse envolvido publicamente em nenhum de seus assuntos e nunca aceitar nenhum dinheiro pela realização de gestões oficiais.

Outra notícia inquietante em relação a Santos foi que Rolando Cubelas, o comandante do Diretório, estava indo visitá-lo na Tiscornia. Chamei Pepín e mandei que, com a maior urgência, cortasse essas comunicações. Acabaram-se as visitas de Rolando a Santos. A última coisa que me faltava era uma aliança entre o Diretório e a máfia. A CIA em conjunto com a máfia já me havia tentado infiltrar Frank Fiorini na Sierra Maestra.[46] Se bem que imagino que tudo o que Rolando queria era ver se arrumava um jeito de manejar algumas das propriedades de Santos. Um desastre aquele Fiorini, por certo. Um tonto. Nunca zombei tanto de alguém e dos chefes que o guiavam como do reputado Frank Fiorini ou Frank Sturgis e todas aquelas formas com que se fazia chamar. De qualquer modo, talvez tenha parecido que não resisti à tentação, antes que Santos saísse de Cuba, de mandar-lhe o recado que da próxima vez procurasse um emissário mais esperto.

Lembro do susto de Frank Fiorini quando o chamei até o comando de La Plata, abri uma garrafa de rum em sua homenagem, enchi uma xícara de café com a bebida e lhe disse:

– Porra, Frank, estive observando você e percebi que é um homem experiente. Um daqueles homens que só existem nos serviços de inteligência.

A xícara quase pulou da mão dele, como uma bolinha de pingue-pongue.

Tentou balbuciar alguma explicação. Cortei-o fazendo um gesto com a mão. Então me servi de uma dose de rum, em outra xícara. A camisa de Frank se encharcou de suor na hora. Parecia que acabava de enfrentar uma tempestade. Ou, pior, que ele havia tomado uma ducha de roupa e tudo. Desconsiderei essas emanações nervosas, como se não estivessem acontecendo. Era evidente que ele acreditava estar enfrentando sua sentença de morte. Pelo menos, toda vez que vi um homem suar desse jeito foi a caminho do paredão. Por isso, me apressei em transmitir-lhe algo que o acalmasse.

– Não falo por mal, Frank. Digo isso porque você é exatamente o tipo de homem de que eu precisava aqui na Sierra.

– O senhor é quem sabe – respondeu com um fiozinho de voz.

– Deixe-me explicar, Frank. Deixe-me explicar. Mais um pouquinho?

Mostrei-lhe a garrafa de rum. Frank assentiu. Sim, mais um pouco.

– Veja o que está acontecendo, Frank. Eu estou convencido de que há uma infiltração comunista na guerrilha. Esses cornos devem estar enfiados em algum canto. Então eu estive observando você, desde que chegou com Pedro Luis, perambulando por aqui, pelo comando, e disse a mim mesmo, porra, esse americano era o que eu precisava. Dá para ver que esse americano é um cara fodido e é o homem que vai me ajudar. O que eu preciso, Frank, é que você descubra se é verdade que há comunistas por aqui ou não. Eu vou dar a você a patente de capitão, sabia? Capitão do Exército Rebelde. E vou lhe dar um passe, ou salvo-conduto, para que possa inspecionar todas as colunas para mim. Você tem liberdade de se mexer como quiser. Mas eu quero resultados, Frank. Quero comunistas descobertos, entendeu? É isso o que eu quero. Você está de acordo comigo? Vai me ajudar?

A garrafa de Bacardí está de novo na minha não. Eu a mostro.

– Uma saideira, Frank?

Uma só Revolução da KGB

Minha aliança com os comunistas – ou o que resolveram chamar ultimamente de "o Pacto Secreto de Cojímar", como se estivessem fazendo uma grande descoberta – é imprescindível para minha aproximação com a URSS e para ser abastecido de armamento e petróleo – e isso só para começar. A relação de contubérnio que alguns dos meus inimigos querem ver nessas convocações dos eleitos de Cojímar é inteiramente compreensível para aqueles que sempre se viram excluídos de seu sacramento. Lembrem que são dois governos paralelos, o de Urrutia e o de Cojímar. O de Urrutia – o do Palácio Presidencial, com seu Conselho de Ministros e toda a parafernália normal de um governo – é para a tranquilidade dos burgueses e americanos; o de Cojímar, dada sua intenção de loja secreta, tinha um caráter eminentemente conspirador, mas sem nenhuma possibilidade de exibir seu poder, para não perder efetividade, e para que os comunistas e outros revolucionários tivessem a oportunidade de conspirar comigo para consolidar a Revolução, mas obrigados a permanecer no anonimato. Advirto que não havia nada humilhante no trato com os comunistas. Pelo contrário. Quase qualquer tipo de ajuste teria significado um alívio para eles. A realidade é que nos vimos às voltas com um partido que praticamente havia acabado graças a Batista. Ele os dominara economicamente ao obrigá-los a se manter na semiclandestinidade e ao pagar, quase como um favor – embora de maneira esporádica –, as nada desprezíveis mesadas de 2 mil pesos como aposentados do Congresso àquele punhado dos seus parlamentares; mas ficaram vedadas a eles as outras fontes de entrada de recursos, principalmente os sindicatos – todos transferidos para o controle do pessoal de Batista – e havia sido definitivamente fechado o jornal *Hoy*. Por outro lado, a maior parte dos militantes deixou de contribuir, entre outras razões, porque parou de militar e sumiu de vista. É a Revolução, desse modo, que vem resgatá-los e lhes dá de presente a gráfica do *Alerta*, jornal batistiano, para a publicação do *Hoy*, e lhes abre contas secretas para que possam pagar seus quadros; porque se deve acrescentar a esse cenário de desgraças que os primeiros meses do nosso processo significaram uma crise financeira para eles, a partir do momento em que a Revolução dissolveu o Congresso e deixou de pagar as aposentadorias, enquanto se revia, caso a caso, quem estivera vinculado ao regime batistiano e quem íamos continuar tolerando como um aposentado competente. Outra fórmula de ajuda foram os quadros do partido que começamos a incorporar às Forças Armadas e à Segurança. Tenho nítida na memória uma cena, que não deixa de ter seu mérito e que vi se repetir muitas vezes na casa de Raúl naquele ano de 1959. Raúl e meia centena daqueles velhos comunistas, agora reciclados como oficiais do G-2, em volta da mesa da sala que antes era onde Batista almoçava em suas estadias em Campo Columbia. Sobre a mesa há um monte de notas de todos os valores que os ministros do governo trouxeram horas antes. Raúl ligou para eles e disse que trouxessem todo o dinheiro que sobrasse depois do pagamento da folha. A distribuição segue o princípio básico não só do dinheiro disponível, mas das necessidades individuais. E nunca deve ultrapassar os duzentos pesos por cabeça. Tampouco dava para mais, podem esquecer. E, se sobrava alguma coisa, ficava guardada para o mês seguinte. Num nível superior ao da captação desse pessoal – como é mais ou menos sabido –, eu colocara sob minha proteção Aníbal Escalante e Osvaldo Sánchez, enquanto Raúl protegia Flavio Bravo e Joaquín Ordoqui. Raúl cometeu inclusive a temeridade de nomeá-los capitães do Exército Rebelde e alçá-los aos rudimentos do que logo seria o todo-poderoso Estado-Maior Geral.

Era preciso saber alinhavar muito bem as coisas com os novos aliados. Mantê-los subordinados sem lhes tirar a aparente condição de dirigentes. Entendam. O comunismo é o que me permite colocar o país na história universal. Explicando melhor: é o que me permite inserir Cuba na luta sempre crítica da Guerra Fria. Se não tivéssemos sabido nos inserir nesse contexto da confrontação mais abrangente e custosa da história da humanidade, não teríamos sido mais do que a lembrança – quando muito a lembrança – de uma bofetada desferida pelos americanos. Ao nos colocarmos sob o amparo da União Soviética e fazer proclamação de fé do marxismo-leninismo, alteramos de maneira substancial o valor da nossa presença.

Isso foi conseguido de maneira quase imperceptível no início.

Os carros ainda enferrujados de que dispõem os comunistas começam a dar voltas por Cojímar. Osvaldo Sánchez e Aníbal Escalante são as presenças permanentes. Osvaldo, já sabem, é o veterano das atividades da KGB que falou várias vezes comigo na Sierra. Aníbal, também falei dele, é o homem da linha-dura no Partido. Eu estou morando em Cojímar porque gosto da vista e posso atirar do portão com o FAL. Vou morar aqui até regressar de Nova York, uma viagem que estou programando, mas continuará sendo o ponto de reunião com o pessoal do Partido. Celia está terminando de montar para mim um apartamento sob medida para *todas as minhas necessidades* num bairro de Havana – El Vedado. O famoso *bunker* da rua 11. O que ela quer na realidade é criar para mim um ambiente habitacional onde, calcula ela, vou me sentir à vontade, sem precisar recorrer a outro lugar para satisfazer nenhum capricho. Enfim, a armadilha onde ela pensa que vou cair mansamente.

Um assunto que não vi ser tratado muito detidamente e nem sequer mencionado em todos esses livros que eu chamo de "literatura da *débacle*" – ou do desmantelamento – publicados no Ocidente e na própria Rússia desde a abertura dos arquivos da KGB e dos mais delicados registros do Partido soviético é o da cooperação da inteligência. Pelo menos no livro de Vasili Mitrokhin não há nada de substancial referente a Cuba e suas manobras na área.[47] Essa ausência de informação se explica. A primeira coisa é que, apesar de tudo, sabíamos ocultar muito bem os jogos operacionais mais sensíveis. Apesar da crença de Mitrokhin e de outros altos oficiais da KGB de que o serviço cubano – a DGI – lhes passava toda a informação sensível, o certo é que éramos muito reservados em relação a nossos interesses e nunca abrimos nossos registros a ninguém. Havia um bom trabalho de cooperação, isso sim, e excelentes relações institucionais. Lembro que uma vez, por ocasião do assassinato de Kennedy, fizeram alguma pergunta indiscreta sobre nossos quadros infiltrados na CIA ou entre os contrarrevolucionários cubanos envolvidos no chamado magnicídio de Dallas. A resposta foi que também da nossa parte estávamos muito interessados em conhecer os infiltrados deles em Langley e principalmente que não víamos a hora de obter informação sobre os anos de estadia de Lee Harvey Oswald na URSS. Partida encerrada. Não acredito que tenha havido outro incidente digno de menção. Ao contrário. Eles – me refiro à KGB – até tinham em Cuba uma estação de rastreamento de informação para seu uso exclusivo. Não estou falando da arquifamosa "Lourdes", estação de rastreamento por satélite a sudoeste de Havana, que inclusive fazia parte dos acordos SALT, mas era operada pelo Ministério da Defesa soviético. A estação a que me refiro, operada pela KGB em associação com nossos serviços, era a chamada DOSA – Departamento de Organização e Sistemas Automatizados – e dispunha de *bunker* próprio, uma gigantesca edificação soterrada, a meio quilômetro da estrada que leva ao aeroporto internacional de Havana.

Por outro lado, éramos nós que abastecíamos os soviéticos da mais sensível informação científica produzida pelos americanos. Mantínhamos os soviéticos atualizados sobre todos os inventos, modificações ou aplicações surgidos nos laboratórios e instituições científicas – secretas em muitas ocasiões – dos Estados Unidos. Talvez os senhores se neguem a acreditar, mas essa informação nos chegava em grandes caixas de papelão, do tamanho de um baú normal de navio, e às vezes em caixas de ripas de madeira. Dávamos uma olhada por cima e discriminávamos qualquer coisinha que pudesse ser de nosso interesse, principalmente no campo da medicina ou da biotecnologia e da luta contra o câncer. Mas tudo o que fosse de interesse militar, e principalmente assuntos nucleares, era carregado em aviões que iam para Moscou. Não foram poucas as vezes, inclusive, em que optamos por mandar Abrantes Pepe junto com o carregamento, principalmente quando pensávamos que o material de inteligência era de tal magnitude ou importância estratégica que requeria a escolta de nosso ministro do Interior. A verdade era que não tínhamos pessoal capacitado nem no número requerido para processar toda aquela informação. Se havia algum segredo da Guerra Fria de importância considerável ainda não revelado, é esse que acabo de colocar diante dos olhos do leitor. Evidentemente, o mais elementar dos princípios de lealdade me impede de lhes revelar o nome dos muito abnegados companheiros de ambos os sexos que forneceram as preciosas informações, principalmente porque ainda trabalham para nós. Tenho na memória a imagem do escritório de Raúl no Comitê Central do Partido atravancado por aquelas caixas quando decorriam algumas semanas de armazenamento. O hábito era depositá-las ali até que fossem embarcadas. Imagino ainda que, se existe uma coisa de que muitas instalações acadêmicas da Rússia atual devem sentir falta, é das caixas de madeira de Havana. E pensar que Ethel e Julius Rosenberg foram torrados pela besteira que conseguiram passar a Moscou. Digo besteira em comparação com o que nós mandamos desde fins da década de 1960. Considerando o montante de informação científica altamente qualificada dos Estados Unidos que passamos para as mãos da União Soviética, não apagaríamos nossa culpa mesmo que os americanos torrassem toda a população de Cuba três vezes. Iríamos derreter todas as cadeiras elétricas de seu estoque de tanto uso. Mas o mais curioso de tudo é que os mesmos agentes se negavam enfaticamente a trabalhar para os soviéticos ou a lhes fornecer os mesmos produtos de inteligência. Inclusive, fiquem certos de que irão conhecer agora, com a leitura destas páginas, qual foi o destino final de seus esforços e dos riscos corridos.

Existem casos que significativamente estão ausentes na bibliografia do desmantelamento e que se relacionam com o PI, as iniciais de Plano de Influência.[48] Por exemplo, nem uma palavra sobre o cheque em branco que os soviéticos nos deram para que o PI desse cabo de Philiph Agee, o trânsfuga da CIA que temos morando em Cuba desde meados dos anos 1980. Um cheque em branco e com a autorização para colocarmos o valor que quiséssemos.

Não pensem que estou denegrindo Moscou. Não importa inclusive que a URSS tenha desaparecido ou que Vladimir Putin acredite poder flertar impunemente com o capitalismo. O que eu, sim, detestava visceralmente era ter que depender de Blas Roca – um dos líderes comunistas da época – e de todo aquele grupo para que me dessem o aval junto aos soviéticos. Isso é o que não lhes perdoo. O aval de Fidel Castro com Moscou negociado por Blas foi inaceitável para meus pressupostos espirituais. Esse favor de Blas resultou com o tempo numa cadeia perpétua para ele. Nunca o perdoei por isso. E o caso é que já em 1962 eu começo a tratar diretamente com os soviéticos, e tratar até de foguetes atômicos; então é hora de volatilizar o PSP, volatilizar aquela força, que ainda não tem consciência nem de seu poder, nem de sua importância. Antes que a tenha. A consciência.

Mas estou me adiantando aos acontecimentos. Costuma ocorrer comigo. Sempre que fico indignado, me adianto.

De qualquer maneira, como ainda estamos no cenário dos conciliábulos de Cojímar, uma tarde eu digo – acho que para Blas e Aníbal – que devemos convidar os companheiros do Diretório para fazer com que se sintam parte da verdadeira direção revolucionária, para podermos começar a recrutá-los. Claro, advirto, não seriam todos. Mas há alguns que acho adequado convidar. Parece-me imprescindível que sejam incorporados, digo. De qualquer modo, eles vão ficar sabendo e se sentirão excluídos, postergados, e isso será uma fonte desnecessária de problemas. No fim, eu sempre procurava manter o Diretório sob a minha proteção. Era uma força mais coesa que os remanescentes que ainda existiam do 26 de Julho, e além disso o PSP nunca seria meu. Isto é, eu percebia

O CONTUBÉRNIO SAGRADO

claramente que não dispunha, então, de nenhum agrupamento político que responde por mim, como o Partido podia responder por Blas ou o Diretório por Rolando. Sendo o 26 de Julho o que era, uma abstração, cada vez que eu me referia à união das três principais organizações que haviam lutado contra Batista, na realidade estava mencionando duas organizações e a mim pessoalmente. Assim, sempre terminava flertando com o Diretório e até sentia por eles certa compaixão, porque eram como a Cinderela do processo. Agora, tampouco pensem os senhores que íamos sair apressados distribuindo convites ao pessoal do Diretório. O que eu queria era, simplesmente, começar a preocupar Aníbal e Blas e qualquer outro dos peixes grandes. Depois de apagar a luz e meter o lobo no quarto, disse a eles:

– Não é preciso ter pressa, de modo algum. Precisamos meditar a respeito disso e saber bem quem vamos convidar. Só propus isso como uma preocupação.

Por outro lado, eu sabia também que levar dois ou três comandantes do Diretório para Cojímar era como convidar o próprio embaixador americano. Talvez pudesse comprometer uns dois deles. Tinham que ser os mais ambiciosos, e não os mais confiáveis. Porque os ambiciosos se desprendem mais facilmente de suas convicções ideológicas quando o que está em questão é o poder. Os confiáveis, não, porque os confiáveis são idealistas, por via de regra. Faure Chomón, o chefe máximo do Diretório, era ambicioso. Era preciso pensar nele como provável candidato às reuniões de Cojímar. Rolando Cubelas, ao contrário, era confiável. Nem de brincadeira eu poderia ter a ideia de convidá-lo para uma reunião que parecesse dominada pelos comunistas.

Então, uma tarde, em Cojímar, num momento de descanso, vejo Aníbal, por uma das persianas, numa atitude de confraternização forçada com Celia.

Estão lá fora, no portão. Aníbal na frente dela e procurando, imagino, fazer-se de engraçado, porque desmonta de rir em certo momento. A receptividade de Celia à piada, seja qual tenha sido, é fria. Mal esboça um sorriso. Não deixa de ser uma situação embaraçosa para Aníbal, pois Celia, seu sorriso ou qualquer palavra que tenha a cortesia de lhe dirigir – nas poucas oportunidades que desocupa os lábios de seu sempiterno cigarro da Virgínia – são um gesto de gentileza forçada. E é isso que ela faz questão de deixar claro ao experiente dirigente comunista.

Percebo que Celia está gostando do próprio desplante. Sabendo estar a salvo por minha proteção e pelo poder magnífico que eu lhe delegava, ela dava rédea solta ao seu desprezo pela direção comunista do país, uma atitude que, confesso, sempre me pareceu exagerada e irracional.

Celia e sua família eram *avis rara* na região de Manzanillo pelo seu acentuado anticomunismo. Não era fácil encontrar esse tipo de individualidade na região habitualmente controlada pelos comunistas, apesar de ser constatada em outras partes do país e de ser quase a norma à medida que se avançava para a parte ocidental. Embora fosse um anticomunismo um tanto rupestre e carente de argumentos sérios, atendia às necessidades culturais das últimas fornadas da pequena e média burguesia *criolla*, principalmente das novas gerações de profissionais, para os quais o comunismo – e em especial os comunistas *criollos* – simbolizavam um atraso, e o que eles queriam era "avançar". O comunismo eram os negros, as greves, os tabaqueiros, os bairros pobres, os sindicatos portuários e a lembrança da aliança do Partido com o mulato Batista.[49] De modo axiomático, na mente de milhares de profissionais cubanos de meados dos anos 1950, comunistas e batistianos significavam a mesma coisa, e essa era uma visão muito convincente de aceitar, e mais cômoda ainda de sustentar. Nenhum jovem profissional cubano que acaba de se formar e respira o ar condicionado de seu escritório e traga seu cigarro Parliament ou Marlboro ou Salem vê com bons olhos a imagem do trabalhador braçal cubano preto, suarento e desdentado, que o Partido Comunista proclama redimir. Tal esforço de abstração excede os parâmetros de todas as exigências.

Sorrio para mim mesmo, enquanto contemplo através das persianas Aníbal tentando arrancar um gesto de simpatia de Celia. Estúpido, penso comigo. É desse jeito que você pretende quebrar o gelo com ela...

Fiz uma promessa a Celia. Fiz várias vezes, desde a Sierra. Eu lhe dissera que, quando tudo aquilo terminasse, ela e eu poderíamos ter uma vida normal. Estou repetindo algo textual. *Quando tudo aquilo acabasse, ela e eu poderíamos ter uma vida normal.* Será que com isso eu afirmei de algum modo que íamos nos casar? Depreende-se disso que eu estava propondo-lhe casamento? Bem, pois eu não sei de onde ela tirou semelhante ideia. E começou a me atormentar com o projeto. A solução para tal disparate – ou pelo menos para desviar sua atenção por muito tempo – me veio quando vi a cena de Aníbal com ela no portão de Cojímar.

Não podia deixar que o assunto passasse daquela noite.

Chego ao *bunker* da rua 11. Tiro a pistola. Pergunto a Celia por Gumersinda, se Gumersinda já foi embora. Gumersinda é a cozinheira, uma *prieta* – meu jeito de chamar a negra – que Celia colocou para trabalhar como cozinheira. Não, Gumersinda ainda não foi. Por quê? Ouça, Celia, estou louco de vontade de comer umas friturinhas de bacalhau. Você acha que é muito tarde para que a *prieta* prepare isso para mim? Pego, como quem não quer nada, um dos jornais da pilha muito bem arrumada sobre minha escrivaninha e a pasta com o resumo dos telegramas internacionais e, sem tirar a vista da papelada, digo:

– Quer saber de uma coisa, Celia? Quer saber? Esses comunistas estão pondo as manguinhas para fora demais. Estão se sentindo muito fortes. Veja só, hoje me disseram que, se algum dia eu me casar, seja lá quando isso for, que não poderia ser com você. Dizem que você vem de uma das famílias mais anticomunistas da região de Manzanillo. O que você acha? Não estão pondo as manguinhas para fora demais esses cornos?

Continuo folheando o jornal.

– Quem falou isso?

– E quem poderia ser, Celia? – respondo, encolhendo os ombros e sem desviar o olhar de minha suposta leitura. – O Aníbal, o Aníbal falou isso.

Em 15 de abril de 1959, convidado pela Sociedade de Editores de Jornais Norte-Americanos, chego aos Estados Unidos. Jules Dubois, um correspondente latino-americano do *Chicago Tribune*, que nos entrevistou nos dias da Sierra, distribuiu os convites e se esforçou para nos mostrar como sua presa diante de todos os poderosos americanos de sua lista de amigos. Deixamo-nos guiar por ele como cordeirinhos para que nos apresentasse a todos os grandes capitães da imprensa americana. Pode-se ver isso como o mesmo jogo que fazíamos com os americanos, mas, no caso de Jules Dubois, de forma passiva da nossa parte. O jogo resultava da conveniência, momentânea, de não ficar falando sobre nenhum dos nossos projetos de reivindicação econômica ou social com personagens que nos Estados Unidos não seriam interlocutores adequados, e muito menos através de alguém que para nós carecia de toda confiabilidade. Naquela viagem, canso-me de declarar diante da televisão que não sou comunista. No dia 19, tenho meu encontro com Richard Nixon no Capitólio. Nixon irá me descrever como "incrivelmente ingênuo" em relação ao comunismo. *Naïve* é a palavra que usa no seu relatório. Por outro lado, a data me lembrará que os símbolos funcionam, que se materializam. Dois anos mais tarde, dois anos exatos, em 19 de abril de 1961, os ianques encerram com um desastre, nas areias de Playa Girón, seu plano de destruir-nos por meio de uma ação militar que o próprio Nixon começou a forjar ao término dessa nossa conversa de três horas e meia no Capitólio.

Apenas uma exigência da minha parte: ser acompanhado pelo meu secretário, o capitão Chicho. Foi o nome que encontrei para Luis Mas Martín, um dos comunistas da turma da universidade. Era minha melhor escolha, dada sua condição de velho comunista naquela equipe de elegantes pequeno-burgueses que me acompanhou na minha primeira viagem. O único comunista que tinha ali à mão e que estava por acaso na delegação, acho que como um dos assessores jurídicos incluídos caso fosse preciso assinar algum tratado, o que era já, para começar, uma primeira obra de acobertamento, pois ele estava à frente de um dos departamentos de auditoria da Forças Armadas Revolucionárias e se dedicava dia e noite a fuzilar esbirros batistianos.

Na reunião, celebrada no escritório do vice-presidente no Capitólio, em Washington, D.C., além de Richard Nixon, Luis Mas e eu, encontravam-se dois membros do *staff* de Nixon. Eles e Luis Mas ficaram numa antessala até o fim da conversação, e foi-lhes permitido participar dos últimos minutos do intercâmbio. Desde o início, aceitei falar em inglês e dispensei o uso de qualquer intérprete. Estou convencido de que toda a conversa foi gravada por algum microfone oculto. Mas deve ter sido só para o consumo de Nixon, e ele deve ter editado a gravação posteriormente. Isso lhe permitiu situar as coisas segundo sua conveniência ao relatar a conversação. E seja qual for o encaminhamento que tenham dado à gravação, o certo é que nunca tivemos notícias de que fosse conservada em nenhum dos nichos oficiais do governo americano.

A guerra ainda não começou e eu já sei que a ganhei. Estão perdidos, disse a mim mesmo. Não me conhecem. Não me avaliam. Não sabem o que quero nem o que vou fazer. A partir de agora, irá acontecer sempre. E nessa hora compreendo que tenho a dianteira e que tanto em sua superficialidade como em sua maneira de me subestimar está – e estará – minha vitória.

Eu compreendo, apesar de tudo, a percepção de que os americanos podem ter tido a meu respeito, um jovem, um zé-ninguém, vestido em traje de guerrilha, num mundo em que Revolução significava automaticamente romper com o esquema estabelecido na América Latina, isto é, com os próprios americanos, cuja última lembrança de revolução havia sido a Guatemala de

Árbenz. Em suma, eu era talvez um obstáculo. Durante muitos anos, comentou-se que me senti ofendido por não ter sido recebido por alguém importante. Imagino que seja uma referência ao fato de o presidente Dwight Eisenhower não ter me recebido e ter se visto na obrigação de produzir não sei que estranho argumento sobre um compromisso anterior – que, além disso, se tornara ineludível – como um torneio de golfe. Eu não encarava as coisas assim. Foi uma viagem de relações públicas devido a toda aquela questão dos fuzilamentos, e na qual acho que, se houve algum fracasso, foi de ambas as partes, os dois fracassamos, pois não ver ninguém importante significava que Nixon não era importante, e estariam então sinalizando para mim que o nível máximo que eu podia alcançar era aquele zé-ninguém. De cara, Nixon começou com a cantilena das eleições a cada quatro anos. Nesse ponto, como em todos os demais da conversação, acho que fui extremamente claro. *Não haveria eleições por muito tempo*. Disse isso a ele com absoluta franqueza. O mais elementar dos meus argumentos – que no passado, as eleições em Cuba só haviam produzido maus governos – pareceu causar-lhe uma impressão duradoura, porque destacou minhas palavras com uma tradução impecável para o inglês: "*...the people did not want elections because the elections in the past have produced bad government*."

Tentei explicar-lhe que não me interessava o açúcar e que eles não poderiam utilizar nossa principal indústria para nos chantagear. Porque meus objetivos eram outros, não a economia, não o açúcar – setor que penso eliminar rapidamente como parte de nosso distanciamento em relação a eles e como parte da integração com a América Latina. Cuba estará destinada a grandes coisas: não a semear ou colher cana-de-açúcar. Será que ficou claro para ele que não me interessava o açúcar, que depois o *desbotaremos*, como nos referimos aos assuntos prestes a sair de moda? Desde o início estou vendo o objeto da chantagem americana à economia cubana: a indústria açucareira. A política de supressão da cota açucareira que seria anunciada em breve por Smathers corroborou nosso acerto em não apostar nenhuma das nossas fichas nesse produto.

Para fazer uma revolução, no entanto, não é preciso saber economia, mas apenas dominar/guiar as massas. A revolução suprime as eleições como condição *sine qua non* de sua existência. Não disse isso a Nixon, mas para mim, uma vez mais, ficou claro o apotegma leninista de que uma revolução vale pelo que sabe defender. Convocar eleições no decorrer de uma revolução é equivalente a se entregar. Volto a explicar-lhe que em Cuba não haverá eleições. Quanto à sua aula tão ilustrativa sobre democracia, liberdade de imprensa e tribunais que não devem se dedicar tão alegremente ao fuzilamento de esbirros batistianos, eu a aguentei, sem pestanejar e sem descongelar meu sorriso, enquanto seu discurso exaltado durou. Depois, ele entrou num espesso caldo retórico, quando tentou, segundo disse, pressionar-me com o fato de que mesmo acreditando no governo das maiorias, existem maiorias que podem ser tirânicas e que existiam certos direitos individuais que não se deve dar a uma maioria o poder de destruir. Não vou esquecer essa pequena bobajada. Quase 36 anos depois, por ocasião da queda da União Soviética, usei um arremedo do discurso de Nixon, ao dizer a portas fechadas num congresso do Partido que devíamos nos preparar para governar em minoria. Aprendo no escritório do vice-presidente no Capitólio que as palavras de conveniência são mais poderosas que todas as leis. Deixem-me especificar melhor. Não é que eu tenha aprendido com Nixon toda essa bobajada de maiorias e minorias. O que aprendi foi outra coisa: em política o que prevalece é o acontecimento. Eu sabia que o terreno era o grande ditador do combate. Aplicado à política, eu diria que a oportunidade é a grande ditadora da política.

Acrescento que, para mim, o melhor momento da reunião foi quando já estávamos a ponto de terminar nosso estafante intercâmbio de duas horas e 32 minutos, depois de autorizarmos nossos ajudantes a se integrarem à reunião, e Nixon, como se quisesse me surpreender com a guarda baixa, expressou de repente sua preocupação com a quantidade sem precedentes de comunistas que estavam ocupando posições-chave no Exército Rebelde. Ele me estendeu várias folhas grampeadas com uma interminável lista de companheiros do Partido que prestavam serviços na incipiente instituição armada. Eu a observava por cima quando descobri, na terceira ou quarta posição da lista, lá pela terceira página, sob a letra M, o nome do próprio Luis Mas Martín.

– Olhe isso, Chicho – disse eu, com espanto. – Luis Mas é comunista.

– Deixe ver – pediu Luis Mas Martín, com vivo interesse.

– Olhe – exclamei, e apontei para o nome:

MAS, LUIS. RANK: CAPTAIN

– Porra, Fidel, é isso mesmo – disse ele. – Luis Mas é comunista.

O CONTUBÉRNIO SAGRADO 393

– Que danado esse Luis Mas, hein! – respondi. – Você sabia que ele era comunista, Chicho?

– Não, Fidel, não sabia. É novidade.

Mas decidi cortar, de imediato, aquele intercâmbio com Luis Mas Martín, porque percebi que Nixon tinha ficado de repente na defensiva. Talvez não entendesse uma palavra de espanhol, mas podia intuir que estávamos zombando de alguma coisa. Pelo menos senti uma rude contração de seus músculos faciais sob a sombra de sua conhecida barba das cinco da tarde, que começava a ficar azulada das costeletas até o queixo. De todo modo, é evidente que acabou sabendo da brincadeira, porque não pôs uma só palavra sobre o incidente no relatório que fez ao presidente Eisenhower. Ou seja, sentiu-se suficientemente humilhado para preferir não revelar isso ao seu superior e omitir o assunto. Também, tempos depois, soube que um dos dois membros do *staff* nixoniano havia sido informado posteriormente por algum membro de nossa delegação – nunca soube quem – sobre a verdadeira identidade do meu ajudante. Ao que parece, explicaram a Nixon toda a trama da nossa zombaria, já que o hipotético capitão Chicho não era outro senão o capitão Luis Mas da lista. *The fucking Cubans.*

ESTRANHOS NA NOITE

Nenhum dos dois lados achou conveniente referir-se a uma reunião que tive em 21 de abril – dois dias depois da que tive Nixon. Refiro-me a um encontro oficial, mas de ordem estritamente reservada. Foi na nossa embaixada, a altas horas da noite. Gerry Droller era um homem de seus 50 anos, oitenta e tantos quilos de peso, constituição mediana, que fumava cachimbo, usava óculos, expressava-se com modos serenos e prestava muita atenção a tudo que eu lhe dizia, mas sem nunca me fazer sentir que estava me examinando. Durante nosso diálogo – *de três horas* –, mostrou um domínio impecável da história contemporânea. Deixava entrever os vestígios de um sotaque estrangeiro ao falar. Não era a linguagem comum de conversação que eu vinha ouvindo em meu deslocamento dos últimos dias pelos Estados Unidos. (“*¿Cómo está, señor?*”, cumprimentou-me, em espanhol, ao me estender a mão.) Nos relatórios que chegaram depois para mim, afirma-se que essa entrevista com Droller representou o “auge da minha popularidade” na CIA. Simplesmente, por meio de um jornalista que se aproximou de mim quando acabou minha reunião com Nixon, foi-me solicitado um encontro com o principal especialista em comunismo na América Latina da Agência. Iria apresentar-se como funcionário do Departamento de Estado, sob o nome de Frank Bender. Depois me dei conta de que meu embaixador, Ernesto Dihigo, e um dos membros da minha delegação, o ministro da Fazenda (ou das Finanças, como é chamado no resto do mundo) Rufo López Fresquet, estavam a par da solicitação, ou que pelo menos a intuíam. Soube disso pelo grau de excitação e pela expectativa que expressavam sobre o assunto nas horas que antecederam a chegada do emissário. Ali mesmo soube para quem trabalhavam os dois safados. Era uma das características da quase totalidade do meu Conselho de Ministros e do meu Corpo Diplomático no início da Revolução. Servir de polias de transmissão dos americanos. Na melhor das hipóteses, se é que já não haviam sido recrutados. Mas essa acabava sendo uma manifestação muito conveniente para mim, não só porque eles mesmos se identificavam como agentes, mas porque me informavam o rumo que o adversário tomava. Assim aprendi, por exemplo, que não viam a hora de eu solicitar ajuda econômica dos ianques – toda classe de empréstimos, investimentos, capital. Além disso, sua presença no meu entorno funcionava como uma guarda pretoriana habilitada em minha defesa pela contrarrevolução. Gostava de imaginá-los como os conquistadores do Velho Oeste, quando fechavam seu círculo de carroças para se defender dos furiosos ataques da cavalaria cheyene. Eram obrigados a se deslocar comigo e por isso suas esperanças ficavam cifradas nos tímidos conselhos que me sopravam ao ouvido. Mas o fato de eu manter um discreto silêncio em relação à ansiada solicitação de ajuda econômica deixava-os numa situação que poderia ser descrita como de desamparo, e aumentava durante dias o desconcerto nos círculos do poder de Washington. Meu ministro da Fazenda via as horas passarem sem que eu me pronunciasse a respeito. Até que, em algum momento, deu um jeito de convencer o outro membro da minha delegação, o presidente do Banco Nacional de Cuba, Felipe Pazos, a tocar no assunto comigo.

– Porra, Fidel – me disse Pazos, e não poupou o uso das expressões mais vulgares para desenvolver sua ideia –, peça logo alguma coisa aos americanos, eles estão doidos pra dar até a bunda pra você.

Dei-me um tempo, e com certeza aproveitei para despachar um par de baforadas de meu charuto antes de responder.

O CONTUBÉRNIO SAGRADO

– Não – disse, de modo tão equânime quanto reflexivo, e sem que fosse necessário aduzir nenhum argumento. – Não. Vamos esperar, Felipito. Não será nesta viagem. Na próxima.

Na próxima! Os senhores podem imaginar que eu seguia uma ideia de ordem estratégica e que a havia traçado com determinação e precisão. Dar entrada à ajuda norte-americana – em qualquer de suas formas, como empréstimos, doações ou investimentos – só teria servido para fortalecer esses personagens do meu primeiro Conselho de Ministros, que se tornariam seus imediatos administradores, além do que os empresários americanos e a burguesia nacional seriam os beneficiários naturais dessa entrada. Nada mais contraproducente para a minha estratégia de liquidação dos núcleos plutocráticos do país do que permitir a entrada em seus cofres de centenas de milhões de dólares.

Dinheiro para encher os bolsos dos meus inimigos? Na próxima viagem, Felipito. Na próxima. Chega o carro da CIA – com chapa oficial do US Government – em frente ao portão de ferro forjado da Embaixada de Cuba, cujas duas folhas estão abertas. Há um caminho de cimento que corre ao lado da velha mansão de três andares, e o carro para em frente ao portão. Conduzem o homem até o elevador privado que leva à frente da porta do escritório do embaixador. Os tapetes são verdes, e ainda hoje lembro como eram poeirentos, um mar de ácaros levantados pelo ir e vir dos nossos diplomatas. Com a porta do escritório entreaberta, minha habitual roupa de campanha e um livro na mão, eu o recebo. Estou com o dedo marcando uma das últimas páginas do pequeno volume, como se tivesse estado absorto na leitura. É um exemplar da edição em inglês de *As pontes de Toko-Ri*, cujo autor não me lembro agora[50] – embora tivesse visto no cinema um filme baseado na história –, que havia pegado na estante do embaixador. Avançou até mim, estendeu-me a mão quando estava a muito poucos passos e disse, não sem um certo ar de gravidade: "*¿Cómo está, señor?*" Minha resposta consistiu num caloroso: "*Por fin alguien con quien entenderme!*" Isso foi dito com contagiante alegria e olhando-o direto nos olhos, mas tomando cuidado a todo momento para não expressar dureza e muito menos suspeita, com total controle de meus gestos. Ele deve ter percebido que o recebia como a um camarada. Mas me vi obrigado a reprimir um gesto de desagrado produzido pelo contato com sua mão direita, uma mão pequena, gordinha, fofa, que me deixou um rastro de suor na pele. Mandara desocupar o escritório do embaixador Dihigo e solicitei que me deixassem à mão um suprimento aceitável de charutos e bebidas. Tínhamos as duas amplas poltronas de couro diante da mesa de nogueira preta do embaixador. Deixei o livro em cima da mesa e tive o cuidado de marcar a página em que supostamente interrompera a leitura com uma dobra no canto superior direito. O fato de eu não ocupar a caríssima, pesada cadeira reclinável – atrás da mesa – do nosso representante em Washington foi um gesto de deliberada cortesia para com meu hóspede. Ao mesmo tempo era simbólico. Mostrava ao interlocutor que eu não antepunha nada em nosso trato e que não era um homem dado aos protocolos nem aos tensos costumes do mundo diplomático. Fiz um cálculo rápido de seu currículo baseado em sua aparente idade. Cinquentão, não? "Veterano da Segunda Guerra Mundial", disse a mim mesmo. Por outro lado, havia algo inconfundível no sotaque, algo que me deveria conduzir – como um teste de DNA de captação sensorial – à origem de sua nacionalidade. *Aquele nariz de gancho*, observei. Aquele nariz e aquelas lentes de redução visual de seus óculos. Já sei, disse a mim mesmo. Em poucos segundos, a informação definitiva de sua procedência me foi dada pelo aguçamento de seu olhar, típico gesto dos míopes. *Judeu, o safado*, pensei. Com velocidade de interrogatório policial, fiz uma soma dos elementos para determinar com certa segurança de aproximação com quem estava me medindo. Vejamos, pensei. Se serviu na guerra e se é um judeu nascido fora dos Estados Unidos e se a CIA confia tanto nele a ponto de achar que pode detectar qualquer comunista que se mova entre a Patagônia e o rio Grande, então é um dos judeus recrutados por Donovan nas fronteiras com a Alemanha. Na Suíça, com certeza. E, claro, o sotaque é alemão. Ou de alguma língua associada. Um fugitivo da Alemanha nazista. Ah, meu Deus, se o que tenho na minha frente é um veterano do grupo de Donovan do Escritório de Serviços Estratégicos! A mim não vão enganar. Este é um fundador da CIA. Um osso, eu pensei. Esse cara é um osso. O qualificativo é uma provável contração, bem ao estilo cubano, de osso duro de roer, que entre nós é usado em sua extensão completa pelo desconhecimento do termo roer por parte da maioria dos compatriotas. A primeira corrente de simpatia se estabeleceu quando lhe revelei meu alívio por ter finalmente alguém com quem me entender. Passei a ampliar a noção. Isso é fácil de fazer com um veterano de guerra.

– Militar? – perguntei.

A satisfação que lhe causou minha pergunta foi logo correspondida com um gesto de falsa modéstia e uma insinuação:

– Mais ou menos, comandante Castro. Mais ou menos.

Típico de quem passeou durante a guerra operando como um vil dedo-duro de qualquer um dos serviços especiais. Agradecem com veemência que você os compare com um oficial de linha.

– Mais ou menos o que se considera um militar, certamente. Pelo menos, desde jovem, a única coisa que tenho feito é receber ordens.

A resposta continuava num nítido castelhano, embora com os mesmos distantes sotaques de certa incômoda rigidez que escapavam de vez em quando. Convidei-o a se sentar, apontando-lhe a poltrona. Procurei manter uma compostura compatível com a sua serenidade, e repeti a mim mesmo que não deveria levantar a voz nem interrompê-lo, em hipótese alguma. Principalmente, ao ocupar minha poltrona, repeti a mim mesmo que era inadequado continuar com aquele costume *criollo* – ao qual me sinto tão apegado – de ajeitar os testículos com uma ostensiva manipulação por cima da calça naquele ato de me sentar. A seguir houve um gesto de inconfundível camaradagem. Algo que chega a ser recebido até como demonstração de ternura. De cima da mesa, sem ter que me levantar, porque me ficava ao alcance da mão, a direita, peguei a caixa aberta dos H. Upmann número 4, coloquei-a diante de Droller, à altura de seus óculos, e falei, em tom de brincadeira:

– Vamos dar utilidade a esse saque de guerra.

Então percebi seu cachimbo. Droller também pareceu se surpreender naquele instante com seu equipamento e viu que, diante de uma caixa – com a tampa de cedro levantada – de H. Upmann número 4, seu cachimbo era um estorvo. Por isso procurou logo um cinzeiro, convenientemente colocado numa mesinha à sua direita, e com duas ou três pancadinhas hábeis, esvaziou o fornilho de seu cachimbo, e o deixou recostado ali e com o fornilho voltado para o fundo do cinzeiro. Esvaziá-lo, de qualquer modo, havia sido algo desnecessário, pois o cachimbo estava apagado. Ele o trazia na mão – calculei – provavelmente como um recurso contra a ansiedade, ou por puro hábito. Incentivei-o a pegar mais de um charuto. Expliquei que eram da reserva do embaixador. A traquinagem do roubo. Eu mesmo enchi a mão com cinco ou seis daqueles excelsos produtos da pátria e separei um, e o resto enfiei num bolso da jaqueta. Ele, tímido, mas já totalmente comprometido comigo em cometer o delito, pegou quatro havanas. Conservou um na mão, e os outros três foram para o bolso de seu paletó xadrez com reforços de couro nos cotovelos.

– Já, já, a gente pega mais – disse eu, piscando um olho e fazendo o possível para projetar o que eu pretendia que fosse um sorriso malicioso.

Rimos os dois, de novo. Dei-lhe uns soquinhos no ombro, como se fossem *jabs*, só que em câmara lenta. E nosso riso era contido, como se não quiséssemos que fosse ouvido lá fora. Ficávamos de bochecha inchada com os acessos de riso que precisávamos conter dentro da cavidade bucal. Ele me olhava. Estava feliz. Radiante, o rabino. Pegamos nossos charutos e criamos a grande invocação mágica das fumaças e estávamos prontos para a conversa e para que, depois desse início, e da trincheira comum que havíamos conseguido, nos dispuséssemos a acoplar nossos interesses. Todos eles. Não ia sobrar nada em que não ficássemos de acordo, com certeza. Eu não tinha nenhum problema, é claro, em servi-lo com os argumentos que ele – era evidente – se propusera a obter de mim. Nesse sentido, era um diálogo, para mim, muito simples de conduzir. Porque eu sabia tudo o que ele procurava, tudo o que desejava ouvir. Assim que me solicitaram a reunião, consegui definir seus objetivos. Anticomunismo e campo aberto para os investimentos. E sem esquecer as suspeitas que estavam recaindo sobre o Che e sobre meu irmão Raúl. Primeiro fiquei em guarda, como uma reação defensiva lógica da minha parte. Mas aceitei o pedido. Nixon não havia concordado comigo, nem um pouco, e estava reagindo de maneira muito negativa. Não tanto pela clareza meridiana com que lhe enumerei alguns de meus projetos revolucionários, mas pelo menosprezo com que eu o tratara. Os dois – e não sabem quanto me incomoda confessar isso – transformamos um assunto político em algo pessoal. Mas, também, o Richard Nixon me veio com cada uma! E foi isso o que mobilizou a CIA. Tinham que procurar uma resposta imediata, mais de acordo com seus interesses daquele momento, para opô-la à reação visceral de Nixon. Assim que me despedi e atravessei a porta de seu escritório no Capitólio, ele deve ter tirado do gancho seu telefone de linha segura e pedido que o pusessem em contato imediatamente com Allen Dulles. E, para começar, teria exigido que lhe servissem minha cabeça numa bandeja. Foi assim que, apenas algumas horas depois de minha reunião com Nixon, e muitos anos antes que fosse publicado seu famoso relatório sobre minha visita, eu já sabia qual fora o efeito que lhe havia causado. E agora eu precisava ajudar a CIA a restabelecer uma imagem mais positiva de mim mesmo. Era preciso lhes atirar uma corda para que salvassem as aparências. Bem, pois aí tinha eu, na minha frente, o funcionário que deveria voltar ao escritório de Allen Dulles com um relatório que servisse para opor ao que Nixon já tinha concluído e sobre o qual, afinal, seria montada a trama completa da política norte-americana em relação a Cuba no próximo meio século. Gerry Droller, o homem que, dentro de muito poucos meses, apareceria aos olhos do mundo como um dos meus mais furibundos inimigos, que se apresentaria em Miami como o famoso Frank Bender, ou "Mister B.", o chefe operacional da CIA durante os preparativos da invasão da baía dos Porcos. O que coordenava tudo. O que manipulava os cordéis. Vocês só têm que digitar nas teclas de seus computadores o nome de Gerry Droller ou o de Frank Bender, para se abastecerem de uma impressionante quantidade de sites da web que o citam, descrevem, destacam, e quase nenhum sob uma luz favorável. Judeu. De origem austríaca. Nascido na Alemanha por volta de 1905. Colaborou estreitamente com o Escritório de Serviços Estratégicos e com os *maquisards* franceses. Eu fui muito desenvolto e rápido em relação aos meus compromissos. Decidi com ele que era um imperativo excluir os comunistas que houvessem se infiltrado no Exército Rebelde, e também que precisava me livrar do Che, tirar ele de cima de mim do jeito que fosse possível. Ensaiei uma espécie de desculpa por tê-lo deixado entrar na minha força revolucionária.

– Não conseguimos outro médico que quisesse nos acompanhar.

Falei de promulgar de imediato algumas leis em benefício da empresa privada e terminei com um velado ataque (afinal, tratava-se do meu irmão!) a Raúl, um jovem "excessivamente imprudente". Deixei no ar, inclusive, a ideia de uma comissão verificadora, que confirmaria se os comunistas haviam sido devidamente reprimidos.

– Os senhores podem nos ajudar muito no saneamento do ambiente político cubano – disse ele, com absoluta convicção. – Quem é que tem a experiência dos senhores nesse terreno?

Seja qual for hoje a opinião de analistas e historiadores sobre a utilidade estratégica de sua missão, o certo é que ele saiu das três horas comigo dizendo que a revolução *era deles*. Entendo que isso tenha sido mostrado posteriormente como um dos grandes momentos de ridículo da CIA. Ele também comentou com nosso ministro da Fazenda, depois célebre contrarrevolucionário, Rufo López Fresquet, que o esperava no portão da embaixada:

– Castro não só não é comunista, como é um firme lutador anticomunista.

Seria um grave erro eu acreditar que deixava um homem convencido pela solidez dos meus argumentos e pela minha loquacidade. Quem estava lá era um profissional. Limitava-se a cumprir seu ofício.

Do que eles precisam? De um relatório? Favorável a Castro? Para quando? Fui advertido por ele logo no início da nossa conversa. Desde jovem, a única coisa que fiz foi receber ordens. Isso era tudo. Pura tarefa.

Como resultado do que chamei de meus "compromissos com Nixon" (decidi colocar a coisa desse modo ao voltar para Cuba, embora mais importante do que Nixon tivesse sido minha conversa com Frank Bender em 23 de abril), tirei todos os comunistas do Exército Rebelde... para relocá-los (e isso já não tem nada a ver com os "compromissos com Nixon") no nascente G-2 revolucionário, que logo foi colocado – como os senhores já foram informados – *sob o controle parcial* de veteranos do velho Partido Comunista, os Aníbal Escalante, os Osvaldo Sánchez e os Isidoro Malmierca.[51] E com pelo menos Sánchez e Malmierca identificados positivamente como da KGB. Mas é Aníbal Escalante quem está à frente do negócio, de momento nominalmente.

Urrutia foi um caso de implementação mais fácil. Só precisei aparecer uma madrugada no *Revolución* e compor a manchete em tipos que cobrissem a primeira página inteira, e que eram chamados – me explicaram isso na gráfica do jornal – de "tipos de pau". Como nas caixas não existia esse tamanho que eu estava solicitando, foi preciso confeccionar os tipos em madeira. Na edição de 17 de julho de 1959, com a violência da melhor e mais espessa tinta vermelha que foi possível conseguir nos depósitos, meus tipos de paus anunciaram:

FIDEL RENUNCIA

E à noite fiz um pronunciamento pela televisão para reforçar a notícia. Uma renúncia minha de mentirinha – ao cargo de primeiro-ministro – para forçar a renúncia verdadeira do Cidadão Presidente. E a que diabos eu estava renunciando? Ao cargo que ocupava desde 16 de fevereiro. Durante esse mês e meio da chegada das tropas rebeldes a Havana, eu tentara me manter resguardado do governo, para poder desfrutar de total liberdade de manobra e não precisar aparecer à frente de nenhuma atividade oficial que pudesse comprometer meu nome em assuntos incômodos ou que me obrigassem a trazer à tona alguma de minhas manobras conspiratórias paralelas. Mas já começava a correr o perigo de que a instituição do executivo escapasse totalmente de meu controle. Até aquele momento, o Palácio me servira para pagar minhas dívidas com os políticos da velha escola que, de uma ou outra maneira, acumulei no decorrer da guerra revolucionária e com os quais contraíra inevitáveis compromissos. Seu desfile pelo poder, durante esse breve lapso, me serviu também para demonstrar a todo o povo a inépcia desses homens para o comando de uma revolução. Por último, estava checando pela primeira a validade da tese leninista de que a melhor maneira de destruir uma linha política é torná-la poder. Assim, disse ao bom Miró Cardona que ele estava encerrando suas funções de primeiro--ministro do Governo Revolucionário e perguntei se lhe convinha a embaixada em Madri. Foi desse modo que assumi o cargo de primeiro-ministro: na despensa do segundo andar do Palácio, mandando coar um café fresco e mordiscando um charuto para arrancar sua ponta e deixar que a fumaça corresse suave, sem embaraços. Não posso imaginar ainda de que maneira esse homem conseguiu enfrentar os infortúnios dessa nossa raça de políticos que se cagam de medo dos americanos, quando, primeiro, eu lhe tirei o cargo de primeiro--ministro como se tira um caramelo da merenda do colégio – e ele mesmo teve que levar a má notícia à embaixada – e, depois, na Espanha franquista, quando o generalíssimo Francisco Franco em pessoa o recebeu para conspirar contra os americanos!

– Transmita da minha parte ao seu comandante Castro – diz o generalíssimo, a modo de conselho – que, com os americanos, deve-se sempre concordar e depois fazer o que der na telha.

Franco, evidentemente, via as coisas sob a ótica da velha escola. Não entendera, até aquele momento, que minha política se baseava na confrontação com os americanos e não na esquiva. Quanto a Miró, coitado, o fim de sua carreira política em aliança com os ianques terminou de maneira bastante simbólica. Evidentemente, eu calculava que ele não demoraria a abandonar nossa sede diplomática em Madri e aparecer pouco tempo depois em território americano. Era uma conduta deliberada nossa facilitar o asilo para eles. Sempre adotei o critério de ter o pátio o mais limpo possível de inimigos, e nunca reter essas personalidades que apelam a um público tão reduzido de interessados. E, seja como for, para os americanos ele pareceu o tipo ideal para encabeçar o governo civil que eles preparavam em conjunção com os planos de invasão militar que

402   A AUTOBIOGRAFIA DE FIDEL CASTRO

resultaram no desastre de Playa Girón, tão conhecido por todos, e no qual – entre os cerca de 2 mil expedicionários capturados por nossas forças depois de terem sido abandonados à própria sorte pelas autoridades norte-americanas que tinham assegurado a eles todo tipo de apoio naval e aéreo em caso de dificuldades – estava também o filho de Miró Cardona. Se eu tivesse retido o velho Miró durante duas horas numa prisão e o tivesse fuzilado, hoje ele seria mais famoso do que a Virgem de Fátima. Seria o mesmo velhinho cagão e inócuo, só que convertido em deidade internacional em virtude de uma medida repressiva minha. Entenderam a lição?

Minhas razões para me livrar de Manuel Urrutia, no entanto, eram legítimas. Urrutia era um obstáculo à aceleração do processo. Autoconfiante demais, limpo demais, decente demais. Era preciso despachá-lo. Ele, de qualquer modo, teve bastante sorte: tornou-se o primeiro presidente em escala continental cujo mandato foi interrompido de maneira abrupta e efetiva, mas sem se derramar uma só gota de sangue. Por um instante de absoluta ingenuidade de sua parte, o dr. Urrutia contemplou a possibilidade não só de governar, mas de fazê-lo numa República cuja aspiração era a estabilidade e o progresso. E nada mais reacionário, em determinadas etapas do processo, do que essas aspirações. Além disso, o axioma inexorável de toda participação num processo como o nosso é o do homem ao qual se atribuem tarefas, e uma por vez. Seu dever é cumprir a tarefa designada. O da Revolução, não lhe encarregar mais de uma por vez.

A única tarefa que Urrutia soube cumprir cabalmente foi a de renunciar naquela mesma noite, uma tarefa da qual foi informado, digamos, meio de soslaio, quando assinou com toda a pressa um papelzinho timbrado da Casa Presidencial e o pôs sobre a mesa de seu escritório, enquanto me via falar mal dele por todas as emissoras do país em cadeia. Tenho informações de que demorou muito naquela noite para me culpar por sua desgraça. Durante todo o tempo que durou a transmissão de meu pronunciamento contra ele, continuou achando que eu agia pressionado por forças alheias, e identificou em princípio Raúl como o principal instigador. Só quando já era mais de meia-noite é que ele começou a bater a mão na cabeça e gritar:

– Que estúpido eu fui!

E depois de se bater durante um bom tempo, sintonizou seus pensamentos em outra frequência. A sessão de surra autodesferida teve lugar diante do severo olhar de Esperanza Llaguno Aguirre de Urrutia, sua mulher, que, por certo, não fez nada para detê-la nem mesmo para apaziguar.

Naquela hora, a preocupação de Urrutia já era outra. Era se sairia com vida dali, se eu não havia *sublevado* [*sic*] um milhão de havaneiros para que assaltassem o Palácio. Mas já haviam sido tomadas todas as precauções, como podem imaginar, e o comandante Efigenio Amejeiras colocara um cordão de isolamento em volta do perímetro externo do Palácio, junto com duas companhias da Polícia Nacional Revolucionária armadas com fuzis FAL. Tinham o duplo propósito de não permitir que se aproximasse nenhum imprudente e também de não deixar sair o presidente e sua *entourage* familiar, até que eu desse a ordem. Essa ordem veio tarde no dia seguinte, para permitir que amadurecessem no interior da edificação, onde, além disso, não fora deixado um só telefone com linha externa. Isso para que não tivessem a menor dúvida de que não deveriam voltar mais lá. Acho que foi o próprio comandante Amejeiras quem se apresentou no Palácio, deu uma olhada no painel da área de serviços do andar térreo, onde ficavam as chaves dos carros da frota presidencial, pegou um Cadillac e levou a família Urrutia embora.

Depois Efigenio me contaria que a parte patética foi se apresentar na área de serviços para escolher uma chave e descobrir um mulato velho enfiado num uniforme verde-oliva e com enormes óculos escuros de armação de plástico e enormes divisas de capitão na ponta da gola. Uma rápida checagem revelou a Efigenio que ele carregava uma Colt .45 na cintura, do lado direito. Em princípio, o homem pareceu a Efigenio um boneco de cera. Sorria de maneira permanente, com um sorriso de complacência inexplicável e que em princípio podia ser tomado como zombaria ou como estupidez. E – o que foi desconcertante para meu chefe de polícia – a intensidade dramática dos acontecimentos que estavam se desenrolando no entorno não parecia afetar aquela figura hierática que, era evidente, tampouco se incomodava em ser tratado como um volume a mais num armazém. Até que Efigenio compreendeu de quem se tratava.

– Capitão – disse-lhe.

O homem moveu instintivamente a cabeça para a direção da voz.

– Diga, diga – incentivou.

– Como vai o senhor, capitão? – cumprimentou Efigenio. – Quem lhe fala é o comandante Amejeiras. Lembra de mim?

– Às ordens, comandante, às ordens – respondeu o homem, que girara a cabeça outra vez na direção do que ele devia considerar um centro aproximado do eixo desde o cenho até o queixo em relação ao tronco, que todo militar de carreira sabe manter.

– Tudo em ordem, capitão. Tudo em ordem – disse Efigenio. – Só uma rotina de controle.

– Aqui, às ordens – insistiu o homem.

– O senhor fique tranquilo – disse Efigenio, que já tinha nas mãos o tilintante molho de chaves do Cadillac 03.

– Ah, que bom – disse o homem. – Muito bom.

– Estou de saída, capitão – explicou Efigenio. – Há algo em que possa servi-lo?

– Não. Não me aflige nenhuma necessidade – respondeu. – Estou me sentindo muito satisfeito.

– Bem, capitão... – começou Efigenio, com a usual retórica cubana para uma despedida informal (e o que não seria informal em nossos preceitos linguísticos?), quando o homem, ainda com a cabeça firme no eixo estabelecido, perguntou:

– E como o senhor me disse que se chamava?

Efigenio pensou por um instante em trocar o nome, só de brincadeira. Com certeza qualquer nome teria servido. Mas ficou com pena do pobre homem incapacitado. Além disso, Efigenio sabia que se tratava de uma espécie de protegido meu, pois não haveria outro modo de explicar que um cego carregasse uma pistola calibre .45 na cintura. Tampouco era admissível que ele faltasse com o respeito a Pedro Sarría Tartabull, o tenente de Ordem Pública do Esquadrão 11 da Guarda Rural que me salvara a vida depois do assalto ao quartel Moncada e que eu designara capitão ajudante permanente do presidente da República. Os presidentes podiam ser removidos, mas o cargo de Sarría era vitalício. O glaucoma já estava avançado quando a Revolução triunfou, mas eu me fiz de desentendido em relação a todas aquelas aflições suas e fui pessoalmente até sua casa para nomeá-lo para o cargo. Batista o expulsara do Exército sem lhe dar direito nem à aposentadoria. Também fiz com que lhe pagassem tudo o que o Exército lhe devia.

– Comandante Efigenio Amejeiras – virou-se para identificar-se Efigenio.

– Pois se puder me fazer o favor – disse Sarría, e começou a tatear a superfície da escrivaninha, procurando papel e lápis. – Por favor, assine para mim um comprovante pelas chaves que está levando.

Primeiro – por solicitação própria – Urrutia foi conduzido à casa de uns parentes, onde quis "repousar" um pouco. Combinaram que Efigenio iria recolhê-lo no dia seguinte para levá-lo ao aeroporto. Efigenio tinha ordens expressas minhas de tratá-lo como presidente o tempo todo, até a escadinha do avião, de responder por sua vida e, acima de tudo, de não fumar maconha durante o caminho.

– Se estiver com vontade – adverti –, fume logo agora.

PARTE CINCO

O PODER É PARA SER USADO

Em todo Estado, frágil diante de uma guerra de evidente aniquilamento, mas cuja hora indecisa ainda não soou, é um dever dos homens prudentes, firmes e desinteressados se disporem para a luta inevitável, empreendê-la no momento mais favorável e fortificar por uma ofensiva estratégica os cálculos de uma política de defesa; mas coíbam por todas as partes a preguiçosa e covarde multidão dos que adoram o bezerro de ouro, dos anciãos, dos debilitados pela idade e dos homens levianos, que, querendo viver e morrer em paz, esforçam-se em retardar a qualquer preço a batalha decisiva.

– Theodor Mommsen, *História de Roma*

18. QUÃO ÓRFÃ É A DERROTA?

Havia algo que Raúl não conseguia entender, com suas pressões permanentes para que eu declarasse os objetivos socialistas da Revolução. Entendo que ele estivesse preocupado com o rumo de meu azimute ideológico e, a meu ver, navegar por todas as águas, ora com esse grupo revolucionário, ora com aquele outro, ora com setores da burguesia, ora com os comunistas, ora com os americanos e, um pouco mais adiante, ora também com os soviéticos. Talvez muitos de meus leitores não acreditem, mas é bom que saibam que nem Raúl tinha acesso à intimidade de meus pensamentos – o que agora poderia ser considerado como "conspiração" –, e muito menos, com certeza, tinha acesso às minhas ideias de manobra. Cumpridas nesse sentido quase todas as expectativas da minha vida e não me sendo mais obrigatório ocultar nenhum dos meandros de meus procedimentos, vou lhes dizer algo mais. Nem eu mesmo sabia exatamente qual era a ideologia final a adotar, nem para onde deveria conduzir as tais ideias de manobra. Tudo – para dizê-lo logo – dependia das ofertas. De quem e de como me garantia o poder. A permanência nele. Sua consolidação. E isso iria se mostrar ao longo do caminho, e eu precisaria ter a habilidade de identificá-lo. Portanto, de momento, navegava, ou melhor, pairava entre todas as correntes políticas da história contemporânea – em busca do meu remanso.

Meu irmão, evidentemente, acreditava que colocar a Revolução desde o início sob as bandeiras vermelhas dos socialistas lhe traria um triunfo – sob medida para o limiar de sua inteligência –, e um triunfo que poderia ser qualificado como total. E, além do alívio espiritual que significam todos os triunfos, também lhe

410   A AUTOBIOGRAFIA DE FIDEL CASTRO

poderia proporcionar uma forma de poder sobre mim. Como era o tipo ortodoxo e metódico por excelência, a escola do socialismo soviético ou chinês ou de
qualquer dos socialismos existentes no mundo naquele momento lhe cabia como
uma luva para que me enfiasse em seu curral. Havia algo complicado que definitivamente ele não entendia, e era a questão do dia seguinte. Como todos os comunistas latino-americanos da época, Raúl tinha aquela visão de barricada, que
permeou o movimento comunista internacional a partir das apologias de Marx
sobre a Comuna de Paris. E que também decorre da influência dos métodos stalinistas sobre o movimento, que lhe imprimiram aquelas características religiosas
tão necessárias à sua visão do socialismo num só país. Não se esqueçam nunca
desta afirmação ao estudarem os anos iniciais da Revolução Cubana. *A construção
do socialismo num só país*. Não nego que no seu devido momento fosse uma ideia
criativa e que lhes permitiu, primeiro, a existência da Revolução de Outubro, isto
é, que os bolcheviques pudessem propô-la como uma realidade alcançável; depois, lhes permitiu sobreviver. Já sabiam, na época, que não podiam contar com
ninguém e que teriam que se virar sozinhos. Mas esse foi o monstro lento e esqui-
vo com o qual tivemos que lutar. Tirando alguns entusiastas na URSS, que, além
disso, não ocupavam então nenhum cargo de importância, não foi fácil convencer
aquela pesada maquinaria político-militar a se mover com benevolência e generosidade a nosso favor. A verdade é que nosso principal aliado e fornecedor vinha
treinando há quase cinco décadas para existir em estado de absoluta reclusão. O
luxo máximo que sua tese estratégica do socialismo num só país podia se permitir
era incluir em suas fronteiras próximas as chamadas democracias populares, ou
os chamados países da Europa do Leste – que, afinal, eram administrados como
as demais repúblicas soviéticas. Mas bastava estarem um pouco mais afastadas ou
não deverem sua independência aos tanques do Exército Vermelho – Iugoslávia,
China – e vejam a quantidade de problemas que lhes trouxeram. E os vietnamitas
depois, que não pararam até que se enfiaram em sua guerra contra os americanos.
Agora imaginem os senhores uma ilhazinha na casa do caralho, a mais de 10 mil
quilômetros de distância e carente dos habituais recursos naturais, pelo menos
os mais elementares, como petróleo, querendo estabelecer uma aliança tão perigosa e de custo tão elevado. Enfim, tudo que o stalinismo podia oferecer era a
morte, desconectar você desta merda que é a vida, se, no fim, camarada, com o
seu fuzilamento, você acaba fazendo um favor a este mundo promissor que será
a terra quando chegarmos ao paraíso proletário – ah, e um último serviço, não se

esqueça de gritar vivas ao paizinho Stalin quando derem a ordem de fogo. Isso. Em uníssono. Excelente se você conseguir em uníssono. Vai se lembrar disso? Viva a Pátria. Viva Stalin. Calculem, portanto, que interesses poderiam provocar no Kremlin os mártires que se empilhavam fora de suas gélidas fronteiras. Quem se condoeu no Kremlin pela morte de um só de nossos companheiros? A quem era possível comover ali? Assim, portanto, o desejo de Raúl de converter Cuba numa espécie de Ucrânia colada às praias de Miami era, de meu ponto de vista – mas com outro coprotagonista – análogo ao que resolvi chamar de efeito do dia seguinte: os ianques nos arrasariam, enquanto eles – Raúl e os seus – tornar-se-iam mártires. Já havíamos tido aquela questão do desembarque no Panamá enquanto eu viajava pelos Estados Unidos – instigado por ele e pelo Che – para me pressionar a um confronto com os ianques, fato ao qual já me referi. Mas ele insistia com a ideia. De modo que eu lhe dizia:

– Porra, Raúl, você não está preparado para o poder. Você foi educado apenas para morrer.

Por isso, penso, ficava tão louquinho de vontade de dar os tiros de misericórdia. Por isso matava tanto. Pois, afinal, era como abreviar um caminho para o lugar onde as almas como a dele já estavam em suspensão e onde não era incômodo nenhum receber qualquer quantidade de novos ingressos. Ele era muito stalinista nesse sentido. Quero dizer que tinha sua própria noção de humanismo. E costumava ver o ato de matar um homem como uma espécie de desconexão – inclusive, para falar dos fuzilamentos, fazia com a mão o gesto de quem desliga um interruptor de eletricidade na parede. Essa espécie de desconexão é a parte que eu relaciono com uma visão tão específica do humanismo, porque o que faziam era compensar a vítima. Para que tanto apego a essa vida no paraíso dos exploradores, dos inimigos da classe operária?

Lembro dessas conversas principalmente no meu escritório do edifício do INRA.

Raúl, com ares muito juvenis, arejado e leve em seu uniforme de gabardina, já fazendo uso do novo traje de mangas curtas, sua estrela de comandante num círculo de prata como único distintivo de sua hierarquia militar sobre as duas dragonas, sapatos de corte baixo e com os cadarços meticulosamente amarrados, sua pistola Browning High Power na cintura, numa cartucheira de couro preto, muito poucas vezes com boné ou boina, mas com seu abundante cabelo liso preto cortado e penteado com todo esmero.

– Você não quer o palácio, Raúl. O que você quer é uma vala comum. É isso o que vai acontecer. Vão empurrar nossos cadáveres com escavadeiras.

– É preciso se definir, Fidel – dizia-me, com uma voz que cada vez impostava com maior força em seus tons graves. – Definir.

Eu o ouvia e a primeira coisa que pensava era, porra, esse cara vai pegar um câncer nas cordas vocais.

– Não tem que definir porra nenhuma, Raúl.

Ele continuava sem entender.

Uma estratégia nos teria fixado num curso, nos teria tornado fáceis de abater.

– Raúl – explicava –, para que você quer um rumo? Talvez você queira dizer uma estratégia.

– Claro, Fidel.

– Uma estratégia?

– Uhum.

– É isso o que você quer? Uma estratégia?

– Uma estratégia.

– Mas você não percebe que se a gente traçar uma estratégia e fixar um rumo estaremos caindo imediatamente numa emboscada? A única coisa que o inimigo precisa saber é para onde nos movemos para daí se posicionar e armar uma emboscada. Percebe?

Não respondia. Engolia em seco. Outra batalha perdida diante de mim.

Eu desviava logo para um assunto mais ameno, mas com muito cuidado para que não se transformasse em algo humilhante. Esse tipo de gentileza pode se mostrar contraproducente na dialética de uma conversa entre conspiradores e principalmente com alguém que se considera numa posição de relevância e poder, mas que se sabe em permanente desvantagem intelectual com você. A partir desse pressuposto, você nunca é encarado como um chefe, mas como um objeto de inveja e de ressentimentos, e precisa aprender a manejar as coisas com muito tato, porque a qualquer momento o espírito de comunicação natural implícito numa cadeia de comandos se quebra e dá lugar a uma relação de questionamentos inibidos mas muito viscerais, sempre se acumulando e sempre tendendo à traição. De modo que, na hora de desviar para um tema mais ameno, você deve fazê-lo com rapidez e com um assunto que verdadeiramente o preocupe, e que mostre seu interesse até pelos aspectos mais simples da vida pessoal de seu interlocutor.

– Como anda a gravidez da Vilma? – perguntei. – De quantos meses ela está agora?

Evidentemente, você logo passa de novo para o tom conspirativo. Só que agora não para rejeitar suas ideias, mas para compartilhar uma tarefa. No caso de Raúl, o assunto com o qual você poderia ocupá-lo mais intensamente era a repressão política.

– Olha, Raúl. – Estou passando um braço por cima do ombro dele e falando-lhe ao ouvido, naquela excludente gaiola de Faraday que sabemos estabelecer de forma imediata e sem que importe o fato de estarmos sozinhos no escritório que montei para mim no INRA e onde ninguém está autorizado a entrar.

Ao reconstruir a cena, meu braço por cima dos ombros de Raúl, e eu confiando-lhe outra tarefa ao ouvido, penso na quantidade de vezes que encomendei assuntos de todo tipo conjurando o mesmo gesto sobre milhares de companheiros. É quase um impulso de projeção automática: onde haja uma tarefa e um homem a quem deva ser confiada, a articulação do meu ombro direito já está fazendo meu braço levantar e se estender até a região superior de um torso para estabelecer a comunhão. Acho que se eu tivesse que decidir que expressão de linguagem corporal tem maior poder simbólico na minha história de líder revolucionário, escolheria esse sem hesitar. Bem, tenham os senhores certeza de que fiz quase toda a Revolução Cubana colocando os homens sob o peso de meu braço direito, o que não costuma ser uma posição incômoda para mim, isto é, que se eu não pareço estar dependurado nos meus camaradas isso se deve à minha estatura de 1,88 metro e ao fato de eles terem em média uma altura inferior à minha. Isto é, eu quase que descanso em cima deles enquanto lhes segredo qualquer missão que lhes atribua.

– O nosso problema – continuo, naquele tom confessional de praxe – é que temos duas frentes para controlar: a Revolução e a contra.

Seus olhos brilham. Ele assente imediatamente.

– Duas frentes – repete Raúl.

– Você percebe? – pergunto. – Duas frentes para controlar.

– Duas. Duas – responde.

Agora, enquanto escrevo, penso que desde muito cedo aprendemos a nunca falar claro e a manobrar em todos os terrenos, de modo que jamais saibam quando estamos emitindo um sinal falso ou seguindo uma linha coerente de governo. E tem sido assim particularmente aos olhos dos americanos, depois com os soviéticos, com o próprio Raúl, com o Che e até com os chefes da minha escolta. A estes últimos, com muita frequência, saindo da minha casa, digo que estamos indo para o meu escritório do Palácio da Revolução e, na metade do caminho, refestelado no assento de trás de minha limusine Mercedes, toco o ombro do coronel Mainé ou do coronel Joseíto, depende de quem estiver à frente do negócio, e digo: "Melhor irmos para Mampostón", que é na direção absolutamente contrária. Lembro que uma vez, por volta de 1966, quando havia iniciado uma perseguição implacável contra o último bastião dos velhos comunistas, que eu chamei de "a microfração", um grupo que começava a se desenvolver – um rápido crescimento, por certo – em torno de Aníbal Escalante, o antigo secretário-geral do Partido, mandei um companheiro nosso, o capitão Osmany Cienfuegos, fazer um discurso num ato na Escola Nacional de quadros do Partido sobre o tema "Quem disse que somos socialistas?". Raúl se mostrou muito ofendido quando soube dessa conferência. Veio me apresentar suas queixas. Achava isso um sacrilégio, depois de minha declaração poucos anos antes do caráter socialista da Revolução – a que fiz às vésperas da batalha de Playa Girón – e do sangue derramado em função desse conceito, sob essas bandeiras. No dia 16 de abril de 1961, na despedida fúnebre em Havana das vítimas dos bombardeios aos nossos aeroportos como prelúdio à invasão militar, declarei, ao término, o caráter socialista da Revolução. Havia escolhido o momento exato, a oportunidade precisa e inequívoca. Com o país inteiro inflamado pela covarde agressão e com minhas tropas em pé de guerra – sendo que naquele momento todos os meus seguidores eram parte da enorme estrutura militar em que se convertera a Revolução – e diante da iminência do ataque, quem iria se interpor a mim? Enfim, a sorte estava lançada. E, para não deixar resquícios aos vacilantes, um segundo depois de declarar o caráter socialista de nosso processo, decretei o Estado de Alerta Máximo para toda a nação.

Cinco anos depois, Raúl queixava-se comigo. Eu lhe dizia que não se preocupasse, que também tínhamos mártires de contendas ideológicas anteriores. E que cada um morre em sua hora por aquilo em que acredita. "Você entende?", dizia eu.

Era teimoso. Era obstinado. Era unidirecional. Mas, como todo homem com essas características, assim que captava a conveniência da nova ideia e se deixava cativar por ela, investia toda a sua teimosia e obstinação na nova direção. Mas era preciso ser um paciente mestre da persuasão para fazê-lo descartar as anteriores. O difícil era fazê-lo mudar. A tarefa de abrir espaço no seu cérebro para a racionalidade de uma concepção adversa, eu, intimamente, a chamava de Operação Broca. Do meu ponto de vista, as origens não são de modo algum políticas, e é imprescindível procurá-las nas camadas mais profundas de sua psique. Era sua necessidade inextinguível de arrumar inimigos. Ele não entendia o sucesso de suas ações pela quantidade de aliados que conseguia, mas pelos adversários que o enfrentavam. Acho que a única explicação está no componente feminino que domina sua personalidade. Raúl é instável. Raúl é de golpes baixos. Raúl é indecifrável.

Há muitos anos, na verdade, tentei lhe ensinar um dos meus princípios básicos de conduta estratégica. O princípio de que somos nós que escolhemos nossos inimigos. Trata-se de definir uma espécie de categoria, uma aristocracia muito seleta ou clube privado, onde só entram os personagens que você considera seus mais irreconciliáveis e encarniçados adversários. *Somos nós que escolhemos nossos inimigos.* Ponham isso na cabeça e desfrutarão de longos anos de imperturbável liderança. "Mas... e os outros?", perguntarão vocês. "O que fazemos com os outros?" Pois bem, nada. Os outros não existem. Ou, no máximo, os outros são aqueles cachorrinhos de madame, histéricos, que a gente ouve latir – ou melhor, quase guinchar – quando passa perto deles. Se desisti de educar Raúl nesse princípio foi porque também me dei conta de que a melhor situação em que você pode manter os homens de sua *entourage* próximos é dar um jeito de ficar rodeado de inimigos. Nada os torna mais fracos e mais assustados. Além disso, é uma excelente maneira de usá-los como escudo ao desviar para eles a atenção de potenciais agressores. Não acho necessário explicar a essa altura que, em termos dos procedimentos do poder, na Revolução Cubana a relação de sangue entre mim e meu irmão não tinha nenhuma importância. Podem ter certeza de que o volume de sangue era de menor peso específico de toda a história. E que Shakespeare teria morrido de fome conosco. Não há possibilidade de desenvolvimento de uma tragédia quando se trata de enfrentar meus grupos operacionais de Segurança Pessoal. E, nesse caso, o importante não seria a plena consciência de Raúl de que eu não iria perdoar-lhe a detecção do menor sintoma de deslealdade, mas que essa fosse uma verdade conhecida por todos.

Ao refletir sobre esses velhos assuntos aqui mencionados, não posso omitir que a Revolução Cubana é mais um triunfo de Raúl do que meu. O seu caráter de país comunista, explico. Reconheço que o tempo todo ele tentou me suprir de uma ideologia básica de trabalho, que naqueles tempos se mostrava emergente para substituir todos os fundamentos anteriores da nação. De alguma maneira – embora talvez inconsciente e em razão de sua obstinada militância; ou seja, agia mais por provocação do que por consciência, sabe Deus para abater que demônios interiores –, ele me servia com um sistema ideológico de apoio. Em suma, mostrava-se totalmente benéfico e jamais um impedimento para qualquer dos rumos que eu decidisse escolher, e com a mesma utilidade e eficácia que o exército que me estava organizando. A questão era saber utilizar sua ortodoxia como plataforma de lançamento para que eu pudesse fazer o que me desse vontade; dito de maneira menos brutal: sua apurada ortodoxia permitia minha libérrima irreverência.

Com pesar, avanço por estes parágrafos. Não vejo a hora de chegar às partes de alto conteúdo militar, como Playa Girón ou a Crise de Outubro. Mas não posso deixar fios soltos. Porque é aqui, nestes fatos, que se concentra toda a Revolução. Conto algo a título de ilustração. Numa brincadeira minha, para consumo de muito poucos entendidos, tenho sustentado que antes do Big Bang da Revolução houve a necessidade primária de um Big Umpf. Uma contração de toda a matéria de origem histórica, social e econômica, que se dispersava ao longo do tempo e do espaço da ilha, é levada a um tamanho não maior que o de uma bola de golfe, a um tal grau de inextricável concentração molecular que torna insuportável sua consistência e arrebenta. O Big Umpf. Essa poderia ser minha melhor contribuição à nova ciência que eu chamaria de física histórica. Não tomem isso totalmente como piada. Lembrem que os vedas falam de uma espécie de dissolução e ressurgimento permanente do universo – em ciclos que eles chegaram a determinar como de 4 milhões de anos –, pois, segundo sua concepção, tudo "existia desde sempre" e nem mesmo o Criador podia criar uma coisa nova, mas apenas conceber o que já existia. Ou seja, embora de outro ponto de vista, trata-se da mesma argumentação do meu Big Umpf. Falava da presidência. A realidade era que esta se desenvolvia como uma espécie de circo. Muitos anos depois, compreendi que, lidando com aquela situação, aprendi um dos meus melhores *modus operandi*: o de governar de fora. Alguns jornalistas estrangeiros e os habituais luminares de plantão gostam de dizer que eu governo do lugar da oposição. Não está mau como conceito.

Mas havia algo mais profundo, algo de que eu tomei consciência quando consegui me colocar nominal e fisicamente à frente do governo, isto é, quando assumi o cargo de primeiro-ministro. O que aprendi, para começar, é que não existe nenhuma outra forma de governo que não seja conservadora e, portanto, pouco propícia às iniciativas revolucionárias. Quanto mais nos dedicássemos a aperfeiçoar um sistema de governo, mais impedimentos iríamos criar ao desenvolvimento da Revolução. De fato, estávamos conhecendo uma disjunção provavelmente insuperável do ponto de vista teórico. Já havíamos cumprido cabalmente os requisitos leninistas da destruição do Estado burguês. Mas em que manual poderíamos encontrar o procedimento a ser seguido no segundo dia da Revolução que não fosse a degola ao estilo dos jacobinos ou dos bolcheviques, totalmente impraticável no nosso meio? Se a matança de baixa produtividade que efetuamos com os batistianos – umas poucas dezenas deles – nos trouxe tão má propaganda, o que se poderia esperar se arremetêssemos com tudo contra os novos opositores? Para usar as palavras de Mussolini ou de Getúlio Vargas ou de Antonio de Oliveira Salazar, talvez estivéssemos conhecendo a experiência do "Estado Novo", embora com certeza numa intensidade e dimensão que nenhum desses meus predecessores registrou. Sim, de fato, era um Estado Novo, mas só em virtude de termos destruído o outro. Ou melhor: era o Estado Novo, mas por uma urgente necessidade de estabelecê-lo. Tal era a situação. Obrigados a começar tudo de novo. Insisto: não como a demagógica promessa política dos ilustres personagens que citei, mas como a realidade de um país que se vê repentinamente e durante semanas flutuando sobre um vazio institucional. Então me livrei deles, de cada um deles, daquele tumultuado Conselho de Ministros. Um bom trecho de percurso no qual tive que carregar nas costas Urrutia e comparsas. Mas era preciso desembaraçar a cabeleira por algum lado. Começamos com um governo que funcionava exclusivamente em torno de um Conselho de Ministros, um corpo de preferência constituído por um grupo de notáveis revolucionários – caso dos ministros – e que assumia também as funções da Câmara e do Senado. E essa entelequia nos obrigava a fazer alguns ajustes. Foi por isso que, para dotá-lo de seus poderes, dar-lhe algum banho de legitimidade e começar a governar por meio de decretos-lei,[52] foram outorgados ao Conselho de Ministros poderes legislativos e executivos seis semanas após nosso triunfo. Ou seja, passamos a dispor de tais faculdades à falta de um Congresso. Por outro lado, houve aquela invenção magistral do Ministério Encarregado da Exposição e Estudo das Leis Revolucionárias, à frente do qual se encontrava justamente

Osvaldo Dorticós e que aliviava de forma considerável a carga de trabalho gerada pela ausência de ambas as câmaras. Eu dizia a Dorticós qual era a lei de que eu precisava, e ele dava-lhe redação, forma legal no papel, e o Conselho de Ministros a sancionava. Não há Congresso, mas estamos tentando reproduzir a República. Os senhores entendem. *Tentando agir* como uma República. Um pouco mais adiante, em maio, assino a Lei da Reforma Agrária, e com ela é criado o Instituto Nacional da Reforma Agrária – o instantaneamente célebre INRA. É nesse momento que percebo ter nas mãos a solução. O INRA se converte no meu governo paralelo. Dali – e sob a cobertura quase inocente de estarmos nos ocupando das complexidades da Reforma Agrária – começo a duplicar todas as funções do Estado. Agora começo a governar em duas frentes. E, o melhor de tudo, de maneira automática ganhei um exército de mais de um milhão de homens, que imediatamente iriam reagir com obediência cega: os camponeses, a quem começamos a distribuir sem melindres títulos de propriedade da terra. Evidentemente, quando renunciei ao cargo de primeiro-ministro para forçar a renúncia de Urrutia, aquela massa de camponeses agradecidos foi a primeira coisa que tive em mente. Não lhes contei como voltei ao cargo? Pois enchi a capital com cerca de um milhão de camponeses, trazidos de todas as partes do país e alojados pelos próprios havaneiros em suas casas, para que no dia 26 de julho assistissem do ponto de vista do poder ao primeiro ato pelo aniversário do assalto ao quartel Moncada. Às quatro da tarde, a Plaza Cívica (ainda se chamava assim; depois viraria Praça da Revolução) era um mar de cabeças e de chapéus de fibra de palmeira, peça clássica dos nossos campos, e de facões agitados, como guerreiros atacando. Os camponeses, de repente, por iniciativa própria, quando apareci na tribuna, me saudaram de um jeito muito peculiar: bateram seus facões no ar, com o lado oposto ao fio. O som era muito estranho, e eu diria que nunca antes fora ouvido. E ficou gravado na memória de muitos de nós por bastante tempo.

– Acato a vontade majoritária do povo quando me pede para reassumir o cargo de primeiro-ministro – disse, no fim do meu discurso.

Evidentemente, era uma frase de efeito, um lance teatral. Mas era preciso consumar de algum modo minha volta ao cargo, e era quase obrigatório erguer-me com essa declaração histriônica acima daquele fundo de aços, sibilantes e ameaçadores, que inundava a Plaza. Lembro-me daquele entrechoque dos facões porque era simbólico sob qualquer ponto de vista. E sei que causou uma impressão assustadora em meus adversários. Talvez eles compreendessem como

QUÃO ÓRFÃ É A DERROTA?

ninguém que o país fugia ao controle de todas as estruturas empregadas até então com maior ou menor sucesso. De repente, num intervalo não maior do que sete meses, era a segunda vez que eu invadia a capital da República com um exército de camponeses andrajosos. E aquele ulular dos facões, enquanto a noite começava a cair sobre Cuba, não trazia bons augúrios para aqueles que logo se veriam identificados como meus inimigos. (É ocioso discutir agora se eu teria me lançado à aventura de renunciar ao cargo de primeiro-ministro sem antes, dois meses antes – em 17 de maio –, no meu velho acampamento de La Plata Alta, onde levei o Conselho de Ministros inteiro, não tivesse colocado minha assinatura ao pé da Lei da Reforma Agrária.) Por aqueles dias, ocupamos o enorme edifício ainda não inaugurado que o prefeito batistiano de Havana – um velhote malandro e avarento –, Justo Luis del Pozo, havia construído para os escritórios da Prefeitura. Ali instalamos a sede central do INRA. Rapidamente, mandei habilitar um apartamentozinho ao lado do meu escritório como presidente da instituição, no último andar, o 18º, de onde se domina quase a cidade inteira. Celia, como de praxe, cuidou dos detalhes e do mobiliário. Em outro aspecto, digamos no exterior, atuamos com espantosa complacência em relação ao uso dos uniformes, armas de cintura e até armas longas do pessoal do Exército Rebelde que incorporávamos às tarefas do INRA. Em todo o caso, era conveniente aquela imagem unificada ou na qual não houvesse fronteiras entre nossas incipientes unidades militares e os dirigentes dos departamentos do INRA em constante crescimento. Ficava satisfeito ao ver nossos capitães e tenentes à frente das primeiras granjas estatais ou de uma Zona de Desenvolvimento Agrário. Mais ainda, era quase como queria vê-los: nossos homens de uniforme enfiados nos carreadores das colônias canavieiras ou de alguns dos nossos primeiros cultivos experimentais. Ou operando um trator. Ou ajustando um sistema de irrigação por aspersão. Estávamos conseguindo criar algo além de uma imagem. Algo que era um conceito em si e que, por sua vez, por sua beleza rudimentar, era seu próprio e magnífico veículo de propaganda. Significava que, no fim, não tinha a menor importância pertencer ao Exército Rebelde ou ao INRA, pois a única pertinência que importava era a da Revolução. Isto é, naqueles primeiros homens do Exército Rebelde integrados a todos os níveis de responsabilidade do INRA, começamos em Cuba a reconhecer a figura tão valiosa da manobra comunista que é o tarefeiro. E de uma tarefa por vez. Se bem que este último aspecto nós aprendemos no decorrer do tempo. A multiplicidade de tarefas deve ser privilégio apenas de alguns eleitos entre os mais altos chefes; e, muito mais conveniente, privilégio exclusivamente meu. Duas tarefas – ou mais – dadas a um só quadro revolucionário significam reproduzir a condição de seus superiores na hierarquia e, se ele for bem-sucedido, significa que terá influência sobre um maior número de subordinados. Ao contrário, a atribuição de uma única e indivisível tarefa permite maior controle sobre o trabalho dos companheiros, assim como um incremento compreensível das exigências a que são submetidos.

Essa paisagem de combatentes envolvidos na Reforma Agrária me lembrava um pouco uma frase lida de passagem em alguns dos folhetos – que Raúl me passava de vez em quando – de Mao, e me dava satisfação relembrá-la, por muito distante que me parecesse. O exército popular como celeiro de quadros. O cenário, no entanto, é impossível de repetir. Só me resta a possibilidade de desfrutá-lo ao contemplá-lo nos tons cada vez mais evanescentes das minhas lembranças.

Cada um, naquela festa, parecia ter seu próprio estilo, ou dispor do favor de algum alfaiate. Não havia dois uniformes de corte igual. Não havia duas mochilas do mesmo tecido, nem duas cartucheiras, nem duas pistolas – ou revólveres – parecidos nem do mesmo calibre. Todas as armas existentes no mundo estavam expostas nas cinturas dos nossos combatentes. Também era usual, e alguns até achavam de bom gosto, encarar o cotidiano empunhando uma carabina M-1 ou uma metralhadora Thompson. Inclusive, uma das últimas vezes que vi o Camilo – estou falando do chefe do nosso Exército –, ele levava uma vistosa cartucheira de couro preto, da qual pendia, à direita, uma pistola Colt .45 com cabo de madrepérola, e, logo à esquerda da fivela, no centro da cintura, integrado ao conjunto de seu traje guerreiro, num desenho muito original e de ordem absolutamente pessoal, outra cartucheira menor, na qual levava um revólver Cobra de cano curto calibre .38, também com cabo de madrepérola. Bem, Camilo estudara artes gráficas e entendia dessas coisas, mas não pude evitar a brincadeira de dizer que estava parecido com Bat Masterson, o protagonista de um dos seriados que a tevê cubana começara a transmitir enquanto eu estava na Sierra, e que, naqueles meses iniciais da Revolução no poder, ao saber de sua existência, mandei projetar os vários episódios em sessões privadas. Na vida real, Bat Masterson foi um dos xerifes de Wyatt Earp. Mas nessa série de meia hora ele era um ex-comissário que vivia diversas aventuras no Oeste. Suas marcas registradas eram a bengala preta, que na realidade ocultava um sabre, e o revólver, que portava de modo peculiar e muito diferente dos demais lendários pistoleiros da tela, não como uma arma carregada de lado, mas na frente, no estilo que Camilo provavelmente estivesse imitando, se bem que Camilo com um revólver de calibre menor, ao passo que o verdadeiro revólver do verdadeiro Bat Masterson, um Colt Single Action calibre .45 – e, segundo exigência por carta de Masterson ao fabricante, com um comprimento de cano igual ao da barra expulsora e um acabamento refulgente de níquel e com o cabo de guta percha – era maior em volume e presença. O certo é que Camilo tornou-se lendário entre outras coisas por aquele chapéu Stetson de aba média, que era a peça de maior diferenciação em todo o Exército Rebelde, e não por sua oblíqua evocação de algum xerife de Tombstone. Porque tampouco havia boinas ou chapéus iguais. Nem botas, nem o comprimento de seus canos. Nada importava, desde que o tecido do uniforme fosse verde-oliva. Sobre essa base fundamental, você podia acrescentar os bolsos, abotoaduras, zíperes, cinturas, dragonas e dobras que quisesse. Assim, com um uniforme verde-oliva, um charuto na boca e uma tarefa, você estava investido de todos os poderes que a Revolução outorgava. Que eu, Fidel Castro, dava-lhe.

Quanto à Lei da Reforma Agrária, como todas as leis, era algo que despertava receios em nós, e que na verdade recebíamos como uma camisa de força, embora a elaboração fosse nossa. Com bastante rapidez, começamos a entender que a sobrevivência das revoluções e seu apego ao oportunismo eram relações compatíveis. É isso que eu passaria horas debatendo com Darwin, porque penso que a característica principal da sobrevivência passa pelo bom senso que lhe permite aproveitar as oportunidades ou que lhe indica quando deve permanecer agachado; passa por sua capacidade de adaptação e de flexibilidade, e de modo algum é uma questão de força. Você pode ser forte quanto quiser, mas o camaleão irá durar mais tempo debaixo de sua pedra do que o leão com todo o seu alarde, mesmo com seus rugidos e sua portentosa musculatura. E foi assim que soubemos que todas as leis, inclusive as revolucionárias, têm um limite de uso. E por isso virou uma moeda corrente na nossa linguagem jurídica o parágrafo ao fim de todos os nossos decretos-leis e disposições, nos quais se revogavam todas as leis, decretos e disposições legais anteriores. Isto é, o limbo perfeito da legalidade que se negava a si mesma – ou, dito de outro modo, um sistema jurídico inobjetável em sua mecânica intrínseca de alienação da jurisprudência. A legalidade que se torna ilegal a cada vez que é revista. Meu Deus, a que grau de perfeição do poder ilimitado chegamos por essa via. Nunca violamos as leis porque, um segundo antes que elas prejudicassem nossas necessidades, nós as abolíamos. É por tudo isso que não fiquei tão preocupado – quanto ao seu alcance – com aquela primeira Lei da Reforma Agrária, pois, de qualquer maneira, eu sabia que iríamos assinar muitas outras num futuro próximo, e que em cada uma delas poderíamos reduzir com maior agressividade a extensão de terra à qual permitiríamos propriedade. Desta vez, deixávamos em trinta *caballerías*[53] o tamanho das fazendas. Uns três anos depois – na Segunda Lei da Reforma Agrária –, iríamos estabelecer o limite em cinco *caballerías*. Mas saibam que em maio de 1959 não fomos além da Reforma Agrária imposta por MacArthur – com toda a inteligência – no Japão para quebrar as relações feudais daquela economia. Eu ia por um caminho semelhante. Meu objetivo era quebrar todos os vetores possíveis da plutocracia *criolla*. Assim, assinei aquele papel diante de todo o Conselho de Ministros, levado à força até La Plata Alta.

Só uma nota perturbadora. Cheguei a La Plata Alta já informado de que Fidelito – meu filho com Mirta Díaz-Balart – havia tido um acidente de trânsito e seu estado era muito grave. Um dos meus seguranças, um irresponsável que me abstenho de nomear agora, tinha dado a direção de um dos meus carros ao rapaz. Para ser justo, o companheirozinho segurança era também uma criança, quando muito um daqueles adolescentes somados ao Exército Rebelde e que haviam sido nossos mensageiros descalços ou sapadores que fizeram voar as caravanas do exército inimigo. Enfim, a mais de cem quilômetros por hora, se enfiaram num bosque de árvores perto do meu complexo residencial de Cojímar. Depois, à angústia e à incerteza de um filho que pode ter os minutos contados, somou-se meu primeiro encontro com Mirta desde o divórcio. Eu voltava de Havana, a toda velocidade que pude exigir dos pilotos do *Sierra Maestra*, como havíamos rebatizado o avião presidencial. Deviam ser umas nove da noite, e eu estava entrando no estacionamento do hospital quando a vi. Celia estava ao meu lado, dentro do carro, quando percebeu minha mudança de respiração. Ela ainda não tinha visto Mirta. Ouvi quando Celia me disse:

– O que foi, Fidel?

Então deve ter percebido Mirta, porque não voltei a ouvi-la. Emilio Núñez Blanco tinha o braço por cima de Mirta, de maneira ostensiva, e a conduziu até o interior de um dos corredores do centro assistencial onde estavam operando Fidelito de não sei quantas fraturas. Antes de passar para o corredor, abaixou o braço e a pegou pela cintura. Colocou a mão sobre o quadril de Mirta. Emilio era um antigo companheiro meu do Partido Ortodoxo. Um personagem medíocre na realidade. Mas teve colhões para casar com Mirta e levá-la em lua de mel para Paris em 1956, enquanto eu preparava a Revolução no México. Era a primeira vez que via Mirta desde as vésperas da Revolução. Emilio teve peito de ficar em Cuba com ela cerca de cinco anos, como se não soubesse que a Revolução triunfante – ou seja, eu – se encontrava no poder. Agora se pavoneava com ela na minha frente, consolava-a, segurava-a pela cintura, abria-lhe a porta dos corredores. Eu fiquei no estacionamento. Evidentemente, houve um instante, tão efêmero que não conseguiu deixar registro maior do que o fulgor de uma diminuta estrela apagada para sempre milhões de anos atrás nos confins do universo, quando deu uma panorâmica com seu olhar e seus olhos cruzaram com os meus. Nem mesmo a notícia, vinda logo depois, de que Fidelito parecia estar fora de perigo superou o efeito daquela visão sobre o meu espírito. Celia, com sua habitual disciplina – mais do que discrição –, permanecia afastada de mim alguns passos. Continuava muda. O mutismo atingia todos os meus seguranças. Então percebi como estava sozinho. E tive uma reação infantil. Comecei a esmurrar o capô do meu carro. Não lembro se foi um dos seguranças – Aníbal Hidalgo – ou o motorista – Leoncito – quem me pegou pelo braço, com extrema delicadeza, e, num gesto solidário, me disse:

– Comandante, vamos.

Lembro com extraordinária gratidão aquele gesto, embora não saiba precisar através da bruma das lembranças quem foi que teve a bondade de me consolar.

– Vamos embora – disse-me. – Mais tarde a gente volta.

Segui-o, com estranha obediência, enquanto me conduzia a um dos antigos Cadillacs de Fulgencio Batista.

O desmoronamento do sistema judiciário. Esse era outro problema e consumia tempo e energia. Entre os vários dos períodos de sessões do Conselho de Ministros, e por decreto, sem mudar no essencial uma série de leis anteriores, foram fundidas de fato muitas figuras de delitos e penas correspondentes, e se criou a jurisdição dos Tribunais Revolucionários, que ficaram a cargo do comando do Exército Rebelde. Eram tribunais militares e – numa etapa superior de nossa organização – seriam convertidos na Sala de Delitos contra a Segurança do Estado. Coloquei muita ênfase na implementação dos Tribunais Revolucionários pela consciência que tinha de que todo o alvoroço nacional que surgiu com a Revolução deveria ficar circunscrito a limites muito precisos, e que a melhor maneira de estabelecer tais limites era colocar os paredões de fuzilamento como sua fronteira. Havia um TR em cada província. Já disse antes que começamos a chamá-los com essa familiaridade. *Tê Erres.* Embora os TRs contribuíssem de modo decisivo para o controle da sociedade e nos dotassem de um instrumento para, em princípio, poder mostrar isso aos inimigos do processo, também é certo que o ministro da Justiça e o Poder Judiciário perderam eficácia e importância ao nos concentrarmos quase exclusivamente na luta contra os elementos contrarrevolucionários, e isso iria afetar por muito tempo os dispositivos de luta contra a delinquência comum. Foi uma frente que abandonamos – por exigências próprias do processo –, e isso permitiu que houvesse um certo florescimento dos índices de criminalidade. Havia essa necessidade de concentrar nossos recursos humanos e materiais – nossos melhores talentos principalmente – na luta contra o imperialismo e a contrarrevolução. Alguns anos mais tarde criamos os TRs 2, para os delitos de corrupção administrativa (uma figura que passamos a chamar de "malversação"). Finalmente, por volta de 1963, e como uma fórmula expedita de deter a criminalidade, foi estendido o uso da pena de morte aos delinquentes. Nesse sentido, não se pode negar que os elevamos em status, equiparando-os aos burgueses. Pode-se dizer que começamos a tratá-los da mesma maneira. Bem, para ser sincero, não deveria dar mais voltas àquilo que trago na ponta da língua desde que iniciei esse segmento. Refiro-me à situação mais do que óbvia de que a maioria dos delinquentes eram negros e que, ao aplicar-lhes as mesmas penas aplicadas aos contrarrevolucionários, produziu-se um equilíbrio no panorama de nossas relações sociais de então. Assim correu a piada entre alguns companheiros de que estávamos dando aos negros o mesmo tratamento dado aos brancos. Sem dúvida, é fácil explicar – e mais ainda à luz da economia política marxista – por que razão a população negra cubana era mais inclinada à delinquência que a branca. Era pelos baixos níveis de subsistência em que se encontravam e pelo cerco da discriminação e por todas aquelas mazelas do capitalismo que inevitavelmente herdamos.

Vou lhes contar um fato curioso que acontecia junto ao paredão. Ocorre que não havia mais o mesmo entusiasmo e decisão entre os integrantes dos pelotões de execução na hora de reunir voluntários em La Cabaña ou qualquer outro lugar onde fosse ocorrer um fuzilamento. Sobravam voluntários para fuzilar contrarrevolucionários. Mas, no que se refere aos delinquentes, era preciso quase que obrigar os fuzileiros, embora lhes fossem explicados os crimes mais atrozes pelos quais o homem em questão devia responder. Essa foi uma experiência nossa que nunca esqueci, portanto é possível extrair um ensinamento desses sentimentos solidários de classe. E quando digo classe não me refiro, na maioria dos casos – e acreditem que digo isso com pesar –, ao fato de procederem das fileiras da classe operária ou do campesinato. Mas é que tanto os executores como os condenados desfrutavam de uma origem que em Cuba é abundante: o lúmpen. Acrescento, para terminar, que o peso principal da batalha contra a delinquência comum nesse período nós o deixamos nas mãos de um só homem: o capitão Héctor Aldama Acosta, que participou da faina daquele cara que executamos em Tuxpan, México, antes da partida do *Granma*. É um negro imenso e parcimonioso como todos os negros imensos e parcimoniosos e com o manejo mais autoritário das mãos que eu jamais vi. Autoritário, convincente e de muitas maneiras compreensivo. Nós o pusemos à frente de uma coisa que denominamos de DTI (Departamento Técnico de Investigações), uma espécie de FBI dos pobres. E vocês precisavam vê-lo depositar uma daquelas pesadas mãos no ombro dos infelizes recém-entrados nas jaulas da instituição e, com seu gesto e seu tom de voz nada isentos de afeto e de intimidade, dizer ao delinquente, quase ao ouvido:

– Não fale com os instrutores. São uns branquinhos que não sabem nada da vida. Não têm vivência da rua. Nenhuma. E isso cá entre nós. Só entre nós dois. Quero ver de que jeito eu posso ajudá-lo. Estão querendo levar você pro pauzinho, sabia? Você matou uma velha, porra. E desarmada. Tudo bem, tudo bem. É sobre isso que eu quero que a gente fale. Claro. Claro. Com certeza ela resistiu. Claro. Como você disse que se chamava a senhora? Pilar? Claro, claro. Então você a conhecia. Por isso ela abriu a porta para você. Claro.

Enfim, que tudo isso é farinha de outro saco e já não tem importância a maneira pela qual o capitão Aldama conseguia conquistar a boa vontade de um criminoso e como este concordava com tudo o que Aldama lhe dissesse, com tanta veemência, com aquela lábia do Aldama e a compreensão que ele demonstrava pelo pobre-diabo. E mesmo que, dali a quinze dias, Aldama o estivesse

426 A AUTOBIOGRAFIA DE FIDEL CASTRO

conduzindo até o cenário dos sacos de terra e refletor, em cujo centro ficava plantado o famoso "pauzinho" do primeiro diálogo – o poste das execuções. Farinha de outro saco porque estou aqui desenvolvendo esta parte das minhas memórias num esforço para explicar ao leitor a quantidade considerável de assuntos de governo que nos ocupavam. E principalmente todo o pessoal com que eu tinha que lidar para erguer os alicerces da nova República.

No dia 9 de junho, decido tirar o Che de Cuba. Inventamos para ele uma estranha missão diplomática e de busca de mercados. Não se sabe muito bem que tipo de produtos vamos oferecer, mas o argumento era tão sólido quanto atrevido. Procurar novos mercados significava de modo subliminar que queríamos nos desvencilhar da tutela comercial ianque. Embora meu primeiro e verdadeiro propósito, como irão compreender, fosse separar o argentino do Raúl, quebrar aquela aliança que já estava se revelando um tanto conflitante para mim. Além disso, o fato de eles dois serem o principal apoio dos comunistas enfraquecia por tabela as possibilidades de manobra desses bons amigos. Era também a maneira de satisfazer outro dos meus acordos com Frank Bender – tirar o Che de cima de mim, pelo menos durante um tempo, mandando-o para aquele longo périplo.

Portanto, o Che estava pronto para sua primeira missão oficial no exterior. Designado embaixador itinerante, prepara sua magra bagagem. Nada de metralhadoras, pistolas, granadas e munições, exijo. Se precisarem de armas, devem consegui-las nas embaixadas cubanas onde pernoitarem. Mas vão levar charutos. Um carregamento que mando depositar na barriga do avião – uma parte para consumo deles, outra para dar de presente. Assim, irão distribuir algumas caríssimas caixas de havanas – com seus respectivos escudos da República de Cuba estampados em ouro sobre o cedro de suas tampas – entre príncipes e líderes daquilo que então ainda não era chamado de Terceiro Mundo, e que estes aceitam, sibaritas cobiçosos, com um entusiasmo que não estava nos meus cálculos. O que eu havia considerado um presente de pobre – qualquer um em Cuba leva na boca um H. Upmann número 4 – converte-se num presente esplêndido. Não tínhamos a visão do estrangeiro sobre esse produto nosso, nem sabíamos o que custava nas capitais da Europa, muito menos no Oriente Médio e mesmo além, na Ásia ou na Oceania. Já não é apenas sir Winston Churchill que pode aparecer em seus retratos ostentando um soberbo Monarchs, dos que H. Upmann produz por encomenda. Por uma espécie de proletarização internacionalista que lhe é imprimida pelo Che, nosso primeiro mensageiro nessas áreas do mundo, o charuto de Jawaharlal Nehru, Josip Broz Tito e Gamal Abdel Nasser – entre outra dezena desses dignitários – se iguala ao do ex-primeiro-ministro britânico. Depois virão os pequenos caprichos, quero que saibam. Nasser, por exemplo, prefere charutos menorezinhos e mais curtos, da grossura de um cigarro, o marechal Tito fica mais inclinado aos Lonsdales da Partagás. Nehru não. Nehru não tinha problemas. Desde que sua reserva não se esgotasse, ele estava satisfeito. A reserva era um *humidor* – com a mesma estampa de escudos cubanos em ouro – no qual não menos de duzentos charutos estivessem ouvindo a conversação *permanentemente*. Os senhores nem têm ideia da quantidade de benefícios auferidos por nós na área das relações internacionais graças aos charutos. Não conheço um único dirigente mundial que não tenha levado em conta nosso habitual fornecimento de charutos antes de tomar uma decisão contra Cuba. Quero dizer, nas Nações Unidas ou no fórum do Movimento dos Países Não Alinhados. Não estou brincando. Por acaso desconhecem que John Fitzgerald Kennedy resistiu a assinar alguma daquelas medidas de agressão contra nós – dar o sinal verde para o desembarque em Playa Girón ou para o embargo a todos os produtos cubanos –, antes que seu amigo Pierre Salinger, a quem colocara como secretário de Imprensa da Casa Branca, não tivesse garantido a ele um carregamento de 1.200 havanas de seu tipo favorito: os Petit de H. Upmann.[54] Que tonto. Era só pedir para mim. Com toda a frota ianque em Playa Girón e em volta da ilha, podem ter certeza que iria mandá-los. Sob seus bombardeios, comigo cobrindo-o de insultos, mas teria achado um jeito de encomendar a Celia:

– Não se esqueça dos charutinhos de Kennedy.

É um vínculo. O charuto é um vínculo sempre presente entre os poderosos. E, porra, que saudade eu tenho agora de um dos meus charutos. Agora, enquanto escrevo e resgato, em partes iguais, lembranças e sensações. Fazer deslizar lentamente uma baforada de fumo sobre a língua, sopesá-la no paladar, porque o fumo deve ser sopesado, quando é você quem governa – com mão de ferro, de preferência – um país, tudo isso foi uma experiência que poucos homens tiveram. Evidentemente, eu soube registrar devidamente o gesto de avareza com que os dignitários aceitavam o obséquio. Assim que o Che me contou isso, tirei-o da jogada; e mandar charutos aos dignitários virou uma operação de minha exclusiva alçada. A partir de então, o suprimento de charutos foi um assunto pessoal meu com cada um dos líderes. Fornecimento permanente e, além disso, gratuito.

428 A AUTOBIOGRAFIA DE FIDEL CASTRO

Sem dúvida, não é todo mundo que pode reduzir a cinzas, numa sentada, os cinquenta, setenta ou cem dólares de custo de um desses magníficos charutos e, ainda por cima, enquanto solta uma coluna de fumaça para o teto, comentar com o vizinho de sobremesa que se trata de um presente de Fidel Castro.

Houve, no entanto, um problema no fim da viagem do Che. A ração de charutos destinada ao consumo do grupo começou a declinar. O périplo se estendeu além do programado, e o Che mandou confiscar o que passou a ser a preciosa reserva. Só ele e a pessoa mais idosa da delegação – que eu mesmo tivera o cuidado de incluir na pequena tropa –, o dr. Salvador Vilaseca, um cinquentão, professor universitário, especialista em matemática avançada e veterano simpatizante do Partido, com quem o Che, por sua vez, estabeleceu uma especial deferência, estavam autorizados a fumá-los. Vilaseca, pelo que sei, apreciou a decisão. Permito-me dizer agora – já que os dois estão mortos – que meu interesse em incluir Vilaseca naquela equipe selvagem era que ganhasse a confiança do Che e o mantivesse vigiado a curta distância, missões que foram, ambas, cumpridas cabalmente. Já o meu argumento com o Che foi de ordem conspirativa:

– Olha, Che – disse a ele –, leve esse velho para dar um verniz de respeitabilidade à sua missão. Para que pareça de verdade uma questão comercial.

O Che aceitou de bom grado. E eu, satisfeito, ao ver como cobria uma conspiração com outra.

E em todos os lugares aonde chegava, o Che descia da escadinha com seu folgado uniforme verde-oliva, sem qualquer desdém pelo fato de aquela ser a indumentária da infantaria do Exército americano, da qual o Exército batistiano se abasteceu até sua derrota: a camisa normalmente por fora da calça, as botas amarradas só até a metade do cano, algumas vezes de boina preta, outras sem ela, a barba rala, com falhas embaixo das costeletas onde a barba se negava a crescer, e, solta ao vento, algumas vezes meticulosamente penteada, outras não, sua graciosa cabeleira, digamos, de pajem do Príncipe Valente. O Che na frente, com sua postura sorridente, e atrás dele seus sete ou oito acompanhantes, também uniformizados e barbudos, embora evidentemente observando maior rigor no uniforme bem passado e com a camisa com toda a propriedade por dentro da calça, e por último o professor Vilaseca, com uma sóbria combinação de terno escuro, camisa branca e gravata. E foi assim, sem que nos tivéssemos proposto a isso, que inauguramos aquela diplomacia desalinhada que se tornou tão familiar na história da Revolução Cubana. Ia dizer afável, mas não. Eu era a pessoa afável. Fui eu que depois dei o toque de afabilidade, porque o fiz dentro dos moldes da minha estudada elegância. O Che não era elegante. Era desalinhado, pois via nisso uma fórmula de rebeldia a qualquer preço. Em contrapartida, eu já sabia que não há rebeldia mais efetiva do que a produzida a partir do poder. E que o poder requer determinados atributos, determinados modos. Mas, devo admitir, no fim, as vestimentas surradas do Che trariam como resultado uma visão de frescor que não concebemos de antemão. Foi assim com muitas coisas do nosso processo. Coisas que nos surpreenderam ao longo do caminho. Acho que na nossa época fomos uma das equipes de governo mais letradas e mais aferradas aos clássicos. Foram muito poucas as nossas ações que não passaram antes por Maquiavel, Lenin, Napoleão, Gramsci, Marx. Mas às vezes os resultados pareciam tirados da cartola de um mágico. Estão acompanhando? Nossas ações têm origem num ponto que regularmente se deve a uma opção clássica, e que temos aprendido nos livros. Mas ocorre que, durante o desdobramento dos fatos, temos a sabedoria de agir com extrema flexibilidade tática. Não é uma má combinação, posso assegurar: ponto de partida clássico e desenvolvimento iconoclasta. Experimentem. E me contem.

HAVANA, CIDADE ABERTA

Nós conhecemos o toque de elegância da boêmia. Parece que toda revolução, por muito sanguinário que seja seu desenvolvimento posterior – e não estou aqui aceitando de modo algum que a nossa o seja, mas estabeleço como referência outras revoluções –, teve em suas vésperas a suave ternura e o atrativo da irresponsabilidade que surge ao redor das mesas onde se reúnem os amigos e se toma um vinho. Estranho: nós cubamos brindávamos com café com leite. O que para os revolucionários franceses ou americanos foram os sótãos onde montaram seus primeiros cabarés, para nós foram os cafés ao ar livre cobertos com toldos, onde estavam prestes a fazer sua aparição os aparelhos de ar-condicionado, o que tornou imprescindível reformar os locais e colocar paredes ou vitrines de vidro opaco. El Aire Libre. A alegria daquelas reuniões terminou para mim em fins de 1959. Teve a ver com o desterro de meus amigos e com os explosivos plásticos da CIA. O cenário havia cedido todo seu encanto

– o das trivialidades, dos copos de café com leite e da fumaça inebriante dos charutos – para o lúgubre espetáculo das procissões dos exércitos do povo e de minha própria voz retumbante e grave com a qual convoco a resistir e, de muitas maneiras, protejo meus compatriotas, enquanto falo de cima de alguma carroceria de caminhão atravessado no meio da rua. Lembrem que o estabelecimento ocupava uma das quatro esquinas, a do noroeste, de uma encruzilhada de ruas de Havana muito movimentadas – a rua 12, de norte a sul, e a rua 23, de leste a oeste – e que o enclave, a uns cem metros da entrada do cemitério de Colón, era uma espécie de passagem obrigatória para todos os cortejos fúnebres vindos das funerárias da cidade. Da primeira vez que me apresentei ali como tribuno, tive diante de mim – e entre a multidão – 101 féretros. A sabotagem privou a defesa nacional de 44 toneladas de granadas de bocal e 31 de munições, ambas para fuzis FAL. Os dispositivos instalados pela CIA no porto de embarque, Amberes, um explosivo de alívio de pressão e outro de retardamento, fizeram explodir parte das 1.492 caixas de granadas e munições trazidas pelo navio de bandeira francesa *La Coubre*. Depois disso, não tinha por que regressar ao café para mostrar-lhe minha devoção. De fato, voltei lá muito poucas vezes. Acho que não mais de três nos últimos quarenta anos. Da próxima vez, seria para o enterro dos artilheiros caídos num ataque aéreo de surpresa, prelúdio à invasão de Playa Girón, e quarenta anos depois para inaugurar uma placa comemorativa desses fatos. Bem, em última instância, consegui algo em favor do El Aire Libre, depois rebatizado como La Pelota: consegui que nunca fosse fechado. Não permiti que isso acontecesse nem mesmo em nossos momentos de maior escassez de fornecimento. Não tem leite? Não tem café? Pois distribuam água pelo menos. Os caminhantes nos serão gratos por isso. E por que uma revolução socialista não pode ocupar-se também dos nobres e eternos caminhantes? Gastamos milhões para manter as instalações às quais se vincula a história amalgamada do processo revolucionário e da minha biografia: o presídio de Isla de Pinos, o quartel Moncada, o acampamento de La Plata, a reconstrução milimétrica da casa de Birán e o permanente reflorestamento da Sierra Maestra, em todos esses casos tentando conseguir o impossível de uma imortalidade por antecipação ou, quem sabe – segundo Celia planejou em determinada época –, que eu visualizasse com tempo suficiente os muros por onde iria passear o meu fantasma, como se contemplasse a mim mesmo na hora de levar um cachorro para fazer xixi e entendendo que não deverei perambular por outros cenários se agir de modo consequente com minhas glórias de combates. Caralho, que merda é a morte.

Na tarde de 5 de março de 1960, eu ainda com os tímpanos afetados pela explosão do navio no dia anterior – a segunda explosão, que me pegou em frente ao cais da Pan American, onde estava atracado o navio, no momento em que descia do meu carro para começar a dirigir o salvamento, e já com a ideia do *Maine* rondando minha cabeça e me parecendo impossível que pudesse caber também à minha geração algo igual ao vivido pelo meu pai no mesmo porto meio século antes e com a mesma sequência de duas explosões –, subo na tribuna improvisada em cima de um caminhão onde vou fazer meu discurso. Ali, depois de um tempo, foi feita a famosa foto do Che, além da já mencionada apresentação do lema "Pátria ou Morte" aos meus compatriotas. Desde o primeiro momento percebo que foi cumprida minha ordem de encostar no interior do meu pódio blindado, por baixo da mesinha dos microfones, os dois cilindros pretos nos quais estão acondicionadas granadas antitanques FAL. Havia meia centena de pessoas em cima do caminhão, e eu lembro que, minutos mais tarde, enquanto me inflamava em meu discurso, comprovava à minha esquerda que o argentino não se cansava de bajular Jean-Paul Sartre e sua mulher, Simone de Beauvoir, que faziam seu giro pelo país como nossos convidados especiais. Era visível a emoção que embargava Sartre naquela tarde – e que não era fomentada pelo argentino. E quando eu ergui sobre a minha cabeça, segurando-os com as duas mãos, os dois cilindros pretos em que vinham acondicionadas as granadas antitanques FAL, Sartre – conforme ele mesmo me explicou depois e se a tradução foi correta – compreendeu que, estando naquela tribuna, à minha direita, enquanto eu brandia aqueles envoltórios dos quais centenas haviam voado na tarde anterior, ele havia alcançado o paroxismo da experiência revolucionária para um escritor. De repente estava, naquela pracinha improvisada sobre a carroceria de um caminhão de arraste Mack B-61 para tarefas pesadas, correndo o mesmo risco de morte que nós. De alguma maneira, e sem que ninguém o houvesse proposto, compartilhamos um destino inigualável: o do primeiro dia da guerra em Cuba, e que eu, como começa a ser de praxe nas ilhas que enfrentam continentes, pronunciava o equivalente *criollo* à oferta de Churchill de sangue, suor e lágrimas ao povo inglês, que foi quando lhes mostrei pela primeira vez os poderes rituais do emblema "Pátria ou Morte" e sua capacidade de exorcismo. E não sei em que hora Korda fez passear sua Leica M3 sobre os rostos do pessoal da tribuna enquanto apertava maquinalmente o obturador.

Sei que depois de 1967 criou-se uma lenda – que persiste até hoje – da revelação que havia sido para Alberto Korda descobrir o rosto do Che pelo visor acoplado de sua Leica. Uma foto mal enquadrada e de meios-tons opacos se converte numa das imagens clássicas de nossa época porque o argentino deixa de atender Sartre por um instante, incomodado pelos gritos histéricos de umas senhoras que haviam perdido os maridos na tragédia do porto e, ao pé de nossa tribuna, dão rédea solta à sua estrondosa dor. É o instante em que Korda aperta o botão de sua Leica. É o instante em que uma foto com caráter quase de crônica social está a ponto de se transmutar na divisa de um processo de glória e eternidade. Falo de crônica social porque é a época em que Carlos Franqui, o diretor da *Revolución*, me manda seus fotógrafos para que façam o registro visual daqueles que foram aceitos na minha tribuna. Mas ainda não é uma operação definitiva. Ainda será preciso esperar que Giangiacomo Feltrinelli aterrisse em Havana sete anos mais tarde procurando uma foto adequada do Che para a capa de um de seus livros. É quando descobre, entre as folhas de contatos do arquivo de Korda, o rosto ensombrecido do argentino. Parece um olhar ausente, diria algum poeta. Os olhos do visionário chegam a você e cativam, a partir do papel fotográfico Kodak. Remoto e etéreo, o Che Guevara desse retrato já é um homem morto.

– Esta – diz Feltrinelli –, esta é a minha foto. Diga quanto quer por ela, *signore* Korda.

Evidentemente, Feltrinelli não está ouvindo a gritaria desordenada e confusa daquelas mulatas gordas dos bairros do porto, que acabaram de enviuvar na tarde anterior, todas carne de estivadores ou de marinheiros, todas mulheres da vida, putas, ou filhas ou netas ou bisnetas delas. A única coisa que Feltrinelli sabe é que aquela foto produzirá uma fortuna depois do *cropping* (corte) adequado. É preciso isolar a imagem do Che de um narigão (não identificado), que se interpõe em primeiro plano, e do que parecem ser umas folhas de palmeira. O silêncio de sua fotografia é hermético, invulnerável. Cada foto é a história que o espectador quiser imaginar, nunca a verdadeira, nunca a que ocorreu. Tudo o que aconteceu anteriormente ao instante em que se apertou o obturador é passado, mas um passado insondável, desconhecido, eternamente vedado à consciência. Digo-lhes uma coisa: eu estava a dois metros do lugar da tribuna onde se produziu a foto e, como sempre em estado de alerta, e já mantivera observação sobre o Che e os dois franceses – não porque me preocupassem em termos de segurança, mas pelo incômodo que me causava ver o Che tão solícito com os convidados e de muitas formas com a intenção de sabotar minha representação, constantemente chamando atenção de Sartre e não o deixando em paz para que prestasse atenção em mim. E posso assegurar que ali não havia nenhum tipo de tragédia. A tragédia era eu. Eu no centro de seu cenário e não refletido no rosto do Che. Eu mostrava os cilindros de proteção das granadas antitanques FAL, que naquela manhã eu ordenara lançar de um helicóptero a diferentes níveis de altura, setecentos pés, quatrocentos pés, trezentos pés, para testar sua segurança e poder estabelecer com toda certeza que se tratava de uma sabotagem. E poucos segundos depois iria abandonar aquela pose ameaçadora dos meus agitados braços erguidos com os quais sustentava as granadas para retomar a analogia com o *Maine* iniciada na tarde anterior em minhas elucubrações mentais, enquanto fazia meu ato de entrada no cais da Pan American interrompido pela segunda explosão, que me jogou brutalmente contra o chão, quando Alberto Korda fez a foto, uma de suas três centenas de fotos na tribuna. Isto é o Che: esses são os pôsteres baseados no retrato casual do cara com uma boina preta e uma jaqueta de oleado verde-oliva, marca McGregor, de produção americana, e retratado por Alberto Korda – o mestre cubano dos *pin-ups* de robustas *criollas*, sempre deitadas sobre o mesmo tapete branco felpudo de seu estúdio e sempre colocadas estrategicamente para impedir a visão de seus mamilos que concluíam tetas esplêndidas, das quais além disso era mostrada toda a carne –, cujo nome verdadeiro era Alberto Gutiérrez, mas que decidiu adotar Korda como sobrenome por sua ressonância familiar com os fabricantes do filme Kodak. Nesse ambiente de decidida cultura pós-industrial americana, Kodak, *pin-ups* e McGregor, é que se produz o retrato do mais poderoso ícone contemporâneo do comunismo e mais reproduzido em cartazes e camisetas, mais do que a Mona Lisa ou que a relação completa dos santos da Igreja católica. Uma sorte do caralho que o Che tinha para aparecer com rosto grave nos momentos decisivos. O mesmo vai acontecer com ele na manhã de 9 de outubro de 1967, poucos minutos antes de um sargento do Exército boliviano matá-lo com uma rajada de carabina americana M-2. Félix Rodríguez, o radiocomunicador da CIA de origem cubana que o estava interrogando na escolhinha de La Higuera – e que faz este relato sempre que pode –, solicitou ao argentino a gentileza de sair até a parte externa e permitir-lhe fazer uma foto dos dois juntos, como lembrança, com o que o Che concordou sem resistência. Ergueu-se de seu leito de ferido sem gravidade (sem gravidade *nenhuma*, ao que parece) no piso de terra batida da escolinha e se dirigiu à parte de fora. Rodríguez colocou nas mãos do major boliviano Jaime Niño de Guzmán sua câmara Pentax de 35 milímetros e o instruiu brevemente sobre como manejá-la. Por ser piloto do helicóptero – avaliou – Niño de Guzmán deveria ter a habilidade suficiente para manejar sua caríssima câmera. Rodríguez ficou ao lado do Che e disse: "Olha o passarinho", provocando uma risada espontânea e muito agradável por parte do prisioneiro. Mas o rosto de Ernesto Guevara ficou sombrio de repente, bem na hora em que o oficial boliviano apertava o obturador para produzir a última foto de Che Guevara com vida, a bem pouca vida que lhe restava. Deixem-me acrescentar algo. Eu, durante anos, ao contemplar a imagem, entendi sua premonição repentina ao se ver focalizado através de um visor pelo olho do condor, que o avisou de sua hora derradeira.

O navio estava amarrado ao chamado dique da Pan American Dock. Era conhecido desde os anos 1930, porque os Clippers da Pan American procedentes de Key West amerissavam nessa zona do porto e descarregavam nesse cais, onde tinham seu terminal, sua cota de luxuosas decorações *art nouveau*, segundo me explicaram os companheiros de Museus e Monumentos, embora sem especificar que diabos de *art nouveau* é essa que eles citam com tanta familiaridade. Pan American Dock. Três e dez da tarde. Dia 4 de março de 1960. As caixas têm medidas de segurança extraordinárias, vêm embaladas dentro de uma caixa de madeira com tábuas encaixadas, dentro de uma caixa de zinco e depois dentro de um estojo de papelão. Cada munição vem independente, num estojo sem folga. Quando dois carregadores levantam uma caixa, o fazem ao nível da cintura, para manter sua estabilidade e distribuir o peso. O pessoal pertence à seção de Material de Guerra da seção logística G4, sediada num velho armazém militar – da época da Espanha – chamado Quartel de San Ambrosio, perto do cais. O responsável pela descarga é o primeiro-tenente Eduardo Calvet Horta. É o mesmo pessoal que logo irá trabalhar na recepção das tropas soviéticas, inclusive do armamento nuclear da Crise de Outubro de 1962. Descarregam o primeiro navio, o mesmo *La Coubre*, no mesmo lugar da explosão, o cais Pan American, em outubro de 1959. Trazia armamento belga, os fuzis FAL. Faltavam as munições e outros recursos bélicos, que iriam chegar no primeiro trimestre do ano seguinte. Descarregam o segundo navio com logística procedente da Europa – o *Puntinia* – em dezembro de 1959. O pessoal está treinado. O pessoal está no porão número 6 do *La Coubre*. As caixas de munição já foram descarregadas e estão no cais. As caixas com as granadas estão num compartimento superior do porão. São trinta toneladas em caixas. Vinte dessas caixas já foram reunidas e descarregadas. Três e nove da tarde. O procedimento vai ser repetido com a 21ª caixa. Três e dez da tarde. O detonador de alívio de pressão entre as caixas 21 e 22 é liberado. A ação se passa no porão número 6, mas faz parar o tempo na cidade. O cogumelo ainda não se dissipou quando meus carros estão a ponto de frear com o chiado dos pneus à entrada do nefasto cais Pan American. Já desci do meu automóvel e inicio meu avanço até a base do cogumelo, em direção ao fundo do espigão, junto com centenas de cidadãos que se dispõem a prestar auxílio e que começam a reparar na minha presença, entre os escombros e cilindros de granadas ainda sem explodir e os restos de corpos, massas sanguinolentas ainda trêmulas, torsos decapitados e braços e pernas dos quais pendem ligamentos e escorregam ossos e massa muscular. Três e vinte e dois da tarde. Há uma mão, no piso à minha esquerda, ceifada do pulso, que ainda pretende prender com seus dedos o último objeto com o qual teve contato, e, quando ergo meu olhar para a frente e tento esquadrinhar em meio à densidade de uma nuvem de cal cada vez mais quente, descubro os fantasmas que dançam num bosque de fogos artificiais, que é quando o cogumelo parece ganhar vida e se reproduz. Três e vinte e três da tarde. A segunda explosão. A carga de retardamento reclama seu espaço, estabelece seus próprios corredores de morte. Com treze minutos de diferença, a sequência estabelecida em Amberes pelos especialistas da CIA respondeu com rigor profissional.

O espetáculo que se oferece a meus olhos nesse velho bairro da zona portuária de Havana conecta todos os meus sensores emocionais. A visão que tive, dos cogumelos subindo sobre a abóbada de um céu puro e do povo que acode ao cenário de sua morte, toca-me de uma maneira muito pessoal, muito íntima. Eu sou o responsável por tudo que está acontecendo a meu redor. Fui eu que pressionei todas as circunstâncias até os limites do impossível na história nacional. E naquela tarde, entre três e dez e três e vinte e três, hora local, consegui que o povo cubano chegasse a um ponto do qual não haveria retorno. É quando me vem uma lembrança. Não é nenhuma analogia literária. Apenas uma lembrança. Apresenta-se na minha mente como aquelas faixas de últimas notícias que correm no rodapé dos noticiários de televisão. Eu me lembro da expressão – que tantas vezes li – do tenente-coronel Paul Tibbets, comandante do *Enola Gay*, depois de fazer o violento giro de 155 graus à direita – procedimento que o fez perder 1.700 pés de altura – para escapar dos efeitos da bomba de urânio que acabara de soltar em Hiroshima e que o levou a dizer: *"My God, what have we done?"* e a deixar isso escrito no caderno aberto sobre sua coxa direita. Meu Deus, o que fizemos? Tibbets estava à beira da experiência mística, e é compreensível que, quando uma luz muito brilhante encheu o interior do avião e uma primeira onda de choque os atingiu, um minuto depois e a catorze quilômetros de distância, e o artilheiro de cauda Bob Caron viu a onda de choque avançar sobre eles a 335 m/s, e que, embaixo e às sete, no estreito campo visual para trás que a cabine de sua Superfortaleza B-29 lhe deixava, o tenente-coronel Tibbets, semicerrando os olhos apesar de estar usando óculos de proteção, constatasse pela primeira vez que Hiroshima não era visível abaixo da nuvem em forma de coluna que já havia atingido mais de nove quilômetros de altura, propelindo produtos da fusão e material radiativo para a atmosfera que depois eram devolvidos ao chão como uma cascata radiativa, e que o cogumuelo se mantivesse visível pela cauda durante noventa minutos e com o avião a mais de seiscentos quilômetros de distância. Eu diria que, depois desse espetáculo, e de se saber responsável direta pela morte de mais de 120 mil pessoas, a tripulação do *Enola Gay* ficou mais perto de Deus que nenhum outro homem até então. Mas era uma tripulação de doze pobres americanos. A partir das oito e dezesseis da manhã de 6 de agosto de 1945, só Deus podia interceder entre eles e a eternidade. Mas lembrei da frase por um mecanismo de ação contrária. Eu não implementara a sabotagem, porém havia proporcionado as circunstâncias. Por fim, o inimigo decidia me servir com ações de verdadeira envergadura. E essa era a razão pela qual a frase do tenente-coronel Tibbets surgiu, por reflexo negativo, na minha mente. A frase era sua, certamente, assim como a possibilidade da experiência mística. Mas me serviu como confirmação de meus acertos estratégicos. E entendo por que lembrei de Tibbets enquanto minha caravana se afastava do cais e, no assento traseiro, via Gamonal sangrando e observava, não sem espanto, que ainda havia transeuntes na rua com ânimo para levantarem as mãos e me saudarem enquanto eu passava. A questão é que tive plena consciência de que *eu havia feito tudo aquilo*. No entanto, ao contrário dos tripulantes do *Enola Gay*, não sentia nenhuma espécie de pena ou remorso. Em última instância, as exigências a que eu estava submetendo o povo partiam de necessidades mútuas. Satisfação. Experimentei satisfação. E, uma vez mais, não vão os senhores me tomar por um desalmado, nem se deixem levar pelos obscurantismos da propaganda contrarrevolucionária. Esse seria o sinal mais indelével de que não entenderam nada do que escrevi até agora. E dos meus enormes esforços para ser o mais claro e sincero possível. Trata-se simplesmente de que eu sou o grande arquiteto da destruição. E o grande provedor da morte. Não teríamos podido existir de outro modo. Os escombros e o sangue eram obra nossa. Anos antes, houvera uma tarde de desesperança, fome e solidão. Eu estava na escadaria da Universidade de Havana e soube que a única solução para meus desejos pessoais era a Revolução de Cuba. Todas as oportunidades que me foram oferecidas até então terminavam num papel secundário: advogado, jornalista de rádio, representante do Partido Ortodoxo, gângster universitário, lançador de uma equipe americana de beisebol, galã de cinema. De modo que meu projeto de salvação pessoal acabava de ser forjado na tarde esplêndida de 4 de março de 1960. Mas havia um custo nessa espécie de pacto com o diabo: as únicas moedas com as quais me era permitido pagar meu ingresso na história eram as ruínas e o sangue. Daí a plenitude das minhas recompensas enquanto nos afastávamos da cena da monstruosa sabotagem. E, Deus sabe, eu havia feito tudo aquilo.

19. O IMPÉRIO NA PRIMAVERA

Uma parte ineludível, tanto da história da Revolução Cubana quanto da minha, é a Agência Central de Inteligência (CIA) – a *Sia*, para usar a familiaridade com que o cubano comum a chama. Apesar disso, não tinham muito que nos ensinar, digo-lhes com sinceridade. Quando nomeei Manuel Piñeiro Losada, o *comandante Barba Ruiva*, para dirigir as primeiras missões na inteligência cubana e lhe disse que não o queria para estabelecer estratégia política de nenhuma espécie, mas que se comportasse como um grande filho da puta, evidenciei qual deveria ser a linha de ação básica. Um pouco mais adiante, estabeleci para todos os nossos órgãos de Segurança do Estado a indicação do que se tornaria o que eles chamam de seu *motto* até nossos dias: na hora de fazer análise, você não pode tomar partido. Estávamos entendidos. Você não faz uma análise para defender suas ideias, porque aí deixa de ser uma análise para ser um discurso sobre suas ideias. *Motto*. Que paixão suspeita pelo inglês, a desses rapazes de minha inteligência.

Para provar a vulnerabilidade de setores da CIA, posso colocar diante dos olhos de qualquer um os milhares de páginas de confissões e relatórios de casos que conservamos no nosso centro de Instrução da Segurança do Estado, em Villa Marista, sudoeste de Havana. O material visual – fotos e filmes – é igualmente consistente, embora este último tenha sido produzido como regra na década de 1980 (se não quiserem contemplar algumas longas horas de teimosos oficiais da CIA chorando de correr lágrimas e/ou de joelhos, os braços abertos, implorando que não os fuzilássemos, não peçam nunca que tornemos público *nosso material*). Por volta dos anos 1960 e 1970, os vídeos e a tecnologia de gravação digital não eram tão acessíveis como agora, por isso não dispomos de muito material nesses suportes para acompanhar aquela época. Essa técnica começou a entrar no país no início da década de 1980, trazida diretamente do Japão ou via Panamá. Equipamento sofisticado da Sony, que nos custou caríssimo. Nem nossas constantes recriminações contra os ianques pelos ataques nucleares de Hiroshima e Nagasaki fizeram com que a Sony baixasse os preços. Eu percebia que o mundo começava a se voltar para uma variante de linguagem comercial *a-histórica*. Era o início daquilo que ficaria conhecido como globalização. Bem, falávamos da incompetência da CIA. Devo esclarecer em princípio que falo a partir da minha experiência exclusiva e também a partir da minha capacidade de aproximar ou afastar, diluir ou mudar o lugar exato dos meus objetivos, a linha branca da meta, que às vezes – como costumo dizer de brincadeira e com o objetivo de criar maior confusão entre meus inimigos – nem eu mesmo sei onde foi que tracei.

Mas, por favor, não pensem que subestimo aqueles que me subestimaram. Nunca me permiti esse erro – subestimá-los. Como se diz no linguajar cubano bairrista, não haveria cu suficiente para pagar isso. Se eu tivesse sofrido uma só das derrotas que lhes infligi, e que em última análise eles assumiram como um mero arranhão, ou como um anel de cinza do charuto do qual se livram com uma batidinha de mão, eu teria me convertido na matéria posterior ao esquecimento eterno. Em contrapartida, incompetência não quer dizer falta de empenho e muito menos poupar recursos do orçamento para poder ficar por cima de nós de maneira permanente, obsessiva, sem nos dar alívio. É admirável a compreensão e ao mesmo tempo o estranhamento que nos prodigalizavam. E apesar desse estranhamento que acabo de assinalar, ou seja, da incerteza que nós lhes causamos quando nos dissecam, eles têm insistido em suas abordagens. Não por afã enciclopédico, mas como necessidade estratégica.[55] Os textos sobre Cuba e a meu respeito escritos nos Estados Unidos contam-se aos milhares. Mas o certo é que esse enorme acúmulo bibliográfico parece aferrar-se ao mesmo esquema: somos os arredios homens dos bosques que foram detectados nas Índias Ocidentais. O próprio Allen Dulles, o chefe da "instituição", havia firmado em suas primeiras declarações a nosso respeito que o caminho do sangue era um passo obrigatório a ser percorrido pelos revolucionários. Seria isso compreensão ou uma tentativa de acomodar sua própria incompetência por não ter sabido deter nossa arremetida em direção ao poder? Dulles – nosso irredutível inimigo, nossa Nêmesis insone até os dias (para ele nefastos, muito nefastos) de Playa Girón – foi o primeiro gringo a se mostrar conciliador e até compreensivo. Em 10 de janeiro de 1959 (segundo minhas informações), quando o Comitê de Relações Exteriores do Senado pediu-lhe uma explicação sobre o que estava acontecendo em Cuba – o massacre que a olhos vistos estávamos levando a cabo com os batistianos –, explicou:

> DULLES: Quando você tem uma Revolução, você mata seus inimigos. Houve muitas instâncias de crueldade e opressão da parte do Exército cubano, e agora algumas dessas pessoas estão nas mãos dos revolucionários. Provavelmente haverá muitas execuções. Estas poderão ir bem longe, mas eles têm que passar por isso.[56]

Eu o entendo. Entendo-o perfeitamente. Era a melhor forma de se adiantar aos seus detratores. O que em princípio parece ser uma justificativa do nosso procedimento é, no fundo, uma justificativa do dele. Era a sua forma de tirar o corpo fora por ter sido incapaz de nos controlar. Aos olhos de seus adversários dentro do governo de Eisenhower, podia esgrimir o argumento de que sua conduta de moderada atitude de compreensão resultava mais perigosa ainda para nós, já que lhe permitia algumas fórmulas de abordagem, e isso por si já constituía uma forma de controle, além do que também podia fazer ver que estava infiltrado no Governo Revolucionário até o rabo. Pelo menos, este era o sinal que se podia perceber numa primeira análise dessas declarações suas. No entanto, poucos enxergaram a realidade. A de uma situação inobjetável (pelo menos do ponto de vista dos serviços especiais, assim como dos revolucionários de linha-dura que nós representávamos): que o fantasma de uma cooperação institucional entre nós ganhava terreno diante de todos.

Dulles representava apenas uma das variantes da abordagem, preciso advertir. Era parte da corrente em princípio dedicada à decifração. Muitos outros de seus sisudos especialistas começavam a se dedicar também a isso. Querem saber de uma coisa? Não mencionei o Grande Profeta de sua embaixada – o ministro conselheiro – que havia sido tão hábil em ver o que eu havia visto paralelamente, mas a partir de sua ótica. Tenho aqui comigo os documentos daquele filho da puta. Eu já disse num capítulo anterior que nunca fomos mais vulneráveis do que quando derrubamos Batista.

Porque a vitória nos deixava sem um inimigo para enfrentar e reduzia praticamente a zero a capacidade de mobilização popular. Lembram? Bem, Daniel M. Braddock *se deu conta*. Era o ministro conselheiro da embaixada americana em

Havana e teve a sagacidade e um valioso conjunto de premonições para preparar essa análise ao seu embaixador depois que eu compareci ao programa de televisão *Ante la Prensa* em 19 de fevereiro de 1959. De fato eu pisei fundo naquela noite na hora de falar dos americanos. Uma audácia inegável se levamos em conta que ainda não fazia dois meses que eu estava no poder e que não dispunha de mais forças nem recursos do que minha capacidade de mobilização popular por meio de, justamente, programas como aquele. Leiam. Os grifos são meus.

> Castro falava para a sua audiência, e suas declarações eram extremadas. Mas também falava livremente e sem restrições, e suas declarações refletem convicções íntimas. Cabem muito poucas dúvidas de que sua atitude básica em relação aos Estados Unidos é de desconfiança e inimizade. Inclusive, *a queda de Batista deixou-o, e ao seu Movimento, sem a conveniência de um bode expiatório, e, conscientemente ou não, ele tende a preencher esse vazio com os Estados Unidos* e com certos governos da América Latina. Ele é, de coração, e infelizmente talvez continuará sendo sempre, um revolucionário, com a necessidade dos revolucionários de alguma coisa para atacar ou pelo menos para se opor. Atualmente, a todo custo, ele vê os símbolos necessários nos Estados Unidos e em governos "ditatoriais".[57]

Mas uma coisa ele não via com clareza. Meu ataque não surgia do vazio. Não se tratava de que em última instância eu não tivesse consciência de que os ianques eram meus verdadeiros inimigos, o caso era que eu não podia tratá-los assim tão cedo. Precisava deixar que se manifestassem. Primeiro eles. Dulles era diferente. Havia se mostrado tão solidário conosco no Senado e resistiu bastante antes de decidir colocar em cima de nós a sua pesada mão. Que eu não tivesse que aceitá-lo como alguém inteiramente digno de crédito é outra questão. O que estou ponderando agora é o esforço. Mas é certo que, por ofício, é preciso tomar as precauções. Segundo meu entendimento, ele tomou naquela época a posição que suas intuições lhe permitiam: era compreensão e simultaneamente uma tentativa de se justificar – nunca se perdoou o fato de que a Revolução tivesse lhe escapado das mãos em sua etapa de maior fragilidade (a insurreição) –, ao mesmo tempo que respeitava o *status quo* de diálogo estabelecido conosco desde dezembro na Sierra. Ou seja, embora de qualquer modo estivesse transmitindo na frequência adequada para mim – estava me dizendo: bem, rapaz, continuamos em contato –, eu precisava saber até onde iria seu tempo. Até que ponto ele seria paciente.

Dulles e seus flertes. Devo confessar que, efetivamente, havíamos nos permitido uma discreta traquinagem mútua. Isso chegou a ser um certo alívio, comparado à rispidez das relações que começaram a ter lugar depois do meu encontro com Nixon, sabendo inclusive que Nixon naquela mesma tarde decidira passar à CIA a missão de me derrubar. Era um diálogo dos seus emissários com os meus. Embora logo se revelasse um jogo impraticável para eles, enquanto durou, nos termos estabelecidos de sigilo e de um interesse básico em compartilhar informação, mostrava-se produtivo para ambas as partes. Principalmente porque nos obrigava a uma lealdade. Isso não os afetava diretamente em nada, porque a frequência do diálogo me obrigava a manter a bronca contra os ianques num nível muito suscetível da retórica política e limitado a dirigi-la apenas às suas instituições civis, isto é, a Casa Branca ou o Capitólio, não ao Langley. Embora isso – admito – desse-lhes um valor operacional privilegiado diante daquelas instituições, pois permitia que se apresentassem como mediadores de extrema confiança quando fosse necessário. Da minha parte, já disse que a equação do diálogo não mudara desde o encontro na periferia de Guisa. Alcançado o propósito de tomar o poder, eu só aspirava agora que não interferissem em sua consolidação.

Enquanto isso, eles eram obsequiados com caríssimas caixas de charutos Havana, e por nossa vez éramos correspondidos com generosos carregamentos de *scotch*. É claro, isso não exclui que eles preparassem seus pequenos complôs e que eu, igualmente, desse sinal verde a algumas operações. Mas no essencial tínhamos uma comunicação, e ela se estabelecia entre os seus principais oficiais destacados para Havana e Celia, em meu nome. Sem dúvida, Celia era a pessoa de total confiança e com o nível adequado de anticomunismo para poder me representar. Celia marcava as reuniões numa das primeiras casas de segurança habilitadas no Nuevo Vedado, um local bastante ermo, ao lado do Cemitério de Colón, e se apresentava com uniforme de campanha verde-oliva, sapatilhas pretas de balé, uma fitinha preta na cabeça, seu Rolex Lady Datejust de 26 milímetros e aço branco e bisel de ouro e, em volta do tornozelo esquerdo, uma correntinha muito fina, também de ouro, que substituía a identificação original na qual se liam seu nome e sua data de nascimento na face visível e a delicada inscrição "Um único amor" no verso, e mais uma vaporizada leve de seu perfume favorito: Narcisse Noir, de Caron. Eram gestos de coquetismo que ela, mais do que se permitir, parecia se impor. Deixava a pistola no porta-luvas do carro e, com a resolução de um general, abria a porta da casa onde os gringos já a esperavam, depois de terem sido servidos com café ou alguns petiscos. Mister Roger. Mister César. E eles contentes pelo nível de representatividade que Celia significava. E eu, tranquilo. Nenhum dos meus comandantes podia me dar a certeza de que não sairia correndo para levar a fofoca até o ouvido do Raúl, ou, pior, que faria um acordo com os ianques e se converteria em emissário, mesmo que a favor deles. Além do mais, sempre fui muito ciumento com as relações com a CIA. Não as compartilho com ninguém. Podem ter certeza do seguinte: uma parte considerável do poder em países como o nosso – onde a instabilidade é um fator habitual e onde você se vê no foco da atenção internacional – é sustentada nas relações com a CIA. O simples contato com eles já fornece isso. Advirto que, no nosso caso, naqueles meses, não houve grandes conspirações a serem consideradas a partir da informação que eles nos passavam, nem nenhum outro assunto relevante que eu pudesse lhes contar agora, e tudo o que ficou deles em nossos registros são dois nomes de guerra: Roger e César. César era novo, e em seu cartão de visitas constava César Hunter, e o endereço e telefone eram os mesmos da embaixada americana: rua M entre Calzada e Malecón, Vedado, Havana, Cuba. Telefone 30-3151. Caixa postal 2229. Roger era da equipe que por fim nos alcançou na Sierra Maestra no fim da campanha sob a cobertura de vendedores de armas. E nunca nos deu seu cartão.

Estou tentando firmar um ponto aqui. Dizer que o que uma revolução precisa é de diálogo com a CIA. A Revolução não precisa de uma chancelaria, e são alheios a ela os maneirismos da política externa, da maneira como estão estabelecidos pela prática universal. Todas essas estruturas são supérfluas. Mas são de sua conveniência, sim – pelo menos – um exército, uma direção impiedosa (quanto mais impiedosa, mais atraente) e o encanto das tertúlias secretas com seus acérrimos inimigos – a CIA. Vejam onde foram parar os soviéticos e todas aquelas suas bobagens de displicências diplomáticas.

O fato é que nos mandaram o tal César e o Roger como emissários. Sem dúvida, houve aquela entrevista com Frank Bender em 21 de abril em Washington, que foi um incentivo para novos encontros posteriores em Havana. Era como se mantivéssemos a peça em cartaz.

Mas por onde começaram essas sessões de encontros em Havana? Deixem-me puxar pela memória. Pode-se dizer que haviam começado com Max

Lesnik. O polonês Max. Foi ele o mensageiro! Desde o princípio – estou falando das duas primeiras semanas de janeiro –, foi ele que nos lembrou dos nossos compromissos com a CIA. Já podem imaginar a quantidade de coisas que a gente vive e sobre as quais nunca pensa escrever uma linha sequer. Por isso, algumas coisas tendem a se apagar e perdemos a certeza a respeito de sua lembrança. Mas no caso do Max acho que posso ser mais preciso. Porque me lembro de tudo muito bem. "Porra, Fidel. Os americanos querem ver você." Por sua posição como chefe da seção urbana (em Havana) da Segunda Frente Nacional do Escambray, ele construíra bons contatos com a CIA. Ou ao contrário. Pelo fato de ser um agente da CIA, foi designado como chefe da tal seção urbana. Seção urbana que – esclareço a vocês – era uma organização de um só homem: o próprio Max. Esse era todo o conteúdo de pessoal e logística da seção, que ao carecer de outras possibilidades operacionais, já podem imaginar qual era sua tarefa. Ir de um grupo a outro do movimento clandestino em Havana – os poucos que faltavam cair nas mãos da polícia – para ver que informação podia obter. Mas preciso reconhecer sua habilidade para evitar o mesmo infortúnio de Jack Stewart, o desconcertado Jack Stewart, que estava no escalão acima dele no esquema cubano da CIA, mas que não chegava a ser como o recluso e pilantra John L. Topping. Não sei se chamo de trágico ou de risível o destino de seu *deputy* Stewart, o chamado adido auxiliar da embaixada, com domicílio na rua 12, número 29, apartamento 19-b, telefone 31-1932 (também conservamos seu cartão). Liquidada sua conspiração do trem blindado, saiu correndo pela cidade tentando localizar Max, para lhe dizer que a chefia finalmente havia aprovado um embarque de armas em Miami para a Segunda Frente Nacional do Escambray. Tratava-se – *a todo custo* – de criar uma linha de contenção para as minhas hostes. Era 31 de dezembro à noite, e Stewart e Max bebiam o barato bourbon Old Kentucky com água e gelo na sacada do apartamento de Stewart. Enquanto se embalavam tristemente nas suas cadeiras de balanço, ponderavam se já não era muito tarde para tudo aquilo. *Era.* Tarde demais. No dia seguinte de manhã a situação havia sofrido uma dramática metamorfose. Max era quem segurava a frigideira pelo cabo. De uma forma ou de outra, era Max que pertencia às forças que assumiam o poder. A essa hora, Stewart voltava a se desesperar tentando localizar o polonês. Tinha ordens de Washington para entrar em contato com os rebeldes. Max fez pelo amigo o que estava ao seu alcance naquela hora. Entregar-lhe trinta salvo-condutos impressos para para-brisas de carros, que pediam trânsito livre para a Segunda Frente Nacional do Escambray.

De onde ele tirou aqueles cartões impecavelmente impressos é uma coisa que ainda desperta minha curiosidade. Mas me intriga ainda mais saber para onde estariam dando TRÂNSITO LIVRE ao chefe da estação da CIA numa cidade sem governo de nenhum tipo e onde todos os ministérios e escritórios da administração do Estado permaneciam vazios, e na qual multidões em tumulto tomavam cassinos de assalto e depredavam parquímetros e baleavam a seu bel-prazer os policiais que ainda se aventuravam a vestir uniforme. Tampouco Max tinha – vale esclarecer – por que se sentir exposto aos altos e baixos da política interna da CIA, pois no seu caso não era mais do que um dos tantos mexeriqueiros que circundam a atividade da agência.

No fim de outubro, quando os emissários da CIA suspenderam sem prévio aviso os contatos e não estabeleceram mais comunicações, estavam me dando em primeira mão informação suficiente para corroborar que havíamos perdido Allen Dulles. Por aqueles dias, Ramiro recebeu minha orientação de mudar a modalidade do monitoramento desses dois funcionários da embaixada – Roger e César –, que haviam se reunido regularmente com Celia. Que passasse do regime de checagem secreta para o "japonês" – como é chamado o monitoramento ostensivo.

– Quero que você torne a vida deles impossível, Ramirito – disse eu. – Quero que, 24 horas por dia, eles tenham grudada na nuca a respiração de nossos rapazes.

Quanto a Topping e seu novo delegado em Havana, Wiecha, de momento a ordem era a de observá-los discretamente. Que dessem rédea solta. Nunca usar a checagem ostensiva com eles. Deviam deixá-los se mexerem à vontade e tomar nota cuidadosamente de cada um dos seus movimentos.

Uma pergunta, porém, me obsedava: por que tinham interrompido os contatos comigo. Tinha que haver algo superior, algo que nos cálculos deles poderia lhes trazer um ganho maior. Porra, se esses caras querem tirar o meu pé do freio, é por alguma coisa que ainda não consigo decifrar, mas que envolve meu pescoço. A informação começou a gotejar em poucas semanas. Eisenhower havia entrado na jogada, mas – diziam os primeiros relatórios

– pressionado por Nixon, que percebia a sonolência da CIA em relação a nós. Pura reação visceral de Nixon – se esses motivos fossem certos –, já que nós ainda não havíamos ditado nenhuma de nossas leis econômicas revolucionárias mais radicais, ainda não havíamos nacionalizado nada que fosse americano, e a nossa única ousadia era uma muito suave e generosa reforma agrária, e nem sequer havia um vislumbre da visita de Anastas Mikoyan a Cuba; isto é, zero presença soviética. Mas Eisenhower chama Allen Dulles e o repreende. Diz que quer ver "um programa amplo" sobre Cuba. Isso a longo prazo vai significar um ganho substancial para nós, porque é nessa hora que eles comprometem a força equivocada. A formação de um grupo de combate não específico para uma batalha que sob todos os aspectos ainda faltava ser definida. Mas eu continuo às voltas com minhas interrogações. Que tontos. Os contatos me brecavam. Agora não mais. Não deve ser isso. A equação não bate. E de que breque estou falando se eu não estou acelerando para lugar nenhum? De momento meu governo é uma série de tateios, às vezes muito díspares entre si, e sem que eu possa ser acusado de estar comprometido com qualquer orientação ideológica. Já passaram suficientes anos desde aquela contenda para que vocês possam aceitar que na época não houve bando mais dominado por uma ideologia do que o dos meus inimigos. Claro, aceito que eu era marxista. E poderia até ser chamado de procomunista. Mas da perspectiva exclusiva de ser um estudioso aplicado de seus mecanismos. Nenhum combatente revolucionário que leia Lenin – e principalmente Stalin – fica imune a seus ensinamentos para a tomada do poder. É por isso que são leituras tão perigosas e tendentes a desordens de rua e violência, e entende-se, portanto, que se reprima sua impressão e distribuição. Mas isso não implica obrigatoriamente – como era a mentalidade do Che e principalmente de meu irmão Raúl – propor de imediato a construção do socialismo em Cuba. Enfim, minha estratégia comunista não era mais do que um discurso de reserva. A história se desnaturalizou de tanto ser manipulada, e para piorar, como fomos nós os vencedores, há uma tendência de sermos vistos como aqueles que abusaram.

Quero que os senhores me digam em que poderia afetar um consórcio americano o fato de eu semear um eucalipto ou um tamarindo (o Plano de Reflorestamento) numa planície desolada e bastante erodida do município de San

Antonio de Río Blanco, ou de enfiar num reformatório – e de quebra alimentar e vestir – um pós-adolescente delinquente de rua, dos milhares abandonados nas ruas cubanas. Havia outras leis, concessões de baixo investimento que eu fazia para contentar as massas. Será que o complexo militar-industrial americano ficaria estremecido pela baixa nos preços dos aluguéis de moradias – em geral, apartamentos – das classes média e baixa de Cuba? O embaixador Philip Bonsal até nos incentivava a nacionalizar as empresas telefônica e elétrica, propriedades ianques, porque os próprios americanos se encarregariam de indenizá-las. Eu poderia rir dele, e até desfrutar antecipadamente do anseio da minha mente por expropriar-lhes até o último prego. Mas nada disso era questão de uso político, porque não ultrapassava o campo das minhas elucubrações. E poderíamos igualmente ser muito mais lentos ou chegar a arranjos mutuamente vantajosos. Assim como fazia concessões às massas, eu estava disposto a fazê-las em favor deles, até mesmo em nome de um equilíbrio. Nada do que estávamos fazendo até o momento era tão grave. Que motivo sério de queixa podiam apresentar? Tínhamos margeado com cuidado as zonas de aproximação aos seus verdadeiros interesses, como se fossem campos minados; além disso, eu pusera sob controle o Raúl e o Che. Mas estava claro na época que não iriam permitir aviões para a defesa, que não deixariam comprar armamento de infantaria e que nos haviam declarado guerra. Ninguém no mundo sabia disso ainda. Mesmo para nós era difícil aceitar essa ideia em todo o seu alcance. Mas Cuba estava em guerra com os Estados Unidos da América!

Houve mudança de atitude. Por quê? A informação veio posteriormente. Eisenhower sofrera vários acidentes vascular-cerebrais e um infarto. Encontrava-se parcialmente paralisado e cedera a Nixon a coordenação quase completa das atividades clandestinas da CIA contra a "ameaça vermelha". Outro ponto é que alguém enfiou na cabeça deles que certas companhias americanas esperavam pela feliz conclusão de algumas negociações comigo. Eu, francamente, não sei de que diabos estavam falando. Nem a que companhias se referiam. Inclino-me a pensar que era o setor da CIA favorável a nós que ainda resistia e que conseguiu aguentar até outubro. Agora revejo um dos expedientes da informação inimiga daqueles anos. Segundo nota elaborada por Gordon Gray, assistente especial do presidente Eisenhower para assuntos de Segurança Nacional, quando o diretor da CIA, Allen Dulles, apresentou ao presidente uma proposta da Agência para sabotar as usinas de açúcar cubanas, o presidente

– encontrando-se já então mais ou menos na situação de fantoche de Nixon – expressou-lhe "que não estava satisfeito com o que havia sido feito até aquele momento contra Cuba" e pediu a Dulles que voltasse "com um programa mais amplo". Nixon já pensava nas eleições e sabia que Cuba seria um dos temas inevitáveis. Com o tempo, foi algo que passei a considerar como uma lição básica do curso de treinamento de luta contra os ianques. A lição de que seu calcanhar de aquiles é a dependência que a CIA tem da visão míope da política norte-americana. Tomaram nota? É extremamente difícil traçar uma estratégia, seja de que tipo for, quando você está sempre pensando em eleições que acontecem no mínimo a cada dois anos. Eu via aquele país no início como uma coisa muito mais monolítica do que é na realidade. E no dia em que aprendi que a grande incompetência daquele império era ter se originado da ideia da República, dei-os por vencidos. As doutrinas do imperialismo americano já são história no momento em que são promulgadas.

No entardecer do dia 12 de agosto de 1959, o primeiro DC-3 aterrissou no aeroporto de grama da vila de Trinidad. A antiga instalação aérea, a vila ao lado e as vias de acesso ao Escambray, tudo, teoricamente, estava em poder dos rebeldes. Um sacerdote de sobrenome Velasco (logo se identificou) se encontrava a bordo e era o emissário do generalíssimo Trujillo. Os homens que se aproximaram da aeronave apresentavam o aspecto inconfundível das tropas guerrilheiras: os olhares turvos, as roupas escuras, as munições em cintas. O avião já estava parado e descansava de bunda, baseado no trem de aterrissagem traseiro. O piloto tinha a preocupação de não desligar os motores. Podia ver sua silhueta no focinho elevado do DC-3, em seu assento esquerdo, iluminado de vez em quando na penumbra da cabine pela fosforescência do painel. Pôs os motores em baixa e não se mexeu. De qualquer maneira, o nível de decibéis que produzem esses pistões em posição radial dos motores Pratt & Whitney R-1830-S1C3G obriga você – em suas proximidades – a falar e ouvir por cima do estrondo sustentado de um produtor de 1.200 cavalos de força. Os primeiros gorros, quepes e boinas do grupo de recepção já haviam voado pelo efeito da turbulência, e era visível como os outros seguravam seus gorros na cabeça. Eu via as lapelas negras do padre se agitando no dintel da portinhola enquanto esperava que fizessem chegar até ele a escadinha, o gesto sempre feminino de segurar as lapelas da vestimenta contra o vento. Então, num prodígio de grosseiro virtuosismo coral, aquela centúria de loucos começou a dar "vivas" a Trujillo e "abaixos" a Fidel – a mim mesmo, caralho. Não me esqueço da cena pelos significados em justaposição do vigor manifesto na gritaria daqueles homens que se impunha sobre o rugido de motores do DC-3 a cinco metros de distância e daquele pálido padre de pernas longas lutando para que sua batina não continuasse se levantando até a cintura e mostrando sua calça creme. Estavam de costas para meu campo visual. E eu via como, com a mão não ocupada em cuidar dos gorros, erguiam seus fuzis e proferiam aqueles gritos de guerra que eu lhes havia indicado um pouco antes. Eu me escondia numa barraca, a uns duzentos metros da cena, de onde acreditei distinguir a súbita reação de complacência do sacerdote. Ele e o lado esquerdo da fuselagem do avião ficavam de frente para mim. Então girei a cabeça para dentro da barraca, onde sobre a mesa descansava um aparelho de rádio Viking Valiant com o qual estávamos há horas nos comunicando diretamente com Trujillo e que era um dos três transmissores Viking Valiant com antena direcional de vinte metros que o serviço de inteligência dominicano oferecera para o melhor desenvolvimento da operação. À minha direita estava o comandante Camilo Cienfuegos, sereno e feliz, como era seu estado de espírito permanente antes dos combates. Estava com seu uniforme verde-oliva de algodão, seu inconfundível chapéu Stetson, seus bolsos cheios de charutos e o FAL no ombro. Feliz e equilibrado Camilo. A uns passos à esquerda, os comandantes Gutiérrez Menoyo e William Morgan, que compareciam como interlocutores com Santo Domingo e os quais Trujillo – é claro – ainda não sabia que o haviam traído. E mais atrás, sentados em seus respectivos bancos, Celia e o comandante Almeida se mostravam distantes e sem emoção. Eu diria que entediados. E diria que o escurinho Almeida até cochilava, veja só, com seu respectivo FAL sobre as coxas. Eu havia girado a cabeça buscando – aparentemente – os gestos de complacência daquele pessoal que me acompanhava como uma espécie de aprovação àquela minha magistral e episódica emboscada. Eloy e William eram os de risinhos mais eloquentes. Os melhores do mundo. Foi o que percebi de suas expressões. Nós éramos os melhores do mundo. Digo aparentemente porque, na realidade, queria verificar se os rapazes de minha escolta se mantinham em suas posições de alerta e não perder de vista aqueles dois sacanas. Ali estavam cinco de meus homens para cada um, de Thompson e FAL em mãos, de acordo com suas preferências, todos com balas colocadas para disparo, sabendo qual a cabeça marcada para voar ao menor movimento em falso e exibindo sorrisos de deleite à flor dos lábios tão sustentados quanto forçados.

Foi a primeira tentativa séria de contrarrevolução com que tivemos que lidar. O aviso veio de um combatente chamado Yamil Ismael Gendi. Havia sido contatado pelo pessoal de Gutiérrez Menoyo, que queria "enredá-lo em algum negócio". Yamil era ajudante do comandante Filiberto Olivera, chefe *em litígio* das Forças Táticas do Centro (FTC). Digo em litígio porque eu tinha colocado ali o comandante Juan Abrantes.[58] Raúl era um obstáculo porque queria a posição para um de seus homens. Como se sabe, o pessoal do Diretório Revolucionário nunca foi de sua simpatia. Bem, mas qualquer que fosse seu cargo, Filiberto transmitiu a Ramirito, o chefe da Direção de Inteligência do Exército Rebelde (DIER), a informação de Yamil Ismael Gendi. Eu disse a Ramirito, mande o Filiberto dizer ao companheiro que acompanhe de perto o caso e que nos informe de tudo, minuciosamente. Qual é seu grau de escolaridade? Ajudante? Ajudante de Filiberto? Datilógrafo? Perfeito. Diga-lhe que sente diante da máquina de escrever toda vez que souber de alguma coisa e que escreva tudo. Que não deixe para o dia seguinte.

Copiou? Ele fuma? O companheiro fuma? Bem, mande para ele de minha parte esses charutinhos. Quero informação fresca. Não há privilégio maior. É uma das normas a serem estabelecidas com os chefes da Segurança do Estado. Eu costumava dizer que é como um balde que você puxa do poço. Se o percurso for muito longo, você vai perder metade da água nos solavancos do caminho. Segundo as declarações posteriores que recompilamos, Batista não teve nada a ver com o complô. As notícias eram de que Trujillo continuava treinando sua tropa de cerca de 3 mil mercenários, o grupo-tarefa que ele denominara Legião Anticomunista do Caribe. A CIA – por meio de sua unidade em Havana – nos filtrava alguma informação. Além disso, obtínhamos informação suplementar através de nossos amigos em Cidade Trujillo, que fundamentou a decisão de seguirmos Eloy e William em suas constantes viagens a Miami e suas reuniões ali com o genro de Trujillo, o bonitinho do Porfirio Rubirosa. Naquela época, se não me falha a memória, havia uns trinta voos regulares entre Miami e Havana, e ainda não se exigia dos cubanos visto de entrada nos Estados Unidos se você não fosse permanecer ali por mais de 29 dias. Bastava mostrar o passaporte cubano ao oficial da imigração. As fronteiras daquela rota de conspiradores permaneciam abertas, escancaradas. Ainda estávamos nos movendo, em muitos aspectos, no âmbito das intrigas bananeiras que os ianques permitiam no seu pátio. Ainda éramos aquele cenário de palmeiras de papelão e de pistoleiros em ternos de dril branco, cuja ideologia primordial eram as fanfarronices de Ernest Hemingway em *Ter e não ter*. Sim, garotos. Já vi o filme uma porção vezes, e gosto mais dele do que do livrinho. Agora fico em dúvida sobre a nacionalidade que Eloy e William estariam alardeando. Mas o caso é que suas viagens *round trip* Havana-Miami eram realizadas com regularidade significativa. Eloy e William haviam sido conquistados pelas representações diplomáticas de Trujillo nas duas cidades por meio de partidas regulares de 10 mil dólares e de promessas de altos cargos no novo governo cubano. Que destino de permanente transgressão o da minha nação, meu Deus. Um sátrapa dominicano que se propõe a instalar-se no governo de Cuba, para que as rédeas do país fiquem nas mãos de um galego e de um gringo. E depois acham ruim quando eu tento enfiar guerrilhas ou soldados em qualquer canto do mundo. Diabos, se nossa vocação quase se define como uma justa vingança. Ou vão negar a insistência com que há cinco séculos querem nos converter em corredor de livre passagem para cobiçosos aventureiros? E ainda não mencionei os ianques. O contato de Eloy e William em Havana era Paul Duane Bethel, oficial da CIA com fachada de assessor de imprensa da embaixada americana, morador na rua 11, número 612, perto de Miramar.

Examinando as coisas com serenidade e um certo distanciamento, aquele foi um complô maravilhoso para todas as partes envolvidas, pelo menos magnífico em sua etapa inicial. Parecia que todos os envolvidos estávamos obtendo ganhos. Como já disse, Frank Bender (ou "Gerry Droller" ou "don Francisco" ou "Mister B.") supervisionou a operação em suas origens *in situ*, em Cidade Trujillo, e recomendou à sua chefia na CIA que deixassem correr as coisas para ver o que acontecia. Devo reconhecer, não obstante, que a atitude da Agência foi praticamente a de observadora, e que no fim pareceu inclinar-se brevemente a nosso favor. Com certeza, também não lhe interessava que Trujillo ganhasse. Mesmo assim, o simples fato de terem enviado seu emissário à República Dominicana foi percebido por Trujillo como um bom sinal, e ele se sentiu gratificado por isso. Numa aventura dessa índole, nada melhor do que ter os ianques por perto, mesmo que fosse simplesmente na expectativa. Por sua vez, a CIA tinha a

O IMPÉRIO NA PRIMAVERA 453

oportunidade de nos passar alguma informação virtualmente classificada, e com isso ficaríamos lhes devendo esse favor. Eloy e William, e o pessoal da Segunda Frente, obtinham as suculentas sinecuras pelo fato de serem agentes duplos. Trabalhavam para Trujillo e lhe arrancavam toda a grana que podiam, e ao mesmo tempo passavam a informação de suas correrias aos americanos e aumentavam seus emolumentos por essa outra via. No fim, acabaram sendo agentes triplos, porque também se puseram a meu serviço. Bethel os obrigou a denunciar às autoridades a oferta de conspiração que lhes era feita por Santo Domingo. Ou seja, que me informassem do assunto. No que me diz respeito, a participação na conjuração (de certo modo obrigatória) implicava que eu estivesse a par de tudo e que, de todo modo, a festa inteira girasse em torno de mim.

A primeira coisa foi acrescentar alguns envolvidos de minha própria safra. Uns tontos que haveriam de me ser muito úteis – para efeitos da propaganda (como prevenção de atividades sediciosas) – e que fiz aparecer como inimigos, ou seja, investi-os desse novo papel. Os donos de terra que se mostravam tão afetados pela recém-promulgada lei de Reforma Agrária precisavam enfrentar o rigor revolucionário. Eu precisava usá-los como alerta para o resto da burguesia rural. Era a primeira vez na história do continente que alguém ia dar até trinta anos de prisão para uma dúzia de saudáveis e, na verdade, inócuos fazendeiros. Foi muito simples fazer com que se insurgissem sob os auspícios de mordomos e secretários que previamente recrutamos, e principalmente de suas *queridas*, que é a fórmula cubana genérica de se referir às amantes com casa fixa. Outro grupo foi o dos militares batistianos. Entre 6 e 11 de agosto procedemos à detenção em escala nacional de centenas de ex-militares e ex-policiais. Desse pessoal, alguns receberam uma porção de anos, e os outros no mínimo passaram pelo susto e ficaram sabendo que estavam sob nossa estreita vigilância.

Agora deixem que diga a vocês algo fundamental para mim: uma característica específica das conspirações é que, por uma manifestação inerente de sua natureza, chega uma hora em que alcançam uma espécie de massa crítica, e é nesse instante que você precisa saber detê-la. É o ponto que antecede a fissão e quando a massa crítica deve ser resfriada sem hesitação. Exposto de outro modo, o ditame final de uma conspiração é aquele no qual se torna inexorável sacar as pistolas, porque não há mais espaço para continuar alimentando a imaginação do inimigo. Se você demorar um minuto a mais, no minuto seguinte terá que concretizar as promessas, ceder terreno, entregar posições. De modo que deixei correr a maquinação trujillista até que me despacharam o segundo avião. O sacerdote Velasco, de volta à base de San Isidro, a oeste da capital dominicana, fez Trujillo presa de seu entusiasmo. O segundo avião, com um pelotão de personagens a bordo e carregado de apetrechos, aterrissou no dia do meu aniversário, uma quinta-feira, 13 de agosto de 1959. O aeroporto de grama de Trinidad, transformado em aeroporto internacional. Também não exigíamos vistos. Mas disse a Camilo:

– Acho que vamos parar com isso aqui.

Ainda não havia decidido, mas coloquei o fim dessa história na balança. Calculei que o próximo envio – se ocorresse – contaria com mais de um cargueiro e já com companhias da Legião Anticomunista do Caribe no tumulto do combate. Alguns ataques aéreos dentro do raio de ação dos aviões De Havilland Vampires também eram previsíveis. Tratava-se então de algo diferente de oferecer Santiago à imolação. Santiago de Cuba, uma Guernica de mestiços calçados com tamancos de madeira? Tratava-se de uma situação de guerra para a qual nós não dispúnhamos de uma capacidade de resposta à altura. O certo é que os De Havilland Vampires podiam se retirar depois de qualquer ataque com a mesma impunidade com que ingressariam no nosso território. Eu mandara cercar o aeroporto com metralhadoras calibre .50 e alguns morteiros de .60 e .81, do armamento recuperado dos arsenais de Batista. Eu mesmo posicionei a maior parte das peças. Mas isso era comprometer quase todo o armamento antiaéreo de que o Exército dispunha, numa aventura para a qual não havia sido projetado. O fogo direto de sessenta ou setenta metralhadoras calibre .50 colocadas em meia-lua contra um agrupamento de infantaria desembarcado num aeródromo supostamente aliado era uma batalha vencida de antemão. O massacre estava garantido. Mas nos deixava desguarnecida uma seção importante da defesa do espaço aéreo. Então tive a intuição de que me precipitava nos artifícios de uma guerrinha bananeira e que ela fugiria ao meu controle. Isso aconteceria a partir de qualquer registro de batalha e da intervenção dos americanos sob o pretexto de pacificação. Entenderam a situação? A massa crítica a ponto de fissão. Uma situação à beira do descontrole.

William Morgan (sob o pseudônimo Henry) mantinha-se em contato pelo rádio com Trujillo e o convencia de que estava tudo em ordem. A suposição era de que estivéssemos completamente desmoralizados porque não tínhamos conseguido reagir contra o seu avião. Naquela quinta-feira, dia do meu aniversário, passei a William o roteiro da mensagem seguinte. A luta se desenvolvia em seis pontos do país, e eram necessários reforços de oficiais, técnicos, soldados e metralhadoras. Essa parte de minha requisição era algo mais do que uma insaciável glutonice por matar ou capturar a mancheias soldados inimigos e equipamento. O que estava na balança era a possibilidade de neutralizar – pela via do massacre ou do aprisionamento – a flor e a nata da Legião Anticomunista do Caribe. Eram necessários entre duzentos e trezentos assessores com experiência em desorganização do inimigo, que se retirava em todas as frentes. O reforço era imprescindível, já que não podíamos resolver tudo com nossos escassos meios. A noite caía quando apertei o ombro de William – ele sentado diante do microfone – para que não cortasse a comunicação. E sussurrei no ouvido dele para que, quase numa arte de tradução simultânea espanhol-espanhol, fizesse-me o favor de transmitir o fim de nossa mensagem. "Atenção. Atenção." Aqui é Henry. "Confirme. Atenção, Pantera. Henry para Pantera. Atenção." As tropas da Segunda Frente avançaram sobre Manicaragua e depois caíram sobre Santa Clara. "Um contra-ataque da forças fidelistas permitiu-lhes recapturar a vila do engenho Soledad, mas Río Hondo, Cumanayagua, El Salto e Caonao continuam sob nosso controle. Temos que aproveitar a vantagem que nos dá o estado de desmoralização do inimigo para desembarcar nossa Legião e partir para a batalha final." Aqui é Henry. Confirme se me escuta. A resposta de Trujillo foi típica de seu *modus operandi*. A Legião seria despachada quando as condições fossem mais *mais favoráveis*. Enquanto isso, mandaria outro avião com provisões, assessores e um emissário pessoal.

– Bundão – disse eu. – Você é um bundão.

Charuto na boca – e convertido, como é comum na minha existência, no ponto focal de todos os presentes –, empreendi algumas passadas em volta da mesa. A excitação provocada por meu estado de desconcerto e a carga de pensamentos que me assaltava ficavam evidentes na intensidade ininterrupta das baforadas de fumaça que eu soltava e que permaneciam flutuando ao meu redor dada a sua espessura.

– Você vai esperar pela queda de Santa Clara. Vai fazer isso para se decidir a enviar depois uma força praticamente simbólica. E de passagem poupar vários milhões de dólares. Milhões em custos operacionais.

Era mais que axiomático. A Legião Anticomunista do Caribe não viria. "Ah, bundãozinho", pensei. "Ah, Rafaelito." Tomei a decisão, portanto, de capturar o avião e dar por encerrada a operação. Camilo fez uma careta de desgosto.

456   A AUTOBIOGRAFIA DE FIDEL CASTRO

– Porra, Fidel, mas a gente não ia prender o Trujillo?

Era a segunda vez (e não seria a última) que me passava pela mente prender um presidente em exercício (Batista havia sido o anterior). Estava no ar que a qualquer momento Trujillo viria para Trinidad discursar diante das tropas.

– Esqueça isso, Camilo. Acabou. Vamos deixar para os americanos. Agora é assunto deles. Chame o Artola.

O comandante Lázaro Artola recebeu minha ordem de capturar o avião. O avião aterrissou cinquenta minutos depois de concluída a última comunicação com Santo Domingo. Eu, com minha *entourage*, me desloco da barraca próxima à pista para o quartel, para deixar-lhes espaço de conferência no galpão. A visão que se tinha dali sobre o local de estacionamento do DC-3 era nula, mas consegui ouvir com nitidez como a aeronave taxiava com os motores em baixa e, no fim de um percurso que eu traçava com a imaginação, tive a surpreendente percepção de que acabavam de desligar os motores. Olhei meus dois Rolex dançando sobre o pulso esquerdo. As esferas fosforescentes indicavam a mesma hora. Oito da noite. O avião trazia dez homens. O piloto era o tenente-coronel Antonio Soto Rodríguez, o mesmo que levara Batista e sua comitiva em fuga para Cidade Trujillo na madrugada de 1º de janeiro de 1959. Outros dois personagens a bordo: Rolando Pozo Jiménez, filho de Justo Luis del Pozo y del Puerto, o ex-prefeito de Havana na época de Batista, e Roberto Martín, filho de Lutgardo Martín Pérez, ex-tenente-coronel da Polícia e um dos mais renomados criminosos de guerra *criollos*. Quem nos acompanhava eram Carlos Vals, o copiloto; o ex-capitão Francisco Betancourt, fugitivo da justiça revolucionária; Pedro Rivero Moreno, ex-militar e também fugitivo da nossa justiça; Alfredo Malibrán Moreno, um mercenário espanhol, especialista em bazucas; e os mercenários cubanos Raúl Díaz Prieto, Armando Valera Salgado, Raúl Carvajal Hernández e Sigifredo Rodríguez Díaz. Seis deles planejavam ficar e os outros voltariam. O bobalhão filho do antigo prefeito de Havana se apresentaria como enviado pessoal de Trujillo. Assim que pisou em terra, descobriu o rosto de seu amigo Eloy Gutiérrez Menoyo entre os membros do comitê de recepção. Haviam sido amigos na juventude e – dizem meus informes – Del Pozo emprestara a Eloy a grana, por volta de 1955, para a abertura de uma casa noturna, ou pelo menos para as despesas iniciais – uns 15 mil pesos. Eloy apressou-se a apresentar-lhe algumas das pessoas em volta dele como a fórmula mais expedita e menos constrangedora de se safar do abraço.

O IMPÉRIO NA PRIMAVERA

Em seguida, Del Pozo tirou um mapa do bolso e perguntou onde queriam que Trujillo enviasse dois bombardeiros que tinha preparados. Caralho, o que ele queria era dar emprego àquelas geringonças. Os De Havilland Vampire ficavam na reserva. O homem resistia a aposentar seus dois B-17 enquanto não se desse ao luxo de pelo menos homologar-se uma missão de bombardeio a longa distância.

– Os bombardeiros podem vir amanhã, Eloy – disse o emissário de Trujillo. – Onde é que eles devem atacar? Digam onde vocês querem. Marquem aqui no mapa. E assinem embaixo.

Depois sou informado de que Artola dá duas palmadas, com suas enormes mãos de diarista agrícola, e grita: "Vamos lá!", para apressar a descarga, quando um tenentezinho nosso, Oscar Reytor, que não pertence ao grupo inicial escolhido por Artola, imagina que "Vamos lá!" é a contrassenha e faz um gesto para sacar a arma. Silêncio. Você não está ouvindo esse silêncio, Camilo? Estou dizendo isso a Camilo.

– Silêncio. Desligaram os motores. A confiança deles é total, Camilo. Total.

O nosso tenentezinho não conhece o sinal verdadeiro que havia sido combinado. *Que boas essas granadas!* Essa era a contrassenha. O tenentezinho ouve Artola dizer "Vamos lá!". E acha que esse é o sinal, levando a mão à pistola. Supõe-se que, logo depois, um membro da tripulação efetua o primeiro disparo, o que desencadeia o tiroteio. Como a troca de tiros acontece dentro da cabine de carga e com os participantes puxando suas pistolas e disparando à queima-roupa, em poucos segundos há quatro mortos e dois feridos. Esse foi o resultado imediato, mas o combate se estendeu por uns dez minutos. Os enviados de Trujillo tiveram dois mortos: o copiloto Carlos Valls (que, soubemos depois, foi quem primeiro tentou resistir à prisão, isto é, quem primeiro tentou sacar sua pistola ao ver o gesto do tenente Reytor) e o ex-capitão batistiano Francisco Betancourt. De nossa parte, o tenente Eliope Paz e o civil Frank Hidalgo Gato; o tenente Oscar Reytor faleceu posteriormente em consequência dos ferimentos, e sua menção de sacar a arma ficou perfeitamente inconclusa por toda a eternidade. O ferido do bando contrário foi o tenente-coronel Antonio Soto Rodríguez, o famoso piloto da fuga de Batista. Filiberto Olivera, o outro comandante nosso deslocado para o terreno, pistola na mão, saltou para o interior da cabine e deteve os demais tripulantes, que – segundo me explicou Filiberto – pareciam esperá-lo, já com mãos ao alto. Assim, deteve pessoalmente

458   A AUTOBIOGRAFIA DE FIDEL CASTRO

os caras e conduziu-os até mim, no quartel, e quem vimos primeiro foram Rolando Pozo Jiménez e Roberto Martín Pérez. Filiberto quis levá-los logo para o cemitério e fuzilá-los. Houve uma época em que fazíamos assim. Fuzilar ao lado dos cemitérios locais, quando estes tinham bons muros, de certa altura. Artola deu outro par de sonoras palmadas.

– Vamos lá! – chamou. – Já é tarde.

Ouvi alguém perguntar onde havia um cemitério por ali.

– Camilo – disse ao ouvido de meu chefe de Exército –, pare com essa comédia agora. Enfie os caras em carros e leve-os até Havana. – Camilo assentiu. – Ouça, Camilo. Diga ao Filiberto e ao Artola que eles são responsáveis pela vida dos prisioneiros. Não quero que matem ninguém pelo caminho. Entendido?

– Então, zero paredão? – perguntou ele.

– Zero, Camilo.

– Uhum.

– Entendido?

– Entendido, Fidel.

– Forte e claro?

– Forte e claro, Fidel.

– E ouça bem. Quero os caras de banho tomado, barba feita e limpos de manhã cedo. Agora cabe a mim apresentá-los pela televisão.

Salvaram a pele, com efeito, se bem que não foi apenas em troca de uma aparição na tevê. Como expliquei aos companheiros, o castigo não era para eles, e sim para os pais deles. O fuzilamento dos filhos teria causado ao ex-prefeito e ao ex-tenente-coronel no máximo dois anos de dor em seus refúgios de Miami, logo depois iam esquecer. Mas enquanto mantivéssemos seus filhinhos apodrecendo em Cuba e dentro de uma prisão da época da Espanha, permaneceriam ligados à agonia insuportável dessa condenação, além de se converterem em novos integrantes de uma das principais forças de dissuasão contra invasões e complôs com que contamos, os que tornamos a denominar aliados cativos, aqueles com os quais não se pode contar para nenhuma aventura contra nós de Miami, pois isso poderia nos levar a dar sumiço nos garotos ou crivá-los de balas antes que o primeiro paraquedista ianque tocasse a terra.

E assim acabou a conspiração de Trujillo, a maior tentativa de destruir a Revolução Cubana antes da batalha de Playa Girón, e que desde então, como tenho dito, estabeleceu as características – o *pattern*, como dizem eles – que a

CIA haveria de seguir como modelo operacional: insurreição e desestabilização interna, invasão mercenária, manobra da Organização dos Estados Americanos (OEA) com o beneplácito de seus aliados regionais – isto é, naquela época, *toda a região* – e legitimação de uma intervenção dos Estados Unidos sob o pretexto de pacificação.

Só mais uns detalhes antes de concluir. William foi detido em 17 de outubro de 1960 por organizar em Escambray um foco de bandos contrarrevolucionários, em acerto com a CIA, e teve que enfrentar o pelotão de fuzilamento. Fui vê-lo em La Cabaña na tarde de 11 de março de 1961, antes que o fuzilassem. Fiquei num velho parapeito de pedra que se erguia sobre um estreito fosso com piso de grama, um retângulo rodeado pelos enormes muros feudais que três séculos atrás os engenheiros militares espanhóis conceberam como obstáculos eficazes para defender a fortaleza. Uma corrente de contundentes elos estava presa a postes de cimento de um lado a outro do parapeito. O acesso até esse lugar era feito por um túnel que atravessava o conjunto de edificações e que eu calculei ter uns cem metros. Ambas as saídas, é claro, guarnecidas por portas enferrujadas de grades que rangeram dolorosamente quando, com exclusividade para mim, foram abertas pela primeira vez em provavelmente mais de um século, e que exigiram o esforço de meus bem robustos seguranças e de um oficial responsável por aquela parte da prisão para ceder-nos uma pequena abertura para entrar. Héctor. O oficial responsável por aquela área especial disse chamar-se Héctor. Lembro-me dele. Um tenente. Branco e de bigode fino. Estava com uniforme verde-oliva de campanha, uma pistola americana na cintura e um molho de chaves, cada uma delas uma relíquia de museu, na mão. E se mostrava todo falastrão, imagino por estar na minha presença. Havia sido destacado para La Cabaña desde o início da Revolução e ficou contando que fora ele quem atendera o coronel Sosa Blanco nos trâmites de seu último desejo. O relato era uma forma de mostrar sua extrema eficácia como carcereiro. Ele se apresentara na cela do condenado para informar que era sua última noite e perguntar se existia alguma coisa em que pudesse atendê-lo.

– Porra, garoto. Um arroz com frango.

Assim, para dar cabal cumprimento à petição, Héctor se dirigiu ao cozinheiro do clube de oficiais e lhe pediu que se esmerasse e deixasse de misérias na hora de colocar o *petit-pois,* os pimentões e principalmente os pedaços de

460 A AUTOBIOGRAFIA DE FIDEL CASTRO

frango. Héctor me contou que conseguiu até uns guardanapos e duas cerveji-
nhas e que, quando o réu terminou, deu vários tapinhas na barriga e, visivelmente agradecido, comentou:

– Está vendo, garoto? Agora, sim, estou satisfeito.

Embaixo, na diagonal à minha frente, ficava o pórtico que levava às ca-
pelas dos condenados à morte e que era mantida fechada por duas enormes
e pesadas chapas de ferro, com suas dobradiças também sem ver graxa desde
tempos imemoriais. Ordenei a todo o pessoal da escolta e a Héctor que se afas-
tassem. Foram embora. Concentrei-me na minha tarefa e nos meus objetivos,
e era como se estivesse sozinho no parapeito. Acendi com bastante dificuldade
um charuto. O vento da quaresma fazia fortes redemoinhos, encurralado nas
paredes do fosso, e me fez desperdiçar vários fósforos. Finalmente consegui
fazer o charuto queimar com regularidade. Estava de boina verde-oliva na cabeça, bem ajustada, e vestia uma jaqueta de campanha de quatro bolsos frontais que batia na metade da coxa. Então o pórtico se abriu. Eu havia pedido
que me trouxessem o William pelo meio do fosso e o detivessem embaixo, a
uns cinco metros de profundidade. Ele tinha que olhar para mim de uma posição inferior. Fiz um sinal aos dois guardas que escoltavam o prisioneiro para
que soltassem as algemas. William, ao sentir os pulsos liberados, fez um gesto
parecido com o dos boxeadores quando deixam cair os braços antes da luta.
Elevou o olhar até mim. Fazia uma temperatura de inverno cubano. Não fazia
você suar, mas ficava incômoda quando terminava de cair a noite. E William
estava sem agasalho. Só com a camisa cáqui de manga curta com a qual seria
fuzilado em breve. O que eu queria lhe dizer era que a mãe dele ligara dos Estados Unidos pedindo que eu lhe poupasse a vida.

– Ligou agorinha mesmo, William. A operação não foi fácil para ela porque, você sabe, estamos de relações cortadas com os americanos desde 2 de janeiro. Falou com o encarregado de negócios suíço, que é quem cuida agora de seus
assuntos. O suíço entrou em contato com Dorticós e Dorticós ligou para mim.[59]
O suíço diz que a senhora sua mãe ligou de Toledo, Ohio. Ela se chama Loreta,
não é? Loreta Morgan. Eu disse a Dorticós que era eu quem viria conversar com
você, porque é você quem vai tomar a decisão. E esta eu quero ouvir. E é o que
eu vim fazer aqui. Ouvi-lo.

– Que decisão é essa, Fidel?

– Se eu fuzilo você ou não, William. Você é que sabe.

O IMPÉRIO NA PRIMAVERA

– Suponho que em troca de alguma coisa – disse. – Não é, Fidel?

– Não, William – respondi. – Não é em troca de nada. Só que você é o único de sua causa que eu penso perdoar. Isso, caso você queira que eu satisfaça o desejo da senhora sua mãe.

– Devo entender com isso que, seja como for, você vai fuzilar o Jesús.

– Esta mesma noite, William.

Estávamos nos referindo ao comandante Jesús Carrera, da Segunda Frente Nacional do Escambray, uma espécie de ajudante de William.

– Seja como for – acrescentei. – Dos treze envolvidos em sua causa, só aplicamos duas penas de morte. Tivemos essa consideração.

– E Olga?

Referia-se a Olga Rodríguez, sua mulher em segundas núpcias, cubana, professora de escola, com a qual se relacionava desde a guerrilha.

– Continua escondida, William. Para seu orgulho, ainda não conseguimos pôr as mãos nela.

William assentiu, imagino que com justificada arrogância, mas as sombras já predominavam sobre a luz, e a distância que nos separava me impedia de distinguir com precisão seus movimentos faciais. Aproveitei o gesto de levar o charuto à boca para consultar meus relógios. Foi um gesto de impaciência que William teve a perspicácia de perceber.

– Não há trato, Fidel.

– Eu sei – respondi. – Sei que não há trato. Eu sei.

– Você me entende, não é?

Fiz um gesto de afirmação.

– Sabia de antemão que a sua resposta seria essa. Mas havia o compromisso com a senhora sua mãe. E meu próprio interesse em vir vê-lo. Coitada.

William não respondeu.

– Bem, William – disse eu. – Acho que isso é tudo. Se você mudar de decisão no tempo que lhe resta, me avise. Se bem que eu entendo que estou dizendo isso por pura cortesia, porque você não vai se arrepender de sua decisão. E não vou enganar você. Acho que é a melhor decisão para todos nós.

Impassível. Manteve-se impassível.

– Quanto ao resto – concluí –, acho que seria uma brincadeira de muito mau gosto desejar boa sorte a você.

– Posso pedir um favor, Fidel?

– Qual seria? – perguntei, e um tom de impaciência matizou o caráter de minha pergunta.

– Peço que, quando capturarem Olguita, você não pese muito a mão na sentença. E que, quando a soltar, diga a ela que minha última vontade é que vá morar com os filhos em Toledo.

– *Okey*, William. Pode contar com isso.

O próximo gesto meu foi dirigido aos guarda-costas, para que voltassem a algemá-lo e o levassem à capela. Não fiquei para contemplar todo aquele procedimento de condução de um condenado à morte. Ao voltar a me envolver na luz do meu charuto, percebi que não havia tido a delicadeza de oferecer alguns dos meus bons charutos a William. Mas voltar atrás teria tirado toda a dignidade do nosso diálogo. Assim, ficou-me o pesar de deixá-lo sem estoque de charutos para aquela manhã em que precisaria tanto deles.

A informação reunida por nós durante anos sobre Playa Girón – um volume realmente considerável – permite afirmar que a guerra teve início assim que terminou minha reunião com o vice-presidente Nixon, no seu escritório do Capitólio, ao cair da tarde de 19 de abril de 1959. Seu primeiro plano foi algum tipo de desembarque, paralelamente ao meu assassinato. O projeto não variou muito nos meses seguintes. Ia sendo incrementado conforme avançavam. Mas era sempre uma estratégia de um eixo apoiado em dois pontos. Desembarcar e me matar. Em todos os casos, e até a última hora, o objetivo do desembarque era preencher o vazio de poder momentâneo que minha morte pudesse causar. A proposta tinha contornos realmente infantis e que ilustravam uma conduta estratégica habitualmente pueril. Enquanto um (ou vários) matador(es) de aluguel me despachava(m) para o outro mundo, um comando de cubanos treinados pela CIA – nada numeroso, segundo a concepção original – tomava o Palácio Presidencial, assegurava o perímetro, designava qualquer fantoche como presidente provisório e no outro dia a República estaria de novo aberta aos negócios, aos *seus* negócios, que é a minha tradução para a conhecida expressão americana *open for business*. Preciso explicar algo muito importante. A modéstia dos conceitos iniciais era o resultado dos limites operacionais de Nixon e de que ele se via obrigado a manter um perfil muito baixo de atuação. A razão principal era que, se ele recorresse a Eisenhower ou ao Pentágono, as coisas podiam se complicar e fugir ao seu controle. Uma operação de inteligência com a CIA podia ser conduzida a um preço razoável.

Para a CIA não representava nada desembolsar um pouco de dinheiro sob o pretexto de obter inteligência, para na verdade montar uma variante de golpe de Estado e de assassinato em paralelo. Por outro lado, estavam incorrendo no erro tantas vezes criticado por Von Clausewitz, de que todos os generais se preparam para a guerra anterior. A guerrinha da Guatemala – a que eles produziram para tirar Jacobo Árbenz do poder – havia se revelado fácil demais, rápida e barata, e é humanamente compreensível que se animassem a repeti-la. Se eles não tinham lido Clausewitz, eu o sabia de cor. Além disso, não me era nada complicado determinar por onde se encaminhavam, porque durante aqueles dois anos – entre minha entrevista com Nixon e o desembarque de Playa Girón – nunca me chegou informação de que o Pentágono fizesse algum movimento visando o nosso teatro de operações. Foi uma batalha em que quase todos os erros estratégicos se produziram antes de soarem os primeiros disparos. Bem, acabo de dizer quase uma obviedade. É claro que os erros de natureza estratégica começam sempre no conceito. Ou seja, se não se tratava do Pentágono, então era preciso procurar os sinais no complexo de Langley. Isso significava apenas uma coisa. Se é a CIA, então é Guatemala. Em contrapartida, para nós era extremamente confortável obter informação em todos os níveis da comunidade executiva, política, militar e de inteligência americana, porque eles nunca imaginaram que tivéssemos a audácia de invadi-los – primeiro nós a eles – com uma massa tão competente de agentes. Digo massa com plena consciência. Foi uma invasão massiva de espiões, muitos dos quais, por certo, se já não faleceram ou se aposentaram, continuam se reportando ao seu centro em Havana. Talvez um dia tenha tempo de escrever um livro sobre esses agentes de tão longa data. Terminada a Guerra Fria e diluídas, parece que para sempre, nossas desavenças com os Estados Unidos e também qualquer possibilidade de guerra entre os dois países, nossos velhos espiões continuam sua tarefa. Estão ali, "plantados", utilizando as velhas senhas e alertando-nos sobre movimentos de forças americanas na área do Caribe que já não interessam a mais ninguém. Às vezes, fico até preocupado que a essa altura do jogo cometam alguma imprudência e sejam detectados e se crie com os Estados Unidos algum problema que já não tem nenhuma possibilidade de

464 A AUTOBIOGRAFIA DE FIDEL CASTRO

ser solucionado. Se estão em Washington, faço o possível para que desçam até Miami e se reorientem em direção aos seus iguais: os velhos contrarrevolucionários. Essa é uma zona de atividade que não representa perigo para ninguém, e, em última intância, quem é que vai levar a sério qualquer um dos dois lados? Mas não quero agora diminuir sua espantosa e eficaz atividade – a partir de 1960 principalmente –, quando foram muito produtivos. Naqueles meses se infiltraram sem qualquer tipo de obstáculos nas estruturas ianques, pois todos os flancos estavam a descoberto e os americanos não se haviam preparado para oferecer resistência à nossa atividade de inteligência, além do que eles mesmos, os ianques, se encarregavam muitas vezes – como parte de sua política de roubar-nos a maior quantidade possível de profissionais –, de pagar as passagens e posicionar nossos homens dentro dos Estados Unidos. Profissionais que, é claro, nós havíamos recrutado de antemão. Afinal, eles estão achando o quê? Que vamos preparar como espiões alguns negros cortadores de cana? Pois bem, Nixon ainda está no intuito de manter sob controle sua operação de algibeira, e eu me dedico a invadir o território americano com espiões, enquanto ele ainda está vendo para onde vai tudo isso.

Como sabem, 17 de março de 1960 é o dia determinante, porque nele tentaram resumir todos os seus erros anteriores dando o sinal verde para a invasão. Isto é, tentaram eliminar seus erros a partir da lógica prepotente de eliminar primeiro a nós. Morto o cão, acabou-se a raiva. Assim, o projeto de Cuba começou a ser preparado durante o governo do presidente Eisenhower, e já havia sido elaborado pela CIA e tinha o respaldo de um orçamento inicial de 4,4 milhões de dólares. Eisenhower e a guerra anterior. Ainda estavam na época da derrubada de Jacobo Árbenz. Mas desde que ele assinou aquela merda fatídica, eles se condenaram a um curso de ação. General preparando-se para a guerra anterior. E desde então os contrarrevolucionários cubanos viraram seus reféns em vez de seus aliados.

O que teria acontecido, afinal de contas? A maneira simplista com que alguns teóricos expõem os fatos é discutível. Segundo eles, a lógica da CIA sobre a viabilidade de uma agressão armada é facilmente explicável pela própria natureza dos Estados Unidos e sua história de confortáveis invasões do México, Haiti, República Dominicana, Cuba, Nicarágua, Panamá. Mas nunca foi algo que eu tenha conseguido engolir sem dificuldade. Entendo que exista um problema de visão estratégica e que os Estados Unidos se destaquem por sua incompetência como império. Mas me permitam dizer o que aconteceu, segundo a minha análise. A primeira coisa que contou a nosso favor foi a imagem pública. Digamos que fomos o episódio exploratório da guerra nas estrelas. Embora com ambos os lados equipados exclusivamente com material que sobrou da Segunda Guerra Mundial, nós cubanos entramos na batalha com nossa imagem dominando em todos os televisores instalados no mundo. Éramos mais originais e mais atraentes até do que Kennedy, com sua elogiada presença de homem meio tresloucado nos sábados à noite, sua dentadura perfeita e o topete ruivo engomado. Desde o início não valeram seus clássicos reclames propagandísticos nem as acusações de que fomos alvo. Quem é que se importava que esse filho de galegos, de pele rosada, barba rala, uniforme de batalha verde-oliva, passo longo e botas de meio cano, perfil helênico, alto como Gulliver e com os imensos colhões avolumando-se no meio das pernas, fosse comunista? Ninguém no mundo se importava com isso. A única coisa que queriam era me acompanhar. Quem diabos se lembra da careca do Lenin ou da barba hirsuta de Marx diante de semelhante estampa e de uns lábios, os meus, que Jean-Paul Sartre havia descrito para consumo da Europa Ocidental como de uma inquietante sensualidade antes de se fecharem como um punho sobre meu havana? Percebem? Aí está a raiz de tudo. No fato de eles terem perdido em matéria de imagem. E esse é o motivo pelo qual, desde o início, se viram obrigados a planejar uma operação encoberta. Algo a ser produzido nas sombras da noite e de surpresa. Foram vencidos pela minha beleza. Nunca me propus a isso. Acho que existe suficiente informação sobre o meu desalinho, e são conhecidos exaustivos capítulos na bibliografia a meu respeito quanto à sujeira que acumulo sob as unhas e a pouca importância que dou ao asseio e ao bom aroma pessoal. Mas no fim, fui, apesar de tudo, bonito, e um produto que as circunstâncias políticas converteram no expoente ainda sem concorrentes da masculinidade.

Outro problema – que não deve absolutamente ser menosprezado – foi que a CIA, sob pressão do Executivo, viu-se obrigada a mudar o rumo da estratégia original que havia traçado em relação a nós, de diálogo e controle, mesmo que desenvolvido num perfil discreto. Haviam conseguido driblar as pressões de Nixon durante vários meses e retardar todas as suas fantasias de ataques-surpresa do *team* de comandos, o rosto escurecido com betume, que me fatiavam o pescoço com um silêncio de seda, de preferência enquanto eu dormia. Mas a

466 A AUTOBIOGRAFIA DE FIDEL CASTRO

entrada do presidente Eisenhower na área de pressões sobre a CIA obrigava-os a conceber outro tipo de programa. Um que tivesse certa complexidade e muita exigência de imaginação. A missão era derrubar o político mais popular do mundo e sem que ninguém ficasse sabendo que, para consegui-lo, seria treinada uma força militar de nível de brigada, com blindados e aviação.

MUDANDO OKINAWA DE LUGAR

Em janeiro de 1961, eu descia de helicóptero em Isla de Pinos, o enclave ao sul de Cuba – a segunda ilha em tamanho do arquipélago cubano –, para onde havia mobilizado uma força-tarefa de 50 mil homens, quando descobri que o chefe da praça militar, William Gálvez, um comandante excêntrico e voluntarioso, que chamavam de Chino, tinha fechado a única zona de tolerância de toda a ilha. Eu, num habitual tom cadenciado, perguntei ao Chino (e anos depois ele, Chino, me contou de novo a mesma história) se ele havia pensado nas consequências de fechar a única possibilidade "de desafogo sexual [sic]" de tantos homens mobilizados. Não lembro agora a resposta do Chino e se relaxou ou não esse duro período de abstinência obrigatória da nobre tropa. Mas esta não é uma crônica sobre a eventual necessidade de prostitutas nas proximidades dos batalhões de aço do proletariado, mas sobre a compreensão captada por um líder revolucionário sobre o assunto de países inclinados à divisão e de alguma maneira – por que não admitir isso? – sobre o faro que esse mesmo líder teve a respeito desse outro assunto e sobre como esses mesmos países divididos ou segmentados se transformaram depois numa dor de cabeça.

Nos anos 1950, de fato, parecia ser uma necessidade da Guerra Fria que certos países tivessem um "outro", ou seja, o mesmo país, mas com sobrenome diferente – Coreia do Norte e do Sul, Alemanha Oriental e Ocidental, Vietnã do Norte e do Sul, China Continental e Formosa. E cada um, de forma mais ou menos onerosa, sendo perfeitos satélites da Casa Branca ou do Kremlin, e até em alguns casos – Coreia – do Palácio do Povo de Pequim. A razão de eu ter ocupado Isla de Pinos com meus primeiros batalhões pesados das milícias operárias de Havana e com baterias de metralhadoras antiaéreas de quatro bocas novinhas em folha e de plantar minas e cargas prontas para explodir os dois aeroportos e todas as cabeças de ponte da ilha (mais o presídio com todos os seus presos políticos dentro) era evitar que a CIA a transformasse numa

Formosa cubana ou no equivalente da porção da península coreana que avança para o sul da chamada linha de demarcação. Assim é que estamos em janeiro de 1961 e eu desloco a força-tarefa de 50 mil homens em composição de batalhões para o velho enclave de corsários e piratas. Estava claríssimo. Diante de uma emigração contrarrevolucionária cada vez mais numerosa na Flórida, era preciso facilitar aos estrategistas do inimigo a criação de um só plano viável e dissolver-lhes a ilusão de uma Cuba alternativa em Isla de Pinos. Era preciso obrigá-los a desembarcar no que podemos chamar de a terra firme cubana, isto é, a outra ilha grande do arquipélago, a Cuba que todos conhecemos. Nada de deixá-los ocupar Isla de Pinos e transformá-la num eventual empório de riquezas, e muito menos num porta-aviões de rocha ancorado forçosamente a dez minutos de voo da costa sul de Havana e a vinte dos subúrbios de Havana. É claro, no fim a invasão foi parar numa recôndita localidade chamada baía dos Porcos, que agora conhecemos como o cenário do descalabro mais humilhante da história americana até o Vietnã. Por isso, para os cubanos que iam para a Flórida – e que se mantiveram por bastante tempo como população flutuante (indecisos demais para desfazerem as malas) –, não houve Cuba do Norte nem do Sul, e não tiveram sua república de refúgio, nem território próprio a partir do qual competir com o bastião comunista. Converteram-se em estranhos cativos de sua potência amiga, cativeiro de feição suave mas inflexível, como só Tio Sam sabe fazer com todo aquele que queira tirá-lo dos eixos. Talvez fique uma dúvida – e tal é a perspectiva – de que alguma coisa que ontem era boa para nós e muito ruim para meus adversários termine sendo muito ruim para todos. Por minha efetiva política de dissuasão que já dura quatro décadas com os 50 mil combatentes e artilheiros deslocados para Isla de Pinos, não conto agora com a cobertura de meus inimigos nacionais de outrora. Quando os norte-coreanos se arriscam a tirar a poeira de seus dispositivos nucleares e se metem a fabricar bombas atômicas como se fossem tabletes de chocolate, fazem isso tranquilos: sabem que os sul-coreanos veem em perigo seus atuais negócios e planos de desenvolvimento e investimentos no Norte e põem a culpa da crise nas indecisões e torpezas americanas. Não seria formidável que eu contasse com uma espécie de República de Isla de Pinos, que me ajudasse a financiar os gastos de uma economia atribulada? Bem, não é algo que possa se resolver de momento, e de todo modo no fim converteram Miami num protetorado cubano: sua Taiwan não foi Isla de Pinos, mas seu próprio território.

Converter Isla de Pinos numa fortaleza inexpugnável foi a primeira decisão estratégica de defesa de uma porção do território nacional que assumimos em 1961. Não tínhamos nem aviões, nem barcos para os reforços. Assim, ficamos lá de antemão. A segunda foi o Escambray, mas disso falaremos mais adiante. Ou seja, ficamos fechando aos Estados Unidos os prováveis cenários de desembarque enquanto nos deram tempo. A reativação da minha velha maestria na preparação e realização de emboscadas. Primeira lição de disciplina: você escolhe o lugar.

E faltou pouco para que também lhes tirássemos de debaixo dos pés, como um tapete, a baía dos Porcos.

Em fins de março de 1961, faço uma de minhas vistorias pelos projetos em construção do Governo Revolucionário. Vou a Ciénaga de Zapata, onde foram edificados vários centros turísticos na área de Playa Girón, Playa Larga e na laguna Tesoro. Girón e Playa Larga são os pontos em que fizemos os maiores investimentos do enclave da baía dos Porcos.

Em Girón está concluída a pista de aterrissagem, além da estrada que une a praia ao povoado de Jagüey Grande. Há uma claridade extraordinária no céu da madrugada costeira, e aproximadamente à uma e meia da madrugada, segundo a esfera fosforescente do meu relógio de mergulho, detenho-me perto da margem. Enquanto contemplo o horizonte, volto-me para Celia, que como sempre anda atrás de mim, e lhe digo:

– Este é um lugar ideal para desembarcar, sabia?

Reflito um pouco mais sobre isso, porque já fiz pesca submarina nessas águas.

– Mas talvez não seja assim tão bom. Está vendo aquelas manchas escuras sobre a água? Lá, onde a lua cai. São barreiras de coral. Está vendo? Olhe ali. A uns cinquenta metros. Está vendo?

Continuo me deslocando pela areia úmida, acompanhado por Celia e alguns guarda-costas. Peço que desliguem os faróis dos carros. Concentro-me na superfície do mar.

Então chamo o capitão Antero, chefe do posto militar de Jagüey Grande, que se juntou à minha caravana quando entrei na área da Ciénaga. É a maior autoridade militar da região, e a praxe é que se juntem a mim nos percursos.

– Ouça, Antero – digo –, vamos instalar uma metralhadora calibre .50 na caixa-d'água – que ficava a uma altura considerável – e outra em frente à pista de aviação.

O IMPÉRIO NA PRIMAVERA

Continuo falando.

Falo de posicionar metralhadoras antiaéreas de quatro bocas e um batalhão de infantaria. É necessário também mandar esses reforços para Playa Larga.

Não teremos tempo para isso, no entanto. Os acontecimentos se precipitam. Não há tempo para que minhas ordens sejam cumpridas. As armas e os homens não conseguem ser posicionados como estou requerendo.

Mas isso é o de menos.

Detenho minha marcha sobre a areia. Um tapinha afetuoso no ombro do capitão Antero significa que ele já sabe que deve se retirar. Fico a sós com Celia, enquanto ouço o burburinho do mar e a lua traça um percurso em diagonal sobre a baía dos Porcos. Nossa única sorte, a essa hora, é o vento terral, que sopra da terra para o mar e que por um tempo contém o ataque das nuvens de mosquitos.

– Sabe de uma coisa, Celia?

– O quê? – responde.

– Estou cometendo um erro gravíssimo. Acabo de perceber neste momento.

– Um erro, você, Fidel? – pergunta.

Não há ironia em suas palavras. É simplesmente para me incentivar a refletir, seja sobre o que for.

– Você não percebe que estou num cerco e que repito um velho erro estratégico, o de me equipar dentro da fortaleza? Não que eu seja francês.[60] Eu transformei a porra dessa ilha numa fortaleza. E o que eu consigo com isso? Nada. Ou consigo no máximo ficar enfiado no meu próprio cerco. Sem chance. Preciso fazer uma mudança radical na política de defesa.

– E o que você vai fazer, Fidel? O que você vai fazer se a sua fronteira é o mar?

– Simples, Celia. Simples. Colocá-la do outro lado desse mar. Você não percebe? Não está vendo? Temos que tirar nossas frentes de combate da ilha. É exatamente a armadilha que os japoneses evitaram e por isso se distribuíram por todo o Pacífico. Eu vou fazer a mesma coisa, mas sem o erro de Pearl Harbor.

– Você ficou doido, Fidel – diz isso e esboça um sorriso amoroso.

– Doido? Pois você vai ver. A partir de agora, não vou mais bloquear zonas de desembarque possível para os ianques. De agora em diante vão ter que correr atrás de mim por todo o planeta.

470 A AUTOBIOGRAFIA DE FIDEL CASTRO

Então me agachei e escolhi uma pedra bem polida da praia, que parecia uma peça de mármore; tomei impulso com o braço direito e atirei-a sobre a superfície da água como aprendera a fazer de criança, com delicado mas decidido movimento de giro do pulso para dentro, para que a pedra deslizasse sobre a superfície e fosse quicando por cima da água até que, com a perda gradual do impulso, ficasse desprovida de toda a sua leveza de voo e afundasse.

Eu atirando pedras em Playa Girón de madrugada com Celia Sánchez assistindo. A batalha se aproxima.

Não ouvem os sinos batendo?

O remanso de uma praia. Uma praia e a noite.

A batalha de Playa Girón (da baía dos Porcos, para os gringos) definiu-se como previmos. O inimigo, com suas ações, deu-nos a informação exata de seus propósitos e nos propiciou o tempo para acabar com ele. Os sinais que pudéssemos captar de seus movimentos eram fundamentais porque, lembrem-se, tratava-se de uma operação encoberta. O próprio conceito determina suas limitações. A aviação, por exemplo. Mesmo estando a Flórida tão perto de nós, eles tinham que agir a partir da Nicarágua e chegar às costas de Cuba, operar por um tempo e voltar a toda velocidade. Por isso, o aeroporto de Playa Girón era tão importante para eles. Era uma pista bastante sólida que nós havíamos construído um ano antes para o Plano Turístico da Ciénaga de Zapata. Quase toda a eficácia operacional da aviação deles dependia de tomar a pista e fazer dela a base de sua frota de aviões B-26. Também por aquela pista, uma vez assegurada a cabeça de praia, chegariam os personagens do Conselho Revolucionário, encarregados de legitimar a excursão. Os paraquedistas foram o primeiro sinal. Ninguém lança forças de paraquedistas à luz da manhã se atrás delas não vem um desembarque massivo. De modo que, quando ocorreu o bombardeio, na manhã de 15 de abril, eles não só nos anunciaram a iminência de uma invasão e revelaram às claras que queriam destruir nossa aviação em terra, como nos permitiram saber que estavam limitados a duas rodadas de metralhada sobre os alvos – os três aeródromos onde sabiam que havia aviões de combate nossos –, para tratarem então de voltar o mais rápido possível para a Nicarágua. Ou, no caso de aviões avariados por nosso fogo antiaéreo, para fazerem uma retirada de emergência – para desgosto da CIA – até a Flórida. Podem imaginar então o que aconteceu em Washington

O IMPÉRIO NA PRIMAVERA 471

quando os aviões U-2 revelaram que ainda havia T-33 intactos sobre uma pista. Bem, disseram que era preciso liquidá-los. Mas era muito trabalhoso então para Kennedy dar a ordem, porque já não se sabia onde estavam aqueles aviões, que nós mudávamos constantemente de lugar, colocando os pilotos para dormir nas cabines, ou, se achavam desconfortável, em camas embaixo das asas, fazendo com que decolassem ao amanhecer para que não houvesse mais surpresas; e os U-2 os viam aqui e logo depois ali. Lembrem-se do axioma: lento para a política, mas muito rápido para a guerra. Eu e minhas próprias *Blitzkrieg*. E se Kennedy autorizasse o segundo bombardeio, aquilo já seria uma guerra direta entre os dois países, na qual, não tenham a menor dúvida, eles nos teriam arrasado, mas com um custo político tão alto que nem mesmo os Estados Unidos teriam conseguido encarar, além da ameaça (que naquele momento surtiu efeito considerável) de que Kruschev sairia em nosso auxílio, e a partir daí Kennedy se transformou em nosso aliado involuntário, já que claramente não continuaria a se comprometer com as forças mais abertamente reacionárias de seus serviços de inteligência e do Pentágono. Além disso, os barcos já haviam zarpado e os aviões eram necessários para o apoio ao desembarque. Enfim, o arco de tempo para uma operação encoberta havia se esgotado e, à medida que a frota encurtava a distância de Cuba, diluía-se todo o verniz de subterfúgios com a mesma imperturbável velocidade de seu navegar de velhos cargueiros. No fim, quando fundearam na baía e as gruas de bordo se preparavam para fazer descer as lanchas de desembarque, a operação clandestina fez em poucos minutos a sua transição para uma ação de guerra aberta e palpável.

A ETERNIDADE É AGORA

Foi um clamor que mantivemos, latente, por muito tempo, mas sempre tendo em vista que até aquele instante, em todo o continente americano, considerava--se absolutamente proibido fazer uma declaração de fé comunista ou associada ao seu sistema. No máximo, o único modo em que se aceitava essa militância era na condição de pária. Não era concebível ser governo e vermelho, porque você já estaria derrotado, e no melhor dos casos você conseguia se safar mantendo a cabeça no corpo, mas condenado à eternidade do exílio. Curioso é que nem a CIA nem nós revelamos em público nossas verdadeiras intenções. Eles, preparando uma invasão militar nas sombras herméticas da clandestinidade.

472 A AUTOBIOGRAFIA DE FIDEL CASTRO

Nós, avançando para o socialismo enquanto sustentávamos o discurso de organizar uma democracia tão paradigmática como a da Suíça. Quando percebi na minha conversa com Nixon que ele preferia se manter surdo diante do fogo cerrado das minhas verdades, decidi que meu discurso mais conveniente, enquanto pudesse sustentá-lo, deveria ser elusivo quanto à essência de nossos propósitos. A invasão voltaria a ser o ponto sem retorno possível para todos nós, mas cabia a eles alcançarem esse ponto primeiro, pois a opção da invasão lhes pertencia. Mas eu soube aproveitar o aproche a esse azimute. Soube aproveitar com exatidão a véspera da chegada de suas forças ao ponto de convergência. Sabia que, de todo modo, para justificar sua aventura militar em caso de vitória deles, toda a propaganda teria que ser voltada para demonstrar meus vínculos com o comunismo. Portanto, só havia uma opção: tomar-lhes as palavras, as que traziam na ponta da língua. Eu me adiantei a partir das quatro horas da tarde do domingo, 17 de abril de 1961, quando, no meu discurso, tomei um fôlego para ter tempo de ouvir um dos meus guarda-costas sussurrar-me ao pé do ouvido:

– Comandante, na fronteira do horizonte, tanto a leste quanto a oeste de Havana, e no litoral norte de Oriente, avistam-se navios.

Tinha diante de mim um mar de fuzis, uma parte dos batalhões mecanizados de Havana e engrenei um discurso no qual enumerava os assuntos que os ianques não pareciam dispostos a nos perdoar; após assimilar a informação que me haviam brindado ao ouvido, usei os onze segundos seguintes para declarar:

– Porque o que os imperialistas não nos podem perdoar é que estejamos aqui, o que não podem perdoar os imperialistas é a dignidade, a integridade, a coragem, a firmeza ideológica, o espírito de sacrifício e o espírito revolucionário do povo de Cuba. Isso é o que não nos podem perdoar, que estejamos aqui diante de seu nariz e que tenhamos feito uma Revolução Socialista na cara dos Estados Unidos!

Com isso, mudei para sempre algo a mais do que a história de Cuba, dos Estados Unidos e da América; nessas 69 palavras de inflamada oratória, sancionei o futuro das próximas décadas no continente, dissecado o discurso de todos. Adiantei-me esse tempo e, enquanto não esmaguei o último bolsão de resistência da brigada invasora de Playa Girón, mais ou menos na mesma hora, mas da quarta-feira, 19, o destino da nossa nação ficou em suspenso. De novo, tomei fôlego para a parte final de um discurso, quando ficou para mim evidente que o funeral havia se transformado numa festa e ouvi as pessoas entoando seus cantos compassados enquanto brandiam os fuzis FAL e as minimetralhadoras tchecas.

Os argumentos me favoreciam de qualquer modo. Ao declarar que a Revolução é socialista, eu posso me expandir por onde os ianques perdem terreno. Minha batalha é superior. É pelo socialismo; pela utopia e todos os mistérios de algo ignoto, inalcançável, enquanto eles ficam na vulgar tentativa de resgatar seus míseros negócios, suas fazendas, suas adegas. Há voluntários para morrer pelas ideias, pelas bandeiras. Mas não pelo capital alheio. Era o valor agregado do socialismo à mística contemporânea. O socialismo não como formação econômica, mas como estandarte de guerra.

Eu, além disso, estava perplexo. Pode alguém ficar perplexo com o som de suas próprias palavras?

Acabavam de me mostrar – de onde surgiu essa tribuna improvisada? – o pedaço de tábua em que alguém havia escrito meu nome com seu sangue. A aradora está suportando outra confusão de gente, ministros, comandantes, todos armados até os dentes, que me cerca e repete as palavras de ordem em uníssono com o público a seus pés. Eduardo García Delgado. Não consigo entender direito o que alguém está me dizendo enquanto agita a tábua diante dos meus olhos.

– Eduardo – diz.

O artilheiro se chamava Eduardo García Delgado. O projétil de calibre .50 de um dos B-26 que atacaram a base de Cidade Liberdade o atravessara, esvaziando-lhe as vísceras pelas costas, e ele aproveitou sua agonia para entintar um dedo com sangue e escrever meu nome na tábua de uma porta.

Foi como uma admoestação, como apontar o indicador, como uma afronta. Mas percebi que eu pertencia aos mortos, que era a eles que precisava responder. Quando um homem vê seu nome escrito na agonia de outro, converte-se inexoravelmente em algo que deve ser como Deus. Tive consciência pela primeira vez, naquele momento, de que estava obrigado a me proteger das emoções e do chamado do sangue. O povo, em sua morte e agonia, me fragilizava. O gesto devoto do artilheiro de metralhadoras antiaéreas de quatro bocas Eduardo García Delgado me obrigou praticamente a uma atitude de bondade.[61]

"Duas partes iguais de uma mesma coisa", digo a mim mesmo. Duas partes iguais de uma mesma moeda, mas diferentes já em sua substância, porque você deixa uma como morte e a outra como vida.

Acreditei perceber, então, a ideia que se tornou para mim imediatamente elusiva. Uma ideia ou um pressentimento?

20. O DIA ANTERIOR

Quando vi que a frota inimiga desaparecera logo após o início dos combates, afundada ou em fuga, e que aquelas máquinas ocupavam em frações de segundo todo o campo de batalha, o bendito terreno onde tínhamos tanto trabalho para avançar um metro, à base de morteiros e fogo de metralhadoras e pedaços de companheiros saltando pelos ares, miolos e ossos e pulmões, e quando me comunicaram que um dos barcos explodira como uma bomba atômica (foi o *Río Escondido*, que transportava combustível para a aviação e que Carreras conseguiu acertar com um par de foguetes em Santa Bárbara) e que havia outro que soltava uma coluna consistente de fumaça preta, ferido de morte, afundando de popa e com a proa elevando-se (esse era o *Houston*, que trazia, ainda por desembarcar, o batalhão de reforço e suas munições), eu disse a mim mesmo:

– Porra, mas é isso o que falta numa guerra.

Tudo sucata. E nossos aviões não deixavam atrás deles uma situação muito diferente. O velho axioma que tanto reitero, de que é preciso tempo para a política, mas velocidade para a batalha, acabava de encontrar seu complemento ideal. Esse era o *quid*. A velocidade. Tratava-se de algo inevitável: porque naquela hora, como nunca antes, eu precisava agir energicamente e ganhar em velocidade, pois os invasores pretendiam estabelecer uma cabeça de praia. Seu propósito começava pelo domínio absoluto do ar. Não foi por outro motivo que se mostraram tão insistentes em nos impedir a compra de aviões e depois em destruir nossa aviação em terra. Eu dispunha de infantaria, blindados e artilharia suficiente para superá-los numa relação de 100 para 1, mas a aviação deles podia me conter sem muitos esforços.[62] Uma contenção que representava o maior dos meus perigos: o atraso. Eu tinha apenas cinco carretas para trazer os tanques de Managua até o teatro de operações. Eles demorariam muito para chegar, tinham de vencer uma distância de duzentos quilômetros. Se o agrupamento inimigo contava com o domínio do ar, não podíamos avançar de dia. Assim, era forçoso ganhar velocidade de outro modo. É aqui que surge a aviação, a minha, e é a primeira vez no meu currículo militar que faço uso dela em combate. Não demorei a sentir o pulso dessa arma. A primeira tarefa foi dirigi-la contra a frota inimiga. Deixei desguarnecidas minhas tropas em terra e isso atrasou algumas horas seu processo de apresentação para o combate. Mas cortei ao dispositivo contrário todas as possibilidades de reforço. Ficava à vista de todos a sua tão necessária reserva, encalhada num navio que parecia a ponto de emitir um grito de agonia, com aquela proa elevando-se como a goela de um tubarão e sem se desvencilhar de sua coluna de fumaça. Continuei empregando as forças de terra no estilo guerrilheiro, obrigado a movimentá-las só à noite, protegendo-as do poder de fogo dos B-26 no abrigo seguro da escuridão, como na Sierra Maestra nos haviam protegido nossos bosques, até que pude dispor de meus aviões para lhes dar proteção.

Enquanto o pessoal da frota americana posicionada à altura da baía dos Porcos, contendo as ânsias de sua prepotência guerreira, à espera da ordem de pôr a mão sobre nós, via-se obrigado a se limitar a alguns inócuos voos de reconhecimento a partir do *Essex*, cuja única utilidade certa era confirmar a informação, cada vez mais desesperada, transmitida pela chefia da Brigada, à beira do colapso, em Playa Girón, os soviéticos – e falo agora do próprio Kremlin –, a uma distância de 9.578,9 quilômetros a noroeste de Havana, davam-se ao luxo de se orientar por informação muito mais confiável. Eles a recebiam do campo de batalha, por meio de um dispositivo já em funcionamento em nosso país. O general Vladimir Semichastny, então chefe da KGB, ordenou ao principal especialista em assuntos cubanos com que contavam – Nikolai Leonov – que reunisse toda a informação que entrava na KGB e relatasse a cada duas ou três horas como estava a situação. Munido de dois enormes mapas, Leonov se instalou no escritório do próprio Semichastny. Num deles, ia reunindo a informação que lhe chegava das agências de informação americanas e, no outro, colocava as que eram interpretadas por seus companheiros em Cuba, dos quais exigiu de imediato que

O DIA ANTERIOR 477

estabelecessem contato "com a direção cubana". Foi assim que Yuri P. Gabrikov se apresentou a mim, em meu posto de comando da usina Australia, ao cair da tarde da segunda-feira, 17. Veio no mesmo automóvel Moskvich 407 que ficou rodando pelas ruas de Havana como parte do lote remanescente da Exposição dos Avanços da URSS celebrada no ano anterior, e do qual ele se apropriara para seus deslocamentos como adido cultural da embaixada, assim como nós ficamos com um helicóptero Mi-4.

– Mas, Yuri! – exclamei, com um sorriso de orelha a orelha, ao vê-lo chegar ao calorento escritório do administrador da usina Australia. – Você não é adido cultural?

– Também, Fidel – respondeu. – Também.

As paredes estavam cobertas de mapas em escala 1 por 50 mil da Ciénaga de Zapata, e uma dúzia de oficiais meus se movimentavam por ali, consultando relógios e bússolas e observando os mapas, ou indo até o enxame de telefones a magneto instalados naquela tarde. Não me escapou o detalhe de que Yuri vestia um uniforme das Milícias Nacionais Revolucionárias, novinho, e que cumpria assim seu propósito de ostensiva solidariedade em relação a nós. Mas, estranhamente, estava desarmado. Calculei que talvez trouxesse algo consistente e de calibre adequado em seu Moskvich.

– Mas você está desarmado, Yuri! – exclamei, outra vez com espanto. – Não lhe deram nada para se defender?

– Já tenho o que preciso, Fidel. Obrigado, querido companheiro.

– Isso é importante, Yuri. Muito importante. Na guerra precisamos estar armados.

Imediatamente passei um braço por cima dos seus ombros e fiz com a mão a indispensável concha de isolamento das minhas sempiternas conspirações. Era como se dessa maneira eu criasse um centro de comunicações único e absolutamente fechado ao acesso exterior. Nesse sentido, os companheiros cuja estatura bate abaixo das minhas axilas são ideais para meus complôs. Yuri deixou-se conduzir docilmente até os mapas grudados com presilhas e fita adesiva nas paredes de compensado do escritório e, comigo sempre falando ao seu ouvido, soube da situação do teatro de operações e da minuciosa descrição dos nossos avanços que eu lhe fiz. Umas escassas trinta horas. Era o tempo máximo que lhes restava.

– Moscou precisa de informação em primeira mão, companheiro Fidel – disse. – A tarefa foi confiada a mim.

478 A AUTOBIOGRAFIA DE FIDEL CASTRO

– Pois esta é a informação, Yuri.

– Já sei, companheiro Fidel. Já sei o que devo informar.

Fiz algumas perguntas de praxe sobre se ia voltar guiando sozinho para Havana. Eram três horas de estrada e o ideal era que não precisasse guiar à noite. Ofereci-lhe um carro de escolta, mas ele recusou em primeira instância. Eu insisti, porque me assaltou a preocupação de que algum percalço retardasse o envio de sua mensagem cifrada. Disse isso com toda a clareza.

– É da máxima importância que a sua mensagem chegue a Moscou, Yuri. Portanto, um carro-patrulha irá acompanhá-lo.

Lembro também que, antes de ele se retirar – e para aproveitar sua presença na antessala da batalha, enquanto se ouviam as detonações dos obuses de 120 da nossa força, posicionados a meio quilômetro da usina Australia, uma batalha que às vezes parecia se afastar, e o rugido dos tanques T-34 que começavam a fazer trepidar a estrada diante de nós, depois de seu pesado percurso de quase duzentos quilômetros a partir da periferia de Havana –, fiz-lhe uma solicitação. Armamentos mais modernos e em maior quantidade.

– Agora o nosso problema é que vamos vencê-los, Yuri – disse. – A fórmula que empregaram aqui se esgota para nossos inimigos nas próximas horas. Por isso, preciso me preparar para o embate frontal com eles.

O amigo Leonov me contaria tempos depois que era noite cerrada em Moscou quando recebeu a mensagem de Yuri e que correu para apresentar à sua liderança a apreciação de que os americanos perdiam irremediavelmente a partida.

– Nossos especialistas informam do lugar da operação, que, segundo a informação dos americanos, já está ocupado pelas forças anticastristas.

Isso serviu para que Kruschev soltasse um suspiro de alívio e chamasse as secretárias. As luzes do Politburo no Kremlin ficaram acesas naquela noite até o amanhecer. Redigiram sua mensagem para o presidente Kennedy, uma mensagem com todas as ressonâncias de um ultimato. A jogada certa de quem tem Deus no bolso. Ao meio-dia de 18 de abril, enquanto McGeorge Bundy, o assessor nacional de Segurança, se plantava diante do presidente Kennedy para lhe dizer que a situação em Cuba não era boa, a mensagem de Kruschev chegava à Casa Branca. Acredito, no entanto – e faço constar isso aqui –, que foi aquele lento amanhecer em Moscou e a euforia associada a ele, enquanto Kruschev e seus conselheiros preparavam a mensagem para Kennedy, o fator de impulso daquilo que viria a ser o primeiro equívoco resultante de nossas relações. Seja

O DIA ANTERIOR

como for que Leonov tenha transmitido em seguida a solicitação feita por mim por meio de Yuri de novas remessas de armamento, e que um Kruschev bem--humorado e loquaz tenha aceitado isso como algo compreensível e que devia ser resolvido sem demora, e principalmente pela evidente desmoralização que predominava então na administração americana, o fato é que se tornou crível na direção soviética, em Kruschev principalmente, a ideia de que os Estados Unidos – depois de sua derrota de Playa Girón – não tinham condições de impedir uma escalada de reforço militar soviético em Cuba. A ilusão de fortaleza e até de invulnerabilidade que se obtém – como uma espécie de lógica indiscutível – num dia de triunfo é o outro caminho da perdição.

Estou no pátio contíguo ao bangalô da administração da usina Australia e me despeço de Yuri, que se sentou ao volante de seu Moskvich 407. Ele tem grudado ao porta-malas o focinho do carro de patrulha Ford Fairline 1957 da Polícia Nacional Revolucionária, que o acompanhará até Havana. É uma tripulação de três policiais armados com minimetralhadoras tchecas e já estão com os sinais luminosos de teto soltando seus brilhos azuis. Agacho-me um pouco para dar uns tapinhas no ombro de Yuri por sua janela esquerda, uma fórmula habitual de despedida, quando descubro a seu lado a logística de combate com que se fizera acompanhar desde a capital. Está com tudo à mão e não precisa soltar a direção para pegar qualquer um dos artigos. Eram eles um guardanapo de pano, muito bem estendido sobre o assento e no qual se distinguiam alguns trabalhinhos de bordado em lã, e, em cima dessa espécie de toalhinha de mesa, uma garrafa térmica, uma garrafa de vodca (bebida até a metade), um copo de vidro, uma maçã, uma cebola, uma bisnaga de pão preto e uma pistola Makarov.

Eu diria que o mar de canaviais que nos rodeava no decorrer daquele diálogo parecia um cenário encomendado. Eram os campos de cana – principalmente da variedade POJ 2878 – pertencentes à usina Australia, uma modesta usina de açúcar agora em silêncio, como se estivesse na expectativa, a uns quinhentos metros de onde nos encontrávamos. Para que o leitor possa fazer um quadro o mais completo possível da zona de operações, precisa saber que a usina Australia havia concluído seus trabalhos de safra, ou seja, estava no estágio de repouso febril que durava até o início do inverno seguinte, em geral até meados do mês de janeiro seguinte – o chamado tempo morto –, empregado em reparos e ajustes do maquinário do engenho, e no qual igualmente se deixava descansar os campos para que a cana germinasse. É por isso que os cortadores estavam ausentes dos canaviais do entorno enquanto combatíamos. Porque haviam se deslocado à procura de sustento em outros cultivos, em outras regiões do país. Acho que essa visão é imprescindível, porque todo o trabalho despertado ao redor de uma usina na época da safra e que anima a paisagem, os cortadores enfrentando a muralha de canas e os bois e tratores rebocando carretas com seu carregamento, e tudo fluindo por caminhos e atalhos e estradas até a usina – num raio de atividade que pode alcançar quarenta a cinquenta quilômetros, até onde cheguem os canaviais consagrados à usina em questão –, e que é uma coisa que acompanha para sempre a memória de todo cubano nascido no campo, nada disso estava acontecendo ali naquele momento, e portanto não nos criava tensões adicionais. Os campos estavam despovoados, assim como as estradas, e os abúlicos e exaustos bois pastavam onde o dono os soltasse. Quando a invasão aconteceu, havia poucas usinas moendo no país. A Australia já havia entrado no tempo morto e tínhamos a paisagem circundante – e principalmente suas estradas – livre de um inoportuno pessoal civil trabalhando. Yuri se retirou e, antes de minha volta ao bangalô da administração, dei uma rápida olhada na chaminé da fábrica. Deve ser a construção mais alta em 150 quilômetros de raio. Fazia pouco tempo que ouvira Gamonal comentando sobre isso. Com toda razão, porque era algo que dizia respeito à responsabilidade dos companheiros da minha escolta. A chaminé, sem dúvida, era um ponto visível a distância para a aviação. Bastava apenas que tivessem conhecimento do deslocamento para lá do meu posto de comando avançado para que esquecessem o resto de suas missões e se concentrassem em arrasar a Austrália e seu núcleo de casas. Houve um avião, no entanto, que na manhã de 10 de abril tentou se aproximar, um dos dois B-26 tripulados pelos americanos da última fornada da CIA, quando ela já esgotara as reservas de pilotos cubanos em Puerto Cabezas, porque nós os havíamos derrubado ou porque se negaram a voar até aquele matadouro certo em que havíamos convertido o céu de Cuba. Se tiveram alguma informação sobre a minha presença na usina, os americanos a obtiveram por meio de um voo de reconhecimento do U-2. Os aviões do *Essex* nunca penetraram até a usina Australia e tampouco houve o menor indício de infiltração ou de exfiltração de pessoal entre nossas linhas. Penso que eles poderiam ter me localizado com o U-2 se meus três

O DIA ANTERIOR

481

Oldsmobile aparecessem em suas imagens, embora o tempo de voo que o U-2 gastaria para voltar, o tempo para descarregar suas câmeras, para a revelação e a impressão e depois para o estudo dos analistas, iria requerer provavelmente um pouco mais de um dia de trabalho intenso. Eu me inclino para a tese de que seu objetivo era bombardear a estrada de 34 quilômetros que separa a usina Australia de Playa Larga e por onde entrava o fluxo ininterrupto de nossas tropas e equipamentos. Outro elemento de julgamento para pôr em dúvida que estivessem me caçando a partir do ar é que tampouco se inteiraram do anel intransponível de baterias antiaéreas de quatro bocas que protegia nosso Posto de Comando. Nem é preciso dizer que um dos B-26 foi derrubado em terra firme – os canaviais da usina Australia tocavam ao sul os limites da zona pantanosa. O avião entrou em altitude tão baixa e com velocidade tão reduzida nas posições antiaéreas que só lhe restou receber todo o fogo dos projéteis 12,7, perfurantes e explosivos, que a fuselagem de um B-26 é capaz de assimilar antes de dar um pinote de cavalo e de o piloto Thomas Willard Ray – identificado, é claro, posteriormente – dar um jeito de abaixar o nariz do avião para tentar uma aterrissagem forçada. Caiu de barriga sobre um canavial. Não há um simbolismo evidente em sua derrubada sobre a doçura de nossas canas? O avião rachou em dois, não longitudinalmente, mas pela cintura. A parte posterior estava envolta em chamas. O piloto e seu acompanhante – o navegador-bombardeiro Leo Francis Baker – saltaram da cabine e ganharam distância antes que as explosões dos motores acontecessem. Não correram muito. Eu designara o comandante Oscar Fernández Mell para caçá-los com uma tropinha de milicianos que estavam à mão. Em poucos minutos foram descobertos, numa estreita trilha que serpenteava entre os canaviais e que levava à usina. Leo Francis abriu fogo com um revólver de cano curto calibre .38 e foi na hora elevado e posto para levitar brevemente por uma rajada de FAL. O piloto Thomas fez menção de atirar uma granada de mão e foi instantaneamente objeto de absorção de outra rajada de FAL, que lhe atravessou o peito, e de uma bala isolada que entrou por seu olho direito. A granada, ainda com o anel de segurança instalado, escorregou de sua mão e caiu, como sentada, no chão.

Quando o comandante Fernández Mell – que tinha fama de ser o médico mais bonito (bem-apessoado) que viera ter conosco em Sierra Maestra – plantou-se à porta do Posto de Comando, sua horda à espera dos meus parabéns e com aqueles dois castigados cadáveres trazidos sobre padiolas feitas com folhas de palmeira-real, percebi imediatamente que seu rosto era presa da angústia e que ele não encontrava razão para compartilhar a felicidade daquele seu grupo de ocasião. O sangue ressequido era visível nas mãos de Oscarito quando estendeu uma delas para me entregar algo.

– Fiquei revistando os bolsos deles – disse-me.

– Sim – respondi, esperando a continuação.

– Os dois são americanos, Fidel.

– Puta que o pariu, Oscarito. Puta que o pariu! – Minha primeira reação. Praguejar. – Puta que o pariu, Oscarito! – continuei. Porra.

Puta que o pariu. Caralho. Isso é foda. Ele continuava com a mão estendida na minha direção.

– Não me diga uma coisa dessas, Oscarito. Não me diga! Você sabe o que teria significado pegar pelo menos um deles vivo? Já imaginou? Me diga, Oscarito.

Fiz um movimento de cabeça para que Gamonal recolhesse o material.

– Aqui está a documentação, Fidel. Aqui está a denúncia.

E porra. E puta que o pariu. E caralho. E isso é foda.

Enfim, a situação não tinha remédio, mesmo. Por isso me dirigi aos milicianos e, apoiado num sorriso que me custou esforço esboçar, disse a eles:

– Missão cumprida, companheiros. Reportem-se agora às suas unidades.

Os cadáveres foram conduzidos de caminhão até o cemitério de Jagüey Grande, o povoado vizinho, onde os amontoávamos como um primeiro destino dos mortos do inimigo. Então fiz Oscarito entrar no bangalô.

– Venha, entre.

Quando passou por mim, decidi dar-lhe um tapinha no ombro e demonstrar-lhe de qualquer modo meu reconhecimento.

– Não se preocupe, meu velho – disse eu.

Gamonal abriu espaço em cima de uma mesa, na qual havia um mapa estendido, e afastou telefones, bússolas e lápis, para colocar o pequeno tesouro e proceder ao inventário.

– Isso é do americano mais destroçado – disse-me Oscarito. – Estava de calça cinza, pulôver branco e tênis. Eu diria que mede 1,65 metro e que pesa 70 e poucos quilos.

– Bom, agora pesa mais – disse eu –, com a quantidade de chumbo que lhe enfiaram. E desde quando você é médico forense, Oscarito? Você não era cirurgião?

Havia ali uma moeda americana de cinco centavos – imagino que fosse uma espécie de amuleto –, uma licença de piloto de número 0832321-M, em nome de Leo Francis Bell, com domicílio em 148 Beacon St., Boston, e uma carteira da Social Security (a Previdência Social americana) número 014-07-6921, em nome de Leo Francis Baker. No outro cadáver não foi encontrada nenhuma documentação, e Oscarito o descreveu para mim com roupa igual e físico semelhante, embora um pouco mais robusto e mais alto. Solicitei que Gamonal retirasse as prendas dali e fui atrás de uma esferográfica. Em poucos minutos concluiria o Comunicado Número Três do Governo Revolucionário, no qual, em posse de pelo menos dois cadáveres de seus patrícios, a participação americana ficava fora de dúvida.

Nunca tivemos os números exatos. Mas foi perto de meio milhão de contrarrevolucionários ou de suspeitos de o serem e até de inclinados a essa conduta os que foram parar em qualquer das instalações onde foi possível improvisar uma prisão. Descabeçamos toda a quinta-coluna ou toda a possibilidade de sua existência numa manhã. Não deixamos que se movesse nada na nossa retaguarda. Meio milhão de prisioneiros, mesmo que tenham ficado presos só uma semana, e numa população que então era de apenas 7 milhões de habitantes, converte-nos por porcentagem – e também em números absolutos, não se iludam – nos produtores da maior caçada de toda a história da América, e seguramente uma das maiores do mundo, e que Deus abençoe nossa determinação em nos defendermos. Os três principais centros foram estabelecidos na Ciudad Deportiva, nos dois principais estádios de beisebol de Havana e no Blanquita, um conhecido teatro no bairro aristocrático de Miramar. Este último porque era muito fácil conduzir os burgueses até o lugar, até andando eram levados, e depois foi onde Eduardo Curbelo, meu nobre companheiro de Belén, ganhou o cargo de administrador até sucumbir nas sombras de uma psicopatia esquizofrênica. Depois chamei o lugar de Teatro Chaplin, porque me disseram que ele era meio comunista, mas também despojei desse nome uma noite, tarde da noite. Lembro-me da calçada molhada de chuva e ninguém pelas ruas, e que enquanto me dirigia para oeste vi pela janela do Oldsmobile, à direita, a marquise do teatro e sua altiva fachada de mármore vermelho, e me emputeci e disse: esse cara, quem ele pensa que é, nunca nos agradeceu pelo gesto, porra, e neste país os nomes têm que ser para os mártires da Revolução, quando muito para os heróis do proletariado internacional, e que por mim o Chaplin podia enfiar sua bengala e seu chapéu-coco no rabo, porra. E com isso o nome acabou mudando para teatro Karl Marx. Mais adequado, de fato, porque foi o lugar em que a burguesia cubana entoou seu canto de cisne e onde uma porção deles, eminentes comerciantes e campeões da indústria e dos bancos, faleceu de infarto, choque hipovolêmico, disenteria, ataques nervosos – os senhores já experimentaram viver uma semana como prisioneiros nas arcadas forradas de veludo vermelho de um teatro inaugurado em 1951 com toda a pompa por Los Chavales de España? Eles haviam ficado em Cuba esperando que aquela força-tarefa, que já se desmanchava sob o efeito de nossos disparos de canhão de 120 milímetros a apenas uns trezentos quilômetros em diagonal para o sudeste, recapturasse em favor deles o poder da nação, e morreram praticamente asfixiados pelo fedor de suas próprias fezes e dos fluxos menstruais das senhoras, que devem ter entupido as privadas dos luxuosos banheiros do teatro, que eles deixaram como se fossem privadas de barracos, e as senhoras já sem saber onde arrumar mais pano para fabricar rústicos absorventes higiênicos, uma espécie de autofagia têxtil, porque todas elas se viram disparando seus transtornos menstruais ao mesmo tempo. Este último fato nos levou a outra experiência da Revolução e de suas necessidades repressivas: o uso da menstruação como elemento de detecção para a técnica canina e ao mesmo tempo a criação de uma reserva satisfatória de absorventes higiênicos de produção nacional da marca Íntima nos nossos centros de detenção, onde cidadãs nossas decidiram ir parar. Constatamos esse fenômeno pela primeira vez naqueles dias de neutralização da quinta-coluna. Mas em anos subsequentes, à medida que começaram a se produzir as saídas ilegais do país, percebemos que um vestígio inconfundível em lugares ermos do litoral eram os absorventes higiênicos dispensados e o efeito de perturbada excitação que causavam em nossos cães de rastreamento a uma distância considerável. A explicação médica é que o estresse cria um aumento na transpiração, palpitações, ansiedade, depressão e um estímulo dos sistemas do organismo, acompanhado por um desequilíbrio bioquímico, um aumento da liberação de hormônios femininos, estrógeno ou progesterona, que traz como resultado a descarga vaginal do período. De modo que, estando alertados para isso, pudemos dedicar mais tempo e maior tino para nos adiantarmos às saídas ilegais. Simplesmente colocávamos uma patrulha com cães numa área suspeita de atividade de fuga costeira e quando os cães ficavam ouriçados e algum deles começava a ganir ou a agir de forma confusa ou quando seu pintinho vermelho saía do forro, já sabíamos que havia *balseros* com pessoal feminino junto.

TODOS OS PILOTOS MORTOS

Poucos dias depois dos combates me apresentei em San Antonio de los Baños e entreguei a cada um dos meus pilotos uma pistola Steichin soviética, talvez da primeira dúzia que era distribuída no país. Disse que íamos instaurar a primeira condecoração da Revolução e começaríamos a conferi-la a eles. Depois, sabendo de antemão que todo verdadeiro piloto de combate é um bêbado contumaz, propus abrir uma garrafa de conhaque que trouxera num dos porta-malas dos meus Oldsmobile, junto com as pistolas. Soltei uma piadinha que já sabia que eles iam adorar. Brandindo a garrafa de Tres Cepas, das últimas que restavam nas reservas de Cuba, disse:

– Vamos acabar com isso aqui, que eu sei o quanto vocês precisam de combustível.

Ergui meu copinho de rum, onde se encontrava o dourado conhaque. A última reserva cubana do galego Domecq, para brindar pela glória e pela morte.

– Ao Avô – disse um dos pilotos, acho que foi Del Pino.

Era sua primeira missão com um B-26, e o fogo antiaéreo do *Houston* ou o rastro de um de seus mísseis arrancou-lhe a asa direita. Pobre velho. Na realidade, a idade já não o ajudava. Estive a ponto de comentar que não deviam deixá-lo decolar, quando lembrei que eu mesmo lhe transmitira por telefone as primeiras instruções naquela manhã e havia projetado para ele os parâmetros de seu voo. Uma ideia de absolvição rápida de recriminações acudiu à minha mente. Bem, os pilotos andavam escassos, e se além disso fôssemos dispensá-los de voar por idade e porque só punham os óculos depois de decolar, para que ninguém percebesse que estavam míopes, estaríamos liquidados.

– Pom Pom Silva.

– Ao Avô Pom Pom Silva – disse outro.

Os muitos apelidos do nosso companheiro.

– E ao Franguinho. Ao Franguinho Ulloa – acrescentou Carreras.

– Ao Frango Ulloa – disse Douglas.

Carlos Ulloa. O nicaraguense que o movimento revolucionário de Managua nos enviara e que os invasores derrubaram em sua primeira missão sobre a baía dos Porcos.

– Sim – disse eu. – A todos os companheiros.

Estávamos num dos arruinados hangares da base, ao qual faltavam algumas folhas de zinco do teto, e onde o pessoal consertava um dos B-26. Eu havia pedido ao capitão Víctor Pina – um comunista da velha guarda que fora indicado pessoalmente por Raúl para a força aérea – que os reunisse em algum lugar da base, porque queria conversar com eles a sós. Como é de praxe nesses casos, o pessoal é convocado, mas não se revela a eles que eu estou para chegar. Os pilotos não tinham muito o que fazer depois dos combates e não treinavam porque o parque continuava seu processo acelerado de deterioração. O equipamento disponível para voar ficava reservado para alguma emergência. Enquanto não chegavam os MiG, a base adquiria de novo a abúlica sonolência que mantivera no início da primavera.

Enfim, o motivo pelo qual decidi me reunir com meus pilotos foi que, por volta das cinco e cinquenta da manhã de 17 de abril, umas quatro horas depois de iniciadas as manobras do desembarque, o inimigo havia perdido quase toda a sua capacidade operacional e se podia dizer que àquela hora era virtualmente uma tropa sem provisões e sem reforços, abandonada à própria sorte num trecho do litoral. Podiam resistir, sem dúvida. Tinham em terra cinco tanques e suficientes metralhadoras calibre .50 e canhões de retrocesso. Mas conheço meus inimigos e sei que imolar-se não é uma característica dos garotos riquinhos da burguesia *criolla*. Nossa esmirrada aviação de combate, que a duras penas – e graças aos pedidos do capitão Víctor Pina – eu mantivera voando, em apenas vinte minutos colocou a meu favor o fator determinante da batalha. Deu-me a vantagem do tempo.

– Bem, rapazes – disse eu. – É provável que isso seja, em muito poucos dias, uma peça de museu.

Referia-me ao B-26 às nossas costas, no hangar.

– Os MiG estão para chegar. Ou seja, eu vim lhes propor uma coisa. Não voem mais nessas geringonças, pode ser que elas acabem nos matando. Se não for imprescindível, se não for um caso de urgência, que eu mesmo ligue do Estado-Maior porque tenha surgido algum problema, os senhores esperem a chegada dos MiG.

O DIA ANTERIOR

Conclusão do meu encontro com os pilotos.

Abraço um por um, e antes de cada abraço os reconheço pelo nome, depois dou uma sonora palmada em suas insígnias de asas estendidas sobre o peito.

– Alvarito.[63]

– Às ordens, Comandante.

– Del Pino.[64]

– Às ordens, Comandante.

– Carreras.[65]

– Às ordens, Comandante.

– Alberto.[66]

– Às ordens, Comandante.

– *Bouzá*.[67]

– Às ordens, Comandante.

– Lagas.[68]

– Às ordens, Comandante.

– Guerrero.[69]

– Às ordens, Comandante.

– *Duglitas*.[70]

– Às ordens, comandante.

Retiro-me com Pina para o meu carro e deixo os pilotos com seus copinhos de conhaque vazios e as caixas que contêm as pistolas recostadas às suas coxas ou encaixadas debaixo do braço. Vejo que ficaram contemplando seus copinhos.

– Acho que deixei eles com sede, Pina – digo, enquanto os carros saem da pista e procuram a saída da base.

– São muito bons companheiros, Fidel. Não se preocupe.

– Uma garrafa é pouco.

Pina sorri, e essa é toda a sua resposta. "Discreto o homenzinho", penso. "Um cara fodido."

Decido passar à fase de ditar ordens para não ter de enfrentar a complexidade das relações humanas.

– Ouça, Pina, deixe-me dizer uma coisa – começo. – Notei algumas tensões nesse grupo.

– Tensões?

Ele já ia começar a desculpá-los.

– Sim. Ouça. Quando disse aquilo sobre as condecorações, aquele rapaz, o Douglas, fez um gesto de desaprovação. Não sei se você percebeu. Mas acho que nesse grupo tem algum ruído no sistema.

Víctor Pina intimado. Não tinha outro remédio a não ser ficar à altura do meu questionamento. E, de momento, eu estava me referindo ao favorito de seus apóstolos.

Hesitou um pouco no início. Depois desembuchou. Com poucas palavras. Mas desembuchou.

– É, Fidel. A questão é que há um problema com Guerrero e com Lagas. Não tiveram a atitude mais decidida nos combates. Existe essa queixa.

– Hummm – digo.

Tiro dois charutos do bolso. Pina recusa com um gesto de gratidão o que eu lhe ofereço. Também não fuma.

Minhas suspeitas são plenamente fundamentadas apenas uma semana depois, quando o tenente Douglas Rudd se recusa a receber a condecoração para a qual tinha sido indicado. Alega não querer a mesma medalha que será colocada no peito de dois covardes. Sem dúvida, consegue duas coisas imediatamente. A primeira, que se esqueça para sempre a atribuição de tais galardões. A segunda, que eu o coloque na linha de fogo. Não era permissível num processo como o cubano que alguém me ditasse normas de fidalguia.

Todos os meus sistemas de intuição haviam sido ativados quando saíamos da porta principal da base do antigo Campo Batista. Virei-me para Víctor Pina, agora sentado praticamente em posição de atenção no assento traseiro, e lhe disse:

– O que eu quero, Pina, é que a partir de agora você deixe de ficar mimando esses vagabundos. Ponha os caras para trabalhar. Mas, acima de tudo, fique alerta. Estou vendo que teremos muitas dores de cabeça com eles. Aqui teremos problemas no futuro imediato. Você entendeu?

Pina respondeu com a variante de aceitação militar mais convencional que poderia ter escapado de seus lábios, embora duvido que ele calculasse a contingência de que, por sua vez, ela também poderia fazer com que eu me sentisse ofendido.

Disse:

– Às ordens, Comandante.

A COISA VERDADEIRA

Os soviéticos me impõem o traslado dos foguetes nucleares.[71] Eles estavam aumentando o valor da aposta. Seríamos uma potência nuclear – embora, como viríamos a saber depois, apenas por alguns dias. Tempo mais do que suficiente, no entanto, para colocar o mundo à beira do holocausto verdadeiro. Curioso que tenhamos sido os que por menos tempo dispusemos daquele armamento em nosso território, mas os que com maior celeridade estivemos a ponto de destruir o globo. A prolongada letargia dos serviços de inteligência ocidentais viu-se sacudida sem preâmbulos. Eu entendo que jogavam com um só recurso como fator de análise: o da experiência anterior. Quem poderia acreditar que os soviéticos iriam enviar e instalar armamentos nucleares naquela ilha cheia de barbudos recém-chegados da Sierra Maestra e de uniformes tão díspares quanto surrados? Para iniciar os trabalhos e determinar a posição dos mísseis na ilha, apresentou-se em Havana uma delegação de militares soviéticos sob o comando do general de exército I. A. Plíev, que viajou até Cuba sob a cobertura de um nome de guerra: Pavlov. Eles fazem o primeiro voo do Tupolev (Tu-114) até Cuba em 10 de julho de 1962, com escala em Conacri, na Guiné. O avião era pilotado por A. Vitkovsky e aterrissou no Aeroporto Internacional José Martí (Rancho Boyeros) sob forte chuva tropical, o que não impediu que fosse recebido com uma festa de milhares de pessoas que o aguardavam. Pode-se imaginar o espanto, o estupor, o desconcerto – que outra palavra mais posso usar para descrever aqueles rostos? – de militares acostumados a uma existência do mais hermético sigilo e que, além disso, se apresentavam incógnitos numa praça onde planejavam deslocar as munições e suas armas de destruição do mundo, quando aquela portinhola abriu e o que havia lá embaixo, na pista, era um Carnaval. Como descrever nas páginas da história universal que o regresso do homem à Idade da Pedra começou com uma rumba? O simples anúncio da chegada daquele monstro de nave mobilizava o povo a vir recebê-la. As pessoas vinham receber *um avião* e não os seus passageiros. Estou convencido de que nunca antes um povo desfrutou tanto dos efeitos do internacionalismo proletário como o povo cubano. É claro que ninguém deu grande importância ao punhado de esquivos personagens que desceram entre os demais passageiros e que, ao pé da escada, seriam recolhidos por três Chevrolet Bel Air pretos sem coluna do Estado-Maior Geral e desapareceriam a toda velocidade, isentados de trâmites de

490   A AUTOBIOGRAFIA DE FIDEL CASTRO

imigração e de alfândega. Vestiam-se de modo uniforme, com camisas de algodão branco e cobertos por chapéus de palha de abas curtas cor bege, e tinham pulsos de estivadores nos quais as pulseiras de seus reloginhos Poljot quadrados de um rubi pareciam querer arrebentar. No dia seguinte, fui até o aeroporto examinar o Tu-114, contente pelos voos finalmente se tornarem realidade. A guerra atômica começava pelo avião que os soviéticos acabavam de descartar para a guerra atômica, retirado de serviço como bombardeiro de longo alcance pelo desenvolvimento dos foguetes. Assim, as missões posteriores que eles cumpririam à altura de Nova York e ao longo da costa leste dos Estados Unidos não seriam para arrasar aqueles quadrantes de território americano, mas para alcançar Havana. Depois de quatro voos, a Guiné foi pressionada pelos americanos, e os guineanos negaram a autorização de escala em seus aeroportos. As mudanças seguintes de rota foram com escalas em Dakar (Senegal) e Argel (Argélia), que depois de vários voos, e também pressionados pelas embaixadas americanas locais, negaram os pousos de reabastecimento aos soviéticos. Embora as tropas soviéticas em Cuba, conforme o planejado, chegassem a alcançar 59.874 homens, armados com mísseis nucleares e outros recursos, ou seja, o pessoal e material de guerra que acabaram desencadeando a crise, ficamos expostos o tempo todo, por obrigação, ao risco das paradas técnicas. Até então as coisas haviam corrido bem, embora os ianques se esforçassem em todas as escalas para fotografar o pessoal soviético que descia para esticar as pernas. Preocupavam-se mais ainda com aqueles obscuros e silenciosos personagens, homens já maduros, mas com as barrigas como tábuas e o cabelo cortado rente, que ficavam dentro dos aviões, em impenetrável conciliábulo perto da cabine dos pilotos e dos quais obtinham vagas descrições através do escasso pessoal de serviço dos aeroportos que conseguia subir até as aeronaves. Não podíamos depender dos navios para os intercâmbios de emissários, menos ainda quando você já é um aliado estratégico. Tampouco podíamos depender do rádio ou das comunicações telefônicas. Se de alguma coisa tínhamos certeza ambos os interlocutores era de que havia um único meio confiável, seguro e decisivo de conspirar: cochichando ao ouvido. O avião, é claro, era nossa única possibilidade, embora fosse imprescindível – e isso ficou pendente de solução até o ano seguinte – fechar a brecha das escalas. Era urgente a necessidade da versão Tu-114D e de fazer voos diretos. Emergiam do fundo dos Urais, atravessavam a Europa e depois o Atlântico e aterrissavam em Havana sem ser reconhecidos. Nunca antes, tenham certeza, eu havia olhado nos olhos de Deus. Naquela tarde de 10 de julho de 1962, enquanto o general do exército I. A. Plíev pegava minhas mãos e me sacudia com afeto e com todo o vigor pelos ombros, oferecendo-me seus finos lábios para que eu os beijasse, eu pude olhá-los. Desde então, tenho me perguntado com frequência como é possível que as equipes volantes de identificação da CIA não tenham se dado conta de quem vinha naqueles aviões, como é possível sequer que não tenham percebido. Ali, no volume corporal daquele homem, que eu superava em estatura por meia cabeça, em cada um de seus gestos, em cada postura de suas mãos, no som de cada uma de suas palavras, era latente a arquitetura do averno e que o desaparecimento da espécie humana, talvez da única espécie com a qual se possa contar na infinitude do universo, era algo que ele podia decidir no tempo em que tomava um copo de vodca, dava uma mordida de lenhador numa bisnaga de pão preto e apertava um botão. Não acho que Einstein teria conseguido resistir ao seu abraço, como eu consegui, firme, em pé. Porque teria entendido, no fim, que não apenas nos confins das galáxias havia aquela zona em que tempo e espaço se unem, mas que na Terra, nos poderes daquele homenzinho enérgico e de certo modo operístico, residia a capacidade de detê-los por igual, tempo e espaço. Confesso que uma nota de desconforto subjazia na minha mente assim que adentrava nos planos de guerra com o enviado do Kremlin, e era evidente a anomalia que significava instaurar o reino das trevas a partir de Cuba. Alvo até então do menosprezo do mundo, eu mesmo duvidava que fôssemos merecedores de fazer ferver os mares até secá-los e de partir a crosta terrestre. Até os ossos dos mortos de todos os séculos em suas tumbas iam arrebentar como lenha.

Pareceria não só surpreendente, mas até obsceno, que alguém com meu histórico político irregular (segundo tem proclamado e já transformado em lugar-comum a quase totalidade dos meus biógrafos) e governando um país tão desventurado fosse tentado com a magnitude do poder que, pelo menos no papel, estavam me mostrando. Portanto, logo compreendi a natureza de um sentimento *outro* que me invadia. Era uma situação de inesperada felicidade e na qual eu me acreditei separado da minha própria presença física, e então soube que me encontrava num estado de graça muito particular, que era o de ter consciência absoluta de ter alcançado a imortalidade. Que eu acabava de fazer naquele momento. Com quem estava eu tratando? Como se houvesse sido tocado no ombro pelo lado sem fio da Excalibur e soubesse que, ao me erguer, estaria investido como cavaleiro. Estou tentando lhes transmitir a experiência tal como a conheci,

492 A AUTOBIOGRAFIA DE FIDEL CASTRO

tal e como a compreendi. Posso tentar fazê-lo num tom menor, com frases de uso comum, e dizer-lhes que nunca me senti tão feliz e satisfeito de ser Fidel Castro como naquele instante, do qual nem o general Plíev nem ninguém de sua comitiva teve consciência. Porque foi como uma experiência de conversão. Havia conseguido o prodígio de pertencer àquela história porque, de repente, nós, Cuba, éramos parte da União Soviética e de sua herança guerreira. Primeiro me senti de certo modo diminuído por batalhas que eram inalcançáveis como as estrelas. Depois soube verdadeiramente de que modo iria transcorrer minha vida. Agora I. A. Plíev está me abraçando e me diz que em nome do camarada Nikita Serguievich Kruschev e do Bureau Político do Partido Comunista da União Soviética, em consideração à medida adotada de deslocar armas nucleares de longo alcance até a República de Cuba, apresenta-se para começar os trabalhos de estudo e preparação do terreno. Havia uma aura de Segunda Guerra Mundial em todos os equipamentos que conhecemos até então e de repente passávamos para a Terceira sem transição. Pensar que foi aqui que o *Enola Gay* foi treinado. Em 1945, o esquadrão 509 foi enviado de Cuba a Nebraska e de Nebraska às ilhas Marianas, e em agosto lançaram as duas bombas, a de Hiroshima e a de Nagasaki. Essa relação de soslaio de Cuba com a história cessava de repente. Deve ser a localização geográfica. A Grande História esteve tocando-a constantemente. Passava junto dela, batia nela de raspão. Sempre uma história de passagem, como algo que na verdade não nos pertencesse e que nos incluía como estrangeiros em nossa própria pátria. Era a história que se movia com os ventos alísios sobre Cuba. Entrando e saindo. Entrando e saindo.

Vínhamos sendo a origem ou o destino. Agora nos era permitido ser o epicentro.

21. A PARTE VISÍVEL DE DEUS

A movimentação era novidade. Os MiG-21 haviam chegado e faziam voos rasantes por toda a ilha, e, em contrapartida, os soviéticos paravam o trânsito. E os congestionamentos ocupando as estradas do ocidente, como se estivéssemos numa noite dos acessos de Berlim em 1945. Um pequeno segredo pessoal. Desde então, a língua eslava é para mim o idioma da noite. Foi esse o meu conselho a Plíev e seu Estado Maior:

– Movimentem-se à noite.

Minha experiência guerrilheira voltando a mostrar sua utilidade. Um sensato especialista – o capitão Antonio Núñez Jiménez – mencionou os raios infravermelhos que supostamente estavam à disposição dos sistemas óticos dos U-2.

– Não me venha você com a porra dos raios infravermelhos – disse eu. – As câmeras dos U-2 não conseguem atravessar nem uma nuvem em plena luz do meio-dia.

Além de aproveitar a noite, podiam também se valer das dezenas de quilômetros em que os velhos loureiros teciam uma arcada sobre a Carretera Central, onde era possível avançar, sob abóbadas de doces sombras, sem detecção possível a partir do céu. De qualquer maneira, advertimos os soviéticos, desde o início da operação – e atendendo à insistência deles de que toda manobra deveria ser mantida no mais estrito segredo –, que eles precisavam levar em conta os aviões U-2 e seus voos de espionagem já regulares sobre nosso território. Raúl disse isso diretamente a Kruschev em Moscou, em 3 de julho de 1962, antes de dar uma olhada num dos primeiros esboços do pacto para a instalação de armamento estratégico em Cuba, e foi isso que persuadiu Kruschev a alterar a sequência no traslado do armamento. As armas defensivas viajariam primeiro, em especial seus competentes foguetes antiaéreos SA-2, assim como suas baterias de foguetes táticos Luna e os frontais FKR. Depois viajaria o armamento ofensivo, os foguetes balísticos de médio alcance R-12 no primeiro escalão e os foguetes balísticos de alcance intermediário R-14 no segundo. Só haveria movimentação de material estratégico quando o adequado sistema de defesa antiaéreo e antinaval tivesse sido deslocado. E aquilo tudo invadindo o país, aquela atmosfera, e eu pensando, confesso a vocês, "Isso vai ser do caralho". Tropas soviéticas surgindo por onde menos se esperava e foguetes antiaéreos SA-2 que emergiam, inusitados, de qualquer canto. Uma vez alguém me falou que parecia estar vendo um filme, acho que foi o Abrantes ou algum dos rapazes de Havana da minha escolta, os únicos fãs de cinema naquela horda de matadores. Que gênero de filme seria é algo que me abstive de perguntar, porque captei a ideia sem problemas. Mas ao nosso redor projetavam-se as imagens de um mundo para o qual não estávamos preparados. Ainda se achava que os foguetes portadores de artefatos nucleares eram um segredo de Estado. Foi quando mandei prender o comandante Enrique Oropesa porque ficara sabendo da existência de posições nucleares através de um general russo bêbado. Os foguetes atômicos de médio alcance já estavam em qualquer esconderijo de nossos ralos montes e havia uma estranha atmosfera de maquinarias e obscuros caminhões com capota de lona que trafegavam na montanha de Esperón. E em Limonar, Bejucal e San Antonio. Eu me deslocava como um fantasma pelas mesmas estradas e me divertia quando éramos detidos diante da barreira de algum dos comandos, e os faróis dos meus Oldsmobile iluminavam os sentinelas soviéticos, vestidos indistintamente como civis ou com o uniforme verde-oliva, parecido com o nosso, pelo menos na cor, não no corte, e que na verdade era o traje do Distrito Militar do Turcomenistão, na Ásia Central, que tinha o clima mais parecido com o de Cuba de todo o território da União Soviética. Com os inequívocos AKM atravessados sobre o peito, mandavam frear de repente, o gesto imperativo das mãos, donos absolutos do teatro de operações: *Stoy! Stoy!* Até que iluminavam diretamente meu rosto com suas lanternas e me descobriam ao lado do motorista, charuto na boca e o sedoso tecido da minha jaqueta de gabardina espanhola, e exclamavam:

– *Eta bii*? [É o senhor?]

Aquelas figuras brutais empalideciam como se Stalin acabasse de renascer na frente deles, em todo o seu portentoso significado de Homem de Aço. E sem

A PARTE VISÍVEL DE DEUS   495

transição, como só era possível conseguir sob a disciplina impiedosa do melhor exército do mundo, davam um passo atrás, batiam o salto das botas com um golpe magistral, prestavam continência num esquadro perfeito de seus braços e ordenavam a seus camaradas que abrissem passagem imediatamente:

– *Dabai! Dabai! Eta On! Eta On!*

"*Eta On*" significa "é ele", mas dito a partir dos bastidores misteriosos de uma convicção religiosa impressionante. Foram os primeiros vocábulos que conheci daquele idioma da noite. ¡Pare! ¡Pare! *Stoy! Stoy!* É o senhor? *Eta bii?* Vamos! Vamos! *Dabai! Dabai!* É ele! É ele! *Eta On! Eta On!* Apenas duas palavras em espanhol – "*paren*" e "*sigan*" – haviam sido ensinadas aos soldados nas sufocantes travessias do Atlântico, ocultos nos porões daqueles pesados navios mercantes e com apenas um breve tempo de permissão para ficarem no convés, quando saíam em pequenos grupos para respirar ar fresco e fumar seus espantosos cigarros Papirosas. *Paren* e *Sigan*. Eu me deslocava e fazia anotações mentalmente – nada de anotações em meu livrinho de bolso – e calculava. O posicionamento do resto da força de choque nuclear completava-se com um esquadrão de bombardeiros Ilyushin-28. Não havia base de foguetes na região de Oriente. Mas na base de Holguín era esperada esta unidade de até doze bombardeiros de médio alcance com capacidade nuclear. Diferentemente dos esquadrões de interceptação e caça, os de bombardeiros – foi o que me explicaram – são compostos por três esquadrilhas de três aviões, as chamadas formações de troicas – já mencionadas quando falamos dos MiG-19 em nossos desfiles. E os restantes são para treinamento e para a chefia. Os Il-28 (como eram chamados comumente, pela abreviação de Ilyushin) estavam sendo montados na base de San Julián, no extremo ocidental da ilha, para onde seria deslocado igualmente um regimento de sua modalidade naval (33 máquinas de lançamento de torpedos a jato e de mina, mais três de treinamento). Quando tivessem terminado a montagem dos primeiros e fossem feitos os correspondentes voos de teste, haveria nesse momento seis bombas atômicas 407N (de 12 quilotons) de queda livre à sua disposição, que se encontravam armazenadas com o resto das ogivas de guerra nucleares num *bunker* recém-construído dentro das colinas ao sul de Havana. A região, de arroios, palmeiras e pequenos agricultores (que geralmente cultivavam tabaco) e que três séculos atrás os espanhóis haviam aplainado a golpes de facão contra os cipós, particularmente intrincados naquela área, para criar suas terras de cultivo, e que acabaram chamando, é claro, de Bejucal [Cipoal], foi um dos primeiros locais escolhidos pelos soviéticos para seus materiais. Tinha uma rede viária aceitável nos arredores, devido justamente à proliferação de fazendas de pequenos agricultores, e comunicação fácil e rápida com o porto de Mariel, por onde estava desembarcando o grosso das tropas e a logística. Por sua vez, as cargas pertinentes ao regimento naval dos Il-28 – não tão afastadas das pistas de lançamento como as bombas 407N, pois eram armazenadas na própria San Julián – eram 150 torpedos a jato RAT-52, de ignição no ar, e 150 minas antibarco de lançamento em voo.

Ainda conservo, de próprio punho, minha lista de cubanos familiarizados com a instalação de armamento nuclear. Eles não passavam de nove: o presidente Osvaldo Dorticós, Raúl, Che, Ramirito, Blas Roca, Gamõnal, Flavio Bravo, o Gallego Fernández e o gordo Emilio Aragonés, que então era tido por nós como um importante dirigente partidário – secretário de organização –, em substituição a Aníbal Escalante. E assim mantivemos o sacramento, dentro dessa confraria, pelo menos oficialmente, até que Kennedy abriu a caixa de Pandora com seu discurso de 22 de outubro.

Raúl – em sua viagem de julho a Moscou – não conseguiu fazer com que Kruschev aceitasse nossos argumentos de que seria melhor tornar público o que se tramava. Sequer lhe valera o argumento de que os ianques iam descobrir as instalações com seus constantes voos de U-2 sobre nossas cabeças. Uma segunda ação diplomática, em agosto, tampouco conseguiu convencê-lo, mesmo tendo sido confiada ao nosso príncipe da lábia, o Che, na companhia do gordo Aragonés. Esperava milagres daquela voz pausada, nunca apaixonada, nunca altissonante, do argentino. E talvez dois estrangeiros conseguissem chegar a um acordo sensato sobre Cuba.

– Não, camaradas – dizia obstinado Nikita Serguievich. – Os senhores não entendem. O correto, o que procede, é que até novembro, quando eu for visitá-los em Havana, não façamos tal declaração pública.

Que caralho tínhamos nós que entender? Bem, eu já estava entendendo coisas demais e, se continuasse assim, por esse caminho, ia ficar inutilizado irremediavelmente, como um fantoche. Nesse sentido, Nikita colocava em perigo a Revolução Cubana. Ou será que não conseguia entender que permitir meu desprestígio era o equivalente mais próximo de liquidar o processo cubano?

A PARTE VISÍVEL DE DEUS

É por isso que meus discursos elípticos de anúncio do Apocalipse – talvez então interpretados como pequenos desafios – não eram mais que atitudes de defesa da Revolução. Porque a situação não poderia estar mais clara: enquanto a operação fosse mantida em sigilo, eu continuaria fora da história. Comparem isso com ter sido um signatário em igualdade de condições de um pacto militar com a União Soviética. Um charuto acabou me dando a solução. Um charuto e um passeio ao cair da tarde, sozinho, pela praia de Santa María, enquanto as ondas de outubro batiam na borda irregular que a areia desenhava a menos de um metro à direita de onde eu traçava meu caminho. Os carros haviam estacionado embaixo de um bosque de casuarinas e, com sua UZI na mão, Gamonal marchava discretamente uns quantos passos atrás de mim. Havia concluído um percurso pelo sul de Havana e me chamara a atenção a frequência com que apareciam postes da rede elétrica cortados nas esquinas dos povoados e nas curvas fechadas das estradas e como haviam sido substituídos por outros em posições claramente mais afastadas.

– O que é isso, Alfredo? – perguntei ao chefe da minha escolta.

Alfredo Gamonal chegou perto do meu ouvido, a partir do assento traseiro, para me dizer com seu habitual sussurro:

– Os foguetes soviéticos, Comandante, que medem mais de 23 metros, e as carretas não conseguem virar nestas ruelas com aqueles monstros em cima.

– E esses não são os clássicos postes *criollos* cobertos de breu?

– Não, Comandante. São bétulas.

– Bétulas.

– Bétulas, Comandante.

– E de onde foi que você tirou tanta informação, Alfredo? Como ficou sabendo que isso é uma bétula?

– Estudo permanente e detalhado do terreno por onde o senhor tem de se movimentar, Comandante. E são postes de bétulas porque vi nos filmes. Respondi, como de hábito, com um sorriso de aprovação, e, tirando um charuto do bolso estendi-o ostensivamente, como prêmio.

– Pegue, Rin Tin Tin – disse eu, numa brincadeira permissível entre nós dois, ao compará-lo com o famoso pastor-alemão das matinês de aventuras americanas. – Um ossinho.

Depois disse a ele que íamos até uma praia, que escolhesse uma, e pelo caminho fiquei pensando em sua explicação até que chegamos a Santa María e comecei minha caminhada e deixei que a noite se adensasse. Naqueles anos, os cubanos abandonavam as praias em meados de setembro, com os primeiros sinais dos ventos norte, e só voltavam no início do verão seguinte, entre junho e julho. Isso garantia que qualquer praia que Gamonal escolhesse estaria desolada. *Brooom*! As ondas quebravam do meu lado direito, e o vento fazia navegar a fina chuva de salitre que batia na minha jaqueta de campanha. *Brrooommm*! E o som da lapela batendo. E depois o da água arrastando-se sobre a areia. O feitio formidável do charuto Partagás que havia deixado de reserva no meu bolso e que agora segurava entre os dentes mal conseguia manter-se em funcionamento, mesmo que eu ajudasse a avivar sua combustão com um constante ritmo de tragadas. Se de alguma sabedoria eu podia me valer em circunstâncias como aquela, a mesma de um velho marinheiro que sabe como é impossível manter o fogo de um havana na proa de um navio, era que o charuto se estragaria no mesmo instante em que me distraísse e deixasse apagá-lo. E sabem o quê? De repente consegui entrar em completa sintonia com o amigo do Kremlin. Os postes, porra. Foi esse o movimento de peças que me revelou todo o seu jogo. Já sei, estivemos em posse dos mesmos propósitos! Mas, lamentavelmente, eu ainda estava perdido no bosque da minha própria personalidade. Não tive então a capacidade de entender que ele estava tão desesperado quanto eu para que os ianques o pegassem com a mão na massa e que era essa a finalidade de seu descomunal ardil. Aquele anoitecer meu diante das ondas da praia de uma maré talvez de força um produziu com exatidão o resultado que eu havia ido buscar, mas com o contratempo de que prevaleceu em mim, companheiros, a obsessão pelos desafios mortais do combatente revolucionário e não a lucidez e a astúcia de um político de categoria mundial. *Barraaabooom*! Não entendi. Não vi a coisa se aproximar. Não avaliei bem a conveniência, pelo menos temporária, de sua sedução. E transformei em adversário um verdadeiro camarada. Por isso, a cada vez, ele se dispunha a enfiar mais foguetes e brigadas de tanques e estacionar as frotas de submarinos nas costas americanas. Porque ele também estava louco de vontade de tornar isso conhecido, embora, compreensivelmente, apenas quando fosse conveniente para ele, ou seja, quando aqueles tenebrosos mísseis assassinos de cidades já estivessem prontos para serem utilizados. Foi assim que, de minha parte, continuaram as inflamadas diatribes públicas a respeito de nossa repentina e invencível couraça militar. Na poeira da derrota do lugar-comum de meus discursos daquele meio ano como oferta para que os ianques mordessem, só me faltava acrescentar que se tratava de poeira radiativa. É daquela época também uma espécie de brincadeira, que o povo costumava fazer de viva voz comigo, ao enumerar o novo armamento que evidentemente engrossava nossos arsenais e depois de nomear os blindados e os aviões e os canhões e as antiaéreas, eu concluía com uma enigmática referência aos *etcéteras*.

– Temos tanques – proclamava eu. – E aviões. E canhões. E antiaéreas. E...

Era a hora em que eu deixava as palavras em suspenso, à espera do público, que imediatamente, com o júbilo de uma festa, me respondia: "E etcétera, etcétera, etcétera!" Para que, como num roteiro não escrito, mas que nós seguíamos à risca, eu me juntasse então à brincadeira e repetisse com eles: "E etcétera, etcétera, etcétera!" Para concluir com uma risada mal dissimulada e me juntar ao meu povo na satisfação daquele poderio apenas decifrável e impossível de designar por seus nomes de incógnitos talismãs. Minha resposta a "Alejandro" – o embaixador Alexander Alexeiev –, pela preocupação que lhe causavam aqueles discursos, era que eu tinha que preparar politicamente o país. *Ponimai, ponimai*. Entendo, entendo, era sua resignada resposta, e tanto eu como ele sabíamos que o que me animava era uma simples lógica de procedimento: entrar como protagonista na peça. Cheguei até a dizer a Dorticós que divulgasse em nossas missões diplomáticas no mundo que havia um novo membro no clube atômico. Cinco. Agora éramos cinco. União Soviética, Estados Unidos, Grã-Bretanha, França e Cuba. A inteligência americana, no entanto, negava-nos sua contribuição. (Isso me lembra tanto minha conversa com Nixon! Eles não sabem ouvir, porra. Não sabem.) Uma leitura cuidadosa dos meus pronunciamentos os teria prevenido e com bastante antecedência, e isso era de muitas maneiras algo com que eu contava. Minha intenção – suscetível de ser descrita como a de um refém que tenta enviar mensagens clandestinas ao exterior – obteve resultados muito pobres, para não dizer nulos.

Dia 22 de outubro. 1962. No Posto de Comando (PC) do Estado-Maior Geral (EMG) encontra-se como Oficial de Guarda Operacional (OGO) um tenente de milícias de nome José Milián. O EMG está no edifício construído por Batista para o Estado-Maior da Marinha de Guerra. O tenente – fico sabendo depois – é um gordinho que acaba de ser transferido da base de San Antonio, onde estava lotado na Seção de Propaganda, recomendado pelo inefável Víctor

Pina para trabalho administrativo num corpo de guarda, por suas habilidades de organizador. Os senhores conhecem o velho axioma militar, que todos os grandes generais da História devem seus triunfos a dois elementos: seu gênio tático e o apoio de um bom chefe de Estado-Maior. O homem corresponde esplendidamente às expectativas. Um pouco depois das quatro e meia da tarde, recebe por seus telefones e teletipos os primeiros informes de inteligência sobre a suspensão sem prévio aviso de monstruosas manobras navais que a Marinha ianque efetuava diante das ilhas de Vieques, em Porto Rico. Assim como eu, está à espera do anunciado pronunciamento de Kennedy pela rádio e pela televisão; além disso está atento, porque dez minutos antes da quatro da tarde eu ordenei um Alerta de Combate. Isto é, encontra-se a postos, em tensão. Por isso dá uma olhada na folha de teletipos com o informe da suspensão de manobras em Vieques e toma a atrevidíssima decisão de decretar o Alarme de Combate para toda a nação.

Cinco e trinta e cinco da tarde. Dia 22 de outubro. 1962. O pronunciamento de Kennedy ainda não aconteceu, e um gordinho sibarita e bochechudo arrisca tudo com uma ordem que só eu teria podido avalizar e, principalmente, assumir. Acredito que nem Raúl teria essa coragem. Era o lento entardecer de uma segunda-feira e eu me encontrava em meu escritório do complexo da rua 11, de onde resolvia quase todos os assuntos oficiais. Aguardava Kennedy diante de um transmissor de ondas curtas, uma provisão de charutos e café e dois tradutores. A expectativa da guerra consumia todo o nosso tempo, todas as nossas leituras de informes, todas as nossas elucubrações. Fiquei observando as notícias (ou a ausência delas) que chegavam dos Estados Unidos durante a manhã e a tarde daquele dia. Não era preciso espremer o cérebro para saber que todos aqueles vaivéns em Washington tinham a ver com o posicionamento dos foguetes soviéticos. *Finalmente eles haviam descoberto*. Era minha convicção cada vez mais sólida. Finalmente! A informação fluía continuamente pela bateria de telefones e pelos três teletipos instalados no escritório. O reforço de Guantánamo e a evacuação de familiares e civis começaram logo de manhã cedo e diante da vista de nossos agentes dentro da base e dos sentinelas do Batalhão Fronteiriço. Uma informação realmente confiável e abundante era fornecida por esses agentes, que compunham uma parte considerável da força de cerca de 2.500 trabalhadores civis da Base. Os relatórios eram enviados ao aparato de Segurança do Estado, como regra geral no conforto das casas dos próprios informantes e enquanto desfrutavam de um Marlboro ou Chesterfield (ainda na moda naquela época), do único maço diário que eram autorizados a importar para o nosso território. A informação procedente do comando do Batalhão Fronteiriço, por sua vez, tinha características propriamente militares, cheia dos habituais detalhes fornecidos pela exploração avançada. A base é rodeada de colinas, que por si são excelentes posições para a observação, e fica a uma distância relativamente curta de seus cais e de outras instalações vitais. Além disso, havíamos estabelecido um sistema de torres de guarda com teodolitos de artilharia que nos permitia xeretar tudo o que acontecia dentro da instalação, e o que essa averiguação nos revelava e os sentinelas transmitiam por seus telefones de magneto ao comando do Batalhão era que, efetivamente, detectava-se um movimento inusitado do estabelecimento civil. Mas o que realmente se destacava era que os *marines* haviam abandonado seus graciosos uniformes brancos de calça curta e trocado por uniformes de campanha, e que nenhum deles parecia disposto a tirar da cabeça o pesado capacete metálico. Ainda mais significativa e alarmante era a atividade frenética de plantar minas em toda a franja contígua à cerca de demarcação de 28 quilômetros que rodeava a base. Raúl e Ramiro, cada um em seu ministério, não deixavam passar cinco minutos sem me alertar com um novo relatório, que eles recebiam em primeira instância. Eu, da minha parte, não dava sossego a Celia, pedindo-lhe café ou que me localizasse Alejandro – o embaixador soviético – ou que me pusesse em contato de novo com Raúl ou Ramiro. Já sabia que eram os foguetes, embora não pudesse prever com exatidão o tipo de ação militar que empreenderiam e o lugar por onde seria levada a cabo. Tinha, isso sim, a certeza de que uma agressão era iminente. Foi às três e cinquenta da tarde que tomei uma decisão prevista nas minhas prerrogativas de comandante em chefe. Colocar em fase de Alerta de Combate as Forças Armadas Revolucionárias. Claro que essa decisão, tomada no meio da tarde, aplainou o caminho para que o Oficial de Guarda Operacional (OGO) do EMG decretasse, às cinco e trinta e cinco – com quase uma hora e meia de antecedência ao pronunciamento de Kennedy –, a fase de Alarme de Combate para todo o país. Eles não iriam nos surpreender. Nunca conseguiram. Foi um início de guerra para o qual estava me preparando desde 1959. Sempre soube que evitar a surpresa, preparar-me para ela e principalmente fazer com que os ianques saibam que estou esperando por eles é minha principal manobra defensiva. Penso que esse é o treinamento lógico de quem se considera um mestre na arte das emboscadas. Simplesmente aplico as

502 A AUTOBIOGRAFIA DE FIDEL CASTRO

normas ao contrário. Eu sei, como ninguém, criar uma zona de silêncio para que o inimigo se precipite nela. Na Sierra, eram os sombreados e agradáveis caminhos nos quais não se movia nenhuma folha da densa mata em volta, caminhos onde se ouviam de muito longe – quanto? Três horas de caminhada? – os latidos dos cães, o que indicava que nos arredores não moravam camponeses. Querem saber de uma coisa? Esse foi meu decisivo ativo militar em quarenta e tantos anos de Revolução. Eu lendo o silêncio. Eu esquadrinhando seus códigos. Porque também o silêncio tem passado. E não há melhor conjunto de chaves para encontrar suas revelações do que a lembrança. No dia anterior, o domingo 21 de outubro, nossa Missão Diplomática em frente às Nações Unidas, em Nova York, não encontrou nenhuma reportagem nem artigo sobre Cuba no *The New York Times* nem no *The Washington Post;* assim, por esta via, os teletipos de Havana permaneceram mudos. "Hum", disse a mim mesmo. Igualzinho ao que ocorreu em Girón. Não publicaram uma palavra sequer depois da algaravia constante de meses anteriores sobre o treinamento da Brigada na América Central. O próprio Kennedy havia chamado os beneméritos editores às vésperas da invasão para que "no interesse da segurança nacional" evitassem o assunto cubano. Bem, já sabem que a primeira condição para disparar meus sistemas de alarme é que os americanos se calem de repente. Por outro lado, tínhamos colocado um enxame de agentes em volta das bases americanas na Flórida e até na Virgínia, e em Porto Rico, é claro. Embora um pouco rudimentares quanto aos sistemas de código (usando mensagens como "muitas vacas entrando no curral" ou "suspensos os passes aos alunos") e transmitindo-os por telefones públicos de longa distância (para falar com *uns parentes* em Havana), eles nos abasteciam de informação considerável. Em última instância, dá na mesma saber que estão aquartelando os *marines* a partir de uma complexa combinação de logaritmos do que por meio de uma descrição deles como reses. Foram muito eficientes, é preciso deixar claro. Usando o sistema elementar que havíamos projetado pudemos confrontar seus informes de *amateurs* com as tabelas de descrição de meios do inimigo, e daí obtínhamos uma excelente avaliação de inteligência. Os soviéticos, tanto em Moscou como em Cuba, estavam também informados, principalmente pelos *sputniks* militares. Mas a melhor informação era a que nós tínhamos, e o sinal decisivo acabava de chegar naquela tarde de Vieques. Aquela estrondosa manobra empreendida nas proximidades de nossas costas – para nos intimidar, é claro –, havia cessado sem qualquer explicação. *E os barcos estavam regressando.*

Eu processava tudo aquilo antes do discurso de Kennedy e compreendi que ele ia meter a mão em nós, quando o OGO do Posto de Comando adiantou-se a mim. O comutador do telefone de linha especial, à minha esquerda, havia sido ativado, com um zumbido muito peculiar e insistente, e sua célula luminosa vermelha piscava. Quem quer que estivesse do outro lado da linha não reconheceu minha voz. Disse, imperativo e cortante:

– Informe ao comandante em chefe que as Forças Armadas Revolucionárias acabam de passar para a Posição Um.

Percebi um sobressalto nos dois tradutores, do outro lado da mesa, ainda sem saber o que estava acontecendo. Devo ter transmitido a eles minha própria tensão. A comunicação havia cessado. A segunda chamada, um segundo depois, foi de Raúl, também pelo telefone de conexão especial. Estava em seu escritório no próprio edifício do EMG quando recebeu a ligação do PC que o informou da mesma maneira sucinta e breve do acontecimento. Só variou a pessoa gramatical.

– Informo ao Ministro das Forças Armadas Revolucionárias que estamos em Posição Um.

Raúl determinou que só devia pronunciar meu nome:

– Fidel?

– Raúl – eu disse, sem deixá-lo avançar nenhuma outra pergunta. – A decisão tomada é correta. Espere-me no lugar previsto.

– O Mosteiro?

– Positivo – disse eu. – E não chame os carros, Raúl. Vamos manter nossos rádios em silêncio. Nem se estiverem desembarcando. Eu os verei primeiro que você porque estarei na rua.

O terceiro foi Gamonal, que subiu a escada com grandes passadas e lá de fora, com um enérgico "Comandante, com sua licença", pediu permissão para entrar. O sinal de Alarme de Combate – me explicou – acabava de entrar pelo rádio dos Oldsmobile. Era evidente que a notícia de mobilização estava se generalizando, porque Celia, apressada, vinha andando pelo corredor que dava em seu apartamento e vi aparecer sua cabeça por trás do ombro de Gamonal.

– Bem, companheiros – disse aos tradutores. – O trabalho dos senhores aqui terá que ser suspenso de momento.

Fiquei em pé e Gamonal percebeu que a saída era iminente. Com gesto automático, pegou minha boina, a cartucheira com a pistola e o porta-magazines que eu havia deixado sobre um sofá e os estendeu a mim. Vesti a boina. Enquanto afivelava a cartucheira, meu leve equipamento de combate cotidiano, dei instruções a Celia para que oferecesse um bom lanche aos tradutores e depois providenciasse transporte de volta para seus escritórios, acho que ficavam num departamento da Segurança. Antes de descer pela escada e a uma distância prudente dos tradutores, para que não me ouvissem, disse a Celia que localizasse imediatamente Flavio Bravo – o veterano comunista que se tornara chefe de Operações do EMG –, o argentino e o embaixador Alexeiev, e os mandasse para o Mosteiro – o nome de código naqueles dias para o Estado-Maior Geral. Então, como estava num degrau mais baixo e em diagonal diante dela, coloquei a mão no ombro esquerdo dela, com toda a facilidade, pois ainda a superava em estatura, e aproximei meus lábios de seu ouvido para confiar-lhe algo mais, mas ela interpretou mal minha intenção, achando que ia beijá-la para me despedir. Continuei até perto de seu ouvido esquerdo, ignorando seu erro, e disse:

– Quando você falar com Alejandro, use a linha segura e diga a ele que passamos do Alerta de Combate para o Alarme de Combate, que estou com o país em pé de guerra e que preciso que use sua via para informar imediatamente Nikita (em Moscou, é claro) e o general Plíev. E para o Che e o Flavio diga que manter o rádio em silêncio é obrigatório. Esses ianques filhos da puta podem nos localizar por radiogoniometria e não estamos para nos entregar de bandeja.

Saí do complexo da rua 11 com minha caravana de três carros e me dirigi ao EMG. Estávamos a uma velocidade estável de cinquenta quilômetros por hora pelas bem pavimentadas avenidas. Eu não usava ar-condicionado nos veículos, de modo que recebia com prazer o ar que a velocidade projetava para o interior do carro. Também era um método muito elementar de me tornar acessível aos transeuntes, embora não trocasse uma palavra com eles. Ninguém é um líder em reclusão se fica passeando com o cotovelo apoiado na janela e sacudindo as cinzas do charuto num movimento de dispersão para a rua e se, além disso, se extasia contemplando o traseiro de suas concidadãs. A atmosfera de premência e agitação contida que me envolveu no escritório se estendeu por todo o caminho e cada vez se viam mais transeuntes em seus uniformes das Milícias e menos em roupas civis. Exigi que Gamonal mantivesse a velocidade em cinquenta para não espalhar alarme ou inquietação desnecessários na população e respondi com suavidade e a tranquilidade de um sorriso a todos os que me fizeram um gesto de saudação. Havia um estranho estado de excitação, mas também de felicidade contida nos habitantes de Havana, que se apressavam em chegar a suas casas para trocar de roupa, jogar algumas miudezas em suas mochilas ou bolsas, calçar botas, enfiar a boina e apresentar-se em suas respectivas unidades de combate. Percebia que no seu ânimo pesavam mais os resultados da última mobilização do que a perspectiva iminente de desaparecer num holocausto nuclear. Dezoito meses antes tinham regressado com a vitória sobre os mercenários em Playa Girón. As coisas não precisariam ser diferentes agora. Raúl e Flavio me esperavam no PC. Ao entrar e tornar evidente minha presença no local assim que Gamonal me franqueou a porta, alguém gritou "Firmes!" com enérgica resolução. Eu emiti um *Buenas tardes* de tom grave, embora não deixasse de ser um cumprimento camarada. Aqui, sim, mantive o mais carrancudo dos rostos, o tempo todo. Logo a seguir, chegaram Alexeiev e, depois, o Che. O PC era bastante rústico, apesar do clima excelente proporcionado pelo aparelho de ar-condicionado Carrier de quinze toneladas, quando o pessoal reunido ficava em uma dúzia de pessoas. Havia mesas para plotar os mapas horizontalmente, outros mapas forravam as paredes, e uns longos ponteiros suspeitamente parecidos com tacos de bilhar ficavam espalhados pelo local. Havia uma mesa com garrafas térmicas de café e xícaras que um combatente, postado rigidamente ao seu lado, tratava de limpar e secar continuamente, assim como conservava os cinzeiros limpos de bitucas e de charutos esmagados, e havia uma centralzinha telefônica e uma bateria de telefones com disco, e outros sem disco, que eram terminais da centralzinha, e os novos (para nós) telefones militares soviéticos de magneto, que precisavam receber corda por uma manivelinha lateral direita para serem ativados. Embora meu olho clínico já tivesse descoberto quem era o Oficial de Guarda Operacional, entre os oito ou nove oficiais que agora se encontravam em estado de semiparalisia em volta da mesa de plotagem – à espera que lhes ordenasse a posição de descanso –, perguntei por ele de qualquer modo. O homem, que se perfilou militarmente desde a minha chegada, com os dois braços rígidos ao lado do corpo, os punhos fechados, disse:

– Às ordens, comandante em chefe!

Na hora reconheci a voz do telefone de conexão especial. Olhei-o, com o estudado desdém que aplico nesses casos, antes de perguntar:

– Qual é seu nome, tenente?

Identificou-se como tenente de milícias José Milián. Um inusitado sentimento de compaixão se apoderou de mim ao vê-lo esforçar-se por manter uma adequada postura marcial embora estivesse impedido de conseguir isso devidamente por sua obesidade.

– Fique à vontade, tenente – disse.

E, quase de costas para ele, enquanto observava detidamente um quadrante a leste da capital, lancei-lhe minha primeira pergunta:

– Bem, diga-me, tenente, qual é a situação operacional?

Não ia parabenizá-lo de imediato, no entanto, nem me sentia obrigado a superar a sobriedade de nossas normas. Eu entendi que bastava afirmar que tinha sido a decisão correta.

– Foi a decisão correta – falei. Em seguida, estendi-lhe a mão e cumprimentei-o. E me permiti acrescentar: – Muito obrigado, tenente.

Continuei contemplando os mapas por um momento e elaborei oportunamente minha sequência regular de perguntas – dirigidas então mais a mim mesmo, já que era eu quem as respondia – sobre movimentos e disposição das tropas, tanto do inimigo como nossas. Depois, o essencial, o que obrigo a destacar daquela tarde em todas as nossas análises, é que tivemos a habilidade de nos adiantar uma hora e meia à virtual declaração de guerra. Terminado o diálogo com o obeso OGO, o embaixador soviético acreditou encontrar sua brecha. Alexeiev fez um gesto, eu diria, tímido. Com um linguajar de distantes ressonâncias diplomáticas me disse que em Moscou *tomara-se conhecimento* da determinação do alto-comando cubano de colocar primeiro em estado de alerta e depois em completa disposição de combate às Forças Armadas. A rígida disciplina eslava no uso dos pretéritos sempre me soava desconcertante. E a despersonalização resultava ainda pior. No início de nossas relações, eu achava que se tratava apenas da redação dos telegramas da TASS, a Agência de Informação e Telegrafia da Rússia. A experiência posterior mostrou que para eles isso não era apenas um modo de expressão de seus "serviços telegráficos" – como eles os chamavam –, mas algo de uso regular em suas relações partidárias.

– Isso quer dizer, Alejandro, que você passou as informações como mandei Celia dizer.

Alejandro assentiu.

– Muito bem – disse, e dei uma palmada de aprovação no ombro do emissário do Kremlin, o que me pareceu suficiente para, nesse ponto, dar por encerrado pelo menos aquele diálogo. Acho que faltavam uns quinze minutos para as sete e perguntei a Raúl se havia um tradutor no edifício. Havia. Assim, disse a ele, a Alexeiev, ao argentino e a Flavio que estávamos indo para o escritório de Raúl, para ouvir o que Kennedy ia nos dizer. Solene, embora movendo-se confortavelmente em sua *guayabera* branca de linho e mangas compridas, Alejandro parecia tudo menos um embaixador da União das Repúblicas Socialistas Soviéticas. Se o convoquei naquela tarde para o EMG foi porque estava louco para que me contasse o que estava sendo pensado em Moscou. Fofocas, detalhes, gritos ao telefone, decretos, brincadeiras, papeizinhos passados de mão em mão, conspirações, enfim, tudo o que ele soubesse. Em especial, que tipo de decisões militares vinham de Moscou. Mas chegamos ao fim do pronunciamento de Kennedy, e o companheiro embaixador manteve o mesmo mutismo, a mesma expressão de gravidade e até um pouco do espanto que o havia dominado desde que se apresentou ao PC. Era óbvio que não sabia de nada e inclusive que o desdobramento dos acontecimentos o havia pegado de surpresa. Não precisei me esforçar muito para entender isso. Assim, quando Kennedy terminou seu discurso de dezessete minutos exatos com um: "*Our goal is not the victory of might, but the vindication of right – not peace at the expense of freedom, but both peace and freedom, here in this hemisphere, and, we hope, around the world. God willing, that goal will be achieved. Thank you and good night*",* e Raúl, paternal, ordenou ao jovem sargento tradutor da Inteligência Militar que se retirasse, eu me aproximei de Alexeiev – que se levantou de sua poltrona como movido por uma mola ao ver que eu ia dizer-lhe algo –, coloquei a mão no seu ombro, olhei-o diretamente nos olhos, coisa que me era fácil pelas estaturas semelhantes, e lhe disse:

– Bem, Alejandro, evidentemente acabamos de entrar em guerra com os Estados Unidos. Não só Cuba, mas também a União Soviética. A partir de agora, peço que você se mantenha em contato conosco enquanto as condições nos permitam. E solicito a você oficialmente que diga ao general Plíev que estamos na melhor disposição de elaborar qualquer plano conjunto e de otimizar a cooperação.

Isso significava – e Alexeiev acabava de entendê-lo perfeitamente – que de imediato precisava arrumar um jeito de me trazer informação fresca de Moscou e, em paralelo, comunicar ao chefe das tropas soviéticas em Cuba que era oportuno entrar em contato conosco com a maior brevidade possível. Esta última coisa, no entanto, foi desnecessário providenciar porque os emissários de Plíev, dois

---

* "Nosso objetivo não é a vitória do poder, mas a reivindicação do direito – não a paz às custas da liberdade, mas a paz e a liberdade, ambas, aqui neste hemisfério, e, esperamos, em todo o mundo. Se Deus quiser, esse objetivo será alcançado. Obrigado e boa noite."(N do T.)

508 A AUTOBIOGRAFIA DE FIDEL CASTRO

generais, acabavam de se apresentar no edifício. Fizemos com que adentrassem imediatamente no escritório de Raúl. Vestiam camisas brancas de manga curta colocadas para dentro da calça cinza, fora de moda há uns trinta anos. Uns tourinhos saudáveis e gordurosos que, no entanto, empalideceram ao ver-se rodeados pelo panteão completo da direção revolucionária cubana; se bem que logo se recompuseram e ganharam o aprumo necessário para perfilar-se militarmente e me oferecer – com exclusividade para mim – o cumprimento de suas palmas planas em ângulo com suas testas descobertas, reconhecendo assim o mais alto posto militar e político sob aquele teto. Não perderam tempo depois do cumprimento e um deles me estendeu uma folha em código e outra semelhante de um teletipo, ambas presas com arame de cobre pelo canto superior esquerdo, que eles traziam em sua pasta de mapas, de couro preto, típica dos artilheiros.

– *Sovershenno sekretno* – disse o general, que havia avançado um passo para me entregar os papéis.

– Segredo máximo – apressou-se Alexeiev em traduzir.

– *Osoboi vazhnosti* – acrescentou o general.

– Importância especial – traduziu Alexeiev, maquinalmente. A primeira folha eram grupos de parágrafos, nos quais se misturavam números e letras do alfabeto cirílico. Por cima do que pareciam ser frases completas daqueles hieróglifos, alguém anotara a lápis seu significado em russo. A segunda, evidentemente, continha a versão datilografada ou pelo menos do modo como havia sido produzida por algum instrumento de comunicação eletrônico. Passei o documento a Alexeiev. Ainda lembro do silêncio reinante naquela sala antes que Alejandro ajustasse seus óculos, desse uma primeira olhada no documento, pigarreasse e por fim o lesse. Plíev informava que no Posto de Comando soviético em Havana havia sido recebida, uns trinta minutos antes de o presidente americano começar seu discurso do dia 22, uma mensagem do ministro da Defesa da URSS, camarada Marechal Rodión Malinovsky, na qual se dispunha que o Agrupamento de Tropas Soviéticas tomasse medidas imediatas para elevar a disposição combativa e se manter de prontidão conjuntamente com o exército cubano para rechaçar o inimigo com toda a potência das forças soviéticas, exceto os meios de STATSENKO e todas as cargas de BELOBORODOV. Ai, caramba, uma mensagem que começava de modo tão combativo chegava rápido demais àquele fim que, se não era ambivalente – e nada que seja ambivalente é combativo –, resultava extremamente cuidadoso, comedido – ambas as noções com a mesma incapacidade de promover o espírito de luta. Alejandro teve o discernimento de me explicar de maneira contundente o significado daquilo que eu ouvira.

– Quando a mensagem fala dos meios STATSENKO e das cargas de BELOBORODOV, refere-se aos recursos da Divisão de Foguetes e às cargas nucleares.

Era um daqueles momentos da minha existência como líder revolucionário em que me era vital não deixar transparecer nenhuma emoção, além do que – confesso – eu ainda me debatia entre o canto de sereia que significaria entregar-me confiadamente por inteiro aos soviéticos e à rara intuição da qual nunca consegui me livrar, de que eles me tinham preso pelos colhões. Este último aspecto, principalmente, me obrigava a agir com grande equanimidade.

– Correto – eu disse.

Houve uma ênfase nesta única palavra minha que principalmente Alejandro devia interpretar como um tácito acordo meu com o desenrolar dos acontecimentos e a maneira pela qual a parte soviética estava se desenvolvendo. Alexeiev me devolveu o documento.

Um dos telefones tocou. Raúl tirou o fone do ganho e ouviu a mensagem.

– São os companheiros da Inteligência Militar – disse Raúl, a fim de identificar para nós a origem da ligação. – Informam que a evacuação dos civis de Guantánamo foi completada na hora em que Kennedy saiu do ar.

– Traduza aos companheiros generais, para que não fiquem preocupados – disse apontando para Alejandro. Por pouco não se me escapou da boca, para brincar com eles, a frase: "Ainda não estão nos bombardeando." Mas prevaleceu o bom senso de me conter e não soltá-la. – E diga a eles – concluí – que transmitam ao companheiro Plíev meu agradecimento por nos manter informados.

Reservava-me todo o direito de qualificá-los apenas como companheiros e de não deixar que em nenhum momento me escapasse um camarada. Era imprescindível, de qualquer modo, como parte da minha estratégia verbal, conservar aquele detalhe de independência. Apertei a mão dos dois generais e eles responderam com renovadas saudações militares. Para Alejandro, uma reiteração da palmada no ombro, mais o acompanhamento final de um sorriso amistoso. Dispensados Alexeiev e os generais soviéticos. Ficamos nós cinco – contando Alfredo Gamonal, que, de qualquer modo, não tem nem voz nem voto no conclave.

São sete e cinquenta e cinco da noite. Havana e Washington com o mesmo fuso horário. A virtual declaração de guerra do presidente dos Estados Unidos é um fato que já pode ser documentado. Às sete e cinquenta e nove da noite, eu luto ainda para assimilar algumas palavras do pronunciamento e talvez ainda esteja opondo resistência ao significado daquilo que acabo de ouvir. O que cabe, portanto, é tomar a temperatura do argentino. Isso é o que os presentes sabem que eu vou fazer de imediato. Refestelo-me na poltrona abandonada por Alexeiev, fico reclinado no encosto com um gesto que aspira a reproduzir a altivez de um juiz antes de ouvir os votos do júri e pergunto ao comandante Ernesto Guevara:

– Che, o que você acha disso?

Ele sorri. O veado sorri antes de se pronunciar.

– Dos soviéticos ou dos americanos?

Que sinuoso esse argentino, que perspicaz, sempre, o filho da puta.

– Dos americanos, Che. Dos americanos – respondo, carregando a expressão com um evidente tom de tédio.

O Che me olha através das baforadas de fumaça de seu charuto, que ele reaviva com vontade com duas ou três tragadas profundas. Esboça seu emblemático sorrisinho sem tirar o charuto dos lábios antes de responder outra vez. Está esparramado num sofá de forro de vinil verde ao lado da mesa de Raúl e traz os cordões das botas amarrados só até a metade do cano.

– Está completamente abobalhado – diz, e o faz com um convencimento tão depreciativo, tão portenho, que sua sentença dá pouco lugar a apelações.

– Kennedy? – pergunto, para confirmar.

– Kennedy – confirma.

Os olhares de Raúl e Flavio se concentram em mim, em seguida. Eu dou ao meu havana a mesma utilidade de instrumento para reflexão, e aplico-lhe duas ou três boas tragadas, e então o livro da mordida forte dos meus dentes para usá-lo como ponteiro para minha resposta.

– Eu não diria isso, Che. Poderíamos cometer o gravíssimo erro de subestimá-lo. Acho, no entanto, que ele mesmo tirou do jogo sua arma principal contra nós. O ataque de surpresa.

E, dizendo isso, uma ideia surge no meu cérebro e requer apenas frações de segundo para me encher de incerteza, da anomalia de uma angústia. Descartar o fator surpresa não é toda a equação e muito menos toda a resposta. É perceptível

– pois escapou-me um gesto de contrariedade – que meu breve período de incerteza foi transmitido aos presentes. A ideia veio do meu subconsciente como uma consequência automática da elaboração anterior. O Che capta minha situação mental de imediato.

– Isso quer dizer que já não é nossa guerra.

Mais contrariado ainda, ao me ver descoberto, olhei detidamente para o argentino. Disse-lhe, com voz gélida, categórica:

– Olhe esta bateria de telefones. Todos mortos. Kruschev não ligou.

São oito horas da noite. Hora de nos mexermos. Atrás da minha caravana irão os Oldsmobile de Raúl e os carros do Che, embora não me lembre agora se o argentino ia num Oldsmobile ou num dos Chevrolet Impala que eu lhe dera de presente no ano anterior. Tenho preparado meu esquema de distribuição. Raúl e Che ocuparão as posições previstas desde os dias de Playa Girón, Raúl em Oriente e o Che em Pinar del Río. Iguais posições, mas sob premissas diferentes. O comandante Juan Almeida, cuja designação para esses casos é o centro, não precisa ser comunicado, pois já se encontra ali. Despeço-me de Raúl. Permito-me com meu irmão o orgulho de um adeus de legionários romanos. A sorte está lançada. Nós nos abraçamos e dizemos isto. A sorte está lançada.

Durante a noite do dia 22 e logo cedo na manhã do dia 23, fiquei marcando entrevistas com gente no complexo da rua 11 e distribuindo missões.

À meia-noite do dia 22, mandei chamar o comandante Joel Iglesias, secretário-geral da recém-criada União de Jovens Comunistas. Joel era um daqueles produtos absolutos de uma revolução. O Che o aceitara em sua guerrilha, primeiro como mulinha de carga, e depois, quando o rapaz, num combate, conseguiu arrebatar um fuzil Garand de um sargento batistiano, teve que aceitá-lo como combatente. Pela lei estabelecida na Sierra, se você conseguisse arrebatar uma arma sob as balas do inimigo, a arma era sua. Joel terminou a guerra com o grau de comandante, e com a sequela de um balaço que lhe arrancou massa muscular do pescoço, um fragmento da mandíbula e lhe atrofiou as cordas vocais. Falava com dificuldade por uma rouquidão persistente e de aspereza metálica. Mas conseguia ocultar o vão debaixo do queixo com sua cerrada barba de mulato filho de tropeiros. Além de mim, foi o único comandante a quem não exigimos nunca que cumprisse o regulamento e se barbeasse. A incumbência era que, de minha parte, entrasse em contato com Armando Hart, então ministro da Educação, escolhessem os estudantes de melhor rendimento e ele, Joel, os levasse para as cavernas da Sierra Maestra. Que falasse também com Luzardo, o ministro do Comércio Interior, para cuidar dos abastecimentos. Era uma medida destinada a preservar de momento alguns exemplares da nossa raça. Naquela época só dispúnhamos em Cuba de três refúgios antiatômicos, ou projetados com essa finalidade, e ainda em processo de conclusão. Os *bunkers* das colinas de Bejucal, onde os soviéticos armazenavam as cabeças nucleares, o do Posto de Comando de Plíev, perto de San Pedro, e o meu, numa pedreira de cal perto da desembocadura do rio Almendares.

Devem ser três horas da manhã e estou a ponto de tirar uma soneca quando entra a chamada de Alejandro.

– Em Moscou – diz – *teve-se conhecimento* da determinação do alto-comando cubano de colocar, primeiro em estado de alerta e depois em completa disposição combativa, as Forças Armadas. – Fidel – acrescenta. Desde o início permiti que Alejandro me tratasse por você. – Fidel, para sua informação: uma hora antes da coletiva de imprensa do presidente Kennedy o embaixador americano em Moscou, Foy Kohler, entregou no Kremlin ao querido companheiro Nikita Serguievich Kruschev uma mensagem pessoal do presidente dos Estados Unidos e a declaração pública da descoberta dos foguetes e do estabelecimento do bloqueio naval a Cuba.

Alejandro também procurava se ajustar à nossa convenção de substituir o clássico apelativo comunista "camarada" pelo mais natural – e eu diria que até rústico – "companheiro". E o que dizer a essa hora da noite ao embaixador da União das Repúblicas Socialistas Soviéticas que me liga para confirmar que todas os avisos acumulados durante os meses anteriores acabavam de se tornar a crua realidade? Pois bem, *a declaração pública da descoberta dos foguetes*. Fiquei com vontade de perguntar: "Bem, Alejandro, e onde caralho a gente se esconde agora?" Talvez fosse preciso ir preparando o terreno – que eu, como os senhores devem ter reparado, vinha intuindo sua aproximação há tempos – das incriminações e dos ácidos questionamentos. E a única questão válida então era

A PARTE VISÍVEL DE DEUS

determinar quem eram os piores amadores daquele jogo – Kennedy ou Kruschev. Não perguntei nada. Contive-me. Àquela altura dos acontecimentos, qualquer manifestação do meu estado de ânimo ou da revelação de qualquer rumo que meu pensamento tomasse seria convertida de imediato num produto de elaboração e consumo da inteligência soviética, em primeira instância, e em seguida de Kruschev. A fórmula estava cunhada.

– Porra, Alejandro – disse –, agradeço muito a informação. Não, não se preocupe. Eu estava acordado. Qualquer outra coisa, me ligue. Isso, pode ser a qualquer hora. Bom, Alejandro. Muito bom.

Amanhecer de 23 de outubro de 1962. Debruço-me sobre os jornais, que Celia me abre em cima da colcha com que me cobri nas menos de duas horas de sono. Também vejo uma seleção de telegramas das agências internacionais. Como era previsível naquela manhã, era só balela. Uma xícara de café logo chegará fumegante nas mãos magras de Celia. Logo ela me perguntará se quero tomar o café da manhã.

O telefone. A linha de comunicação direta com a embaixada soviética. Foi Celia que ouviu e soube identificar.

– Os russos – disse. – Conheço a campainha.

Meu escritório, onde estava a bateria de telefones, ficava num nível mais baixo do edifício de apartamentos convertido em fortaleza por Celia. Mas havia extensões das principais linhas em seu escritoriozinho, contíguo ao seu apartamento, e este sim ficava em frente ao meu, no mesmo andar. Era Alejandro chamando, é claro. Algo importante. O querido companheiro Nikita Serguievich me enviara uma carta pelo sistema automático de código e já havia sido decodificada. "De caráter militar?" A meio caminho entre um e outro, considerou o embaixador. Se bem me lembro, combinamos que, caso fosse mensagem de conteúdo político, não haveria inconveniente em que a lesse por telefone. Alejandro concordou. Era uma carta extensa (Kruschev era um devoto da diplomacia epistolar) e que demorava para chegar ao cerne da questão. Finalmente, este apareceu num dos parágrafos finais. Nikita Serguievich avaliava as ações empreendidas pelo governo americano como de pirataria, pérfidas e agressivas; e informava além disso que haviam sido dadas instruções aos representantes militares soviéticos em Cuba para que adotassem as medidas cabíveis e ficassem em total prontidão.

– Repita essa última parte, Alejandro. Repita.

514 A AUTOBIOGRAFIA DE FIDEL CASTRO

– Você diz a parte em que foram dadas instruções aos representantes militares soviéticos em Cuba para que adotassem as medidas cabíveis e ficassem em total prontidão?

– Essa parte. Sim.

– Bem, Fidel... – pigarreia – Foram dadas instruções aos representantes militares soviéticos em Cuba para que adotem as medidas cabíveis e fiquem em total prontidão.

O PONTO DE COLISÃO

Ao cair da tarde, despacho com Alejandro, na embaixada. Ele dedica uns minutos a me mostrar o *bunker* antiaéreo que prepararam no pátio. Ainda não tem cheiro de urina nem de ratos, por isso devem tê-lo terminado alguns dias antes. Nem Deus conseguiria fumar um charuto dentro daquele ambiente de cal fresca e desinfetante, e pedi que fôssemos até seu escritório. Sempre levava em conta que Alexeiev não fumava.

– Se a fumaça incomodar, Alejandro, abra as janelas

– De modo algum, Fidel. De modo algum – apressava-se em dizer.

Como de costume, oferece-me seu assento reclinável atrás da mesa. Já deixa pronto para mim, colocado ostensivamente sobre a sua pasta de tecido felpudo verde e cantos de couro repuxado, um enorme cinzeiro de cristal de Murano no fundo do qual jaz a gravação com fios de ouro do escudo da União Soviética. Tento de todas as formas manter a coluna de cinza aderida ao segmento ainda sem fumar do meu Grande de España, excelentes *vitolas* de sete polegadas de comprimento e um *ring* de 38 pedaços, de sabor muito bom, que os companheiros da Segurança Pessoal me fornecem da fábrica El Rey del Mundo. Percebo que Alexeiev interpreta minha destreza de velho fumante como uma consideração que tenho por ele de não sujar seu símbolo pátrio, mas meu objetivo é manter até uma polegada de cinza pendendo do charuto, antes de sacudi-lo, para sua melhor combustão. Bem. Ele me explica a grande preocupação que havia com o *Alexandrovsky*, pois trazia a bordo as 24 ogivas nucleares dos foguetes R-14 e as 44 ogivas nucleares que faltavam para os foguetes cruzadores FKR. Mas o navio chegou ao porto antes que entrasse em vigor a quarentena decretada por Kennedy (marcada para as dez horas da manhã de quarta-feira, 24). O *Alexandrovsky*, destinado a atracar no porto de Mariel, apontou proa para Isabela de Sagua.

A PARTE VISÍVEL DE DEUS   515

O general Plíev não quis correr o risco das cinco ou seis horas de navegação costeira, bordejando o norte de Cuba, que ainda seriam necessárias para chegar a Mariel e ordenou (depois de uma atropelada consulta comigo) que o navio se enfiasse no porto mais próximo. O armamento nuclear continuaria de momento a bordo do *Alexandrovsky*. Como todo o pessoal especializado disponível em Cuba estava no frenético empenho de colocar em modo operacional os dispositivos dos R-12 já instalados na ilha e a maquinaria correspondente de descarga encontrava-se no Mariel, era forçoso que o carregamento do *Alexandrovsky* fosse mantido nos porões, à espera do desenrolar dos acontecimentos. Perguntei a respeito dos foguetes R-14. Eu sabia que os FKR haviam sido deslocados e que estavam prontos para serem usados. Mas... E os R-14? Com eles supunha-se que alcançaríamos o território continental americano, exceto Oregon e o estado de Washington. Que permitiriam ultrapassar os limites de destruição de Houston, Texas ou de Washington.

– Esses mísseis, Fidel, estão em alto-mar.

– Em alto-mar.

Alexeiev me pediu tempo com um gesto de mão e tirou um papel do bolso de sua *guayabera*. Leu os nomes que tinha anotados.

– Estão a bordo dos navios *Almeteevsk*, *Nicolaeev*, *Dubna* e *Divnogorsk*. Os quatro têm ordens de continuar seu curso até Cuba. Ordens diretas do Kremlin.

Kennedy havia deixado esse espaço aberto e incompreensível, dando a impressão tanto para Kruschev (muitos meses depois eu ficaria sabendo) como para mim de que a última coisa que queria era uma verdadeira confrontação. Ficava evidente para mim, também, o mais perigoso de todos os jogos: aquele em que eu participava apenas como espectador. Kennedy dava de presente a Kruschev mais de um dia de vantagem, oferecendo-lhe com isso a oportunidade de levar até Cuba tudo o que pudesse ter ainda pendente dentro do grande bolsão que estabeleceria sob sua linha de quarentena, traçada quinhentas milhas ao norte das costas cubanas. E a única embarcação que navegava ali dentro, de autêntico valor estratégico, era o *Alexandrovsky*. E este já havia atracado a um antigo e praticamente em desuso píer de carga de açúcar, em Isabela de Sagua, até aquele dia uma aldeia costeira importante apenas para os cubanos por suas provisões de grandes ostras frescas servidas nos restaurantes e botequinhos de

Havana. O resto da carga – nada menos que os foguetes portadores de médio alcance R-14! – encontrava-se nos porões de quatro navios que navegavam ainda fora dos limites de responsabilidade da força-tarefa naval americana. Os navios mercantes soviéticos se aproximavam ameaçadoramente daquela zona de convergência onde os ianques por sua vez se apressavam a fechar toda brecha de entrada.

– Se vêm com escolta – disse eu, a título de reflexão preliminar –, é esse o ponto de colisão. E, com o anular, apliquei um golpe de misericórdia sobre o tenso Gloria de España que segurei para tal ação entre o polegar e o indicador, fazendo-o assim libertar-se de sua primeira polegada e meia de cinza.

– Trazem escolta?

– Segundo a informação interceptada, há um submarino – respondeu Alejandro.

Magistral resposta. Um cara esperto. Não me revelava informação própria, e sim a que, supostamente, teria sido descoberta pelos americanos.

– Um submarino nosso *fazendo-lhes sombra*.

– Fazendo-lhes sombra – repeti.

O termo era de procedência naval ianque. Os quatro navegavam praticamente emparelhados como num comboio da Segunda Guerra Mundial, e o submarino era *sua sombra*, submerso a uns poucos pés de água, de modo que seu periscópio estava alçado e deixava o cortante rastro de espuma na superfície.

– Agora o determinante é saber a que distância se encontram da linha de quarentena.

– Bem perto, Fidel. Digamos que a um dia de trajeto.

– Um dia?

–Digamos.

– Então falta um dia para a guerra estourar.

Alexeiev foi rápido em captar que eu acabava de converter nosso diálogo em algo próximo de um ultimato, embora de perfil baixo. *Um ultimato para eles*. O que seria válido de modo definitivo a respeito de sua falta de firmeza. Sua resposta foi tão impecável como o tom em que ele a pronunciou.

– A direção soviética está a par da disposição combativa das Forças Armadas cubanas.

Agora tudo parecia depender do que aconteceria quando a frota americana se defrontasse em pleno Atlântico com quatro navios mercantes soviéticos

A PARTE VISÍVEL DE DEUS   517

abarrotados de armas nucleares. Kennedy dera sua oportunidade a Kruschev e este a aproveitara. Era evidente que agora seria a vez do presidente americano. De minha parte, só me restava esperar que aqueles navios – primeiro por radar e depois no visual, em proa – percebessem que tinham a passagem obstruída por um destróier americano.

Sem dúvida, eu estava reconhecendo, em todo o seu significado, a mudança de tom da conversa. Alexeiev não confiava totalmente em mim. De modo algum havia aquele ambiente de festa que, apesar de se manifestar em sussurros quando o compartilhava comigo – "Chegaram as Tanyas, Fidel; as amiguinhas que convidamos para o baile"–, denotava uma satisfação contagiante. Eu acreditava perceber o que eles sem dúvida queriam me transmitir na condição de um igual na horda: o orgulho das cavalarias tártaras quando contemplavam a mansidão das remotas e desvalidas aldeias que iriam assaltar assim que o sol se pusesse. O *Indigirka*, que no dia 17 de setembro levantara âncora em Baku, já estava descarregando em Mariel.

– Mantemos a iniciativa – lembro que comentei então, tanto com Alexeiev como com Plíev. – É nossa. Por enquanto.

Plíev me convida para ir até seu PC. O convite chega por todas as vias existentes: rádio, código, embaixador Alexeiev, as conexões do EMG e oficiais enviados ao meu *bunker*. Não que eu não possa me apresentar em qualquer de suas unidades se julgar conveniente e que as barreiras não me sejam abertas imediatamente, mas no caso dos prédios do Comandante Supremo da ATS convém esperar pelo seu convite. Ele me devia a cortesia. E eu precisava ter muito cuidado para não parecer o tipo que vem xeretar na casa dos outros. Isso subtrai impacto. Diminui sua imagem.

O PC ficava no antigo reformatório de delinquentes juvenis chamado Torrens, lugar talvez indigno para um centro de comando das gloriosas forças da URSS, mas que eles acharam muito bem situado, principalmente pela proteção oferecida pelas colinas, às quais já me referi, de um lado, e foi o lugar que escolheram e que nos solicitaram desde o princípio. Eu nunca gostei daquela edificação, principalmente pela aura negativa que parecia pairar sobre ela. Como parece ser inevitável nos dispositivos carcerários, não importa o quão regeneradores sejam seus fundamentos, eles acabam sendo colônias de homossexuais. Estou consciente da opinião que se tem a meu respeito, de que sou extremamente arredio em relação a certos costumes sexuais, e tampouco posso garantir o grau de complacência ou não que os homossexuais e seus defensores possam ter sobre um lugar em que eram armazenados meninos e adolescentes para serem sodomizados. Uns meninos com fome, abandonados sabe Deus por que pais em obscuras quebradas da cidade, nunca filhos de boas famílias, recolhidos aos montes das ruas e atirados a essas prisões para que fossem corrigidas suas condutas de ladrõezinhos. Ainda me parece, no mínimo, um lugar que devia ser demolido até os alicerces. O pragmatismo e a necessidade, no entanto, impuseram o cânone a ser seguido. O PC da ATS precisava de um edifício com uns dois andares, não muito alto – para evitar a observação aérea em voo horizontal rasante –, rodeado de bosques e à sombra de algumas colinas que lhe servissem de proteção natural. E aquele local lhes pareceu perfeito para seus propósitos. Portanto, ao diabo com as bichinhas. Vamos nos ocupar de momento com a Terceira Guerra Mundial. No dia seguinte, minha caravana se dirigiu de novo a Cacahual e desceu, do outro lado das colinas, em direção ao Torrens. Eu desconhecia então que esses trechos de terreno haviam feito sua entrada nos informes de inteligência desde o dia 22 de agosto e que a movimentação massiva do deslocamento soviético não passara inadvertida. Eu não sabia disso, mas dava-o como certo. Está no *Memorando Atualizado de Inteligência* sobre a presença militar soviética em Cuba, do chefe da CIA, John McCone. Uma escura prisão de paredes cinza e cheias de umidade parece ser o lugar adequado para que alguém receba os generais soviéticos encarregados da destruição do mundo. Há mapas nas paredes e fitas vermelhas esticadas, presas nas pontas por tachinhas, que conduzem diretamente desde o oeste de Cuba, numa irradiação de traçados, até os centros urbanos do norte dos Estados Unidos. Embora seja incapaz de ler o alfabeto cirílico, identifico com nitidez que as fitas concluem seu percurso em Nova York, Washington, Detroit. Se no início, ao ingressar no recinto, tive que reprimir meu desejo de comparar o lugar com uma antessala do inferno, o impulso se viu deslocado de modo automático por meu convencimento repentino –depois de minha rápida panorâmica pelos mapas – de que aquilo ia ser foda. Todos os generais do PC de Plíev, em uniforme verde-oliva, estão em posição de sentido sob um teto abobadado. Nenhuma insígnia em seus uniformes permite reconhecer seus graus de generais, mas Plíev me informa:

– *Eti tovarichie moi generali.*

A PARTE VISÍVEL DE DEUS

Esses camaradas são meus generais. Plíev está à minha direita e um tradutor, também de uniforme verde-oliva, surgiu como num passe de mágica entre nós; e não consigo lembrar agora qual dos meus acompanhantes chegou até ali, se Flavio ou o comandante René Vallejo, ou Gamonal, quando um jovem surge da formação – deviam ser uns vinte homens – e se encaminha marcialmente até nós, a ponto de fazê-lo com o passo de ganso, num esbanjamento de marcialidade que, para ser conseguido, deve ter consumido toda a manhã de prática antes da minha chegada. O general não é apenas jovem, como irradia uma estranha simpatia. Termina de dar seus cinco passos diante de nós, bate o calcanhar no chão com brio e me passa o informe. O orgulho era evidente em sua voz e mais significativo ainda o olhar paternal com que todos os soviéticos presentes o contemplavam ao vê-lo reportar que os três regimentos de mísseis R-12, com 24 foguetes carregados de ogivas nucleares, acabavam de passar para plena disponibilidade de combate. Nos anos vindouros, essa informação que acaba de me ser transmitida no PC da ATS, na presença de Plíev e de quase todos os seus generais, será debatida, revista, colocada em dúvida ou causará estupor em quase todo o pessoal americano ligado aos fatos da crise. O problema é que a Casa Branca atuava com uma desconcertante ignorância de que os 24 mísseis da 43ª Divisão da Guarda de Smoliensk, das Tropas de Foguetes Estratégicos da União Soviética, sob o comando do general major Igor D. Statsenko, já se encontravam sobre suas rampas de lançamento e apontados para eles. Só faltava abastecê-los de combustível e instalar as ogivas nucleares. Só isso. Aquela pavorosa massa total de 34.914 quilos, com um diâmetro de 1,65 metro, envergadura de 1,83 metro e comprimento total de 22,26 metros, que Plíev me daria a conhecer apenas algumas horas mais tarde, em San Cristóbal, para onde nos dirigimos em caravana saindo de Torrens, cerca de três horas de percurso, eram apenas mensagens marginais que fluíam de suas fontes de inteligência em Cuba ou dos analistas das fotos aéreas até as reuniões do *Ex Comm*. O general Statsenko nos aguardava, com um dos nossos uniformes verde-oliva, novinho, sem boné e com um galho de goiabeira em sua tensa mão direita. Com o galho, dava pancadinhas na perna. Convidou-nos a avançar por uma trilha de cascalho entre frondosas mangueiras. Eu ia na frente, entre ele e Plíev. Colocava meu braço indistintamente sobre os ombros de um e do outro. Era raro ver pessoal que não fosse de nossa própria comitiva. Primeiro ouviram-se as portas dos jipes batendo com força ao fechar depois que descíamos deles. Agora ouviam-se os passos ruidosos sobre o cascalho. Não devíamos passar de uns trinta, entre oficiais soviéticos e meus acompanhantes. Mas era possível ouvir as vozes atrás do monte à sombra. Vozes inéditas para o mangue cubano. E eu, pela primeira vez na minha vida, com a asfixiante sensação de que, no fim daquele caminho, seria fuzilado. Talvez fosse por estar sob a pressão de que em breve teria que encarar o veículo. Então paramos num parapeito de concreto no qual acreditei ver um tanque montado sobre uma espécie de enorme basculador. Ia continuar meu caminho quando percebi que estava diante da arma atômica. O suposto cilindro sobre o suposto basculador. Eu imaginara que seria puxada alguma pesada lona militar ou que retirariam uma mosqueteira de camuflagem. Foi o gesto de Statsenko, de dar uma sonora palmada sobre o lombo do foguete, à minha esquerda, o que me fez parar de repente. Statsenko não tinha se desfeito de seu galho de goiabeira, mas o tinha passado para a outra mão, com a qual continuava dando suas compassadas pancadinhas. Statsenko pôs a mão sobre a fuselagem do míssil, sem insígnias e de uma cor verde opaca, colocado sobre a rampa, e se dirigiu a mim, com voz grave e orgulhosa, dizendo:

– *Tovarich Glavnokomandushie*. Camarada comandante em chefe. *Eta Tanya*. Esta é uma Tanya.

O rosto alongado de Isaía Plíev, por trás do ombro de Statsenko, mostrava inequívoca satisfação. Além disso, somava-se à sessão de carícias à fuselagem da arma nuclear, mais exatamente à tarefa de lustrá-lo com um lenço que tirou de um de seus bolsos. A voz de Statsenko continuou então levemente quebrada pela emoção, ao me dizer:

– *Eta Niuyorque*. Esta é Nova York.

Agora vou contar algo associado à cena anterior e que aconteceu muitos anos depois na casa de García Márquez e com a presença de Raúl e Vilma e de um escritor cubano –cujo nome não quero lembrar – e uma loirinha de olhos azuis, que costumava me tirar do sério, a mulher do escritor. Emprego o eufemismo "na casa de García Márquez", mas na realidade deveria dizer a casa que reservávamos para García Márquez. Gabriel estava preparando um discurso sobre o holocausto nuclear e eu disse, se a guerra nuclear eclodir, isso significa que a única oportunidade do homem no universo estará perdida para sempre. O enunciado pareceu escapar ao romancista. Ainda hoje estou convencido de que era uma frase melhor que qualquer uma das presentes em seu discurso, cujo mérito

A PARTE VISÍVEL DE DEUS

maior, uma menção à famosa capacidade de resistência antinuclear das baratas, não competia com a minha sentença. Ele poderia ter me citado e posto minha frase entre aspas e assegurar que era um pensamento meu inédito, colocado à sua exclusiva e inteira disposição. Além disso, eu falava com absoluta propriedade, porque estive à frente dessa oportunidade, ou pelo menos fui um dos seus três protagonistas, além de restar como único sobrevivente, e o mais perigoso certamente, porque, na época, reconheci com extrema rapidez que a última arma defensiva disponível para meu uso era a provocação. Enquanto ouvia a longa fala que Gabriel iria ler numa espécie de congresso pacifista – e queria que eu lhe desse a aprovação –, sua voz foi ficando cada vez mais distante e me pus a navegar em meus pensamentos. Dediquei-me a calcular os verdadeiros efeitos daquilo que ele tentava descrever com a beleza perfeitamente organizada de sua prosa.[72] Porra, como é possível escrever bonito sobre o fato de que tudo está indo para o caralho. É como cobrir merda com creme chantili.

Já ouviram Gabriel lendo algo? As palavras fazem um ceceio na zona frontal da dentadura, e ele tenta pronunciar até o último som de cada letra; é meticuloso ao espaçar as palavras que tem à frente, no papel, e seu bigode se recolhe em direção ao nariz – imagino que pelo efeito do lábio superior, ao elevar-se –, quando ele quer acentuar uma ideia. Além disso, recorre em excesso ao gesto de unir o polegar ao indicador da mão direita, como se agarrasse entre eles a grafia de um ponto. "Um minuto após a última explosão, mais da metade dos seres humanos terá morrido, o pó e a fumaça dos continentes em chamas derrotarão a luz solar, e as trevas absolutas voltarão a reinar no mundo..." Isso eu ouvi Gabriel dizer, em estado virginal, 24 anos, 2 meses, 12 dias e 11 horas depois da minha visita às posições estratégicas de San Cristóbal. "A Criação terá terminado..." Ou pelo menos a suposição era que eu o estivesse ouvindo com a atenção e o beneplácito do mestre orgulhoso de seu aluno favorito. "No caos final da umidade e das noites eternas, o único vestígio do que foi a vida serão as baratas." A bomba de fusão detonada sobre Hiroshima produziu uma explosão equivalente a 12.500 toneladas de TNT. Qualquer de *nossas* ogivas nucleares de um megaton lançada sobre uma coordenada da superfície territorial dos Estados Unidos teria oitenta vezes o poder de destruição daquele artefato de 1945. Pela escassa margem de erro do R-12 – um desvio do objetivo nunca superior a 2.400 metros –, e pelo deslocamento da onda de destruição da ogiva nuclear instalada, era irrelevante onde ela iria cair. Um quilômetro mais para cá ou para lá, não faria diferença. Quando o

522   A AUTOBIOGRAFIA DE FIDEL CASTRO

motor RD-213 abastecido de combustível de propulsão (um composto de ácido nítrico e querosene) fizesse decolar a massa com tanques cheios de 41 mil quilos daquele monstro, você ainda teria tempo de fumar um Lancero – se bem que não inteiro – enquanto ele atingia seu teto de 398 mil metros, alcançava sua velocidade máxima de 12.700 quilômetros por hora e despencava sobre uma cidade americana. Não daria para fumar o charuto inteiro porque o tempo de voo de um R-12 para cobrir seus 1.500 quilômetros de trajetória é de 11,8 minutos e eu já comprovei que a combustão de um Lancero, se você sabe fumá-lo com tragadas espaçadas, pode durar pouco mais de meia hora. Você está em San Cristóbal e pega seu charuto assim que é disparado o míssil, e fica contando os minutos na esfera fosforescente de seu Rolex e de vez em quando retoma o Lancero e cuida de manter o anel de cinza e a combustão dentro do ritmo, de modo que ainda está com o charuto pela metade quando um enclave urbano do império acaba de ser varrido do mapa. No local do impacto você deixou uma cratera de 60,96 metros de profundidade e 304,80 metros de diâmetro e tudo o que se encontra em suas bordas é solo altamente contaminado de radiatividade e só se veem escombros. Nada é reconhecível nem permanece em pé dentro de uma área de 975,36 metros a partir do centro, exceto, talvez, as ruínas de alguns subsolos e alicerces. Só os edifícios mais fortes – os construídos com concreto armado – permanecem em pé num raio de 2,74 quilômetros. Morreu 98 % da população.

– *Eta Niuyorque* – diz o general Statsenko. Plíev dá polimento ao míssil com seu lenço de bolso. Gabriel continua com seu discurso de elogio às baratas.

– A única oportunidade do homem – insisti. – A última do intelecto.

Era uma situação estranha. O tempo transcorrido desde outubro de 1962 me obrigava a introduzir mudanças substanciais nas minhas projeções. Os desplantes e as fanfarronices guerreiras da crise de outubro teriam de ser revistos e, pior ainda, reorientados em 180 graus. Uma situação muito ruim para minha imagem pública se tivesse que soltá-los diante do meu auditório habitual. Mas se mostrava conveniente, quase obrigatório, evitar mencionar os velhos episódios diante da veemência de discursos como os de Gabriel. A inócua estampa de uma reunião sabatina de pequenos burgueses ocidentais substituía aquela presença minha diante da arma nuclear posicionada em San Cristóbal e o fato de eu saber então que havia uma falha enorme nas profecias bíblicas do Armagedon como uma luta final entre as forças do Bem e do Mal e não como uma decisão de comandantes comunistas, algo que era factível numa margem estreita de horas.

A PARTE VISÍVEL DE DEUS

– A única – reiterou Gabriel, embora fosse evidente que se tratava de mera cortesia e inclusive que eu lhe tornava trabalhoso continuar concentrado em sua cuidadosa leitura.

Bem, deixem-me explicar-lhes algo: de um ponto de vista nitidamente ideológico e sabendo manejar os termos a nosso favor, tratava-se, sem dúvida, da hipótese da luta final entre o Bem (nós) e o Mal (eles) a ponto de se concretizar, e, com certeza, não devido a uma vontade divina.

Portanto, ninguém reparou na minha frase. E eu fazendo o impossível para despertar a admiração daquele reduzidíssimo círculo próximo de seguidores e principalmente – por ter fracassado no propósito de que Gabriel me citasse no seu texto – colher alguma centelha de admiração nos olhos azuis daquela mocinha de revolta cabeleira dourada e com o sorriso irresponsável de uma raça muito específica de cubanas de estatura média, seios abundantes em estável equilíbrio e de uma beleza que desafia as Helíades. Um desacato aos deuses, essas meninas. Não se supõe que criaturas com tal presença cresçam numa ilha do Caribe onde o conceito de clássico é, por definição, objeto de zombaria. Quando não é o caso de, pelo temor criado diante da matéria desconhecida, torne-se imprescindível possuí-las e imediatamente destruí-las.

Eu me embalava numa cadeira diante dos demais convidados, que ocupavam um sofá e talvez uma cadeira suplementar, para poderem se acomodar. Havia uma mesinha baixa e de tampo de vidro na qual se serviu a bebida. Uma delicada taça comprida estava diante da moça. Um líquido leve se agitava dentro. *Champán*. Foi isso que pensei. *Champán*, que é a forma regular e sistemática que os cubanos têm de chamar o champanhe.

Um garçom se aproximou de mim pela direita. Certamente fazia parte da *entourage* da Segurança de Estado que, de praxe, oferecemos a Gabriel.

– O Comandante vai tomar algo?

De maneira imperativa e apontando para a taça de champanhe, disse:

– O mesmo que ela.

Estou despachando com os generais soviéticos no meu refúgio antiatômico, à beira do rio Almendares, e um deles prepara chá em seu samovar quando chega por teletipo a informação de que o U-2 foi derrubado, que às dez horas e dezessete da manhã uma bateria de foguetes antiaéreos soviéticos derrubou um

U-2 no norte de Oriente e que o piloto morreu. Outro piloto americano se espatifa sobre o solo cubano. Instintivamente olho o calendário do meu relógio. Dia 27 de outubro. Olho os ponteiros de indicação horária. Dez e trinta e um da manhã. Aquele piloto americano estava vivo quando um dos meus generais soviéticos cuidava dos rituais da infusão diante de seu samovar cor de cobre. E querem saber? Quase junto com a notícia, começa a crescer a lenda de um aturdido Kruschev ao se deparar com uma situação fora de controle. A crise lhe escapa completamente das mãos, o mesmo – o complemento da lenda – que está acontecendo com Kennedy na Casa Branca. Um oficial de sobrenome Antonyetz decide ir além de toda consideração política e dá a ordem de abater o superavião de espionagem ianque. Como depois eu mesmo disse numa frase que nunca pronunciei publicamente, mas que ainda hoje me parece substancial, Antonyetz ia entrar para a história logo no fim da própria história. O certo é que já a partir daquele momento eu também me sentia totalmente afastado do poder, pois eram generais soviéticos em Cuba atacando e derrubando aviões americanos. Eu precisava montar aquela onda. Não estava nem um pouco satisfeito com o fato de os soviéticos ostentarem uma conduta mais agressiva que a minha. Afinal, isso me tornava um fantoche. Por isso, durante muitos anos procurei fazer com que a derrubada do U-2 se mantivesse como algo nebuloso, tanto para deixar comprometido comigo aquele corpo de generais – eu como o durão à frente deles –, como para ocultar que me haviam pegado totalmente desprevenido. A verdade é que meu desjejum foi aquele episódio. Ou seja, me pegou de surpresa. De imediato, a primeira reação evidente diante do meu campo visual de que a situação sofrera uma dramática alteração me foi dada pelo general soviético quando abandonou sua faina diante do samovar, abriu uma gaveta à altura de seu joelho e tirou dela a garrafa de vodca que colocou entre mim e ele.

Lembro que estavam fechadas as portas de madeira reforçadas e morávamos ali, na letargia dos refúgios antiatômicos, quando chegou o comandante Pedro Luis com uma folha de teletipo militar nas mãos e me disse:

– Ouça, Comandante, derrubaram um U-2.

Os informes chegavam constantemente, e Pedro Luis me narrava os mais importantes.

– Comandante, derrubaram um U-2 em Banes. O Grupo Antiaéreo de Banes.

– Mas como foi isso? – perguntei. Então chamei os soviéticos, os cinco generais que estavam no refúgio comigo, mas eles não souberam me responder.

A PARTE VISÍVEL DE DEUS

Na realidade, o comando soviético os havia colocado ali como conexões e – agora me dou conta – provavelmente para me ter sob observação. Havia uma compartimentação entre eles, impenetrável. Alguém dera a ordem ao chefe do grupo de foguetes de Banes. Mas ela não havia partido do meu *bunker*. Ou então o cara de lá entendeu mal. Não importa. Ainda não era possível entender a sequência dos acontecimentos. O chefe do grupo de combate – *boyeboy grup* –, capitão B. Antonietz, disse que tinha o avião ao alcance e que recebeu a ordem de derrubá-lo, uma ordem superior. Esse era o comentário. Os generais soviéticos diziam:

– Vamos averiguar, vamos averiguar.

Eu acredito nessa história de solidariedade comunista, mas, com a derrubada do U-2, tive o primeiro sinal de que algo estava mal e que iria ficar mal para sempre com meus aliados, e algumas horas depois, o pacto com Kennedy foi mais que suficiente. Essa derrubada do U-2 foi o auge e o fim da crise de outubro. Foi além – calculei então – daquilo que Kennedy e Kruschev, cada um por seu lado, eram capazes de aguentar. Eu, enquanto isso, enfiado naquele túnel imundo, digo:

– Comecem a chamar todo mundo porque amanhã cedo teremos os americanos aqui. Chamem as unidades. Prontos para o combate amanhã cedo.

Não tinha nem ideia do aumento cada vez mais acelerado da troca de mensagens entre Kruschev e seu novo brinquedo: Kennedy. Já dava como certo que no dia seguinte começariam as hostilidades e já via os ataques nucleares, e disse a Del Pino:

– Chame todas as unidades e quero que ponham toda a aviação no ar ao amanhecer. Não é Posição Um, repare bem. É a aviação no ar e pronta para o combate.

Del Pino começa a chamar todas as unidades. Para o tenente Carlos Lamas, que era o oficial de aviação que tínhamos como chefe em Holguín, eu disse que a guerra era no dia seguinte.

Uns cinco generais russos ouvem minha fala naquela noite. E Sergio del Valle. Flavio e Pedro Luis estão perto. Sei que estou provocando as habituais sessões de admiração por minha resistência física. Não me lembro de ninguém que pedisse permissão para se retirar e ir dormir. Um tempo depois, aparece Del Pino, abatido, e me conta um sonho.

– Ouça, Comandante, adormeci um pouquinho e sonhei que saía do túnel e que acabava de viver a guerra de amanhã cedo; eram cinzas por todo lado, e eu me perguntava, quem ganhou? Minha casa, o senhor sabe, fica lá em frente, do outro lado do rio, e saio desse buraco e vejo que tudo está destruído, tudo são cinzas e silêncio, e ninguém me responde quem venceu. Tudo destruído. O rio baixinho, as pedras. Não havia nada. Um pesadelo. Acordei e ouvi que o senhor continuava falando.

Estou ouvindo Del Pino, mas observo por cima de seu ombro que um oficial chamou Pepe Luis do nicho dos teletipos e que agora ele se aproxima pelo corredor, com outra folha de teletipo na mão. Se uma coisa eu sei detectar a mil léguas de distância são as más notícias. Estou quase a ponto de adivinhar o que vai me dizer. A notícia de que os navios soviéticos com destino a Cuba detiveram suas máquinas no meio do Atlântico e que, por assim dizer, já não somos a quinta potência nuclear do mundo, mesmo que com foguetes emprestados, e que isso constituirá um ultraje para sempre insuperável. Estou convencido de que é isso que ele vai me comunicar. Porra. Os soviéticos. O único povo que eu cheguei a respeitar alguma vez.

Dou-me de presente *un diez* enquanto escrevo. *Un diez* é a última forma de descrever um breve descanso na jornada de trabalho. Aqueles dez minutos que dão bem para um cigarro e um papinho e que como norma acabam se estendendo até por uma boa meia hora. Faço com que me conduzam – na minha caravana de Mercedes –, numa viagem furtiva, ao cair da tarde, a Santa María del Mar. A praia da qual eu antecipava uma visão, no horizonte próximo, da sucata avermelhada e ainda fumegante das lanchas de desembarque, meio afundadas e com suas plataformas de entrega balançando, inúteis, sob o efeito das ondas. Meu dia de glória e de morte. O que Kruschev me escamoteou. Sei que vou me dirigir para oeste, enquanto caminho, pausadamente, rumo ao banco de areia onde uma vez houve um bosque de casuarinas. As ondas vão quebrar à minha direita e o vento deverá fazer navegar a fina garoa de salitre até que bata na minha jaqueta de gabardina. Gamonal já não existe. Os velhos companheiros da escolta, se ainda vivem, são uns anciãos aposentados que recebem ocasionalmente, como única sinecura por terem me servido de modo infatigável e leal, uma cota mensal suplementar de produtos de primeira necessidade, devido aos tempos de escassez que nos impõe o desaparecimento da União Soviética; uma garrafa de azeite, alguns quilos de arroz e cinco ou seis sabonetes. Tampouco levo os bolsos carregados dos formidáveis charutos das minhas reservas de sempre. Às vezes o som quase inaudível mas cavernoso do enfisema (que eu sei detectar perfeitamente) proveniente dos meus pulmões lembra que aqui houve um fumante raçudo. Olho para trás e memorizo minhas próprias pegadas. Agora são leves e rapidamente cobertas pelas ondas, cada vez que empreendem seu refluxo. As marcas afundadas na superfície do homenzarrão de mais de cem quilos e calçado com botas militares de meio cano já não existem mais atrás dos meus passos, empenhado como estou hoje em que minhas botinas italianas fiquem a salvo dos efeitos do salitre. O leve rastro de um septuagenário magrelo e até frágil sobre uma praia do mundo que uma vez designou para sua total destruição é algo tão insignificante e ocasional que, para além da reflexão, só me convida a um sorriso de misericórdia. Tudo sem peso. Tudo fluindo.

As casamatas de concreto armado e os nichos dos sapadores surgem ocasionalmente diante da vista dos veranistas e seus indolentes passeios em trajes de banho, um arremedo da Normandia depois da batalha mas sem os cemitérios. Uma visão possível, exceto em dias, como hoje, em que a praia inteira foi desocupada por meu implacável grupo, sempre em clima de combate, da Segurança Pessoal. A cinquenta anos de distância e onde uns imundos caranguejos encontram hoje covas, e a reconfortante umidade da areia com a sombra que lhes proporciona o vão das casamatas, para enterrar seus ovos, até para mim fica difícil encontrar nessas edificações alguma conexão com a glória, recuperar-lhes um lugar na história, nem mesmo com o argumento de que foram as estruturas onde uma vez protegemos os poços de nossos atiradores de metralhadoras 12,5 do agrupamento contra o desembarque, ou os nichos nas cabeças de ponte de acesso à capital onde os sapadores semearam suas cargas para fazê-los voar, agora preenchidos de novo com o pavimento. Onde não houve sangue nem luto, mas apenas a sonolência da espera, esqueça de reclamar uma vitória.

E, afinal, o mundo continua dividido entre idealistas e sovinas.

PARTE SEIS

COMO O GUIA DA HORDA

A Revolução é uma guerra que muda de forma.

– Fidel Castro, discurso aos diretores e quadros das Escolas de Instrução Revolucionária, 27 de junho 1962

22. UMA MARCHA NO DESERTO

Em meados de 1965, ficou claro para mim que eu precisava aumentar urgentemente o número de habitantes. Eu me propunha isso como uma necessidade estratégica da Revolução. Havíamos perdido num piscar de olhos mais de meio milhão de habitantes – pelo fluxo migratório – e minhas expectativas de governo para os próximos vinte anos me indicavam que, só do ponto de vista militar, iríamos precisar de Forças Armadas com dois milhões e meio de homens. Estaríamos em condições de supri-la de homens, mulheres e rapazes maiores de 14 anos se, por volta do fim dos anos 1970, a população fosse aumentada para mais de dez milhões de habitantes, de preferência doze milhões. Ou seja, eu precisava tirar da cartola o dobro de habitantes. Ninguém em Cuba teria tido a ideia de falar em abstinência sexual, ou de ponderar as virtudes de chegar ao casamento na pureza da virgindade. E se alguém tivesse feito isso, minha mão não teria hesitado em lhe abrir um processo por conduta antirrevolucionária. Empregamos o método de governo mais rápido e simples que já foi posto em prática no planeta e do qual ninguém teve notícia até chegar a ler estas linhas. O ordem enviada aos mais altos ministros foi taxativa. Zero importações de preservativos, cremes anticoncepcionais e dispositivos intrauterinos (DIUs). E fiquem de olho nas cotas de venda de vaselina, porque os filhos da puta podem descambar para o intercurso *contra natura*. Lembro que o ministro da Saúde Pública – acho que na época era o companheiro José Ramón Machado Ventura – deu um aporte interessante.

– Nesse sentido, é preciso suspender também a distribuição do unguento K-4.

– Que porra é essa, Machadito?

– É o unguento, Comandante, usado para aliviar inflamações de hemorroidas.

As estatísticas do Ministério da Saúde Pública mostravam que esse unguento desfrutava de muita aceitação entre os veados, que o usavam como lubrificante, além de empregá-lo generosamente também como remédio preventivo. Diante da possibilidade de que, por uma interferência de desviantes sexuais, abandonássemos à própria sorte muitos companheiros e cidadãos vítimas do cruel padecimento, determinou-se continuar fornecendo o supracitado unguento na nossa rede de farmácias, mas apenas sob prescrição médica. Outra medida visando ao aumento acelerado da natalidade foi uma campanha crescente – na qual envolvi a Federação de Mulheres Cubanas (FMC) – de respeito e defesa das mães solteiras, inclusive apresentando-as sob uma visão favorável nos cartazes e outdoors dessa organização. Assim como no início da Revolução havíamos mandado incluir um negro – um pelo menos – em todas as imagens da nossa propaganda política, agora devia-se incluir uma mãe solteira. Era preciso reverter a moral nacional, que até aquela data condenava as infelizes, e era imperativo criar slogans que elogiassem a condição de mãe acima de qualquer outra consideração de acasalamento, deixando entrever a pouca importância – se é que alguma –, pelo menos de momento, de que houvesse pais. Foram dois ou três aninhos, só isso, de restrição aos artigos e produtos anticoncepcionais, se não me falha a memória. Mesmo assim, não houve no período estudado um aumento significativo nas lacerações do reto de milhões de nossas companheiras, assim como de casos de infecção vaginal por bactérias vazadas do reto, e portanto o Ministério da Saúde Pública determinou, a partir de estatísticas, que a prática do chamado pecado nefando por nossa população era parte *historicamente* habitual de sua conduta sexual, e não necessariamente vinculada a exigências temporárias do processo revolucionário. Pela mesma razão, houve-se por bem liberar a venda do unguento K-4 à população em geral, eliminando-se o Cartão do Paciente de Hemorroidas, cuja apresentação era obrigatória para adquirir o produto.

Agora é sobejamente conhecido que, em meados dos anos 1980, quando decidi empreender a campanha nacional contra o hábito do fumo, o primeiro a abandoná-lo fui eu. E pelo menos Alex, meu primeiro filho com Dalia – com quem então já vivia – é atribuído à minha campanha secreta de fertilização acelerada. Era tarde, minha hora habitual de chegada ao ninho, perto de quatro horas da manhã. Dalia sorria, inalterável em sua maestria de exibição complacente. Uma mulher cheia de orgulho pelo seu guerreiro, Átila, que abria com gesto brusco as dobras de sua tenda e que não podia evitar um olhar felino de comprovação sobre o ambiente, obrigado por natureza a comprovar que cada objeto se achava onde o havia deixado, dono de tudo o que houvesse sob aquele teto, a começar por ela, ilimitado e com hálito de tabaco, a quem, de todo modo, era preciso mostrar-se serviçal e agradecida e a quem ela se apressava a anunciar a guloseima em cuja preparação havia investido sua espera:

– Fiz manjar branco para você, Fidel. Acho que você vai gostar. Com muita canela por cima.

Eu mandara montar um apartamento na rua mais afastada de um condomínio residencial que estávamos ocupando somente com dirigentes, o condomínio Kholy, um bairro do qual havíamos tirado todos os burgueses ou elementos suspeitos ou nos quais não tínhamos nenhuma confiança política. O edifício contíguo era uma casa que restauramos para instalar a clínica de Segurança Pessoal, ou Clínica da 49, como começou a ser chamada pela rua em que se localizava. O edifício no qual habilitamos o apartamento para Dalia era de três andares, um apartamento por andar, e eu escolhi o do meio. Tanto o de cima como o de baixo ficaram para a guarnição. Embaixo havia uma garagem. Ali passavam a noite os três carros Oldsmobile da minha caravana. Uma guarda militar ficava permanentemente lá, nos primeiros tempos com minimetralhadoras UZI e depois com AK soviéticos. O Capitão Araña. Por ali mesmo fiz entrar Dalia. Lembro que eu carregava meu dicionário enciclopédico de bolso na mão e que me deixei cair numa poltrona e disse:

– Ouça isso, mamita. Capitão Araña. "Diz-se daquele que embarca as pessoas, mas fica em terra, ou seja, de quem anima ou incita as pessoas a fazerem algo e depois não as acompanha."

O rosto de Dalia Soto del Valle ficou iluminado. Nada satisfaz mais uma mulher, digo a vocês, do que as invenções.

– O que você me traz hoje, Fidel? – perguntou. – Quando esses seus olhinhos chineses brilham e você diz coisas assim, o invento é dos grandes.

Estava tirando as botas e continuei meu breve discurso.

– Ano de 1812 – disse eu, mas isso já de memória, sem necessidade do dicionário enciclopédico de bolso, porque já estava decorado. – O movimento emancipador na América do Sul se desencadeia nos territórios espanhóis de ultramar, sob a inspiração de homens como Bolívar, San Martín e Sucre.

– Fidel. Fidel.

534   A AUTOBIOGRAFIA DE FIDEL CASTRO

– Espere, mamita. Espere. Deixe-me terminar – disse, sem sequer me dar ao trabalho de reprimir um sorriso. – Você não vai colocar aquela batinha chinesa de seda? A preta? A que tem um dragão?

– A batinha – disse ela.

– Isso – confirmei. – Continuando. A luta de libertação obrigou a coroa espanhola a recrutar grande número de homens, para fazer frente àquela insurreição. Foi aí que apareceu um cara, um tal de Capitão Arana ou Araña, que foi quem mais espanhoizinhos recrutou na leva, mas que, na hora de embarcar, desapareceu. A terra o engoliu.

– Fidel – disse ela, num tom de aparente reprovação, mas cuja intenção verdadeira era dar continuidade ao meu jogo. – E o que é que a minha bata de seda chinesa tem a ver com Simón Bolívar?

– Pois tem muito a ver – respondi. – Tudo faz parte da concatenação universal. Tudo flui em seus movimentos dialéticos. Fluxo e refluxo. E tem a ver porque você não vai deixar que o seu marido seja reconhecido como o segundo Capitão Araña da história. Não é mesmo, mamita?

Então, por volta de 1966, ao comprovar com satisfação da janela do meu Oldsmobile que a maior parte das garotas cubanas circulando pelas ruas estava grávida, dei ordem para abrirem os armazéns que tínhamos abarrotados de camisinhas chinesas e de um creme anticoncepcional de procedência tcheca – depois muito conhecido entre nós – chamado Anti-Jele e que vinha com uma apresentação muito boa, numa caixa verde, que incluía uma seringa plástica de aplicação, muito bonita a seringa. Ainda desconheço, no entanto, a marca das camisinhas, pois vinham com os caracteres chineses, mas lembro perfeitamente que pareciam caixas de fósforos americanas e que eram enfeitadas com borboletas multicoloridas. Borboletas pouco apreciadas entre nossos consumidores. Eu disse aos companheiros do Ministério do Comércio Exterior que pedissem aos fabricantes chineses para ilustrarem as embalagens com um urso ou um tigre.

– Que negro nosso, em estado permanente de pré-criminalidade – disse eu –, vai gostar dessas borboletinhas?

Ramiro tinha o assento traseiro do meu Oldsmobile abarrotado de dossiês de um monte de companheiros da direção, todos envolvidos nas mais depravadas atitudes sexuais. Todos atuando *contra natura*. Os senhores não têm ideia da impressão que causa ver aquelas fotos de decididos combatentes revolucionários espetados até as ilhargas por cidadãos do mesmo sexo, ou de magníficas e heroicas companheiras peladas e extasiadas em cima de alguma outra companheira, isso quando não havia mais de uma na cena. Estava acontecendo algo em meu entorno, algo para o qual eu simplesmente não estava preparado. Talvez fosse uma intoxicação de romances soviéticos ou então eu mesmo me iludira achando que estava rodeado apenas de heróis ou que uma sólida moral proletária guiava nossas ações cotidianas. E, bem, para iniciar minha autocrítica, não havia um só operário em todo o meu entorno. Não posso garantir que um operário de pura raça seja melhor que alguém pertencente a outras classes, mas o que posso, sim, assegurar-lhes é que todo o material humano que me rodeava era perfeitamente descartável, e que se não era de procedência pequeno-burguesa era do lumpemproletariado. Retomo o caso do meu antigo chefe de Polícia. Ele sempre fica dando voltas na minha cabeça. Quis fazer um ousado experimento social ao nomeá-lo chefe do corpo policial. E não houve jeito de aquilo funcionar. Ele nunca saberá o quanto eu quis que desse certo. O quanto precisei. Mas se há algo que não posso me permitir é brigar com a realidade. E agora ele não é mais que um velho maconheiro, que em algum momento do ano de 1959, em razão da Revolução, tornou-se um príncipe do lumpemproletariado, rapidamente desacreditado pela própria Revolução. Pensou encontrar depois um novo principado na produção de livros e artigos, mas sempre com o handicap insuperável de não ser um homem livre, de ver-se obrigado a redimir sua própria biografia como valoroso combatente e não como tipo divertido, corajoso e inventor de escândalos, que além disso passou um dia de vulgar e desmazelado delinquente de Havana a chefe da Polícia Nacional Revolucionária. Coitado. Teve o azar de não ser atingido pelos morteiros mercenários enquanto avançava sobre Playa Girón, o que o deixou – já faz quase meio século, quando escrevo isto – como um herói no vazio. Os outros são os pequeno-burgueses e, os piores entre eles, os anódinos cidadãos decentes. Lembram de quando falava, no início, da observação e controle exercidos por uma rede de tal magnitude de forças especiais, que se estendia aos centros de trabalho e a qualquer classe de instituição social? E repito: *qualquer*: desde salões de baile até igrejas (não importa seu propósito institucional: se lá se reuniam pessoas, uma delas tinha que ser informante da Segurança do Estado). Pois saibam que o cidadão comum se mostrava muito agradecido pela confiança depositada nele pela Segurança do Estado quando

536   A AUTOBIOGRAFIA DE FIDEL CASTRO

um de seus oficiais lhe pedia para ficar de olho naquele que até então havia sido
o velho amigo da porta ao lado. Ah, a condição humana. Mas não a de André
Malraux no capítulo final de seu romance – que conheço de cor –, quando Ka-
tov passa a cápsula de cianureto a um camarada para salvá-lo de morrer abraçado
à barriga de uma locomotiva a vapor onde os nacionalistas de Chiang Kai-shek
os atiram vivos como material de combustão. Não. A nossa foi justamente a condição humana que decorria de toda a solidariedade. Posso encher centenas de
páginas tentando as mais lúcidas explicações para semelhante conduta de dissolução espiritual de toda uma nação, mas que tipo de homem seria eu se tentasse
mesmo que fosse apenas o vislumbre de um ensaio de justificação. A mera ideia
me parece repulsiva além de inútil. Só sei que a nação que eu mesmo destruí é a
que estava sendo salva diante de um inimigo com excessivos recursos. Agora não
vejo rostos, não individualizo, não sei nomes. Agora os senhores são o povo. E
eu, o seu símbolo.

Ramiro conseguiu me aborrecer naquela tarde.

– Porra, Ramirito – queixei-me. – Não fiz uma Revolução para que desse
nessa merda.

Ramiro assentiu. Conhecia-me o suficiente para saber o efeito depressivo
que a revisão dos dossiês iria me causar. Eu estava sentado à direita do assento
dianteiro do carro, com a porta aberta, de costas para a direção e com os pés
sobre o estribo. Ia pegando os dossiês do assento traseiro, folheava, parava
em alguma das fotos tomadas pelas diminutas câmeras da Técnica e jogava
o dossiê no chão do carro, em cima do tapete de borracha. Fiquei um tempo
observando um dossiê sobre Melba Hernández, uma das mulheres de maior
destaque nos cartazes revolucionários, citada habitualmente como heroína
do Moncada. Ramiro estava em pé, na minha frente, uniforme de comandante, o cotovelo direito apoiado na porta. Meus três carros e os dois de Ramiro
estavam estacionados num bosque de casuarinas à beira da praia. Era um fim
de tarde e a praia estava vazia porque era fora de temporada. Ouvia-se o ir e
vir das ondas, e minha escolta não tomava maiores precauções devido à solidão que nos rodeava.

– Uma Revolução de sapatas e veados! – exclamei. – Meu Deus!

Estou fazendo o relato com o uso textual das expressões e por isso repito as
imprecações mais comuns entre nós cubanos para designar lésbicas e afemina-
dos. Sapatas. Veados.

Foi quando, com uma mistura de indignação (pela informação fornecida pelos dossiês) e alívio (por encontrar de repente a solução), deixei escapar um estalido que produzi com uma breve pressão da língua contra o paladar. *Tchhtt.* Vou levar esses filhos da puta para o despenhadeiro. Atirá-los de cabeça no despenhadeiro. Não dá para prender um Comitê Central inteiro. Ao despenhadeiro. Para lá hei de levá-los. Como uma manada de mamutes. Atiçá-los em direção ao despenhadeiro. O procedimento de caça e abastecimento da horda.

Ofuscado, enfiei com violência dois dedos num dos bolsos da jaqueta, procurando o charuto apaziguador.

– Onde caralho enfiei esse charuto?

Na realidade, estava dando tempo a mim mesmo para definir a direção do próximo passo a dar.

Não era descartável a conveniência de instruir Ramiro para que parasse com aquele tipo de dossiês. Era imprudente e até perigoso manter uma brigada da Segurança do Estado dedicada a fotografar a bunda dos dirigentes. Quando vem à luz esse tipo de investigação por parte de um órgão de contrainteligência, que de repente se vê sem um conteúdo sólido de trabalho, surgem essas situações. Como a essa altura já estava liquidada a contrarrevolução interna, a Segurança do Estado começava lentamente a voltar-se para os revolucionários. O próximo objetivo poderia ser o próprio Ramiro, ou, pior ainda: eu mesmo! A decisão de seguir por meio da técnica fotográfica os avatares dos deslizes amorosos, embora comece com alguns veados, a longo prazo acaba em qualquer tipo de relação, mesmo que seja a do mais ortodoxo dos casais. Outro problema era que convertia esses produtores de dossiês sexuais em insuportáveis e absurdos agentes da moralidade. Os piores de todos.

Bem. Ramirito. As ordens estavam dadas. Disse a ele por fim que me tirasse aqueles dossiês do carro e cuidasse que não fossem parar na mão de terceiros.

– Agora me tire tudo isso do carro, Ramirito – disse eu. – Não queime nem destrua. Mas deixe em local bem seguro. E não se esqueça de fichar todos esses marxistas de meia-tigela que eu falei.

Então peguei do chão do carro o volumoso dossiê de Melba e disse a Ramiro:

– Esse aqui fica comigo.

E volto agora a abri-lo, depois de tantos anos. Mais do que um gesto de voyeurismo, é por curiosidade. À primeira vista, essas imagens parecem idênticas às fotos que ilustravam as revistas pornográficas comuns em Havana antes da Revolução. Os mesmos colchões meio descobertos com seu forro listrado, os móveis baratos e lençóis amassados e revolvidos parecem ser o cenário obrigatório. Mas só o cenário prevalece. Depois de você ter contemplado pela primeira vez uma imagem pornográfica na sua adolescência, a experiência se torna irrepetível com as tomadas furtivas feitas pela Segurança de suas companheiras de combate, às vésperas da velhice, chupando o clitóris de alguma garotinha recrutada no Sistema Nacional de Bolsas de Estudo. Femeazinhas. Apenas femeazinhas, saudáveis e doces femeazinhas para uso e desfrute de nossas portentosas matronas.

Talvez haja interesse por parte de certos leitores em saber como se desenvolviam meus casos amorosos, principalmente entre os anos 1960 e 1970, que foram para mim os de maior atividade sentimental e erótica. Simples. Era algo que eu procurava manter dentro da maior privacidade possível, mas sempre tentando fazer com que não se convertesse em assunto de Estado. Ou seja, não queria criar, eu mesmo, pressões de ordem psicológica que depois afetassem meu bom desenvolvimento. O que era mais comum eu me permitir, quando descobria algum rosto na multidão que chamasse minha atenção, era dirigir um olhar significativo a Chicho[73] ou a Abrantes (um dos dois, como regra, sempre andava comigo) e eles já sabiam que havia uma missão. Não era difícil encontrar o objeto do meu repentino interesse. Começava sempre pelas loiras e, depois, por procurar qual das damas no público tinha além disso olhos claros. Pouquíssimas vezes eles erraram e, quando isso ocorreu, foi melhor ainda, porque me localizaram uma menina ainda muito melhor que a detectada por mim no primeiro momento. E esse era todo o luxo a que me permitia como chefe de Estado. Mandar o recadinho por meio da minha escolta. Nesse tipo de missão, Pepe Abrantes sempre foi o melhor. Conhecia muito bem meus gostos. Ele dizia que eu gostava das mulheres da década de 1950, "de quadril largo e pernas finas". Isso sim, eu exigia deles que fizessem uma abordagem cuidadosa e elegante.

– Boa noite, companheira. Olhe, o Comandante ficou interessado na senhora e queremos saber se gostaria que, em alguma oportunidade, ele a convidasse para sair. Quer dizer, se a senhora estiver livre, se não for comprometida.

Não tenho lembrança de que alguma tivesse recusado o convite. Que dissesse que tinha compromisso. Que era casada, tinha filhos. Só uma recusou de cara a sugestão feita por Pepe Abrantes numa tarde em 1961, quando eu dava voltas pelas estreitas ruas coloniais de Trinidad. Dalia Soto del Valle, senhora com a qual atualmente sou casado e com quem tenho cinco filhos. Já podem imaginar que, com minha vida de governante noturno e meus deslocamentos sob estrito regime de rádios desligados por todos os cantos do país, Celia, primeiro, e Dalia, depois, nunca sabiam com certeza onde eu estava. A missão de meus mensageiros se encerrava com a obtenção de nome e telefone. Eu proibira terminantemente que fossem retiradas do lugar em algum de nossos carros. Tampouco permitia que anotassem nada. Mas Chicho e Abrantes haviam aprendido a memorizar dados tão preciosos. Se era na Plaza Cadenas – o parquezinho no centro da Universidade de Havana –, onde a multidão se reunia em volta dos meus carros e ficava em pé, pois ali não havia onde sentar, dava tempo de Chicho ou Abrantes iniciarem as primeiras averiguações por um dos aparelhos Motorola dos Oldsmobile.

– Ouça – dizia Pepe, com sua voz certamente doce, mas que fazia tremer seus subordinados da Segurança do Estado por toda a República. – Ouça, veja o que temos aí sobre uma tal Vivian. Pegue seu número de telefone. Localize-a.

De modo que, ao terminar meu ato eu me acomodava no assento do carro e Abrantes me passava o primeiro informe da Segurança sobre meu próximo romance. Era praxe eu deixar passar vários dias para completar a fundo as investigações. A partir desse requisito, a operação ficava sob meu controle e ninguém mais intervinha. Eu marcava o encontro.

– Quem fala? Vivian? Ouça, Vivian, é Fidel.

As opções – é claro – eram limitadas. Uma pescaria ou passeio de iate. Uma projeção de filmes numa salinha privada. Uma caçada em Mampostón. Ou um fim de semana numa praia. Sempre um jantar para começar. Em nome da minha saúde mental e para um adequado transcurso da minha autoestima, era essencial que o resto da conquista fosse feito sem a presença dos meus colaboradores, sem nenhum outro tipo de assistência de sua parte (exceto, é claro, que me acompanhassem para pegá-la). Às vezes dava-me ao luxo de apresentar-me com minha caravana na casa dela, quando era um lugar tranquilo e afastado, se bem que era de lei a correspondente checagem secreta da área horas antes. Checagem secreta quer dizer aquela realizada pelos companheiros da Segurança Pessoal em trajes civis e com velhos carros americanos. Desnecessário dizer, já se sabia de antemão que em questão de uma hora, depois que estivéssemos a sós no iate ou numa remota casa de fazenda, por exemplo nos terraços do vale de Viñales, estaríamos nos divertindo numa cama e eu estaria com meu pau enfiado nela até a base dos colhões. Mas me era indispensável fazer uso das minhas próprias capacidades donjuanescas. E quando me apaixonava, fazia até poemas. Quando me referi antes a ficar "a sós", entenda-se que é dentro do perímetro de um aposento. Porque fora – protegida pelo silêncio e pelas sombras da noite – deslocava-se, no mínimo, uma companhia reforçada em atitude de combate, com todos os acessos bloqueados e ninhos de metralhadoras, com os servidores preparados atrás das peças. E se era em algum manso recanto junto ao mar, a leste de Varadero, protegidos por uma barreira natural de ilhotas e recifes, com menos de trinta centímetros de água, três ou quatro caça-submarinos MPK já teriam tomado posse da entrada dos canais, também em plena disposição de combate. Eu fazia o impossível para me mostrar atento e delicado, e uma das maiores satisfações – quando acontecia – era ouvi-las dizer que não sabiam que "isso podia ser assim". É certo que diziam isso com bastante frequência e eu o interpretava como um elogio por não agir como um canibal. Outra coisa que me dava satisfação era perceber o prazer que elas tinham cada vez que confirmavam que era a mim que tinham entre suas pernas e que era meu pau o que estavam enfiando dentro delas. Querem saber qual é a diferença entre fornicar antes da tomada do poder e depois? É que eu não lembro de ter feito amor antes do triunfo da Revolução com nenhuma mulher que mantivesse os olhos abertos o tempo todo. Santa María del Mar. Essa praia do leste de Havana era a que eu mais frequentava para meus casos amorosos e onde providenciamos algumas residências para meu uso eventual, sempre ocultas atrás de algum muro ou barreira de casuarinas, mas sem necessidade de fazer grandes investimentos porque as herdamos da burguesia em muito bom estado, e em recantos afastados e bem protegidos. A verdade é que, para não virarem líderes revolucionários acossados pelo maior império da história, os membros da burguesia cubana esmeravam-se em se cuidar. Os outros lugares favoritos de recreio eram residências similares ocupadas à burguesia em Varadero e Isla de Pinos. Meus pequenos paraísos espalhados. Em qualquer parte do território nacional eu dispunha de uma espécie de fortaleza secreta para consumar minhas velozes conquistas amorosas. E tratava-se de lugares que só eu podia ocupar. Alguns foram utilizados uma só vez, mas bastava que fossem designados como "casas de Fidel" para que as delegações do Ministério do Interior lhes atribuíssem uma guarnição permanente, não em todos os casos, é claro, mas na imensa maioria, e que a manutenção e limpeza fossem esmeradas, permanentes e sob supervisão da Segurança do Estado. Na verdade, eu possuía aquele país inteiro – e digo isso agora abertamente em seu significado de apropriação sexual.

Acho que chegou o momento da descrição. O momento em que vou contar a vocês em detalhes como são as coisas, em substância e carne, no que se refere às minhas partes, ou pelo menos como são tais partes quando contempladas a partir de meu próprio ponto de vista. *Minhas partes.* Meu pau vitorioso. Desejado por todas as mulheres cubanas, sem exceção. Vamos, minhas queridas grandes senhoras de Miami. Não se façam de desentendidas. Nem fabriquem essas caretas de desgosto ou repulsa. Querem que publique a lista no *Granma,* acompanhada de suas cartinhas recheadas de elogios e com as chaves de seus aposentos incluídas no envelope? O pau – e colhões correspondentes – mais legendários de toda a história de Cuba. O pau de Fidel Castro. Ah, as conotações políticas que o povo atribui ao membro viril de seu líder máximo e representante do macho que simboliza para ele todas as suas aspirações vitais: o pau do pai, o pau do irmão mais velho, o pau do chefe. Os senhores não sabem o que isso significa. Principalmente quando quem está atrás do aditamento somos nós mesmos. Uma das formas habituais entre os cubanos de chamar o órgão é *rabo.* Um considerável número de senhoras pode ser consultado quanto aos seguintes dados. Não me vanglorio ao falar em números nem se trata da projeção de uma vaidade desmedida: simplesmente digo isso para que fique entendido que existem a respeito testemunhas suficientes. Tem de comprimento, em estado de repouso ou de flacidez – como gostam de dizer os médicos –, 8,89 centímetros, e em estado máximo de ereção, dezesseis centímetros. Isto, é claro, com o prepúcio para trás e sem que nenhum dos companheiros da escolta torne muito evidente sua presença pelas proximidades, de maneira que a perambulação não me distraia. De circunferência, também em situação de combate, tem entre 12,4 e 12,7 centímetros. E tudo isso fala em termos muito louváveis de meus dotes masculinos, que estão, como se pode constatar, acima da média – em comprimento principalmente – para os homens brancos, que é de 13,97 a 15,24 centímetros e 3,81 centímetros de circunferência; e, como se vê, no meu caso, não tão distante dos companheiros negros, cuja média é de 15,88 a 20,32 centímetros de comprimento e 5,08 centímetros de circunferência. De fato, e ao contrário da crença generalizada de que é mais difícil e requer maior esforço e concentração levantar e endurecer um membro do tamanho do meu, pela quantidade de sangue que o sistema precisa bombear até ele, os fatos e estatísticas correspondentes demonstram que, embora seja necessária uma irrigação de maior pressão em nossos casos, os pintinhos que estão abaixo dos 7,5 centímetros em estado de repouso precisam aumentar seu tamanho para 250% se quiserem ultrapassar os 14 ou 15 centímetros das dimensões médias, enquanto os portadores de um instrumental acima dos 7,5 só exigem um incremento de 160% para alcançar a média.

Sua coloração – me disse uma das jovens que explorou tais regiões da minha anatomia – vai escurecendo à medida que a visão se focaliza no meu entrepernas, talvez por um efeito obrigatório de luz, provocado por meus abundantes pelos pubianos (hoje não tão abundantes) e que se enraízam a partir de uma linha que é como um equador delimitando o baixo-ventre. Enfim, que a pele do meu pau escurece em relação ao restante da minha superfície e fica bem sombreada, e até francamente misteriosa, na envoltura dos meus pesados e volumosos colhões. Eu tenho, na verdade, a pele rosada, e durante muitos anos, inclusive já bem consolidada a etapa revolucionária, era ruivo, com muitas de minhas amantes se espantando ao pegar minhas mãos e não sentir nenhuma das asperezas para as quais evidentemente estavam preparadas. O que, em muitos casos, elas desejavam, já que na realidade tratava-se das mãos do homem que se apresenta em uniforme de campanha e que, mesmo com essas mãos de músico, mata se for preciso. No entanto, na minha idade atual, apodera-se de mim uma inquietante excitação, como se eu estivesse na adolescência e não fosse o chefe de governo da República de Cuba e o mais renomado dos líderes revolucionários do mundo, quando aquela jovem reaparece na minha memória e a ouço, obscena e indômita, descendente de algum mulato claro e de uma branca puta, sentando nua e de pernas abertas na minha frente, no camarote de algum dos iates confiscados da burguesia ou nas casas do milionário Dupont, que ocupamos, na ponta de Hicacos. Só nós dois sozinhos no ambiente, depois de umas lagostas ao chocolate – alçadas pelos bigodes das próprias caixas de gelo colocadas nos barcos pelos pescadores para recolhê-las –, eu acabando de degustar um de meus Lanceros e um gole de conhaque, o ar-condicionado numa marcha regular e silenciosa, o bom gosto de só umas velas como vetores de iluminação, e ela alheia aos delicados sabores, importando-lhe muito pouco tudo o que não fosse saborear-me, e que me revela ao ouvido, acariciando com seus doces lábios as bordas de minha orelha, o programa de carícias que tinha preparado para mim. E percorria meu abdômen com sua língua – que ela chamava "minha linguinha"; quer dizer, que a língua era de seu usufruto e nascia em sua garganta, mas da qual eu me sentia dono – e descia até aquele lugar escuro e tão desejado por ela e de repente encontrava minha pica – "minha piquinha", dizia – e a umedecia vezes seguidas com sua boca – "minha boquinha" –, e quando ela a abandonava por um instante eu pedia que não me fizesse uma maldade daquela e continuasse. Mas isso acontecia antes ou depois de descrever com toda a riqueza de seus pobres detalhes de professora voluntária o que ela considerava ser a *summa* dos prazeres terrenos: qualquer carícia que tivesse inventado para a ocasião. Algum efeito teve, não obstante. Hoje continuo degustando o *bouquet* de minhas reservas de Napoleón, se bem que tenha deixado de fumar e são poucas as ocasiões que saio para pescar, mas aquela garota ávida só de mim, nua e escarranchada sobre minhas pernas, eu nunca esqueci. Não é que não tenha continuado ou permitido que lhe faltasse algo material, inclusive ela chegou a ser até nomeada para um cargo de vice-ministro numa de nossas diretorias de colaboração técnica com o estrangeiro. É outra coisa, outro sentimento. Talvez algum dos senhores me compreenda. Mas, para aqueles que não provaram desse presente dos deuses, todo esse conjuro que se compõe de uma boa ceia, um bom tabaco, um bom e régio conhaque e a luz trêmula de velas que resgatam das brumas a pele de uma cubana de 18 anos, não tem pontos de aproximação nem possibilidade cognoscitiva. A festa tinha uma bebida criada por mim como segunda parte. Pode ser considerada um preparado alcoólico especial ou coquetel, por influência. O nome fui eu que dei. Piña Decapitada. Se bem que em outras ocasiões o chamamos de Penacho Ron. Preciso estar muito feliz e despreocupado e muito desejoso de compartilhar meus tesouros para que me decida a abrir o pequeno congelador do frigobar que instalaram no meu camarote e, entre as nuvens de vapor formadas quando abro a portinha, extraia o abacaxi coberto de gelo e duro como pedra, embora só na camada exterior. Vou lhes dar a receita. Peguem um abacaxi e cortem-no rente à parte superior, junto com seu penacho. Podem cortar até uns quatro centímetros do segmento superior. Então peguem o corpo do abacaxi, vamos chamar assim as sete oitavas partes inferiores, e com uma colher comecem a cavar e extrair a massa, de maneira que, no fim da operação, fique como uma vasilha. Bem, vocês devem, é claro, fazer isso com habilidade para deixar a casca com espessura suficiente para que não perca a forma de abacaxi nem deixe vazar o líquido, que agora vocês vão despejar dentro dele. Até a borda. Esse líquido é rum. Rum puro. Sem nenhum outro acréscimo. Então coloquem como um chapeuzinho na parte superior, a do penacho, que cortaram no início. Peguem seu abacaxi com sua barriguinha premiada com meia garrafa de rum e guardem no congelador. Não se preocupem com a bebida porque o álcool não congela. Vocês não vão fabricar um paralelepípedo dentro do abacaxi. E esqueçam. Um mês é um bom tempo de esquecimento. Dois meses é a demonstração fiel de que você é um sibarita. Você convida a mulher com a qual acaba de fornicar – se achar que ela fez por merecer. Na cama, você serve em duas taças limpas de champanhe as porções de rum a ponto de se cristalizarem, mas nunca chegando a isso. Agora provem isso. Em golinhos. Provem e me digam. Sem pressa. Em golinhos.

Mulheres difíceis? Não, não houve muitas. Antonieta Lorenzo. Eu a citaria em primeiro lugar. A mais difícil de todas. Vinha do departamento juvenil de uma famosa loja de luxo cubana, El Encanto. Um número respeitável das mulheres de nossos capitães e comandantes procediam da El Encanto. O comandante René Vallejo, um dos meus homens mais próximos e dedicados, e meu médico pessoal no início da Revolução, se apaixonou por Antonieta, ficou perdido por aquela mulher. Um dia me disse que ia casar com ela e eu respondi que ele ia casar com Antonieta porra nenhuma e proferi vários gritos e o insultei e xinguei de veado para cima, e aquela noite ele teve um derrame cerebral e morreu em uma semana.

Vallejo era um homem muito encantador, realmente. De muito bons modos, uma densa barba branca, uniforme de comandante, botas de cano alto, e sua vistosa pistola de vinte tiros Stechkin numa cartucheira de couro preto tinha uma presença que não podia deixar de ser notada em nenhum lugar que aparecesse. Conheceu Antonieta porque eu o mandara como mensageiro de meus galanteios, pois me apaixonei por ela primeiro. Foi um erro, porque antes eu o havia feito de mensageiro com Margarita Muñoa, atriz uruguaia pouco conhecida mas envolvida com os montoneros, que se encontrava em Cuba acho que na condição de asilada política, ou treinando para alguma ação clandestina de seu grupo e que terminou passando, como é lógico, para uma de nossas companhias de teatro. Eu a vi numa reunião com os montoneros e mandei Vallejo com minha mensagem de que gostaria de "conviver mais intimamente com ela". E a mocinha se apaixonou foi pelo mensageiro. No caso de Antonieta, foi René quem ficou rendido diante de sua presença. No que me diz respeito, já havia caído em mim e feito um grande esforço de autocontrole e recuperação, além de cortar os vínculos com Antonieta Lorenzo, quando René começou a cortejá-la e terminou, como lhes disse, pedindo-me autorização para desposá-la. René era um espiritualista militante – o que não significa que tivesse se ordenado sacerdote iorubá, ou seja, babalaô –, e como parte de seus muito pessoais protocolos de fé e de celebração da espiritualidade, mandara preparar um quarto no último andar de sua casa de três andares com um teto que dispunha de um enorme funil apontando para o infinito e por meio do qual ele dizia receber os influxos intergaláticos de modo direto e por aceleração. Era como uma cornucópia da abundância, mas cuja parte mais estreita apontava para dentro do aposento e ficava a uns três metros de altura do chão, e era ali que ele posicionava sua cabeça à noite para contemplar a olho nu o firmamento.

Então ele tem aquela discussão comigo e poucas horas depois sofre o acidente vascular cerebral. Preciso contar que quando se espalhou a notícia de que Vallejo sofrera o derrame, todos os pais de santo de Cuba fizeram uma corrente de toque de tambores como nunca antes acontecera na ilha e que durou uma semana sem parar, tempo em que ele continuou descerebrado mas respirando. Eu mesmo dei a ordem aos irmãos que parassem o toque de tambores. Era preciso dar descanso ao irmãozinho René. Outra razão de peso era que René assumira minha morte. Ele mesmo me disse isso. Contou que era "uma situação que havia se apresentado" enquanto observava as estrelas através de seu funil cósmico, e que eu interpretei como seu diálogo com algum espírito. Enfim, que era preciso realizar um procedimento que os pais de santo chamam de roubo de cabeça e que consiste em enganar a morte. Existe uma metodologia muito variada, além de diferentes versões de como se deve proceder para conseguir um trabalho bem-feito. Em todo caso, trata-se de uma manobra de desvio de atenção. O procedimento de uso mais comum em Cuba tem quase sempre como objetivo salvar algum doente em estado terminal e é conseguido com um boneco de pano, o mais parecido possível com o moribundo, que é levado ao campo-santo e atirado num túmulo aberto como oferenda a Oyá, a orixá (deusa) dos espíritos, e portanto dona dos cemitérios. Outros pais de santo preferem fazer o roubo de cabeça com alguém afetado por algum tipo de padecimento ou fraqueza, mas que não esteja necessariamente condenado a morrer. Essa é razão pela qual tantos pais de santo rondam os quartos de hospitais e também a explicação para o costume cubano de nunca deixar sozinhos os familiares doentes num hospital. O caso de René foi bem diferente. Nem ele nem eu estávamos doentes. Mas ele viu minha morte e, dono de seu enorme poder espiritual e de sua autoridade de comandante médico do Exército Rebelde, fez um pacto com os orixás de que o roubo de cabeça fosse feito às custas de sua imolação. Assim, era essencial solicitar aos principais babalaôs de Havana que parassem com aquele assustador e constante toque de tambores, pois só desse modo teria sentido o sacrifício do comandante Vallejo. Enviei os capitães da minha escolta com a mensagem, e o pedido de que entrassem em contato com os babalaôs do resto do país. Era preciso dar paz de espírito ao irmãozinho René. Eles tinham feito o que deviam. Agora cabia a mim ordenar que o desentubassem. Podíamos estar mandando o sinal equivocado e continuar mantendo vivo artificialmente um corpo no qual já não havia espírito. Além disso, os orixás podiam se confundir e não atinar que já tinham uma cabeça. Os babalaôs entenderam e os tambores calaram. Eu, de minha parte, estive presente na autópsia. Para aliviar a tensão, quis contar uma história do meu amigo, como uma forma de lembrá-lo. Três patologistas estavam começando a abrir de cima abaixo o cadáver de René.

– Vallejo dizia – comecei a contar – que operava descalço porque fizera essa promessa aos santos.

Quis acrescentar que ele estava ali fazendo sua última visita a uma sala que podia ser considerada de cirurgia e que estava descalço e também nu. E que superava sua própria marca. Mas o ruído da serrinha elétrica contra os ossos teria me obrigado a elevar demais o tom de voz. E eu não merecia competir com uma serrinha. Houve apenas um momento fodido em toda a autópsia. Nem mesmo os patologistas conseguiram reprimir a tempo um gesto de sobressalto. Foi quando terminaram de serrar todo o perímetro de seu crânio, e o cérebro de Vallejo escapou como se fosse o conteúdo de um balde de água, escorrendo pelo canal de deságue da maca metálica. A massa encefálica havia-se liquefeito totalmente. Achei que só precisava aguentar até aquele ponto e, fazendo uso das faculdades inerentes a meu cargo, disse aos patologistas que estava indo pro caralho. Evitando apertar-lhes as mãos, agradeci-lhes pela atenção e fui embora. Disse a Chicho, a caminho dos carros:

– Ouça, porra. Me leve para qualquer lugar onde não haja um pote de formol num raio de cem quilômetros.

Bem, chegamos ao ponto que com certeza os senhores queriam chegar. Dalia Soto del Valle, a quem em família costumamos chamar de Lala e que é minha esposa em segundas núpcias desde o início da década de 1980 e com quem tenho cinco filhos, todos homens. Professora e engenheira química, filha de um farmacêutico de Ranchuelo, uma cidade pequena do centro de Las Villas, que antigamente dispunha de apenas um centro fabril – a fábrica de charutos do *bon vivant* Diego Trinidad, o Dieguito –, onde eram produzidos os já mencionados charutos curtos e grossos Trinidad y Hermanos – e em euforia permanente por ter arrebatado o mercado rural à principal indústria de tabaco: Regalías el Cuño (que marcas os cubanos escolhiam para os seus produtos!). E uma moça que conheci do seguinte modo: minha caravana de três Oldsmobile roxos circulava em marcha lenta pelas difíceis e estreitas ruelas de Trinidad, um povoado conhecido por sua atividade contrarrevolucionária, e que naquela data, maio ou junho de 1961, eu inundara de milicianos com armas longas – as metralhadoras de disco soviéticas da Segunda Guerra Mundial denominadas Ppsha e os mais modernos fuzis tchecos de baioneta retrátil M-52 – e brigadas de alfabetizadores. Minha escolta tampouco ocultava seu armamento e ostentava sua prática com olhares de intimidação a qualquer transeunte suspeito.

A Sierra do Escambray erguia-se com sua imponência sombria no horizonte imediato da cidade. Poucos meses antes eu ordenara deslocar uns setenta homens dos batalhões pesados de Havana para que ocupassem virtualmente cada fonte de água, cruzamento de caminhos e cabana da cordilheira. Tratava-se, na linguagem adquirida dos camponeses da Sierra Maestra, de bloquear-lhes todos os seus *comederos*. Não falha. Para capturar alguém na montanha, coloque um ninho de metralhadoras diante de cada fonte de alimento. Era preciso neutralizar o agrupamento insurgente de Escambray. Isso para evitar que os ianques, em caso de invasão, utilizassem os quase 3 mil sublevados contrarrevolucionários ali estabelecidos. Capturamos nessa operação – que chamamos de "A Limpeza" – uma boa parte desses elementos. Mas a invasão já tinha acontecido (e também fora derrotada, no episódio de Playa Girón, que os senhores tão bem conhecem) e os sublevados remanescentes, que se ocultaram à espera de que a limpeza *passasse por cima deles* – contavam os prisioneiros –, voltavam a dar sinais de vida. Assim, ordenei aos companheiros do Exército do Centro – o Escambray era parte de sua zona de responsabilidade – que reiniciassem as operações, embora devessem procurar uma maneira de fazê-lo com número mais modesto de homens e recursos. De momento, era preciso aplicar nosso outro princípio de luta nas montanhas: não deixar território livre sob seu domínio. Era preciso mantê-los em xeque o tempo todo. O motivo pelo qual eu me encontrava em Trinidad era o camarada Mao. Eu partia do famoso conceito de Mao de tirar a água do peixe como forma viável de liquidar a contrarrevolução rural. E como tinha notícias de uma pobre mulher que perdera o filho numa escaramuça contra os insurgentes e que tinha tido sua porta apedrejada como sinal de zombaria pelos contrarrevolucionários da vizinhança, ela iria me servir como argumento para iniciar minha campanha de drenagem. Vinha pensando nisso, em Mao e na sua teoria, quando vi Dalia. Estava de uniforme de alfabetizadora – botas pretas de meio cano, calça verde-oliva com bolsos de campanha laterais e camisa cinza com o monograma plástico da campanha de alfabetização na dragona esquerda –, muito limpo, muito bem passado. Caminhava com serenidade e não deixava de aproveitar as sombras que os casarões coloniais projetavam de sua direita sobre a estreita calçada e um trecho curto da rua de paralelepípedos. Eu disse:

– Veja que moça mais linda.

Abrantes me contou tempos depois o que pensou naquela hora:

– E como ele sabe que é bonita se só viu a bunda dela?

Isso não significa nesse contexto um palavrão e muito menos uma falta de respeito. Nesse contexto, bunda significa para o cubano médio que eu a havia contemplado de costas. E como agora ela é minha senhora e a mãe de meus filhos e o mais provável é que passe o resto de meus dias com ela, é preciso ter muito cuidado na hora de escolher as palavras ao falar dela! Ela não deu atenção aos nossos carros, que avançavam à velocidade de seus passos, até que me descobriu à sua esquerda, a apenas um metro de distância, com o vidro da janela abaixado, porque nunca tivemos ar-condicionado naqueles Oldsmobile, de modo que tive tempo e espaço para inclinar brevemente a cabeça em sinal de saudação e murmurar: "Boa tarde, companheira", ao que ela retrucou com um movimento de cabeça equivalente, mas sem dizer palavra, embora me superando e muito com seu sorriso. Os carros continuaram sua marcha, e Abrantes, no assento traseiro, percebeu que eu não me girava sobre meu ombro esquerdo para voltar a examinar a figura da jovem alfabetizadora, agora que podia tê-la em perspectiva frontal. Mantive-me hierático e, em certo sentido, do modo que Abrantes descreveu como "ausente embora preso no lugar". Dizia eu que andava pelas ruas de Trinidad quando vejo esta mulher, muito atraente, com certo ar de Naty Gonzáles Revuelta, e fico abobalhado. Bunduda. Muito bonita.

– Volte o carro de ré para eu poder olhá-la – disse ao motorista.

Ela deve ter me ouvido. Mas não me deu a menor bola. Abrantes percebeu e a abordou, a fim de fazer a apresentação.

– Venha, Fidel, quero lhe apresentar a garota.

Depois Pepe sempre se vangloriava de ter sido "o artífice" dessa relação. A mãe do mártir com a porta da casa apedrejada e a drenagem da água do peixe teriam que esperar por mim.

23. A CHAVE ESTÁ EM DALLAS

Camilo, Kennedy e Anderson. A Santíssima Trindade de meus crimes, com o mistério próprio de toda Trindade. São os mortos que alguém no exílio ou no governo americano calcula que lhe serão produtivos. Camilo, para mexer com alguns velhos revolucionários e colocá-los contra mim, ou porque eles, como veteranos do Exército Rebelde com algum histórico de fuzilamentos ou expropriações de latifúndios, precisam do argumento para desembarcar em Miami e salvar as aparências. A morte de Camilo iluminou-os a não continuarem comigo. Esse é o argumento que extraem desse primeiro homicídio. Kennedy, porque era a premissa inapelável para que os americanos me invadissem. Já haviam fracassado com a acusação de que eu era comunista, a mais usada nos dias anteriores a Playa Girón, assim é que precisavam de um assassinato de grandes proporções. Um magnicídio forjado em Havana era (e ainda é) merecedor de uma justa operação punitiva que arrasasse a ilha. Por sua vez, a derrubada do U-2 do major Rudolph Anderson deveria funcionar como um Pearl Harbor em escala menor. Um Pearl Harbor de uma só baixa. O desaparecimento de Camilo Cienfuegos, o chefe do Exército Rebelde, é para o consumo nacional cubano. Para o bando dos meus detratores de praxe. Nada é definitivo para eles. A asseveração de que sou responsável por tudo o que aconteça em Cuba, até acidentes, casualidades ou o desaparecimento em voo de um aviãozinho por imperícia de um piloto diante de um cúmulo-nimbo, só é comparável a dar de cara com uma vontade divina. Mesmo assim, ambos os casos têm grande respaldo de informação em publicações e na internet, e é desnecessário eu repisar o assunto.

552 · A AUTOBIOGRAFIA DE FIDEL CASTRO

Kennedy. Este é o mais cabeludo de todos os casos, como se supõe, e o que mais me preocupa é a decepção que certamente vou provocar no leitor ao não poder dar mais informação do que a já publicada, em impressionante abundância, pelos americanos. Existe apenas uma diferença. Que as toneladas de documentação publicadas pelos ianques não têm outro propósito a não ser jogar uma cortina de fumaça sobre a verdade. No meu caso, ao contrário, comprometo-me a não ir além de alguns raciocínios elementares. Enfim, receio decepcionar os leitores com um assunto em relação ao qual sempre fiz força para aparentar não saber muito mais do que o comum dos interessados pelo tema. Mas vou contar o que puder. E, principalmente, vou colocá-los para raciocinar comigo, que é o que de fato importa. Para começar, conto algo que despertará a atenção não dos que se interessam pelo assassinato do presidente Kennedy, mas dos que se ocupam em *nos* estudar. Os comandos da Segurança do Estado têm vivido obnubilados com o que chamo de seus temas prediletos desde 1962 e 1963: o desenrolar da crise de outubro e o famoso magnicídio de Dallas. A crise de outubro ou dos mísseis, porque foi quando – segundo sua apreciação – aprenderam o que era a política real. Não me escapa que, aos olhos deles, o herói do episódio foi Nikita Kruschev. A forma como o dirigente soviético lidou com todos aqueles pormenores e a excelência de seus cálculos políticos à beira do abismo de uma conflagração nuclear, sua manipulação das hesitações de Kennedy e de meus arroubos de independência, são para eles um modelo de astúcia e de conspiração bem conduzida, até nos detalhes e nos incidentes imprevistos. Ele colocou tudo a favor de seus objetivos. E conseguiu tudo. Claro que minha imagem fica ofuscada nessa análise. Eu aceito isso com plena consciência de que o elemento que lhes causa maior entusiasmo – embora nunca tenham se atrevido a enunciá-lo – é o fato de que Kruschev nos tenha manipulado, a Kennedy e a mim, do jeito que quis. Mas se você quer que esses organismos de inteligência sejam de fato produtivos e afiados, você tem que lhes dar uma ampla margem de debate e permitir que, dentro dos compartimentos estanques de suas direções, fluam a imaginação e a irreverência. Refiro-me particularmente à atividade conhecida como *inteligência* e que, como explicarei a seguir, em princípios dos anos 1960 foi uma das funções derivadas dos objetivos atribuídos ao Departamento Um da Segurança do Estado. Parece que nos damos ao luxo de que os serviços de contrainteligência não só reprimam como sejam repressivos internamente, uns animais vigiando uns os outros. Não é um erro permissível no caso da inteligência, com os oficiais *que trabalham no exterior*, porque você perde

A CHAVE ESTÁ EM DALLAS 553

a partida de antemão. Algo escapa, porém, a meus subordinados dessas direções em relação às sacanagens de Kruschev e à Crise de Outubro. Trata-se também do que eu aprendi então e de como era preciso se virar para achar soluções num jogo em que só competiam as superpotências, as duas únicas que existiram, e mesmo assim evitar, aos olhos da opinião pública mundial, o regresso à humilhante condição de república de bananas. Política real. Entendem? Acrescento algo que para mim é de extrema importância. Data dessa época o surgimento do famoso *motto* de nossa inteligência de que na hora de fazer uma análise não se podia tomar partido. Foi algo implementado por mim, e a primeira vez que manifestei isso foi numa frase que parecia muito elaborada, mas que me surpreendeu quando a soltei numa das primeiras reuniões de metodologia da Segurança do Estado, por volta de 1963: "A informação não tem bandeira, cavalheiros."

Queria preveni-los para que não se empenhassem em acomodar suas análises num objetivo político, porque, ao se manipular a informação dessa maneira, o resultado é um simples slogan, ou pelo menos não supera esse valor. Kennedy e sua cabeça voando pelos ares são um assunto de *approach* diferente, e, se os companheiros da Segurança se mantiveram em alerta permanente a respeito de seus pormenores, isso se deve à considerável quantidade de cubanos exilados e de americanos associados, principalmente políticos da Flórida e mafiosos despojados de seus cassinos de Havana, que são mencionados como tendo relação com o crime. A ordem para permanecerem em estado de alerta partiu de meu escritório. É óbvio que precisavam estar prontos para esquivar os golpes. Não pensem que era um grupo fácil de convencer. Tratava-se de nossos homens de maior coeficiente de inteligência, intelectuais muito perspicazes. A nata de nossos oficiais e analistas, que operavam a partir do Departamento Um da Segurança do Estado. Ou seja, o pessoal dedicado com todo sucesso a desbaratar as operações da CIA contra Cuba durante bem meio século. Desde cedo sua atividade recebeu o nome de Enfrentamento Direto, porque eram eles que batiam de frente com os espiões e planos da CIA. Houve outro nome *a posteriori*. Ficaram conhecidos também como o pessoal do Chatô, porque a partir de 1967 habitaram um edifício que tinha o apelido de O Chatô – porque seu pretensioso nome original, como instalação turística construída no litoral a oeste de Havana em meados dos anos 1950, era Chateau Miramar. Do ponto de vista operacional, estavam encarregados da direção principal de trabalho da Segurança do Estado, que então era a contrainteligência ou contraespionagem. Como essa Direção Geral de Inteligência (DGI) era ainda jovem e em processo de formação, quase todo o trabalho no exterior era controlado em princípios dos anos 1960 a partir dos serviços de contraespionagem – o pessoal do Enfrentamento Direto. Era o resultado lógico de eles acompanharem os fios até descobrirem onde estavam os novelos: em Miami e na Virginia. Os oficiais de caso. Esses são os personagens dos quais nunca se pode tirar os olhos, porque são os que levam os jogos operacionais, e os jogos operacionais são os trabalhos de infiltração nas fileiras do inimigo. Essa é a única coisa que os americanos pedem aos poucos desertores de nossas fileiras assim que chegam aos Estados Unidos. Que jogo operacional você nos traz, amigo? Basta que denunciem um só jogo operacional, e eles lhes abarrotam os bolsos e lhes garantem aposentadorias confortáveis. Como era o slogan daquela famosa série de televisão? *Have Gun, Will Travel*. Eu traduziria como: *Se você tem arma, você viaja*. Pois no caso dos oficiais com intenção de desertar, eu diria que seu slogan é *Have Operative Game, Will Travel*. Porque se você não traz nada na sua maleta de executivo Samsonite, amigo, é melhor se valer de alguma profissão para ganhar a vida nesse país. Daí a importância que sempre teve para mim o Departamento Um, porque era onde se concentrava a maior quantidade de oficiais de caso e de jogos operacionais. E porque era preciso aprender a ouvir o que diziam, ao mesmo tempo que era norma não confiar cegamente neles. Não se esqueçam de que se trata de um trabalho de mão dupla, e você nunca sabe ao certo em que momento o inimigo montou no seu jogo operacional e começou a jogar o dele. No caso do assassinato de Kennedy e de qualquer tentativa de me colocar a culpa por isso, era muito importante para mim a informação proveniente do Departamento (ou Enfrentamento Direto), principalmente para as minhas próprias *contrachecagens,* e enquanto eu, pelas minhas próprias vias, fazia certas averiguações. Se uma conspiração nos Estados Unidos com a participação de dezenas de cubanos era porosa, imaginem que grau de confiabilidade eu poderia aceitar de meus próprios serviços. De imediato impõem-se certos esclarecimentos. O leitor terá notado ao longo dessas memórias – metade narração, metade pedagogia –, que a minha máxima como conspirador é a de agir sob o exclusivo conhecimento do meu cérebro e que esse é todo o trajeto pelo qual se deslocam minhas ideias de manobra, entre meu ser e minha consciência, onde ninguém mais cabe e que me permite declarar, com mais de meio século de sobrevivência nas costas e a despeito de mais de seiscentos planos de atentados, que conspiro, logo existo. O resto é delegar atribuições a alguém a quem eu tenha regularmente deixado cair a tarefa no ouvido e sendo esta quase

A CHAVE ESTÁ EM DALLAS 555

sempre argumentada até o limite preciso em que eu comprometa minha pele. Sempre direi o que você tem que fazer, mas quase nunca o porquê. Prefiro confiar no silêncio e na ignorância, e além disso não há melhor situação para um agente capturado, ao enfrentar suas primeiras sessões de ergástula e choque elétrico e a pressão de alicate nos colhões, do que não ter nada de substancial para confessar. Vocês não sabem que tranquilidade isso dá para enfrentar torturadores! Nisso eu não acredito estar muito distante do uso clássico dos mapas num teatro de operações; o que está nas mãos do chefe do pelotão ou da companhia é de uso tático e abrange uma área reduzida do terreno; o que está numa mesa de Posto de Comando é o estratégico. Bem, o que me propus agora é preveni-los de que estava explicando um método e que se deve evitar um julgamento definitivo sobre o aparato cubano de inteligência a partir desses preceitos. O sucesso profissional de nossas missões de inteligência – comparável ao do Mossad israelense – reside na direção estritamente piramidal desses serviços e no mecanismo de extrema disciplina com que são cumpridas as tarefas. É uma só cabeça e um só exército. E essa única cabeça é a que está determinando até onde distribui sua informação de propósitos estratégicos e seu alcance. E sem fissuras. A única deserção de um oficial da ativa dos serviços especiais com que nos golpearam no decorrer de toda a Revolução Cubana foi a de Florentino Azpillaga. Todos os demais que a CIA tenha em mãos, se tal for o caso, ainda estão dentro de Cuba, e o mais provável é que já os tenhamos aposentado depois de lhes conferir um monte de medalhas de mérito e glória combativa. Quanto ao pessoal de Miami, além do fato de que não lhes cabem medalhas, o leitor tem direito a perguntar-se por que os trouxe à consideração. Refiro-me a Miami porque, em primeiro lugar, os próprios ianques dedicados a investigar o assunto – entre jornalistas e políticos – deduziram que se havia tantos cubanos envolvidos com o fato, e fazendo viagenzinhas entre Dallas, Miami, Nova Orleans e Washington e gastando dinheiro da CIA a rodo e falando alto contra Kennedy por todas as esquinas, e pedindo aos berros a sua morte!, pois então eu precisava estar a par, de todo modo, dos pormenores do assassinato, já que muitos daqueles homens – e não lhes faltava razão nesta apreciação – eram na verdade agentes duplos meus. Enfim, que onde há cubanos, há G-2. Assim, de fato, não é que eu confiasse em algum dos meus agentes de Miami para instigá-lo a matar Kennedy, mas que dispunha de informação, pois meus homens estavam ali. Isso era acompanhado por uma visão recriada da minha personalidade, sob medida para os propósitos deles. Ao me conceberem como um homem de reações primitivas, viscerais, que sai dando pontapés em tudo o que está em seu entorno e que espuma de raiva pela boca toda vez que é informado de que a CIA tem intenções de matá-lo, para eles é uma associação instantânea colocar-me como o cérebro por trás do magnicídio. Os senhores não irão negar que se houve um culpado fácil nessa história toda, esse fui eu. Quase que culpado "de ofício". Mas com Kennedy não iria se repetir a jogada que Kruschev já me fizera durante a Crise de Outubro, de me pôr a culpa pela derrubada do U-2 de Anderson. Chega de as superpotências me colocarem a culpa por seus crimes. Eles matam e depois querem que eu pague por isso. Não me fodam. Para qualquer um que me conheça ou simplesmente tenha estudado meu comportamento como conspirador, essa consideração deve ser suficiente para desqualificar qualquer participação minha no assassinato de um presidente americano. Imaginem-me por um só instante me envolvendo com aqueles idiotas de Miami para que fizessem voar a cabeça de John Fitzgerald Kennedy. Não vou ocultar que, sem dúvida, eu sabia que havia algo suspeito no ar, embora sempre estivesse envolvido com as toneladas de informes que chegavam sobre outro projeto de assassinato, um que devia me preocupar mais ainda, como é compreensível, ou seja, o projeto de me assassinarem. O problema era que o chamado sinal de atentado estava colado ao meu nome. Assim é que não soubemos disso em relação a Kennedy, mas em relação a mim. Quero dizer que era um boato associado a um objeto principal de vigilância e preparação, que era o meu homicídio, e que eu espero que me seja permitido chamar, em igualdade de condições, de magnicídio. *Meu magnicídio.* Seja como for, a notícia me pegou de surpresa. Eu estava em Varadero, o balneário cem quilômetros a leste de Havana, naquela tarde de 22 de novembro de 1963. Almoçava com Jean Daniel, o jornalista francês que acabava de voar dos Estados Unidos como portador de uma mensagem do próprio presidente Kennedy. Eu saboreava um sorvete de morango e me preparava para compartilhar alguns Partagás com o francês, quando o chefe da escolta se atreveu a abrir a porta do aposento, no qual uma grande vidraça que dava para o mar mantinha-se embaçada pelo efeito de uma poderosa máquina de ar-condicionado, e soube logo que as notícias eram muito ruins. Depositei a colherinha ainda com um pouco de sorvete e perguntei:

– Diga, Chicho. Aconteceu alguma coisa?

Assentiu, grave, pálido, com a expressão inequívoca dos anúncios de guerra ou de morte.

A CHAVE ESTÁ EM DALLAS

– Desculpe interrompê-lo, Comandante. Mas o rádio diz que acabaram de matar o Kennedy. Jean Daniel e eu havíamos nos entendido até então com uma mistura de espanhol e inglês. Mas ele acabava de captar sem dificuldade o significado exato das palavras. Eu, por cortesia, acrescentei o título que Chicho omitira. Disse:

– *O presidente* Kennedy?

Chicho assentiu.

– Prepare os carros, Chicho – ordenei sem hesitar. Então levantei lentamente da cadeira e, num gesto maquinal, peguei uns charutos da caixa em cima da mesa e os estendi a Jean Daniel, que também ficara em pé, e recolhi outro punhado para mim. Em seguida, já de pé e em tom reflexivo, tamborilando a ponta dos dedos sobre a toalha, levantei o olhar e disse ao emissário:

– Acho que sua missão terminou aqui. Convido-o a me acompanhar até Havana, para deixá-lo no seu hotel.

Terminava a missão dele, e começava a minha. Os senhores, abram bem os olhos para saber o que é conspirar de verdade. Não havia dado três passos em direção à saída e ainda tinha Jean Daniel e seu rosto compungido atrás da minha sombra, quando de repente soube que estava sendo agraciado com uma espécie de revelação divina. Foi um dos momentos da minha vida em que meu cérebro conseguiu produzir algo que me atrevo a descrever como um ato de iluminação. Só eu conseguia entender naquela tarde, na qual ainda lembro que fora privado de uma sobremesa, o valor imenso do presente que os americanos acabavam de me oferecer. Eu não sabia quem eram, nem onde se ocultavam, nem para quem trabalhavam, mas tive que me esforçar para não soltar uma gargalhada de prazer, para que meus olhos não brilhassem de felicidade, para me restringir ao papel de um estranho enlutado nos funerais remotos de outro adversário tirado do jogo. Muito simples a equação. Aquele morto os ianques não iriam desenterrar. Nunca. Porque eles eram os assassinos. Meu problema era averiguar os nomes. Até que isso acontecesse, até que tivesse o papelzinho na minha mão, no qual alguém me escrevesse os autores e sinais e as datas do complô, eu assumiria uma atitude defensiva. O resto era fazer uso de todas as conexões cubanas. Valer-me da dupla porosidade. Para isso foram dadas as ordens ao Departamento Um de permanecer alerta e principalmente rastrear os cubanos ligados ao fato. Sabendo que os cubaninhos do exílio eram soldados sem nenhum grau de responsabilidade e muito menos com conhecimento junto à exclusivíssima capela organizadora do crime. Por aí começaria a primeira coleta de dados, por aí. E a empatar telegramas. E não me permitir jamais deixar transparecer o peso que minha coleta ia ganhando. Assiduamente, durante muitos meses depois da morte de Kennedy, fiquei revisando todo o material relacionado com o caso que chegava ao meu escritório e que colocavam numa pilha à parte, à minha esquerda, embaixo de um peso de papéis com base de mármore branco sobre o qual se apoiava um pequeno busto de Lenin. À medida em que revisava esses documentos e ocasionalmente marcava com minha esferográfica, os companheiros do escritório os guardavam numa gaveta da Secretaria especialmente reservada, e iam acrescentando material novo à pilha sobre a minha escrivaninha. Estou falando, é claro, de informação já classificada como reservada, ou a de uso mais restrito, que ia desde altamente secreta até apenas para o comandante em chefe. É claro que não havia, que eu lembre, uma só informação ou deslealdade naqueles papéis que tivesse merecido de minha parte a ordem de incinerá-los. Nem é preciso dizer que os dados realmente cabeludos chegaram sempre a mim *em pessoa e ao meu ouvido*, com um leve cochicho, um gesto de aprovação da minha cabeça, e um tapinha de agradecimento antes de retirar totalmente meu braço de cima dos ombros do meu interlocutor. E isso é tudo. Mas naqueles escassos segundos de concentrada escuta da minha parte, alguém passou ao meu conhecimento uma informação que não tem preço no mercado. Alguém que se apresentou com nome e passaporte falsos no Aeroporto Internacional de Rancho Boyeros, em Havana, e que provavelmente havia percorrido meio mundo para chegar a Cuba através de Praga, Madri ou Cidade do México, a fim de não deixar rastros de seu périplo, me deslizava alguns nomes num fortuito encontro numa das nossas mais secretas casas de segurança. Agora digo-lhes algo que pode interessá-los. A única leitura que achei apaixonante em relação ao atentado contra Kennedy foi a informação pública que chegou a Havana pelos teletipos das agências de notícias nas primeiras 72 horas depois do acontecimento. A intensidade com que esquadrinhava cada telegrama era equivalente ao desconhecimento que tinha do episódio. Tudo começou a decair a partir do tiro que deram em Lee Harvey Oswald, o suposto assassino do presidente, no porão da delegacia de polícia. Decaiu meu interesse porque ficou evidente que começavam a eliminar qualquer testemunha ou protagonista indesejável e que esse seria o estilo a partir de então. Se já estavam matando qualquer um que estivesse em posse de um detalhe de algum significado, então era o caso de esquecer procurar por ali. Somente um documento cubano daquele período chamou

A CHAVE ESTÁ EM DALLAS

muito a minha atenção uns três ou quatro meses depois de estar saturando-me com o assunto. Era da chefatura do Bureau de Bandos Contrarrevolucionários da província de Oriente. Lembro como se fosse hoje que estava assinado por um primeiro-tenente chamado Jaime Santana e que, embaixo da linha tracejada de hífens feitos na máquina de escrever, a pessoa que assinava identificava-se como subchefe do Bureau. Eram três ou quatro folhas de redação cuidadosa com um ensaio sobre as operações mais importantes realizadas no país contra os insurgentes. Não era dirigido a mim, era uma espécie de compêndio de estudo para uma reunião que planejavam os seis bureaus provinciais de Bandos. Mas Ramiro, então ministro do Interior, dera uma olhada casual no documento, que estava entre os muitos papéis que ele revisara naquela tarde, e sabendo do meu interesse pelo assunto, me mandou logo uma cópia com os parágrafos relativos a Kennedy sublinhados. Era muito atraente a colocação do tenente Santana. Talvez apenas o esboço de uma ideia. E, embora equivocada de cabo a rabo, despertou um setor adormecido dos meus neurônios. Referia-se a uma reunião que tivera lugar em 5 de novembro de 1962 num esconderijo das montanhas do Escambray entre um enérgico agente da CIA chamado Luis David Rodríguez e o Estado-Maior da insurreição contrarrevolucionária sob o comando do autointitulado comandante em chefe Tomás San Gil Díaz. Luis David, que se infiltrara em Cuba poucos meses antes com base clandestina em Havana e se fazia conhecer entre os seus como secretário-geral da organização contrarrevolucionária Resistência Cívica Anticomunista (RCA), apresentou-se a Tomás San Gil como emissário direto da CIA para solicitar ao chefe guerrilheiro que "tentasse mostrar-se mais agressivo" [sic] nas operações, já que ninguém nos Estados Unidos se lembrava desse foco de insurreição e eram imprescindíveis algumas ações de aviso, pelo menos em pequenos povoados ou em trechos da estrada, que ajudassem a chamar de novo a atenção sobre sua presença e mostrassem certa vitalidade de combate. A solicitação, apesar de seus riscos inerentes, era uma exigência inevitável para poder criar argumentos para conseguir mais abastecimentos e até tropas de reforço para o dizimado agrupamento guerrilheiro. De momento, dava-lhe dinheiro e assumia o compromisso de novos e mais frequentes contatos. Nunca saberemos até onde Luis David Rodríguez agia de boa-fé. Mas com certeza – de acordo com a informação que obtivemos depois – era portador de uma solicitação autêntica da CIA. O problema é que, dada a situação de absoluta deterioração das guerrilhas naquela etapa de seu absoluto declínio e cada vez mais reduzida capacidade

560   A AUTOBIOGRAFIA DE FIDEL CASTRO

operacional, o que estava propondo a Tomás San Gil era uma ação suicida. Homem não só ambicioso, e até carismático, como também de muita coragem, San Gil se comprometeu mesmo assim a lançar uma ofensiva no primeiro trimestre de 1963, e fazê-lo em princípio com os recursos e munições e armas com que contava e com alguma logística que Luis David faria chegar até ele, de sua organização em Havana. Nem é preciso dizer que, carente de homens, armas e munições, a ofensiva de San Gil durou apenas uma semana, entre o fim de fevereiro e 1º de março de 1963, data em que o próprio San Gil sucumbiu numa das curvas das montanhas, um local chamado Las Llanadas de Gómez. Depois de comprovar que seu esforço ofensivo —que consistiu no assalto e queima de alguns armazéns e plantações de cana e num tiroteio contra um trem da Ferrocarril Central — esgotara todas as suas reservas, deixando-o apenas com a reserva de calibre .45 de sua submetralhadora M-3, com o qual enfrentou o batalhão de Luta Contra Bandidos, este o tirou do jogo com uma rajada de balas que lhe atingiu a cabeça e, coisa rara, não o matou logo de cara, porque a morte se deu por asfixia, como ficou evidente pela metade de sua língua para fora, mordida firmemente entre os dentes. Por sua vez, Luis David Rodríguez Gonzáles tampouco escapou de um destino similar. Dias depois do combate do Escambray, e sem que houvesse uma sequência estabelecida intencionalmente pelos companheiros da Segurança em Havana, houve o desmantelamento da organização RCA e de seus principais ativos, que já haviam sido localizados. Isso foi em 8 de março. Ao ser detido na casa que habitava no bairro de periferia do Cerro e ser conduzido num veículo de patrulha da Operações G-2 ao Departamento de Instrução em Villa Marista, os companheiros encarregados de seu traslado não fizeram uma revista exaustiva e não perceberam o revólver de cano curto Bulldog calibre .38 que ele escondia numa tornozeleira. Tampouco foi algemado. Quando o veículo Ford parou na arcada lateral da Villa para identificar-se no posto, Luis David tirou sua arma e matou um dos guardas, o combatente Orlando López González. Foi o único disparo que conseguiu efetuar, porque o outro companheiro lotado no posto não hesitou um instante em atirar nele metade de um carregador de quarenta balas de 9 milímetros de sua minimetralhadora tcheca T-23, entre o pescoço e o peito. Naquela época, nossos guardas de Villa Marista usavam esse armamento, lembro agora. A conclusão à que chegava o primeiro-tenente Jaime Santana em seu ensaio — e foi o que despertou meu sistema de alarme para um setor ao qual eu não atinara antes — era que os americanos haviam projetado a operação com San Gil já sabendo de seu fracasso, mas com o deliberado propósito de aumentar a agitação nas relações entre a contrarrevolução cubana e a administração de Kennedy. Caso a suposição fosse correta, concluía o tenente, o aniquilamento definitivo das guerrilhas do Escambray, somado ao desastre de Playa Girón, iria proporcionar na massa dos exilados cubanos "a carne de canhão necessária e desejosa de vingança" para que a CIA pudesse empregá-los no complô de Dallas.

– É isso! – disse-me, dando um golpe com o indicador sobre os papéis. – É exatamente isso!

Mas, porra, ele estava vendo a coisa ao contrário. Já tinha a resposta a uma das perguntas que mais me acossavam desde o 22 de novembro de 1963. Eu me perguntava: e por que tantos cubanos nisso? Soube desde o início que estavam pairando em cima de mim. Para me aproximar do problema ou me envolver nele do jeito que achassem melhor. Mas de repente eu compreendia, compreendia tudo. A análise me servia não apenas para saber que, já de antemão, os cubanos foram induzidos a participar da tarefa de matar Kennedy e usados como cortina de fumaça ou para que eu caísse na armadilha, mas que a CIA fora igualmente usada. Todos estávamos sendo usados. Todos. Eu colocado como culpado junto com a contrarrevolução cubana e a CIA. Era para isso que íamos servir, depois de tantos tiros de canhão. Para ficarmos associados a um crime, mas, além disso, a um crime alheio. E não esqueçam de me citar outros velhos conhecidos, que foram enfiados no mesmo saco: os mafiosos ítalo-americanos que antes controlavam os cassinos de Havana. Começaram com Santos Traficante, o Don de Tampa, e não o deixaram respirar, convocando-o em todas as sessões do Congresso destinadas a investigar a morte do presidente. O argumento principal contra ele era que tinha rancor de Kennedy por este não ter tirado Fidel do poder, o que o impedia de voltar a Havana para assumir de novo o controle de seus cassinos. Eis aqui uma daquelas maravilhosas manobras de publicidade que só são possíveis na manipulação política e na qual eu reconheço – principalmente neste caso, muito específico – um grande mérito dos ianques. Ou seja, um dos homens da Máfia que eles contrataram para me matar, num dos tantos planos desse tipo que inventaram para me cortar o pescoço, foi convertido por eles da noite para o dia num suspeito perfeito para ser envolvido no assassinato de seu principal contratante. Assim, é importante que vejam o método que empreguei para me livrar das acusações: simplesmente, montar nos próprios argumentos deles de colocar a culpa na CIA e na Máfia. Vou concluir por aqui esse segmento das minhas memórias. Sou obrigado a fazê-lo. Não por respeito a algum compromisso que tenha pactuado com os assassinos, que não pactuei, mas por uma questão de cunho bem mais pragmático. *Porque averiguei tudo, é claro*. Porque sei de tudo, é claro. E porque o homem que nesse instante emprega suas mãos para digitar num computador portátil as palavras com as quais espera amortizar pelo menos uma parte do vazio que sua morte ocasionará, e que move com velocidade mediana seus dedos sobre o teclado, acha oportuno confessar-lhes que a única pessoa — e único estrangeiro — fora daquele círculo de conspiradores (e seus herdeiros, que já são os que vão ficando), de uma rude aristocracia a salvo e imune nos confins do leste americano, que está de posse do segredo *completo*, é ele. *Ergo*: sou eu. E que eles sabem que eu sei, é claro. É o valor estratégico de tê-los descoberto. Informá-los a respeito do meu conhecimento e comunicar-lhes que, a título de garantia, existem outros depositários anônimos e semeados há muitos anos em sabe Deus que canto deste mundo. É o bote que somos obrigados a manter flutuando juntos. Ou afundamos com ele. Entenderam? Foi o que perguntei a eles e agora pergunto a vocês. Entenderam?

Desde então desfruto desse firme seguro de vida. É extensivo à minha família. É por essa razão que vai tudo comigo para o túmulo. *Por enquanto.*

Talvez seja desnecessário mencionar isto, mas a partir deste ponto podem continuar especulando tudo o que quiserem. Pelo menos já podem vislumbrar o motivo pelo qual, desde meados dos anos 1960, os ianques abandonaram qualquer pretensão de me liquidar (revejam os últimos 45 anos de história, para confirmar). E aceitem a diversão que eu obtenho — nas raras ocasiões em que deixo de aparecer durante quinze dias nos filmes da mídia — ao solicitar aos companheiros da Inteligência que me ativem alguns de seus vínculos úteis — assim são chamados agentes deste tipo, às vezes voluntários, às vezes inconscientes de que estão sendo manipulados — na imprensa ocidental, para que reavivem a velha história da minha participação no magnicídio de Dallas. Temos duas histórias principais de uso regular no armazém dos escândalos induzidos. Kennedy e as drogas. Seu uso é alternado. E seu consumo não se esgota.

O DIA QUE NUNCA EXISTIU. A CODA

Ainda não haviam transcorrido três meses do assassinato quando aproveitei a visita da gringuinha Lisa Howard, jornalista da cadeia de televisão ABC, para que transmitisse ao herdeiro da presidência dos Estados Unidos, Lyndon Johnson, a mensagem de que eu desejava ajudá-lo a ganhar a próxima disputa eleitoral, e que, para isso, oferecia a ele, caso achasse necessário, a possibilidade de lançar até algum tipo de ataque contra Cuba, com a certeza de que eu entenderia, garantindo-lhe, além disso, que eu não retrucaria com nenhuma ação similar. A própria Lisa participara como mensageira do meu intercâmbio de mensagens com Kennedy que antecedeu o envio de Jean Daniel. Se agora me dirigia a Johnson, era por uma razão muito específica. Porque nutria grandes dúvidas sobre sua inocência no assassinato de Kennedy. Eu estava começando minhas investigações e queria, pelo menos, demonstrar logo a Johnson que me encontrava acima de qualquer consideração moral sobre o assassinato de um presidente (desde e quando – é claro – não fosse eu o alvo). E não venham dar uma de moralistas, por favor, que nos Estados Unidos ficam o tempo todo falando da necessidade eventual – e portanto do direito – de que o executivo ordene o assassinato de um chefe de Estado estrangeiro. Não venham se queixar no dia em que os fuzis se voltarem contra suas próprias cabecinhas. E elas voarem pelos ares. Era uma mensagem oral, e eles a mantiveram em segredo por muitos anos. Mas de algum modo o memo que Lisa escreveu com os pontos mais destacados da minha mensagem sobreviveu entre os arquivos da Biblioteca Presidencial de Johnson e acabou vindo a público junto com outros memos elaborados por seus assessores sobre a mesma questão. É na verdade uma das mensagens mais enigmáticas de toda a minha vida política e, sem dúvida, das minhas vicissitudes de conspirador. Ao dizer a Johnson que as portas estavam abertas para que bombardeasse a mancheias qualquer unidade de combate ou população nossa e que eu entenderia o motivo de sua ação e que sequer iríamos revidar, eu o estava tentando com uma isca envenenada. Era como aceitar de antemão que ele produzisse seu próprio Pearl Harbor, e é claro que sua carreira política não sobreviveria às consequências de tal ação. Não podem negar que era a melhor maneira de me desembaraçar, pelo menos perante a cúpula do Partido Democrata, de qualquer tentativa de ser culpabilizado pela morte de Kennedy. Que maior prova de confiança e lealdade em relação a eles do que oferecer-lhes o banquete de um massacre em Cuba! E, em contrapartida, ao lhes solicitar que me indicassem de antemão o lugar e a hora da agressão, eu me reservava um indubitável espaço de manobra, para saber – por exemplo – que unidades ou meios de combate deviam ser mantidos na área de destruição designada; e seria até uma ótima oportunidade para designar como chefe do lugar qualquer comandante ou capitãozinho de quem eu pretendesse me desfazer. Nada como as armas do inimigo para limpar seu quintal. Mas era preciso também cuidar para que não se interessassem pela base de San Antonio de los Baños ou pelo Campo Libertad, onde tínhamos grandes investimentos em construções e em melhorias das antigas estruturas. Só em Cidade Liberdade estávamos construindo o maior hangar de reparos de aviões da América Latina. Não esqueçam também dos soviéticos. O quanto eu teria tirado deles caso houvesse um ataque dos ianques contra o nosso país! Os acordos da Crise de Outubro iriam escorrer como água pelas mãos, e Kruschev se converteria no faz-me-rir da opinião pública internacional.

Um plano sem objeções. Um dos tantos que me permitiram sobreviver até hoje. Eu não só estava dando a Johnson uma prova de poder inédita e de que eu podia suportar o golpe e suas ondas de pressão, como me permitia o luxo, chegada a hora, de sacrificar até populações inteiras.

24. A NOITE INTEIRA OUVINDO PÁSSAROS VOANDO

A história das revoluções tem uma grande parte subterrânea, que não vem a público. As revoluções não são movimentos absolutamente puros; são feitas por homens e gestadas em meio a lutas intestinas, ambições, ingratidões mútuas. E tudo isso, quando vai sendo superado, converte-se numa etapa da história que, bem ou mal, com razão ou sem ela, vai sendo silenciada e desaparece.

– Ernesto Guevara, 28 de outubro de 1963

Houve um comentário, em tom muito pesado, muito negativo, que o Che soltou numa tarde voltando de um voo. Eles haviam conseguido aterrissar antes que um poderoso cúmulo cobrisse toda a visibilidade da pista de Campo Libertad e que se vissem obrigados a furar o cúmulo e este acabasse levando-os para o desastre. A torre do Libertad os mandou procurar outro aeroporto, porque o Libertad estava fechado, e o Che disse pra eles que nem fodendo, que ainda havia visibilidade na cabeceira da pista, que ele estava vendo isso ali bem na frente dele e que iria se atirar e pronto. E que, além disso, estavam com uma merreca de combustível e iriam aterrissar de qualquer jeito: ou porque se atirariam na pista ou porque o avião cairia. Foi depois da aterrissagem que o argentino soltou as palavrinhas que passaram da conta. Ele achou que só seu piloto, Eliseo, estava ouvindo o que ele dizia. O Che não percebeu que os dois motores já estavam sendo desligados e que um mecânico já colocava os calços debaixo do trem do Cessna. O que o Che disse foi que nada nem ninguém iria matá-lo num avião, como havia acontecido com o Camilo. Nem o mau tempo, nem filho da puta nenhum.

– Se não – perguntou a Eliseo –, por que você acha que me empenhei tanto em aprender a pilotar?

O Che, é claro, não teria como saber que o mecânico ouvira com absoluta nitidez tudo o que havia dito, nem que era um dos muitos comunistas colocados na Força Aérea pelo capitão Víctor Pina, que já assumira o controle de todo o negócio da nossa aviação, tanto a civil quanto a militar. Portanto, a conversa foi devidamente registrada pelo mecânico, que achou por bem não colocar isso por escrito em seu relatório das ocorrências do dia e sim num informe à parte, que fez chegar imediatamente a Pina e que Pina me entregou, em mão, sem nenhum comentário. Mas eu não consegui evitar o meu.

– Isso aí foi uma cagada do argentino – disse eu pro Pina. – Jogar em cima de mim a suspeita de ter matado Camilo é uma veadagem dele. E não vou perdoá-lo por isso.

Não era o primeiro comentário sujo que o Che fazia e que chegava ao meu conhecimento, mas esse eu não esqueci até hoje. Ainda era muito cedo no processo para que o argentino levantasse essas sombras de dúvida a respeito da minha integridade. Precisava começar a pensar no que faríamos com ele.

Já contei a vocês que eu havia posto o Che para viajar em 12 de junho de 1959. Um longo périplo no qual o embarquei para poder tirá-lo do país por um tempo. No aeroporto, coloquei o Vilaseca em cima dele, ou seja, dei-lhe instruções para que o vigiasse. O trotskista ideal para se fazer trotskismo com ele. Era esse o personagem do Ernesto Guevara. Mas ele era um trotskista da onda internacionalista, não do tipo que iria me servir para fortalecer meu poder. Também havia o fato de que ele no fim das contas se destacava mais como aventureiro do que como ideólogo. O efeito desse triunfo da Revolução não foi apenas uma miragem para a contrarrevolução, que até hoje já faz quase meio século que tenta desembarcar em Cuba, ganhar uma guerra e passear triunfalmente por uma estrada até chegar a Havana. O Che também quis replicar a experiência. Na volta da sua viagem, uma das poucas coisas que aprendi foi o potencial dos charutos como ferramenta política. Ele não conseguira fechar nenhum acordo comercial benéfico e gastara quase todo o seu périplo em gestões diplomáticas, mas não exatamente em favor da Revolução Cubana, mas em vender a própria imagem.

A NOITE INTEIRA OUVINDO PÁSSAROS VOANDO   567

Poucos meses depois de seu périplo, e com o caminho limpo para o assentamento do nosso poder por pelo menos vinte anos (nosso cálculo da época) graças aos desfechos tão positivos de Playa Girón e da Crise de Outubro, empreendi a tarefa de envolver o Che numa expedição. Precisava tirá-lo de cima de mim. Os dois não cabíamos no mesmo espaço da ilha ao mesmo tempo.

É verdade, porém, que com lamentável frequência tínhamos acidentes de aviação.

No mesmo dia do enterro de Juan Abrantes, devido ao acidente que os senhores já conhecem por informação proporcionada por uma nota anterior, perdemos outra dúzia de companheiros que haviam viajado até Havana para participar da cerimônia fúnebre. Havíamos entregado ao Che a tarefa de discursar no velório. Ele, na realidade, se expressava com palavras bem moderadas. "Podemos dizer, com a consciência tranquila, que temos tentado dar um nível técnico ao Exército Rebelde. Mas, honestamente, essas mortes poderiam ter sido evitadas. São mortes mais injustas que as provocadas pela tirania, quando o puxaram pela camisa para chamar sua atenção. Um de seus seguranças estendeu-lhe um papelzinho com a informação do novo acidente. O argentino interrompeu seu discurso e ficou vasculhando um dos bolsos da jaqueta militar, procurando um charuto. Acho que foi a primeira vez na história mundial das pompas fúnebres que a cerimônia se viu suspensa pela procura de um charuto no fundo do bolso de campanha do orador, que, ao localizá-lo, encaixou-o na boca, acendeu, deu uma profunda baforada, soltou uma espessa coluna de fumaça e disse, pesaroso, depois de uma careta de desgosto:

– Estou sendo informado de que outro avião da Força Aérea Rebelde acaba de cair.

O argentino acabava também de inventar uma modalidade de oração fúnebre com noticiário agregado. Era algo que eu depois vivia repetindo para zombar dele, por esse viés excessivamente trágico que imprimia às suas intervenções e que eu não perdia oportunidade de ridicularizar.

Muitos acidentes. Os companheiros caíam como moscas. Literalmente. Parecia uma chuva de meteoritos. Caíam homens do céu. Quase sempre jovens barbudos com uniforme verde-oliva. No ano de 1959, então, nem se fala. Principalmente todos aqueles cúmulos-nimbos das tardes de verão. Eles pegavam nossos aviõezinhos com valiosos companheiros dentro e faziam farelo deles. A Revolução Cubana tem mais mortos em acidentes do que todos os tombados em combate e que a mortandade que impusemos à contrarrevolução no paredão. Em Angola, os acidentes foram um terço das nossas baixas. E se incluíssemos os disparos por imprudência, a cifra dos acidentados também teria aumentado, sem falar das enfermidades por contágio, que poderíamos considerar acidente, se bem que ninguém nos teria dado crédito nisso. Então determinei que todos os mortos por minas terrestres ou disparos fossem contados também como mortes em combate, mesmo que fossem imprudências, e a mesma coisa com toda aquela história de febrinhas ou tifo. Mas, naquele ano de 1959, foram os aviõezinhos e os tiros imprudentes. Depois os tiros imprudentes se mantiveram na ordem do dia à medida que armávamos cada vez mais homens, sem contar que aquelas metralhadorazinhas e as Ppsha disparavam à toa. O índice automobilístico depois se manteve, apesar da redução do número de veículos em circulação. Pararam de ser importados por muitos anos, e as lojas de autopeças simplesmente ficaram sem estoque.

O ESTRANGEIRO

Lembram do tiro que ele deu no próprio pescoço e que eu mandei dizer que ele se tratasse no hospital de Bahia Honda ou no de Consolación del Sur, dois pequenos povoados imundos perto da cordilheira do ocidente cubano? Não pensem que minha mensagem teve o sentido de uma brincadeira entre velhos guerrilheiros, porque foi absolutamente a sério. O certo é que, como vocês já sabem, eu fazia crer que o mantinha em Pinar del Río por seu alto valor simbólico. Pelo meu cálculo, às vésperas de Playa Girón, seria conveniente no caso de uma guerra de resistência mantê-lo, pelo menos no início, encarapitado lá no alto daquela cordilheira. Seria um chamariz extraordinário para conseguir a dispersão de qualquer agrupamento invasor, que se dedicaria a dar caça naqueles morros intransitáveis ao *Che* Guevara. Era incomensurável seu valor simbólico naquelas circunstâncias. Mas às vésperas e enquanto se desenrolou a Crise de Outubro, não houve cálculo, e o fato era que sua verdadeira situação era a de um macilento e inútil prisioneiro no fundo de uma caverna, rodeado por um grupinho recém-formado de seguranças, que eu mesmo escolhera para a ocasião e nenhum dos quais ia desobedecer à minha ordem de lutar contra o imperialismo até a última bala e a última gota de sangue na escura boca daquela estreita caverna. Vocês não acreditam, não é? Pois tirem como base o acesso de birra que o levou a disparar um balaço na perna (sua intenção era essa), tendo o cuidado de atingir apenas a massa muscular. Deve ter ficado no mínimo surpreso quando a Stechkin lhe escapou das mãos na hora de manipulá-la e apontou para cima e não para baixo. Minhas razões para isolá-lo? Uma apenas.

Ernesto Guevara de la Serna era um dos principais responsáveis internos por ter a Revolução Cubana se precipitado nos braços da União Soviética e estar agora à sua mercê. Digo internos porque os externos, como já sabem, foram os próprios americanos. O outro propiciador vocês também conhecem, foi Raúl. Mas este se encontrava sob o meu controle desde que nascera, e eu só precisava lhe dar umas duas palmadas na bunda para dar jeito nele. Além do que, eu o havia deslocado para tão longe de Havana – para a província de Oriente –, que ele parecia estar no comando de outro país. Assim, atribuí ao Che a cordilheira de los Órganos, em parte por sua condição de defensor da causa, em parte para afastá-lo de Havana.

Ele disparou o tiro nele mesmo no dia 18 de abril de 1961. Eu nunca suportei, desde Chibás, esses tirinhos marotos. Segundo nossas idílicas fontes históricas oficiais, o Che estava em Consolación del Sur, Pinar del Río, desde 16 de abril. Ali ele se colocou à frente do Comando do Ocidente. A inteligência cubana achava que haveria uma invasão por essa zona, a mais próxima do continente. Quando ele sofreu o "acidente" com a sua pistola – e isso as fontes idílicas não contam –, foi atendido pelo chefe de cirurgia do hospital provincial (Consolación fica a vinte quilômetros de Pinar), o dr. Nicolás Pérez Lavín, que mandou ele calar a boca, dado o estado de excitação e loquacidade inextinguível do Che e seu desejo de mandar em tudo. Isso, obviamente, não consta de nenhum dos nossos edulcorados panfletos. Meu conhecimento se baseia nos pormenorizados informes que me eram apresentados por seus seguranças. Seguranças dele e confidentes meus.

A diferença entre o conhecimento e a mentira é que, enquanto para o conhecimento você precisa de apenas um parágrafo, a mentira exige de você uma produção muito mais volumosa, até livros inteiros. Eu estava repassando alguns dos livros publicados sobre o Che e, virando as páginas, fiquei maravilhado em constatar os esforços de um bando de autores em livrar a cara da CIA e enaltecer seus oficiais executivos na região, sobretudo Lawrence Devlin, o chefe do núcleo no Congo, a quem se acusa de ser o autor intelectual do assassinato de Patrice Lumumba. Ele – é o que se afirma – *suspeitava*, chegou *praticamente a confirmar*, deu por certa a presença do argentino na sede da CIA em Langley,

Virginia, mas – sempre tem um "mas"! – *nunca lhe deram ouvidos*. Se a visão – a oficial – é tão contrária à nossa, pode-se entender o esforço em favor do império. Mas nos textos de Paco Taibo II e de John Lee Anderson, supostamente para enaltecer-nos, a intenção de mentir se mantém, e, quanto à argumentação, a única coisa que ela faz é mudar de orientação; quer dizer, procurar outro tipo de leitor. Para mim é fácil entender o que acontece com os biógrafos do Che. Falham em sua apreciação – principalmente no que se refere à expedição do Congo e à tragédia da Bolívia – porque, entre o meu deliberado propósito de enviá-lo para a morte e a eficácia da CIA em caçá-lo, preferem apostar na competência da CIA; os nossos adversários, para adulá-la; os nossos amigos, para injuriá-la.

Fiz o impossível durante meses para que a CIA se inteirasse de que o Che estava no Congo, mas nunca se convenceram disso. Era eu quem lhes transmitia os sinais, não o corno do Lawrence Devlin, mas não houve jeito de fazer eles se tocarem. Uma tarde, durante uma das minhas confabulações secretas com o comandante Piñeiro, dei um murro em cima da minha escrivaninha e exclamei:

– Porra, Galego, mas que pessoal mais incompetente esse, rapaz. Quando é que vão fazer o favor de se tocar de que estou lhes servindo o argentino na bandeja, que ele está ali à sua disposição?

Piñeiro também fizera o impossível na DGI. Só faltou colocar um rastro de migalhinhas de pão de Langley até o Alto Zaire (Congo). Obviamente, não podíamos fazer isso às claras. Foi então que decidi ler a famosa carta de despedida do Che. Em princípio, meu objetivo era fazer saber à humanidade que o Che estava fora de Cuba e, de passagem, com essa ação, vedar ao próprio argentino qualquer possibilidade de regresso à ilha.[74] Afinal, como é que um herói de sua estirpe iria abandonar os campos de batalha, onde conquistava hipotéticas vitórias uma atrás da outra, para ir se recolher em Cuba e pôr-se a salvo em seu santuário? Por outro lado, segundo a informação que Piñeiro processava, era absurdo pretender que o Che estava se saindo mal em sua campanha, ou que acreditássemos que estava perdendo. Nada disso. Ele tivera alguns sucessos, atacando uns quarteizinhos por ali, pelo fundo da selva, e isso também podia ser muito perigoso, neste caso para mim, porque o argentino então poderia ressurgir por seus próprios meios e tal situação eu não podia permitir para mim (nem para ele!). Se eu lhe abri as portas para que fosse para a África, o objetivo era que ele fosse comido pelos leões ou triturado pelas serpentes constritoras, mas não para que ganhasse uma guerra anticolonial. Em vez de objetivo deveria ter dito expectativa? Ou desejo secreto? Mas eu estava fodido, porque era vítima da minha própria superioridade na arte de conspirar. Uma conspiração demonstra sua excelência à medida que sua imagem prevalece. Como os senhores mesmos devem estar comprovando agora – enquanto negam com a cabeça e se recusam a aceitar o que estão lendo –, meu complô para me livrar do Che resultou uma obra-prima. Sim, porque vocês ainda se recusam a acreditar no que digo!

Bem, este trabalho não pode se converter numa série de desmentidos, tanto do que dizem nossos inimigos quanto daquilo que dizem nossos apologistas. Mas é imprescindível esclarecer alguns pontos. Vamos começar dizendo que, com efeito, conseguimos um excelente trabalho de deslocamento de uma força guerrilheira – retirada inteira de Cuba e colocada no Congo, a mais de 12 mil quilômetros de distância! –, sem que ninguém ficasse sabendo. Dezoito dias depois da minha leitura da carta, o principal analista de Cuba na CIA, Brian Latell, ainda veio com aquela história de que descobriu discrepâncias entre mim e o argentino. E sem que ninguém na Agência soubesse ainda que o Che estava no Congo, acompanhado de duas centenas de cubanos.

Mas alguma coisa me falhava no desenho estratégico final. Não tinha a ver com a luta pelo poder. Tinha a ver com a vaidade.

O mundo começa a idealizar as minhas criaturas, as que eu criei, e faz isso quando quer começar a me incomodar. Camilo. Celia. O Che às vezes. O Che era o mais independente. Não o mais popular, mas o mais independente. A popularidade não determina independência. Quase sempre uma figura popular é muito manipulável. O Che vinha com uma história própria, com algumas leituras e com sua formação e suas viagens de aventuras. Vinha com uma história anterior a mim. No caso de todas as pessoas que se uniram a mim no processo da luta, a sua história começava em mim. Além disso, havia o ponto decisivo: o Che não queria o poder. O Che queria impor sua ideia e ser a força altruísta dos processos de mudança, aquela imagem limpa e cândida das mudanças, das revoluções na América Latina. Eu tenho que ficar aqui me fodendo porque não posso ser presidente do mundo e você pretende ser um Bolívar e sair pelo resto da América Latina para se perpetuar como nosso último santo. E foi assim que ele me ganhou a longo prazo. Ao que parece, o dilema na história dos grandes homens continua sendo o mesmo. Vida ou glória.

No fim, porém, a melhor solução – como ficou demonstrado – surgiu de modo imprevisto para mim, graças àquela carta de despedida e à publicação que dela fiz.

Se os próprios dirigentes africanos não pedissem para tirarmos os cubanos de lá, seria o início do caos para aquela tropa. Faltava pouco para que os próprios cubanos se safassem do Che. Quando perceberam que aquilo tinha todas as perspectivas de ser uma missão eterna e que deveriam esquecer a ideia de um regresso a curto prazo (ou de qualquer regresso) à terra que os vira nascer, e que nem fodendo iam ver crescer os filhos ou celebrar os 15 anos da filhinha mais velha, nem naturalmente voltar a manusear as macias nádegas de suas mulherezinhas, isto é, que nunca mais voltariam a deitar com uma branca (ou pelo menos com uma mulata clara) no que lhes restava de existência (a carta do argentino expunha isso com clareza: "Outras terras do mundo reclamavam o concurso dos meus modestos esforços"), isso fez com que adquirissem de imediato a condição de motim em potencial. Dizia *meus* esforços. Os dele, porra. Não os *nossos*. Nunca o Che foi mais estrangeiro em sua vida do que diante daqueles desterrados, os cubanos do seu contingente.

A nossa fórmula de não exportar revoluções contou desde o início com um formidável aparato de subversão internacional, campos secretos de treinamento, e – pelo menos no que respeita à América Latina – redes de agentes e oficiais plantadas em todos os seus países. Essa posição de exportar processos revolucionários – sancionada desde sempre pelos teóricos marxistas – é, obviamente, um exercício de retórica e está vazia de qualquer significado; é uma enganação toda vez que mencionada num discurso público meu. Mas não pode ser de outra maneira. Porque, se além de ser um país bloqueado, ele se dedica a conservar a saúde de suas fronteiras, então ele irá durar pouco. Os cubanos aprenderam desde cedo que a linguagem também era um instrumento e que podia dar tanto resultado – e que assim era utilizável – quanto o mato e as folhas ocre das redes de camuflagem, e que a linguagem de guerra nunca significa o que expressa e, por sua vez, carece de importância, posto que só as ações são decisivas. E foi assim com a Bolívia e o Che. A nossa legendária Direção Geral de Operações Especiais (DGOE, também conhecida como Tropas Especiais, ou simplesmente "Tropas") carregou o peso do treinamento do Che.

Dali – como se diz – ele partiu para a eternidade. Ou melhor, eu *o fiz partir*.

Outubro é um mês propício para a captura do agulhão-de-vela. E navegando para noroeste de Havana, com o *Acuarama* cortando as leves ondulações de espuma sobre a linha da corrente do Golfo, achei um momento para fumar um Lancero e saborear um conhaquezinho. Era outubro, caiu um aguaceiro e vimos relampejar sobre as distantes sombras da cidade, que estava talvez a uns cinquenta quilômetros pela popa, enquanto seguíamos um rumo para leste. Os dois caça-submarinos MPK-10, que navegavam a uma prudente distância e sem um verdadeiro conhecimento de que me davam escolta, mantinham uma diligente varredura com seus radares, cada um com sua torrezinha de proa de dois canhões antiaéreos de 57 milímetros em posição vertical preparada e lançadores múltiplos de foguetes antissubmarinos RBV-6000, dois na proa de cada MPK, também em posição de combate, e os companheiros da Segurança Pessoal a bordo do *Acuarama* atentos à minha solicitação de outro conhaque ou cerveja, ou de algo para comer, ou de charutos, ou para me reabastecer ao primeiro sinal.

Esses MPK navegavam muito bem e eu gostava de vê-los ao longe, uns navios *muy marineros*, segundo a gíria naval cubana. Haviam surgido na filosofia defensiva da URSS do pós-guerra diante da proliferação das enormes naves inimigas. Os soviéticos criaram essas embarcações de litoral e depois passaram a produzir lotes de submarinos dotados de lançadores de foguetes com ogivas nucleares, após relutarem décadas em construir porta-aviões, símbolo do poderio imperial.

Havíamos saído de Cubanacán, a oeste de Havana, e os MPK continuavam navegando ao longe, para não revolverem o fundo. Como regra – é a minha experiência –, só os golfinhos e os tubarões ficam colados aos navios, procurando comida. Mas o sonar e os radares antissubmarinos tendem a incomodar os peixes, principalmente os grandes, e espantam a pesca.

Deviam ser umas nove horas da noite, e eu já via pela proa as balizas do estaleiro militar de Varadero, quando o maquinista da embarcação reduziu os motores para entrar nas águas mais rasas e poder se aproximar com cautela do cais. Quando baixou o nível de ruído dos motores, ouvi um bater de asas acima da minha cabeça. Estava a caminho do camarote, que ficava na popa e embaixo do assoalho da ponte de comando, para poder sentar na minha poltrona de leitura e calçar as botas. Os maçaricos eram pássaros familiares para mim nas semanas que pressagiam o inverno. São como postos avançados das frentes de inverno – os "nortes" da nossa linguagem meteorológica –, e eu os conhecia desde que virei um pescador esportivo e bom navegante, após o triunfo da Revolução. Empurrados pelas massas de ar frio, esses bandos de aves praieiras desciam para o sul. Eu aprendera que o bater de asas antecedia o cheiro da terra. Não havia maneira de se perder no mar se você seguisse seu percurso, pois eles sempre levavam você até uma praia. Voavam a baixa altitude e costumavam descansar nos mastros e balaustradas do navio, como os pardais nos fios elétricos, e essa era a melhor maneira de identificá-los como aves de terra e não de mar – porque precisam pisar firme. Contei sete bandos antes que a noite caísse. Mas agora só se podia ouvi-los se o motor reduzisse sua potência. Também chegou um falcão-peregrino. Deviam ser umas cinco da tarde quando embicou diante da proa à procura de uma presa. Você ouve o ar assoviando sob suas asas estendidas e sabe que ele se aproxima. Em seu voo solitário e de grandes alturas, eles não são facilmente identificáveis enquanto realizam seu majestoso percurso. Mas podem ser identificados ao mergulhar, quando alcançam uma velocidade de ataque superior a trezentos quilômetros por hora. Uma sombra de firme trajetória, um barulho de chapinhar na proa e o predador, mudando seu ângulo de ataque, mal roça a água e já reinicia a subida, com a presa no bico. Estávamos debaixo de um dos corredores de aves migratórias pertencentes ao segundo e terceiro itinerário de sobrevivência, que surgem na parte alta da América do Norte e se mantêm em paralelo até Cuba, onde uma rota se orienta para Santiago de Cuba, de onde atravessa o golfo do México e chega à península de Yucatán para depois se unir ao corredor transamericano que vem da costa oeste dos EUA. E o terceiro trajeto chega até Cuba e viaja pelas ilhas do Caribe até montar base no norte da Venezuela ou na Colômbia, para passar ali o inverno.

Estou calçando a segunda bota para me dispor a ganhar terra firme quando um mulato da escolta, de uniforme completo e porte magnífico, para na porta e se dirige a mim, com voz de preocupação.

– Comandante, com sua licença.

Isso quer dizer que se trata de uma notícia da maior gravidade. Intimo-o a falar, sem pronunciar palavra, só erguendo o olhar e ficando na expectativa.

– Acaba de chegar um cabograma de Manila, Comandante.

Manila é o nome de código para Bolívia.

– O Che?

– O Che – responde.

Estou adquirindo a expressão que devo assumir diante da notícia de que o segundo maior símbolo contemporâneo da libertação dos povos caiu em combate, quando o oficial acrescenta:

– Correto, Comandante. É o Che. Foi capturado hoje de manhã.

Não posso evitar um gesto de contrariedade.

– Capturado? – pergunto.

– Está preso em algum lugar ainda desconhecido.

– Caralho – digo, mas num tom que denota mais um sentido reflexivo do que a conotação habitual de imprecação. – De onde vem o cabograma?

– O comandante Piñeiro acaba de lê-lo a Mainé. Mainé ainda está ao telefone com ele. Na ponte.

– Não, não. Diga a Mainé que desligue. Acabaram-se as comunicações. Fique no aguardo.

O guarda se mantém junto à porta, esperando instruções. "Fique no aguardo" quer dizer que faltam instruções.

– Ouça, mande preparar os carros. Temos de chegar logo a Havana. Nada de linguagem aberta pelos recintos. Mas quero que Piñeiro, Raúl e Osmany[75] me esperem no Comitê Central e que Piñeiro me passe toda a informação que for chegando. Vamos.

Olho o calendário do relógio na esfera luminosa do meu Rolex GMT e guardo a data na memória. Dia 8 de outubro de 1967. Às oito horas da noite, no estaleiro militar de Varadero. Foi nesse momento que compreendi o enorme risco em que teria colocado a Revolução Cubana se tivesse deixado todos os resultados de uma complexíssima conjuração nas mãos de Ernesto Guevara. Pretensioso demais para conceber a verdadeira natureza de sua missão latino-americana. Apesar da inteligência que se gabava de possuir, não teve a capacidade de saber que seu objetivo não era capitanear uma guerrilha, e sim morrer. Não se tratava de outra coisa além da estratégia dual da Revolução de se desfazer de seus inimigos potenciais no exterior. Passagens só de ida. Nunca uma *roundtrip*. Às futuras divisões contrarrevolucionárias que se acumulavam dentro de Cuba, nós abríamos os portos e autorizávamos quantas pontes da liberdade eles quisessem, tudo para poder livrar-nos deles e enfiá-los em Miami. Nada complexo. A contrarrevolução nacional, de procedência burguesa, sempre foi um assunto da alçada de sargentos ou oficiais de pouca monta. Uma vez estabelecidas as diretrizes – fuzila-se um pouco aqui, prende-se outro tanto ali, e dá-se saída livre ao resto –, você não precisa dar-lhes muito mais atenção. Mas a tropa revolucionária, e principalmente aqueles seus irmãos de luta que se destacam por seus dotes intelectuais, tornam-se de maneira irremediável inimigos muito perigosos e temerários. Ouçam bem isto que vou dizer: nenhum intelectual que tenha matado alguém na Revolução é um homem no qual você pode voltar a confiar. Criam uma estranha mentalidade entre sua maturação como assassinos e o acesso ao poder. Erigidos sobre os dois compromissos supremos da Revolução – o homicídio e a ideologia –, oferecem o risco implícito de complicar as situações. E o problema no fim é que não sabem morrer. Nunca tive esses contratempos com os veteranos camponeses da minha guerrilha quando lhes atribuía qualquer tipo de missão, por mais suicida que esta se apresentasse desde o início, e isso tanto dentro do país como no exterior. O camponês é um matador de vontade cotidiana, vive rodeado das criaturas que sacrifica, ou torcendo-lhes o pescoço ou assestando-lhes repetidas punhaladas que vão até o cabo. Os próprios homens que em geral rodearam o Che nas campanhas do Congo e da Bolívia – e que eu me dediquei a selecionar com obstinado detalhismo –, eram dessa estirpe de combatentes serranos, e nenhum deles deu problema, mesmo com as mortes tão horríveis que enfrentaram. Quem foram os que foderam com tudo o tempo todo? Pois os dois ou três intelectuais que apesar de tudo o Che conseguiu carregar nas costas – Octavio de la Concepción y de la Pedraja, o cirurgião da guerrilha (com sua exasperante *e no fim mortífera* lentidão!) –; Tamara Bunke "Tania", sua companheira; Régis Debray e Ciro Roberto Bustos, os artistas visitantes. Para não citar a plêiade de recrutas latino-americanos que veio se somar, todos a meio caminho entre a animação das aulas universitárias dos Andes e os soluços incontroláveis dos traidores de pouca monta quando recebem a primeira bofetada do interrogador. De qualquer modo, essa tendência nossa de abrir as portas da insurreição fora do país a todo o pessoal revolucionário que apresentasse conflitos de interesses com nossas condutas políticas ou de governo criou quase de forma automática uma das tantas miragens de propaganda favorável a Cuba. De que com esses envios de pessoal treinado estávamos cumprindo uma espécie de destino messiânico do nosso processo: o da disseminação continental do projeto cubano. Na verdade, era algo que tinha um propósito de feição contrária, o de nos desfazermos de nossas primeiras hostes dissidentes. Daí surgiu a lenda da Revolução Latino-americana propugnada por Cuba: da utilidade que eu decidi dar a um pessoal descartável. Termino de me enfiar nas botas, ponho a

A NOITE INTEIRA OUVINDO PÁSSAROS VOANDO 577

jaqueta por cima do ombro de qualquer jeito e prendo o cinto com cartucheira da Stechkin APS à direita e os porta-magazines duplos à esquerda. Quando saio no convés e vejo no cais o movimento das silhuetas da minha escolta e os carros, o cruzamento em baixa altitude dos maçaricos reais torna-se perceptível para mim esta noite pela última vez, a bombordo do *Acuarama*.

De Gallego para Alejandro.

Informação para uma análise (Missão interrompida de Ramón):

Em 31 de Agosto de 1967, ao cair da tarde, o grupo liderado por Joaquín (Comandante Vitalio Acuña), segunda coluna da guerrilha boliviana de Ernesto Guevara, adentrou o rio Masicurí logo ao norte de sua confluência com o rio Grande. Joaquín desconhecia que haviam sido traídos pelo camponês Honorato Rojas. O capitão Vargas Salinas, do exército boliviano, havia posicionado seus homens numa emboscada que dizimaria a coluna guerrilheira.

Ao custo de apenas um soldado morto, a coluna de Joaquín foi eliminada. Os mortos da guerrilha, entre outros: Tania, única mulher da coluna, o comandante Gustavo Machín, Moisés Guevara e o próprio Joaquín. Os cadáveres foram levados e expostos em Vallegrande. Os únicos sobreviventes foram Paco e Freddy Maymura. Este último foi executado pelos soldados logo depois. Um terceiro sobrevivente, o médico José Cabrera, foi capturado e executado dias depois. Resultado final; o único sobrevivente foi Paco (José Castillo Chávez).

Félix Ismael Rodríguez, agente da CIA, que nesse tempo trabalhava com a inteligência militar boliviana, percebeu a importância potencial de Paco. Com a oposição do tenente-coronel Selich, que queria executá-lo, foi-lhe concedida a custódia do prisioneiro. Nas semanas seguintes, interrogou Paco e conseguiu que lhe detalhasse a estrutura da coluna do Che. Era composta por uma vanguarda, um centro e uma retaguarda. Mais importante ainda, conseguiu os nomes dos guerrilheiros que compunham cada um dos três setores da coluna.

Desde o fim do verão, Vallegrande tornara-se a principal base da contrainsurreição. Em 1º de setembro, depois de Vargas Salinas fazer contato com a coluna de Joaquín e aniquilá-la, houve euforia e até se acreditou que Guevara houvesse morrido, já que o confundiram com Moisés Guevara.

Enquanto isso, o Che dirigira sua coluna para o norte do rio Grande, zona com menos vegetação e, portanto, desprotegida, e se deslocou para La Higuera, onde ordenou que a coluna fosse até a próxima aldeia, chamada Jagüey. Ao chegar às primeiras alturas do terreno, a vanguarda foi surpreendida por uma emboscada, quando o exército mata Roberto Peredo ("Coco"), Mario Gutiérrez ("Julio") e o cubano Manuel Hernández ("Miguel"). Quando Félix Rodríguez soube quem eram os mortos, percebeu que se tratava da vanguarda do Che. Havia localizado o comandante Guevara.

Paco confirmou a identidade de Miguel. Com a informação obtida, concentraram-se na zona das companhias de rangers, incluída a do capitão Gary Prado. Em poucas horas conseguiram cercar os guerrilheiros na Quebrada do Yuro. Era 8 de outubro, e às 13h10 começou um combate.

O Che, ao perceber a gravidade da situação, tentou sair da área de operações. Foi surpreendido por membros da companhia do capitão Prado. Ferido, entregou-se, dizendo: "Não atirem. Eu sou o Che Guevara e valho mais vivo do que morto."

Fonte: Direção Geral de Inteligência

Gallego

Às vezes a vida cotidiana do infatigável guerrilheiro ficava mais tediosa que a de um aposentado. Isso talvez nos desse uma justificativa para sua pretensão, poucos dias após instalar-se na periferia de Praga, de ir morar na França. O Che esteve naquele local afastado, logo chamado de La Finquita [A Fazendinha] por nossos companheiros, entre fevereiro e julho de 1966. Sempre havia com ele dois seguranças cubanos, como devem supor. Os tchecos nos cederam a casinha com seu terreno vizinho para que – segundo o que argumentamos com eles – alguns de nossos mais altos oficiais descansassem ao voltar de seus estudos nas academias militares da URSS ou de tarefas diplomáticas na Europa ou na África. (Este último aspecto, caso perguntassem aos soviéticos

A NOITE INTEIRA OUVINDO PÁSSAROS VOANDO

a respeito de militares nossos em trânsito.) Nunca lhes foi revelada a verdadeira identidade do hóspede. Então, não haviam passado muitos dias quando recebo as primeiras notícias sobre a vocação irrenunciável do Che de arrumar em Paris o sotãozinho mais coquete possível que acabava de desenvolver em sua imaginação. Imaginem o personagem na França, posando de intelectual crítico da Revolução Cubana. O André Malraux da Revolução Cubana. Ali, com Sartre e Régis Debray, contando suas lembranças da guerrilha e criticando a Revolução. Divertindo-se na Sorbonne e sob os auspícios da Escola Trotsquista de Paris. Que babacas. Não percebem que a Revolução sou eu – eu a represento, eu a encarno, eu sou seu símbolo –, e ela não pode ter nada acima de mim. Não consigo explicar como o argentino podia abrigar o sonho de ir embora e ficar tomando cafezinhos numa mesinha ao ar livre, de sandálias e jeans, depois de ter matado tanta gente para levar adiante minhas ideias ofensivas ou de justiça revolucionária ou simplesmente para me salvaguardar de qualquer dano. A quantidade de vezes que observei seu rosto salpicado de sangue e massa encefálica depois de aplicar o tiro de misericórdia e arrebentar a cabeça de algum batistiano e cuspir os fragmentos de crânio que haviam caído sobre seus lábios. Tenho uma visão bastante aproximada de La Finquita praguense graças aos informes que Piñeiro me produzia. Pela mesma via do pessoal de Piñeiro tive, no devido momento, uma informação detalhada das medidas que Che tomava para se proteger de nossos emissários e fazer um jogo bastante desprezível, alegando que estaria na verdade protegendo-se da segurança tcheca.

De Ojalvo para a Chefia.

Localização de La Finquita [abril de 1966]:

A chamada Finquita. Depois de sair da estrada, toma-se um estreito caminho de pedra. Como é inverno, está parcialmente coberto de neve e as árvores estão quase sem folhagem. A uns 25 metros, um portão de duas folhas de madeira dá acesso ao lugar. A uma distância similar, divisa-se uma moradia branca de madeira, com dois andares, uma típica casa de campo. Em volta, um grande jardim, semissecado pela neve.

580 A AUTOBIOGRAFIA DE FIDEL CASTRO

Os quartos, situados no segundo andar, são pequenos. Embaixo fica a sala de visitas, um hall ou entrada, a sala de jantar e a cozinha. A moradia é cuidada por uma senhora idosa, colocada lá pelos tchecos para cozinhar para os grupos que costumam passar por ali. Essa senhora, aparentemente, não sabe uma palavra de espanhol e nunca é vista numa atitude suspeita. Tem aspecto muito humilde, de baixo nível, tanto econômico como cultural. A duras penas cozinha algo comestível, e por isso fazemos um acerto: de que à tarde nos faça uma omelete com presunto, ou a sua indefectível variante, ovos mexidos com os mesmos ingredientes, uma salada e alguma fruta. Trazemos tudo do mercado da cidade. No almoço, de acordo com as conveniências, somos "vítimas" do galash com knelikes, prato único na competência gastronômica da pobre mulher.

Fonte: Direção Geral de Inteligência, Missão de Praga

Ojalvo[76]

De Diosdado para a Chefia.

Abril 1964.

Por instruções do comandante Manuel Piñeiro, vice-ministro do MININT, que atende à parte técnica [como costumava ser chamada a Inteligência] e é meu chefe superior, viajo a Praga, com a missão de ficar às ordens do Che. Em horas da madrugada do dia seguinte, pronto para partir, mantenho outro encontro com Piñeiro em sua casa. Ele volta a me explicar a missão, que é preparar a documentação para que viaje ao país escolhido por Guevara, de onde espera poder trasladar-se para a América Latina e reiniciar a luta armada. Eu ignoro que o Che se encontra naquele país depois de ter combatido no Congo. Piñeiro me orienta que, com muito tato, mas com argumento profissional, tente convencê-lo do perigo que acarretaria para a sua pessoa viver em outro país da Europa Ocidental, assim como as dificuldades operacionais e riscos envolvidos em se manter um vínculo clandestino com ele nessas condições.

Ele me diz em mais de uma ocasião que o Che está relutante em voltar para Cuba, onde melhor poderia levar a cabo seus planos, mas não me explica as razões, nem eu as pergunto. Me dá vários envelopes lacrados para ele. Em Praga, sou recebido por Ojalvo, e quando estávamos chegando aonde mora o Che, fico alegre, pois se trata da fazenda onde passei vários meses na preparação de Tania [Tamara Bunke, a garota de origem alemã que depois se uniria à guerrilha do Che na Bolívia]. O Che está no segundo andar. Depois de responder a várias perguntas que me faz, entrego-lhe a correspondência, e ele começa a lê-la. Permaneço no lugar; Ojalvo desce para fazer café e depois nos serve. Quando o Che termina de ler, saímos ele e eu para conversar no amplo jardim em frente à casa, pois me faz um sinal para o teto, que indica que podemos estar sob escuta; não há dúvida de que está "cabreiro", como se diz na gíria popular quando a pessoa desconfia. Antes de abordar o assunto da razão da minha viagem, interessa-se pela situação de Tania [que já fora despachada para a Bolívia para avaliar as possibilidades de uma guerrilha]; informo-lhe tudo o que sei dela, e também lhe conto que naquele mesmo lugar eu a havia preparado para sua atribuição. Ele insiste em que não devem ser dadas a ela tarefas não relacionadas com sua missão específica.

Embora em várias oportunidades eu lhe reitere o que me orientara Piñeiro, e mais ainda quando fico sabendo que o país escolhido é a França, não consigo nada, nem nesse dia, nem no seguinte; ele mantém sua decisão de fazer aquela viagem. Nos argumentos expostos por mim, nunca menciono que o mais lógico é voltar para Cuba. Então lhe digo que trabalharemos nas variantes dos possíveis itinerários para trasladar-se para Paris, pois alega que fala francês e ali residem muitos latino-americanos, entre os quais pode misturar-se. Quando me pede que ninguém mais além de nós conheça seu itinerário de viagem, preciso lhe dizer que não posso fazer nada pelas costas dos meus superiores, neste caso Piñeiro. Ele entende minha situação e aceita o argumento. Nos três dias que passo com o Che, me convida para uma caminhada que é longa e extenuante, pois Ojalvo e eu não fazemos exercícios, e este está bem acima do peso. Finalmente, nos perdemos e como eu lembro que perto da fazendinha fica o hotel Balnovka, saio numa estrada e pergunto a um jovem que vem de bicicleta. Ele me indica onde fica e assim voltamos.

No dia da minha volta, o Che me pede para localizar Alberto Fernández Montes de Oca (Pachungo), que trabalha no Ministério de Indústrias [em Cuba], para que o prepare e o envie, a fim de que o acompanhe e fique com ele em sua estadia em Paris. De novo em Havana, informo Piñeiro do resultado da minha missão e ele me ordena que passe a trabalhar logo na solicitação do Che. Quanto a localizar Pachungo, não é muito difícil, e ele aceita de bom grade cumprir essa missão, ainda mais sabendo quem é que a solicita. Sua preparação, para que passe por uruguaio, nós a fazemos na minha casa, e uma vez terminada ele se retira para a casa dele para aguardar o aviso sobre quando deve partir.

Fonte: Direção Geral de Inteligência

Diosdado[77]

Olho o calendário na esfera luminosa do meu Rolex GMT e fixo a data na memória. 8 de outubro de 1967. Às oito horas da noite. O Che não pode checá-la num relógio idêntico porque já foi despojado dele. Estou com todas as minhas avenidas tomadas, aguardando apenas, de uma hora para outra, o desenlace inevitável. Pelo trabalho anterior revisado com o Galego Piñeiro, sei que as ordens aos companheiros bolivianos foram dadas com antecedência suficiente e com absoluta clareza. Ainda nos restavam alguns dias com o mesmo fuso horário da Bolívia. Assim, minha espera será efetuada de modo sincronizado com aquele remoto território. E onde quer que mantenham o Che, a hora é idêntica – para ele e para mim. Fui muito cuidadoso, até o último detalhe, na realização desse trabalho. Minha caravana avança a toda velocidade para Havana. Vamos pela confortável pista dupla que margeia a costa norte e viajo com as janelas abaixadas, desfrutando do vento de outono que entra pela minha janela. De tempos em tempos, maquinalmente, consulto a esfera fosforescente do meu relógio. Vou refazendo minhas contas. Na Bolívia, a hora oficial em relação ao meridiano de Greenwich marca quatro horas a menos (GMT-4). A Bolívia não faz mudanças de horário para poupar energia, portanto não existe horário de verão ou inverno, a hora é igual o tempo todo e não varia de uma região geográfica a outra dentro de seu território. Nós empatamos com seu horário, pois aplicamos o Horário de Verão desde 1963 (avançávamos uma hora nesse período) e o estendemos desde o último domingo de março até o último domingo de outubro.[78] Ou seja, o Che havia feito o início de sua campanha boliviana com uma hora de diferença a seu favor, 190 dias, a partir da segunda-feira 7 de novembro de 1966 até 26 de março de 1967.

Mas desde então, e até sua captura, hoje, domingo 8 de outubro, e sua morte próxima – que eu calculo para o amanhecer – segunda-feira 9, os 197 dias restantes, dos 387 que durou sua campanha, ficou no mesmo horário que nós e ainda lhe restariam vinte dias até que em Cuba encerrássemos o Horário de Verão, em 26 de outubro, que é quando cai o último domingo de outubro deste ano. À minha frente, ao longe, o brilho, ainda tênue devido à distância, da iluminação pública e das edificações de Havana começa a se refletir na abóbada de um teto de nuvens baixas.

Fico lembrando várias passagens de *Por quem os sinos dobram*, das duas coisas, o filme e o livro. Se me dessem a menor oportunidade, faria um estrago ainda maior que o de Gary Cooper no filme. O argentino se antecipou a mim. O Che fez voar três pontes em dezembro de 1958 durante o cerco à cidade de Santa Clara. Ele tinha essa vantagem sobre mim porque eu não explodi nenhuma no setor sob minha responsabilidade, quando avançava situado à vertente norte da Sierra Maestra, com os olhos postos no meu próprio cerco de Santiago de Cuba. Eu fazia voar caminhões com tropas, como contei, mas sobre o chão firme da estrada. O veado do argentino nunca leu Hemingway. Você evita o Hemingway – eu dizia a ele, só para encher o saco – como uma virgem evita um pau. Para mim era indecifrável a atitude dele em relação aos escritores americanos em geral. Sendo ele como era, um fanático pelos filmes de pistoleiros e caubóis, era lógico que apreciasse a literatura equivalente. Talvez ele estabelecesse uma diferença. Os filmes eram veículos de entretenimento, objetos das matinês, para encher as tardes do domingo. Mas um livro representa uma pretensão de cultura, já é por si um artigo respeitável, que desperta consideração, e não se deve admitir que uns bárbaros do norte se instalem no reino de seus admirados escritores franceses. A conduta premeditada de um argentino com arroubos intelectuais que não quer ver transgredida sua formação cultural.

Um dia, após o triunfo da Revolução, convidei-o para o concurso de pesca organizado por Hemingway – em maio de 1960. Ele me apareceu no iate com um enfadonho pacote de novelas de guerra soviéticas e *O vermelho e o negro*, de Stendhal. Lembro bem, porque leu para mim em voz alta um monte de parágrafos de Stendhal.

– Porra, Che. Não seja impertinente – disse eu, recriminando-o. – Já, já o velho (Hemingway) vem a bordo para nos cumprimentar e você está fazendo o possível para ignorá-lo.

Típica conduta do argentino. Preferia suas poses de irreverência a um bem montado ato de propaganda favorável à Revolução.

Comento isso porque estava pensando na sua morte. Ou no que devem ter sido seus últimos minutos de vida, se acreditamos em tudo o que ele escreveu.

Relendo suas crônicas da luta na Sierra, descubro seu apreço por um escritor chamado Jack London. Ferido em seu desventurado combate de Alegría de Pío, e com muito poucas esperanças de escapar vivo da emboscada, o Che lembra um personagem de London que, em circunstâncias parecidas, decide esperar a morte com a maior dignidade possível. Quero ver o que esse London tem de bom, disse um dia a mim mesmo, e mandei pedir todos os seus livros. Foi quando soube, pelas orelhas e notas de introdução, que também era americano e havia influenciado Hemingway. Como depois levei adiante essa investigação, obstinado como fiquei em relação às suas preferências literárias, descobri que, do mesmo modo, mas em sentido inverso, os dois escritores franceses que ele mais venerava – Sartre e Camus – haviam reconhecido a influência exercida por Hemingway *sobre eles*. E vocês deviam ver como Sartre e sua mulher (Simone de Beauvoir) estavam ansiosos para visitar Hemingway em seu sítio nos arredores de Havana e lhe mostrar sua adoração absoluta, como súditos diante do faraó.

Enfim, que o máximo que consegui obter de conhecimento sobre seus últimos instantes, por volta do meio-dia de 9 de outubro de 1967, foi que empalideceu subitamente quando o agente da CIA Félix Rodríguez comunicou-lhe que todos os esforços para lhe preservar a vida haviam fracassado. Depois se recompôs um pouco e até tentou colocar um pouco de tabaco no cachimbo e fumar. A forma mais tonta da traição ele já havia praticado na manhã do dia anterior, ao se render diante da patrulhazinha do capitão Gary Prado e se apresentar, com todas as credenciais, para que não o matassem.

Não atirem. Eu sou o Che Guevara e valho mais vivo do que morto.

Bem, depois de esgotar todas as possibilidades da traição, você pode ser tão digno quanto quiser.

Sentou-se penosamente dentro da sala da escolinha de La Higuera. Recostado à parede, ajeitou como pôde a camisa. Com as pernas estendidas e as alpargatas desarrumadas diante dos olhos, dedicou-se a esperar. Era outra vez o seu personagem predileto de Jack London.

Um falcão peregrino, que repousava nos galhos do monte próximo, depois de ter atravessado La Higuera e descido em busca de um charco para beber água e satisfazer a dieta sazonal de insetos e répteis, antes de seguir voo para o sul do continente no fim de sua viagem migratória de mais de 7 mil quilômetros saindo da costa leste americana, ergueu-se em debandada, ao ouvir de dentro da escolinha o estrondo abafado de uma rajada de carabina M-2.

MULHEREZINHAS NEGADAS

Eu disse a Aleida March, a viúva do Che:

– Olhe, Aleida, o que eu quero agora, o que a Revolução precisa, é que você não volte a se casar. Necessitamos de seu símbolo. Ou, se você quiser que eu seja mais claro: precisamos de você *como símbolo*. A pátria necessita de sua dor, Aleida. Uma dor permanente. Que não se extinga durante muitas gerações. Eu entendo o tamanho do sacrifício que estou lhe pedindo. Mas você terá a recompensa da solidariedade e da compaixão de milhões de pessoas no mundo inteiro. Isso não quer dizer que não possa ter seus relacionamentos. Entendo que você tem necessidades a serem atendidas. É uma mulher ainda jovem e atraente, mas o que eu lhe peço é que faça isso de maneira muito reservada. O importante, a partir de agora e para sempre, é o símbolo que você, e só você, pode representar. Entendeu? Você entendeu, Aleiducha?

Que nada. Ela não entendeu. E sua resposta não foi apenas taxativa. Ela teve o peito de usar de uma franqueza brutal. Primeiro me lembrou aquela viagem na qual eu mandara o Che, no início da Revolução, percorrer meio mundo subdesenvolvido. Eu insistira com o argentino para que levasse Aleida junto, na delegação, e convertesse o périplo também em sua lua de mel. Haviam acabado de se casar, e não poderia haver melhor oportunidade de combinar as atividades oficiais com uma deslumbrante viagem de núpcias. Mas ele se negou sumariamente. E Aleida não se esquivou de me lembrar disso. Significava, disse ela, que seu falecido marido lhe ensinara a diferença que era preciso estabelecer entre as questões pessoais e as da Revolução. Depois – e esse foi o momento crítico do diálogo comigo –, perguntou se para mim já não bastava o símbolo daquela vagabunda alemã (a Tania) que, com a aprovação de todos nós (os companheiros da Direção Revolucionária) e com certeza também com a minha aprovação e conhecimento, havia roubado o marido dela. Eu tive o bom senso então de não

586   A AUTOBIOGRAFIA DE FIDEL CASTRO

entrar em conflito com aquela mulher, cujo sangue se acumulava nas veias das têmporas, tal seu estado de indignação, e engoli em seco, o melhor que consegui, como se deglutisse meu próprio pomo de adão, e lhe pedi desculpas por tê-la contrariado daquele modo, e lhe disse, quase num murmúrio, que a minha intenção fora puramente política. Tive também o bom senso de não responder a ela se eu sabia ou não das putarias do argentino com a infeliz garota que acabaram queimando a balaços em Vado del Yeso, e que teve seu cadáver arrastado pelas águas durante vários quilômetros, até aparecer, dias depois, inchado como um molusco gigante e meio devorado pelas piranhas. Ao falar com Aleida, eu cometera o imperdoável erro de confundir uma mulher consumida pelo ciúme com uma revolucionária disposta a aceitar qualquer tarefa. E ficava óbvio que acabava de ver em Aleida a rejeição à minha pessoa que lhe fora semeada pelo Che. Nunca mais tive a ideia de um projeto semelhante. As mulheres desses combatentes, quase sempre rudes camponeses, eram imprevisíveis. Não era o caso do Che, é claro, a variante mais convincente de intelectual que tivemos durante muito tempo no Exército Rebelde. Essas moças, mulheres ainda jovens, de briga, muito agradáveis de levar para a cama, com bons corpos, com sua tão saudável e evidente procedência camponesa, mas já banhadas, com suas dentaduras impecáveis, bem vestidas, moças tomadas pela Revolução antes que seus seios ficassem caídos e seus dentes destruídos, estavam à mão. Foram para a Revolução com o único e discutível defeito de fornicar com toda a naturalidade e sem acrescentar o efeito tão erótico da ação pecaminosa, como seria se você as possuísse como parte de um secreto ultraje. Enviuvavam de nossos companheiros enviados para a morte e depois continuavam sua carreira de disponibilidade para serem desfrutadas (não estou incluindo Aleida neste caso, é claro). Era desigual a competição com esses mortos. Era muito difícil, pois tratava-se de jovens camponeses, fortes, vigorosos, com uns paus com os quais partiam mesas de mármore. Se você se envolve com um matador de homens, depois é muito difícil ter uma relação com um cara de escritório. Estou falando sério. Eles faziam concursos para ver quem rachava as superfícies de granito das mesas dos acampamentos militares, quem arrancava lascas com uma pancada de seu membro.

Decidi me poupar de uma segunda confrontação com Aleida. No início de 1968, Piñeiro e suas linhas de trabalho incumbiram-na de recuperar fotocópias do diário que o Che manteve de sua campanha boliviana, além de sua máscara mortuária e de suas mãos, cortadas antes que o resto do corpo fosse enterrado em local secreto, e colocadas para conservar em formol dentro de um pote de cinco galões de azeite de oliva espanhol. Antonio Arguedas, o ministro do Interior da Bolívia, que era agente nosso e sobre o qual fizemos recair a máxima responsabilidade para que o argentino não saísse vivo de seu país, fez com que chegassem a Piñeiro. Minha alternativa então era ou dar a oportunidade a Aleida de voltar a determinar os possíveis usos de qualquer dos atributos relacionados à figura do Che ou então deixar por nossa conta o destino que considerássemos melhor para a propaganda revolucionária. Tomei o atalho simples de ignorá--la e na primeira oportunidade, num discurso na plaza de la Revolución, soltei a bomba de que as mãos do comandante Guevara e a máscara mortuária feita no necrotério do hospital de Vallegrande estavam em Cuba, e que ainda não se definira o que fazer com elas. A ideia de colocá-las numa vitrine para exibição pública, na base do monumento a José Martí, ali mesmo, às minhas costas (indiquei com o polegar para trás), na plaza de la Revolución, era uma das variantes em estudo. De que modo esse meu arroubo de loquacidade no decorrer de um discurso pode ter afetado ou não Aleida é algo que nunca soubemos, porque ela não nos transmitiu nenhum sinal. Os senhores não sabem o entusiasmo que eu sentia por esse monumento. Não contávamos com um Lenin de corpo completo. Mas, pelo menos, havia duas mãos. Tive reuniões com artistas plásticos e escultores e arquitetos para ouvir suas propostas. A única coisa que eles faziam era guardar silêncio, empalidecer e me olhar assustados. Houve dois ou três que desmaiaram. Eu achava que devíamos colocá-las inseridas em punhos de camisa. Não tínhamos suportes. Pelo menos não sabíamos como conseguir suportes apropriados. Isso era algo que ficava claro nas sessões da comissão que eu instituí para esse fim. Que o conceito de "suporte" se nos escapava. Um dia, meio de soslaio, como costumava me soltar as coisas quando queria me perturbar, Piñeiro me disse o que achava.

Aquelas mãos soltas numa caixinha de vidro iam virar um monumento à vitória do inimigo.

– Você não percebe, Fidel, o que isso significa.

– O que significa, Galego? – pressionei-o. – O que significa?

– Significa, Fidel, que cortaram as mãos de Cuba na América Latina. É isso o que significa.

PARTE SETE

QUANDO ESTA GUERRA ACABAR

25. CAI A NOITE EM LA PLATA ALTA

Eu já estivera naquela cúpula dos Não Alinhados de Argel, onde tive uma discussão com Khadafi e Sihanouk que não queriam admitir que os Não Alinhados eram os aliados naturais dos países socialistas.[79] Era um dos nossos momentos idílicos com a União Soviética, sempre devidos à boa influência de Leonid Brezhnev, que conseguiu criar uma excelente relação comigo mesmo antes de substituir Kruschev, desde que eu viajei pela primeira vez a Moscou, em abril de 1963. Tinha dois graves defeitos aos olhos de um cubano (sempre me abstive de apontá-los, por uma elementar norma de cortesia): desconhecia o que significava levar entre os dentes um bom charuto Vuelta Abajo e nunca havia passado a mão na bunda de uma mulata. Mas se esforçava para manter um diálogo inteligente e camarada comigo. Meu principal aliado estrangeiro durante quase toda a Revolução era perfeitamente imune à sedução de um havana. Vi-o fumar uns espantosos cigarros do tipo *papirosas* especialmente produzidos para ele e derrubar umas boas talagadas de vodca, mas nunca o vi fumar um charuto. Era totalmente alheio a esse prazer. Quanto a enredar-se entre as pernas de uma mulata, o que é que podemos exigir do primeiro-secretário de um partido que atua no Kremlin, tão distante do mais importante enclave produtor de mestiças do mundo e do sussurrar das palmeiras? Bem, acho oportuno voltar ao meu périplo vietnamita.

Ao chegar em Nova Délhi, numa breve escala para uma conversa com Indira Ghandi, recebi a notícia do golpe de Estado no Chile.

Eu tomara as medidas necessárias com dois de meus melhores homens na noite anterior à partida para a Cúpula. Eles também estavam a ponto de embarcar num avião, mas em direção ao Chile. A conversa com Patricio de la Guardia e

Enrique Montero foi em 27 de agosto à noite, na casa de Piñeiro. Ambos eram os mais altos cargos de nossos serviços especiais ali. Não sei dizer exatamente o grau que tinham então, mas em poucos anos Patricio foi promovido a general de brigada e Montero a coronel. Naquela noite recebemos a notícia de que em Santiago do Chile haviam colocado e explodido o artefato que Montero descreveu como "um bombom" na porta de Michel Vázquez, nosso adido comercial ali, e outro logo depois, na porta de outro oficial nosso, Félix Luna. Mandei parar o Il-62 no qual Patricio e Montero deviam embarcar, lá pelas nove da manhã, quando falei pela última vez sobre o Chile. Foi isso textualmente o que eu disse a eles:

– Vou dizer minhas últimas palavras sobre o Chile.

Eu ordenara do seguinte modo minhas ideias sobre a situação do Chile e sobre como devia ser nossa atuação:

1. Allende ia ser derrubado.
2. Allende fizera concessões demais.
3. Os cubanos tinham que sair de lá da maneira mais digna possível.
4. Os cubanos não podiam se envolver em nenhum tipo de luta de rua contra o Exército se as massas não se lançassem ao combate.
5. Não se comprometer com nenhuma ajuda a Allende se o povo não estiver nas ruas.
6. Toda ajuda a Allende tem que ser dada antes de um golpe de Estado, e não depois.
7. Não apoiar nenhum grupo paralelo. Só o governo central (Allende).
8. A missão dos cubanos é defender nossa embaixada.
9. Ativar a partir de agora os dispositivos da Operação Quang Tri.

Expliquei-me com os companheiros do seguinte modo:

– A queda de Allende vai me pegar durante a viagem. Aquilo é um caso perdido. Salvador fez muitas concessões. As concessões nada mais fazem do que semear concessões. Para sair das concessões é preciso fazer mais concessões. É como as mentiras. Ou seja, você diz uma mentira e para encobri-la precisa dizer outra. Prestem atenção no seguinte. Os cubanos têm que sair de lá com a cabeça erguida. Ali não há mais nada por que se combater, e só devemos sair às ruas se houver povo nas ruas. Não se pode sair às ruas para matar gente do povo. Estão me ouvindo? Digo mais, se Salvador pedir ajuda, é preciso verificar primeiro se o povo está na rua, manifestando-se a seu favor. Também não se pode apoiar o MIR – Movimiento de Izquierda

Revolucionaria –, não se pode apoiar ninguém, nem nenhum outro grupo paralelo. É preciso dar todo o apoio a Salvador. Mas é um apoio anterior, não um apoio oferecido posteriormente. Repito. Se houver um golpe, vocês têm que aguardar a revolta do povo. A posição dos senhores, de qualquer modo, é defender a embaixada, do mesmo modo que os vietnamitas defenderam o bastião de Quang Tri. A aldeia irredutível do Vietnã. Lembrem-se de que foi assim que batizei essa operação no início. Lembrem-se de que eu lhes disse, quando estávamos reunidos ali, em Tropas, selecionando o pessoal quer iríamos mandar para o Chile. "Isso vai ser como Quang Tri."

E, com efeito, foi esse o nome escolhido: Operação Quang Tri. E assim terminei minhas últimas palavras sobre o Chile. Despedi-me de Patricio e de Enrique e disse a eles que podiam ir pegar seu avião porque eu ia pegar o meu. Então me virei para Piñeiro, que tinha na mão um copo de *scotch* com gelo, e lhe disse:

– E você vá pensando já em alguma situação estrambótica para a volta, porque está ficando sem operações.

Um último assunto. Relaciona-se a Khadafi. Em 10 de março de 1977, eu estava na companhia do presidente líbio Muammar-al-Khadafi. Depois de ser recebido com todas as honras e encontrando-me no jantar de gala que me ofereceram, Khadafi confessou-me que seu pai, já bem velhinho, vivia numa tenda beduína ao lado de um oásis no meio do deserto e que uma vez lhe mostrara uma foto minha de algum jornal amarrotado e ressequido, que ele conservava entre seus almofadões e pufes, e lhe dissera:

– Querido filho Muammar. Este é o único homem que eu gostaria de conhecer antes de morrer.

Khadafi me olhou, ansioso por uma resposta minha que ele já calculara de antemão. Mas antes que eu abrisse a boca, apressou-se em dar uma explicação. Seu pai não estava em condições físicas de pegar um avião An-26 e fazer a longa travessia do deserto até Trípoli. Por isso, não estava presente naquela noite no jantar em minha homenagem. Assim, quem embarcou no An-26 no dia seguinte e voou quatro horas sobre o deserto, até uma afastada base do Exército líbio, fomos nós. Depois da pista, sobre a qual passeavam velozes ondas de areia, e na qual não havia nenhum outro avião, vários caminhões-tanque soviéticos Kamaz, como os que tínhamos em Cuba, nos esperavam, e proveriam o combustível necessário para o regresso. Havia pelo menos um batalhão de tanques T-62 cobertos com lona encerada, e as bocas dos

594 A AUTOBIOGRAFIA DE FIDEL CASTRO

canhões também estavam protegidas dos ventos de areia com umas focinheiras de lona. A tropa estava em formação e não se cansou de dar vivas aos ilustres visitantes. Khadafi, com seu passo longo, muito ágil e a graça de desinibidos gestos juvenis, mais a sua capa de fios de ouro esvoaçando dos ombros, convidava-me a segui-lo. Nem é preciso dizer que me acompanhavam pelo menos quinze homens de minha escolta, além de William Haber, um dos nossos tradutores de árabe. Mas todo o resto era um mar de beduínos ao nosso redor. No meu rápido estudo operacional da instalação, vi dois tanques de combustível de tamanho regular semiafundados na areia e também com encerados de camuflagem sobre as tampas circulares. E havia um gerador elétrico móvel, de produção francesa, do qual saíam dois grossos cabos de alimentação até o edifício de barracões do batalhão blindado e outro cabo aéreo, mas este muito enigmático e solitário, que saía do acampamento e se dirigia a uma duna, sustentado sobre o chão por postes de concreto dispostos a intervalos, e que depois daquela elevação descia em direção ao que parecia ser um declive do terreno.

– Esse veado – pensei – tem essa unidade aqui só por causa do pai dele. E esse cabo é o que leva eletricidade até o velho.

Então, no fim da minha panorâmica de reconhecimento, descobri o que me causou maior preocupação, de tudo o que podia ter visto naquela viagem: uma multidão de beduínos que nos aguardavam com uma centena de cavalos, todos os corcéis engalanados para a ocasião com pompons coloridos e serpentinas de pano e refulgentes empunhaduras de ouro no alto das selas e insuportáveis guisos de prata e toda sorte de bugigangas. O problema não foi a travessia a galope daqueles animais seguindo a direção do cabo do gerador francês, sustentado por postes de cimento, nem que a distância até a tenda do velho fosse de uns três quilômetros; o problema foi que aqueles selvagens ficaram o caminho inteiro uivando e disparando para o ar suas espingardas e obrigando seus cavalos a darem corcovas como uma magna saudação dispensada à minha presença. E Khadafi, contente e orgulhoso, dando espora à sua briosa cavalgadura branca e de vez em quando observando minha procissão e dedicando-me o sorriso que se desprendia continuamente daquilo que eu não acabava de assimilar como seu contagiante júbilo. Finalmente, apareceu primeiro a enorme antena parabólica do televisor do velho, uma das primeiras que vi na vida, montada sobre cubos de cimento, e depois a enorme tenda de lona, onde se enfiava como um cateter na pele o grosso cabo de alimentação elétrica, e, ao fundo, as palmeiras do oásis. Khadafi entrou primeiro, e me indicou com gestos enérgicos que o acompanhasse. Os demais deveriam ficar do lado de fora. Eu disse a

Abrantes que não desse bola e que me acompanhasse mesmo assim, e que também viesse o tradutor William. Khadafi começou a levantar cortinas de tecido numa tenda que parecia não ter fim, com o piso coberto de teflon, e na qual ouvíamos os risinhos travessos do que deviam ser umas jovenzinhas, excitadas, contagiantes, que nunca chegamos a ver, até que alcançamos o centro de um amplo salão sob a tenda, onde um imponente aparelho de ar-condicionado Toshiba trabalhava sem esforço. O velhinho, descalço, com sua branca bata de linho, barba aparada com esmero por algum profissional, e eu diria que até maquiado, chupava sabe deus que tipo de matéria que ardia em seu narguilé. Levantou o olhar até seu filho. Contemplou-me. Sem dar importância à presença de Abrantes nem do tradutor, voltou seu satisfeito olhar para Khadafi. Por fim, esboçou um sorriso de aprovação. Foi então que Khadafi, com o mesmo gesto com que se exibe um troféu, disse ao pai:

– Não disse que iria trazê-lo?

Cerca de quarenta anos de serviço de meu bom alfaiate foram parar em Miami. Esteban Balcárcel. Em meados dos anos 1990, ele teve a delicadeza de me pedir permissão para abandonar o país. Queria se aposentar e tinha família em Miami. Eu lhe dei minha bênção de imediato.

– Já não consigo nem enfiar direito uma agulha, meu respeitado Comandante – disse-me ele, com seu olhar se projetando a duras penas sobre a borda superior de seus óculos, que repousavam na metade do nariz. – Nessas condições, que utilidade posso ter?

Balcárcel tinha sido dono de uma das mais renomadas alfaiatarias da Havana capitalista, mas não criou nenhuma dificuldade para entregá-la ao Estado logo no início de nosso processo. Agora, tenho pensado que, anos depois – quanto se ampliaram os efeitos do bloqueio ianque, além de nossas próprias imperícias no tocante à economia –, não costumava passar em frente à vitrine de seu antigo negócio.

– Conheci dois bons alfaiates em minha vida. – Eu costumava dizer a Balcárcel em outros tempos. – Os dois de classes diferentes.

Referia-me, no segundo caso, ao velho Fabio Grobart, um lendário dirigente da velha guarda comunista, alfaiate de profissão. Era uma forma jocosa de me comunicar com Balcárcel.

– Sim – respondia ele, mas com um toque invariável de doçura na voz, enquanto traçava alguma marca de giz em minhas roupas de baixo –, mas esse

596   A AUTOBIOGRAFIA DE FIDEL CASTRO

outro alfaiate a que o senhor se refere, meu respeitado Comandante, foi o único alfaiate de Cuba que cortou os ternos de Batista e agora quer cortar os do senhor. Ele fazia menção – claro – às relações que a cúpula da velha guarda comunista tivera com o ditador. Com o passar dos anos – e transferido Balcárcel para o sul da Flórida –, sua posição foi ocupada, com todos os avais necessários da Direção de Quadros da Segurança Pessoal, por um companheiro de nome Antonio Pérez, que durante muitos anos Balcárcel aceitara como aprendiz, mas que – pelo que se sabe – levou mesmo tempo conspirando contra o mestre, a fim de conseguir a tão cobiçada por ele condição de meu alfaiate pessoal. Não creio, entretanto, que lhe tenha muito útil seu lento triunfo. Desde 1994 são uns caríssimos alfaiates belgas que viajam a Havana para me mostrar seus luxuosos modelos e tirar as medidas para minhas vestimentas.

O último encontro com o Chino Esquivel, em 8 de agosto de 1994, não foi isento de tensões. A população de Havana acabava de encenar – três dias antes, na sexta-feira, 5 de agosto – o primeiro levante de sua história. Havia mortos, feridos e milhares de detidos. Deixei a repressão nas mãos de Raúl e seus tanques e viajei para uma reunião continental de presidentes em Caracas, Venezuela. Voltei logo depois para receber o Chino, que não via desde o início da década de 1960.

Primeiro puseram o cara num salão do Palácio da Revolução, cheio de seguranças e ajudantes, e trouxeram também Bilito Castellanos, o historiador da Cidade de Havana Eusebio Leal e um dos meus veteranos ajudantes executivos, todos loucos para presenciar o encontro e preocupados com que a emoção não matasse ninguém, o que os levou a providenciar (e manter ocultos) dois cardiologistas. Era perto de meia-noite.

Por fim, depois de um tempo de abraços e de tapinhas na barriga uns dos outros e de quase até nos beijarmos e comprovarmos todos que não havíamos falecido, consegui enfiar o Chino num pequeno salão contíguo ao hall principal e pedi a um dos seguranças que nos deixasse a sós, mas que trouxesse alguns croquetes e uma garrafa de vinho.

O Chino, evidentemente preocupado com o tumulto contrarrevolucionário, perguntou para mim o que estava acontecendo. Mencionou o levante popular de 1956 em Budapeste e percebi que, de uma maneira muito oblíqua, ele queria saber se eu via alguma semelhança. Eu teria sido incapaz de permitir que ele viajasse até Havana para se ver metido numa armadilha. Mas depois compreendi que talvez o equivocado fosse eu, pois o Chino pegara seu avião quase dois dias depois dos acontecimentos em nossa capital, isto é, estava a par de tudo e disposto a assumir todos os riscos desde que se enfiara no avião.

– Não, Chino – disse eu. – Não é Budapeste. E não se esqueça de que eu sou um veterano do Bogotazo. Meu tom foi de ostensiva autossuficiência, para que ele compreendesse que estava falando com seu velho amigo de sempre e que eu não tinha remédio.

Sua resposta, do mesmo modo, devolveu-me incólume ao meu velho amigo. Ele tampouco tinha remédio.

– É, *guajiro*. Mas lá você estava na rua. Aqui você está no palácio.

Concordei com um sorriso e fiz um sinal com o indicador, como quem diz "você marcou um gol".

Deixei que se deleitasse por uns instantes. Eu soubera apreciar sua engenhosidade e, mais importante ainda, sua franqueza.

– Mas tem uma coisa que não muda, Chino – disse eu. – E não importa onde você esteja. Ninguém morre na véspera.

– Porra, *guajiro* – respondeu ele.

– Ninguém – sublinhei.

Então foi ele que tomou a iniciativa, porque guardou silêncio. Não ia se meter a discutir comigo. Era evidente que não viera de Miami para se envolver num debate pseudofilosófico sobre o dia em que talvez nos cabia morrer.

Assim, obrigava-me a retomar a conversa.

– Acho que há dois mortos, foi a única coisa que aconteceu, além de um rapaz que teve o olho arrancado numa briga, embora tenhamos, isso, sim, enfiado muitos pontapés na bunda de muita gente. Não se preocupe. Já está tudo sob controle.

As lembranças começam a virar obras de ficção no mesmo instante em que as extraímos da memória. Um segundo depois de os fatos terem acontecido, quando você começa a recordar e a recompor imediatamente segundo os próprios interesses pessoais aquilo que viu, surgem as dúvidas e então você passa a preencher seus próprios vazios, e digo a vocês que vamos situando o cenário do que vimos de acordo com a nossa lembrança daquilo já no instante seguinte.

Acho que é a compreensão desse fenômeno o que me revelou com maior intensidade os pressupostos da teoria da relatividade enunciada por Albert Einstein.

Porque se algo me deixou consternado ao preparar esses escritos foi comprovar que o passado é tão insondável quanto o futuro. Quanto mais tento me introduzir em seus labirintos, mais percebo sua infinitude. Imagino o passado como cavar uma mina no Everest. O futuro está representado pelos espaços abertos do céu, a partir de um pico como o do Everest. Agora olhe para onde quiser, pule ou escave, e comprove que a única coisa certa é a camada rasa de superfície entre o chão que você pisa e a sola de suas botas. A única coisa certa e tangível depois dessa aprendizagem é, portanto, o presente, esse símbolo objetivo da matéria, fugaz como um estalo e situado na própria fronteira entre passado e futuro. Pense numa bola de massa mole, de massinha de modelar por exemplo, que se abre num vão ao alcançar sua onda mais aguda de decibéis, para entender que não é possível discernir a que campo pertence a sua presença, se às lembranças ou ao futuro, se ela é um eco retumbando nas catacumbas do passado ou se é algo que se dissolve nas inconsistências do futuro.

O certo é que me era totalmente impossível, no decorrer de qualquer um dos episódios contados até aqui, identificar o acontecimento que viria a seguir, mesmo estando eles encadeados em seu desenvolvimento sequencial, mesmo um sendo consequência do outro. O passado também se torna elusivo para mim no valor dos seus detalhes, por exemplo, no momento em que o filho de Crescencio não havia ainda detido sobre o gatilho do Garand o movimento de pressão de seu dedo, duro como um toco de pau de tanto que aquelas mãos, como garras na montanha, haviam trabalhado nos volantes e alavancas de marcha dos Diamond-T, e que eu me dei por morto, sequer contando mais comigo, me teria sido impossível imaginar um instante a mais das possibilidades de minha existência.

Onde estão eles, onde, os senhores, meus doces irmãos? Em que cinzas do futuro estarão me esperando, os senhores, hoje fantasmas do passado? Mas que importância tem tudo isso agora se não conheço nenhum, nem vejo diferenças entre o Rafaelito del Pino que marchava a meu lado em Bogotá e o Pepe Abrantes, que além de me implorar que não o mate não tenho a menor ideia sequer de que seu nome exista no dia em que triunfa a Revolução. É um dilema, nem tanto de vida ou morte – como é habitual nos meus assuntos –, mas de tempo e espaço.

Ou não se trata definitivamente da mesma coisa? Que incrível esse Albert Einstein.

Voltemos, portanto, a uma questão que ainda não parece devidamente esclarecida. Que a Revolução não é o futuro, nem mesmo um legado. A Revolução é feita nesse

CAI A NOITE EM LA PLATA ALTA

momento. E o que acontecerá, camarada, quando perguntarem a você o que sobrou de tanto sangue e sacrifício? Pois a Revolução não tem que deixar nada. A Revolução tem é que ser feita. Porque se produz. A Revolução não existiu porque eu a inventei. Mas porque você, que era dono do país, e depois se converteu em meu inimigo irreconciliável, você, empacotou a situação. Imaginem. Se depois de brigar com os americanos e de brigar com os soviéticos e de brigar com os cubanos e de brigar com o Che e com Raúl, eu tiver também de brigar com o pessoal que supõe estar preso ao insondável porvir, então estou frito. Ah, mas eles vão me condenar? Bem, eles farão isso de qualquer maneira. Mas hei de morrer ruminando a satisfação imensa de que terão de me julgar na minha ausência. E quando vai acontecer esse grande julgamento? Dentro de quinhentos anos? Dentro de mil? Quando é que a história julga de modo definitivo e sem apelações? Ou seja, existe a possibilidade desse julgamento de sanção eterna? Não me venham com essa. Ou será que não percebem que a dialética do passado é igualzinha à do futuro? Que é totalmente mutável?

A Revolução deu mostras de um pragmatismo extraordinário. Por isso, carece de qualquer intenção ética ou moralizante em relação ao seu transcorrer e às medidas de força que assume. É o fato contemporâneo por excelência. E por isso sabe desde agora que sua relação como o futuro é letra morta. Não acontece o mesmo com os senhores, porque a contrarrevolução vive no passado e aí dispõem de todo o espaço que queiram para suas ilusões.

E tive esse sonho. Estávamos reunidos ao pé da minha tenda de La Plata Alta e no total não passávamos de uma dúzia de companheiros. Celia entrara para passar um café (eu pedira que não o fizesse com a cafeteira italiana, para ela não perder os detalhes da ocasião, que fizesse um bom café tradicional, de coador). Eu autorizei que abrisse uma garrafa de rum para fortalecer a infusão e distribuía os charutos, e não cabia em mim de orgulho ao dizer que eram da minha reserva. E que podiam pegar dois por cabeça, para que tivessem um para o caminho de volta, porque depois iam seguir caminho. A forma de distribuí-los foi passar a caixa ao argentino, que estava à minha direita, para não ter de me levantar. Estávamos sentados em círculo, com nossos fuzis sobre as pernas, e uma fogueira ardia no centro. Uma fogueira numa cabana. Eu estava inquieto, lembrando da guerra, e tinha presente nossa proibição de acender fogueiras para que a aviação não nos detectasse. A noite caía sobre o acampamento e a temperatura estava caindo, e uns fios de nuvens se mantinham estáticos entre nós. Celia preparava o café no coador e todos os meus companheiros se concentravam em acender seus charutos, que é o momento de fumar que requer maior atenção. Pegaram um toco de brasa da fogueira, ainda faiscante, e era esse o fogo usado para acender. O Che me olhava fixo e até com certa estranheza, do outro lado da fogueira. É o Che ou é o Pepe Abrantes? Pensei: Não acho conveniente dizer. Para que não fiquem tristes. Estão comigo em volta de uma fogueira no alto de uma noite da Sierra e estão mortos. Mas os Remington e os Browning de mira telescópica descansam sobre as pernas, e isso significa que são quadros de comando, porque os miras telescópicas só são suficientes para os melhores homens. O toco aceso continua passando de mão em mão para acender os charutos e eles fazem pequenas brincadeiras e eu me surpreendo ao ouvir a gravidade da minha própria voz, ao reclamar a atenção dos meus homens, quando digo a eles algo como "Companheiros. Venham cá, companheiros". Chego à compreensão de uma coisa nesse momento. Estou num sonho, mas preciso me esforçar para não esquecer. Da compreensão de que não é imperioso sobreviver. E não esqueci disso. Acho que se deve a uma associação de ideias, embora estas tenham acontecido num sonho. O que acontece no subconsciente corresponde também ao mundo material. Porque, se você conseguir lembrar, será igualmente uma experiência. O que eu disse em meu sonho, o assunto qualquer para o qual estivesse reclamando a atenção dos meus companheiros, não vou conseguir transcrever, porque não lembro. Meu subconsciente não o considerou um material de valor suficiente para conservá-lo. O que, sim, permanece firme em minha memória é a certeza de que algum dia vou voltar a me unir com minha velha tropa. Então chega Camilo, atrasado como sempre, a Thompson empunhada na mão direita, e me diz: "Fidel, me dá uma beirinha de seu lado. Vamos, Fidel." E eu me movo com a falta de jeito a que me obriga o meu peso, e de qualquer modo abro um espaço e digo a mim mesmo, de novo: "É a melhor notícia em muito tempo. Não é, companheiros? Vamos nos reunir. E logo."

O acaso. O acaso como matéria. É a forma mais religiosa e de elusivos mistérios que eu uso para meu próprio entendimento de como são as coisas e que me (nos) conduz(em) até os confins da matéria, confins que são sua origem e que os astrônomos resolveram chamar de Big Bang, quando concluíram que matéria e universo são a mesma entidade e que foi necessária uma soma de acasos e que houvesse um espaço e um tempo para produzir-se, e por isso eu, pedestre

CAI A NOITE EM LA PLATA ALTA

criatura resultante dessas poeiras siderais que navegam na inconsciência do infinito, quando – na minha época de fumante – degustava um dos Lanceros Cohíba de minha produção pessoal, ou aquecia o caldo dourado de um bom conhaque, de madrugada, a sota-vento da corrente do Golfo, a bordo do barco *El Pájaro Azul*, ou num dos meus chalés da Sierra Maestra, sozinho, embora me sentindo bem protegido pela minha infalível escolta distribuída nos arredores, sentia-me deprimido e triste, de muitas maneiras triste, mais perturbado ainda por ser um conspirador, por ser um homem que planeja, ao ter que me aceitar, a mim, a tudo o que me rodeia, e a mim que contemplo tudo isso, como fruto do acaso.

A história e como todo mundo a manipula. Esse é o problema.

Vejo isso como um dilema eterno. A história adquire uma só direção: a que convém a você, mas não por conveniência tática, que é a necessidade dos príncipes, mas por vaidade, que é o sustento dos homens de gabinete, e que permite a você ficar por cima. Poder contemplar o cenário todo, como dizem. A história é completa, é integral – tem defeitos e virtudes, mas só no seu imenso conjunto resulta de fato decifrável, que é justamente a situação em que qualificativos como defeitos e virtudes carecem de significado. O escritor perde finalmente, porque não é um político ou não esteve nas posições-chave onde todos, na verdade, têm algo para ocultar ou selecionar; eles, os políticos, ocultam e mudam tudo; os escritores, acomodam. No fim – digo por experiência própria –, as decisões que alguém pode ter demorado apenas um segundo para tomar, mas que procedem inexoravelmente de argumentos que se acumularam no passado, e que de imediato se projetam para o futuro como ondas de eco de lenta extinção, são interpretadas pelo mais atrasado da classe, e despachadas com uma frase feita.

No entanto, escrever uma história da qual fomos protagonistas, mas que foi interpretada por tanta gente de fora, principalmente por estrangeiros e por muitos oportunistas, obriga você a se empenhar a fundo. Escrevo em segredo para preservar meu texto. Mas, por sua vez, o entorno e sua adversidade ou ignorância me permitem converter a produção do meu livro numa pequena conspiração, e já por isso ele me agrada e me concentro nele. O entorno. Vejo os velhos companheiros em atividades políticas ocasionais ou recebo informes sobre eles enquanto preparo estas memórias e penso: "Todo aquele que conheça um segredo está comprometido com ele e não irá revelá-lo. Sou invencível."

* * *

Toda autobiografia é uma segunda oportunidade. A sós com sua consciência, o autor tem a possibilidade de dar os retoques finais à sua existência. Nesse sentido, é também um exercício teleológico, mas também fascinante. Ele pode fazê-lo, além disso, com pleno uso da inteligência e da experiência. Embora não tenha como modificar o passado, pode, sim, justificá-lo por meio das palavras e da luz lançada pelo tempo transcorrido, coisas que não estavam à mão quando os episódios ocorriam. É não apenas uma segunda oportunidade, mas também a última. Toda a experiência humana, todo o sangue, toda a dor, toda a história, resumidos no leve desenho das palavras.

Não havia guerra e eu criei uma. Não havia sectarismo e eu criei um. Não havia história e eu criei uma. É o problema filosófico do nada que se resolve por meio de um absoluto. Isso é parte fundamental da minha vitória. E pôr todo mundo dedurando todo mundo.

Sei o que vou responder a mim mesmo ou a qualquer um que me pergunte a respeito do que me viria à mente caso tivesse que expressar um último desejo. E trago o assunto à baila porque se supõe que um livro de memórias deva terminar nas vizinhanças da morte. E me pergunto por que não desfruto desse prazer derradeiro de um charuto se qualquer um poderia me perdoar por isso, se é o prazer inócuo dos condenados à morte e a essa altura das circunstâncias o que importa se você vai ser fuzilado ou se vai morrer de velho dentro de um minuto? Que razão pode existir para que eu não peça esse fecho prodigioso. Não vejo a hora de levar aos lábios o Lancero esplêndido que elaboraram apenas para meu exclusivo consumo. Talvez já não tenha nem forças para levá-lo aos lábios. Talvez alguém precise segurá-lo para mim. Mas será nessa hora, antes mesmo que o fogo comece a acendê-lo, que eu irei recusá-lo com minhas últimas forças e direi que não quero mais. E tenho a resposta para minha obstinada recusa. A mesma que sempre tive.

*Porque no me sale de los cojones.**

---

* "Porque não quero, caralho!" (N. do T.)

26. SOBRE A RESSURREIÇÃO

Talvez alguém já tenha assinalado isso anteriormente, mas o que importa agora é a ideia, e não o rastreamento de um autor. É a noção de que quando um livro de história se estende demais no seu assunto, acaba sendo uma reportagem. O mesmo pode ser dito de uma autobiografia: se ela for além de certo ponto, acabará sendo um diário. Em contrapartida, quando se deu início a esse projeto, estávamos sob a pressão descomunal representada pelo desaparecimento da União Soviética e a iminente destruição da Revolução Cubana. Um pouco ao estilo de Lenin, só que ao contrário, dedicar-se a escrever sobre a Revolução parecia ser a única utilização disponível nos dias da extinção do processo cubano. Lenin deixara inacabado o manuscrito de *O Estado e a Revolução* diante do advento da Revolução Russa, tal como é conhecido e temos reiterado tediosamente ao longo destas páginas; assim, não deixava de responder a uma certa lógica da inteligência escrever sobre uma Revolução quando já se dava como certa sua liquidação. Mas as coisas mudaram radicalmente nos últimos anos. A Revolução ressurge no mundo, e os brotos mais promissores localizam-se na zona de influência histórica de Cuba: a América Latina. Cuba, na verdade, tem a ver decisivamente com a nova situação, embora precisasse primeiro realizar uma implacável introspecção e restabelecer as velhas coordenadas da solidão e do voluntarismo. Aprendemos a viver entre as ruínas. Aprendemos a olhar de soslaio para os pusilânimes e, principalmente, aprendemos o axioma de que, em matéria de política, nada que seja rápido funciona, que é essencial fixar objetivos a longo prazo. Até aqui é evidente que uma quantidade considerável de coisas ficou no tinteiro, muito material sobre os soviéticos e também sobre o Che e sobre o resto da parafernália internacionalista. E a maneira tão insuspeita, até mesmo para nós, com que foi retomado o controle do continente. Na verdade, ficam muitas coisas por contar. Sejamos, pois, igualmente lentos com o livro e evitemos converter suas páginas finais numa mera coleção de anotações cotidianas. Primeiro, vamos sair do bosque.

SOBRE A RESSURREIÇÃO

Al pueblo de Cuba

[Circa Julio 2001]

Compatriotas:

¿Qué les puedo dejar por fin? Creo recoger el sentir de todos ustedes cuando, en mi hora postrera, me decido, pues, a agasajarlos con el más preciado objeto de sus deseos durante tantos años de inconveniencias y de las obligaciones que ha implicado el tratarse de tú con la gloria. Sencillo: les dejo la intrascendencia. La más banal, la más vacía, la más desabrida. Disfruten ahora en la molicie del olvido. Sáltense del camino de la Historia y del embrujo con que llevamos el mundo a las puertas del holocausto nuclear, con el que incendiamos un continente al sur de nosotros, pusimos de rodillas al imperio más poderoso desde los orígenes de la humanidad, apenas 90 millas al norte de Cuba, y con el que llevamos a nuestras tropas invictas por toda el África Austral. Pero los entiendo. Ahora necesitan del disfrute de paz, felicidad y prosperidad al que aludía Hegel cuando hablaba de los pueblos que son páginas en blanco de la Historia. ¿No es eso lo que todos ustedes quieren? ¿No es a lo que aspiran? Pues muy pronto lo tendrán porque yo voy a morir. Es por ello que se las dejo completa, la intrascendencia. Toda la intrascendencia.

Hasta la Victoria siempre.

Ao povo de Cuba

[Aproximadamente julho de 2001]

Compatriotas:

O que posso lhes deixar no fim? Acredito captar o sentimento de todos vocês quando, na minha hora derradeira, decido obsequiá-los com o mais caro objeto de seu desejo durante tantos anos de inconveniências e das obrigações decorrentes de tratar a glória de igual para igual.

Simples: desejo-lhes a intranscendência. A mais banal, a mais vazia, a mais impertinente. Desfrutem agora na fadiga do esquecimento. Saltem fora do caminho da História e do fascínio com que levamos o mundo às portas do holocausto nuclear, com o qual incendiamos um continente ao sul de nós, colocamos de joelhos o império mais poderoso desde as origens da humanidade, apenas 150 quilômetros ao norte de Cuba, e com o qual levamos nossas tropas invictas por toda a África Austral. Mas eu os entendo. Agora precisam desfrutar da paz, felicidade e prosperidade a que aludia Hegel quando falava dos povos, que são páginas em branco da História. Não é isso o que todos vocês querem? Não é a isso que aspiram? Pois logo o terão, porque vou morrer. É por isso que a deixo inteira para vocês, a intranscendência. Toda a intranscendência.

Até a Vitória sempre.

CRONOLOGIA DE
FIDEL ALEJANDRO CASTRO RUZ

13 de agosto de 1926
Nasce na fazenda Manacas, em Birán, Mayarí, antiga província de Oriente (hoje província de Holguín). Seus pais são Ángel Castro Argiz e Lina Ruz González.

Setembro de 1941 a junho de 1945
Cursa o ensino fundamental (do sétimo ano até diplomar-se) no Colégio de Belén, da Companhia de Jesus, em Mariano, província de Havana. Selecionado o melhor atleta do curso em 1943--1944. Faz o primeiro segmento do ensino fundamental na pequena escola de Birán, e cursa o colégio dos irmãos La Salle e o colégio jesuíta de Dolores, em Santiago de Cuba. Neste último, cursa também o sexto ano.

Setembro de 1945
Ingressa na Faculdade de Direito da Universidade de Havana.

27 de novembro de 1946
Pronuncia seu primeiro discurso de "dirigente político" para protestar contra um aumento no preço das passagem de ônibus.

28 (ou 29?) de setembro de 1947
Atravessa a nado a baía de Nipe para alcançar a ilha, evitando assim ser capturado pela participação na aventura de Cayo Confites. Integrava um grupo financiado por José Manuel Alemán e organizado pelo Movimento Socialista Revolucionário (MSR), que se propunha a invadir a República Dominicana para derrubar Rafael Leónidas Trujillo.

Novembro de 1947
Filia-se ao Partido do Povo Cubano (Ortodoxo) (PPC[O]). Iria sair candidato à Câmara de Representantes nas eleições de junho de 1952, que não foram realizadas devido ao golpe de Estado de Fulgencio Batista, em 10 de março daquele ano.

608   A AUTOBIOGRAFIA DE FIDEL CASTRO

31 de março de 1948
Chega à Colômbia para organizar um congresso de estudantes concebido por ele, cujo objetivo era contrapor-se à IX Conferência Pan-Americana, inaugurada em 30 de março em Bogotá. Conta com apoio total dos peronistas. Reúne-se na manhã de 7 de abril com Jorge Eliécer Gaitán. Participa dos distúrbios de rua que se seguiram ao assassinato de Gaitán em 9 de abril, conhecidos como o Bogotazo.

11 de outubro de 1948
Casa-se com Mirta Díaz-Balart, de quem se divorcia em dezembro de 1954.

13 de outubro de 1950
Gradua-se doutor em direito civil e obtém licenciatura em direito diplomático e consular pela Universidade de Havana.

De 1950 a 1952
Trabalha como advogado em sua banca da rua Tejadillo, número 57, em La Habana Vieja.

24 de março de 1952
Apresenta um recurso diante do Tribunal de Urgência de Havana contra o golpe de Estado de Fulgencio Batista, realizado no dia 10.

26 de julho de 1953
Lidera o assalto ao quartel Guillermón Moncada, em Santiago de Cuba. Dos 151 participantes, só sobreviveram noventa (seis morreram em combate e 55 foram assassinados depois de presos). Em 1º de agosto uma patrulha sob o comando do tenente Pedro Sarría o captura na fazenda Las Delicias.

16 de outubro de 1953
Pronuncia a defesa conhecida como *A história me absolverá* diante do tribunal que o julga e de uma centena de militares reunidos no hospital Saturnino Lora. Neste mesmo dia, é condenado a quinze anos de prisão por "delito consumado contra os poderes do Estado" e enviado ao Casa de Reclusão Nacional para Homens de Isla de Pinos. Dos noventa sobreviventes, só 29 foram julgados (os demais conseguiram escapar) pelo Tribunal de Urgência de Santiago de Cuba, na Causa número 37.

15 de maio de 1955
Deixa a Casa de Reclusão Nacional para Homens de Isla de Pinos graças à anistia aos presos políticos ditada no dia 6 por Fulgencio Batista.

7 de julho de 1955
Chega ao México para organizar a insurreição contra Fulgencio Batista.

20 de outubro a 10 de dezembro de 1955
Percorre várias cidades dos Estados Unidos para arrecadar fundos.

2 de dezembro de 1956
Desembarca, junto com outros 81 expedicionários, do iate *Granma*, perto da praia Las Coloradas, na região de Niquero, litoral sul da antiga província de Oriente. Haviam saído do porto mexicano de Tuxpan na madrugada de 25 de novembro.

CRONOLOGIA DE FIDEL ALEJANDRO CASTRO RUZ

5 de dezembro de 1956
É surpreendido, com os demais expedicionários, por forças do Exército e da Aviação, em Alegría de Pío, um canavial. São dispersados. Têm quatro baixas (os militares tiveram três). Dos 82 homens, vinte morreram entre os dias 5 e 8 (três tombados em Alegría de Pío e dezessete assassinados depois de presos), vinte alcançaram a Sierra Maestra, 21 conseguiram escapar da perseguição e 21 foram capturados, julgados no Palácio da Justiça de Santiago de Cuba e condenados à prisão.

17 de fevereiro de 1957
É entrevistado por Herbert Matthews, do *The New York Times*, nas encostas da vertente norte da Sierra Maestra.

11 a 22 de julho de 1958
Comanda as forças que ganham a batalha de Jigüe, a última e mais sangrenta de todas as que ocorreram durante a Ofensiva de Verão do Exército, iniciada em 24 de maio. Cerca de trezentos rebeldes rechaçaram 10 mil efetivos sob o comando do general Eulogio Cantillo, chefe de operações na província oriental. Assim fracassou o chamado Plano FF (Fase Final ou Fim de Fidel).

12 de novembro de 1958
Transmite pela Radio Rebelde a ordem de iniciar a ofensiva geral das forças guerrilheiras.

28 de dezembro de 1958
Encontra-se com Eulogio Cantillo na usina Oriente, Palma Soriano, onde há acordo para assinatura de um documento, no dia 31, exortando o Exército a unir-se às forças revolucionárias. Se não obtivesse êxito, Cantillo lhe entregaria os meios técnicos para marchar sobre Havana, pois havia estipulado que não aceitaria um golpe de Estado nem a fuga de Fulgencio Batista e dos criminosos de guerra.

1ª de janeiro de 1959
Encontra-se com o coronel José Rego Rubido, segundo chefe de operações do exército na província oriental, que lhe comunica que renderá Santiago de Cuba diante do ataque insurrecional anunciado para aquela tarde. Isso permitiu ao Exército Rebelde entrar na cidade sem disparar um tiro à uma da manhã do dia 2. Cantillo, em Havana, havia traído o acordo e manobrava para consumar um golpe de Estado. A fuga de Batista e seus colaboradores mais próximos já era um fato.

2 de janeiro de 1959
Convoca a greve geral sob a palavra de ordem "Revolução, sim! Golpe de Estado, não!", e parte rumo a Havana na chamada Caravana da Liberdade.

8 de janeiro de 1959
Chega a Havana, e à noite se dirige ao país a partir do acampamento de Columbia.

16 de fevereiro de 1959
Assume o cargo de primeiro-ministro.

15 de abril a 8 de maio de 1959
Visita os Estados Unidos a convite da Sociedade Americana de Diretores de Jornais. Amplia o itinerário da viagem para incluir Canadá, Argentina (para a Reunião dos 21), Uruguai e Brasil.

610   A AUTOBIOGRAFIA DE FIDEL CASTRO

17 de maio de 1959
Assina a Lei da Reforma Agrária, que limita a posse da terra a um máximo de trinta *caballerías* (402.600 hectares) e liquida em termos gerais a propriedade estrangeira.

16 de outubro de 1959
Cria o Ministério das Forças Armadas Revolucionárias (MINFAR) e nomeia ministro seu irmão, o comandante Raúl Castro.

26 de outubro de 1959
Anuncia a criação das Milícias Nacionais Revolucionárias (MNR).

13 de fevereiro de 1960
Assina com Anastas Mikoyan o primeiro acordo comercial cubano-soviético.

Março ou abril de 1960
Toma conhecimento em algum momento de que o presidente Dwight D. Eisenhower deu sinal verde em 17 de março para o "Programa de ação oculta contra o regime de Castro". Ou seja, a guerra está próxima.

16 de abril de 1961
Proclama o caráter socialista da Revolução Cubana na manifestação de despedida pelas vítimas dos bombardeios do dia anterior.

17 a 19 de abril de 1961
Dirige as tropas que combatem e derrotam a Brigada de Assalto 2506 na baía dos Porcos.

Verão de 1961
Durante a Campanha Nacional de Alfabetização, conhece Dalia Soto del Valle.

29 de maio de 1962
Recebe o marechal Serguei Biriuzov, chefe das forças soviéticas de foguetes estratégicos, que tem a missão de lhe propor, em nome de Nikita S. Kruschev, presidente do Conselho de Ministros e secretário-geral do Comitê Central do Partido Comunista da União Soviética (PCUS), a instalação na ilha de 42 foguetes de médio e longo alcance dotados de ogivas nucleares "para que os Estados Unidos desistam de atacá-la".

28 de outubro de 1962
No cenário da chamada Crise de Outubro, nega autorização à Organização das Nações Unidas (ONU) para que testemunhe a desmontagem e a retirada dos foguetes de médio alcance soviéticos (decisão para a qual Nikita S. Kruschev, presidente do Conselho de Ministros e secretário-geral do Comitê Central do Partido Comunista da União Soviética [PCUS], não o havia consultado antes de informá-la a John F. Kennedy, presidente dos Estados Unidos), exigindo, em contrapartida, cinco condições como garantia de que os americanos não iriam invadir Cuba.

De início da década de 1970 a 11 de setembro de 1991
Governa confortavelmente, sob o amparo do subsídio soviético, avaliado em $6 bilhões de dólares anuais. Assume durante esses anos a Presidência da recém-criada comissão nacional de implantação do Sistema de Direção e Planejamento da Economia (SDPE), um modelo econômico similar ao dos países socialistas da Europa, que corresponde à integração de Cuba ao Conselho de Ajuda Mútua Econômica (CAME).

10 de novembro de 1975
Dá início à maior aventura de intervenção militar jamais empreendida por um país subdesenvolvido: a conquista de Angola, distante de Cuba mais de 11 mil quilômetros e com um território onze vezes superior ao da ilha. Uma guerra que irá durar quinze anos e da qual sairá de todo modo vitorioso.

Novembro de 1977
Manda tropas para a Etiópia a pedido do governante Mengistu Hale Mariam. Dois meses depois da captura de Jijiga pelos somalis, começa o envio de 17 mil de seus melhores homens, incluindo três brigadas de combate com experiência em Angola, e um apoio logístico dos soviéticos composto por oitenta aviões de combate, seiscentos tanques e trezentos transportadores blindados. Coloca o general Arnaldo Ochoa à frente dos cubanos. Em 9 de março de 1978, o presidente somali Muhammad Siad Barre anuncia a retirada de suas forças como resultado da esmagadora ofensiva de Ochoa no Ogaden.

Maio de 1979
Dirige do Posto de Comando da Direção Geral de Operações Especiais (DGOE) a ofensiva da Frente Sandinista de Libertação Nacional contra a Guarda Nacional da Nicarágua comandada por Anastasio Somoza. É a primeira guerra teledirigida no continente americano. Em 20 de julho de 1979, consolidará o triunfo sandinista com a entrada de suas colunas em Manágua.

Maio de 1980
Instaura a doutrina da Guerra de Todo o Povo como resposta a Santa Fe I, o programa da administração americana para "a restauração capitalista de Cuba". A doutrina consiste num conjunto de medidas para sobreviver em caso de bloqueio militar, entre as quais se destacam a criação das Milícias de Tropas Territoriais e a organização das Zonas de Defesa.

9 de setembro de 1981
A escalada de ameaças da administração Reagan o induz a enviar Raúl Castro a Moscou. Os soviéticos devem se pronunciar uma vez mais como protetores de Cuba. A resposta é inesperada. A URSS não se arriscará a "ir brigar em Cuba, a 11 mil quilômetros de distância... para arriscar seu pescoço...", segundo o próprio Leonid Brazhnev. O fato de os soviéticos o terem abandonado à própria sorte torna-se um segredo de Estado. Chamado por ele de Caso Pandora, é o que dirige sua política e objetivos estratégicos enquanto durarem a URSS e a Guerra Fria.

7 de novembro de 1987
Está em Moscou quando se agrava a situação em Angola, devido ao fracasso da ofensiva sobre o rio Lomba do general soviético Konstantinov, à qual se opôs desde que foi planejada. Ordena que

612   A autobiografia de Fidel Castro

tropas angolanas e cubanas se estabeleçam num bolsão de resistência em Cuito Cuanavale, uma velha e agora devastada aldeia portuguesa.

15 de novembro de 1987
Toma a decisão de reforçar suas tropas em Angola com quinhentos tanques T-54 e T-55 enviados de Cuba. Os sul-africanos têm trezentos. Uma correlação de forças favorável a ele na proporção de quase 2 para 1. Nos meses seguintes, dirigirá a partir de Havana todo o desenrolar da campanha.

14 de fevereiro de 1988
Os sul-africanos lançam um ataque a leste de Cuito Cuanavale contra a Brigada 59 (angolana) e uma companhia de tanques mista angolano-cubana. Catorze cubanos são mortos e perdem-se sete tanques (apenas um consegue regressar por suas esteiras). Mas eles detêm mais de cem blindados sul-africanos. Esse rechaço ao ataque e a posterior retirada em desordem da força inimiga permitem-lhe assegurar que se trata do começo do fim das forças de intervenção sul-africanas em Angola e, como consequência, do fim do *apartheid*. Consegue assim a última vitória militar de sua vida.

2 a 5 de abril de 1989
A visita de Mikhail Gorbachev a Havana transcorre, como afirmará depois, "de maneira estranha e nada feliz". Tira duas conclusões: os soviéticos estão ansiosos demais para chegar a acordos com os americanos e a solidariedade com Cuba é um obstáculo para conseguir tais acordos.

De 1990 a 1991
Começa a referir-se publicamente ao *desmerangamiento* [desmantelamento] da URSS e a convocar o povo a resistir às severas consequências sobre a economia e a defesa do país que já estão sendo causadas pelo duplo bloqueio – uma referência ao embargo dos Estados Unidos ao qual vêm se somar os cortes cada vez mais acentuados dos habituais fornecimentos soviéticos.

11 de setembro de 1991
A União Soviética anuncia a "modernização" de suas relações com Cuba. Na prática, isso põe fim à união política, econômica e militar de ambos os países.

10 a 14 de outubro de 1991
Numa sessão a portas fechadas do IV Congresso do Partido Comunista de Cuba, em Santiago de Cuba, avisa os presentes que devem se preparar para governar o país como minoria.

8 de dezembro de 1991
É obrigado a entrincheirar-se no conceito da resistência extrema devido à dissolução da URSS e à cessação de seus substanciais fornecimentos econômicos e militares. Mais uma vez, enaltece um esquecido sentimento nacionalista e – é claro – aumenta a repressão. Vislumbra os piores anos da Revolução, inclusive a possibilidade de sua derrota. Em conversas com pessoas próximas dirá: "Precisamos de um ano. Um ano só. Se resistirmos este ano, nos salvamos."

Dezembro de 1991
A perda dos fornecimentos e mercados da URSS e do bloco socialista propicia o chamado "período especial" (que dura uma década, até 2000). A origem do nome deve ser procurada na doutrina

CRONOLOGIA DE FIDEL ALEJANDRO CASTRO RUZ

da Guerra de Todo o Povo de 1980. Se as medidas para sobreviver em caso de bloqueio militar foram gestadas sob o conceito de "período especial em tempo de guerra", as medidas para sobreviver na década de 1990 seriam tomadas sob o conceito de "período especial em tempo de paz".

5 de dezembro de 1999
Encontra o veículo para elevar o espírito de um país em ruínas e desmoralizado quando converte numa batalha política de grandes proporções a repatriação do menino de 5 anos Elián González. Resgatado por pescadores em 25 de novembro na costa da Flórida, é o sobrevivente de um grupo de *balseros*. A mãe – Elizabet Brotón –, não foi localizada. Em 28 de dezembro, o governo cubano reclama sua devolução a pedido do pai, Juan Miguel.

28 de junho de 2000
Obtém aquela que talvez seja sua última vitória na política internacional: Elián volta para Cuba com seu pai depois de quase sete meses de litígio nas cortes americanas e de passeatas do povo combatente em todos os cantos de Cuba, e, como contraparte, de distúrbios e protestos de rua em Miami.

24 de junho de 2001
Inicia-se um bom momento econômico em Cuba graças ao turismo e à associação com a China e com a Venezuela de Hugo Chávez. Mas a saúde de Fidel começa a se mostrar debilitada. Desmaia enquanto pronuncia um discurso.

20 de outubro de 2004
Tropeça na guia de uma calçada na praça Ernesto Che Guevara da cidade de Santa Clara. O acidente lhe provoca uma fratura no joelho e fissuras no braço. Isso de imediato. Depois constata-se que as excessivas doses de calmantes causam um efeito corrosivo – e a longo prazo fatal – em seus intestinos.

26 a 31 de julho de 2006
Anuncia que foi submetido a uma "complicada" intervenção cirúrgica de urgência e que delega temporariamente ao seu irmão Raúl suas principais funções como governante. A crise intestinal aguda com sangramento constante o leva à beira da morte.

19 de fevereiro de 2008
Anuncia sua decisão de se retirar da vida pública e enfatiza que não aspirará nem aceitará o cargo de presidente do Conselho de Estado e comandante em chefe. Irá se dedicar a escrever. A trabalhar em suas memórias.

NOTAS

1 Ver jornal *Granma,* de 29 de fevereiro de 2008.

2 Em 1958, um conjunto escultórico dedicado a José Martí estava sendo erigido numa área em desenvolvimento de Havana. Era a chamada Praça Cívica, que logo se tornou Praça da Revolução.

3 O leitor deve tomar o 8 de janeiro de 2003 como indicativo para todo o livro, já que foi o dia da conclusão do último rascunho. Outras notas e comentários podem ser posteriores e foram acrescentados no processo de revisão. (N. do A.)

4 Um périplo entre Birán e a capital provincial, Holguín, que durou de 13 a 15 de agosto de 1996.

5 Presidente (Daniel Ortega), chefe do Exército (Humberto Ortega) e ministro do Interior (Tomás Borge) do governo sandinista.

6 Os três personagens principais do chamado teatro bufo cubano, uma espécie de comédia *a la criolla*, eram o galego, o negrinho e a mulata.

7 V. Lansing Collins/ [a:] The Honorable The Secretary of State, Washington, D.C. / AMERICAN EMBASSY, HAVANA, CUBA / SERIAL 4434 / 17 OCTOBER 1947 / PLOT TO INVADE THE DOMINICAN REPUBLIC / DETAILED REPORT OF OPEN PREPARATIONS IN CUBA BY DOMINICANS TO INVADE THE DOMINICAN REPUBLIC AND REMOVE TRUJILLO FROM POWER.

8 O eficaz serviço de escuta telefônica da contrainteligência cubana.

9 Ver "Reafirma Nasser su firme apoyo a Cuba. Recibió al nuevo embajador cubano", em *Hoy,* Havana, domingo, 4 de outubro de 1964. (N. do A.)

10 Era a sede principal das Forças Armadas, a oeste de Havana. (N. do A.)

11 As estações de rádio e televisão e a central telefônica foram colocadas imediatamente sob controle do pessoal militar com armas longas. Às nove da manhã, Carlos Prío Socarrás e outros membros de sua administração se exilaram na embaixada do México. (N. do A.)

12 Uma troca de disparos produzida acidentalmente na entrada do Palácio Presidencial. (N. do A.)

13 Cubanismo para "preventiva". Era a instância dos presos antes de serem apresentados a um juiz. (N. do A.)

14 Estabelecer confiança, criar uma sintonia.

616   A AUTOBIOGRAFIA DE FIDEL CASTRO

15   O correto seria Juan Almeida Bosque.

16   O correto seria Mario Chanes de Armas.

17   Tenho muita satisfação em fazer constar esse fato, de qualquer modo. Que eu, Fidel Castro, por volta das seis da manhã do 1º de agosto de 1953, no momento da minha existência em que vi a morte mais próxima, pus-me a argumentar sobre aqueles dois remotos exércitos de nossa guerra de Independência. (N. do A.)

18   Chamado tanto de Casa Modelo como Casa de Reclusão para Homens.

19   Agüero, Luis Conte. *Cartas del presidio: anticipo de una biografía de Fidel Castro*. La Habana: Editorial Lex, 1959. Nem se deem ao trabalho de procurar um exemplar desse incunábulo. Não existe, simplesmente.

20   Carta a Luis Conte Agüero, de 12 de dezembro de 1953 (*Op. Cit.*, p. 20).

21   Carta a Luis Conte Agüero, de 12 de junho de 1954 (*Op. Cit.*, p. 25).

22   Carta a Luis Conte Agüero, de 19 de junho de 1954 (*Op. Cit.*, p. 35).

23   Carta a Luis Conte Agüero, de 17 de abril de 1954 (*Op. Cit.*, p. 37).

24   Carta a Luis Conte Agüero, de 17 de abril de 1954 (*Op. Cit.*, p. 38).

25   Carta a Luis Conte Agüero, de 14 de agosto de 1954 (*Op. Cit.*, p. 61).

26   "Considero o 26 de Julho muito acima da minha pessoa e no instante em que soubesse que não poderia ser útil à causa pela qual tanto venho sofrendo tiraria minha vida sem hesitar, com mais razão agora que não me resta sequer um ideal privado ao qual servir." (Carta a Luis Conte Agüero, de 31 de julho de 1954 [*Op. Cit.*, p. 52].)

27   Uma bem cultivada amizade com Batista e sua própria sagacidade como político permitiram a Rafael se tornar chefe das Juventudes Batistianas e depois líder da maioria parlamentar do Congresso da República. (N. do A.)

28   Carta à minha irmã Lidia, de 22 de julho de 1954 (*Op. Cit.*, p. 47).

29   Carta a Mirta Díaz-Balart, de 17 de julho de 1954 (*Op. Cit.*, p. 43).

30   Ver carta a Luis Conte Agüero (*Op. Cit.*, p. 55-57).

31   O "amiguinho" Mario Vargas Llosa, não? (N. do A.)

32   Fidel Castro, Pedro Miret, Jesús Montané, Melba Hernández, Haydee Santamaría, José Suárez Blanco, Pedro Celestino Aguilera, Ñico López, Armando Hart, Faustino Pérez e Luis Bonito.

33   E que costumo citar toda vez que quero dar uma de entendido no assunto. (N. do A.)

34   Em 8 de dezembro, com a ajuda da polícia mexicana e de forças de segurança, Mirta recuperou Fidelito, que foi levado à embaixada cubana no México e dali trasladado a Cuba. Eu desembarcara seis dias antes, e o Exército havia dizimado a tropa e estava nos meus calcanhares. Não havia nada que pudesse fazer de imediato para ficar com Fidelito. Antes de partir do México, eu tinha tomado o cuidado de preparar um documento no qual solicitava ao povo e às autoridades mexicanas que se encarregassem da criação do meu filho. Se a família Díaz-Balart, ainda hoje, qualifica aquele fato como um sequestro perpetrado por mim, entendo também que o leitor comum talvez ache paradoxal minha conduta quarenta anos depois com relação ao conhecidíssimo caso do menino Elián González, que foi sequestrado para Miami pela mãe numa navegação clandestina na qual pereceram todos os integrantes, exceto Elián. Lembram-se do caso? Foi capa da revista *Time* do novo milênio. Contribuí de maneira decisiva para que o menino fosse devolvido ao pai, que havia ficado em Cuba, e que a administração Clinton passasse por cima dos veementes desejos da comunidade exilada de Miami de retê-lo

NOTAS 617

em território americano. Mas houve uma diferença. A diferença é que Miami criou o dilema como um desafio à Revolução. Nos dois casos, era um assunto político, com certeza, mas num deles estava em jogo o poder da Revolução. Desafio que me permitiu, além disso, trazer de volta o assunto do dilema moral de que eu uma vez havia produzido uma situação semelhante com meu próprio filho. Agora, tratava-se de uma batalha em defesa da Revolução, e nesse teatro de operações não cabem dilemas nem moral: só ganhar, este é o objetivo. (N. do A.)

35 Ver o livro de Lucas Morán Arce, *La Revolución Cubana: una versión rebelde*.

36 A doutrina militar conhecida agora como Guerra de Todo o Povo.

37 Esta foi uma contribuição do conflito do Sinai de 1967, quando os israelenses interromperam as comunicações egípcias e conseguiram um verdadeiro descalabro nas forças de combate. Suficiente para nós como experiência: seja quem for que estiver na praia, com uniforme de camuflagem e armamento desconhecido, mate-o. Este é o mais legendário e estável de nossos conceitos militares – não aceitar nunca a ordem de rendição – e é conhecido entre nossos homens como Ordem Número Um do Comandante em Chefe.

38 Antonio Sánchez Pinares foi um dos combatentes internacionalistas cubanos que caíram em 1967 junto com Che Guevara em sua guerrilha boliviana. Naquela oportunidade, empregou o pseudônimo Marcos.

39 E havia a questão do dinheiro. Entre 300 e 900 milhões de dólares depositados no exterior e íamos obrigá-lo a devolver em troca de vagas promessas de não fuzilá-lo. A obstinação em submetê-lo aos rigores da justiça revolucionária durou anos. Na realidade, enquanto viveu. Um meticuloso plano da Direção Geral de Operações Especiais (DGOE) para sequestrar o ex-ditador em Palma de Mallorca foi suspenso na mesma manhã de 6 de agosto de 1971, quando os telegramas internacionais informaram que ele falecera em consequência de um infarto. (N. do A.)

40 A edição em espanhol da *Reader's Digest* – no Brasil, *Seleções*.

41 Larrazábal era o líder do movimento revolucionário que tomou o poder depois da queda do ditador Pérez Jiménez.

42 Manuscrito:

Sierra Maestra

5 de junho de 1958
Celia:

Ao ver os foguetes que atiraram na casa de Mario, jurei a mim mesmo que os americanos vão pagar bem caro pelo que estão fazendo. Quando esta guerra terminar, começará para mim uma guerra muito mais longa e grandiosa: a guerra que vou lançar contra eles. Percebo que esse será meu destino verdadeiro.

Fidel

43 Realizado pelo artista Eladio Rivadulla, que também bancou a impressão.

44 Babalaô é sacerdote da religião iorubá.

45 Além disso, Camilo começava a se revelar um homem problemático. Seus companheiros, uns indivíduos que tinham nomes como El Coyote ou Humbertico Núñez, e mais uma turma muito heterogênea de destacados maconheiros do bairro havanês de Lawton, faziam pressagiar tempos tempestuosos com nosso Senhor da Vanguarda – essa era a classificação principesca que lhe havíamos conferido na guerrilha. Senhor da Vanguarda. Bonito apelido. Aguerrido. Por outro lado, um velho de óculos, o capitão Lázaro Soltura, seu ajudante desde a Sierra, a

618   A AUTOBIOGRAFIA DE FIDEL CASTRO

quem eu pessoalmente solicitei que me ajudasse a guiar Camilo pelo bom caminho, dada sua juventude e as tentações inevitáveis de quem chegava tão jovem ao poder, decidiu que era melhor corromper-se junto com Camilo – se fosse esse o caso – do que colaborar em meu empenho regenerativo. "Camilo é mais divertido do que Fidel", foi a expressão que me chegou do capitão Soltura, e que ele manifestara durante uma farra com putas e rebeldes. (N. do A.)

46   Levou um carregamento de armas de avião até a Sierra Maestra e permaneceu em território rebelde durante semanas.

47   Christopher Andrew e Vasily Mitrokhin: *The Sword and the Shield: The Mitrokhin Archive and the Secret History of the KGB*, Nova York: Basic Books, 1999.

48   O departamento da Inteligência dedicado ao trabalho sobre as minorias norte-americanas, jornalistas, escritores e artistas.

49   Expliquei anteriormente que o PI é um departamento da Inteligência dirigido às minorias, principalmente as norte-americanas, além de jornalistas, escritores e artistas. Incluímos nas minorias as tribos. Não pensem que nos ocupávamos só com os negros. Também com os sioux, os apaches, os cheyennes e todas essas nações indígenas. Corte direto com os descendentes de Touro Sentado e de Cavalo Louco e de qualquer um que teve um parente envolvido no massacre de Little Bighorn, os bravos guerreiros – e nossos irmãos de classe – escalpeladores sem piedade do vagabundo do Custer e sua tropa. O PI não operava nas instalações da Inteligência, mas da sede do Ministério das Relações Exteriores, e nunca abandonava sua cobertura diplomática. O único segredo teria sido seu nome – PI –, que por sua vez, teria deixado de sê-lo neste parágrafo, mas a verdade é que a escassez de recursos nos obrigou a limitar drasticamente nossas atividades no exterior nos últimos anos. Os soviéticos nos ajudavam muito nessa área de trabalho. (N. do A.)

50   James A. Michener: *As pontes de Toko-Ri*. Antes de ser publicado como livro, o pequeno romance apareceu na revista *Life*, em sua edição de 6 de julho de 1953.

51   O G-2 seria convertido – em meados de 1962 – no Departamento de Segurança do Estado. Embora, por força do costume, continuasse a ser chamado G-2. (N. do A.)

52   Quanto aos decretos-lei, foi o nome de mais doce ressonância encontrado para o que eram na prática autênticos e inapeláveis ucasses. (N. do A.)

53   Uma *caballería* equivale a 134.202,38 metros quadrados.

54   Se tivesse essa informação em meu poder no início de seu mandato, teria ficado descansado. Teria chegado na hora a uma conclusão: ele queria dispor de um estoque tão grande porque não tinha lá muita certeza sobre o sucesso das operações empreendidas. Se pensava dominar nosso país e imediatamente ocupá-lo, talvez em questão de dias, no máximo semanas, essa ocupação deveria incluir logicamente as terras de cultivo da folha e as tabacarias onde nossos artesãos torciam seus cobiçados Petit, da H. Upmann. Então, para que se preocupar em dispor de uma provisão de charutos que durasse uns dois anos? A matemática não falha. Porque esse era o tempo que evidentemente ele imaginava ser necessário para o início, o desenvolvimento e a feliz conclusão das negociações comigo. E vou lhes dizer uma coisa: Que bons Havanas teríamos fumado nesses conciliábulos! Não o cachimbo da paz, mas os charutos da paz. Não é mesmo? (N. do A.)

55   Eu diria que, até a época de Playa Girón, a partir do momento em que consolidamos o processo e nos tornamos assunto de muitas maneiras incompreensível aos pés da península da Flórida, a literatura sobre Cuba produzida nos Estados Unidos era uma espécie de panfleto

NOTAS 619

de denúncia ao estilo de *Listen, Yankee*, de C. Wright Mills. Só depois de 1964 – e de eles entenderem que o caminho a percorrer conosco seria longo –, é que há um interesse maior em procurar explicações. O primeiro expoente é *El gobierno invisible*, de David Wise e Thomas B. Rose. Embora Wise e Rose se concentrem nos mecanismos da CIA, é a partir do desastre da operação cubana que começam a se fazer perguntas. Esse propósito de busca de conhecimento é constatado desde então na administração, o Departamento de Estado, sem falar no meio acadêmico, e pode incluir também os *think tanks* da direita. Eu, de momento, aproveitei nossa boa figura em *El gobierno invisible* para ordenar imediatamente sua tradução e publicação em Cuba. Não porque eles tivessem um interesse acentuado em se pronunciar a nosso favor, já que eu reconhecia o livro como resultado de alguma luta intestina da própria inteligência americana e que nós éramos utilizados como o pano de fundo para evidenciar a falta de juízo de um dos lados. Ou talvez fosse um texto incentivado em sua origem pela administração Kennedy como remate de sua política de remoção da velha liderança de Langley, os Dulles e os Bisell especialmente. Mas eu podia usá-lo como propaganda interna para mostrar minha sagacidade aos meus seguidores em Cuba. Era uma coisa da qual o livro transbordava. (N. do A.)

56 Allen Dulles, diretor da CIA, depondo na Comissão de Relações Exteriores do Senado, citado por por Robert E. Quirk em *Fidel Castro*, Nova York: Norto, 1993.

57 Ver: "Excerpts from the appearance of Fidel Castro before the press (CMQ Television Program) on february 19, 1959", em http://lanic.utexas.edu/la/cb/cuba/castro/1959/19590219.1, do site *Castro Speech Database*.

58 Era o irmão mais velho de José Abrantes. Juan morreu num acidente de avião logo no início do processo: em 23 de setembro de 1959. Eu pus José Pepe Abrantes sob minha proteção um pouco depois. Virou em seguida o mais disposto e carismático de meus ajudantes. Chegou a ser chefe da Segurança do Estado e ministro do Interior.

59 Osvaldo Dorticós Torrado: nomeado presidente de Cuba pelo Conselho de Ministros depois da renúncia de Manuel Urrutia em 17 de julho de 1979. Atuou como presidente desde essa época até o dia 2 de dezembro de 1976.

60 Desde a época de Choderlos de Laclos (um dos mais severos críticos das fortalezas) até a Linha Maginot, o Exército francês parece se comprazer em ceder a capacidade ofensiva ao inimigo.

61 Eduardo é o rapaz a quem me propus dedicar estas memórias, como declarei desde o primeiro capítulo, e assim o fiz quando escrevi na primeira página do livro, como sua heráldica: "Meu sangue é o seu sangue." (N. do A.)

62 Ao começar a batalha naquele 17 de abril de 1961, a URSS, a Tchecoslováquia e a China já nos haviam fornecido 125 tanques (IS-2M e T-34-85), cinquenta canhões autopropelidos SAU.100, 428 peças de artilharia de campanha (de 76 milímetros a 128 milímetros), 170 canhões antitanque de 57 milímetros, 898 metralhadoras pesadas (de 82 milímetros e 120 milímetros), 920 peças antiaéreas (120 milímetros e 12.7 milímetros), 7.250 metralhadoras leves e 167 mil fuzis e pistolas, todos com suas munições. E estávamos à espera de uma entrega programada de antemão de 41 aviões a jato de combate e reconhecimento (MiG-19 e MiG-15), oitenta tanques adicionais, 54 peças de artilharia antiaérea de 57 milímetros e 128 peças de artilharia (incluindo os descomunais canhões de 152 milímetros). Quanto ao adversário, conforme suas próprias estimativas, no momento do seu desembarque em Playa Larga e Playa Girón, contava com não menos de 25 mil armas de reserva em seus navios, a

620   A AUTOBIOGRAFIA DE FIDEL CASTRO

maior frota aérea de combate e transporte de toda a América Latina e o equipamento necessário para fornecer aos tão esperados levantes que se produziriam no país. Nem é preciso dizer que estavam bem treinados, bem equipados e bem apoiados. (N. do A.)

63   Capitão Álvaro Prendes Quintana. Trinta e dois anos em 1961. Piloto de combate experiente, 2 mil horas de voo. Onze missões realizadas em Playa Girón. Três aviões derrubados, mais uma lancha de desembarque afundada. Alcança o posto de coronel. Dissidente em 1992 e exilado em Miami em 1994. Morre de infarto em Miami em 2003.

64   Tenente Rafael del Pino Día. Vinte e dois anos em 1961. O mais destacado dos pilotos surgidos com a Revolução. Dez missões de combate. Um avião e meio derrubado (um B-26 compartilhado com Douglas Rudd). Alcança o posto de general de brigada. Deserta para os Estados Unidos em 1987.

65   Capitão Enrique Carreras Rolás. Trinta e oito anos em 1961. Qualificação com aviões de hélice, a jato, de combate, bombardeiros e de transporte. Sete missões de combate. Dois aviões derrubados, mais dois barcos, o *Río Escondido* e o *Houston*. Alcança o posto de general de divisão.

66   Tenente Alberto Fernández. Vinte e quatro anos em 1961. Pouca experiência. Nove missões. Uma derrubada, mais objetivos em terra e embarcações. Alcança o posto de capitão.

67   Tenente Gustavo Bourzac. Vinte e sete anos em 1961. Pouca experiência. Oito missões. Objetivos em terra, compartilhou o *Houston*. Morreu em Havana em data não conhecida com precisão, em fins da década de 1980.

68   Capitão Jacques Lagas Navarro. Chileno contratado como instrutor. Idade desconhecida. Oito missões. Objetivos em terra. Voltou para o Chile e morreu ali num acidente de aviação.

69   Tenente Ernesto Guerrero. Nicaraguense. Idade desconhecida. Quatro missões. Objetivos em terra, um tanque Sherman. Voltou para a Nicarágua. Morava na Califórnia no início de 2000.

70   Tenente Douglas Rudd Molé. Vinte e sete anos em 1961. Bem treinado, um piloto natural. Sete missões. Meia derrubada (o B-26 compartilhado com Del Pino), mais caminhão de munições, objetivos em terra. Alcança o posto de capitão. Preso em 1968 por atividades contrarrevolucionárias (nunca provadas). Conseguiu asilo nos Estados Unidos em 1991. Morre em Miami de infarto em 1992.

71   Em 29 de maio de 1962, o marechal Serguei Biriuzov, chefe das forças de foguetes estratégicos soviéticas, tem a missão de propor aos cubanos, em nome de Nikita S. Kruschev, a instalação de foguetes de alcance médio e intermediário dotados de ogivas nucleares, na ilha de 42, a princípio como medida de dissuasão diante das ameaças americanas.

72   Gabriel pronunciou o discurso – intitulado "O cataclismo de Dâmocles" – em 6 de agosto de 1986, no 41º aniversário da bomba de Hiroshima, na chamada Conferência de Ixtapa, no México. (N. do A.)

73   Forma habitual de chamar o capitão Bienvenido Pérez. Não deve ser confundido com Luis Mas Martín, a quem se fez depositário do mesmo apelido antes da entrevista com Nixon de 19 de abril de 1959.

74   Em 1º de outubro de 1965, num ato público supostamente para apresentar os 25 integrantes do Comitê Central do então Partido Unido da Revolução Socialista de Cuba, em dado momento de meu discurso consegui dar uma volta carregada de dramaticidade para dizer: "Há uma ausência em nosso Comitê Central, de alguém que possui todos os méritos e todas as virtudes necessárias no mais alto grau para fazer parte dele e que, no entanto, não está entre seus membros."

NOTAS

Em seguida comecei a ler, em meio ao que já se descreveu inúmeras vezes como "indescritível tensão", a carta de despedida do Che. Não acho necessário reproduzi-la aqui, uma vez que é um dos documentos mais difundidos da história contemporânea. Terminada a leitura, e no próprio ato, a primeira decisão da instituição recém-criada foi a de passar a se chamar Partido Comunista de Cuba. (N. do A.)

75 O Capitão Osmany Cienfuegos, à frente da OSPAAAL (Organização de Solidariedade dos Povos da Ásia, da África e da América Latina), o mais ambicioso projeto cubano de promoção da insurreição internacional, uma espécie de Quarta Internacional, mas com nosso estilo, *criollo*, nada tenebroso. Provia apoio político e logístico, além de abrir as portas na ilha aos campos de treinamento de guerrilhas e luta clandestina. (N. do A.)

76 José Luis Ojalvo, chefe do escritório da Inteligência cubana em Praga. (N. do A.)

77 Diosdado: pseudônimo de José Gómez Abad. (N. do A.)

78 Cuba está situada no fuso horário 19, cujo meridiano central – que passa por Yateras, na província de Guantánamo – é 75° Oeste, e seu horário em relação ao de Greenwich é de 5 horas a menos (GMT-5). O Horário de Verão, no entanto, é regido pela hora do meridiano 60° Oeste, quando os relógios são adiantados uma hora, e fica estabelecido então como 4 horas atrás do horário de Greenwich (GMT-4). Nós implantamos o Horário de Verão a partir de 1965 e desde então ele é usado todos os anos até hoje. Anteriormente, havia sido usado no nosso país em três dos anos da Segunda Guerra Mundial (1940, 1942, 1945, e também em 1946), se bem que fosse então conhecido como Horário de Guerra. (N. do A.)

79 A IV Cúpula do Movimento dos Países Não Alinhados foi celebrada em Argel, de 5 a 9 de setembro de 1973.

AGRADECIMENTOS

O autor deseja expressar seu agradecimento às seguintes pessoas, cuja ajuda foi inestimável. Primeiro, aos que estiveram na origem e exigiam produtividade. Basilio Baltasar, Enrique Serbeto, Silvia Bastos, Joaquín Palau, Ricardo Artola, Malcolm Otero, Pau Centellas e Thomas Schultz. Seguem-se os incondicionais. O grupo. Álvaro Alba, Alberto Batista, Filiberto Castiñeiras, Omero Ciai, José Fernández Planas, Brad Johnson, Amadeo López Castro, Pilar Lucas, Rafael del Pino (e Laura Diego), Clive Rudd, Pedro Schwarze e Fernando Velásquez.

No decorrer da preparação desta versão em um só volume para a Norton, tive a felicidade de encontrar novos amigos, a tradutora Anna Kushner e o editor Tom Mayer. Esta é uma nota de agradecimento a eles, pela devoção de seu trabalho e pelo empenho.

Niurka. Niurkita. Não escaparás.

1ª edição	*Março de 2017*
papel de miolo	*Pólen Soft 70g/m²*
papel de capa	*Cartão Supremo 250g/m²*
tipografia	*Minion Pro e Paperback*
gráfica	*A.R. Fernandez*